헬로, 스타트업 : 제품, 기술, 팀을 완벽하게 구축하는 기술

KB140979

일러두기

① 본문에서 설명한 내용 중 컬러로 확인해야 할 그림과 본문에서 제시한 참고도서 목록을 로드북 자료실에 올려두
   었으니 참고하시기 바랍니다.

② 본문에서 [Chan 2012]와 같이 표기된 부분은 해당 내용에 대한 도서, 논문, 잡지, 웹사이트 등의 출처입니다. 이 역
   시 로드북 자료실에서 확인할 수 있습니다.

③ 로드북 자료실의 접속 URL은 다음과 같습니다.

http://www.roadbook.co.kr/165

헬로, 스타트업 : 제품, 기술, 팀을 완벽하게 구축하는 기술

지은이 예브게니 브리크만　**옮긴이** 최원식, 김일영　**1판 1쇄 발행일** 2016년 9월 8일　**펴낸이** 임성춘　**펴낸곳** 로드북
편집 홍원규　**디자인** 이호용(표지)　**주소** 서울시 관악구 신림로 29길 8 101-901호
출판 등록 제 2011-21호(2011년 3월 22일)　**전화** 02)874-7883　**팩스** 02)6280-6901
정가 34,000원　**ISBN** 978-89-97924-25-7 93000

이메일 chief@roadbook.co.kr　**블로그** www.roadbook.co.kr

O'REILLY®

스타트업은 대기업의 작은 버전이 아니다.
마치 고전 역학이 아니라 양자 역학과 같은 것이다.
– 예브게니 브리크만

헬로, 스타트업

: 제품, 기술, 팀을 완벽하게 구축하는 기술

예브게니 브리크만 지음
최원식, 김일영 옮김

로드북
RoadBook

'헬로, 스타트업'에 대한 찬사

스타트업 엔지니어링팀을 위한 수준 높은 CS 교육과 "보통 수준의 지식" 사이에 커다란 차이가 있다. 우리들 대부분은 이런 것들을 블로그나 동료들에게서 배워야만 했으며, 학교에서 배우기에는 당연히 어려웠다. '헬로, 스타트업'은 마침내 이런 모든 지혜들을 하나에 모아냈다. 내가 사업을 시작할 때 이런 책이 있었으면 했다.

제이 크레프스, 컨플루언트의 CEO

스타트업 창업자로서, 아주 짧은 기간 동안 믿을 수 없을 정도의 다양한 원칙들에서 많은 양의 지식을 얻을 것으로 기대된다. 내가 벽에 머리를 치며 결국 발견해냈던 소중한 경험들을 생각하면, 이 책을 지금 본게 너무 아쉽다는 생각이 든다.

보웨이 가이, 카드먼치의 공동 창업자 겸 CEO

저자는 소프트웨어 스타트업을 창업할 때 필요한 도움이 되는 많은 것을 알게 해 줄 것이다. 특정 용어에 시간 낭비할 필요가 없다. 현실적이고, 단순하고, 검증된 조언만이 실려 있으며, 쉽게 읽혀지는 책이다. "어떻게 스타트업 아이디어를 만들어 낼 것인가?", "이번 프로젝트에 어떤 기술을 사용해야 할 것인가?" 또는 "어떻게 하면 대단한 스타트업에 일자리를 얻을 수 있을까?"라는 걱정을 하고 있었다면, '헬로, 스타트업'이 답이다.

위겐 미르킨, 어레이 벤처스에 소속된 기업가

저자처럼, 나도 경력을 대기업에서 시작했다. 현재는 내 소유의 프리스믹.io(prismic. Io)의 공동 창업자이고, 이 경험이 나에게 많은 가르침을 준다. '헬로, 스타트업'은 이런 가르침을 많이 포함하고 있으며, 어떻게 그리고 동시에 왜 스타트업이 사람들의 진정한 잠재력을 일깨우는 좋은 방법인지를 설명하고 있다.

사덱 드로비, 프리스믹.io의 공동 창업자

모든 컴퓨터학과가 졸업 선물로 이 책을 제공한다면, 기술 산업에 두 가지 좋은 일이 발생할 것이다. 먼저 최악의 기술 회사는 비즈니스 세계에서 사라지게 되고, 다음으로 훌륭한 회사만이 더욱 생산적인 회사가 될 것이다.

브랜트 빈센트, 아다시오의 창업자

기술 스타트업에 대한 폭발적인 관심에 따라, '헬로, 스타트업'은 스타트업을 발전시키는 방법에 관한 책 중 유일하게 실용적이고 재미있는 책이다. 기업가로서의 여정이 시작되는 시점에 이런 사원을 가졌으면 했다.

씬 아미라티, 버치미어 벤처스의 파트너

역자의 글

고용 없는 성장이 지속되면서 많은 젊은이들이 아이디어를 가지고 창업이라는 어려운 길로 들어서고 있다. 이제 우리나라도 아이디어를 사업화하는 비즈니스 모델의 중요성을 인식하고 있는 듯하다. 그러나 좋은 아이디어나 비즈니스 모델만 가지고는 성공하기 어렵다.

어떻게 하면 스타트업이 성공할 수 있을까?

수많은 스타트업이 출현하고 있으나 아직 우리나라에서는 1조 원 이상의 기업 가치가 있는 스타트업, 즉 유니콘(unicorn)이 전무한 실정이다. 반면에 우리보다 조금 일찍 시작한 미국에서는 유니콘의 등장으로 스타트업 기업들에게 희망의 메시지를 주며 국가의 새로운 성장 동력을 이끌고 있다.

왜 이렇게 극명한 차이가 생기는 것일까? 전통적인 경영방식은 스타트업에 잘 작동하지 않는다. 탁월한 아이디어만으로 혹은 기존의 시스템과 같은 방법은 스타트입 환경에서는 오히려 독이 된다. 저자 예브게니 브리크만은 세계적인 정보통신회사 시스코시스템즈와 스타트업의 유니콘, 링크드인을 거친 천재적인 엔지니어다. 그는 그곳에서 스타트업의 불확실성을 극복할 수 있는 기술 창업의 핵심 요소를 보았다. 그리고 시행착오를 통한 경험과 실험의 결과물을 블로그에 공개하였고, 열렬한 반응에 힘입어 이 책을 출간했다.

기술 창업의 핵심 요소는 무엇일까? 지금까지는 기술과 마케팅이면 충분하다고 생각해왔다. 저자는 이 답이 틀렸다고 한다. 그리고 기술 창업의 핵심 요소는 '제품', '기술', '팀'이라고 말한다.

'제품'은 디자인과 유저 인터페이스, 감성 디자인, 유용성 테스트와 데이터에 기반한 제품 개발과 지표 측정을 필요로 한다. 무조건 제품을 만드는 것이 아니라 아이디어를 고객과 함께 제품 디자인으로 만들어야 하며, 이는 수치화되어야 한다.

'기술'은 IT 기술로 대변되는 테크 스택과 클린 코드, 확장성, 소프트웨어 통합으로 대변되는 애자일 문화를 말한다. 실리콘밸리 문화를 베타 문화라고 말한다. 끊임없이 변경되고 개선되며 이를 고객에게 전달한다. 이는 점진적인 증가와 반복을 필수로 한다. 그렇기 때문에 기술도 증가와 반복이 내재된 학습고리를 만들어야 한다.

'팀'은 스타트업에 있어 가장 중요한 문화를 만들어 낸다. 저자는 직접 트립어드바이저와 링크드인에서 겪은 경험을 기반으로 회사와 가치, 그리고 취업과 직원 채용에 대한 조언을 한다. 이렇게 멋진 조언은 어디서도 찾아보기 힘들다.

국내의 대기업들도 린 스타트업을 배우고 스타트업 조직과 문화를 닮아가고 있다. 조직을 보다 작게 나누고 직급과 호칭을 통합하여 보다 빠르고 기민하게 움직일 수 있도록 변화하고 있다.

역자 역시 지난 5년간 우리나라에서의 스타트업의 탄생과 발전을 가까이에서 보아 왔고, 스타트업 생태계의 범위가 넓고 깊게 뻗어나가기를 바라는 마음에 지금도 여전히 일선에서 새로운 가능성을 찾아내고 발전시키도록 도움을 주고 있다.

이 책이 우리나라 스타트업의 중흥을 위한 기술 창업의 교과서이자 안내서가 될 것으로 믿는다.

역자 **최원식, 김일영**

차례

1부 제품

2부 기술

5장 테크 스택 선택 ————————————————— 181

6장 클린 코드 247

3부 팀

9장 스타트업 문화   391

헬로,
스타트업

: 제품, 기술, 팀을 완벽하게 구축하는 기술

머리말

```
main( ) {
    printf("hello, world");
}
```

새로운 프로그래밍 언어를 배울 때 거치는 첫째 단계는 기본 프로그램 작업을 하기 위해 알아야 할 모든 것을 가르쳐주는 "Hello, World" 튜토리얼을 통해서 컴퓨터 화면에 "Hello, World"가 뜨게 하는 것이다. 이 책도 제품, 기술, 팀을 완벽하게 구축하기 위한 "Hello, Startup" 튜토리얼이다.

나는 대학 때에 이런 책이 있었으면 했다. 그렇지만 졸업할 때까지 그리고 학사, 석사, 여러 인턴 등을 거칠 때까지, 내가 하고 있는 것이 무엇인지 전혀 알 수 없었다.

내가 혼자서 진행했던 최초의 대형 프로젝트 중 하나는 톰슨 파이낸셜(Thomson Financial)의 성능을 테스트하기 위한 데스크톱 애플리케이션을 만드는 일이었다. 유저 인터페이스를 만드는 방법을 몰라서 텍스트 필드, 메뉴, 버튼을 화면에 무작위로 펼쳐 놨고, 어떤 기능을 하는지 몰라서 코드에다 캐시 및 스레드 풀을 무작위로 적용해보았다. 코드 유지보수 방법도 전혀 몰랐기 때문에, 테스트나 분서에 신경쓰지 않고, 거대한 파일에 수천 라인의 코드를 집어넣는 작업을 하였다.

트립어드바이저(TripAdvisor)에서의 나의 첫 번째 프로젝트는 한 도시의 모든 호텔이 나와있는 웹 페이지에 새로운 정렬 옵션을 추가하는 것이었다. 이런 코드베이스에 아주 익숙했기 때문에 빠르게 할 수 있는 작업이었고, 첫 주에 완성해서 제품에 적용할 수 있었다. 그 후 얼마되지 않아, 매니저의 사무실에서 나는 일대일 미팅을 처음으로 하게 되었다. 그리고 그가 파리에 소재한 호텔 목록을 클릭하고 정렬 옵션을 선택하고 기다리는 것을 보게 되었다. 기다리고, 또 기다렸다. 페이지가 로드되기까지 거의 두 시간이 걸렸다. 아마도 2분 정도가 되어야 했을 것이다. 나는 이 경험을 통해 열심히 땀을 흘린 결과에는 유사하고 특별한 법칙이 있다는 것을 확신했다. 그리고 그 땀의 결과는 훌륭했다.

그날 밤 이후 (훨씬 더 이후에) 내가 만들어 낸 환상적인 새 코드는 호텔들을 비교하는 정렬 과정이 진행되는 동안 매번 두 개의 데이터베이스를 호출했다. n개의 항목을 정렬하기 위해 $n \log n$의 비교 명령에 시간이 걸렸다. 파리의 경우에는 대략 2천여 개의 호텔이 있으므로 거의 4만여 개에 달하는 데이터베이스를 한 페이지에 보여주기 위한 호출 작업이 필요했다. 그날 호출이 잘 되지 않았다면, 데이터베이스 서버 작업은 거의 해내지 못했을 것이다.

나는 수없이 많은 끔찍한 버그, 형편없는 코드, 보기 싫은 유저 인터페이스, 사이트 멈춤, 야근들을 기억한다. 그러나 대부분의 수많은 질문에 대한 답을 찾으려고 할 때 쉬운 방법은 없다는 것을 기억한다. 어떤 기술을 배우고 사용해야 할까, 왜 자동화 테스트를 신경써야 할까, 어떻게 끔찍하게 보이지 않는 제품을 만들 수 있을까, 어떻게 사람들이 내 제품을 사용하게 할 수 있을까, 일자리 제안에 어떻게 협상해야 할까, 어떻게 더 많은 급여와 가치를 위해 협상할 수 있을까, 결국 가치란 무엇을 말하는 걸까, 대기업에서 일을 해야 하는 걸까? 아니면 스타트업에 취업해야 하는 걸까?

이런 질문과 많은 다른 어려운 것에 대한 해답을 얻게 되었다. 내가 고통스런 노력과 실수의 결과로 배우게 된 것들을 블로그 게시물과 글로 수집하기 시작했다(http://www.ybrikman.com). 수많은 다른 개발자가 동일한 시행착오 과정을 겪고 있다는 사실을 깨달은 후에도, 여전히 같은 문제로 우왕좌왕하고 있고, 뭔가 구체적인 것을 할 때라고 판단했다. 이 책이 그 결과물이다. 물론, 어떤 지혜는 스스로의 실수에서만 얻을 수 있는 것도 있지만, 이 책을 통해서 다른 실수들로부터 얻게 되는 교훈을 배우는 큰 고통으로부터 여러분을 구해줄 수 있기를 희망한다.

내가 저지른 큰 실수 중 하나는 나의 초기 경력을 스타트업 세상에 충분히 집중하지 않았다는 것이다. 내가 초기에 다니게 된 직장은 모두 대기업, 자리가 잡힌 기관(시스코 시스템, 톰슨 파이낸셜, 코넬 대학교)이었고 이후에 아주 우연히 스타트업 세상(링크드인, 트립어드바이저)으로 뛰어들게 된 것이다. 그 곳에서 본 것은 놀라웠고, 처음 몇 개월 동안은 이전에 했던 일, 인턴 과정, 그 이전의 학교교육에서보다 더 많이 배웠다.

스타트업은 대기업의 작은 버전이 아니다[스티브 블랭크와 밥 도프, *기업 창업가 매뉴얼*, 에이콘, 2014]. 이것은 마치 고전 역학(classical mechanics)이 아니라 양자 역학(quantum mechanics) 과 같은 것이었다. 고전 역학은 예측 가능한 결정적 규칙을 비교적 느린 속도로 이동하 는 대형 오브젝트(예 : 야구 또는 행성)의 동작을 설명한다. 마찬가지로, 대기업은 고객과 제 품이 모두 알려져 있기 때문에 예측 가능한 규칙을 세상에서 천천히 이동하고 실행하 는 경향이 있다. 양자 역학은 불확실성, 확률, 비결정론에 따른 규칙으로, 매우 높은 속 도로 움직이는 작은 물체(예 : 광자〈光子〉와 전자)의 동작을 설명한다. 이와 유사하게, 스타 트업은 아무것도 알 수 없는 예측 불가능한 세상에서 살아 남기 위해 정신 없이 빠른 속 도로 움직인다. 대부분의 사람들이 고전 역학과 대기업에 대해서는 잘 알고 있지만, 양 자 역학과 스타트업을 이해하지 못하는 한, 세상의 그림을 완전히 그릴 수 없게 되는 것 이다. 즉, 이는 새로운 생각 방법과 작업 방식이 필요하다는 것을 의미한다.

여러모로, 직장에서 깨어있는 시간의 절반을 보내므로, 직장에서 일하는 방식이 바 로 살아가는 방식인 것이다. 따라서 당신을 행복하게 만드는 일을 하는 데 시간을 보내 는 것이 좋지 않겠는가? 나는 모든 소프트웨어 관련 직업은 무한히 정형화된 정사각형 의 농장, 무능력한 중간관리자, 불필요한 시험절차 보고서 및 엔터프라이즈 코드를 포 함하고 있다고 줄곧 생각했다. 그렇지만 이 생각을 바꾸기 위해 세상에서 가장 뛰어난 몇 곳의 스타트업에서 업무를 진행하는 방식을 소개하는 이 책을 보기를 바란다. 이런 회사들에 대한 아이디어들이 스타트업에서는 한번도 일해보지 않은 사람들에게 유용 할 것이고, 점점 더 도처에서 진행되고 있는 스타트업에게까지도 더욱 더 그 유용성이 증가하게 될 것이다.[1]

나는 이 책을 내 개인적 경험에 더하여 구글, 페이스북, 트위터, 깃허브, 스트라이프, 인스타그램, 코세라, 포스퀘어, 핀터레스트, 타입세이프와 같이 지난 10년 동안 가장 성공한 스타트업의 몇몇 프로그래머들과 인터뷰한 자료들을 포함하여 수많은 양의 연 구를 기반으로 집필하였다(인터뷰의 전체 목록은 머리말 맨 뒤에 있다). 따라서 이 책을 통해 프 로그래머들의 성공, 실수와 조언을 공유하여 그들의 이야기와 생각을 발견할 수 있고 스타트업 삶의 생생한 일가견을 얻을 수 있을 것이다.

---

1 미국 자체만으로, 매월 거의 5십만 개의 소기업이 탄생하고[Kauffman Index of Entrepreneurial Activity Interactive 2014] 신규 직 업의 66% 이상이 여기에 해당된다[Small Business Trends 2014].

0.1 이 책에서 무엇을 얻게 될 것인가

이 책의 출간 목표는 실용적이고, 실천적인 스타트업 안내서를 만드는 것이다. 이 책은 제품, 기술, 팀, 이렇게 세 부분으로 구성되어 있다. 아래에 각 부별로 나누어지는 장을 나열했고, 각 장에 해당하는 기초적인 기술과 도구에 대한 개요를 설명했으니 참고하기 바란다.

0.1.1 제1부. 제품

제1장. 왜 스타트업인가

역사적으로 다른 시기가 아니라 왜 하필 오늘, 스타트업이 수만 명의 삶에 영향을 미치는 제품을 만들 수 있는 최고의 기회인지, 스타트업이란 무엇인지, 왜 스타트업에서 일을 해야 하는지, 왜 스타트업에서 일을 하지 말아야 하는지 등을 다룬다.

제2장. 스타트업 아이디어

스타트업 아이디어는 어떻게 찾아내는지에 대해서 살펴본다. 즉, 아이디어 저널, 제약 조건 그리고 사용자의 매우 불편한 점(Pain Point), 아이디어 대비 실행, 보이드 법칙(52쪽 "속도가 승리한다" 참조), 아이디어를 검증하기 위해 신속하고 저렴한 비용으로 고객 개발 과정을 이용하는 방법 등을 다룬다.

제3장. 제품 디자인

모든 사람이 배워야 하는 디자인 기술을 배운다. 사용자들이 바보같다고 여기지 않을 유저 인터페이스를 만드는 방법은 무엇인지, 페르소나(persona), 감성 디자인, 단순함, 유용성 테스트가 포함되어있는 사용자 중심 디자인의 원칙은 무엇인지를 다루며 카피라이팅, 재사용, 레이아웃, 타이포그래피, 대비, 반복, 색상 등을 포함하는 시각 디자인의 원칙과 최소기능제품(MVP, Minimum Viable Product)을 설계하는 방법 등을 다룬다.

제4장. 데이터 및 유통

스타트업의 모든 지표(metrics)는 측정되어야 한다는 전제로 데이터 중심 제품 개발과 A/B 테스트를 다루고, 왜 최고의 제품이 항상 승리하지 않는지에 대한 이유와 마케팅, 바이러스성 성장 및 스타트업의 판매 전략도 살펴본다.

0.1.2 제2부. 기술

제5장. 테크 스택 선택

자체 소프트웨어를 구축할지, 상용 제품을 구입할지, 또는 오픈소스를 사용할지 여부는 어떻게 결정해야 하는지 알아보며 초기 테크 스택을 선택, 발전, 재작성하는 방법도 살펴본다. 그리고 프로그래밍 언어의 체계를 알아보고 데이터베이스도 평가해본다.

제6장. 클린 코드

프로그래머의 작업은 코드를 작성하는 것이 아니고 이해해야 하는 것이다. 코드 레이아웃, 네이밍, 오류 처리하기, 반복하지 말기(DRY, Don't Repeat Yourself), 단일 책임 원칙(SRP, Single Responsibility Principle), 느슨한 결합, 이해하기 쉽게 코드에 높은 응집력을 끌어내는 방법, 함수형 프로그래밍은 왜 재사용을 쉽게 하는 코드가 되는지, 왜 리팩토링이 코드를 잘 작성하기 위해 기본이 되는지에 대해 설명한다.

제7장. 확장성

더 많은 사용자와 개발자를 위해 스타트업을 확장하는 방법, 두려워하지 않고 코드를 변경하는 방법, 어떻게 테스트 기반 개발(TDD, Test-Driven Development)이 더 나은 코드를 생성하는지에 대한 이유, 스타트업에 디자인 리뷰, 짝 코딩(pair coding) 및 코드 리뷰를 소개하는 방법, 왜 읽어보기(readme)가 코드베이스에서 가장 중요한 파일인지, 측정할 수 없다면 문제를 해결할 수 없는 이유, 실행의 근거가 되는 어림잡은 계산을 해내는 방법 등에 대해 이야기한다.

제8장. 소프트웨어 전달

코드 작성 후 코드에 무슨 일이 발생하는지를 알아보고 소스 컨트롤, 오픈소스를 사용한 시스템 구축, 지속적인 통합을 해야 하는 이유 등을 다룬다. 그리고 형상관리, 자동화된 배포, 지속적인 배포를 구축하는 방법, 코드에 대한 로깅과 모니터링, 경고를 구축하는 방법에 대해 다룬다.

0.1.3 제3부. 팀

제9장. 스타트업 문화

왜 회사의 사명과 가치를 정의해야 하는지에 대한 이유, 관리 중심의 계층 구조와 평면 조직 사이의 트레이드 오프, 채용, 승진, 동기부여에서 문화의 역할, 프로그래머들에게 이상적인 사무실을 디자인하는 방법, 원격 작업에 대한 트레이드 오프, 스타트업에서의 커뮤니케이션 정책과 과정을 다룬다.

제10장. 스타트업에 취업하기

네트워크를 이용하여 스타트업에 취업하는 방법, 이력서를 관심 끌게 하는 방법, 면접을 잘 하는 방법, 화이트보드 코딩을 잘 하는 방법, 질문을 잘 하는 방법, 급여와 주식에 대해 생각하는 방법, 취업 제안에 대해 협상하는 법에 대한 노하우를 전수한다.

제11장. 스타트업에 채용하기

왜 사람이 스타트업에서 가장 중요한 부분인지를 설명하고, 공동 창업자, 초기 직원 및 일반인과 전문가에서 어떤 사람을 고용해야 하는지에 대한 팁, 가장 훌륭한 후보자 찾는 법(그리고 여러분을 찾아낼 수 있게 귀사의 브랜딩을 완벽히 하는 법), 왜 화이트보드 코딩이 끔찍한 면접 과정인지(그리고 왜 활용해야 하는 대안인지), 거절할 수 없는 제안을 하는 방법은 무엇인지를 설명한다.

제12장. 학습

세상에서 가장 흥미로운 소프트웨어 개발자는 누구인지, 왜 블로그 게시물, 기사, 논문, 책을 써야 하는지, 왜 밋업(meetup) 그룹, 기술 협상 및 컨퍼런스에서 얘기해야 하는지, 왜 당신의 코드를 모두 공개해야 하는지, 왜 당신이 알고 있는 거의 모든 것을 공유해야 하는지에 대해서 정리한다.

0.2 주요 아이디어

구체적인 기법, 도구들 외에도 기술들을 열거했으며, 스타트업을 성공으로 이끌 필수 요인이 되는 세 가지 주요 아이디어를 책 전반에 걸쳐서 반복하고 또 반복했다. 스타트업은 사람에 관한 것이고, 위대한 기업은 진화의 결과이며, 속도가 승리한다.

0.2.1 스타트업은 사람에 관한 것이다

본래 업무에서 가장 중요한 점은 기술적인 것이 아니라 사회학적인 것이다.

[DEMARCO AND LISTER 1999, 4], 톰 드마르코와 티모시 리스터, *피플웨어*, 인사이트, 2014

스타트업에 대해 학교나 책에서 배운 마케팅 계획, 제품 디자인, 시스템 디자인, 실험전략, 고용계획 그리고 조직계획과 같은 내용은 그저 스타트업의 산출물이었다. 그런 산출물만 공부하는 것으로는 플라톤의 동굴(Plato's Cave, 관념의 틀)의 사슬에 묶인 포로들이 그들 앞에 있는 벽에 드리워진 그림자를 연구한다고 외부 세계를 완전히 이해할 수 없는 것처럼 스타트업을 완전히 이해하기는 어렵다[Plato 2008, book VII].

이 책은 그 동굴 밖으로 나오게 만들 것이고 동굴의 모습뿐만 아니라 그 동굴을 만든 사람들도 볼 수 있게 하고자 한다. 훌륭한 제품 디자인을 해내는 방법을 배우게 될 뿐만 아니라 사람들을 위한 제품을 디자인하는 법을 배우게 될 것이다. 효과적인 자동화된 실험을 개발하는 방법뿐만 아니라 자동화된 실험에서 두려워하지 않고 코드를 변경하기 위해서는 사람들의 동의가 왜 필요한지도 배우게 될 것이다. 그리고 훌륭한 기업들이 어떻게 조직되어 있는지 알게 될 뿐만 아니라 훌륭한 회사를 만드는 데 가장 중요한 부분이 적절한 사람을 찾아내서 동기를 부여하는 것이라는 것을 배우게 될 것이다.

0.2.2 위대한 기업은 진화의 결과다

변함없이, 작동하는 복잡한 시스템은 작동하는 간단한 시스템에서 진화한 결과다.

[BOOCH 1991, 11], 존 칼

기린의 목을 보고, 태초에 하나님의 계획이었기 때문에 목이 긴 것이 아니라는 깃을 깨달아야 한다. 목은 처음에는 작았었고 수천 세대를 지나면서 특정 환경에서 기린의 생존을 증가시키는 무작위 돌연변이의 결과로 점점 자란 것이다. 마찬가지로, 성공적인 회사를 보면, 회사를 만들 때 창업자들의 계획이 성공하지는 못했었다는 것을 깨달아야 한다. 대부분의 스타트업은 특정 시장에서 회사의 생존력이 증가하게 되고, 그 결과는 대개 창업자들이 원래 구상했던 것과 같지 않게 된다.

완벽한 사업계획(폭포수 개발) 실현에 관한 고심 대신에, 이 책에서는 점진적 성장과 반복적 개발(애자일 또는 린)을 활용한 스타트업 개발 방법에 초점을 맞출 것이다. 제품, 기술 또는 팀을 구축하고 있다면, 시작하는 데 가장 좋은 방법은 작동할 수 있는 가장 작은 것을 구축하는 것, 즉 최소기능제품(MVP, Minimum Viable Product)이라는 것을 알게 될 것이고, 점차적으로 제품에 대해 고객, 코드 리뷰와 기술 실험 그리고 팀 구성원들의 피드백으로 더 크게 진화하는 것임을 알게 될 것이다.

0.2.3 속도가 승리한다

세계는 매우 빠르게 변화하고 있다. 크다고 꼭 작은 것을 이기는 것은 아니다. 빠른 것이 느린 것을 이기게 된다.

루퍼트 머독

훌륭한 기업이 진화와 반복 개발의 결과라면, 가장 빠르게 반복할 수 있는 회사가 승리할 것이다. 이 책에 소개된 아이디어의 대부분은, 더 빠르게 반복하는 방법(배우는 속도를 높일 수 있게 피드백 고리를 단축해서 진화하는 방법)들에 관한 것들이다. 고객 개발은 제품/시장에 맞는 것을 더 빠르게 찾도록 해줄 것이다. 클린 코드와 자동화 테스트는 더 빠르게 기술을 구축하게 해 줄 것이다. 강력한 문화는 더 빨리 팀을 구축하는 데 도움을 줄 것이다. 어느 정도 직관적이지는 않지만, 빠르게 구축한 것들이 품질 높은 것을 구축하는 밑거름이 되어 있음을 이 책을 통해 알 수 있을 것이다. 속도가 승리한다.

0.3 이 책은 많은 분야를 다루고 있다

이 책과 동일한 주제나 내용을 다루는 책이 많지만, 이 책은 사업을 시작할 때 가장 기본이 되는 아이디어, 즉 "Hello, Startup" 튜토리얼에 초점을 맞추고 있다. 따라서 더 많은 것을 배울 준비가 되었을 때를 대비한 자료를 추가하고 있다. 그렇지만 이 책에서는 법률 및 금융 측면은 다루지 않고 있다. 사업계획서 작성이나 투자자에게서 돈을 모금하는 것이나 또는 기업공개 신청에 관해 더 관심이 있어 읽어보고 싶다면, '추천 도서'에서 소개한 책 중에서 읽을 수 있다(http://www.roadbook.co.kr/165에서 확인할 수 있다).

물론, 스타트업에 관한 책을 읽는다고 해서 훌륭한 개발자나 창업자가 될 수 있는 것은 아니다. 운동 연습 책을 읽으면서 훈련을 해야 훌륭한 역도 선수를 만들 수 있는 것이다. 운동연습 책은 특정 연습 방식을 알려 줄 수 있지만, 처음 역기를 들려고 하면 아직 약골일 뿐임을 알게 될 것이다. 따라서 많은 시간을 체육관에서 연습하고, 땀 흘린 후에만 이 책에서 읽은 대로 어느 정도 무게를 들 수 있게 된다. 마찬가지로, 이 책의 목표는 스타트업에서 필요할 도구와 기술을 가르치는 것이다. 하지만 그 목표가 이루어지려면 기술 연습에 많은 시간을 투자해야 한다.

옳고 그름에 관한 문제가 아니다. 모든 모델은 잘못됐지만, 몇 가지는 유용하다[Box and Draper 1987, 424]. 이 책에서 다루고 있는 도구와 기술은 이미 스타트업에서 유용함이 입증된 것들이며 미래에 그것들이 유용한 것이었음을 깨닫기 바란다. 이들 도구는 기존에 만들어진 해결책이 아니며, 문제의 유형에 대해 생각한 어휘를 만드는 방법처럼 스스로의 해결책을 만드는 것이다.

0.4 이 책은 누가 읽어야 하는가

스타트업에서 일을 하거나, 스타트업 세계에 뛰어 들려고 하고 있거나, 대기업에서 일을 하거나, 스타트업처럼 일을 하고 싶으면, 이 책을 읽어야 한다. 급격히 변하고, 불확실한 기술벤처 세상에서 성공적인 회사(그리고 성공적인 경력)를 이뤄내기 위해 필요한 모든 기본 아이디어를 소개하고 있다. 비록 이 책의 핵심은 프로그래머를 위한, 프로그래머에 의한 것으로, '제2부. 기술'은 분명히 기술적인 내용이지만, '제1부. 제품'과 '제3부. 팀'은 기술 보유자 및 기술 비보유 독자들도 읽을 수 있다.

만약 프로그래머로 경력을 시작한다면, 이 책은 당신을 위한 것이다. 이 책은 내가 대학에 있을 때 알고 싶어했던 모든 것(충고, 조언, 내 경력을 시작했을 때 누군가가 나에게 말해주었으면 했던 모든 것)을 모아 놓은 것이다. 이 책을 읽는 독자 중 일부는 젊은 프로그래머로서, 아마 몇 가지의 프로그래밍 언어를 알고 있을 것이다. 그리고 몇 가지 라이브러리와 프레임워크를 마스터했을 수도 있고 어쩌면 학업의 일환으로 몇 가지 작은 앱 개발을 했을 수도 있다. 갑자기 돈을 받고 일을 하게 되면, 학교에서 배운 기술이 현실에서 일하는데 기초가 된다는 것을 알게 될 것이다. 두려워하지 않도록 해주겠다. 두려워할 필요 없다. 이전에 수많은 다른 프로그래머가 겪은 어려운 방법과 반복되는 실수들을 발견하게 될 것이다. 또는 이 책을 읽어나가면서 첫날부터 올바른 방향으로 당신의 경력이 움직이게 되는 것을 알게 될 것이다.

숙련된 개발자라면, 이 책은 당신이 매일 해 온 업무를 더 체계적으로 살펴보게 할 것이다. 여전히 화이트보드에 이진법 트리로 후보들을 검토하고 있는가, 직감이나 온라인에서 뜨거운 트렌드를 기반으로 하는 최근의 프로젝트를 위한 기술을 선택하였는가, '문서 작성'이라는 'To-Do List'를 갖고 있는가, 회사가 너무 크거나 너무 느리거나 더 이상 혁신적이지 않다는 생각이 드는가? 이 책을 읽으면서 고개를 끄덕이거나 미소를 짓고 있음을 알게 될 것이다. 현재의 직업에 조언을 적용할 수 있을 것이고 또는 아마 변해야 한다고 생각하게 될 것이다.

첨단 회사의 관리자, 임원 또는 투자자인 경우, 이 책은 왜 시간 예측이 중요도의 순서에 의해 다른지, 또는 왜 최고의 개발자가 다른 회사로 가는지, 왜 최신 AgileExtremeScrumPairProgrammingDevOps™ 과정이 당신의 팀을 더 빠르게 만들지 못하는지 이해할 수 있게 해줄 것이다. 성공의 대부분은 프로그래머가 생각하는 방법과 그들이 하루 종일 어떤 일을 하고 있는지를 이해하는 것, 그들에게 동기를 부여하는 방법을 이해하는 것에 달려 있다. 이 책의 내용은 직속 부하에게서 일대일로는 얻을 수 없는 진실된 것이다.

아직 참여하고 있지는 않지만 스타트업에 관심이 있다면, 이 책은 소시지가 실제로 어떻게 만들어 지는지 깊게 알려 준다. 최종 제품만(예: 웹사이트, 모바일 앱, 멋진 장난감)을 연구하는 것으로 성공적인 스타트업을 이해하려는 것은 졸업장만을 연구하여 누군가의 대학 생활을 이해하려는 것과 같다. 종이쪼가리에 불과한 것에 감동해서, 졸업장을 얻기 위해 반드시 치러야 하는 다 년간의 학업, 연구세션, 시험 그리고 과제(또는 성공과 실패)를 놓치게 되는 것이다. 링크드인이나 페이스북 같은 기업은 겉으로는 단순해 보이지만, 그렇지 않다. 이 책은 위와 같은 회사들을 가능하게 만든 창의력, 문제 해결 그리고 불면의 밤들에 대한 모든 비밀을 알려준다. 요컨대, 스타트업에 관심이 있다면 이 책을 읽어보기 바란다.

0.5 감사의 글

이 책은 많은 사람의 도움 없이는 세상에 나올 수가 없었을 것이다. 애초에 조 애들러, 아담 추럭던버그, 조슈아 수어레스 및 닐란잔 레이차두리의 조언과 도움 덕에 책을 쓰기로 했다. 내 동료 해커들, 플로리안 지아비야 그로스커스, 매튜 스움, 프라치 굽타 및 보웨이 가이는 아이디어와 피드백으로 모든 단계에서 나를 도왔다. 오라일리 사람들,

특히 엔젤라 루피노, 메리 추레슬러, 니콜 셸비, 길란 맥가비, 마니크 로우키즈들이 초보 작가가 출판할 수 있도록 도움을 주었다. 그리고 피터 스카모로시, 시드 비스와나탄, 종 왕은 도입 부분에 많은 도움을 주었고, 제임스 이어글은 법적 문제에 대한 도움을 주었다.

많은 용감한 자원 봉사자들은 책의 초판을 읽었고 책이 완전히 출판되기 전에 내용을 가지고 씨름을 했다. 알리스테이어 슬로리, 조셉 본, 클라크 칭, 제이 크렙스, 아라 메리보전, 프라치 굽타, 매튜 스웁, 마틴 크렙만, 드미트리 에프로머브, 데이비드 그룹, 몰리 푸치, 스티브 푸치, 알라 브리만, 미하일 브리크만 그리고 시간을 내어 이 책을 검토하고 피드백과 도움을 준 모든 분께 감사한다.

인터뷰에 응한 훌륭한 프로그래머들께도 큰 감사를 드린다. 브라이언, 대니얼, 딘, 프로, 게일, 요나스, 호르헤, 줄리아, 케빈, 마틴, 맷, 매튜, 닉, 필립, 스티브, 트레이시, 비크람과 자크(다음 인터뷰 참고), 당신들의 이야기, 조언, 피드백이 없었다면, 이 책은 한계가 많았을 것이고 지루하고 불완전했을 것이다.

마지막으로, 내 인생의 좋은 일에는 내 가족의 덕이 대부분이었다. 엄마, 아빠, 리알라 그리고 몰리에게 이 책을 바친다.

0.6 인터뷰

이 책의 연구 일환으로, 최근 십 년간에 가장 성공적인 몇몇 스타트업의 프로그래머들을 인터뷰했다. 인터뷰를 하면서, 거의 모든 스타트업에서 반복해서 발생하는 문제점들을 알게 되었다. 회사마다 이런 문제점들을 어떻게 생각하고 있는지에 대한 폭넓은 관점을 가지게 되었고 문제 해결을 위한 가장 일반적인 패턴과 실천에 대해 알게 되었다. 그리고 훌륭한 개발자가 되기 위해서 필요한 영감을 얻었다. 책 속에 이런 모든 아이디어를 담았고, 다음 사람들의 인터뷰 내용을 직접 인용하였다.

브라이언 라슨(https://twitter.com/larsonite)
　　구글의 소프트웨어 엔지니어 스태프, 트위터의 수석 소프트웨어 엔지니어

대니얼 김(https://linkedin.com/pub/daniel-kim/1/333/592)
　　페이스북 소프트웨어 엔지니어, 인스타그램 엔지니어링 매니저

딘 톰슨(https://linkedin.com/in/deansthompson)

트랜사크의 공동 창업자, 프리미어 헬스 익스체니지의 공동 창업자 겸 CTO, 피크 스트레티지의 공동 창업가 겸 CTO, 엠스포크의 공동 창업가 겸 CTO, 링크드인의 엔지니어 디렉터, 노웨이트의 CTO

플로리안 지아비야 그로스커스(https://linkedin.com/in/florina)

링크드인의 웹 개발자, 제품 전문가 겸 관리자, 웰스프론트 인력 운영 이사

게일 라크만 맥도웰(https://linkedin.com/in/gaylemcd)

캐리어컵 창업자 겸 CEO, 시애틀 안티 프리즈의 창업자 겸 공동 대표, 킨스크린의 엔지니어링 부사장, 구글의 소프트웨어 엔지니어

요나스 보너(https://jonasboner.com/)

트리엔탈 AB 공동 창업자 겸 CTO, 스케이러블 해결책 AB의 창업자 겸 CEO, 타입세이프의 공동 창업자 겸 CTO

호르헤 오티즈(https://linkedin.com/in/jorgeo)

자버레이터(Joberator) 창업자, 링크드인 소프트웨어 엔지니어, 포스퀘어의 서버 엔지니어, 스트라이프의 해커

줄리아 그레이스(https://juliahgrace.com/)

웨딩러블리 공동 창업자 겸 CTO, 틴디의 CTO

케빈 스콧(https://linkedin.com/in/jkevnscott)

링크드인 SVP 엔지니어링 및 운영, 애드몹 엔지니어링/운영 부사장, 구글의 수석 엔지니어 이사

마틴 크렙프만(https://martin.kleppmann.com/)

고 테스트 잇과 래포르티브의 공동 창업자, 링크드인 수석 소프트웨어 엔지니어

맷 클레이턴(https://twitter.com/matclayton)

믹스클라우드 공동 창업자 겸 CTO

매튜 소웁(https://linkedin.com/in/mattewshoup)

인디아나플라자닷컴의 웹 개발자, VNUS 메디컬 테크노롤지스의 E*비즈니스 관리자, 링크드인 소속 수석 해커, 너드월렛의 주요 괴짜

닉 델라마조레(https://linkedin.com/in/nick)

링크드인의 수석 엔지니어, 코세라의 인프라 리더

필립 제이콥(https://linkedin.com/in/whirlycott)

스타일피더 창업자 겸 CTO, 스택드라이버의 엔지니어, 구글의 소프트웨어 엔지니어 및 TLM

스티븐 코닌(https://linkedin.com/pub/steven-conie/0/8/474)

스핀너의 CTO 겸 공동 창업자, 웨이페어의 창업자

트레이시 추(https://linkedin.com/in/triketora)

쿼라의 소프트웨어 엔지니어, 핀터레스트의 소프트웨어 엔지니어

비크람 랭너카(https://linkedin.com/in/vikramr)

보이스라우트 공동 창업자, 소셜워크의 공동 창업자, 링크드인 수석 소프트웨어 엔지니어

자크 홀맨(https://zachholman.com/)

첫 번째 기술 중 하나를 깃허브에서 채택

1부
제품

헬로,
스타트업

: 제품, 기술, 팀을 완벽하게 구축하는 기술

1장
왜 스타트업인가

1.1 기술 스타트업의 시대

약 5억4천만 년 전 지구에 놀라운 일이 일어났다. 바로 '캄브리아기 폭발(Cambrian Explosion)'로 불리는 결과로 인해 생명체의 형태가 다양해졌다. 그때까지는 해면(海綿)이나 기타 단세포 생명체들이 지구에 널리 분포되어 있었는데, 몇 백만 년 안에 동물의 왕국이 훨씬 더 다양해진 것이다…. 그리고 "기업의 폭발적인 증가"라는 비슷한 상황이 지금 세상에서 일어나고 있다. 이를 통해 디지털 스타트업이 서비스와 제품에서 놀라울 정도로 다양하게 늘어나고 있으며 경제의 모든 구석구석을 관통하고 있다. 디지털 스타트업은 전체 산업을 재편하고 있으며, 심지어 회사의 기본 개념도 변화시키고 있다.

[A CAMBRIAN MOMENT 2014], 이코노미스트

지금 이 순간 세상 어딘가에서, 두 명의 프로그래머가 차고에 앉아서, 한 번에 한 줄의 코드로 우리의 미래를 창조하고 있다. 우리는 첨단 기술 스타트업 시대에 살고 있다. 실리콘 밸리가 그 길을 선도하고 있지만, 볼더(Boulder)[1]에서 런던, 텔아비브, 싱가포르에 이르는 모든 주요 도시에서는, 그들만의 스타트업 허브를 구축하려 하고 있다. 미국에만 1천여 개 이상의 벤처캐피탈 회사가 있고, 매년 전체적으로 젊은 기업에 500억 달러 이상을 투자하는 2백만 엔젤 투자자들이 있다[Hollas 2011]. 2010년 미국에서는 3만여 개 이상의 새로운 첨단 기술 및 통신 기술회사가 설립됐고[Hathaway 2013, 7], 또 매일,

---

1 (옮긴이) 미국 콜로라도 주(州) 북동부에 있는 도시다.

매시간마다 거의 4개의 새로운 기술 스타트업이 생겨나고 있다.

스타트업 혁명이 여기 이 장에 있고, 주목하고 싶어질 이유를 설명할 것이다(이 책을 읽는 것은 좋은 시작이다!). 스타트업을 훌륭하게 만들거나 스타트업에 입사하거나 자신의 스타트업을 시작하는 방법을 설명할 것이다. 정직하게 논의하기 위해, 스타트업에 실패했었던 것과 스타트업이 왜 모든 사람에게 유용한 것이 아님을 고백할 것이다. 그러나 우선, 스타트업이 다른 사람들에게는 다른 어떤 것을 의미하는 문구일 수도 있으므로 이 책의 시작은 기술 스타트업이 의미하는 것이 무엇인지부터 정의할 것이다.

1.2 기술 스타트업이란 무엇인가

이 책은 기본적으로 기술 스타트업에 초점을 맞추고 있다. 기술 부분을 설명하기는 쉽다. 만일, 당신의 회사 사업이 기본적으로 기술을 구축하는 것이라면(그 기술이 판매할 실제 제품이거나 다른 제품을 판매하는 데 사용되는 기술이라면) 기술회사다. 그렇지만 기본적으로 이미 존재하는 기술을 사용하는 경우라면 기술회사가 아니다. 예를 들어, 깃허브(GitHub)는 프로그래머들의 공동작업을 더 쉽게 해주는 기술을 개발하고 판매하기 때문에 기술회사다. 마찬가지로, 트립어드바이저(TripAdvisor)도 기술회사다. 왜냐하면 그들은 여행 상품(예:호텔 객실, 휴가 패키지, 항공편)을 판매하지만, 대부분의 업무는 그런 것을 가능하게 하는 호텔 페이지, 사용자 계정, 리뷰 스토리지, 사진 저장공간 그리고 검색기능과 같은 기술을 구축하는 것이기 때문이다. 동네에 있는 레스토랑이 멋진 웹사이트를 가지고 있고, 해당 웹사이트가 플래시와 자동 재생 음악파일을 사용하였더라도 기술회사는 아니다. 레스토랑의 기본적인 사업 활동은 기술이 아니라 식사를 위한 음식과 좋은 분위기를 제공하는 것이기 때문이다.

따라서 '기술'이라는 말보다는 '스타트업'이라는 말에 신경을 쓰는 것이 어떨까? 전형적인 스타트업의 모습은 차고에 두 명의 개발자가 있고 일주일된 회사다. 그렇지만 스타트업이라는 말이 때때로 더 크고 오래된 회사들을 말할 때도 있다. 예를 들어, 월스트리트 저널[Philips 2014b]은 다음을 설명하는 데 스타트업을 사용한다.

- 스냅챗(Snapchat) : 100억 달러 가치, 설립한지 2년, 20명 이상의 직원
- 우버(Uber) : 420억 달러 가치, 설립한지 5년, 550명 이상의 직원
- 스페이스엑스(SpaceX) : 48억 달러 가치, 설립한지 12년, 3천여 명 이상의 직원

기업가치가 얼마인지(0달러에서 420억 달러), 얼마나 오래되었는지(일주일에서 12년), 또는 직원이 몇 명인지(3명에서 3,000명)에 따라 스타트업을 정의하는 것은 아니다. 그러면 "스타트업은 무엇인가?" 이 질문에 해답을 얻기 위해서, 잘 알려진 기업가를 통해 몇 가지 정의를 살펴보자. 에릭 리스(Eric Ries)로부터 시작한다.

스타트업은 지극히 불확실한 조건에서 새로운 제품이나 서비스를 창조하기 위해 계획된 사람들의 조직이다.

[RIES 2011A, 27], 에릭 리스, *린 스타트업*, 인사이트, 2012

제품과 서비스를 만든다는 면에서 스타트업은 많은 불확실성에 자주 직면하게 되지만, 대부분의 동네 레스토랑이 하는 것도 스타트업의 실패율과 비슷하다[Miller 2007]. 일반적으로 동네 피자가게를 스타트업이라고 말하지 않는다. 뭔가 더 필요한 것이 있다. 폴 그레이엄(Paul Graham)이 말하고자 하는 것을 살펴보자.

스타트업은 빠르게 성장하도록 설계된 회사다. 새롭게 설립되는 것 자체만으로 스타트업 회사를 만드는 것은 아니다. 스타트업은 기술 작업이 필요하거나, 벤처자금이나, 어떤 '출구'만이 필요한 것이 아니다. 제일 중요한 것은 성장이다. 스타트업이 갖추어야 하는 모든 것은 성장에서 나오는 것이다.

[GRAHAM 2012B], 폴 그레이엄, 와이 컴비네이터의 공동 창업자

불확실성뿐만 아니라, 대규모 성장이라는 스타트업에 대한 또 다른 필수 요소가 있다. 대개 동네 피자가게의 목표는 대규모 성장이 아니다. 단지 매일 밤 적절한 수입을 올릴 수 있는 주문이면 충분하다. 반대로, 음식 배달 회사 스푼로켓(SpoonRocket)은 2013년부터 수익을 내게 됐지만 성장과 지속적인 수입, 새로운 도시로의 확장, 새로운 고객 획득을 위해 설계되었다[Sciacca 2013]. 스푼로켓은 스타트업이지만, 영원히 스타트업으로 남게 될 것인가, 아니면 어떤 측면에서 "자리를 잡은 기업"이 될 것인가? 이 질문에 대답하기 위해서, 스티브 블랭크(Steve Blank)와 밥 도프(Bob Dorf)에게 돌아가보자.

스타트업은 반복적이고 확장 가능한 비즈니스 모델을 찾기 위해 계획된 임시 조직이다. 이 정의에 따르면, 스타트업은 새로운 벤처회사가 될 수 있고 기존 회사의 새로운 부서나 사업 단위가 될 수 있다.

[BLANK AND DORF 2012, XVII], 스티브 블랭크와 밥 도프, *기업 창업가 매뉴얼*, 에이콘, 2014

기존의 비즈니스는 시장에서 작동함이 입증된 제품을 가지고 있어서, 확장, 최적화, 효율적인 실행에 초점을 맞추고 있다. 스타트업은 제품이 시장에서 잘 작동할지 알지 못

한다. 그래서 회사는 주로 실험과 시행착오에 초점을 맞추며 반복과 확장 가능한 비즈니스 모델을 추구한다. 즉, 스타트업의 최종 요소는 검색 모드에서 작동하는 것이다. 이제 모든 구성요소를 갖추게 되었으니, 기술 스타트업을 시작해보자. 기술 스타트업은 다음의 특징을 가진 조직이다.

- **제품** : 기술
- **환경** : 매우 불확실함
- **목표** : 거대한 성장
- **작동 모드** : 검색

이 책의 목적에 따라, 나는 조직의 연혁이 얼마나 되었는지, 직원 수가 얼마인지, 어떤 산업인지, 얼마의 돈을 벌 수 있는지에 고심하지 않는다. 이 책의 내용은 새로운 브랜드와 3명의 직원이 있는 회사, 3천 명의 직원이 있는 기존 회사 내에서의 새로운 벤처, 또는 기술 개발을 하고 있는 사람들에게 적용될 것이고, 환경은 끊임없이 변할 것이고, 애초의 목표는 성장할 것이고, 작업 방식은 검색모드일 것이다. 이것은 대부분의 사람들이 스타트업이라는 말로 생각할 수 있는 것은 아니지만, 이런 아이디어를 더 잘 표현하는 단어나 문구를 모르겠다. 여기서 잠깐! 나는 이 책을 "헬로, 매우 불확실한 환경에서 반복적인 비즈니스 모델을 찾고 기술을 구축하여 거대한 성장을 계획하고 있는 조직"으로 하려고 했는데, 약간은 외설적으로 들릴, "헬로, 스타트업"이라고 스타트업이라는 말을 붙이기로 했다.

1.3 왜 스타트업에서 일해야 하는가

그렇다면 기술 스타트업이 무엇이고, 왜 이리 야단 법석인지 알고 있는가, 그들을 그렇게 위대하게 만드는 것이 무엇인가? 기술 스타트업에서 일을 하고 있거나, 이제 막 시작했거나, 이미 사업 중이든 간에, 고려해야 할 세 가지 주요 이유가 있다. 그것은 바로 "더 많은 기회", "더 많은 주인의식", "더 많은 즐거움"이다.

1.3.1 더 많은 기회

재미있는 사실이 있다. 당신은 사이보그라는 것이다. 시간이 지남에 따라, 몸과 마음은 인공적인 요소 및 기술로 향상하게 된다. 너무 점진적으로 일어나기 때문에 알아차리지 못했을 것이지만, 당신과 충원된 모든 사람이 시간을 거슬러 몇천 년을 보낸 상황이었고, 완전 기본으로 돌아가 그때와 비교하면 당신은 초능력을 가지게 된 것이다. 안경, 콘택트렌즈, 보청기, 치아 봉, 치아 교정기, 틀니, 심장 박동기, 심장 판막 치환술, 고관절 치환술, 인공 심장, 3D 프린팅된 귀, 모발 이식, 심장 이식, 피부 이식, 티타늄 뼈 및 의족과 같은 현대 의학의 힘으로 가능하게 된 실질적인 개선이 분명하다. 하지만 그 모든 것이 어떻게 기술과 엮여 있는지 겨우 겉만 보는 데 지나지 않는다.

예를 들어, 책이나 (더 일반적으로) 글쓰기는 마음의 능력을 증대시키는 기술인 것이다. 종이에 단어를 '저장'함으로 기억을 확장할 수 있다. 화이트보드에 한 단계, 한 단계씩 수학 문제를 풀어가면서 연산 능력을 확장시킬 수 있다. 누군가에게 편지, 이메일 또는 문자 메시지를 보내는 것으로 의사 소통하는 능력을 확장시킬 수 있다. 다이어그램, 차트, 표, 타임라인 또는 청사진을 그릴 때마다, 문자 그대로 생각하는 능력을 향상시키기 위해 글쓰기를 이용하고 있는 것이다[Victor 2014].

요즘은 디지털 매체를 통해 많은 생각을 하고 있다. 아마 온라인 서점(예: 오라일리, 아마존, 아이튠즈)에서 책의 디지털 버전을 구입하여 태블릿이나 전자책 단말기로 읽을 수 있다. 트위터와 레딧(Reddit)에서 뉴스를 읽고, 링크드인에 이력서를 쓰고, 터보텍스(TurboTax)를 이용해서 세금을 정리하고, 유튜브, 넷플릭스에서 엔터테인먼트를 얻고, 지메일이나 페이스북을 통해 친구나 가족과 연락을 주고받고 있다. 주머니나 지갑, 또는 책상 근처에는 아마도 스마트폰이 있을 것이다. 의사소통(예: 전화 통화, 문자 메시지)을 향상시키기 위해 그리고 기억(예: 일정, 알람, 사진), 방향 감각(예: GPS, 구글 맵), 엔터테인먼트(예: 음악, 동영상), 지식(예: 구글, 시리, 옐프, 주식, 날씨)을 얻기 위해 스마트폰을 사용한다. 휴대폰은 이제 당신의 일부다. 어디를 가든 가지고 다니고, 옆에 두고 잠자고, 하루에도 수십 번씩 확인하고, 끊임없이 의존하고 있다. 사실, 스마트폰이 없으면 불안하고 안정이 안 될 것이다.

밖으로 머리를 돌려보라. 자동차, 버스, 기차가 지나갔는가? 컴퓨터로 디자인되고 로봇으로 가득 찬 공장에서 만들어지는 이런 기술의 경이로움은, 짧은 시간에 먼 거리를 여행할 수 있는 능력을 향상시킬 수 있다. 자! 하늘을 보라. 어딘가에 머리 위로 제트 엔진, 무전기, 자동 조종 장치 등 하늘을 가로지르는 동력장치가 장착된 비행기가 지나갈 것이다. 또 그 위 어딘가에, 위성과 우주정거장이 지구 궤도를 돌고 있고, 사진을 찍고, 날씨를 측정하고, 전화호출을 전송하고 있을 것이다.

그러나 이것은 시작에 불과하다. 곧 기술(예 : 애플 시계, 구글 안경, 자본 업)을 착용하게 될 것이고, 휴대폰으로 문을 잠그게(예 : 어거스트 스마트 잠금장치, 락키트론, 고지) 될 것이고, 질병을 모니터하고 진단하기 위해(예 : 전화기로 혈압을 추적하고[Topol 2015, 6] 심전도를 전달받아 심장 발작을 조기에 발견하는) 휴대폰이 사용될 것이다. 다양한 일을 사람 대신에 로봇에 의존하게(예 : 룸바 로봇 청소기가 청소 직원으로, 페덱스 대신 아마존의 드론 배달 서비스로 교체) 될 것이고, 물체를 만들어내기 위해 '복제기(예 : 가정에서 DNA 프린팅[Lee 2014] 또는 우주공간으로 렌치)'를 이메일로 보내는[LeTrent 2014], 로봇 제어 차량으로 여행(예 : 구글이나 테슬라의 자동운전 자동차)할 것이고, 우주공간을 여행하게(예 : 버진 갈락티스 또는 스페이스엑스를 통해) 될 것이다.

이런 모든 기술의 공통점은 무엇일까? 그들 모두는 소프트웨어에 의존하고 있다는 것이다. 다시 말해 "소프트웨어가 세상을 점령할 것이다"라는 마크 안드레센(Marc Andreessen)이 말한 2011년의 예측이다[Andreessen 2011]. 기술이 점점 더 유비쿼터스해짐에 따라, 소프트웨어 회사들은 점점 더 많은 산업을 떠맡게 될 것이다. 예를 들어, 도서 산업을 주도하고 있는 아마존은, 모든 책 구매의 41%와 모든 온라인 책 구매의 65%를 지배하고 있다[Milliot 2014]. 미국 엔터테인먼트 산업에서, 50%의 가구가 현재 넷플릭스, 홀루(Hulu), 아마존 프라임(Amazon Prime)을 사용하고[Leichtman Research Group 2014], 유튜브는 다른 케이블 네트워크보다 18세에서 34세가 더 많이 조회한다[YouTube Statistics 2014]. 숙박 장소로, 세계에서 가장 큰 호텔그룹인 인터컨티넨탈 호텔 그룹(홀리데이 인과 인터컨티넨탈 체인을 소유)이 겨우 70만 개의 객실을 보유하고 있는 것에 비해, 에어비앤비는 1백만개 이상의 장소를 보유하고 있으며, 매 주마다 2만 개 이상이 추가되고 있다[Griswold 2014]. 전체 글로벌 통신 산업이 매년 7조5천억 통의 문자 메시지가 전달되는 것에 비해, 왓츠앱(WhatsApp, 스마트폰 전용 매신저 앱) 사용자는, 연간 7조2천억 통의 메시지를 보내고 있다[Evans 2014]. 스카이프 사용자가 연간 국제 전화 통화를 2천억 분 이상을 하고 글로벌 통신 산업에서 이미 40%를 차지하며, 50%이상 빠르게 성장하고 있다[Gara 2014]. 인력충원 산업에서 링크드인과 지불수단 산업에서 페이팔, 스퀘어, 스트라이프 그리고 교통수단 산업에서 우버와 리프트(Lyft, 미국 샌프란시스코에 위치한 교통 네트워크 회사), 음악 산업에서 스포티 파이와 판도라 등과 같은 소프트웨어 회사는 다른 많은 산업을 지배하고 있다.

가장 큰 변화는 모바일에서 오고 있다. 스마트폰은 당신이 사는 방식을 바꾸고, 빠른

CPU, 풍부한 저장 공간, 비교할 수 없는 연결력(3G, LTE, 와이파이, 블루투스, NFC, GPS), 내장된 확장 기술(마이크, 카메라, 가속도계, 지문 인식, 자이로스코프, 기압계, 근접각 센서), 터치 스크린, 스피커들과 같은 것을 포함하는 패키지로 모든 소프트웨어를 채택하고 있다. 이 패키지는 아주 작고 유용해서 언제 어디서나 항상 함께 있다. 그 결과, 모바일이 인간 역사상 가장 빠르게 성장하는 기술이 되었다(그림 1.1 참조).

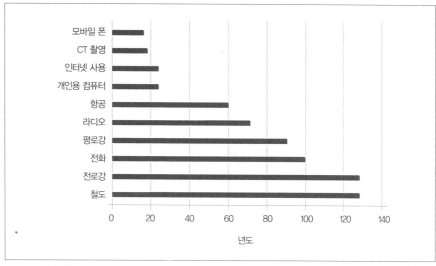

그림 1.1 선택 기술이 80% 적용 범위에 도달하기까지의 시간(세계 은행의 데이터를 기반으로 윌리암 잭과 타브닛 스리가 차트를 제공했다[Jack and Suri 2010]).

모바일을 둘러싸고 있는 수치들은 충격적이다. 그림 1.2에 나타난 것처럼, 지구상의 사람들이 텔레비전, 은행계좌 그리고 안전한 식수와 칫솔보다 훨씬 많이 휴대폰을 사용한다[Hall 2011]. 2020년까지, 지구상의 성인 80%가 스마트폰을 사용하게 될 것이다. 즉, 모바일이 세계를 점령하게 될 것이다[Evans 2014].

기술 스타트업은 다량의 소프트웨어와 모바일 혁명의 선봉에 있다. 혁명이라는 것은 엄청난 변화를 의미하고, 변화는 스타트업이 대기업보다도 더 다루기에(시도하기에) 적절한 것이다. 일부 거대 기술은 스타트업처럼 조직을 개편하려고 하고 있다.[2] 그렇지만 많은 회사가 따라잡기 어려울 것이고 스타트업으로 대체될 것이다. 사실, 그림 1.3에서 볼 수 있는 것처럼, 스타트업의 모든 세대가 이전 세대보다 더 빠르게 성장하고 있

---

2   예를 들어, 구글 X는 웨어러블 기술, 자동 주행 자동차, 높은 고도 와이파이 풍선기구 그리고 포도당 모니터링 콘택트 렌즈와 같은 것을 영속적인 검색 모드에서 탐구하는 프로젝트로써, 구글의 비공식적인 브랜드이다[Gertner 2014].

다. 페이스북, 구글, 그루폰, 징가와 같은 회사들은 전체 20세기 동안 대부분 기업들이 성장한 것 보다 최근 10년 내에 더 빠르게 성장했다[Blank and Dorf 2012, xxviii]. 1958년에, S&P 500 지수 회사의 평균 존속기간은 61년이었다. 현재는 겨우 18년으로 줄어들었다[Innosight 2012].

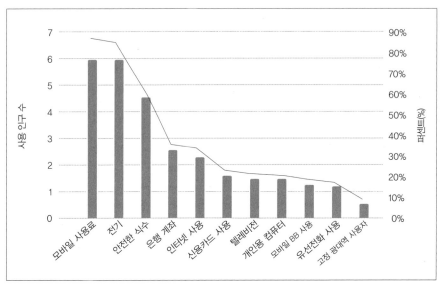

그림 1.2 글로벌 모바일의 점유율(chart courtesy of Chetan Sharma 2012[Sharma 2012])

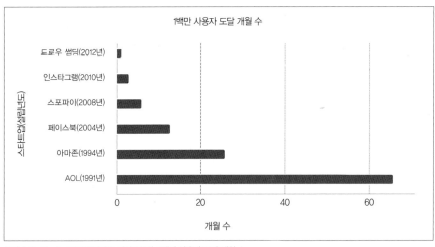

그림 1.3 [Fralic 2012] 자료를 바탕으로한 1백만 사용자 도달 개월 수

스타트업은 2000년에 이뤘던 것보다 두 배나 빠르게 10억 달러 가치에 도달했는데[Van Grove 2014], 그것은 거품이 아니라 어느 때보다도 회사를 설립하고 발전시키기 쉽기 때문이다. 다음은 스타트업 진입을 위해 장벽을 낮춘 내용들이다.[3]

오픈소스

아무 준비 없이 모든 것을 글로 쓰는 대신에, 현대의 스타트업은 1천만 개 이상의 오픈소스 저장소에 있는 코드를 활용할 수 있다[Doll 2013]. 많은 저장소가 대규모 개발자 커뮤니티에서 개발되고, 실험되고, 문서화된다. 오픈소스를 사용하면, 시간도 절약되고 자체적으로 개발할 수 있는 어떤 것보다도 규모가 크고 질이 높은 프로젝트에 접근할 수도 있다는 것이다. 오픈소스와 테크 스택 선택 방법에 대한 자세한 내용은 제5장을 참조하라.

서비스

스타트업은 아주 쉽고, 빠르게 설치하고, 실행 가능하게 해주는 수많은 서비스를 활용할 수 있다. 예를 들어, 자신의 데이터 센터를 구축하는 대신, AWS(아마존 웹 서비스), 디지털오션(DigitalOcean), 또는 랙스페이스(Rackspace)를 사용할 수 있다. 자체적인 모니터링 소프트웨어를 구축하는 대신, 뉴레릭(New Relic), 키스매트릭스(KISSMetrics), 믹스패널(MixPanel)을 사용할 수 있다. 자체적인 이메일 서비스를 구축할 필요 없이, 아마존 SES, 메일침프(MailChimp), 또는 샌드그리드(SendGrid)를 사용하면 된다. 로고가 필요하면, 디자인크라우드(DesignCrowd)를 사용할 수 있다. 법률 서비스가 필요하면 로켓로이어(RocketLawyer)를 이용할 수 있다. 지불 동의를 해야하면 스트라이프(Stripe)를 사용할 수 있다. 고객 데이터를 관리해야 하면, 세일즈포스(SalesForce)를 사용할 수 있고, 고객지원이 필요하면 젠데스크(Zendesk)를 사용할 수 있다.

유통

제품에 대한 마케팅 측면과 전 세계로 직원들이 분산해서 운영할 수 있다는 점에서 이전보다 유통이 더 쉬워졌다. 마케팅을 위해서 기술, 인터넷, 휴대폰의 활용성, 검색엔진, 모바일 앱스토어, 광고, 이메일과 트위터, 페이스북, 링크드인, 레

---

3 스타트업을 위한 서비스 공급자, 도구, 상품에 대한 종합적인 목록인 http://www.hello-starup.net/resources를 참조하라.

딧, 해커 뉴스, 유튜브 같은 소셜 미디어 채널을 통해 이전보다 더 많은 사람과 빠르게 접근할 수 있다(155쪽 '유통' 참조). 분산된 회사를 구축하려면, 깃허브, 스카이프, 구글 행아웃, 지라(JIRA), 슬랙(Slack), 힙챗(HipChat), 베이스캠프(Basecamp), 아사나(Asana), 트렐로(Trello) 등 그외 무수히 많은 다른 협업 도구에 접속하면 된다.

정보

요즘, 성공적인 스타트업을 구축하는 데 유용한 많은 정보가 있다. (이 책과 같은) 책, 교육 과정(무료 온라인 스탠퍼드 코스, 스타트업 시작하기 2014 등은 이 책의 내용을 보완하기에 좋다), 블로그(특히 폴 그레이엄의 에세이), 밋업 그룹, 학회, 액셀러레이터, 인큐베이터 등에 대한 내용을 이 책에서는 담고 있다.

자금

오픈소스, 서비스, 편리한 유통과 많은 정보 덕에, 스타트업은 이전보다 자금이 덜 든다. 자금이 필요하게 되면, 전통적인 벤처캐피탈 회사를 포함해서, (엔젤리스트 같은) 엔젤투자자, (킥스타 같은) 클라우드 펀딩, 인디에고고(Indiegogo), 렌긴드 클럽(Lengind Club), 캡베이지(Kabbage), 정부의 자금 지원 및 스타트업을 위한 인센티브(스타트업 뉴욕 2014와 싱가포르 스타트업 정부 기금 및 지원 계획 등)와 같은 많은 옵션이 있다.

이 모든 것은 우리가 역사상 놀라운 시간에 있음을 의미한다. 소프트웨어가 모든 산업을 장악하고, 스마트폰이 우리 삶의 방식을 변화시키고, 스타트업은 이전보다 더 짧은 시간에 더 많은 사람에게 도달할 수 있다. 즉, 소프트웨어가 세상을 지배하고, 모바일이 세상을 지배하여, 마침내는 스타트업이 세상을 지배하게 될 것이다. 프로그래머로서의 당신은, 이런 축제에 참여하고 스타트업에 함께하여 코드 몇 개를 작성하는 것으로 수백만 명의 사람과 접촉할 수 있는 전례 없는 기회를 얻게 될 것이다.

1.3.2 더 많은 주인의식

그렇다면 왜 대기업이나 기존 회사에서는 코드를 만들지 않는 것인가, 마이크로소프트, 시스코, IBM과 같은 기술 거인보다 스타트업에서 일하는 것에는 어떤 이점이 있는 것인가, 수천 명의 직원이 있고, 설립된 지 오래 됐고, 고용보장을 해주는 더 '안정된' 회사에서 일하는 게 낫지 않는가?

글쎄, 고용 보장을 얘기해보자. 아마 당신의 부모나 조부모는 50년 동안 같은 회사에서 근무했고, 경력 사다리를 올라, 금시계를 받고 은퇴했을 것이다. 그러나 그와 같은 형태의 직업은 사라진 지 오래됐고, 그런 고급스러움은 없다. 1960년대 초 미국에서 태어난 보통 사람은, 18세에서 46세 사이에 11.3년 동안 직업을 가졌고[BLS 2012] 이 숫자는 점점 늘어나서, 1980년대 초에 태어난 보통사람은 26살까지 6.2개의 직업을 가졌다[BLS 2014]. 즉, 평균 근속 기간은 3년 미만이라는 것을 의미한다.

그리고 대기업이 소규모 기업보다 더 안전해 보이지 않는다. 예를 들어, 2014년에만, 시스코는 6,000명의 직원을 감원했다. 그리고 IBM은 13,000명을, 마이크로소프트는 18,000명을, HP는 27,000명의 직원을 감원했다[Tolentino 2014]. 고용보장이 사라진 것이다.

대학 졸업 후 갈 곳을 결정하려고 할 때 받은 한 마디 충고는 실리콘 밸리를 페이스북 부서, 구글 부서와 같이 작은 스타트업 부서가 많은 대기업처럼 생각해야 한다는 것이었다. 때론 부서가 재편되고 더 이상 독립 부서는 아니지만, 모든 사람이 곧 다른 그룹에 들어가게 된다. 나는 이것이 아주 적절한 비유라고 생각한다. 사람들은 이곳의 다른 회사 사이를 꽤 자주 이동한다.

당신이 약간 덜 능숙한 소프트웨어 엔지니어일지라도, 스타트업에 합류하는 위험을 걱정할 필요가 없다. 아마 대기업처럼 그렇게 많지는 않지만 합리적인 급여를 지급받게 되고 청구서나 대출금을 지불하고 지낼 만한 정도는 되기 때문이다. 스타트업이 주저앉게 되면, 곧바로 다른 일을 찾게 됐다. 결국 스타트업은 그렇게 위험하지 않다.

[CHOU 2014], 트레이시 추, 쿼라와 핀터레스트의 소프트웨어 엔지니어

규모가 작은 스타트업에 들어갔기 때문에 직업을 잃을 수 있다는 것은 진짜 위험한 것이 아니다(무엇보다도, 대기업에서 일자리를 잃지 않을 것이라는 보장이 없다). 일자리를 잃을 수 있다는 것은 오히려 기회가 된다. 한 회사에서의 일을 선택하면, 다른 많은 회사에서 일하지 않는 것을 선택했음을 의미한다. 그점에 있어서, 고용보장이 사라지는 것은 그렇게 나쁜 일이 아닌 것이다. 오랫동안 같은 일을 하고 있다면, 아마 다른 곳에서의 더 좋은 기회를 놓치고 있는 것이다.

대기업에서는, 일반적으로 '정체'가 문제다. 같은 업무를 반복하면, 결국 더 이상 도전하지 않고, 배우는 것을 멈춘 것 같고, 지루하게 느끼게 된다. 무엇보다도, 당신이 무엇을 하고 있는지 잘 말하지 않고, 대개 당신의 기여가 작고 중요하지 않은 느낌을 받게 된다. 대기업에서 일하는 것은 큰 갤리선 배에서 노를 젓는 수천 명 중 한 명에 지나지

않는다. 반복해서 일하고, 생고생을 하지만, 당신의 공은 다른 사람이 조정하고 있기에 완전히 손실된다. 다른 누군가에게서 신용을 얻는다면, 멋진 모자를 쓴 것에 지나지 않는다. 결국 키는 다른 사람이 쥐게 된다.

배가 어디를 향하고 있는지 거의 알지 못할 지라도, 더 뛰어나 보이려고 노력해도, 큰 배를 되돌리는 것은 매우 어렵다는 것을 발견하게 된다.[4]

> 대기업에서의 내 경험으로 보면, 전략적으로 그룹의 방향에 맞게 업무를 진행하여, 돈 버는 것이 시간 문제 라고 여기는 것과 같이, 결국 어떤 그룹에 있는가에 달려 있다. 그와 같은 것도 중요하지만, 성공과 실패의 운명은 시장이 원하는 것을 실행하고 구축하는 것에 달려 있는 것 같다.
>
> **[GRACE 2014], 줄리아 그레이스, 웨딩러블리의 공동 창업자, 틴디의 CTO**

소규모 회사가 일반적으로 더 자율적이다. 어떤 업무를 하고, 언제 업무를 하고, 어떻게 업무할 지에 대해서 더 많은 이야기를 하게 된다. 또한 불필요한 형식, 관료주의 그리고 정치적인 것을 덜 가지게 된다. 가장 중요한 것은, 스타트업의 창업자나 또는 초기 직원으로서, 회사 문화를 규정할 수 있다(제9장 참조). 예를 들어, 회사의 사명이 무엇이며, 그 가치는 무엇인지, 통신수단을 공개로 할 것인지 비공개로 할 것인지, 개방식 구조로 할 것인지 또는 개인 사무실을 가질 것인지, 직원이 재택근무를 할 수 있는지, 관리 계층구조에 따라 회사조직을 만들거나 평면 회사조직을 유지할 것인지, 업무와 휴가 시간을 추적하거나 아니면 성과위주로 할 것인지 등을 규정할 수 있다. 대기업에서는, 대부분의 이런 결정은 이미 되어 있고, 당신은 그대로 따르기만 하면 된다. 스타트업에서는, 이런 결정의 대부분이 당신에게 달려있다.

작은 스타드업에서는 각 외사결정이 회사에 큰 영향을 미친다. 무엇보다도, 중소기업은 일반적으로 대기업보다 빠른 피드백 고리를 가지고 있기 때문에 더 빨리 당신의 영향력을 확인할 수 있다. 당신이 작성한 코드의 모든 라인과 당신이 구축한 모든 결과물은 눈에 띄는 차이를 만들 것이다. 당신은 더 이상 큰 기계의 작은 톱니가 아니라, 전체 조직에 큰 영향을 주는 사람이다. 결론은 생각보다 회사의 사명과 관련이 깊고, 목적의식이 더 높아졌음을 느끼게 된다는 것이다. 큰 회사의 이윤을 증대하기 위한 노력은 어렵지만, 생존을 책임지고 있는 작은 스타트업에서는, 쉽게 고무되거나 서로 밀접하

---

4 분명히, 짐을 완전히 싣고 보통의 속도로 운항하는 초대형 유조선이라면, 항로에서 빙산을 만날 수도 있다. 그렇다면 이미 너무 늦은 것이다[Vella 2013].

다고 느끼게 된다.

스타트업은 또한 지배할 기회가 더 많다. 매우 다양한 업무에 직면하게 될 것이고, 그곳에 있는 한 항상 새로운 것을 배워야 할 것이다. 어느 날은 데이터베이스 쿼리를 작성하고, 다음날은 유저 인터페이스(UI, User Interface)를 디자인하고, 그 다음날은 고객 서비스 이메일에 답장을 쓰고, 그 사이에 투자자에게 발표할 자료를 함께 만들게 될 것이다. 경력과는 상관없는 기술을 개발하게 될 것이고, 압박이나 스트레스 그리고 위험에 대처하는 법을 배우게 될 것이다. 안락한 곳과는 거리가 먼 그곳이 바로 진정한 배움이 일어나는 곳이다. 이것이 바로 많은 사람이 대기업에서의 3년보다 스타트업에서의 3개월에서 더 많이 배우게 되는 이유다.

> [이전 회사에서] 바꾸기 위해서 여러 해 동안 엄청난 노력을 해온 것이 모두 구조학적으로 형편없는 결과처럼 느껴졌지만, 그것을 진행하는 사람들과 논쟁을 벌일 위치는 아니었다. 그래서 이전 사람들이 옳다고 여기는 대로 한 결정 때문에 그렇게 됐다고 느꼈다.

> 포스퀘어에서는 소수의 엔지니어가 있었고, 대부분의 의사결정은 아직 되지 않았고, 내가 결정하면, 훨씬 더 좋을 것 같았다. 그리고 그렇게 됐다. 나는 많은 결정을 했다. 모두가 반드시 좋은 결정이었던 것은 아니었다. 3년반 후에, 좋았다. 너무 미안하고 미안하게도, 내가 3년 전에 했던 이 끔찍한 선택 때문에 멈출 수 없게 되었다. 그러나 좋은 걸 배우는 경험이었다. 정말로 많은 것을 배웠다.

> **[ORTIZ 2014], 호르헤 오티즈, 링크드인, 포스퀘어, 스프라이프의 소프트웨어 엔지니어**

자율성(autonomy), 지배력(mastery), 목적의식(purpose)은 인간에게 동기를 부여하는 가장 강력한 세 요소다(409쪽 '동기부여' 참조). 세 가지 모두를 제안하는 일을 발견한다면, 당신이 좋아하게 될 일을 찾은 것이고 자랑스럽게 일할 수 있는 곳을 발견한 것이다.

1.3.3 더 많은 즐거움

스타트업은 더 즐거울 수 있다. 대기업에서는 이미 시장에서 작동하는 제품을 가지고 있으므로, 당신의 기본 업무는 그것을 최적화하는 것이다. 스타트업에서는 진행하는 모든 것이 시장에서 작동하게 될지 모를 많은 가설이어서 검증에 중점을 둔다. 검증하는 것이 매우 흥미로운 일이라는 것을 알게 된다.

검증은 세상과 벌이는 전투처럼 느낄 수 있다. 생존을 위해 싸우는 것은 이윤 2%를 증가시키려고 노력하는 것보다 더 강력한 유대를 만들어 낸다. 그리고 세상에 새로운 무언가를 만들어 내려고 고심하는 것은 이미 존재하는 무언가를 최적화하는 것보다 더 흥미로운 것이다. 예를 들어, 당신의 첫 공개 출시를 기념하고, 수익을 만들어내고, 또는 기업공개를 진행하는 것은 연례 크리스마스 파티나 가장 최근의 성과 검토보다 더 기억에 남는 일이다.

아시겠지만, 실리콘 밸리에서는 대우뿐만 아니라 모든 것이 좋았다. 하지만 내 인생에서 가장 멋진 하루와 나에게 가장 큰 기쁨이 되었던 것은 한밤 중에, 나의 공동 창업자 중 한 명이 "누군가가 우리에게 50달러를 지불했어!"라고 전했던 전화통화였다. 페이팔을 통해 우리 소프트웨어에 얼마를 청구했고 돈은 그저 우리 계정에 있었다. 내가 생각할 수 있는 전부는 우리가 이 소프트웨어를 만들었다는 것이고, 온라인에 올린 것이며, 지금 누군가가 진짜 돈을 지불했다는 것이다. 물론, 지불된 돈이 철회될까 두려웠다. 우리 소프트웨어가 충돌이 발생하고 고객이 다시 와서 50달러를 돌려 달라고 할까봐 두려웠다. 그래서 그 돈을 건드리지 말자고 했다.

[RANGNEKAR 2014], 비크람 랭너카, 보이스라우터 및 소셜워크의 공동 창업자

스타트업에서는 '형편없는' 날 조차도 재미있을 수 있다. 빈민 지역에 위치한 사무실, 빠듯한 예산, 진행하고 있는 것에 아이디어가 없다는 끊임없는 생각 모두가 공포가 될 수도 있지만 흥미진진하다. 이런 것들은 오히려 승진 또는 정치적 성향에 집착하는 것보다 인생에서 작은 승리에 감사하게 가르친다.

링크드인에 있을 때 내가 좋아하는 몇 가지 기억은 처음 입사했을 때부터였고, 첫 2년 동안 동부 엠바카데로 사무실에서 일할 때였다. 혜택은 그렇게 많지 않았지만 우리는 여전히 거기에서 일하는 것을 좋아했다. 점심은 대개 냉동 부리토이거나 음식 트럭이 띄엄띄엄 나타나거나 그렇지 않은 경우도 있었다. 요즘 실리콘 밸리에서 엔지니어에게 해주는 후한 대우와는 상당히 대조적이었다. 그래도 정말 좋은 대우를 받았다. 내가 좋아하는 기억 중 하나는 리드 호프만이 어느 여름날 회사를 위해 사무실까지 사비로 아이스크림 트럭을 불렀던 것이다.

말이 안 되는 사무실이었다. 임시 저장소, 공항, 골프 코스, 이스트 팰로앨토(East Palo Allo) 사이에 위치했다. 욕실은 항상 범람했다. 절도도 여러 번 당했다. 그러나 매우 재미있는 일이었다. 사무실 주위에서 스쿠터 레이스, 기타 히어로 대회 그리고 시 낭송 대회를 열었다. 이안 맥니쉬는 거대한 장난감 바주카포를 가지고 있고, 그 꼭대기 뒤에 매달리면, 거의 뇌진탕을 일으킬 것 같았다.

내가 정말 좋아했던 것은 주마다 열리는 전체 제품회의였다. 모든 제품 매니저와 엔지니어들이 회의실에 들어가 실적을 검토했다. 2005년 가을 경에 사람을 채용하는 제품을 출시했고, 그것이 꽤 괜찮았고, 돈을 벌기를 원했고, 기다렸다. 사람들이 실제로 돈을 지불할까? 이후 우리는 1백만 달러를 벌기 시작했고, 세상에, 오 마이 갓, 엄청난 돈을 벌고 있었다.

[DELLAMAGGIORE 2014], 닉 멜라마조레, 링크드인과 코세라의 소프트웨어 엔지니어

스타트업은 본질적으로 변화에 관한 것이므로, 매우 자주 다르게 진행하고 있다. 이

것이 가장 재미있는 회사 문화를 거대 기업이 아니라 스타트업에서 찾아 볼 수 있는 이유다. 대부분의 기술회사에서도 아마 캐주얼 드레스코드, 무료 스낵, 음료, 식사 등 기본적인 것은 가능하다고 들었을 것이지만, 사실 그 이상이다. 예를 들어, 허브스팟 (HubSpot)은 정기적으로, 선구자적인 사상가를 초청해 좌담회를 진행하고, 직원들에게 책을 무제한으로 지급해주며, 3개월마다 일부 무작위로 '좌석 셔플'을 시행하고, 무제한 휴가정책을 쓰고 있다[HubSpot 2013]. 에버노트도 무제한 휴가정책을 시행하지만 그들은 한 단계 더 나아가서, 실제로 휴가를 갈 때 직원들에게 1,000달러를 보너스로 준다[Bryant 2012]. 아사나(Asana)에서는 직원들이 자신의 사무실 가구를 주문 제작할 때 10,000불을 받게 되고, 사내 요가나 마사지를 받을 수 있고, 직원들의 맞춤형 식사를 위해 풀 타임으로 현장 요리사가 상주하고 있다[Drell 2011](제9장에서 더 많은 스타트업 문화를 확인할 수 있다).

이 중 일부는 바보 같은 특전처럼 들릴 수도 있지만, 무언가를 더 제공해서 '단지 다른 일자리'에 지나지 않다는 것을 바꾸고 있는 것이다. (매우 성공적이고, 급성장하는 스타트업 같은) 우주선을 잡아 탈 수 있을 정도로 운이 좋다면 당신의 삶도 바꿔줄 수 있다. 나에게 링크드인은 놀랄 만한 혼돈의 순간이었다. 수백만 명의 회원들을 처리하려 사이트를 확장하고, 마운틴 뷰, 뉴욕, 베를린, 암스테르담, 토론토에서 해커 대회를 하던 순간, 셰릴 샌드버그, 마크 안드레센, 아리아나 허핑턴, 토마스 프리드먼, 코리 부커, 브라이언 스티븐슨, 심지어 버락 오바마 대통령과 대화하는 인데이 스피커 시리즈(InDay Speaker Series)의 기억, 뉴욕에서의 기업 공개 순간, 페리 빌딩, 스포츠 자동차 클럽 및 자이언츠 스타디움에서의 휴일 파티, "모든 제품과 서비스 출시를 기념하는 티셔츠(http://bit.ly/ yb-shirts)"[5]와 그 이상의 것들 등과 같은 순간을 꼽을 수 있다. 매번, 이런 모든 것을 나를 위해 누군가가 돈을 지불한다는 것이 믿기지가 않았다.

스타트업은 어떤 새로운 것을 시도함으로, 일하기에 놀라운 장소로 만들어주어 안전한 경로로부터 멀어지게 하는 용기를 가지고 있다는 사실이다. 그리고 그림 1.4에서 보여주는 것처럼, 안전한 경로에서 벗어나는 용기를 가지는 것은 또한 놀라운 삶을 살게 되는 열쇠가 되기도 한다[Newport 2012, chap. 6].

---

5 이 책의 다른 대안이 되는 제목은 "다시는 돈 주고 티셔츠를 사지 않는 방법"이었다(http://bit.ly/shirt-matter).

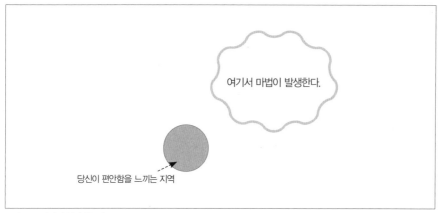

여기서 마법이 발생한다.

당신이 편안함을 느끼는 지역

그림 1.4 마법이 일어나는 장소

1.4 왜 스타트업에서 일하지 말아야 하는가

지금까지, 스타트업이 여러 가지 면에서 기존 기업보다 좋아 보이는 것처럼 만들었다. 그렇지는 않다. 스타트업은 자체적인 문제가 있고 그 문제들은 대기업보다 더 심각하다. 사실, 스타트업은 더 극단적으로 좋으면 더 좋고 나쁘면 더욱 나쁘다.

스타트업에 입사하는 것이 모든 사람에게 해당되는 것은 아니다. 스타트업을 설립하는 것도 일부 사람들의 얘기다. 이제, 스타트업 세상의 몇 가지 문제점을 설명할 것이다. 그렇게 화려한 것이 아니고, 많은 것을 희생해야 하며, 부자가 되지 못할 것이다. 스타트업에 취업하거나 스타트업을 설립하는 사람들 사이의 상호보완이 되는 것도 논의해 볼 것이다.

1.4.1 화려하지 않다

스티브 잡스가 타임지의 표지를 장식했고, 엘론 머스크가 포춘지 표지에 등장했으며, 트위터는 지속적으로 TV에서 언급되고, 페이스북에 관한 영화도 있다. 기술 기업은 새로운 록스타가 되었고 몇몇의 프로그래머들은 에이전트까지 있다[Widdicombe 2014]. 대부분은 진짜 좋다. 아이들이 기술에 흥미를 갖는 것은 어떤 면에서 좋은 일이다. 그리고 기업가나 프로그래머들은 록스타나 운동선수보다 틀림없이 더 나은 롤모델이 되고 있다. 그러나 종종 미디어에서는 스타트업 세상이 정말 좋은 것처럼 왜곡된 이미지를 만들어 낸다.

　모든 잡지의 표지에서 보여지는 기업가들은 놀라운 전략, 모든 장애를 극복하고, 모든 경쟁자를 패배시키고, 세상을 변화시키는 것을 단독으로 해냈고 그 과정에서 부자가 되었다는 기업가 영웅신화를 만들어 낸다. "소셜 네트워크(The Social Network)" 같은 영화는 끊임없이 파티와 성공으로 이어가는 스타트업 삶을 묘사한다. 실제로, 어떤 기업이나 어떤 스타트업도 그와 같지는 않다. 스타트업은 대부분 실패한다. 소수의 스타트업만이 성공하고, 한 사람만의 영웅이 있는 것이 아니라, 제품과 회사를 끊임없이 반복하여 발전시켜 마침내 "유레카!" 순간을 함께하고 연일 연마하는 사람들의 한 팀이 있었던 것이다. 모든 스타트업의 진정한 뒷이야기에는 수많은 실수, 실패, 피봇, 논쟁 그리고 싸움이 있다. 때로는 배신 또는 중도 포기자들이 있다. 공포, 스트레스, 고통은 항상 있다. 그리고 결국, 우승자는 사전에 완벽한 계획을 했던 화려한 전략가가 아니라, 계획한대로 잘 되지 않아도 포기하지 않은 약간의 어정쩡한 팀이다.

　다시 말해, 스타트업의 99.9%는 힘들고 매력적이지 않다. 목요일 오후 11시에, 사랑하는 사람과 집에서 TV를 보며 휴식을 취하는 대신, 당신은 새로운 코드를 배포하고 있을 것이다. 금요일 오전 2시에, 친구들이 모두 파티에 나가있는 동안, 당신은 전날 밤부터 출시했던 제품의 버그를 해결하려고 미친 듯이 코딩하고 있을 것이다. 주말 내내, 일반 직업의 사람들은 하이킹이나 도보 여행을 하는 것으로 업무에서 멀어지는 시간을 보내는 반면, 웹사이트는 일주일 내내 24시간 실행되어야 하고 이번 주에는 당신이 대기 조이기 때문에, 컴퓨터에서 2미터 이상 멀어지는 것을 두려워하게 될 것이다.

　대기업은 이런 종류의 업무를 담당하는 전문가를 고용하는 고급스러움을 갖추고 있지만, 작은 스타트업에서는, 거의 모두가 제너럴리스트가 되어야 하고, 모든 것을 조금씩은 해내야 한다. 별도의 공간을 만들어야 할 지도 모르고, 얼마만큼의 화장지를 화장실에 구비해야 할지를 예측해내야 할지도 모른다. 영업 부사장은 어떻게 고용하고, 급여는 어떻게 산정하고, 모든 종류의 법과 세금 관련 양식을 기입하고, 투자자들을 위한 발표 자료를 만들고, 로고를 디자인하는 등 더 많은 것을 배워야 할지도 모른다. 어떤 프로그래머들은 새로운 많은 스킬을 배울 수 있기 때문에 이런 것을 좋아하지만, 어떤 프로그래머들은 코딩하는 것이 더 낫다고 생각할 것이다.

사업을 구축하는 것과 흥미로운 엔지니어링 문제를 해결하는 것 사이에는 큰 차이가 있다. 스타트업이 가지고 있는 흥미로운 엔지니어링 문제는 매우 자주, 그런 엔지니어링 문제를 얼마나 잘 해결하느냐에 따라 비즈니스의 성패가 달리게 된다는 것이다. 이에 예외가 되는 것은 어려운 과학적 문제 중심의 스타트업의 경우다. 예를 들어, 배터리 회사를 운영하는 친구가 있는데, 그의 비즈니스는 그들이 이뤄낸 과학적 돌파구와 얼마나 잘 운영을 하느냐에 성패가 결정나게 될 것이다. 이런 어려운 과학적 구성요소는 웹 기반 스타트업에는 99%가 해당되지 않는다. 오히려 대부분의 웹 기반 스타트업은 거의 전적으로 실행, 유의미한 마케팅, 판매, 제품, 엔지니어링에 성패가 달려있다. 엔지니어로서 만일 우리가 훌륭한 코드를 만들고 수백만 명의 사람들에게 확장 가능한 것을 구축할 수 있다면, 성공적인 것이 되고 전체 팀이 크게 기뻐하며 "오, 당신 너무 놀랍네요"라고 말하며, 수백만 달러에 우리를 인재영입용으로 인수(acqui-hire)하기를 원할 것이다. 이것은 테크크런치에서 읽었던 것이고 밋업에서 들었던 것인데, 현실과는 매우 먼 얘기다.

[GRACE 2014], 줄리아 그레이스, 웨딩러블리의 공동 창업자, 틴디의 CTO

대기업에서 경력을 쌓은 개발자들은, 종종 스타트업에서 하는 많은 일이 엔지니어링과는 관련없다는 것에 놀란다. 대기업에서는 당신이 코딩만 하는 것에서 벗어나 무의미한 회의나 어려운 과정과 방법 같은 그들만의 방해 방식이 있다(437쪽 '업무 과정' 참고). 그러나 스타트업에서는 비엔지니어링 업무도 종종 그들의 일에서 필수적인 부분이다. 그런 업무도 회사를 발전시키는 데 가치 있는 것이지만 일상적인 일일 수 있다. 스타트업이 업무를 하기에 '매력적인' 장소가 될 수 있다는 평판에도 불구하고, 분명히 그렇게 매력적이지 않은, 실제로는 힘들고 단조로운 업무와 작업을 하는 많은 시간으로 가득하다. 조직에서 더 높은 위치가 될수록, 당신이 좋아하는 엔지니어링 업무에 보낼 시간이 더 줄어들게 된다.

코드를 쳐대고, 한밤 중에, 방금 멋진 것을 구축해냈다는 것을 깨닫게 되는 그런 순간에 있게 되는 것을 좋아한다. 비즈니스를 확장해 나갈 때마다 리더의 자격으로, 다른 사람들이 해내는 만큼 할 수 없다는 것을 깨닫는다. 서서히 그렇게 깨닫게 된다. 즉각적으로 알아차리지는 못한다.

5명만 있는 경우에는, 경력 개발에 대해 서로 얘기하거나, 자신들의 승신 사이클과 임금 상승률에 생각해보는 시간이 거의 없다. 50명이 있는 곳에 있게 되면, 갑자기 당신의 시간의 10% 정도는 그런 얘기를 하고 있음을 발견하게 된다. 100명이 있는 지금은, 4명~5명은 20명의 사람들이 가진 것을 알려주고, 당신의 50%~75%의 시간을 이 일에 보낸다.

더 큰 곳으로 가게 되면, 갑자기 비즈니스의 대중성에 직면하기 시작한다. 지속적으로 코딩하는 시간이 거의 없어지게 된다. 투자자들에게 얘기하고, 발표하고, 얘기하러 거리로 직접 나가야 하며, 남는 시간을 빨아들이게 된다. 일정이 너무 다양해져서 단순히 엔지니어링 작업만 하는 집중된 시간을 갖기 어렵게 된다. 진화는 어느 날 당신이 깨어나서 "오, 와우, 4개월 동안 코딩을 하나도 못했군" 하고 깨달을 만큼 천천히 일어난다.

[CONINE 2014], 스티븐 코닌, 웨이페어의 창업자

많은 개발자가 코딩을 하는 역할에서 최고경영자, 최고기술자, 또는 부사장과 같은 리더 역할로 전환하는 데 어려움을 겪고 있다. 그런 역할을 해본 적이 없다면, 실행팀의 일부가 되는 것이 더 중요하고, 존경받고, 강력하게 느껴지게 할 것이라고 기대할 것이다. 당신은 5성 장군처럼 전략을 기획하고, 명령을 내리고, 체스판에서 체스 말을 움직이고 있는 자신을 상상한다. 실제로, 오히려 정신과 의사를 능가하는 영업사원이 될 것이다. 누구든, 어디서든, 당신 회사에 관심을 두는 한 사람을 찾으려고 많은 시간을 보낼 것이다. 직원들의 소리를 들으려고, 그들의 필요한 것을 파악해내고, 그들의 불만사항을 처리하고, 그들에게 동기부여하는 방법을 고심하는 데 많은 시간을 보낼 것이다. 의사결정을 하겠지만, 그 중 많은 것은 고통스럽고, 위험하고, 일반적이지 않을 것이다. 얼마나 노력하든, 그런 결정들의 일부는 잘못된 결정이 된다. 어떤 사람은 이런 환경을 즐기지만, 당신이 그런 사람이 아니라면, 리더십 역할은 당신 일이 아닌 것이다.

> 사람들은 자신들이 창업한 회사의 CEO가 되고 피라미드의 꼭대기에 오르는 비전이 있다. 어떤 사람은 그런 것으로 동기부여가 되지만 모두에게 그런 것은 아니다. 정말 좋은 것은 모두가 당신의 보스가 되는 것이다. 모든 직원, 고객, 파트너, 사용자, 미디어가 당신의 보스가 되는 것이다(나에게는 더 이상 상사가 없었고 지금도 더 많은 사람이 필요하지 않았다. 대부분의 CEO의 삶이 모든 사람에게 알려진다). 최소한 내가 그렇게 느끼고 내가 알고 있는 대부분의 CEO도 그렇게 느낀다. 사람들에게 힘과 권력을 행사하고 싶다면, 군대나 정치계로 입문하고 기업가는 되지 말라.
>
> [LIBIN 2012], 필 리빈, 에버노트의 CEO

1.4.2 희생의 길이다

성공적인 스타트업을 구축하는 것은 매우 어렵다. 대기업들과 경쟁해서 훌륭한 사람을 고용하는 것이 어렵다. 떠나기로 결정한 사람을 설득하여 고용하는 것이 어렵다. 성과를 내지 못하는 사람을 해고하기가 어렵다. 사람들에게 동기부여를 하기가 어렵다. 아무것도 작동하지 않고 돈이 떨어시고 있을 때 스스로에게 동기부여를 하기가 어렵다. 돈을 모으기가 어렵다. 투자한 이후에 당신 비즈니스에서 이탈하는 투자자들을 지키는 것이 어렵다. 단기생존을 걱정해야 하는 때 회사의 장기 방향에 집중하기가 어렵다. 끊임없이 변하고 있는 시장에서 신제품을 만들어내는 것이 어렵다. 무언가를 구축하고, 판매하고, 마케팅을 해내는 데 많은 시간을 들이기가 어렵다. 경고를 알아차리는 사람이 아직 없다. 불쑥 등장하는 경쟁자들을 막아내기가 어렵다. 많은 돈과 시간, 많은 경력을 들인 것에 충분한 정보 없이 매일 같이 많은 결정을 하는 게 어렵다. 실수를 하게 되면(많은 실수를 하게 된다) 자신 밖에 비난할 사람이 없기 때문에 어렵다.

이 모든 것은 스타트업에서 일하는 것은 많은 희생이 따른다는 것을 의미한다. 어떤 사람들은 다른 사람보다 그런 것을 더 잘 관리할 수 있지만, 신생 스타트업에서 일하는 것은 종종 당신이 원하는 만큼 친구들이나 가족들을 못 본다는 것을 의미한다. 게다가, 건강에도 고통이 있을 것이다. 스타트업은 정신적, 육체적 건강에 문제가 생길 수 있기 때문에 결혼생활을 파괴하고, 심지어는 자살하는 창업자들도 있다[Feld 2014]. 그런 나쁜 경우는 아주 드물지만, 오랜 시간 너무 많은 스트레스는 일상적인 문제다.

> 26살 때 의사한테 갔었다. 나에게 단기 기억 문제가 발생했다. 의사는 몇 가지 혈액 검사를 하고는 "60세의 수치가 나타난 것이 문제입니다"라고 말했다. 나는 더 이상 그렇게 되고 싶지 않았고, 그후 상사에게 "자, 저는 떠납니다. 내 삶을 즐기고 있지 않습니다. 8개월~9개월 동안 일주일에 90시간을 일해왔습니다." 그러자 그 상사가 말하기를 "그래, 나도 내 심장에 문제가 있어서 병원에 다녀왔다. 아마 나도 떠날 거야"라고 했다. 스타트업에서는 자신의 삶에 보조를 맞추어야 한다는 것을 배웠다. 열심히 일해야 하지만, 또한 지속 가능한 상황에서 일할 수 있는 길을 찾아야 한다.

[JACOB 2014], 필립 제이콥, 스타일피더의 창업자, 스택드라이버와 구글의 소프트웨어 엔지니어

스타트업은 정서적 롤러코스터다. 극단적인 최고와 극단적인 최저가 존재한다. 어떤 사람한테는 매력적인 부분이다. 어떤 사람에게는 조절할 수 없는 스트레스가 된다. 창업자들은 특히 스트레스가 심하다. 만일 실패한 스타트업의 직원이라면, 실망스럽지만, 떨쳐내고 다른 직업을 찾아가면 된다. 그렇지만 만일 당신이 실패한 스타트업의 창업자라면, 모든 사람의 기대를 저버린 것처럼 느끼게 될 것이다. 직원들은 여러 해를 함께 했고, 고객들은 돈과 신뢰를 주었으며, 투자자들은 자금을 지원했고, 가족들은 당신을 지원했는데, 결국 이뤄내지 못했다. 당신의 꿈은 사라지고 파괴될 수 있다.

1.4.3 부자가 되지 못할 것이다

대부분의 스타트업은 실패한다. 어떻게 '스타트업'과 '실패'를 정의하느냐에 따라 그 수치가 다르지만, 일반적인 실패율은 대략 75% 정도다[Gage 2012]. 많은 고통과 희생에도 불구하고, 4개 중 3개의 스타트업은 아무런 성과도 얻을 수 없다. 그리고 만일 드물게 성공한 행운아 중 한 명일지라도, 아직 부자가 될 가능성은 낮다. 스타트업 세상에서는, 수익이 힘의 분포 법칙에 따라 분배되는 곳이고, 소수의 승자가 막대한 부를 갖게

되는 곳이기 때문이다. 2000년 이후 60만 개의 스타트업을 분석한 결과를 보면, 34개의 회사(페이스북, 트위터, 링크드인 그리고 우버 같이 잘 알려진 거인)가 전체 시장 비중의 76%를 차지했다[VanGrove 2014]. 만일 이런 거대 기업 중 하나라면 부자가 될 수 있지만, 그와 같은 회사에서 역경이 끝나는 확률은 매우 낮다. 대신 다른 스타트업에서 결말을 맺게 되고, 성공적일지라도, 보상은 작고 그 보상은 대부분 투자자의 몫이 된다(자세한 내용은 468쪽 '혜택' 참조).

급여로 부자가 될 기대는 하지도 말아야 한다. 대부분의 초기 스타트업들은 시장보다 낮은 급여를 주었고, 어떤 경우에는 스타트업에서 일하게 된다는 이유로 돈을 적게 벌게 된다는 위험을 감수해야 한다. 회사가 성공하고 성장하는 경우, 급여도 같이 오르지만, 여러 해 동안 급여를 적게 받은 것의 보상이 될 만큼 충분치는 않다. 그리고 단지 초기 직원이라서 상위 역할(CTO, 부사장 같은)로 승진하게 되어 보상이 될 것이라고 가정하지 말라. 초기에는, 높은 품질의 소프트웨어를 생산하는 것이 거의 불가능했기 때문에 긴 시간과 급격히 변하는 자격요건, 빡빡한 마감에 직면하게 될 것이기 때문이다. 회사가 성장함에 따라 당신이 구축한 애드혹(ad-hoc), 해커, 레거시 시스템은 자체의 한계에 부딪쳐, 더 "경험 많은 사람"을 고용하는 것이 "깨끗이 해결"하게 되는 것이다. 그 시스템을 구축하기 위해 영웅적으로 일하고 새로 고용된 사람이 이전에 그런 일을 했던 사람일지라도, 높은 수준의 지위에서는 그 일은 큰 문제가 되지 않는다[Church 2012].

즉, 부자가 되려고 스타트업에 들어가는 것은 좋지 않은 생각이다. 그런 일이 쉽게 일어날 것 같지 않을뿐더러 동기부여도 약하다. 돈에 대한 욕망은 회사를 창업하는 무지하게 힘든 일을 하는 것으로 충분하지는 않을 것이다. 오히려 할 수 있다면, 409쪽의 '동기부여'에서 논의하고 있는 것처럼 실제로, 동기를 줄이면 된다.

> 재정적인 성공이 유일한 목표이거나 성공의 유일한 척도가 아님을 기억하기 바란다. 돈을 버는 황홀한 울림에 휘말리기 쉽다. 돈 그 자체를 목표로 삼지 말고, 진정으로 원하는 것을 해내기 위한 연료로 생각해야 한다. 돈은 주의를 기울여야 하거나 길의 어느 한 쪽 끝까지 가는 데 필요한 자동차의 가스와 같다. 그러나 좋은 삶은 주유소를 찾아 다니지 않아도 된다.
>
> ───────────────────
> [O'REILLY 2009], 팀 오라일리, 오라일리 미디어 창업자

1.4.4 스타트업에 입사하는 것 vs. 스타트업을 창업하는 것

이번 장에서 몇 번 언급한대로, 당신의 스타트업 경험은 창업자인지 초기 직원인지에

따라 다를 것이다. 기본이 되는 트레이드 오프는 창업자로서, 10배가 되는 보상 기회에 대한 대가로 10배의 희생을 해야 한다는 것이다. 여기서 '희생'이라 함은, 10배나 되는 스트레스, 위험 그리고 오랜 시간을 투자해야 함을 말하는 것이고, '보상'이라 함은, 이런 고통의 대가로, 10배나 더 되는 돈과 성공했을 때의 평판을 얻을 수 있다는 것을 의미한다. 회사를 창업하는 것은 고위험과 고보상(High-Risk, High-Return) 게임이고, 대부분의 사람들이 함께 해야 할 많은 위험과 스트레스를 다룰 준비가 갖추어지지 않은 한, 그들이 가지고 있는 아이디어가 얼마나 훌륭하든, 대부분의 사람들은 기업가가 되지 말아야 한다.

그런 스트레스를 이겨낼 수 있을지라도, 또 다른 고려사항이 있다. 이 책을 쓰면서 우연히 알게 되었는데, 회사를 창업하는 것에 관한 내 생각을 완전히 바꿔놓은 것이다. 창업가로서, 만일 성공적인 스타트업(그런 경우는 대략 1/4이라는 것을 기억하라)을 구축할 만큼 운이 좋다면, 성공적으로 출구(즉, 인수 또는 기업공개)에 도달하는 데 7년에서 8년이 걸릴 것이다[Lennon 2013].[6] 물론, 투자자들에게는 진정으로 오직 하나의 '출구'다(창업자는 대개 최소한 몇 년 더 남아 있을 것이다).[7] 따라서 내 경험으로, 이런 것에서 벗어나기 위해서는 그 일을 하면서 기꺼이 당신 인생의 10년을 보낼 각오를 가지고 회사를 시작해야 한다.

만일 스무 살이라면, 서른 살이 될 때까지 그 회사에서 일하게 될 것이다. 서른 살이라면, 마흔 살이 될 때까지 다를 바 없이 일할 것이다. 이런 통계를 접했을 때, 나는 내 스타트업 아이디어 목록을 다시 보고 그 중 반을 없애버렸다. 그 중 여러 개는 단지 "빠르게 부자게 되는 것"이 핵심이고, 그것들로 피땀 흘려 앞으로 10년을 보낼 방법은 없다는 것을 깨달았다.

성공적인 출구는 단지 회사를 창업한(이전에 언급했던 것 같이, 스타트업과 관련된 것 중 최악의 이유 중 하나다) 이유가 되는 것이 아니라, 많은 사람이 "빠르게 부자 되는" 계획으로 인정하는 것이다. 이번 장에서 아무것도 제거하지 않았다면 "스타트업을 구축하는 것은 아마 부자가 되지는 못한다"라는 문장을 기억하기 바란다. 그리고 부자가 된다 하더라도,

---

6　예를 들어, 기업 공개나 인수 시점에서 최근 10년에 걸친 몇몇의 가장 성공적인 스타트업의 나이를 생각해보라. 페이스북은 8년[facebook 2014], 구글은 6년[Google 2014], 트위터는 7년[Twitter 2014], 링크드인은 8년[LinkedIn 2014], 왓츠앱은 5년[Hoff 2014] 그리고 자포스는 10년[Zappos 2014]이었다.

7　사실, 창업자가 기업 공개 이후 곧바로 떠나려 한다면, 창업자와 회사의 평판과 주가를 해칠 것이고, 그러므로 대부분의 창업자는 최소한 몇 년은 더 머물게 된다. 합병을 위한 대부분의 계약에는 절벽이나 회사가 이행되는 것을 돕기 위해 1년~2년의 기간을 부여하는 것을 포함시킨다. 창업자들은 이런 기간이 지난 후에만 합병에 대한 재정적인 보상을 받게 되므로, 이런 종류의 계약을 대개 '황금수갑'이라고 부르고 있다.

그렇게 빨리되지는 않을 것이다. 성공은 매우 드물다. 그리고 성공을 하려면 10년 이상 은 걸리게 된다.

그런 10년이라는 세월 동안, 정말로 열심히 일해야 한다. 당신의 인생에서 다른 어떤 때보다도 더 열심히 일해야 한다. 회사를 시작하는 것은 어느 때보다 쉬울 수 있지만, 성공시키는 것은 그 어느 때만큼이나 어렵다. 모든 창업자가 시장에 신제품을 내놓고, 사용자들의 습관을 바꾸고, 직면하는 모든 문제를 해결할 수 있는 적합한 사람을 고용 하는 것은 당신 인생에서 겪게 되는 가장 어려운 일이 될 것이다.

> 가장 어려운 점은 성공 기능이 매우 불연속적인 것이라는 것이다. 예를 들어, 사용자 증가를 촉진하는 방법 을 찾아내기 위해 수 개월 동안 노력하고 있다. 성공의 방향으로 가는 측정 기준을 만드는 데 도움이 될 것 이라고 생각하는 몇 가지 특징을 소개하려 한다. 그러나 아무것도 작동하지 않는다. 몇 년 동안 아무것도 되는 게 없다. 그 후 갑자기, 완전히 예기치 않게 매우 성공적인 것이 발생한다.

> 이전에는 어느 부분에서 이런 불연속성이 발생할지 몰랐기 때문에, 할 수 있는 합리적인 행동은 정말 열심 히 일하는 것이라고 여겼다. 길이가 제한된 활주로로만이 있기 때문에 할 수 있는 것을 최대로 할 수 있다면, 당신이 죽기 전에 다음에 오는 불연속성을 타격할 기회를 극대화할 수 있다. 그리고 그 다음 불연속이 도달 하기 전에 당신이 죽게 된다면, 너무 열심히 일했기 때문에 더 빨리 이뤄내기 위해 아마 아무것도 할 수 없 었을 것이라는 것을 알고 있다.

> [KLEPPMANN 2014], 마틴 클렙프만, 고 테스트 잇과 래포르트브의 공동 창업자

성공함수는 매우 불연속적이기 때문에, 스타트업에서 일하는 것은, 특히 창업자로서, 어느 정도는 눈가리개를 하고 마라톤을 하는 것과 같다. 장거리 경주라는 것은 알지만, 주행거리 표식이나 시계를 볼 수 없어, 얼마나 달렸는지 인식을 못하고, 심지어는 맞는 방향으로 달리고 있는지조차 알아차리지 못한다(그렇다고 속도를 줄이고 휴식을 취할 수도 없 다). 그렇지 않으면 누군가가 분명히 제치고 갈 것이다. 그러므로 할 수 있는 한 빨리 따 라 달려, 다음 불연속성을 추격하는 것이다.

스타트업에 입사하는 것이 문제점을 훨씬 덜어준다는 이점이 있다고 대부분의 프로 그래머들은 생각한다. 사실, 많은 스타트업에 주사위를 굴리는 것은 프로그래머로서 재미와 성공적인 경력을 갖게 되는 가장 좋은 방법 중 하나다. 만일 당신이 회사를 하나 설립한다면, 또 다른 구글이나 페이스북이 될 가능성은 매우 낮지만, 창업자로서 헌신 적이라면, 거기에서 결론을 얻기까지 5년~10년을 고수해야 할 것이다. 직원이라면 같 은 기간 동안 서너 개의 다른 스타트업에 입사할 수 있고 분명히 성공적인 회사를 만나 게 될 기회가 증가하게 된다.

페이스북의 100번째 엔지니어는 실리콘 밸리 기업의 99%보다 훨씬 더 많은 돈을 벌었다. 거대한 파이의 작은 조각도 역시 거대하다.

[MOSKOVITZ 2013], 더스틴 모스코비츠, 페이스북과 아사나의 공동 창업자

구급차를 추격하는 변호사들이 있는 것처럼, 실리콘 밸리에는 기업공개나 합병을 좇는 엔지니어들이 있다. 이런 것이 나쁜 것은 아니다. 이런 엔지니어들이 사전기업공개 회사에서 사전기업공개 회사로 옮겨 다니면서 제품을 구축하고 조직을 확장하는 데 도움을 주는 것으로 각각의 가치에 기여하게 된다. 대신에, 그들은 방대하고 다양한 기술을 개발하고, 각 회사만의 독특한 문화를 즐기고, 몇 년 후에는 주머니에 꽤 많은 돈을 모을 수 있게 된다.

관심이 가는 엔지니어를 알았다면, 어떤 회사가 곧 대규모 기업공개나 합병을 할지 예측하기 매우 좋은 기회를 얻을 수 있다. 예를 들어, 지난 몇 년 동안, 내 친구들 여러 명이 기업공개를 하기 전에 링크드인, 페이스북 그리고 트위터 사이를 돌아다니는 것을 보았다. 그들이 어떻게 알았을까? 거기에는 세 가지 기본 징조가 있다. 첫째, 당신이나 대부분의 사람들이 이미 사용하고 있는 제품을 보게 된다. 대부분의 개발자들은 얼리어답터들이다. 그러므로 많은 엔지니어가 특정 기술에 몰려들고, 나머지 세상 사람들이 그것을 따라하게 되는 좋은 기회가 된다. 둘째, 여러 라운드를 거치는 자금 조달을 통해 많은 돈을 확보하는 회사를 보게 된다. 돈을 더 많이 투자할수록, 더 많은 투자자들이 큰 성공을 기대하고 있는 것이고, 그렇게 될 수 있는 가장 일반적인 방법은 그 회사가 공개되거나 합병되는 것이다. 셋째, 놀라운 속도로 성장하고 이익을 내기까지 그 성장세를 유지하기 위해 더 많은 돈이 필요하게 될 회사를 보게 된다.[8]

누군가의 스타트업에 들어가는 것이 돈을 더 많이 벌 것 같고 더 흥미 있을 것 같다면, 좋은 아이디어라 생각되지 않는가? 단순히 아니라고 할 수 없는 경우라면 맞다[Moskovtiz 2014]. 다시 말해, 스타트업을 시작하는 가장 큰 이유는 세상에 그 어떤 아이디어를 알리고자 하는 열정이 넘치기 때문이다. 어떤 명성이나 재산이 아니라 그런 아이디어를 실현하기 위해 모든 고통, 위험, 희생을 기꺼이 이겨낼 수 있을 만큼 중요한 것이기 때문에 그렇게 하고 있는 것이다.

8　최소한 그들의 자금 조달, 성장 그리고 최근 개발자 영입 패턴에 따라 2015년과 2016년에 주목할 만한 몇몇 회사는 우버, 에어비앤비, 스퀘어, 스트라이프, 드롭박스, 핀터레스트, 페이저듀티(Pagerduty), 슬랙(Slack), 제네핏츠(Zenetits) 그리고 깃허브다.

특정한 임무를 달성하는 꿈과 스타트업을 구축하는 꿈을 혼동하지는 말라. 때때로 스타트업은 당신의 꿈을 실현하는 가장 좋은 길이지만, 많은 경우에 라이프스타일 비즈니스(즉 재택 컨설턴트)나, 다른 사람의 스타트업에 합류하거나, 대학에서 연구를 하는 것이 더 나을 수 있다[Payne 2013b].

1.5 요약

가장 좋은 스타트업이 무엇인지 알고 있는가? '희열'과 '공포'라는 거우 두 가지 감정만 경험했을 것이다. 그리고 그들을 향상시키는 것은 수면 부족이라는 것을 알게 됐다.

[HOROWITZ 2014, 21], 마크 앤더센, 넷스케이프, 라우드클라우드, 옵스웨어 그리고 닝의 공동 창업자

스타트업 삶의 빛과 어두움이라는 양면을 모두 보았다. 스타트업은 더 즐거운 일이 될 수 있다. 그렇지만 오히려 더 자율적이지만 동시에 더 스트레스가 된다. 동시에 힘들고 단조로운 일을 오랫동안 해야 한다. 세상과 본인 경력에 큰 영향을 미칠 수 있지만, 동시에 실패 가능성도 매우 높게 된다. 문제는 스타트업이 당신에게 맞는 일인가 하는 것이다.

이런 의문에 결론을 내릴 수 있는 단 하나의 방법은 "해보는 것"뿐이다. 모든 사람이 나가서 회사를 시작해야 한다는 것을 의미하는 것은 아니지만, 최소한 당신 생애에 한 번 정도는, 모든 사람이 스타트업에서 일을 해봐야 한다는 것이다. 즉 모두가 큰 기업에서 일해야 하고 모두가 회사를 설립해봐야 하는 것이다. 스타트업이 모든 사람을 위한 것이 아니고 대기업이 모든 사람을 위한 것이 아니므로, 어떤 것이 당신에게 맞는지 둘 다를 시도해보는 아이디어가 좋을 것이다.

나는 큰 회사에서 일해본 적이 있고 소규모 회사에서 근무한 적도 있다. 당신에게 필요한 서로 다른 기술이 있기 때문에 둘다를 다녀보는 것이 가치있다고 생각된다. 스타트업에는 사람들로 가득하고, 그들이 소통하고 여행하는 방법을 바꾸는 등 무슨 일이든 새로운 것들을 하게 되는 에너지 감각이 있다. 대기업에서 일하게 되면, 다른 사람이 가지고 있는 관점에 소통하고 생각하는 능력이 필요하다. 그러나 때때로, 어떤 것인가를 이뤄내고 싶다면, 3백만 달러의 통장 잔고와 당신을 방해하는 사람이 아무도 없는 것이 가장 좋다고 생각한다.

[JACOB 2014], 필립 제이콥, 스타일러피더의 창업자, 스택드라이버와 구글의 소프트웨어 엔지니어

아마도 그런 것을 모두 해보면, 스타트업의 삶이 당신에게 맞는다는 것을 알게 되거

나, 기업가가 될 것 같다는 영감을 받게 될지도 모른다. 어떤 의미에서, 모든 사람이 이미 기업가다. 아담 스미스는 모든 사람이 "어느 정도는 상인이다"라고 썼다[Smith 2003, Chap. IV]. 다른 사람의 회사나 자신 회사의 고객에게 시간, 지식 그리고 다른 자원을 팔고 있는 것이다. 같은 직장에서 쭉 근무하여 여러 해 동안 경력 사다리를 올라가는 시대는 끝났다. 자영업은 기록적인 수준[Monaghan 2014]이고 우버, 사이드카, 리프트(Lyft), 에어비앤비, 타스크래빗(TaskRabbit), 홈조이(Homejoy) 및 애트시(Etsy)와 같은 스타트업의 영향으로 주변 관련 경제가 상승세다.

물론, 당신 집의 방을 하나 임대하고 또는 컨설팅 일을 하는 것이 스타트업을 구축하는 것은 아니지만, 자영업이 더욱 보편화됨에 따라, 사람들이 스타트업을 더 많이 수용하게 되길 기대하고 대기업의 직업 보장이라는 잘못된 생각을 작게 해주길 기대한다. '직업'에 대한 현대적인 개념은 주변에 만연하는 어떤 실체이고 대학 졸업이 곧 자격이라는 생각이 통하지 않음을 깨닫게 될 것이다. 직업은 존재하지 않는다. 누군가(직원이나 고객)가 어떤 것에 대가를 지불할 만한 가치가 있는 것은 할 수 있는 것에만 존재한다.

나이를 먹으면 "세상이 그렇지…." 하는 말을 하게 된다. 너무 많은 벽을 허물려고 하지 마라. 좋은 가족을 가지도록, 즐거움과 약간의 돈을 가지도록 노력하라.

삶은 매우 제한적이다. 삶은 하나의 단순한 사실을 발견해냈을 때보다도 더 광범위해질 수 있다. 당신을 둘러싸고 있는 모든 것이 당신보다 더 똑똑하지 않은 사람들이 만들어 놓은 것이고 당신이 그것을 바꿀 수 있고 영향을 줄 수 있고, 다른 사람들이 사용할 수 있는 당신 자신만의 것을 구축할 수도 있다.

어떤 것을 배우게 된다면, 더 이상 이전의 당신이 아니다.

[JOBS 2011], 스티브 잡스

2장
스타트업 아이디어

모든 스타트업은 아이디어로부터 시작한다. 구글은 학술논문에서의 인용구와 비슷한 웹 페이지 간의 하이퍼링크라는 아이디어로 시작했는데, 이와 같은 방식으로 인해 웹 페이지의 순위를 매길 수 있다. 링크드인은 인터넷에서 전문가들이 다른 전문가들을 찾는 가장 좋은 방법은 자신들이 신뢰하는 네트워크를 통해서 이루어진다는 아이디어에서 시작했다. 드롭박스는 컴퓨터 간에 파일을 공유하는 데 있어 USB를 들고 다니는 것보다 더 나은 방법을 찾고자 하는 아이디어로부터 시작되었다.

이 책을 쓰기 시작했을 때, 주변의 지인들에게 스타트업과 관련된 주제에 대해 어떤 것을 더 알고 싶은지 물어보았다. 그 질문 중 가장 흔한 하나는 "어떻게 사업가가 기발한 스타트업 아이디어를 떠올리게 되는가?"였다. 많은 사람이 스티브 잡스, 리드 호프만, 헨리 포드, 래리 페이지와 같은 사람을 강력한 창의성을 가진 대표적인 사람들로 떠올린다. 대부분의 강력한 능력처럼, 사람들은 창의성을 가지고 있거나, 가지고 있지 못하더라도 창의성을 이진법 속성을 가진 강력한 능력으로 여긴다.

이 장에서 창의성은 학습으로 얻을 수 있는 능력이라는 점을 확인시키고자 한다. 다른 능력처럼, 어떤 사람들은 다른 사람보다 창의성이 더 뛰어날 수도 있겠지만, 누구나 좋은 아이디어를 떠올릴 수 있다는 것이다. 어떻게 그것이 가능한지 설명하기 위해 이 장의 전반부에서는 아이디어가 어디에서 오는지 살펴볼 것이다. 그리고 후반부에서는 제품화할 가치가 있는 아이디어를 입증하는 방법을 설명할 것이다.

2.1 아이디어는 어디에서 오는가

아이디어에 관한 가장 큰 오해는 아이디어가 자발적으로 마음속에서 완전한 형태로 난데없이 튀어나온다고 생각하는 것이다. 훌륭한 아이디어가 도출되는 과정을 생각해보면, 아마 토마스 에디슨의 연구실에서 최초로 전구에 불이 켜지는 순간이나 아이작 뉴턴의 머리에 사과가 떨어지는 순간, 또는 욕조 속에 몸을 담그고 있던 아르키메데스가 "유레카!"라고 소리치는 순간을 생각할 것이다. 이런 '유레카'의 순간이 훗날 스토리텔링을 하는 데 있어 편리하고 기억에 잘 남는 방식일 수는 있다. 하지만 대부분의 아이디어가 실제 세상으로 나오는 모습과는 거리가 있다.

사실, 아르키메데스는 그의 책에서 '유레카'라는 단어를 언급조차 하지 않았다. 이 이야기는 아르키메데스가 세상을 뜬 뒤 거의 200년 이후에 로마에서 활동한 작가 비트루비우스(Vitruvius)로부터 나온 것이고, 대부분의 과학자들은 이 모든 이야기를 비트루비우스가 지어낸 것이 아닌지를 의심하고 있다[Biello 2006]. 비슷하게, 뉴턴의 머리 위에 사과가 떨어졌다는 이야기도 절대 사실이 될 수 없다. 중력의 원리를 발견하게 된 것은 한 순간이 아니라 20년 이상의 연구에 따른 것이었다[Berkun 2010, Chap. 1]. 그리고 토마스 에디슨도 전구(에디슨이 전구에 대한 연구를 시작하기 70년 전부터 전구는 존재했었다)를 발명한 것이 아니라, 필라멘트를 발명하여 전구가 상업적으로 사용할 수 있도록 만든 것이었다. 이는 한 순간의 통찰로부터 이루어진 것이 아니라, 서로 다른 필라멘트 재료로 6,000번 이상의 실험 끝에 이루어낸 것이었다[Alfred 2009].

아이디어는 그저 마법처럼 나타나는 것이 아니다. 아이디어는 발전되고 진화한다(아마 이 책의 전반에 걸쳐 자주 접하게 되는 주제일 것이다). 아이디어는 무(無)에서 발전하고 진화하지 않는다. 물리학에 생성되거나 파괴되지 않고 그저 다른 형태로 전환되는 에너지 보존법칙이 있는 것처럼, 아이디어도 이런 보존법칙이 성립한다. 모든 새로운 아이디어는 그저 기존에 존재하던 아이디어들을 결합한 결과이기 때문이다. 머릿속에 별개의 데이터 포인트로 존재하고 있는 수많은 정보를 생각해보자. 새로운 아이디어를 만들기 위해 난데없이 새로운 데이터 포인트를 끌어내는 것이 아니라 이미 존재하고 있는 데이터 포인트를 연결하기만 하는 것이다. 새로운 아이디어를 머리에 갑자기 떠오르는 전구 같은 것으로 생각하는 대신, 이미 존재하는 어떤 것을 비추기 위해 전구를 켜는 것으로 비유하는 것이 새로운 아이디어에 대한 더 적절한 비유다.

매번 접하게 되는 새롭고, 창의적인 모든 것은 그것이 표면으로 드러나기 이전에는 아이디어의 혼합물에 불과하다. 이런 과정이 커비 퍼거슨(Kirby Ferguson)의 "모든 것은 리믹스다(Everything is a Remix)"라고 불리는 비디오 시리즈에 잘 나타나 있다[Ferguson 2010]. 예를 들어, 마이크로소프트의 윈도우즈는 애플의 매킨토시로부터 다양한 기능들을 모방하였다. 매킨토시는 제록스 PARC의 알토 컴퓨터로부터 대부분의 초기 아이디어를 얻었다. 알토 컴퓨터는 스탠퍼드 리서치 연구소의 NLS 컴퓨터로부터 많은 영감을 받았다. 지난 40년간 비틀즈의 "Let it Be"부터, 저니의 "Don't Stop Believing", 밥 말리의 "No Woman No Cry", 레드 핫 칠리 페퍼스의 "Under the Bridge", 레이디 가가의 "Poker Face"까지 거의 모든 인기 음악은 모두 코드 네 개로 구성되어 있다(믿기지 않는다면, 매우 즐겁고 놀라운 방식으로 이를 설명하고 있는 '엑시스 오브 어썸'이라는 그룹의 "The 4 Chords Song(http://bit.ly/4-chord)"을 참고하라). 지난 10년간 가장 인기 있었던 100편의 영화 중 74편이 책, 만화, 또는 만화책의 속편이고, 리메이크였다. 현재 영화 '스타트랙'은 11개 편이, 영화 '13일의 금요일'은 12개 편이, 제임스 본드의 '007 영화'는 23편이나 존재한다. 그리고 '트랜스포머'와 같은 류의 영화들도 있다. 영화 '다크 문'은 일본의 완구제품을 바탕으로 한 하스브로(Hasbro) 완구제품을 바탕으로 한 만화, 그 만화를 바탕으로 한 영화다. 계속 듣고 있는가?

이 장의 앞부분에서 언급한 모든 훌륭한 스타트업 아이디어들도 리믹스다. 구글은 최초의 검색엔진이 아니었다(야후! 익사이트, 알타비스타와 같은 검색엔진이 10년 전부터 존재해왔다). 그리고 구글의 핵심 아이디어였던 페이지랭크 알고리즘은 인용분석 및 출판물의 통계분석 분야에 기반을 두고 있었으며, 이는 모두 1960년대 초반부터 존재해왔던 것들이다. 링크드인도 최초의 소셜 네트워크가 아니었고(SixDegrees.com에서 강렬한 영감을 받았고, 심지어 식스 디그리즈의 특허를 획득했다[Six Degrees Patent 2013]), 전문가를 위한 최초의 온라인 네트워크도 아니고(2000년대 초반에 라이즈, 싱, 스포크가 모두 설립됐다), 최초의 온라인 구직게시판도 아니었고(1990년대 후반 몬스터와 핫잡스가 설립됐다) 그리고 심지어 링크드인은 소셜 부문에서 리드 호프만의 첫 번째 도전이 아니었다(1997년에 소셜 데이팅 네트워크인 소셜네트를 설립했다).

심지어 여러분이 읽고 있는 이 책도 그저 참고문헌과 다른 스타트업 프로그래머로부터의 인터뷰에서 가져온 수천 개 소스의 리믹스일 뿐이다. "모든 것이 리믹스다(Everything is a Remix)" 비디오 시리즈와 『아티스트처럼(Steal Like an Artist)』이라는 책에서 많은 것을 모방한 것들의 리믹스다. 이는 마치 리믹스의 자기참조(Self-Referential)이자,

메타 혼합물(Meta-Mashup)이다.

이런 혼합과 모방은 옳지 못한 것으로 비춰질 수 있으나, 그렇지 않다. 현대사회는 이를 표절, 사기, 위조와 같이 부르며 악질적인 것으로 만들고자 하며, 특허와 저작권 같은 것 따위를 통해서 그러한 시도를 저해하려고 한다. 하지만 사실은 "우리는 모두 같은 재료를 사용하고 있다는 것"[Ferguson 2010]이며, 혼합물과 리믹스는 새로운 아이디 어를 발전시키는 지극히 정상적인 방식일 뿐이다.[1] 창의성이란 모든 리믹스 형태가 다음처럼 세 단계로 압축되는 것이기 때문이다[Ferguson 2010].

1. 모방
2. 변형
3. 결합

'모방'은 새로운 창의적인 시도를 배울 때 항상 첫 번째로 해야 하는 일이다. 아기들은 어른들을 따라 하면서 배우고, 예술가들은 대가들을 따라 하면서 배우며, 프로그래머 들은 복사와 붙여놓기를 통해 배운다. '변형'은 모방과 비슷하나, 토마스 에디슨이 전구 에 새로운 필라멘트를 개발한 것처럼 기존의 아이디어를 개선하는 것이다. '결합'은 여 러 개의 기존 아이디어를 이용하여 따로따로 두는 것보다 더 나아 보이도록 그것들을 한데 모아놓는 것을 의미한다. 예를 들어, 구텐버그는 스크루 프레스(screw press), 가동 활자(movable type), 잉크, 종이를 발명하지는 않았으나, 이 모든 것을 인쇄기 하나에 집 어 넣을 수 있었고, 이는 각각 부분으로 존재하는 것을 결합해서 기존과는 꽤 다른 무언 가를 만들어 낸 것이다.

모방, 변형, 결합은 모든 유기체에도 깊숙하게 내재해있다. 여러분이 어떻게 생명체 가 되었는지를 생각해보자. 세포들이 스스로를 복제하고(체세포분열), 변형하고(무작위 돌 연변이), 결합하여(번식) 생명체가 되었다. 우리들은 각자의 어머니와 아버지 그리고 모 든 조상의 혼합물인 것이다. 이는 다른 사람의 작업을 그저 맹목적으로 훔쳐서 새로운 아이디어를 도출하기를 권하는 것이 아니라 창조를 위한 최고의 방법은 연구하고 신뢰 하고 리믹스하고 혼합하고 변형하는 것임을 의미하는 것이다[Kleon 2012, Chap. 1]

그러므로 여러분이 좋은 스타트업 아이디어를 도출하려고 한다면, 연구하고 신뢰하

---

1 사실, 특허와 모방은 원래 새로운 아이디어의 확산을 장려하기 위해 만들어진 것이지만, 지금의 특허법과 저작권법은 '지적 재산권법'으로 알아 보기 어려울 정도로 변형되었고, 새로운 아이디어에 도움을 주기보다 혁신을 억누르는 꼴이 되었다.

고 리믹스하고 혼합하고 변형할 수 있는 방대한 재료들이 필요하다. 즉, 많은 지식이 필요하다.

2.1.1 지식

새로운 아이디어를 많이 도출하는 최고의 방법은 과거의 아이디어를 많이 배우는 것이다. 새로운 아이디어는 과거의 아이디어에 연결하는 것에 불과하기 때문에, 머릿속에 더 많은 아이디어가 존재할수록, 그것들 사이에 더 많은 연결고리를 생성해낼 수 있을 것이다.

> 지식과 생산성은 복리와 같다. 거의 같은 능력을 가진 두 사람이 있고, 한 사람이 다른 사람보다 10% 더 많은 일을 했다면, 전자가 후자보다 두 배 더 많은 성과를 달성할 것이다.
>
> **[HAMMING 1995], 리처드 해밍, "당신과 당신의 연구"**

만약 지식이 복리와 같다면, 일찍 투자할수록 더 많은 지식을 얻을 수 있다. 아주 작은 것이라도, 지금 당장 배우기 시작하라(이 책을 읽는 것은 아주 좋은 시작이다!), 지금 배우는 것은 여러분이 예상했던 것보다 더 큰 것으로 자라나고 있을 것이다. 하지만 어떠한 것을 학습하는 데 얼마의 시간을 들여야 하는 것일까? 가장 효과적인 전략 중 하나는 T자형 인간이 되려고 노력하는 것이다.

> 제너럴리스트(T의 가로획처럼 가치 있는 것들에 대한 광범위한 능력을 보유)인 동시에 전문가(T의 세로획처럼 특정 분야에서 최고의 두각을 발휘)인 사람들.
>
> **신입사원을 위한 밸브 지침서**

먼저 전문가에 대해 먼저 살펴본 후, 제너럴리스트에 대해 알아보도록 하겠다.

전문가

전문가가 되려면 특정 주제에 대해 열정적으로, 거의 강박적으로 호기심을 가져야 한다. 그 주제는 스타트업이나 돈을 벌기 위한 것과 관련되지 않아도 된다(사실 그러지 않는 편이 좋을 것이다). 그러나 내재되어 있는 고유한 성질이 바로 당신을 매료시키는 것이다. 주제는 특별해야 한다(대학에서 여러분이 전공한 과목보다 더 특별해야 한다). 예를 들어, 컴퓨터공학을 전공했다면, 머신 러닝, 분산시스템, 컴퓨터그래픽의 전문가가 될 수 있거나 유전학, 인지심리학, 사용자 인터페이스 디자인과 같이 전공 이외의 분야에서도 전문가가 될 수 있다. 물론 그 주제를 대학에서 공부할 필요는 없다. 왜냐하면, 어떤 면(예 : 취미로 드론을 만들면서 로봇에 대한 전문가가 되는 것) 또는 어떤 직업(예 : 은행에서 근무하면서 결제시스템에 대해 전문가가 되는 것)에서 그 분야에 대한 전문성을 발전시킬 수 있기 때문이다.

선택한 분야에서 최고가 되려면 전문성을 충분히 발전시켜야 한다. 마치 래리 페이지가 그래프이론, 출판물의 통계적 분석 분야에서 충분히 전문성을 쌓아 그 웹이 검색 기술 분야에서 최고가 될 수 있게 했던 것처럼, 최고로 매진하는 과정에서 스타트업 아이디어들이 떠오르게 되는 것이다. 기업가이자 투자자였던 리드 호프만이 링크드인을 창업할 수 있었던 것은 네트워킹 전문가가 되어야 했고 그 와중에, 인터넷에서 전문적인 네트워킹을 가능하게 해줄 기회가 필요하다는 사실을 깨달았기 때문이다.

전문성을 기르려면 많은 연구가 필요할 것이다. 해당 분야의 모든 유명 서적과 논문을 읽고, 관련 산업의 모든 선진기업과 제품을 공부하고, 관련 잡지, 블로그, 출판물을 구독하고, 컨퍼런스에 참석하고 그 분야의 전문가들과 만나고 교류하는 것들이 해당된다(아니면 적어도 트위터를 통해 그들을 팔로잉해야 한다). 또한 많은 실질적인 연습이 필요할 것이다. 이는 해당 분야의 정규직 업무의 일부로 일을 하고 있을 때 자연스럽게 이루어질 수 있고, 스스로 사업을 시작하기 전에 누군가의 회사에 소속되어 다른 사람과 함께 일하면서 좋은 아이디어를 얻을 수 있는 방법이다. 업무에 포함되지 않는 경우라면, 업무 외 프로젝트, 20% 프로젝트, 해커톤(더 많은 정보는 412쪽 '자율성' 참조) 등에서 시간을 보낼 필요가 있게 될 것이다.

제너럴리스트

세상에서 가장 가치 있는 몇몇 스타트업은 다양한 분야의 지식이 결합된 결과다. 예를 들어, 전문 기술이 인체 이해와 결합되어, 바이오테크라는 오늘날 가장 유망한 산업의 하나가 되었다. 여러 회사에서 스마트폰에 장착할 수 있는 얼라이브코어(AliveCor) 심전도측정기, 아이비지스타(IBGStar) 혈당계, 포토파인더(FotoFinder) 피부암 진단기와 같은 의료센서를 개발하고 있다.

제너럴리스트가 되려면 주기적으로 새로운 아이디어를 발굴해야 한다. 어떤 사람은 원래 모든 것에 호기심을 가지고 있어 이런 과정이 매우 쉽게 이뤄진다. 만일 그런 사람이 아니라면, 안전지대를 벗어나서 문학, 영화, 여행, 활동 등의 다양한 경험을 쌓는 의도적인 노력이 필요할 것이다. 이를 시행할 수 있는 한 가지 방법을 소개하자면, 다섯 개의 목록을 만드는 것이다. 예를 들어, 모든 문학장르에 관한 목록(역사, 심리, 공상과학, 수학, 컴퓨터공학, 생물학 등)을 만들고, 각 장르마다 가장 유명한 다섯 권의 책을 읽도록 하거나, 아니면 학교에 배우는 모든 교재 목록(수학, 물리학, 역사, 생물학, 영문학 등)을 만들고, 각 과목마다 가장 유명한 주제에 대한 강의를 듣거나, 만약 강의를 들을 시간적인 여유가 없다면, 대신에 'top 5' 목록이 될 자원 목록에서 각 주제마다 가장 좋은 교재를 읽도록 한다.[2]

이는 광범위한 새로운 아이디어에 자신을 노출하는 재미있는 접근 방식이다. 매번 이런 방식으로 어떤 것을 해낼 때마다, 관련이 없어 보이는 인간의 지식 분야 사이에 얼마나 많은 중첩 지점이 있는지 항상 발견할 수 있었다. 『코드 컴플리트(Code Complete)』라는 책에서 '클린 코드(clean code)'의 도움을 얻을 수 있는 것과 비슷하게 『글 잘 쓰기(On Writing Well)』 책에서 글쓰기에 대한 큰 도움을 얻었다. 내가 읽었던 경영이나 경제 서적 그리고 『생각에 관한 생각(Thinking, Fast and Slow)』과 같은 심리학 서적을 통해 제품 가격을 매기는 방법에 대한 유용한 정보를 많이 알게 되었다. 심지어, 첨단시대 실리콘밸리의 스타트업이 어떻게 성장하는지 이해하려 노력할 때 1940년대 동유럽 공산주의 등장에 관한 여자 친구의 연구 논문에서도 놀라운 통찰력이 될만한 것을 발견하기도 했다.

이런 모든 중첩이 일어나는 이유는 대부분의 서적, 영화, 강의가 사실상 사람들에 관한 것이기 때문이다. 프로그래밍 서적은 코드에 관한 것이 아닌, 사람들이 이해할 수 있는 코드를 짜는 방법에 관한 것이다. 심리학 서적은 두뇌에 관한 것이 아닌, 사람들이 사고하는 것에 관한 책이다. 그리고 공상과학, 판타지, 공포영화는 기술이나 외계인, 괴물에 관한 것이 아닌, 비정상적인 상황에 직면했을 때 사람들이 어떻게 살아남아야 하는지에 관한 것이다. 이 모든 지식이 근본적으로 사람에 관한 것이기 때문에, 동일한 핵심 원리가 다양한 형식으로 반복되어 나타나며, 그러한 원리들이 거의 모든 분야에서 유용하게 사용되는 것이다. 이는 모든 운동선수가 각자의 스포츠 종목뿐만 아니라, 모든 스포츠 종목에 유용한 체력을 기르기 위해 헬스장에서 근력운동 및 훈련을 하는 것과 비슷하다. 또한 전공분야뿐만 아니라 다양한 분야를 공부하는 것은 전문분야에

---

2 http://www.hello-startup.net/resources/startup-ideas를 참조하라.

관한 더 깊이 있는 이해를 위해 도움이 될 넓은 심리적 적성을 발전시킨다. 스티브 잡스가 말한 것처럼, 목표는 "인류가 발전시켜 온 최고의 것들에 자신을 노출시키기" 위해 노력하는 것이다[Denning 2011]. 학습에 관한 더 많은 정보는 제12장을 참고하라.

깊이 있고 광범위한 지식을 올바르게 결합시켰다면, 이제 아이디어로 바꿀 차례다.

2.1.2 아이디어 발전

글로 쓰여지거나 말로 전해진 단어 또는 언어는 내 사고의 메커니즘에서 아무런 역할을 하지 않는 것처럼 보인다.

[HADAMARD 2007, APPENDIX II], 알버트 아인슈타인

어떻게 아이디어가 생성되는지 생각해본 적이 있는가? 창의성이 그냥 생겨나는 것처럼 보이기 때문에 진짜 생각하기 어렵다. 마치 마법 같이, 잠재의식의 커튼 뒤에서 누군가가 가져다 주는 것처럼 그리고 조절할 수 없는 사고 과정의 한 부분인 것처럼, 새로운 아이디어가 의식 속에 나타난다. 그러나 이것이 전적으로 정확한 것이 아님이 드러났다. 사실, 사고 과정의 대부분은 당신이 조절하는 것이 아니다.

『의식의 재평가(The User Illusion)』라는 책에서 토르 노렌트랜더즈(Tor Norretranders)는, 인간의 사고 대부분은 잠재의식 단계에서 발생한다고 보여준다. 분명히 심장박동, 소화 및 호르몬 수치와 같은 많은 기본적인 신체 기능은 의식적으로 통제하는 것이 아니라, 잠재의식의 역할이 의식을 능가한다. 의식의 '대 역폭(bandwidth, 처리할 수 있는 정보의 양이 얼마가 되는지)'을 측정하기 위한 많은 연구가 시도되었고, 그 결과 의식의 대역폭은 초당 10비트~40비트 범위라는 것을 알게 되었다. 반면, 다른 연구에서 무의식은 다른 감각기관으로부터 초당 1,100만 비트를 받아들이는 것으로 측정됐다. 다시 말해 "우리가 눈으로 보고, 귀로 듣고, 다른 감각기관이 전달한 것의 백만 분의 일만이 의식으로 드러난다[Norretranders 1999, 126]." 따라서 무의식은 어떤 정보를 버리고 어떤 정보를 의식에 드러낼지 결정하는 것이므로, "의식이 행동을 시작할 수는 없지만, 실행되어야 한다는 것을 결정할 수는 있다[Norretranders 1999, 243]." 다시 말해, 창의적인 생각이 떠올랐을 때 그런 생각을 평가할 수는 있겠지만 억지로 그런 생각을 해낼 수는 없다. 그렇다면 당신은 창의성에 영향을 주지 않는다고 봐야 하는가?

그렇지는 않다. 잠재의식을 강요할 수는 없지만, 훈련하고 지적할 수는 있다. 이상하게 들리겠지만, 늘 그렇게 하고 있는 것이다. 어떤 새로운 것을 배울 때마다 의식적인 활동을 먼저 시작하고 충분히 연습한 후에 무의식적 활동이 되는 것이다. 예를 들어, 운전을 처음 배울 때는 아마 도로에서 벗어나지 않게 하려고 규정속도로 운전하고 깜박이 신호를 잊지 않으려고 온 힘을 쏟았을 것이다. 그렇지만 몇 년 동안 연습하고 나면 이런 모든 행동을 자동으로 하게 되어 운전을 하면서 라디오도 듣고, 동시에 모든 대화도 할 수 있게 된다. 자전거를 타는 법을 배울 때, 기본 연산을 배울 때, 읽는 법을 배울 때도 마찬가지다. 의도적으로 특정한 과제에 의식을 집중하여 점점 그렇게 하도록 무의식을 훈련하면, 마침내는 무의식이 완전히 장악할 수 있다. 사실 당신은 잘 읽지 못하는 것들을 잘 읽도록 잠재의식을 훈련시켜 왔다. 페이지의 단어들을 보자마자, 그것들을 잠재의식이 자동으로 처리해서, 의식적으로 그 단어들이 들리게 되는 것이다.

분명히 자전거를 타거나 책을 읽거나 하는 것에 대한 무의식은 가르칠 수 있지만, 새로운 아이디어를 낼 수 있게 하려면 어떻게 가르치겠는가? 그러기 위해서는 무의식을 창의성에 알맞은 환경에 두어야 하는 것이다.

2.1.3 창의성을 위한 환경

역사적으로, 한 명 이상의 과학자나 발명가들이 거의 동시에 독립적으로 같은 아이디어를 발표했던, 복수의 발견이었던 것의 예가 많다. 17세기 아이작 뉴턴과 고트프라이드 빌헬름 라이프니츠는 미적분학에 관한 첫 번째 논문을 거의 동시에 발표했고, 찰스 다윈과 앨프리드 러셀 월리스는 19세기 진화론의 선구자였다. 엘리샤 그레이와 알렉산더 그레이엄 벨은 같은 날에 전화 발명 특허를 제출하였다[List of Multiple Discoveries 2015]. 이런 것은 우연의 일치가 아니라, 새로운 아이디어 출현에 강력한 영향을 주는 것은 환경이라는 흔적이다.

> 나는 새로운 것을 발명한 것이 아니다. 수세기 동안 연구해온 것에 이어 다른 사람이 발견한 것들을 결합한 것이다. 내가 50년, 10년, 아니 5년 전에만 했어도 실패했을 것이다. 그러므로 모두가 새로운 것이다. 모든 요소가 준비되어 있으며 진행되는 것이 불가피한 일이다. 인류의 위대한 전진 단계를 책임지고 있는 비교적 소수의 사람을 가르치는 것은 최고로 터무니 없는 일이다.
>
> 헨리 포드

그렇다면 어떤 종류의 환경에서 새로운 아이디어가 촉발하는가? 사람에 따라 다르지만 매우 일반적인 요소는 다음과 같다.

- 자신에게 충분한 시간을 준다.
- 아이디어 저널에 기록한다.
- 문제를 해결하려고 애쓴다.
- 일터에서 벗어나 본다.
- 제약조건을 추가한다.
- 불편한 점을 찾아본다.
- 다른 사람에게 이야기한다.

자신에게 충분한 시간을 준다

창의성에 영향을 주는 가장 큰 요인 중 하나는 시간이다. 순간적인 '유레카'보다는 뉴튼의 중력 아이디어를 발전시키는 데 20년이나 걸린 것처럼 아이디어를 성장시키고 진화하는 데 때로는 오랜 기간이 걸리는 것을 이미 보았다. 창의력은 강요할 수 없고 서두를 수 없다. 강요하면 아마 외부 압력이나 보상 제공으로 인해, 창의성은 실제로 감소될 것이다(409쪽 '동기부여' 참조).

따라서 무엇보다 자신에게 충분한 시간을 제공해야 한다. 창의력 잠복기(incubation)는 문제 해결의 기본 요소이므로 계획과 활동에 창의성이 요구된다면, 무의식이 문제를 해결하도록 많은 시간을 감안하라[Adams 2001, 50].

아이디어 저널에 기록한다

레오나르도 다빈치에서 마리 퀴리, 토마스 에디슨, 리치드 브랜슨에 이르기까지 거의 모든 창조적인 사람들이 사용하는 아주 흔한 기술 중 하나는 '아이디어 저널[Bianchi 2013]'에 생각을 정리하는 것이다. 아이디어 저널은 일기와 동일한 것이 아니다. 하루에 한 번, 한 일을 작성하는 것이 아니고 하루 중 언제든지 떠오르게 되는 메모, 목표, 의견, 생각, 의문, 스케치, 관찰 등을 적어두는 것이다. 작은 공책과 펜을 사용할 수 있고(예 : 몰스킨), 스마트폰의 음성녹음(음성 제어 기능이 있는 휴대폰이면 특히 효과적이다. 예를 들어, 버튼만 누르고 "시리, 녹음을 하세요…."의 순서에 따라 무언가를 말할 수 있기 때문이다), 모바일 노트 작업용 앱(예 : 에버노트, 구글 문서), 이메일('#특정단어'를 제목으로해서 자신에게 이메일을 보내거나 해시태그를 사용하여 자동으로 이메일이 특정 폴더로 이동하는 필터 기능이 있는 이메일), 또는 항상 가까이 하며 갈등이 거의 없는 다른 메커니즘을 사용할 수 있다.

갈등이 적다는 것이 가장 중요한 포인트다. 목표는 그저 흥미를 주는 모든 것을 작성하는 것이다. 무엇이든 어렵게 하는 일(예 : 사무실에 가서 컴퓨터를 켜야 하는 일)이 있으면, 아이디어 저널의 효과는 반감될 것이다.

가장 강력한 갈등 요소는 자신의 판단에서 온다. 어떤 상황에서도 아이디어를 판단하지 마라. 우스워 보이고, 불완전하고, 당황스러울 지라도 문제가 되지 않으니 어쨌든 그런 것을 기록하라. 이런 아이디어에 대해 무언가를 하는 것은 어떤 일을 바로 저지르는 것도 아니며 누군가에게 보여줄 필요도 없으므로 아이디어를 작성한다고 해서 잃을 게 없다. 그러나 아이디어를 작성하는 것은 씨앗을 뿌리는 것과 같으므로 얻는 게 더 많게 된다. 천천히 시간이 지나면서 운 좋게, 어떤 거대한 것으로 자라게 될지도 모르기 때문이다. 설사 그렇게 되지 않는다고 해도, 당신의 아이디어 저널에 그냥 남아있을 뿐이므로 다른 사람에게 신경 쓸 필요가 없다.

좋은 아이디어를 가질 수 있는 가장 중요한 요소 중 하나는 많은 아이디어를 보유하는 것이다. 물론, 여기에서 더 좋은 아이디어를 가진다는 것은 더 나쁜 아이디어를 더 가질 필요가 있다는 것을 함축한다. 예외적인 아이디어를 생성하는 가장 좋은 방법이 아이디어의 평균 품질을 상승시키는 것이 아니라 변수를 증가시키는 것임을 발견한 MIT[Girotra, Terwiesch, and Ulrich 2009] 및 카네기멜론[Chan et al. 2011]에서의 연구가 뒷받침되었다. 즉, 믿을 수 없을 정도로 나쁜 아이디어지만, 또한 믿을 수 없을 정도로 훌륭한 것들이 포함되는, 정말로 엉뚱한 아이디어를 생성해내야 한다는 것이다. 사실, UC 데이비스 연구[Simonton 2003]에서는 과학에서 탁월한 성과자는 다른 분야에서는 최고의 성과를 내지 못하고 그저 더 많이 노력한다는 것을 발견하였다[Chan 2012].

모든 아이디어를 작성하는 것이 중요하고 너무 빨리 아이디어를 평가하지 않을 수록 많은 아이디어를 탁월하게 만들어낼 수 있다. 특히, 그와 같은 것들은 자연적인 것이고, 예상치 못한 것들이며, 자신을 의심하거나 아이디어를 폐기하거나, 진행 과정을 저해하지 않는다.

누군가 나에게, 그는 한두 달이 걸려야 한 가지 아이디어를 떠올릴 수 있는데, 나는 더 많은 아이디어를 떠올릴 수 있는 것처럼 보인다고 하면서, 훌륭한 아이디어들을 모두 어디에서 얻게 되는지 물었다. 그래서 나는 매달 얼마나 많은 나쁜 아이디어를 얻게 되는지 그에게 되묻자, 그는 "하나도 없다"라고 답했다. 보시다시피, 바로 이것이 문제다.

[GODIN 2009], 세스 고딘, SQUIDOO.COM의 창업자, 저자

당신 머리를 활발하게 맴도는 반형성 사고(half formed thought)를 종이에 구체적인 단어로 바꾸는 것은 사고를 더 명확하게 만들어 주고 작성해 두어야 하는 새로운 사고를 이끌어 내기도 할 것이다. 또한 아이디어를 작성하는 단순한 행동이 기억을 더 잘하게 해줄 것이다(나는 기억한다고 확신했지만, 조금 지난 후에 사라져 버렸기 때문에 많은 아이디어를 잃게 되었다).

때때로, 되돌아가서 아이디어 저널을 검토하라. 어떤 아이디어는 어리석어 보일 것이다. 그렇지만 그것은 대수로운 것이 아니므로 무시하고 계속 읽어보라. 어떤 아이디어는 이질감이 느껴질 것이고 거의 당신의 아이디어 저널에 마치 다른 사람이 적은 것을 처음 보는 것처럼 느껴질 것이다. 그러나 어떤 것은 새로운 아이디어를 촉발할 것이고, 또는 최근 떠올렸던 새로운 정보를 다시 생각나게 할 것이며, 저널 속의 다른 아이디어와 결합할 수 있음을 알게 될 수 있다. 아이디어를 작성해두면 씨앗을 뿌리고, 아이디어를 살펴보고 수정하기 쉽다. 마치 식물이 교차수분(cross-pollinating)하는 것처럼 아이디어의 교차수분도 일어날 수 있을 것이다. 내가 나의 아이디어 저널을 볼 때마다 얼마나 변했는지 알게 되어 놀라웠고 또는 얼마나 내가 변했을까 궁금하기도 했고 항상 새로운 것을 얻어낼 수 있었다.

문제를 해결하려고 애쓴다

무의식에서 아이디어가 나오는 것이기 때문에, 흥미 있는 주제에 관해 무의식으로 생각하게 만드는 것이 필요하다. 그러기 위해서 가장 좋은 방법은 의식적으로 그 주제에 관해 생각하는 시간을 많이 보내는 것이다.

> 하나의 수제에 깊이 몰입하고 전념하고 있다면, 하루 이틀이 지난 후 당신의 무의식은 아무 것도 하지 않지만 당신의 문제는 움직이게 된다. 그래서 어느 날 아침 깨어나거나, 어느 날 오후 해답을 얻게 된다. 현재의 문제에 전념하지 않는 사람은, 무의식이 다른 것들로 빈둥거려서 커다란 결과를 생성하지 못한다. 자신을 다루는 방법은 정말 중요한 문제가 있으면 관심의 중심에 다른 것을 두지 않고 문제에 사고를 집중해야 한다. 무의식을 굶주리게 하여 당신의 문제에 애쓰게 하면, 평화롭게 잠을 자고 아침에는 해답을 얻어 자유로울 수 있다.
>
> [HAMMING 1995], 리처드 해밍, "당신과 당신의 연구"

문제를 해결하려고 하면 할 수 있는 것보다 더 많이 배울 수 있고 노력에서 얻을 수 있는 것을 잠재의식이 하도록 기회를 만들어 주는 것이다.

일터에서 벗어나 본다

아이디어 저널에 작성해야 하는 것 중 하나는 아이디어가 아니라 언제 어디서 그 아이디어를 얻은 것인지, 무엇을 하고 있을 때인지에 관한 것이다. 이렇게 하기 시작하면, 책상에서 일하고 있을 때 최고의 아이디어를 얻은 게 아니라는 것을 알아차리게 될 것이다. 맥길 대학교의 연구는 분자 생물 학자들이 최고 아이디어의 대부분을 실험실에서 멀리 있을 때 얻었다는 것을 발견하였다[Johnson 2011, Chap. 2]. 알버트 아인슈타인은 바이올린을 연주하며 쉬는 동안 그의 가장 위대한 발견들의 몇 가지를 만들었고[Suzuki and Suzuki 1993, 90], 많은 사람이 샤워하는 동안 최고의 아이디어를 얻게 되고, 나는 산책하는 중에 최고의 생각을 해낸다.[3]

일정 기간 동안 어떤 것에 집중적으로 일하고 나서 일에서 벗어나 약간의 휴식을 취하면서 무의식이 문제를 해결하도록 하는 것이 훌륭한 아이디어를 얻는 가장 좋은 방법인 것 같다. 왜 이렇게 하는 것이 적절한지 보여주는 몇 가지 이유가 있다. 하나는 정기적인 휴식이 사고의 단일 경로에 집착을 버리게 하여 한 발자국 물러나서 큰 그림을 보게 한다[Ariga and Lleras 2011]. 또 하나는 일을 하기 위해 정신을 집중하는 것은 새로운 아이디어를 얻는 데 역효과를 낸다. 뇌는 여유가 있을 때, 분석적 사고와 의사결정을 한다. 따라서 전두엽 부분이 대체적으로 비활성일 때 대부분 가장 창의적이다[Liu et al. 2012].

매일 하루에 최소한 20분은 자신을 느슨하게 하여 자신의 생각을 듣는 습관을 만들어라. 산책하기, 긴 시간 동안 샤워하기, 명상 시간 보내기, 해먹에 누워있기, 일기 쓰기, 그림 그리기, 조각하기, 목공 작업하기, 악기 연주하기 같은 것들이 있다. 어떤 것을 하던 아이디어 저널을 가까이 두고, 메모할 준비를 하라.

제약조건을 추가한다

『어필하는 아이디어를 만드는 6가지 방법(Made to Stick)』[Heath Health 2007, 119-120]이라는 책에는 15초로 타이머를 설정하고 '흰색으로 생각나는 것'을 많이 적어보는 재미난 연습이 있다. 더 무엇을 읽기 전에 이런 연습을 해보라. 잠시 기다리겠다.

얼마나 많이 적었는가?

---

[3] 많은 연구에서 잠깐의 산책을 하는 것이 창의성을 상당히 발전시킨다는 것을 보여준다[Oppezzo & Schwartz 2014].

자, 두 번째 연습으로 넘어가자. 타이머를 15초 이상으로 재설정하라. 그러나 이번에는 당신이 생각할 수 있는 냉장고 속에 있는 많은 하얀 것들을 작성한다.

이번에는 얼마나 많이 적었는가?

대부분의 사람들은 첫 번째 연습에서만큼 두 번째 연습에서 많은(또는 그 이상) 것을 얻게 됨을 발견하게 된다. 분명히 냉장고 속의 하얀 물건의 숫자는 전우주에 존재하는 흰색 사물 숫자 중 적은 수인데도, 아마 냉장고 연습이 더 쉽다는 것은 알게 되었을 것이다. 이것은 제한이 창의성을 키우기 때문이다.

또 다른 좋은 예가 있다. 『내가 계획했던 것이 꼭 아니라 : 유명하거나 잘 알려지지 않은 작가들의 여섯 단어 회고록(Not Quite What I Was Planning : Six-Word Memoirs by Writers Famous and Obscure)』이라는 책은 어니스트 헤밍웨이가 어떻게 겨우 여섯 단어로 이야기를 쓰려했는지에 관한 이야기로 시작된다. 다음처럼 말이다.

For sale : baby shoes, never worn(판매 중 : 아기 신발, 신던 게 아님).

어니스트 헤밍웨이

이 책은 회고록 형식으로 많은 다른 놀라운 이야기들로 채워져 있으며, 겨우 여섯 단어로 가능할 수 있는 놀랄만한 창의성을 보여주고 있다.

- "Born in the desert, still thirsty(사막에서 태어났기 때문에, 아직 목이 마르다)." - 조진 넌
- "Cursed with cancer, Blessed with friends(암에 저주하고, 친구에게 축복을 주다)." - 9년 된 암 생존자
- "Well, I thought it was funny(음, 나는 그것이 재미있는 것이라고 생각했다)." - 스페판 콜버트

[FERSHLEISER AND SMITH 2008], 내가 계획했던 것이 꼭 아니라 : 유명하거나 잘 알려지지 않은 작가들의 여섯 단어 회고록

옵션을 제한하는 것이 창의적인 결론을 낼 수 있는 능력을 증가시킨다는 것이, 언뜻 납득이 안 될지 모르지만, 운영기억(working memory)[4]이 장기기억보다 더 작다는 것을 깨달으면 금방 이해할 것이다. 머릿속에 수많은 아이디어와 개념을 가지고 있지만, 한번에 그들 중 작은 문제만 다룰 수 있다. 마치 저글링(곡예) 같다. 아무 통제 없이 100개의 공을 공중에서 지키려고 하는 시스템과 같다. 모든 공을 따라잡을 수 없고, 계속해서 땅으로 떨어뜨릴 것이고, 대부분의 시간을 공을 줍다가 다시 시작하게 될 것이다.

---

4 (옮긴이) 머릿속으로 간단한 숫자들을 계산하는 것과 같은 두뇌의 단기 정보 시스템을 뜻한다.

통제는 어떤 아이디어도 떠오르지 않는 곤란한 상황일 때, 또는 빈 종이를 바라보고 그 페이지에 어떤 단어를 써야 할지 어려워할 때 특히 도움이 된다. 제한을 가중시키는 한 방법은 "미래를 살며, 빠트린 것을 구축한다"다[Graham 2012c]. "미래는 점진적으로 다가올 필요가 없다[Kay 2012]"라는 이야기에서, 앨런 케이는 현대 개인용 컴퓨터, 그래픽 사용자 인터페이스(GUI), 이더넷, 레이저 프린팅, 객체지향 프로그래밍과 같은 기술을 개척하는 회사인 제록스 PARC의 "미래를 살았다"가 어떤 것인지 설명하고 있다. PARC에서 연구원들은 "퍽(puck)이 있는 곳이 아니라 진행하는 방향으로 스케이트를 타라"는 단순한 전략으로 많은 게임을 성공으로 이끈 역대 가장 훌륭한 하키선수 이름을 딴 웨인 그레츠키 게임을 즐겼다.

웨인 그레츠키 게임의 아이디어는 동일하다. 아마 지난 30년 이상을 퍽이 골인하는 것을 막으려고 어떻게 골을 넣은 것인지 걱정하지 않았다. "30년 동안 그랬다는 것이 우스꽝스럽지 않은가?"라는 점을 따라 질문하게 된다. 예를 들어, 앨런 케이가 1968년에 이 게임을 했다면, 마치 1990년대 중반까지 사람들이 랩톱과 태블릿 컴퓨터를 가지고 있지 않은 것 같이, 말도 안되는 일이라고 생각했을 것이다. 대부분의 컴퓨터는 스위치가 있는 대형박스(스크린, 터치 스크린 그리고 키보드나 마우스가 없는) 모양이었던 1960년대에는 미친 생각처럼 보였을 것이지만, 이 게임의 포인트는 세부 실행에 대해 걱정할 필요가 없다는 것이다. 그저 당신 머릿속에 떠오르는 큰 아이디어를 얻는 방법이다. 좋아하는 아이디어를 찾으면, 무엇이 세상으로 그것을 드러나게 할지 보기 위해 뒤에서 기다릴 수 있다.

통제를 가중시키는 또 다른 방법은 다른 방향으로 가보는 것이다. 즉, 시장에 방금 출현한 실행 가능한 새로운 기술을 찾아보고 지금 이런 기술을 이용할 수 있는지 사물이 행해진 방법과 행해질 방법 사이의 차이를 찾아 보도록 한다[Levie 2014b]. 또는 리드 호프만의 공식을 빌려, 스스로에게 "이것이 세상에 어떻게 행해질 것인가?"라고 질문해본다[Hoffman 2014]. 좋은 예로, 플랜그리드(Plangrid)라는 회사가 있다. 많은 건설 회사가 설계하고, 프린트하고, 공유하고, 수정하는 데에 여전히 비싼 종이 청사진을 사용하고 있다는 것에 주목했다. 태블릿 컴퓨터와 무선 인터넷과 같은 지원기술의 출현으로, 플랜그리드가 세상에서 어떻게 하고 있는 것이 아님을 깨닫게 되어, 모바일 기기에서 디지털 청사진을 관리할 수 있는 소프트웨어를 만들었다.

아마도 통제조건을 추가하는 가장 쉬운 방법은 잘못되거나 고통스러운 어떤 일을 찾는 것이다. 불편한 점을 찾는 것은 강력한 기술이라서 더 자세히 살펴볼 가치가 있다.

불편한 점을 찾아본다

아이디어 저널을 사용하는 가장 좋은 방법은 아이디어가 떠오를 때 그저 메모를 해두는 것이 아니라 고통이나 불필요한 갈등 또는 그냥 잘못된 것이라고 느껴지는 것들로 인해 짜증나게 하는 것들을 기록하는 것이다. "바보야, 더 나은 방법이어야 해[Al-Qudsi 2011]"라는 문장을 스스로 말하는 것을 들을 때마다 적어라. 다시 말해, 해결책을 기억하기 위해서뿐만 아니라 문제를 기억하기 위해 아이디어 저널을 사용하라. 특별히 힘들거나 자주 나타나거나 많은 사람에게 영향을 주는 그런 문제는 스타트업의 잠재적 아이디어다. 고통이 있는 곳에 기회가 있다.

　중요한 것은 아직 그 해결책을 찾지 못했을지라도 문제를 적어놓는 것이다. 문제를 반복해서 보게 된다면, 아마 약간 다른 맥락에서, 매번 그 문제에 관해 생각을 적게 되고 약간씩 더 이해하게 될 것이다. 결국, 문제의 중심에 서게 되어 해답이 선명하게 보일 것이다. 또는, 우연히 더 나중에, 때로는 그보다 더 나중에 그리고 때로는 전혀 관련 없는 상황에서 답을 얻게 되거나 처음 문제가 있었다는 것을 기억하지 못한다면 그 해답을 알아차리지 못할 수도 있다. 유명한 발명가이자 GM의 전 연구소장, 찰스 케터링은 "잘 설명된 문제는 절반이 해결된 문제다"라고 말했다.

　특히 불쾌한 문제를 확인하고 해결하기 위해서 배우는 것은 유용한 기술이다. 폴 그레이엄의 에세이 중 하나에서 "무능한(임무에 대한 유대인 언어로 특히 지루하고 불쾌하다)"은 우리 주변이 다 그렇지만, 사람들은 그것을 너무 싫어해서 종종 완전히 그 말이 가려져 있는 것을 선택한다. 결괴적으로, 무능한 일을 목격하고 다른 사람을 위해 그것을 해결하려 소매를 걷어붙이고자 하는 경우 매우 가치 있는 제품을 구축할 수 있다.

내가 알고 있는 무능한 무분별(schlep blindness) 중 가장 눈에 띄는 예는, 스트라이프 또는 오히려 스트라이프 아이디어다. 10년 이상 온라인 결제를 해야 했던 모든 해커는 그 경험이 얼마나 고통스러운지 알고 있다. 수천 명의 사람이 이 문제를 겪어야 했다. 아직 스타트업을 창업할 때가 아닌데, 지역 이벤트를 위한 레시피 사이트나 웹사이트를 구축하기로 결정한다. 왜? 왜 세상의 인프라에서 가장 중요한 구성요소 중 하나를 해결하게 될지라도 아무도 대가를 지불하지 않고 주의도 기울이지 않는 일을 하는가? 무능한 무분별은 사람들이 고정 지불 아이디어를 생각하는 것까지도 방해하기 때문이다.

[GRAHAM 2012A], 폴 그레이엄, 와이 컴비네이터의 공동 창업자

다른 사람에게 이야기한다

다른 사람과 당신의 아이디어, 질문 또는 불편한 점을 이야기하는 것은 창의력을 위한 강력한 도구다. 생각을 작성하는 것과 매우 비슷하게 다른 사람이 이해할 수 있게 말로 표현하는 것은 스스로에게 그것들은 더 잘 이해하게 도움을 주고, 때때로 새로운 아이디어를 이끌어 내기도 한다. 물론, 항상 다른 사람이 필요한 것은 아니라는 것도 알게 되었다. 때때로, 산책하고, 혼자 말하고(때론 크게), 또는 상상 속의 청중에게 이야기하는 것처럼 하면, 약간은 제정신이 아닌 것처럼 보이겠지만 새로운 아이디어(나의 아이디어 저널에 황급히 갈겨쓰는 중에)를 생성하는 데 매우 효과적인 기법이 된다. 고무 오리 디버깅(rubber duck debugging)이란 이름의 프로그래밍 기법도 있다. 까다로운 문제로 고민할 때, 고무 오리 또는 기타 생명이 없는 물체에 전체 세부 사항에 대해 설명하면 얘기를 마칠 쯤에는 종종 해결책을 알게 된다.

또 다른 사람이 있다면, 그들의 피드백, 질문, 수정 그리고 더 일반적으로는 두 사람의 머릿속에는 동일한 정보를 가지고 있지 않다는 사실이 도움이 된다. 한 사람은 A와 B를 알 것이고, 또 다른 사람은 C와 D를 그리고 A와 C의 조합, 또는 B와 D의 조합 또는 ABCD, 또 다른 순열 조합으로, 새로운 아이디어가 나타날 수 있다[Asimov 2014].

> 분자 생물학과 같은 과학은 필연적으로 우리의 머릿속 실험실에서 홀로 현미경 쪽으로 등을 구부리고, 중요한 새로운 결과를 발견하는 과학자의 이미지가 있다. 그러나 던바(Dunbar)의 연구인 [Professor Kevin]에는 그 고립된 유레카 순간이 희귀한 것으로 나타났다. 대신, 대부분의 중요한 아이디어는 십여 명쯤의 연구원들이 모여서 비공식적으로 최근의 성과를 발표하고 논의하는 정규적인 랩 미팅 동안에 출현하는 것이었다. 던바가 만든 아이디어 형성 지도를 보면, 혁신의 그라운드 제로는 현미경이 아님을 알 수 있다. 바로 회의 테이블이었던 것이다.
>
> [JOHNSON 2011, 224], 스티븐 존슨, *탁월한 아이디어는 어디에서 오는가*, 한국경제신문사, 2012

마찬가지로 다른 사람이 당신이 논의하고 있는 주제의 전문가가 아니라도 많은 가치를 얻을 수 있다. 이 책과 관련된 작업을 하는 동안 내 여자친구는 동유럽 역사 분야의 박사과정을 하고 있었다. 주제가 중첩되는 것이 거의 없지만, 쓰고 있는 것에 관련이 많고, 지속적으로 각자의 아이디어를 논의하고 언쟁하는 것이 도움이 되는 것을 알게 됐다. 내 여자친구는 스타트업에 전문가가 아니기 때문에 내가 그녀에게 내 생각을 설명할 때마다 은유와 비유를 많이 사용하였고 그렇게 하면서 내 머리에서 창조적인 생각이 많이 떠오르게 되었다. 그리고 역사학자와 프로그래머는 어떤 문제에 대해 매우 다르게 생각하기 때문에, 그녀의 반응은 종종 내가 생각하지 못했던 새로운 시각을 드러내주었다.

점심시간 동안, 산책을 하는 동안, 미팅을 하는 동안, 또는 공식 브레인스토밍 세션의 일부로 시원한 물이나 커피를 마시면서 다른 사람들과 아이디어를 의논할 수 있다. 몇 가지 방법을 해보면 어떤 것이 당신에게 가장 좋은지, 특히 무슨 아이디어를 가지고 있는지보다는 어디에서 그런 아이디어를 얻었는지에 대한 아이디어 저널을 추적하고 있다면 곧바로 알게 될 것이다. 인터넷에서 모르는 사람들과 아이디어를 공유하고 의논할 수도 있다. 블로그나 소셜 미디어(트위터, 페이스북, 링크드인 등)에, 레딧 및 해커스 뉴스 등의 토론 게시판에 당신의 아이디어를 게시할 수 있다. 이 경우에도, 잠재고객의 앞에 당신의 아이디어를 선보일 수 있게 되며, 이 내용은 49쪽에서 '타당성 검사'의 일환으로 더 논의할 것이다.

그 전에 다른 사람과 아이디어를 의논하는 데 가장 일반적인 장애로 나타나는 은폐 모드에 대해서 살펴보자.

2.1.4 은폐 모드

출시하기 전에, 일부 스타트업은 외부 세상으로부터 아이디어와 제품을 완벽히 숨기기 위해, 은폐 모드에서 실행하려고 한다. 당신의 생각을 숨기게 되는 두 가지 중요한 이유가 있기 때문이다.

- 다른 사람이 당신의 아이디어를 비웃을 것 같아 두려워한다.
- 다른 사람이 당신의 아이디어를 훔칠 것 같아 두려워한다.

첫 번째 장애는 비판에 대한 두려움이다. 우리 대부분은 모든 테스트에서 '맞는' 답을 얻어야 한다고 학교에서 배웠다. 만일 그렇지 않으면, 나쁜 성적을 받게 된다. 이것은 대부분의 사람이 실수하는 것을 두려워하게 가르쳐서, 완벽하게 될 때까지 작업공유를 두려워하고, 실패를 두려워하게 한다. 스타트업 세상에서는 반대의 사고방식이 필요하다. 스티브 블랭크는 "스타트업을 하는 데 실패를 두려워하게 되면, 그런 운명이 된다"라고 썼다[Blank and Dorf 2012, 33]. 실수는 배움의 자연스런 방법이다(어떤 경우에는 배우기 위한 유일한 방법이다). 그리고 피드백을 받는 것은 의심할 여지없이 작업을 개선하는 데 가장 좋은 방법이다.

내가 아는 가장 성공적인 사람들은 정기적으로 피드백을 얻기 위해 의도적으로 노력한다. 그들은 믿을 만한 친구 그룹에 초기 미완성인 형태의 모든 작업 내용을 보낸다. 각각의 피드백을 받아서 프로젝트에 조금씩 포함시켜 '조금씩' 더 좋게 만든다. 최종 결과는 여러 사람의 마음이 모아진 작업이고 한 사람이 성취할 수 있는 것보다 더 나은 것이 된다. 이렇게 하려면, 비판은 당신을 공격하는 것이 아니라 시간을 내어 당신이 발전하도록 누군가가 도움을 주는 것이라고 생각해야 한다. "이것 참 바보 같네"를 "너 바보 같아"로 잘못 이해하지 말고 배워야 한다. 그리고 모든 훌륭한 에세이는 초고부터 시작하고, 모든 훌륭한 책은 편집자가 필요하며, 모든 훌륭한 운동선수는 코치가 필요하다는 것을 깨달아야 한다.

> 당신의 생각을 비밀로 유지하는 문제는, 그러나 토론의 장점을 잃게 된다. 아이디어에 대해 이야기하는 것은 더 많은 아이디어를 가져오게 한다. 관리할 수 있다면, 제일 좋은 방법은 공개적으로 말할 수 있는 몇 명의 믿을 만한 친구가 있어야 한다는 것이다. 아이디어를 개발하는 방법은 아니지만 경험 있는 친구를 선택하는 좋은 방법이다. 비난을 받지 않고 다른 의견을 말할 수 있는 사람들은 무언가를 아는 것을 가장 흥미로워하기도 한다.
>
> [GRAHAM 2004A, 46], 폴 그레이엄, 와이 컴비네이터의 공동 창업자

두 번째 장애는 누군가 당신의 아이디어를 훔치는 것에 대한 두려움이다. 이는 대개 적법한 방법이 아니다. 그렇지만 대부분의 사람들은 스타트업의 아이디어를 훔치고, 복제하고, 자신 회사의 것으로 바꿔놓는 데 관심이 별로 없다. 그들은 너무 게으르고, 너무 바쁘다. 가장 중요한 것은 당신만큼 그 아이디어에 감동을 받거나 열정을 느끼지 않는다. 하워드 에이큰은 "사람들이 당신의 아이디어를 훔칠까 걱정하지 말라. 당신 아이디어가 훌륭하다면, 그 아이디어를 사람들 목구멍으로 처박아야 한다"고 말했다. 믿어지지 않는다면, http://www.hello-startup.net/resources/startup-ideas에 들어가서 다른 사람들의 스타트업 목록을 참고하라. 좋은 아이디어들이 있지만, 여기저기 훑어보고 '훔치고' 싶고 회사를 차리고 싶은 아이디어가 얼마나 있는지 확인하리.

실제로, 경쟁업체를 끌어 모으는 것은 아이디어가 아니라 아이디어를 둘러싸고 있는 갈등(문제)이다. 제품을 출시한 후 모든 사람이 당신 제품을 복제하려는 시도가 성공인 것처럼 보이기 시작한다. 그러므로 당신 아이디어를 논의하고 있다고 미리 걱정할 필요가 없다. 무엇보다도, 누군가가 당신의 아이디어를 훔칠까봐 걱정된다면, 누설된 아이디어를 능가하도록 하면, 처음부터 그 누설된 아이디어는 방어할 수 없게 될 것이

다. '방어적'이란 좋은 비즈니스 아이디어는 당신과 경쟁사 사이에 큰 거리를 두는 몇 가지 차별성을 포함해야 하는 것을 의미한다(추가 정보는 133쪽 '차별화에 집중하라' 참조). 예를 들어, "새로운 사진 공유앱 아이디어를 가지고 있다"와 "공간으로 물체를 투시하는 저 비용 아이디어를 가지고 있다"를 비교해 보라[Srinivasan 2013]. 당신의 아이디어가 본래 방어적이지 못하며, 출시까지 비밀로 하지 못한다면, 경쟁자는 출시 후에도 그 아이디어를 복제하기 쉽다는 것을 알게 되고 어쨌든 당신을 공격할 것이다. 대부분의 산업에서 실제로 "선두자의 이익"이란 존재하지 않는 것이다. 이 문구는 1988년 "선두자의 이익(First-Mover Advantages)"라는 글에서 처음 대중에게 알려졌다[Lieberman and Montgomery 1988]. 그러나 10년 후 같은 작가가 "선두자의 (불) 이익(First-Mover (Dis) advantages)"이란 또 다른 글을 출판하여[Lieberman and Montgomery 1998], 자신이 주장했던 것에서 많이 후퇴하였다. 1993년 50개 제품 카테고리의 500개 브랜드에 대한 연구에서 시장 개척자의 거의 반 정도는 실패한다는 것이며 생존하는 제품들의 시장 점유율도 실제는 훨씬 낮다는 것이다[Tellis and Golder 1993].

비즈니스는 아이디어로만 구성된 것이 아니라는 것을 이해하는 것 또한 중요하다. 비즈니스는 아이디어와 실행으로 구성되어 있다. 아마 누군가는 당신의 아이디어를 훔칠 수는 있겠지만, 실행을 도둑맞기는 더 어렵다. 아이디어와 실행을 좀더 자세히 살펴보자.

2.1.5 아이디어 vs. 실행

실리콘 밸리의 인기 있는 밈(meme)[5] 아이디어는 보잘것 없다. 단지, 실행이 전부다. 이는 잘못된 이분적 사고다. 스타트업은 매우 경솔하고, '실행'이라고 알려진 반복적인 과정의 결과로 나오는 그런 아이디어가 아니다. 스타트업은 문제를 발견하고 문제를 해결하기 위해 아이디어를 제시하고, 그런 아이디어를 실행하는 것을 수천 번 반복하는 것이다.

> 1. **문제** : 사무실의 한 곳이 필요하다.
> 2. **아이디어** : 마운틴뷰 쪽에 사무실 공간을 임대한다.
> 3. **실행** : 사용 가능한 사무실 공간을 구글에서 검색한다.

---

5 (옮긴이) 인터넷에 재미난 말을 적어 넣어서 다시 포스팅한 그림이나 사진을 말한다.

1. 문제 : 마운틴뷰 쪽에 있는 사무실 공간이 너무 비싸다.

2. 아이디어 : 투자자에서 투자 자금을 조금 올리자.

3. 실행 : 투자자를 찾으려고 링크드인을 검색한다.

---

1. 문제 : 아는 투자자가 없다.

2. 아이디어 : 우리를 소개해줄 사람을 찾아보자.

3. 실행 : 투자자를 알고 있는 사람의 연락처를 링크드인에서 검색한다.

"아이디어는 가치가 없다"라는 믿음은 아마 모호한 아이디어를 보여주며 거대한 부자로 가는 티켓이라고 홀로 믿고 있는 '비즈니스 구루'에 대한 반응에서 비롯되었다. 그러나 아이디어는 한번의 "유레카" 순간으로 나타난 결과가 아닌 것처럼, 스타트업은 하나의 아이디어로 인한 결과도, 한 번의 실행결과도 아니다. 성공하려면 좋은 아이디어의 지속적인 흐름과 효율적인 실행이 필요하고, 그 둘을 별도로 분리해서 논의하는 것은 무의미한 일이다.

> 아이디어가 아니라 아이디어 미로(maze)다. 수천 번 결정을 해야 하는데, 어떤 것은 사멸되고, 어떤 것은 그렇지 않다. 최종 제품은 미로를 지나온 성공적인 경로지만, 잠재적 실패는 보이지 않는다.
>
> **[SRINIVASAN 2013], 비러자 스리니바산, 스탠퍼드 스타트업 엔지니어링 클래스**

아이디어를 생각해 낸 후, '아이디어 미로'를 통과하기 위한 첫 번째 단계의 하나는 시장에서 아이디어가 생각했던 것처럼 가치 있는지를 확인해 보는 것이다. 이것이 타당성 검사다.

2.2 타당성 검사

실리콘 밸리에 거주하는 것에 재미있는 점은 누구가기, 어디서든 항상 당신에게 아이디어를 테스트하고 있다는 점이나. 어떤 스타트업이 음식 배달 서비스를 출시하려면, 대게 거치게 되는 첫 번째 도시가 샌프란시스코다. 구글이 자율주행차를 시범운행하려면, 마운틴뷰에서 출시하게 된다. 그리고 내가 바트(BART)[6]를 타게 되면, 정체 불명의 사람들이 나에게 자신들의 스타트업 아이디어를 방출한다.

> 베이 지역에 거주한다는 것은 많은 특별한 방법으로 우리가 미래에 누리게 될 것에 대해 베타 테스터가 되는 것에 기본적으로 동의하는 것이다.
>
> —————————
> [LEVIE 2014A], 아론 레비에, 박스의 CEO

이런 사람들은 모두 같은 일을 시도하고 있다. 먼저 시장에서 자신의 아이디어를 검증해보려고 한다. 즉, 아이디어의 성능을 테스트해보려고 하고, 진짜 문제가 무엇인지 찾아내려 하고, 그것을 기반으로 가치 있는 비즈니스를 구축하려고 한다. 아이디어가 얼마나 좋다고 생각하든, 얼마나 많은 생각을 표현했든 그리고 얼마나 당신이 똑똑하든 상관없이, 아이디어가 성공할지 아닐지 예측할 수 있는 사람은 아무도 없다. 벤처투자가들의 전체 작업은 승자를 선택하는 것이고, 아이디어를 평가하기 위해 막대한 자원을 투자하는 것이며(즉, 파트너들로 경험이 풍부한 기업가들을 고용하고 광범위한 추천 네트워크를 통해 창업자를 심사하고 성실하게 실행되는지를 진단한다), 그들은 여전히 투자금의 60% 이상의 돈을 잃고 있다.[7] 그들이 어떤 아이디어가 성공하고 어떤 아이디어가 그렇지 않은지 말할 수 없지만, 아무에게도 말하지 않는 것이 안전하다.

> 놀라운 사실은 크고 작은 기업, 기존 거대 기업뿐만 아니라 새로운 스타트업 브랜드도 신제품 출시를 위한 10번의 시도 중 9번을 실패한다는 것이다.
>
> —————————
> [BLANK 2013, VII], 스티브 블랭크, *깨달음에 이르는 4단계*

스타트업이 성공하는 길은 실패로 포장되어 있다. 사실, 실패는 적절한 단어가 아니다. 스타트업과 제품을 바라보는 올바른 방법은 실험으로 보는 것이다. 실험의 목표는 가설을 지지하거나 반증하는 것이다. 과학자라면, 실험에 실패란 없다. 단지 배움이 있는 것이다. 토마스 에디슨은 전구 필라멘트를 만들기 위해 수천 가지 재료로 성공하지 못하는 실험을 한 후, "나는 실패한 것이 아니다. 그것이 작동하지 않는 10,000가지 방법을 발견한 것이다"라는 유명한 말을 했다.

---

6 (옮긴이) 샌프란시스코의 공항과 다운타운을 연결해주는 고속 전철이다.

7 프레드 윌슨은 "초기 단계의 벤처 캐피탈은 야구와 비슷하다. 세 번에 한 번 홈런을 치면, 명예의 전당에 오르게 된다"라고 썼다[Wilson 2013].

스펜서 실버 박사가 초강력 접착제를 개발하려고 했지만, 재사용은 할 수 있어도, 접착력이 상당히 약한 것을 개발하게 되었을 때와 같이, 가장 소중한 학습 기회는 계획했던 대로 되지 않는 실험에서 얻을 수 있다. 그것을 실패로 보는 대신에, 실버 박사는 굴하지 않고 계속 연구하여, 몇 년 후 그의 회사에서 가장 유명한 것 중 하나가 되는 제품으로 탄생했다. 바로 3M 포스트잇 노트다[About Post-it Brand 2015].

성공적인 모든 기업은 실패한 실험의 흔적이 있다.

- 구글 : Wave, Buzz, Labs, Health, Video, Answers, Notebook, Audio Ads
- 페이스북 : Beacon, Place, Credits, Deals, Questions, Gifts, Lite, Email
- 링크드인 : Answers, Events, Twitter and GitHub integration, Signal
- 버진 : Cola, Clothes, Vodka, Brides, Vie, Cars, Pulse, Wine, Jeans
- 애플 : Apple III, Lisa, Macintosh Portable, Newton, eMate, G4 Cube, Ping

제품이 작동하지 않는 경우, 회사는 전체 방향을 바꿔야 한다. 이것이 피봇(pivot)이다.

- 인스타그램은 포스퀘어와 유사한 버븐(Burbn)이라는 위치공유 모바일 앱으로 시작했다. 사진 공유는 그 앱 기능 중 하나였지만 사진의 인기가 증가했을 때, 회사는 피봇을 해서 인스타그램이라는 새로운 모바일 앱을 출시했다. 그리고 몇 년 후 페이스북에 10억 달러에 인수되었다[Markowitz 2015].
- 그루폰은 원래 더 포인트(The Point)라는 정치적 활동을 위한 웹사이트였다. 간신히 연명하다가, CEO인 앤드류 메이슨은 업무 외 프로젝트로 그루폰을 출시하고, 도약하기 시작할 때 그루폰에 집중하도록 이전 회사를 피봇했다. 몇 년 후 그루폰은 그 가치가 120억 달러가 되어 상장되었다[Penenberg 2012].
- 트위터는 원래 오데오(Odeo)라는 팟캐스트 플랫폼이었다. 회사가 어려움을 겪고 있다가 마이크로블로깅(microblogging)[8]으로 선회하기로 결정했다. 트위터는 약 180억 달러 평가가치로 2013년에 상장되었다[MacMillan Levy 2013].

성공적이지 않은 제품과 피봇은 실패가 아니다. 그것은 에세이의 초안과 같은 것이다. 그서 쓰기만 하는 것이 아니라 인생에서 사소하지 않은 일들을 종잡을 수 있는 것이 될 때까지 몇 차례의 수정을 하게 된다. 처음부터 많은 양의 나쁜 아이디어를 더듬어 보지

---

8 (옮긴이) 휴대폰이나 인스턴트 메시지 소프트웨어를 사용하여 자신의 생각이나 상황을 간단하게 블로그에 올리는 것이다.

않고 좋은 아이디어를 얻을 수 있는 지름길은 없다. 물론, 스타트업 세상에서는 보통 스타트업의 활주로라고 언급되는 시간과 자금이 제한되어 있어서 성공을 이루려면, 가능하면 빨리 나쁜 아이디어를 식별해낼 수 있어야 한다. 이런 아이디어를 '빠른 실패(fail fast)'라고 하는데, 이전에 언급했던 것처럼, 실패가 목표처럼 보이게 하고 무모하고 엉성한 것이 알맞은 것으로 보이기 때문에 '실패'는 잘못된 단어라고 생각한다. 실제로, 가능하면 빠르게 배우는 것이 목표이고, 그래서 나는 "속도가 승리한다"를 선호한다.

2.2.1 속도가 승리한다

트립어드바이저에서 근무를 시작한 첫 출근 날의 일로, 나는 늦어서 달리고 있었다. 신규채용자를 위한 점심 식사를 CEO인 스티븐 카우퍼와 함께 하기로 했기 때문이다. 나는 근처로 가고 있었고 그의 사무실을 찾느라 여러 번 헤맸다. 마침내 비서가 오른쪽 방향이라고 알려주었다. "종이 한 장이 매달려 있는 문을 찾아보세요." 그녀가 알려준 방향으로 달려가서 결국 찾았다. 그의 사무실 문에는 두 개의 단어를 갈겨쓴 A4 용지가 한 장 붙어 있었다. 가까이 가서 읽어 보았다.

속도가 승리한다(Speed Wins).

이것은 트립어드바이저의 만트라(mantra)였고, 카우퍼는 그날 점심 후에 많은 기업에서 만난 사람들에게 이를 설명했을 것이다. 모든 기준에서 스타트업의 성공은 속도로 설명된다. 제품을 더 빠르게 구축해야 하고, 코드를 더 빨리 작성해야 하고, 가장 중요한 것은, 더 빨리 배워야 한다.

왜 그렇게 서두르는가? 시간을 가지고 "맞는 것을 하다"는 좋은 생각이 아니라는 건가? 이 질문에 대답하기 위해서는 그림 2.1을 참고하라. 이상적인 세상에서는, 아이디어를 가지고 출발해야 하고, 개념 증명을 위한 노력에 투자해야 하며, 사용자들에게 그것을 보여주고, 그들이 좋아하는, 개념증명을 확대하기 위해 더 많은 노력을 투자하고, 그러다 보면, 마침내 안정을 찾게 되고 성공적인 제품을 얻게 된다.

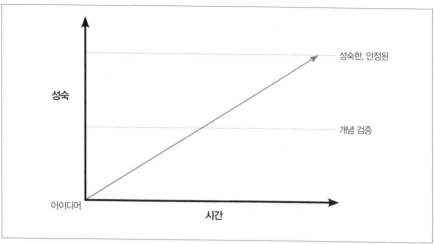

그림 2.1 (이상적인) 제품 개발

제품을 구축해본 적이 있는 사람이라면 현실은 결코 그런 식으로 돌아가지 않는다는 것을 안다. 그림 2.2에서 볼 수 있듯이 실제 세상에서는, 아이디어를 가지고 시작하고, 개념검증을 위해 시간을 들이고, 사용자들에게 보여주고, 그게 작동하지 않는다는 것을 알게 된다. 지금 드로잉보드로 돌아가서 또 다른 아이디어를 내야 하고, 또 다른 개념검증을 해내야 하며, 다시 한번 사용자들에게 보여주고, 작동하지 않는다면, 이 과정을 다시 하고 다시 해서, 마침내, 만일 운이 좋다면 성공 가능하고 확장 가능한 제품을 발견하게 된다.

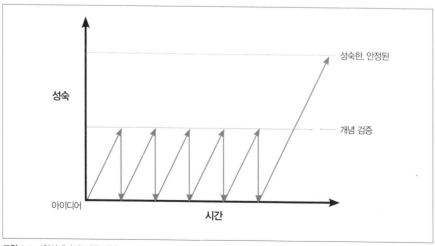

그림 2.2 (현실에서의) 제품 개발

그러므로 그림 2.3에서 보는 것과 같이, 시행착오 단계에서 대부분의 시간을 보냈다는 것을 알 수 있다. 시행착오 세상에서는 착오를 가장 빠르게 얻어내는 사람이 승리한다.

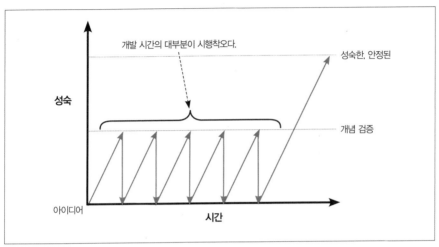

그림 2.3 (시행착오를 통한) 제품 개발

예로, 그림 2.4를 살펴보면, 같은 프로젝트 구축을 위하여, 폭포수(Waterfall) 방법론 대비 린(Lean) 및 애자일(Agile) 방법론을 이용하는 가설 개발 일정을 볼 수 있다.

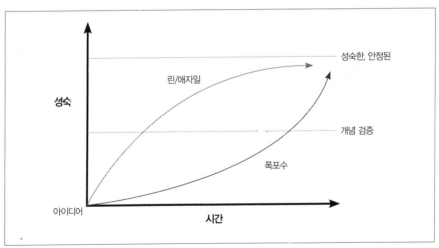

그림 2.4 (이상적인) 애자일과 린 방식 대비 폭포수 방식 제품 개발

린과 애자일 방법론의 중심 취지 중 하나는 그 제품 완성이 멀더라도, 가능한 한 빨리 사

용자들 앞에서 제품을 작동해 보는 것이다. 한편, 폭포수 방법론은 사용자에게 도달하기 전에 완전한 해결책을 구축하려고 하는 것이다. 이상적인 세상에서는 그리고 장기적인 안목으로는, 두 방법론이 완전히 확장되고, 성숙한 제품을 구축하기 위해서는 아마도 대략적으로 같은 양의 시간이 걸리게 된다. 그렇지만 현실에서는 대부분의 프로젝트는 그림 2.5에서 볼 수 있는 것처럼, '개념 검증' 단계에서 벽에 부딪칠 것이다

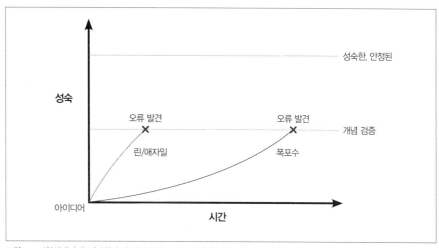

그림 2.5 (현실에서의) 애자일과 린 방법 대비 폭포수 방법론 제품 개발

애자일과 린 방법은 과정에서 훨씬 일찍 오류를 발견하게 되는 반면 폭포수 과정에서는 잘못이 있다는 것을 깨닫기 전에 제품 구축이 더 완벽에 가깝게 될 것임을 주목하라. 이는 시간과 자금이 많이 들고 심각하게 제품에 투자하고 코드를 많이 작성하였기 때문에, 그것을 포기해버리기에는 더 심하게 사기를 꺾는 일이 된다. 그러나 그것을 포기하고, 드로잉보드로 돌아가야 한다. 그림 2.6에서 보여주는 것처럼, 한번이 아니라, 여러 번 반복하게 된다. 각 방법론이 착오를 찾아내는 데 얼마나 오래 걸리는가의 차이, 또 일반적으로는, 실제 사용자들로부터 피드백을 받는 차이가 얼마나 빠르냐에 승패가 달려있다.

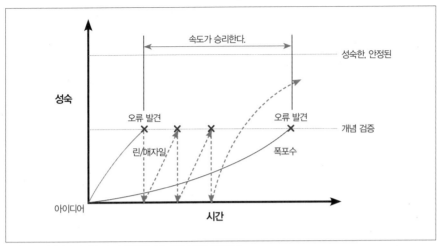

그림 2.6 애자일과 린 대비 폭포수 방법론 제품 개발(속도가 승리한다)

짧고 기억에 남기 때문에 "속도가 승리한다(speed wins)"라는 문구를 즐겨 사용하지만, 아마 "잦은 빈도가 승리한다(frequency wins)"는 것이 더 정확한 표현일 것이다. 필요한 시간의 반만 걸려서 마법같이 같은 양의 작업을 해내는 사람에 관한 것이 아니다. 피드백을 빨리 얻을 수 있게 업무를 조직하는 것을 말한다. 짧은 피드백 고리시스템은 거의 항상 더 긴 피드백 고리시스템을 이길 수 있기 때문이다. 예를 들어, 짧은 피드백 고리는 당신의 가치커브를 개선시킨다. 즉, 많은 고객이 한 해 안에 제공할 수 있는 제품 보다는 한 달 이내에 제공할 수 있는 제품에 더 많은 관심을 보이는 경향이 있다는 것이다(오늘 1달러의 가치가 내일 1달러보다 더 가치 있다). 그리고 빠른 피드백 고리는 위험커브를 개선시킨다. 즉, 작동할 것으로 생각되는 아이디어를 얻기까지 5년 동안이나 돈을 쏟아 부어야 하는 프로젝트보다는 지금부터 한 달 이내에 일려지지 않은 것을 알려지게 할 프로젝트를 진행하여 사람들이 구매하도록 하는 것이 더 쉽다는 것이다. 또한 빠른 피드백 고리는 당신의 코드를 개선시킨다. 즉, 5개월 전에 출시되어 고객의 불평으로 발견하게 된 버그보다 5분 전에 출시되고 자동화 테스트(297쪽 '자동화 테스트' 참조)로 즉각적으로 발견된 버그 해결이 더 저렴하고 쉽다.

게다가, 빠른 피드백 고리의 장점은 소프트웨어의 외부에 표시된다. 예를 들어, 미국 공군대령 존 보이드는 러시아산 미그-15기와 미국산 F-86기 사이의 공중전에서 동일한 원칙을 발견했다. 미그-15기가 더 나은 항공기였지만(빠른 상승, 빠른 회전을 할 수 있었고, 더 나은 가시 거리를 가지고 있었다), F-86기는 10번 중 9번이나 타격을 입힐 수 있었다. 그 이유는 미그-15기는 수동 비행 스틱인 반면, F-86기는 유압 비행 스틱이어서, F-86기보다 미그-15기를 조정하는 데 에너지가 약간 더 많이 소요되었다. 결국, 공중전에서, 양쪽 파일럿은 OOPA(observe(관찰), orient(방향), plan(계획), act(행동))라는 연결을 계속해서 관찰하고 있고, F-86기의 유압 조정 장치는 파일럿이 조금 더 빠르게 OOPA를 통과할 수 있게 해주었다.

> 보이드는 공중전 승리를 위한 기본 결정요인은 더 나은 관찰, 방향, 계획, 행동이 아니라고 결정했다. 공중전에서 승리하는 기본 결정요인은 더 빠른 관찰, 방향, 계획, 행동이었다. 보이드는 반복의 속도가, 반복의 질을 이긴다고 주장했다.
>
> [SESSIONS 2006], 로저 세션즈

"반복의 속도는 반복의 질을 이긴다." 보이드 법칙의 마지막 문장이다. 놀라운 법칙이지만, 복잡하고, 예측 불가능하며, 때때로 혼란스런 시스템을 다룰 때에는 의미가 있다. 약간은 주식 투자와 같다. 단 하나의 주식에 모든 돈을 베팅하는 방식으로 하나의 바구니에 모든 달걀을 담는 것보다 여러 주식에 조금씩 베팅하는 다각적인 포트폴리오의 성공 확률이 더 높다.

보이드 법칙 뒤에는 속도가 승리한다(speed wins), 애자일(Agile) 그리고 린(Lean)과 같은 기본이 되는 아이디어가 있다. 그렇지만 몇 가지 가정은 맞지 않다. 문제는 어떤 것이 맞지 않는 것인지 알지 못한다는 것이다.[9] 잘못된 것을 구축하게 될 것이고, 잘못된 고객에게 마케팅하게 되고, 잘못된 비즈니스 모델을 만들게 될 것이다. 성공적인 제품을 구축하기 위해서는 잘못된 부분을 찾아내고 수정해야 한다. 그리고 스타트업 세상에서는 모든 것이 빠르게 변하기 때문에, 계속해서 확인과 교정(identify-and-fix) 과정을 반복해야 한다.

> 나이든 사람들은 캘리포니아에서 하와이까지 비행하는 비행기가 알래스카를 향해서 출발할 때만 제외하고 시간의 99%가 규정에서 벗어나는 것을 알고 있다. 성공적인 스타트업의 진실도 동일하다. "지속적인 수정을 했는가?"
>
> [WILLIOMS 2005], 에반 윌리엄스, 블로거, 트위터 그리고 데디움의 창업자

---

9   현대 광고의 아버지로 알려진 존 워너메이커는 "내가 지불한 광고비의 절반이 쓸모 없음을 알고 있다. 그 반이 무엇인지 모를 뿐이다"라고 말한 적이 있다.

무한대의 시간과 예산이 있다면, 어떤 순서나 어떤 속도로도 제품을 구축할 수 있다. 그러나 현실에서 스타트업은 승리(runaway)가 제한되어 있으므로 대부분의 기본적인 가정은 가능한 빠르고 저렴하고, 가장 위험한 테스트를 하게 되는 게임이다.

이런 것을, 절차를 생략하고, 무모한 코딩을 하고, 모든 모범 사례를 무시하고, 보통 정도의 제품을 만들고, 또는 청색 테이프와 고무 같은 임시방편으로 되어있는 더미뿐 아니라 클러지(kludges, 조잡하게 만들어진 인터페이스)에 프로그램을 구축하는 것으로 오해하지 말라. 지름길로 갈 필요가 있을 때는 시간이 있는 것이지만, 그 지름길이 목표는 아니다. 목표는 최소 비용으로 가장 많은 배움을 주는 실험을 찾아내는 것이다.

일부 제품의 경우, 최소의 실험이 상당히 연마된 경험을 필요로 할 것이다. 다른 제품들의 경우는 빈약한 것만으로도 충분할 수 있다. 어떤 경우에는, 제품을 전체로 구축할 필요가 없다(123쪽 '최소기능제품'에서 논의하게 될 것이다). 일반적으로, 지나치다 싶을 정도로 "완벽 그 이상이 된다(done is better than perfect)". 리드 호프만은 "당신의 첫 출시에 당황하지 않는다면, 너무 늦게 출시 한 것이다"라고 제기했다. 즉, 속도가 승리하지 않는 경우는 적다. 법률적인 문제, 보안, 사생활 보호, 또는 자금 등을 처리할 때마다 지나치다 싶을 정도로 시간을 갖고 "한 번 할 것을 두 번 측정하라"는 것이다.

그리하여 배우게 된 것은 아이디어의 대부분이 작동하지 않을 것이고, 가정의 대부분은 잘못된 것이고, 끊임없이 시간과 싸우고 있으며, 10개의 제품 중 9개는 실패하게 된다는 것이다. 확률은 불리한 조건이지만, 기회를 개선할 수 있는 방법이 있다. 바로 고객 개발이다.

2.2.2 고객 개발

제품을 개발하는 고전적인 방법은, 개발자, 제품 관리자, 디자이너를 빌딩 안에 감금하고, 일 년 동안 일하게 하고, 그들이 완성했을 때, 그 제품을 고객들에게 판매하기 시작하는 것이다. 앞에서 보았던 것처럼, 문제는 많은 가정이 잘못된 것이고, 그와 같은 제품 개발 과정의 최종 결과는 성공하기 어렵다는 것이다. 대부분 잘못된 가정은 대개 제품을 구축하는 방법이나 어떤 기술이 사용되어야 하는지에 대한 것이 아니라, 처음부터 그 제품을 원하는 고객이 없다는 것이다. 100곳 이상의 스타트업을 조사한 CB Insight의 연구에서, 스타트업 실패의 가장 큰 이유는 큰 차이로 "시장의 요구가 없다(no market need)"로 나타났다[The Top 20 Reasons Startups Fail 2014].

스티브 블랭크는 『깨달음에 이르는 4단계(The Four Steps to the Epiphany)』에서 고객 개발 이라고 부르는 과정을 제품 개발 과정과 병행해야 한다고 설명한다. 즉, 고객이 있는지 보기 위하여 제품이 완성될 때까지 기다리는 대신에, 개발 과정 처음부터 고객을 포함시켜야 한다고 말한다. 이런 방식은 당신의 가정을 지속적으로 테스트할 수 있고 각 개발단계에서 빠른 피드백을 얻을 수 있다. 제품과 기술에 시간을 모두 보내야 할 것 같지만, 특히 프로그래머라면 고객들과 일정 시간을 함께 보내는 것은 당신의 노력이 헛수고가 아니라는 확신을 갖는 유일한 방법이다.

> 스타트업의 건물 안에는 사실이 존재하는 것이 아니라, 의견만 존재한다.
>
> **[BLANK 2013, 9], 스티브 블랭크, *깨달음에 이르는 4단계***

고객 검증은 제품 아이디어가 실제 고객을 통해 가능하면 빠르고 저렴하게 테스트될 필요가 있는지, 입증되지 않은 가설에 지나지 않는지를 인식하는 것이다. 더 빨리 동료들이 아닌 사람들을 통해 아이디어 검증을 시작할수록 성공의 기회를 얻기에 더 좋다. 고객들을 찾아내서 그들에게 말을 하는 방법은 세 가지 단계로 나눌 수 있다.[10]

1단계 : 문제를 검증하다

실제로 고객들이 가지고 있고, 그것을 해결하기 위해 기꺼이 돈을 지불할 정도로 고통스러워하는 문제를 반드시 확인하라.

2단계 : MVP를 검증하다

잠재적인 해결책을 위한 최소기능제품(MVP, Minimum Viable Product)을 구축하고 그것을 구매할 적은 수의 고객들에게서 평가받는다.

3단계 : 제품을 검증하다

완전한 제품이 되도록 MVP를 발전시키고 그것을 구매할 많은 고객에서 당신이 가지고 있는 확장 가능한 비즈니스를 평가하라.

이런 각 단계를 여러 번 반복해야 하거나 이전 단계로 돌아가기도 해야 함을 주목하라. 예를 들어, 실제 문제를 찾아내기 위해 여러 번 시도를 해보게 될 것이다. 한 가지를 발

---

10 스티브 블랭크가 쓴 그의 책 『깨달음에 이르는 4단계』에서 설명한 고객 개발 과정을 단순화한 버전이다.

견하게 되면, 고객들이 기꺼이 구매할 프로토타입을 구축하려는 시도를 더 많이 해야 한다. 때로는 어떤 프로토타입도 작동하지 않아 해결해야 할 새로운 문제를 찾아내야 할 것이다. 마찬가지로, 프로토타입을 제품으로 확장하기 위한 많은 시도를 해야 하고, 때로는 비즈니스 모델로 확장되지 않는 프로토타입도 가지고 있다는 것을 발견하게 되면, 이전 단계로 다시 돌아가야 할 것이다.

이 장의 나머지 부분에서, 문제를 검증해 내는 방법을 더 깊이 다룰 것이다. 그리고 제3장에서는 아이디어를 중심으로 MVP를 디자인하는 방법을 다루고, 마지막으로 제4장에서는 완성된 제품으로 MVP를 확장하기 위해 데이터와 유통을 이용하는 방법을 다룰 것이다.

2.2.3 문제 검증

놀라울 정도로 많은 제품이 문제를 찾고 있는 해결책이라는 것이 밝혀졌다. 세그웨이(Segway)[11]와 구글 웨이브(Google Wave)[12]는 두 가지 유명한 예다. 그러나 더 어려운 것은 환자가 의사와 연락할 수 있고 의사가 환자의 정보를 관리할 수 있는 온라인 포털인 페이션트 커뮤니케이터(Patient Communicator)라고 하는 스타트업에서 나타났다. "의사들은 환자와 의사 소통하고 그 정보를 효율적으로 관리할 방법이 없다"라고 문제를 표현한다. 그러나 페이션트 커뮤니케이터의 창업자 제프 노비치는 이것이 진짜 문제가 아니라는 것을 어렵게 깨달았다. 진료를 받으려고 오랫동안 줄을 서서 기다리거나, 특히 사소한 것을 물어보고 싶을 때 순서를 기다리는 것이 진짜 문제였다.

우리가 노력한 전부는 수백 건의 전화 권유, 수만 건의 이메일(Tout에서 TK와 함께하는 "Top 20 고객들과 함께"라는 저녁식사에 초대됨), 세미나, 폭스 뉴스 생방송 출연, 광고, 우리의 개인 네트워크뿐만 아니라 Blueprint Health 멘토 네트워크까지를 통해서 한 명의 월급제 의사(이후에 떠났다)와 작은 20년대 EMR과 파트너로 구두 계약을 한 것뿐이다.

[NOVICH 2013], 제프 노비치, 페이션트 커뮤니케이터 창업자

노비치는 회사가 실패하게 된 수많은 이유를 기록하였다. 특히 "의사는 더 많은 환자를 원하지 효율적인 사무실을 원하는 것이 아니다"라고 말한 것을 발견했다[Novich 2013].

---

11 (옮긴이) 2001년 미국의 발명가인 딘 카멘이 개발한 1인용 탈것으로, 균형 메커니즘을 이용하여 탑승자가 서서 타며 전기 모터로 구동된다.

12 (옮긴이) 실시간 커뮤니케이션 플랫폼이다.

더 효율적인 사무실이 더 많은 환자를 오게 하는 것이지만, 잘못된 문제에 집중하는 것은 회사 전체가 길을 잃게 한다는 것에는 미묘한 차이가 있는 것 같다.

예를 들어, 치과산업을 생각해보자. 여러 해 동안, 몇몇 마케팅 천재가 문제 고객이 실제로는 치아미백과 입 냄새 제거 방법에 관심이 있다는 것을 깨닫기 전까지는 "잇몸 질환 퇴치"와 "충치예방"에 관해 제품과 마케팅을 집중했다. 분명, 잇몸 질환 퇴치와 충치예방은 치아미백과 입 냄새 제거 효과를 가져 올 수 있지만, 잘못된 문제에 집중하는 것은 모든 제품, 마케팅 전략 그리고 판매 자료들이 잘못된다는 것을 의미한다. 만일 충치예방에 초점을 맞추면, 아마도 치아미백 스트립, 민트 향, 구강 청결제 그리고 3D 미백치약(무슨 치약이든 간에)과 같은 수익성 있는 제품 아이디어가 나오지 않을 것이다. 문제가 드러나거나 해결되기 전에 적절한 문제를 확인하는 유효성 검사가 필요한 이유다. 하버드 비즈니스 스쿨의 마케팅 교수인 시어도어 레빗은 "사람들은 4분의 1인치 드릴 구입을 원하지 않는다. 그들이 원하는 것은 4분의 1인치 크기의 구멍이다!"라고 지적했다[Christensen, Cook, and Hall 2006].

확인한 문제가 스타트업을 구축할 만큼 크다는 것을 검증하는 것이 중요하다. 문제의 규모를 생각할 때 고려할 세 가지 측면이 있다. 바로 빈도, 밀도, 고통이다.

빈도 : 자주 발생해서 해결해오고 있는 문제인가?
밀도 : 많은 사람이 같은 문제에 직면하는가?
고통 : 그냥 골칫거리인가 아니면, 꼭 해결해야 하는 문제인가?

[KUMAR 2015], 마누 쿠마르, K9 벤처

예를 들어, 페이스북과 링크드인을 생각해보자. 페이스북은 빈도(친구나 가족과 소통을 위해 하루에도 여러 번 사용할 것이다)와 밀도(그냥 인터넷 접속하는 누구든지 사용한다)에서는 매우 높지만, 고통(직접 보거나, 전화 통화, 문자 메시지, 메신저, 블로그 포스트, 스카이프, 트위터, 스냅챗 등과 같은 것으로 친구나 가족과 소통하는 다양한 방법들이 있다)의 측면에서는 매우 낮다. 반면, 링크드인은 빈도(직업을 찾거나 네트워크를 위해 프로필을 그렇게 자주 업데이트 할 필요는 없다)에서는 점수가 낮지만, 밀도(모든 전문가들이 사용할 수 있다)는 중간 정도이고, 고통(직업을 찾거나, 지원자를 찾거나 또는 동료와 연락할 수 있는 더 나은 방법이 그렇게 많지 않다)에서는 매우 높다.

모든 제품은 페이스북과 링크드인만큼 분명하고, 공정하지 않으며, 이런 소셜 네트워크의 잠재 규모가 초기에는 그렇게 명확하지도 않으므로, 어느 정도 시장 규모는 문제 규모로 추정하게 될 것이다.

시장 규모

시장 크기는 얼마만큼의 돈을 벌 수 있는가에 따라 결정된다. 그러므로 얼마나 많이 벌수 있고, 회사가 얼마나 커질 수 있고, 어떤 제품을 구축할 수 있는지, 판매와 마케팅을 위해 어떤 종류의 전략을 이용할 수 있는지 등의 다른 많은 요인이 있다. 시장 규모를 산출해내는 가장 좋은 방법은 10억 달러 수익을 낼 수 있는 회사를 설립할 수 있는 다양한 방법을 고려하는 것이다.

- 1달러에 10억 개의 제품을 판매한다 : 코카콜라(캔 탄산음료)

- 10달러에 1억 개의 제품을 판매한다 : 존슨 앤 존슨(가정용품)

- 100달러에 1천만 건을 판매한다 : 블리자드(월드 오브 워크래프트)

- 1천 달러에 1백만 개를 판매한다 : 레노버(노트북)

- 1만 달러에 10만 대를 판매한다 : 도요타(자동차)

- 10만 달러에 1만 건을 판매한다 : 오라클(기업용 소프트웨어)

- 1백만 달러에 1천 건을 판매한다 : 컨트리와이드(하이-엔드 모기지)

[SRINIVASAN 2013], 바라지 스리니바산, 스탠퍼드 스타트업 엔지니어 클래스

예를 들어, 10달러 정도쯤 되는 제품 아이디어가 있고, 그 정도로 스타트업을 구축해서 10억 달러의 수익을 낼 정도로 확장할 수 있다면, 최소한 그 시장에 1억 명의 사람이 필요하고(또는 그 이상이어야 한다. 경쟁사와 시장을 나눠가져야 하기 때문에), 막대한 선자금이 필요하다(판매로는 비교적 적은 수익을 올리게 되고 제품이 수백 만의 대중들에게 알려지기까지 긴 시간이 걸리기 때문에). 게다가, 이런 거대한 대중에게 도달할 수 있는 광고와 같은 마케팅 전략을 고안해야 한다. 반면에, 10만 달러 정도의 제품 아이디어가 있다면, 최소한 1만 명의 고객이 필요하다. 초기에 적은 수의 고객으로 사업을 해낼 수 있을 것이고, 광고를 하는 대신에 대규모 영업팀을 만드는 데 더 많이 집중할 필요가 있다.

　다음 목록은 시장 규모를 예측하는 다양한 방법들을 요약한 것이다(마켓사이징 자료 전체는 http://www.hello-startup.net/resources/idea-validation/에서 참고할 수 있다).

광고

　많은 광고 회사가 실제로 비용을 받지 않은 광고로 시장을 연구하는 데 사용할 수 있는 광고 타겟팅(ad-targeting) 도구를 제공한다(당신의 MVP를 테스트하는 가장 좋은 방법이 될 수 있는 것은 광고를 구매하는 것일지라도 말이다. 관련해서는 123쪽 '최소기능제품'에서 논의한다).

예를 들어, 특정 기간 동안 한 달에 얼마나 많이 검색되었는지 연구하는 데 구글 애드워즈 키워드 플래너를 사용할 수 있다. hello-startup.net을 연구할 때, 50가지 관련 키워드 그룹(즉, "스타트업 아이디어", "코드 리뷰 도구", "자산 계산" 등)에 대해 검색해서 월마다 평균 1,200만 건 이상 검색된다는 것을 알게 되었다. 그리고 "스타트업을 어떻게 구축해야 하는가?"는 정말 문제가 되는 일이라는 확신을 주었다. 자료 페이지에서 언어를 선명히 하는 데도 도움을 주었다. 예를 들어, "비즈니스 아이디어"는 일반적으로 사람들이 "스타트업 아이디어"라고 사용하고 있는 동의어였다. 나는 또한 여러 다른 회사를 광고 도구로 사용하여, 페이스북에서 스타트업에 관심이 있는 사람들이 대략 1,600만 명 정도이고, 트위터에서 스타트업에 관심 있는 사람은 2백만 명 그리고 링크드인에 자신들의 산업으로 기업가 정신을 나열하는 사람들은 1,300만 명 정도라는 것을 발견했다.

경쟁

이미 이런 문제를 해결하는 회사가 있다고 반드시 나쁜 것은 아니다. 어떤 경우에는 당신의 아이디어가 유일한 것이 아니라는 사실이 진짜 문제라고 생각했던 것을 검증해주는 것이 된다. 경쟁회사의 목록을 찾아내기 위해서 적절한 키워드를 찾으려면 앞서 설명했던 광고도구를 이용하고 구글과 모바일 앱스토어를 검색하여 추적해보도록 하라(너무 어렵지 않아야 하고, 그러면 그들의 고객들은 찾지도 못할 것이다. 그런 경우라도 걱정할 필요는 없다). 어떤 특정 경쟁자가 어떻게 하고 있는지 알기 위해서는 웹사이트 분석도구(예 : 커스코어, 퀀캐스트)를, 그들의 트래픽을 예측하기 위해서는 모바일 분석도구(예 : 앱 내니, Xyo)를 실행해본다. 또한 경쟁자들이 얼마나 많은 자금을 조달했는지, 어떤 투자자들이 크런치베이스와 엔젤리스트 같은 웹사이트를 이용하여 지원을 하고 있는지 등도 알아볼 수 있다.

예를 들어, 내가 모바일 앱으로 hello-startup.net을 전환하려 할 때, 경쟁자들에 대한 몇 가지 조사를 실시했다. 구글을 통해서, 엘리바트, 테크 스타트업 지니어스, 크레이지 마우트 스타트업즈와 같은 스타트업 리소스를 가지고 있는 많은 다른 앱을 발견했다. Xyo에서는 이렇게 크게 관심을 끄는 앱은 없는 것처럼 보일 지경이었고, 엘리바트는 대략 17,000건이 설치되었다. 또한 책을 위해 유사 앱을 검색하고, 조오지 마틴의 얼음과 불의 세상(The World of Ice and Fire, 42만 건 무료 설치)에 대한 앱 및 마크 비트만의 모든 것을 요리하는 방법(how to Cook Everything, 5달러의 비용으로 23만 건 설치)의 앱 같은 것이 더 잘 이용되고 있는 것을 발견했다. 이 정보는 이런 종류의 앱이 얼마나 많이 설치될 수 있는지(수천 명에서 수백만 명까지)와 다른 모델의 가격에 대한 대략적인 가격 정보를 제공해 주었다(무료 또는 5달러).

커뮤니티

문제를 검증하는 또 다른 좋은 방법은 그것에 대해 이야기하는 사람들의 커뮤니티가 이미 있는지 확인하는 것이다. 얼마나 많은 사람이 이 문제에 영향을 받는지 예측해보기 위해 밋업, 컨퍼런스, 사용자그룹, 온라인포럼 등을 검색할 수 있다. 예를 들어, hello-startup.net을 연구하는 동안, Meetup.com을 통해서 1만5천 건의 기업가 그룹(400만 회원), 3천 개의 기술 스타트업 그룹(100만 회원), 2천2백 개의 린 스타트업 그룹(65만 회원)을 발견했다. 래너드에서, 119개의 스타트업 컨퍼런스를 발견했고, 몇 군데에 제안서를 제출하여 그런 커뮤니티 사람들과 실제로 대화할 수 있었다. 스타트업 서브레딧(약 7만4천 명 회원)은 물론, 링크드인의 스타트업 및 기업가 그룹(약 15만 명 회원), 쿼라의 스타트업 주제(대략 80만 명 팔로워) 그리고 물론, 해커뉴스(스타트업에 관해서만 읽고 있는 하루에 최소한 12만 명의 사용자들)도 찾아냈다.

시장조사 및 보고서

구식이지만 훌륭한 시장조사는 노력할 가치가 있다. 같은 주제를 논의하는 신문, 책, 잡지, 강의, 팟캐스트, 블로그에 대한 온라인 검색을 하라. 관련성이 있으면, SEC(미국 증권 거래 위원회) 자료와 (미국 중소기업청에서 발간한) 정부보고서를 찾아볼 수 있다. 나의 hello-startup.net을 연구하는 동안, 스타트업에 관련된 수백 개의 블로그(예: 폴 그레이엄의 에세이, 테크크런치, 온스타트업)와 많은 책(예: 세상을 바꾼 32가지 통찰, 린 스타트업, 기업 창업가 매뉴얼), 많은 교육과정(즉, 스탠퍼드의 스타트업을 시작하는 방법과 코세라의 스타트업 엔지니어링)들을 발견하게 되었다.

또한 특정 산업을 주제로 데이터를 수집하고 보고서를 간행하는 전문회사들이 여럿 있다. 세계 데이터 뱅크(World Bank Data)와 같이 일부 자료는 무료다. 다른 것들은 시장조사를 대행하는 닐슨미디어 리서치와 같은 회사나 당신을 대신하여 대상 집단에 설문조사를 보내는 AYTM 같은 회사는 유료로 이용할 수 있다.

제품 데이터

제품이 이미 존재한다면, 새로운 기능의 영향을 추정하기 위해 수집하고 분석할 수 있는 많은 측정 기준이 있다. 더 자세한 정보는 제4장을 참조하라.

이 목록은 포괄적인 것은 아니지만, 시장규모를 측정하기 위해 어림잡아 계산해낼 수 있게 해주어서 처음 시작할 때 갖출 만하다. 적당한 크기의 문제를 확인했다면, 검증과정의 다음 단계는 그것을 문제로 가지고 있으면서 사람들과 직접 만나서 이야기하는 소수의 고객들을 찾아내는 것이다.

실제 고객과 이야기하기

고객과 이야기하는 목표는 그들의 일상에 대해 할 수 있는 모든 것을 알아내서 다음을 결정하는 것이다.

- 고객에게 이것이 진짜 문제인가?
- 문제에 가능한 해결책이 있는가?
- 문제 해결을 위해 고객이 기꺼이 지불할 금액은 얼마인가?

이런 질문에 대답하기 위해, "건물 밖으로 나가" 실제 고객과 이야기해야 한다. 그러나 고객들이 원하는 것을 직접 물어보는 것이 항상 효과적인 것은 아니라는 딜레마가 있다. 어떤 고객은 그들이 원하는 것이 무엇인지 모르는 경우도 있다. 또 어떤 고객은 원하는 것이 무엇인지는 알지만, 그들이 실제 Y를 원하면서도 X를 원한다고 말한다. 때때로 당신의 기분을 상하게 하고 싶지 않아서, 실제로는 절대 당신의 제품을 사지 않을 것을 알면서도 그것을 좋아한다고 말한다. 때로는 그 제품을 위해 얼마를 기꺼이 지불할 지를 말하지 않는다. 진실을 말하지 않아도 되는 특권을 가지고 있기 때문이다. 고객 스스로도 자신이 선호하는 것을 알지 못하기 때문인 경우도 있다.

> 예를 들어, 이 방에서, 내가 당신에게 커피는 어떤 것을 원하는지 등 당신의 모든 것을 묻는다면, 뭐라고 말했는지 알고 있는가? 당신이 말한 모든 것은 "나는 짙고 풍부한 잘 볶아진 것을 원한다"란 것이다. 커피는 어떤 것을 원하는지 질문하면 사람들이 항상 말하는 것이다. 어떤 것을 좋아하는가? 짙고, 풍부하고, 잘 볶아진 것! 실제로 몇 퍼센트 정도로 짙고, 풍부하고, 잘 볶아진 것을 좋아하는가?[Howard Moskowitz's reseach]에 따르면, 25%에서 27% 사이다. 대부분의 사람들은 우유가 들어간 연한 커피를 좋아한다. 그러나 어떤 커피를 좋아하냐고 묻는 사람에게 "우유가 들어가고, 연한 커피를 좋아한다"라고 절대로 말하지 않는다.

[GLADWELL 2004], 말콤 글래드웰, *선택, 행복 그리고 스파게티 소스*

고객이 자신의 요구를 충분히 인식하고 정직하고자 할지라도, 고객들은 대개 10% 더 낮고, 더 빠르고, 더 저렴한 관점에서 생각하기 때문에, 대부분의 시간은 여전히 좋은 해결을 발견하는 데 도움이 되지 못할 것이다[Kawasaki 2011]. 많은 고객이 특정 기능에 대해 질문할 것이지만, 목표는 기능 목록을 작성하는 것이 아니다. 131쪽 "차별화에 집중하라"에서 논의하게 될 것으로, 조금씩 증가하는 개선과 약간 더 나은 기능이 훌륭한 스타트업을 만드는 아이디어는 아니므로 실제 목표는 근본적인 문제에 대한 깊은 이해를 얻는 것이다.

사람들에게 원하는 것이 무엇이냐고 물었다면, "빨리 달리는 말"이라고 답했을 것이다.

헨리 포드

근본적인 문제를 얻으려면, 말을 하는 대신에 더 많이 듣고 더 많이 관찰해야 할 것이다. 고객에게 아이디어를 강요하거나 설득하려 들지 말라. 대신, 그들이 가능한 한 많이 이야기하도록 하라. 사용해 볼 수 있는 고전적인 기법으로, 도요타의 창업자인 사키치 도요다가 창안한 "다섯 가지 이유(five whys)"가 있다. 이 기법은 아래 예로 잘 설명되어 있다. 당신이 트럭 운송 회사의 소유자이고 직원 중 한 명인 밥(Bob)이 있다. 그리고 그는 자신이 운전하는 트럭의 시동이 안 걸린다고 말한다고 생각해보라. 곧바로 뛰어가서 문제를 해결하는 대신에, 근본 원인(root cause)을 찾아내려고 반복해서 "왜(why)"라고 묻는다.

밥 : 트럭의 시동이 안 걸립니다.

당신 : 왜죠'?

밥 : 배터리가 다 됐습니다.

당신 : 왜죠?

밥 : (살펴본다) 발전기가 작동하지 않는 것 같습니다.

당신 : 왜죠?

밥 : (살펴본다) 발전기 벨트가 고장입니다.

당신 : 왜죠?

밥 : (살펴본다) 발전기 벨트가 정말 오래되어 벌써 교체했어야 합니다.

당신 : 왜죠?

밥 : 정확한 유지 보수 일정에 따라 차량을 유지하지 않은 것 같습니다.

트럭의 시동이 안 걸린다는 처음에 들은 문제를 해결하였다면 트럭을 교체하거나 배터리를 교체해서 증상만 치료하게되는 해결책이 되었을 것이다. 다섯 가지 이유(why)를 물어봄에 따라, 트럭에 대한 정확한 유지 보수 일정이 부족하다는 근본적인 문제를 발견할 수 있다. 항상 근본 원인을 찾아내기 위해 다섯 가지 이유가 적절한 것은 아니지만, 거의 항상 진짜 문제를 식별하고 있는지 확인하기 위해 적어도 한 번은 왜 그런지 물어봐야 한다.

고객들과의 많은 대화 후, 진짜 문제가 무엇인지 더 잘 이해해야 한다. 그리고 뛰어들어 문제를 해결하기 전에, 확인해야 할 한 가지 제일 중요한 것이 있다. 바로 타당성이다.

타당성

문제가 타당한지 여부에는 두 가지의 양상이 있다.

- 문제는 해결될 수 있다.
- 문제가 당신에 의해 해결될 수 있다.

첫 번째 문제는 시장현실에 관한 것이다. 이런 문제를 해결하기 위해 필요한 기술이 존재하는지 그리고 해결책의 경제성이 수익을 내는 비즈니스를 만들 수 있는지에 대한 현실적인 검증이 이 장의 앞부분에서 시장규모의 문제점과 결합된다. 세계에서 가장 성공적인 벤처캐피탈 회사 중 하나인 세쿼이아 캐피탈은 파트너들이 창업자들에게 "왜 지금?"이라는 질문을 했다[Calacanis 2013]. 지금 세상이 변한 것이 이런 회사를 창업할 완벽한 시기인가, 다른 사람이 하지 않는 다른 무엇을 알고 있는가, 왜 누군가가 2년 전에 이런 회사를 창업하지 않았고 지금부터 2년 후에 창업하는 것이 왜 늦는 일인가?

예를 들어, 온라인 식품점이었던 웹밴(Webvan)[13]은 창고를 만들고 배송차량을 구입하는 데 8억 달러 이상을 들인 후, 2001년에 파산을 맞이했을 때, 가장 유명한 닷컴 실패 중 하나가 되었다. 오늘날, 인스타카트나 포스트메이트와 같은 새롭고 많은 식료품 배달 스타트업이 등장하고 있고, 웹밴보다는 더 잘하고 있는 듯하다. 그들의 "왜 지금?" 이야기에는 소비자가 15년 전에 비해 지금 온라인으로 물건을 주문하는 데 훨씬 더 익숙하다는 사실이 포함되고, 최근 스마트폰, 무선 데이터의 출현, GPS 연결은 운전자들

---

13 (옮긴이) 웹사이트로 주문받은 채소를 소비자 집까지 곧바로 배달해 준다고 약속한 회사지만 파산했다.

이 사용하는 자신들의 개인 자동차 위에 배송함을 구축하게 하고, 기존 식품 공급업자들이 재고를 감당하도록 구축하는 것을 가능케 한 것도 포함된다.

　문제가 해결될 수 있는 경우, 그 다음의 타당성 체크는 당신이 그 문제를 해결할 적임자인가다. 일부는 단지 재정자원(즉, 현금 및 재산)뿐만 아니라, 능력, 지식, 인맥을 포함하는 개인 자산과 관련되어 있다. 왜 도메인 전문가가 그렇게 절실한지는 아직 남아있는 또 다른 이유다. 또 다른 중요한 측면은 정말로 관심이 있는 아이디어인지다. 제1장에서 언급한대로, 성공적인 스타트업을 구축하는 데는 대략 10년 정도가 걸릴 것이고, 엄청난 양의 힘든 노력과 희생이 요구되고, 그래서 해결할 수 있는 문제를 찾아내는 것뿐만 아니라 인생 문제를 해결하는 데 10년 이상을 보내야 한다.

2.3 요약

2000년 5월 24일에, 티모시 가워는 클레이 수학연구소의 밀레니엄 회의에서 "수학의 중요성(The Importance of Mathmatics)"이라는 강연을 했다. 그는 유명한 캠브리지 수학자 G.H 하디를 "응용이 없고, 미래를 예측할 수 없는 그의 전문 분야인 정수론을 매우 만족하고, 실제로 거의 자랑스러워했다. 그에게는 수학적 가치의 주요 척도가 매력이었다"라고 설명하였다[Gowers 2000]. 많은 수학자는 그들이 얻게 되는 현실적인 이익 보다는 본래의 매력을 위해 문제를 연구하는 것을 선호한다. 그럼에도 불구하고, 수학은 어마어마한 실용적 가치(물리학자, 화학자, 엔지니어, 프로그래머 그리고 현대 사회의 모든 도구와 기술을 만드는 데 매일 수학을 사용하는 수많은 것들)의 셀 수 없는 발견의 기초가 되고 있다. 종종, 수학이 더 매력적일수록, 더 유용한 것이 실제 세상에 드러난다. 순수하게 수학의 이익을 위한 수학처럼 보이는 정수 이론조차도 인터넷에서 안전하게 비밀번호와 신용카드와 같은 정보를 교환할 수 있는 근거인 RSA 암호화를 포함해서 많은 실용적인 응용을 하고 있다는 것이 밝혀졌다.

　수학의 모든 개념이 종종 예측할 수 없는 방식으로, 서로 깊이 연결되어 있다. 가워는 그림 2.7에서 보여주는 것처럼, 수학의 어느 부분이 실제 세상에 유용한 것으로 밝혀지고 어느 부분이 그렇지 않은지 알 수 있는 간단한 방법은 없다고 주장한다. 그러므로 우리가 할 수 있는 최선은 비록(또는 특히) 초기 동기가 실용성이라기보다는 매력을 추구하고 있을 지라도, 모든 수학 연구를 장려하는 것이다.

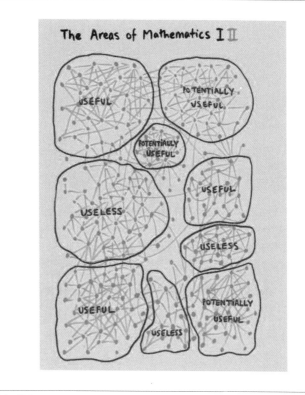

그림 2.7 가워의 수학적 지식 다이어그램[Gowers 2000], "유용한"과 "유용하지 않은" 것으로 분리할 방법은 없다.

아이디어 세상은 비슷하다. 어떤 지식이 유용한 아이디어를 가져오고 어떤 지식이 그렇지 않은지를 간단히 예측할 수 있는 방법은 없다. 할 수 있는 최선은, 할 수 있는 만큼 배우는 것이고 특히 매력을 발견할 수 있는 주제에 관해서는 더욱 그렇다. 다시 말해서, "스타트업 아이디어를 얻기 위한 방법은 스타트업 아이디어를 생각해내려고 노력하는 것이 아니라[Graham 2014]", 스스로 스타트업 아이디어를 가지는 사람이 되는 것이다. 매력을 발견할 수 있는 주제를 찾아내고 그것에 관해 생각하는 시간을 많이 가져라. 아이디어 저널에 생각을 적어두고 다른 사람과 공유하라. X 통제조건을 사용하고, 불편한 점을 찾아내고, 산책을 많이 하고, 당신이 터득한 것을 무의식이 작업할 수 있도록 시간을 충분히 제공하라. 결국, 아이디어가 싹틀 것이다.

이 단계에서, 아이디어는 여전히 취약하다. 너무 빨리 아이디어를 판단하여 가라앉히지 않도록 주의하라. 어떤 수학적 아이디어가 중요한지 예측할 수 없는 것처럼, 아이디어가 미래에 얼마나 크게 성장하게 될지 역시 예측할 수 없다. 1997년으로 되돌아가, 래리 페이지는 익사이트에 1,600만 달러로 구글을 판매하려고 할 때, 구글이 가졌던 아이디어가 얼마나 큰 것인지 알지 못했다(오늘날, 구글의 가치는 약 4,000억 달러다)[Carlson 2014]. 이 책을 위해 내가 인터뷰한 어떤 프로그래머들도 그들의 스타트업이 얼마나 크게 될 아이디어인지 알지 못한다. 『세상을 바꾼 32개의 통찰(Founder at Work)』이라는 책에서 인터뷰한 제시나 리빙스톤과 마찬가지로, 맥스 레브친의 페이팔, 카트리나 페에크의 플리커, 그레그 뉴마크의 크레이그리스트, 스티브 워즈니악의 애플과 같은 모든 창업자들도 그러했다.

> 실제로 큰 것이 될만한 것을 창업자들이 얼마나 확신을 못하는지가 나를 가장 놀라게 하는 것이었다. 몇몇 이런 회사들은 우연히 시작하였던 것이다. 세상은 스타트업 창업자들이 초인적인 자신감을 가지고 있다고 생각하지만, 많은 창업자들은 회사를 창업하는 것에 처음부터 확신을 하지 못한다. 그들이 확신하지 못하는 것은 어떤 좋은 것을 만들고 있다는 것 또는 어떤 고장난 것을 고치려고 노력한다는 것이었다.

[LIVINGSTON 2009, XVII], 제시카 리빙스턴, *세상을 바꾼 32개의 통찰*, 크리에디트, 2007

아이디어 중 하나가 마침내 흥미로운 것으로 성장하게 된다면, 뛰어들어 구축하기 전에 검증을 해보라. 시장의 규모를 측정하기 위해 시장조사 도구를 사용하라. 유망함이 보이면, 밖으로 나가서 실제 고객들에게 말을 해보고, 당신 제품을 구매할 의향이 있는 최소한 10명을 찾아내라. 바보 같은 행동처럼 보이겠지만, 특히 수백만 명의 고객들에게 도달할 제품 아이디어를 가지고 있는 경우, 그러나 처음 10명에게서 그 제품을 구매할 것이라는 대답을 얻지 못한다면, 그 아이디어는 허튼소리가 된다[Cohen 2010]. 처음 10명의 고객을 발견하고 당신 아이디어의 타당성을 평가했다면(왜 지금? 왜 당신이?), 제품화할 때가 된 것이고, 제3장의 주제가 바로 그것이다.

> 창의성은 재능이 아니다. 그것을 운영하는 방법이다.

[CLEESE 1991], 존 클리즈

3장
제품 디자인

지난 장에서는 스타트업 아이디어를 찾는 법에 대해 살펴보았다. 이 장에서는 그 아이디어들을 통해 어떻게 제품을 디자인하는지를 논하고자 한다. 이 장의 전반부에서는 어떤 직업에서든 디자인이 왜 중요한 기술인지 그 이유를 설명하고, 모든 사람이 알아야 할 여러 가지 도구와 기술을 소개할 것이다. 이 장의 후반부에서는 최소기능제품 (MVP, Minimum Viable Product)을 구축하는 모든 것인, 스타트업에서의 제품 디자인 프로세스에 중점을 둘 것이다.

3.1 디자인

고객이 관심을 갖고 있는 한, 인터페이스도 제품이다.

[RASKIN 2000, 5], 제프 래스킨, *휴먼 인터페이스*

웹 서핑을 하는 사람에게, 구글은 텍스트 상자이자 결과가 뜨는 화면일 뿐, 웹상을 떠다니는 봇(bot)[1]도, 각 페이지들의 순위를 매기는 알고리즘도, 전 세계의 여러 데이터센터에 있는 수백만 개의 서버도 아니다. 차를 타고 이동하는 사람에게, 우버는 누르기만 하면 차량을 부를 수 있는 휴대폰 속 버튼일 뿐, 실시간으로 전달되는 시스템도, 지불처

---

1 (옮긴이) 특정 작업을 반복 수행하는 컴퓨터 프로그램을 뜻한다.

리 시스템도, 운전기사를 고용하고 규제 기관과 투쟁하는 데 드는 모든 노력도 아니다. 또 스마트폰을 사용하는 사람에게, 아이폰은 볼 수 있고(예 : 아이폰 화면), 들을 수 있고(예 : 통화 상대의 목소리), 만질 수 있는(예 : 버튼) 부분들로 이루어져 있는 것일 뿐, GSM (Global System for Mobile communication)도, 와이파이, 혹은 GPS 라디오, 멀티코어 CPU, 운영체제도, 해당 부분들을 제공하는 공급 고리도, 그것들을 조립하는 중국의 공장들도 아니다. 고객에게는 제품 디자인이 전부다.

조엘 스폴스키는 이것을 "빙산의 비밀(The Iceberg Secret)"이라고 했다. 물 위로 보이는 빙산의 일부가 전체에서 단지 10%에 불과한 것처럼, 보고 만질 수 있는 (UI, 유저 인터페이스) 제품의 일부가 그 작업의 10%에 불과하다는 것이다. 비밀은 바로 대부분의 사람들이 이것을 이해하지 못한다는 것이다[Spolsky 2002]. 사람들은 형편없는 UI를 봤을 때 제품에 대한 모든 것이 형편없다고 생각한다. 잠재적인 고객에게 제품 체험을 권할 때, 무엇보다도 세련되게 설명해야 한다. 그들에게 제품이 어떻게 보일지 상상하게 하거나 '기능성'에게만 집중하길 바랄 순 없다. 화면의 픽셀들이 끔찍해 보인다면, 그 제품 또한 끔찍할 것이라는 생각이 기본 전제인 셈이다.

빙산의 비밀이 프로그래머들에게는 적용되지 않는다고 생각할 수도 있겠지만, 어느 누구도 그것을 피해갈 순 없다. 나는 안드로이드폰보다는 아이폰을 선호하고, 일반 텍스트 읽어보기(readme) 파일들로 된 오픈소스 프로젝트보다는 아름다운 문서 파일들로 된 것을 선호하며, 또 블로거가 쓴 블로그 포스트보다는 매체에 올라온 글을 선호한다. 우리 모두가 표지만 보고 책을 정하는 것이 거의 어쩔 수 없는 일인 것만 같다. 하지만 제품 디자인은 단순히 표지를 말하는 게 아니다. 이것은 인쇄 상태, 제목, 뒤쪽의 추천글, 타이포그래피, 레이아웃 그리고 심지어는 본문 그 자체를 뜻하기도 한다.

> 대부분의 사람들은 디자인이 어떻게 보이는가에 대한 것으로 생각하는 실수를 범한다. 사람들은 이것이 베니어판이라고 생각한다. 그래서 디자이너들은 박스를 건네 받고 "보기 좋게 만들어줘!"라는 말을 듣는다. 우리가 생각하는 디자인은 그것이 아니다. 디자인은 어떻게 보이고 어떻게 느껴지냐는 것이 아니다. 디자인은 어떻게 작동하는가를 의미한다.
>
> [WALKER 2003], 스티브 잡스

디자인은 작동하는 방식을 의미한다. 그렇다. 아이폰은 대부분의 다른 스마트폰들보다 예쁘다. 물론 이 말도 틀리지는 않았지만 예쁘다는 의미는 스타일에만 국한된 문제가 아니다. 샤프한 스크린, 폰트 그리고 레이아웃은 글자를 쉽게 읽을 수 있도록 해준다. 버튼들은 크기가 커서 사용하기 쉽다. 터치스크린은 정교하고 UI는 빠르며 즉시 반응한다. 아이폰은 당신의 욕구를 예측하려 하고, 주변의 빛에 따라서 화면의 밝기를 자동으로 낮추거나 아이폰을 귀에 대면 화면이 아예 꺼진다. 이것에 대해 생각할 필요도 없고 쩔쩔맬 필요도 없다. "그냥 작동한다." 그리고 다른 스마트폰들이 기능과 가격 면에서 따라잡았을 때는, 여전히 경험에서 차이가 난다. 이것이 애플이 디자인에 크게 투자하는 이유이며, 세계에서 가장 가치 있는 회사로 평가받는 것도 우연이 아니다.

제품을 생산하지 않거나 '디자이너'라는 단어와 관계없는 직무에 있을지라도 디자인은 유용한 기술이다. 모든 이가 매 순간마다 디자인을 사용한다. 발표용 문서를 만들 때, 이력서 서식을 만들 때, 개인 홈페이지를 만들 때, 거실의 가구를 배치할 때, 수업을 위한 강의계획서를 짤 때, 또는 소프트웨어 시스템의 구성을 고안할 때, 모든 순간마다 디자인을 사용한다. 디자인은 기본적으로 어떻게 정보를 보여줘서 다른 사람들이 이해하고 사용하는지에 대한 방법에 관한 것이다. 인생에서 많은 성공을 해내는 것은 얼마나 소통을 잘하는가에서 비롯되는데, 대부분의 사람들이 교육의 일환으로 받는 디자인 훈련은 놀랄 정도로 거의 없다.

내가 덜 훈련 받았기 때문에, (당신이 가지고 있던 가지고 있지 않던) 디자인과 예술적 능력에 대해 생각해왔다. 내가 가진 미술적 재능은 공책 전체에 막대기 형태로 그리는 수준에 불과했으므로, 분명 나는 재능이 없었다. 그리고 내가 디자인과 미술이 모두 반복학습을 통해 습득할 수 있는 기술이라는 것을 깨닫는 데는 오랜 시간이 걸렸다.

3.1.1 디자인은 반복 과정이다

몇 년 전, 나는 내 여동생과 미술 수업을 들었다. 선생님은 가족의 친구분이었으며, 그는 우리 집에 와서 우리에게 정물화와 지평선을 연필과 수채화 물감으로 그리게 했다. 그러던 어느 날, 나는 과일 정물화를 그리는 중 오렌지를 그리는 데 애를 먹고 있었다. 내가 최선을 다해 그릴 수 있던 것은 빈약한 원 모양에 단조로운 얼룩의 오렌지색을 칠할 뿐이었다. 선생님은 내가 좌절한 것을 알아채고는 내게 물었나. "오렌지는 무슨 색인가?" 농담인지 확신이 없었지만 나는 대답했다. "오렌지?" 미술 선생님은 웃으면서 말했다. "그 외에는?" 나는 잠시 과일을 바라보고 말했다. "빛을 받는 부분에 약간 흰색과 노란색이 보이는 것 같은데요." 여전히 웃으면서, 미술 선생님은 말했다. "좋아. 그리고 또?" 나는 오렌지를 더 바라보았다. "더는 없어요. 이건 그냥 망할 오렌지에요. 오렌지색과 다양한 색조의 오렌지색들뿐이에요."

　미술 선생님은 몸을 구부려서, 내 손에서 붓을 가져가서, 내 그림에 약간의 변화를 주기 시작했다. 작업을 하면서, 자신이 무엇을 하고 있는지 설명했다. "구 형태에는 흰색과 노란색으로 칠할 수 있는 밝은 부분이 있고, 빨간색, 갈색 그리고 녹색이 보이는 어두운 부분도 있지. 또 오렌지가 한쪽으로 그림자를 드리우니까, 회색과 파란색을 여기에 칠하고, 오렌지의 가장자리와 오렌지가 드리운 그림자를 구분하기 위해 갈색과 황갈색을 조금 더하자(그림 3.1 참조)."

그림 3.1 오렌지를 그리는 방법(찰린 맥길 이미지 제공, http://www.charmingart.org/)

나는 화폭과 실제 과일을 번갈아 가며 쳐다보았다. 오렌지는 오렌지색이 아니다. 오렌지색, 노란색, 흰색, 빨간색, 갈색, 황갈색, 녹색 그리고 파란색이다. 잠시 후 나는 몇 가지의 깨달음을 얻었다.

- 미술은 배울 수 있는 다수의 구체적인 도구와 기술들을 포함한다. 미술 선생님은 거의 레시피처럼 원형 물체를 그리는 데 필요한 요소들을 전부 알고 있었다. 기본 색상으로 여러 번 컵 모양으로 그리고, 그림자를 한 숟가락 정도로 섞고, 약간의 밝은 부

분을 덧붙이고, 휘저으면, 원형 물체가 완성된다.

- 내 머릿속의 오렌지 모습은 현실에서의 오렌지 모습과 다르지만, 나는 화폭에 오렌지의 형상을 그려보기 전까지 내가 놓친 세세한 부분을 알지 못했다.

- 마찬가지로, 화폭 위의 오렌지 모습은 현실에서의 오렌지 모습과 다르다. 이 차이는 대개 의도적으로 나타나는데, 미술의 목표가 현실 속 무언가의 복사본을 만드는 것이 아니라, 보고 생각하거나 느낀 대로 표현하는 것이기 때문이다.[2]

나는 아직 화가라고 하기에는 멀었지만, 화가의 마음가짐을 이해한 것은 나로 하여금 미술적 재능이 연습과, 왜 사물이 그렇게 보이는지 면밀하게 관찰하기 위해 눈을 단련시키고, 또 미술의 목표가 대중에게 무언가를 전달하는 것임을 인식함으로써 향상시킬 수 있음을 깨닫게 했다. 정리하면 다음 세 가지 원칙이 디자인에도 적용된다.

- 디자인은 배울 수 있는 기술이다.
- 어떤 디자인은 작동하고 다른 것은 작동하지 않는 이유를 의식적으로 인식하기 위해서 눈을 훈련해야 한다.
- 디자인의 목표는 사용자에게 무언가를 전달하는 것이다.

이 장에서 이 세 가지 요점을 모두 확인하길 바란다. 첫 번째 요점에서 마음속에 새겨두어야 할 가장 중요한 것은 디자인은 반복과정이자 증가과정이라는 것이다. 초안은 끔찍하겠지만, 좋은 디자인을 만들어낼 유일한 방법과 좋은 디자이너가 될 유일한 방법은 계속 반복하는 것이다. 이런 도전을 특히 힘들게 하는 것은 삶에서 전문 디자이너들에 의해 만들어진 수천 개의 제품들을 보면서 감별력을 길러왔고, 당신의 초안이 결코 그 정도가 될 수 없다는 것이다. 이것은 마치 수 년간 모차르트와 바흐의 아름다운 바이올린 협주곡들을 들어왔고, 카네기 홀에서 연주해보는 꿈을 가지고, 마침내 처음으로 바이올린을 들고, 신이 나서 현을 가로질러 활을 당겨보았지만, "빽" 하는 소리가 나는걸 보고 경악하는 음악 애호가와 같다. 창의적인 작업을 하는 모든 사람은 그들의 작업이 기대에 맞지 않는 단계를 거친다. 계속 바이올린을 켜라. 새로운 디자인을 떠올려라. 계속 반복하여 마침내, 어쩌면 오랜 시간이 지나고 나면, 기술이 기대를 따라잡을

---

2 기차 여행을 하고 있는 파블로 피카소를 한 승객이 알아보고 질문한 고전적인 이야기가 있다. "당신의 그림에서는 사람들을 실제 그대로 그리는 대신 왜 진실을 왜곡하는 겁니까?" 피카소가 묻기를 "실제 모습이라는 것이 무엇입니까?" 그 승객이 지갑에서 그의 부인 사진을 꺼내서 말하기를 "이것이 내 아내의 실제 보이는 모습입니다." 피카소는 그 이미지를 보고 말하기를 "그녀가 약간 작고 마른 편이죠?"

것이며, 결국 만족할 작업을 해낼 것이다[Glass 2009]. 하지만 지금은, 완벽을 노리는 것보다는 실천하는 것이 중요함을 기억하라.

두 번째 요점은 디자인을 더 잘하고 싶으면 왜 특정 디자인이 잘 작동하거나 그렇지 않은지를 의식적으로 이해하려고 노력해야 한다는 것이다. 다음에 아이패드를 사용하기가 얼마나 간단한지 감탄할 때, 잠시 멈추고 스스로에게 왜 그런지 물어보라. 이 디자인 중 무엇이 첨단기술에 무지한 조부모님들에서부터 두 살짜리 아이까지 거의 모든 사람이 사용할 수 있을 정도로 간단하게 만들어 주는가를 말이다. 왜 사람들이 똑같이 데스크톱 컴퓨터나 전자펜이 필요한 태블릿을 쓰는 방법은 떠올리지 못하는가? 우리는 97쪽의 '시각 디자인'에서 당신의 눈이 디자인에서 어떤 것을 쳐다봐야 하는지 알아볼 것이다.

마지막으로 세 번째 요점인 디자인의 목표는 사용자와 소통하는 것이라는 점이다. 예뻐 보이는 것도 디자인에서 하나의 중요한 부분이지만, 디자인은 사람들의 목표를 달성하도록 돕는 것임을 깨닫는 게 더 중요하다. 그러므로 모든 디자인은 사용자에 대한 이해에서 시작할 필요가 있으며, 사용자 중심 디자인(User-Centered Design)이 되어야 한다.

3.1.2 사용자 중심 디자인

다음 프로젝트를 준비하기 위해 내 동료 몇 명과 함께 링크드인 회의실에 앉아 있던 기억이 있다. 우리가 무엇을 만들고 싶은지 알고 있었고 그 일을 작업목록으로 나누었다. 남은 건 이 작업들을 어딘가에 기록해서 우리 업무의 진행상황을 시간에 따라 확인할 수 있도록 하는 것이었다. 우리는 다른 회사들이 사용하는 문제 추적 소프트웨어를 사용하기로 결정했다. 이것은 검색, 보조 도구들 그리고 다채로운 표를 포함하여 모든 종류의 화려한 기능이 있었다. 다만 거기에는 한 가지 문제가 있었다. 우리는 그 사용 방법을 몰랐던 것이다.

그 방에는 7명의 전문 프로그래머가 있었다. 우리가 뭘 하고 싶은지는 알고 있었다. 우리 모두가 이전에 문제 추적 소프트웨어를 많이 사용해봤고, 수십 년 동안 웹사이트를 사용하고(그게 아니라, 웹사이트를 구축하고) 있어서, 어떻게 해야 할지도 알고 있다고 생각했다. 그래서 나는 방 안의 모두를 완전히 당황시킨 문제 추적 웹사이트를 실행시키기가 얼마나 절망스러웠는지 적절하게 묘사하기 어렵다. 우리는 문제 트래커에서 새 프로젝트를 정하는 방법, 규정한 프로젝트를 시작하는 방법, 프로젝트들 사이에서 표를 옮기는 방법, 15개의 서로 다른 화면 모드를 사용하는 방법, 프로젝트를 마친 후 모든 표들이 공백이 되는 이유 그리고 문제 생성 화면에 50개의 서로 다른 텍스트 상자들이 무엇을 위한 것인지 알아내기 위해 몇 시간을 보냈다. 수많은 좌절 끝에 우리는 포기했다. 그리고 포스트잇 메모를 사용하여 끝을 맺었다. 문제 추적 소프트웨어는 모든 면에서 포스트잇 메모보다는 나았지만, 한 가지 가장 문제되는 부분이 예외였다. 바로 '목표'를 달성할 수 있도록 '사람'들을 돕는 것이다.

'사람'과 '목표'라는 단어를 강조한 것에 주목하라. 디자인은 버튼, 다채로운 표, 또는 기능에 대한 것이 아니다. 바로 사람과 목표를 위한 것이다. 이 이야기에서 언급했듯이, 그들은 소프트웨어 전문가였고 문제 트래커는 비참하게도 프로젝트를 위한 작업을 추적한다는 목표를 달성하는 데 실패했다. 더 나쁜 것은, 가장 중요한 디자인 목표에서 실패했다는 것이다.

> 모든 컴퓨터 사용자의 최고 목표는 멍청하다고 느끼지 않는 것이다.

[COOPER 2004, 25], 앨런 쿠퍼, *정신병원에서 뛰쳐나온 디자인*, 안그라픽스, 2004

과거에, 소프트웨어를 디자인하는 나의 과정(정말 과정이라 할 수 있다면)은 다음과 같은 순서로 이루어져 있었다.

1. 팀원들과 앉아서 "우리 제품의 버전 5.0에는 어떤 기능이 들어가면 멋질까?" 하고 묻는다.
2. 기능을 긴 목록으로 작성한 후 우선순위에 대해 논하고 임의의 기한을 정한다.
3. 서둘러 진행해서 기한 내에 가능한 한 많은 기능을 구현한다. 불가피하게 시간이 부족하게 되면 너무 오래 걸릴 기능들을 잘라내기 시작한다.
4. 시간에 맞춰 끝낸 기능들은 어떤 것이든, UI는 어느 곳에든 쑤셔 넣는다.
5. 버전 5.0을 사용자에게 출시한다. 사용자들 마음에 들기를 염원하고 기도한다.
6. 반복한다.

이 과정에는 잘못된 것이 많지만, 아마 가장 큰 것은 이 그림에 실제 사용자의 목표는 어디에도 반영되지 않는다는 것이다. 나는 사용자들이 실제 필요로 한 것보다는 '멋진' 것을 구축하였다. 나는 사용자들이 진짜 원하는 것(141쪽 '데이터'에서 다룰 것이다)이 무엇인지 생각해내는 방법을 전혀 몰랐고, 기능을 추가할 줄만 알았다. 그게 바로 내가 한 일이었다. 나는 좋지 않은 기능 염증에 걸려 있었고 치료제를 찾는 데 오랜 시간이 걸렸다.

해결책은 바로 엔지니어링과 제품 작업 후 '디자인'을 제품에 접목시킬 수 없음을 깨닫는 것이다. 디자인이 곧 제품이다. 첫날부터 작업 과정의 일부이어야 한다. 다음은 제품 개발 과정에 포함시켜야 할 다섯 가지 사용자 중심 디자인 원칙이다.

- 사용자 스토리
- 페르소나
- 감성 디자인
- 단순함
- 사용성 테스트

사용자 스토리

디자인을 한다는 것은 상세한 300쪽짜리 설명서가 필요함을 의미하지 않지만, 코딩하기 전에 사용자 스토리를 정의할 수 있어야 함은 의미한다. 사용자 스토리는 사용자 관점에서 본, 당신이 구축하고 있는 것에 대한 간단한 설명서다. 그리고 사용자 스토리는 다음 세 가지 질문에 대한 답이 되어야 한다.

- 사용자가 누구인가?
- 무엇을 해내려고 하는가?
- 그들에게 왜 이것이 필요한가?

첫 번째인 "사용자가 누구인가?"는 매우 어려운 질문이지만 사람들을 이해하는 것이 필요하다는 것이다. 우리도 똑같은 사람이기 때문에 아마 사람들이 행동하는 이유를 이해한다고 생각해서 스스로에게 동기부여를 한다. 그러나 앞에서 살펴본 것처럼 대부분의 행동은 절대적으로 잠재의식에 의해 조정되고 우리는 종종 전혀 인지하지 못한다(36쪽 '아이디어 발전' 참조).

프로그래머라면, 사용자들을 이해하는 것이 더욱 힘들다. 제품의 작동 방식에 대해 개념적 모델을 그들의 머릿속에 만든다. 프로그래머의 모델은 주로 (종종 인터페이스, 이벤트, 메시지, API, 네트워크 프로토콜 그리고 데이터 저장 수준에서) 매우 세밀한 반면에 일반적인 사용자들의 모델은 주로 덜 세밀하고, 부정확하며, 불완전하다(즉, 많은 사용자는 소프트웨어와 하드웨어 또는 모니터와 컴퓨터를 구분하지 않는다). 이 개념적 모델에서의 부조화때문에 프로그래머와 사용자가 소통하는 것이 어려운 것이다.

그리고 그 안에는 숨은 애로사항이 있다. 즉, 소통이 디자인의 전부라는 인식이다. 프로그래머들은 사용자들에게 정보를 제공하고, 무엇이 이루어질 수 있는지 말하고, 또 어떻게 그렇게 되는지 보여주려고 노력한다. 불행하게도, 많은 프로그래머는 소프트웨어에 대해 너무 잘 알고 있어서 사용자와 전혀 다른 방식으로 생각하고 있다는 것을 깨닫지 못한다. 우리가 올챙이 시절에 어땠는지를 기억하지 못하는 것이다. 이를 "지식의 저주(curse of knowledge)"라 하고 이는 스탠퍼드 대학교의 연구에서 훌륭하게 입증된 인식 효과다.

1990년, 엘리자베스 뉴턴은 두 가지 역할 중 하나를 사람들에게 부여하는 간단한 게임을 연구하여 스탠퍼드 대학교에서 심리학 박사학위를 받았다. 바로 '태퍼(tappers)'와 '리스너(listener)'가 그 두 가지 역할이다. 태퍼들은 "생일 축하합니다"나 "성조기여 영원하라"처럼, 스물 다섯 개의 유명한 곡들로 된 목록을 받았다. 각 태퍼들은 노래 한 곡을 골라 리스너에게 리듬에 맞춰 탁자를 두드리는 방법으로 소리를 들려주었다. 리스너의 역할은 두드리는 리듬을 듣고, 무슨 노래인지 알아내는 것이었다(참고로, 좋은 리스너 후보가 곁에 있다면 이 실험을 집에서 해보는 것도 재미있다).

이 게임에서 리스너의 역할이 꽤 어렵다. 뉴턴의 실험이 진행되는 동안, 태퍼들은 120곡의 노래를 두들겼지만 리스너들은 고작 2.5% 밖에 맞추지 못했다. 곡수로 치면 120곡 중 3곡만 맞춘 것이다.

하지만 이 결과를 심리학 논문으로서 가치있게 해준 것이 있다. 리스너들이 곡명을 맞추기 전에, 뉴턴은 태퍼들에게 리스너들이 정확하게 맞출 가능성을 예상해보라고 했다. 그들은 그 가능성이 50%일 것이라고 예상했다. 실제로 40번 중 1번 정답을 얻게 되었지만, 2번 중 1번은 정답을 얻고 있다고 생각한 것이다.

그 이유는 태퍼들은 소리를 낼 때, 자신의 머릿속에서 노래를 듣고 있었기 때문이다. 당장 한번 직접 해보라. "생일 축하합니다" 리듬을 두드려 보라. 머릿속에서 그 선율이 들리는 것을 피할 수 없다. 반면, 리스너들은 그 선율을 들을 수 없다. 그들이 들을 수 있는 건 모스 부호 같은, 특이하고 불연속적으로 두드리는 소리일 뿐이다.

[HEATH HEATH 2007, 19], 칩 히스, 댄 히스, 스틱, 엘도라도, 2009

프로그래머로서, 소프트웨어를 디자인할 때, 항상 "머릿속에서 선율을 듣고 있다." 하지만 당신의 사용자들은 아무것도 듣지 못한다. 그들은 당신이 디자인한 UI를 연구할 뿐이다. 사용자가 당신이 아는 것을 알 것이라고 예상할 수 없으며 설명서와 훈련만으로 격차를 메우는 데 의존할 수는 없다. 스티브 크룩이 "설명서에 대해 알아야 할 중요한 것은 바로 아무도 그걸 읽지 않을 거란 것이다"라고 말한 것처럼[Krug 2014, 51] 성공적인 제품 개발을 위한 유일한 선택은 디자인을 훌륭하게 해내는 것이다.

명백한 사실이지만, 프로그래머로서 작업할 때 사용하는 도구들이 나쁜 디자인의 최고봉에 해당된다는 사실을 잊어버리기 쉽다. 어느 정도는, 프로그래머들이 사용하기 위해 디자인된 대부분의 소프트웨어들은 컴퓨터로 사용하기 위해 디자인된 것이기도 하며, 컴퓨터는 유용성에 개의치 않기도 하기 때문이다. 하루 종일, 당신은 마법의 주문들을 기억해내고("끄는 방법을 몰랐기 때문에, 나는 2년간 Vim을 사용해왔다"라는 구식 유머가 있다), 로그파일, 코어 덤프 그리고 XML들처럼 소수만 이해하는 형식들을 공부하고(자바에 능숙해지려면, 스택 트레이스라는 언어에도 유창해야만 한다), 또 오류 메시지들("불법적인 표현의 시작", "무효한 구문", "오류 코드 33733321", "중단, 재시도, 실패") 때문에 쓸모 없는 범죄자 취급을 당하는 일들과 씨름한다. 성공적인 프로그래머가 되려면, 끔찍한 디자인에 대한 강한 내성을 길러야 하며, 거의 더 이상 알아채지 않는 수준이 되어야 한다. 하지만 평범한 사람들이 사용할 수 있는 소프트웨어를 만들고 싶다면, 공감 능력을 키워야 하며 프로그래머로서의 본능을 숨겨야 한다.

> 프로그래밍 과정은 프로그래머의 목표와 사용자의 목표가 매우 다르다는 간단한 이유로 사용하기 쉬운 제품을 만드는 과정을 뒤엎는다. 프로그래머는 개발 과정이 부드럽고 쉽기를 원한다. 사용자는 프로그램과의 상호작용이 부드럽고 쉽기를 원한다. 이 두 가지 목표는 절대 같은 프로그램에서 이루어지지 않는다.
>
> [COOPER 2004, 16], 앨런 쿠퍼, *정신병원에서 뛰쳐나온 디자인*, 안그라픽스, 2004

비록 사용자들을 이해한다는 장애물은 넘겼을지라도, 두 번째 질문, "그들은 무엇을 해내려고 하는가?"는 여전히 많은 사람을 실수하게 만든다. 가장 흔한 디자인 실수 중 하나는 사용자의 목표(그들이 성취하고 싶어하는 것)를 작업(그들이 성취할 수 있는 방법)과 혼동하는 것이다. 냉전 시대 우주 개발 경쟁 때의 고전적인 사례가 하나 있다. 나사(NASA)의 과학자들은 우주 공간의 초미중력 상태에서는 펜이 제 기능을 할 수 없다는 것을 알고, 무중력 상태, 전복 상태, 물 속 그리고 엄청난 범위의 온도에서 쓸 수 있는 가압식 잉크 카트리지를 가진 펜을 개발하는 데 수백만 달러를 투자했다. 반면에, 소련은 연필을 사용했다. 이 이야기는 도시 전설(urban legend)[3]이지만, 근본적인 목적을 가리고 일을 해내는

---

3 (옮긴이) 확실한 근거가 없는데도 사실인 것처럼 사람들 사이에 퍼지는 놀라운 이야기을 의미한다. 이 내용과 관련해서는 Snopes 페이지(http://bit.ly/nasa-pen)를 참조하라.

특정 방법에만 집중했을 때 무슨 일이 일어나는지 알 수 있는 훌륭한 사례다. 에이브러햄 매슬로가 말했듯이, "만약 가지고 있는 유일한 도구가 망치라면, 모든 것을 못으로 생각하는 것도 솔깃해 보인다[Maslow 1966, 15]."

목표에서 분리된 임무를 얘기하는 가장 좋은 방법 중 하나는 이전 장에서 본 "다섯 가지 이유" 기법을 사용하는 것이다(60쪽 '문제 검증' 참조). 또 다른 방법은 『정신병원에서 뛰쳐나온 디자인』에 나온 앨런 쿠퍼의 조언을 따르는 것이다.

> 작업과 목표의 차이를 말하는 쉬운 방법이 있다. 작업은 기술이 변하면 함께 변하지만, 목표는 아주 안정된 상태로 남아있는 기분 좋은 특성을 지니고 있다. 예를 들어, 세인트루이스에서 샌프란시스코로 여행할 때, 내 목표는 속도, 안락감 그리고 안전이다. 1850년에 캘리포니아 금광지로 간다면, 나는 내 최신식, 최첨단의 코네스토거 왜건을 타고 여행했을 것이다. 1999년에 세인트루이스에서 실리콘 밸리로 간다면, 나는 최신식, 최첨단의 보잉777 항공기를 타고 여행했을 것이다.
>
> [COOPER 2004, 150], 앨런 쿠퍼, *정신병원에서 뛰쳐나온 디자인*, 안그라픽스, 2004

세 번째 질문, "그들에게 왜 이것이 필요한가?"의 요점은 당신이 구축하고 있는 것을 왜 하고 있는지를 정당화시키는 것이다. 이 부분에서 이전 장의 고객 개발 과정이 관여한다(58쪽 '고객 개발' 참조). 만약 제품 또는 기능이 실제 사용자의 중요한 문제를 해결하는 게 아니라면, 이걸 만드는 데 시간낭비를 하지 말아야 한다.

항상 설명된 세 가지 사용자 질문에 모두 답하는 시간을 가져야 한다. 머릿속 제품의 아이디어들이 수명이 짧고 불분명한 형태의 생각에서 구체적인 단어와 종이 위의 그림으로 바뀔 때 이해하고 있는 격차들이 드러날 것이며, 수천 줄의 코드를 작성한 후보다는 종이 한 장 위의 낙서에 불과할 때 고치는 것이 비용이 덜 든다. 읽어보기 파일, 위키 또는 포스트잇 메모에 있는 몇 줄의 텍스트와 몇 개의 스케치는 사용자의 관점에서 연결되는 경험을 하게 하며, 무엇을 만들고 있는지, 누구를 위해 그러는지 그리고 왜 그게 가치가 있는지를 확인할 수 있다.

페르소나

디자인 기술을 크게 발전시키는 또 하나의 빠른 방법이 있다. 바로 '보통 사람'을 위한 제품 디자인을 그만하는 것이다. 보통 사람은 하나의 고환과 하나의 나팔관을 가지고 있으므로[Burnham 2010], 보통을 위해 디자인하는 것은, 어느 누구를 위한 디자인도 아닌 것이다.

실제의 보통 사용자는 제네바의 국제 도량형국에 밀폐하여 봉인된 금고 속에 보관되어 있다.

[KRUG 2014, 18], 스티브 크룩, *사용자를 생각하게 하지 마*, 인사이트, 2015

더 나은 아이디어는 페르소나(persona)를 위해 디자인하는 것이다. 페르소나는 특정한 목표, 특성 그리고 욕망을 가진 당신 제품의 실제 사용자를 나타내는 허구의 인물이다. 예를 들어, 나는 다음과 같은 페르소나들을 위해 hello-startup.net을 디자인했다.

1. **마이크** : 유매스 암허스트에서 컴퓨터공학을 전공하는 19살 대학생이다. 마이크는 그의 삶 대부분을 기술에 대한 강박관념에 시달려왔고, 중학교 때 코딩을 시작했으며, 레딧과 해커 뉴스를 보는 데 그의 하루 대부분을 보낸다. 마이크는 졸업 후 취업하는 것을 생각하기 시작했다. 그는 창업에 관심이 있지만, 부모님은 유명하고 인정받는 회사에 가도록 압박을 넣고 있어서 그는 지금 어떻게 해야 할지 모르는 상태다.

2. **모니카** : 오라클에서 일하는 28살의 상급 소프트웨어 엔지니어다. 모니카는 MIT에서 컴퓨터 공학학위를 수여 받고 나서 대학교 졸업 후 몇몇 큰 소프트웨어 회사에서 일했으며, 몇년 뒤 마침내 오라클에 정착했다. 그녀는 업무에 질려가고 있으며 세상 속에서 그녀의 도전정신을 일깨우고 더 큰 충격을 가져다 줄 무언가를 찾고 있다. 그녀는 몇 가지의 창업 아이디어를 갖고 있지만, 그 다음에 무엇을 해야 할지는 모른다.

3. **마헤시** : 회사를 창업하기 위해 그의 룸메이트를 따라 스탠퍼드 대학교에서 중퇴한 21살의 프로그래머다. 마헤시와 그의 공동 창업자는 회사에서 여섯 달째 일하는 중이지만, 고전하는 상태다. 그들은 어떻게 제품을 디자인하는지, 이것을 만드는 데 어떤 기술을 써야 할지, 고객들에게 이것을 사용하게 하려면 이떻게 해야 할지, 또는 그들을 도울 개발자를 어디서 찾아야 할 지 모르는 상태다.

각 페르소나에는 이름, 나이, 간단한 소개, 이력 그리고 기술, 신념, 목표, 그 외 당신의 업무에 맞는 여러 사항을 포함해야 한다.[4] 더 실제 사람처럼 보이게 하기 위해서 각 페르소나에 사진을 붙이는 것도 좋은 생각이다(실제 삶 속에서 아는 누군가의 사진보다는 웹사이트에서 찾은 대중적인 사진이 더 좋다). 제품에 대한 페르소나들을 정의하고 나서는, 사용자 스토리에서든 대화 속에서든, "보통 사용자"를 다시는 언급하지 마라. 모든 사람이 '보통'에

---

[4] 더 상세한 정보는 http://www.ux-lady.com/diy-user-personas를 참조하라.

대해 서로 다르게 이해하고 있을 것이므로, 당신 팀에서 "보통 사용자"는 X 기능 또는 Y 기능을 선호할 것이라고 반박하게 내버려두지 마라. 대신에, 당신의 페르소나들이 X 또는 Y 기능을 원할지에 대해서만 토론하라. 예를 들어, hello-startup.net의 "보통 사용자"가 그들의 스톡옵션의 가치 평가를 돕는 계산기를 원하겠는가? 마이크, 모니카, 혹은 마헤시가 그런 계산기를 원할지 모르겠다? 나는 마이크와 마헤시가 그 도구를 유용하게 생각할 것이라고 점 찍을 수 있다.

페르소나들은 시장조사와 고객 인터뷰에 기반해야 한다(49쪽 '타당성 검사' 참조). 당신의 목표는 자신들의 목표가 충족되지 않으면 모든 제품이 실패작이라는 소수(보통 1명에서 3명)의 주된 페르소나들을 찾는 것이다. 예를 들어, 마이크, 모니카, 마헤시는 hello-startup.net을 위한 주된 페르소나들이므로, 그들이 원하는 것을 찾지 못하면, 제품 또한 존재하지 않을 것이다. 당신의 목표는 다른 게 아니라 이 주된 페르소나들이 그들의 목표를 알아내고 그들이 그 목표를 달성하는 걸 도와주는 특출한 제품을 만들어 가능한 한 행복하게 하는 것이다(131쪽 "차별화에 집중하라" 참조).

> 당신이 염두해둔 목표 대상의 폭이 넓을수록, 과녁의 중심을 빗나갈 확률이 커진다. 50%의 제품 만족 수준을 달성하고 싶다면, 수많은 사람 중 50%의 만족으로 이룰 순 없다. 오직 사람들 중에서 50%를 선발하고 그들이 100%를 만족하도록 노력해야만 성취할 수 있다. 그것보다 더한 방법이 있다. 시장의 10%를 대상으로 그들이 100% 열광하도록 작업하면 더욱 큰 성공을 이룰 수 있다. 이것이 직관에 어긋나 보이지만, 한 명의 사용자를 위해 디자인하는 것이 수많은 인구를 만족시키는 가장 효과적인 방법이다.
>
> [COOPER 2004, 126], 앨런 쿠퍼, *정신병원에서 뛰쳐나온 디자인*, 안그라픽스, 2004

페르소나가 이렇게 강력한 디자인 도구인 이유는 바로 실제 사람에 대해 생각하게 하고 그들의 욕구, 한계, 개성 그리고 아마 가장 중요한 그들의 감성을 고려하게 한다는 점 때문이다.

감성 디자인

사람들이 다른 사람과 상호작용하는 것처럼 컴퓨터 및 소프트웨어와 상호작용한다는 것을 증명하는 연구들이 있다. 때때로 적대적인 상황이 벌어져도, 대부분의 사람들은 컴퓨터를 향해 정중하게 행동한다. 예를 들어, 여성의 목소리를 가진 컴퓨터와 남성의 목소리를 가진 컴퓨터에 다르게 반응한다. 또한 사람들은 컴퓨터를 팀원이나 심지어는 친구로 생각한다[Reeves and Nass 2003]. 프린터가 제대로 작동하지 않을 때 짜증내 본적 있는가, 그냥 좋아하는 소프트웨어의 일부를 발견한 적 있는가, 컴퓨터가 고장난 후 워드 문서가 사라지지 않기를 컴퓨터에게 빌고 애원한적 있는가? 알든 모르든, 소프트 웨어의 모든 부분은 무언가를 느끼게 해준다. 감정 표현의 대부분이 자동으로 나오고 그것들을 조절하는 뇌의 부분들이 실제 사람과 사람처럼 행동하는 무생물을 구분할 정 도로 발전되지 못했다.

이것이 바로 최고의 디자인에 항상 인간성과 감성이 있는 이유다. 예를 들어, 구글 은 숨겨진 많은 이스터 에그들(예 : '리커션(recursion)', '애스큐(askew)', 또는 '구글 1998(Google in 1998)'을 구글링해보라), 'I'm feeling luck button'을 갖고 있으며, 또 여러 날, 중요한 행 사를 기념하기 위해 그들의 로고를 Google Doodle로 바꾸기도 한다. 버진 아메리카 는 기본적이고, 지루한 비행 안전 영상을 유튜브에서 1천만 명이 시청한 재미있는 뮤 직 비디오로 바꾸었다. 휴가철 중에, 아마존에서는 쇼핑할 때 크리스마스 노래들을 듣 게 해주는 뮤직 플레이어를 웹사이트에 추가한다. IMDb에서는 This Is Spinal Tap 의 순위가 11위까지 올라가고 '404 : Page not found? INCONCEIVABLE. Vizzini, The Princess Bride'와 같은, 유명한 영화 인용문의 패러디들을 그들의 오류 화면 에 게시한다. 메일침프는 그들의 마스코트인 우체부 차림의 원숭이를 거의 모든 화 면에 내보낸다. 텀블르의 다운타임 화면은 그들의 서버실에 대혼란을 일으키는 마 법의 'tumblebreasts'를 보이는 데 사용했다. 그리고 트위터의 다운타임 화면은 'fail whale'을 보여준다(그림 3.2 참조).

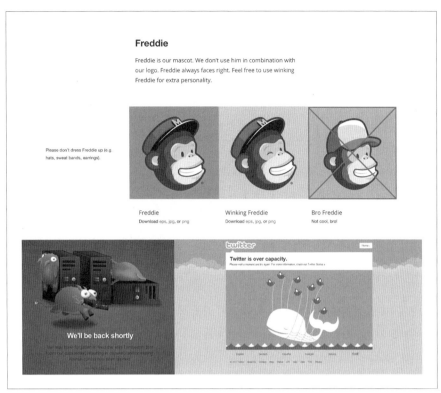

그림 3.2 메일침프의 Freddie(상단), 텀블러의 Tumblebeasts(왼쪽 하단), 트위터의 fail whale(우측 하단) 참조

이것들은 사소한 것처럼 보이겠지만 디자인의 기능적인 면만큼 중요한 감성적인 면이고 큰 역할을 한다.[5]

당신의 제품이 사람이라고 생각해보라. 어떤 사람이었으면 좋겠는가? 정중한 사람, 근엄한 사람, 너그러운 사람, 재미있는 사람, 무표정한 사람, 진지한 사람, 자유분방한 사람 또는 편집증이 있거나 의심할 줄 모르는 것처럼 보이고 싶은가, 아니면 똑똑한 척하는 사람처럼 보이고 싶은가, 혹은 겸손하고 호감가는 사람처럼 보이고 싶은가, 이 부분을 결정하고 나면, 제품이 만들어진 것처럼 그 개성들을 항상 간직하라. 그래서 광고 문안 작성, 인터페이스 그리고 기능 세트를 설명하는 데 그것들을 이용하라. 그리고 변화를 줄 때에는 당신 앱의 개성에 맞는 변화인지를 자문자답 해보라. 당신의 제품에는 목소리가 있으며 그 목소리는 매일 24시간 동안 고객들에게 말을 건다.

[FRIED, HANSSON, AND LINDERMAN 2006, 123], 제이슨 플라이드, 데이비드 하이네마이어 핸슨, 매튜 린더만, *GETTING REAL*

---

5   더 많은 예시는 http://littlebigdetails.com을 참조하라.

제품을 위한 어떤 개성이나 목소리를 고르든지 간에 정중함이 꼭 일부여야 한다. 만약 사람들이 소프트웨어를 사람으로 생각한다면, 몇 가지 예절을 가르치는 게 좋다. 아래 몇 가지 예시가 있다.

배려하라

내가 프로그램을 아는 유일한 사람일지라도 프로그램은 나에 대해 신경 쓰지 않고 나를 이방인 취급 할 뿐이다.

[COOPER 2004, 163], 앨런 쿠퍼, *정신병원에서 뛰쳐나온 디자인*, 안그라픽스, 2004

가능할 때마다, 소프트웨어가 당신을 기억하는 배려심 있는 사람처럼 행동하도록 디자인해보라. 사용자들이 마지막으로 그들의 소프트웨어로 무엇을 했는지 그리고 과거에 무엇을 검색했는지와 같이 사용자들의 선호사항들을 기억하고 이 정보를 미래에 그들이 무엇을 하고 싶어 할지 예측하는 데 사용해 보라. 예를 들어, 대부분의 웹 브라우저들은 과거에 당신이 입력한 URL들을 기억한다. 나아가, 구글 크롬에서는 "www.goo"를 입력하면 URL을 "www.google.com"으로 완성할 뿐만 아니라, 이 URL이 이전에 여러 번 입력한 것이라면, 더 빨리 불러오도록 엔터 키를 치기 전에 화면으로 가져오기 시작할 것이다. 구글은 비밀번호에 대해서도 배려심이 깊다. 만약, 당신이 최근에 비밀번호를 바꿨지만 실수로 예전 비밀번호로 로그인하려고 한다면, 대표적인 "무효한 비밀번호" 오류문구 대신에 "당신의 비밀번호는 12일 전에 변경되었습니다"라고 되새기는 말을 보여준다.

즉시 빈응하라

좋은 디자인은 사용자들의 욕구에 빠르게 반응하는 것이다. 예를 들어, 애플의 노트북은 방안의 밝기를 감지하여 화면의 밝기와 키보드의 역광을 자동으로 조절한다. 물론, 반응성이 복잡할 필요는 없다. 자주 간과되는 가장 단순한 디자인 요소 중 하나로 기본적인 피드백을 제공하는 것이다. 즉, "사용자가 버튼을 클릭했는가?" 그렇다면 버튼의 형태를 바꾸거나 소리를 내는 방법으로, 그들에게 클릭을 수락하는 조짐을 보여주라고 한다. "클릭하는 데 시간이 걸리는가?" 그렇다면 진행막대 표시나 격자 모양 같은 것으로, 그들에게 백그라운드에 진행 중인 작업이 있다는 암시를 보여주라고 한다. 프로그래머들은 로컬 테스팅을 통해, 그런 프로세싱이 자신들의 컴퓨터에서 거의 즉각적으로 발생하기 때문에 대부분 이것을 간과

한다. 실제 세계에서는, 프로세싱이 심각하게 지연되거나 몇천 킬로미터에 떨어져 있는 포화된 서버에서 이루어질 수도 있다. 유저 인터페이스가 피드백을 보여주지 않으면, 사용자는 클릭이 이루어진 것인지 알지 못할 것이며, 10번 정도 더 버튼을 누르거나 혹은 자존감을 잃고 아예 포기해버릴 것이다.

관대해져라

사람은 실수를 한다. 끊임없이 말이다. 사용자가 오타를 내거나 잘못된 버튼을 클릭하거나 또는 중요한 정보를 잊을 것이라고 가정하면서 소프트웨어를 디자인하라. 예를 들어, 지메일로 이메일을 보내려고 할 때, '첨부'라는 단어를 찾고, 만약 무언가를 첨부하는 것을 잊었다면, 그것이 의도적이었는지 확인하는 대화문을 띄울 것이다. 또한 '보내기'를 클릭하고 나서, 만약 마음을 바꾸거나 중요한 사항을 잊었을 경우를 위해, 지메일에서는 명령을 '취소'할 시간을 몇 초 준다. 이처럼 모든 소프트웨어에는 '취소' 버튼이 있었으면 한다. 그리고 때로는 삶에도 이 버튼이 있었으면 한다.

오류에 "관대해져라"는 최종적인 요점은 아주 중요하여 한번 더 설명한다.

> 인간 오류(Human Error)라는 단어는 지워라. 대신에, 소통과 상호작용에 대해서만 이야기하라. 오류라는 것은 주로 안 좋은 소통 혹은 상호작용이다. 사람들이 또 다른 사람과 협력할 때, 결코 어휘 오류라는 말을 쓰지 않는다. 개개인이 다른 사람을 이해하고 그것에 대응하려는 것이기 때문이며, 무언가가 이해되지 않거나 부정확해보일 때는, 의문을 제기하고 명실상부해져서 협력이 계속된다. 왜 사람과 기계 사이의 상호작용은 협력으로 생각할 수 없는 것일까?

> [NORMAN 2013, 67], 도널드 노먼, *디자인과 인간심리*

아무도 오류 메시지를 좋아하지 않는다. 아무도 "문서를 읽는 중 오류가 발생했습니다(PC Load Letter)"를 보고 싶어하지 않는다. 그리고 가장 중요한 것은 아무도 오류가 자신들의 잘못이라고 생각하지 않는다. 온라인 양식들이 주로 최악의 죄인들이다. 많은 텍스트 상자들을 채우는 데 긴 시간을 보내고, '제출'을 클릭하고, 화면이 다시 뜨면, 화면 상단에 이해하기 힘든 오류 메시지를 보게 된다. 때때로 무엇을 잘못했는지 확실하지 않으며, 특별히 화나게 하는 몇몇 웹사이트에서는, 입력한 모든 정보가 사라진다. 이것은 디자이너가 애플리케이션의 오류 상태에 대해 생각하지 않았다는 것을 보여주는 징조다. 아래에 이 실수를 피할 수 있는 몇 가지 경험에 근거한 규칙을 정리했다.

- 오류 메시지들 대신에 도움말과 안내문을 제공하라[Norman 2013, 65]. 예를 들어, "오류", "실패", "문제", "무효한", "잘못된"과 같은 단어들은 피하라. 대신, 찾는 것이 어떤 종류의 입력인지 그리고 사용자의 입력과 어떻게 다른지 설명하라.
- 사용자가 타이핑할 때 사용자의 입력을 확인하고 긍정적이고 부정적인 피드백 둘 다를 사용자가 보고 있는 곳의 (화면 상단이 아니라) 바로 옆에 보여준다.
- 사용자의 작업을 절대로 놓치지 마라.

트위터의 가입양식은 훌륭한 예다. 그림 3.3에 보듯이 정보를 입력하는 동안, 입력이 유효하면 녹색 체크마크를, 유효하지 않으면 또는 무엇이 필요한지에 대한 간단한 설명문과 함께 빨간 X표를 보여줌으로써 피드백을 준다.

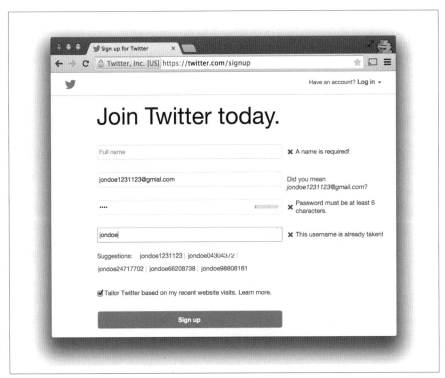

그림 3.3 도움말과 안내문을 보여주는 일을 잘 해낸 트위터의 가입 양식

예를 들어, 비밀번호 입력란을 보자. 안전한 비밀번호를 입력하면 채워지는 작은 진행 막대가 있다. 그리고 이미 등록된 사용자 이름을 입력하면, 사용 가능한 비슷한 사용자 이름들을 제안하는 문구를 보게 된다. 또는 jondoe@gmial.com처럼, 이메일 주소에

오타를 내면, "jondoe@gmail.com을 입력하셨습니까?"는 메시지가 나타난다. 이런 양식을 채우는 것은 마치 일상 업무에서 서류 작업을 할 때보다는 더 협력적이고, 내용을 이해하지 못했을 때 내용을 명시화하기 위해 공손하게 묻는 사람과 대화하는 것 같은 기분을 들게 만드는 훌륭한 사용자 경험이다.

도움말을 보여주는 것뿐만 아니라, 최우선적으로 실수를 예방하는 디자인을 만들려고도 노력해야 한다. '린 생산'에서, 이것은 포카 요케(poka-yoke)[6]을 뜻하는 일본어로 불린다. 그림 3.4에서 보는 것처럼, 예를 들어, 스택 오버플로우(Stack Overflow)에 새로운 질문을 입력할 때, 중복된 것을 입력하지 않도록 비슷한 질문들을 자동으로 찾아내고, 질문이 너무 주관적일 경우에도 자동으로 경고해준다(예 : "무엇이 최고의 X인가?").

그림 3.4 오류들을 예방하려는 스택 오버플로우

금본위 제도는 거의 불가능한 오류를 만들고 있다. 그림 3.5에서 보듯이, 예를 들어, PC 마더보드들은 각 컴포넌트들이 서로 다른 종류의 커넥터를 가지도록 디자인된 것

6　(옮긴이) 제품생산에 있어서 사용자의 실수를 막고, 오류를 방지하는 "잘못 방지(mistake-proofing)"라는 의미다.

이다. 이것은 실수로 CPU를 PCI 슬롯에 삽입하거나 이더넷 케이블을 VGA 슬롯에 꼽는 일이 없도록 보장한다.

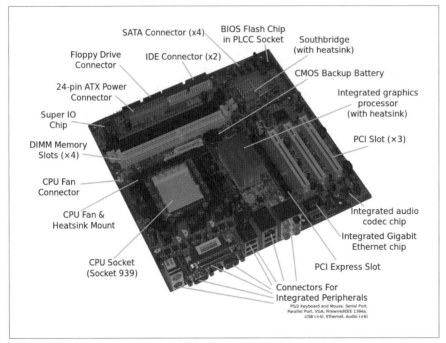

그림 3.5 몇몇 디자인들은 거의 불가능한 오류들을 만들어 낸다(위키피디아의 그림)

현대의 ATM들은 카드를 놓고 가지 않도록 돈을 가져가기 전에 카드를 먼저 가져가도록 ATM 카드를 돈보다 먼저 돌려준다. 약간 어렵지만 여전히 소프트웨어에서도 가능한 일이다. 예를 들어, 마이크로소프트 워드에서 나는 항상 내가 작업을 저장할 기회를 갖기 전에 내 컴퓨터가 고장날 일을 두려워해야 했다. 하지만 구글 문서에서는, 모든 변화들이 거의 즉각적으로 저장되기 때문에 이런 오류는 실질적으로 불가능하다. 더욱 간단한 버전은 사용자가 한번 이상 제출할 수 없도록 사용자가 '제출' 버튼을 클릭하면 그 즉시 양식에 있는 '제출' 버튼을 비활성화한다.

오류 상태들을 다루는 것뿐만 아니라, 디자인이 공백 상태가 되는 것도 다루어야 한다. 즉, 사용자가 어떤 데이터를 입력하기 전에, 그녀가 처음 애플리케이션과 상호작용할 때 이것이 어떻게 보일지를 다루어야 한다[Fried, Hansson, and Linderman 2006, 97]. 새로운 소셜 네트워크를 위한 디자인은 사용자가 수백 명의 친구들과 연결되고 뉴스 피드에서 그들의 모든 업데이트들과 사진들을 볼 수 있을 때 훌륭해 보일 수 있지만, 처음으로 사용자가 가입할 때는 그 디자인이 어떻게 보일까? 예를 들어, 그림 3.6은 이전에 트위터에서 새로운 사용자들에게 사용한 공백 상태를 보여준다.

그림 3.6 이전 트위터의 공백 상태 디자인[Elman 2011]

만약 완전히 비어있는 뉴스 피드를 보여주면, 새로운 사용자들은 훌륭한 경험을 하지 못하고 당신의 서비스를 계속 사용하지 않을 가능성이 높다. 그림 3.7은 트위터의 공백 상태를 위한 새로운 디자인을 보여주는데, 사용자가 즉시 유명한 트위터 계정을 팔로우할 수 있도록 유도한다.

그림 3.7 새로운 트위터의 공백 상태 디자인[Elman 2011]

단순함

거의 모든 창의성 원칙은 단 하나의 목표를 공유한다. 바로 단순함이다. 수학자이자 과학자인, 아이작 뉴턴은 "진리는 사물의 다양함이나 혼란이 아닌 단순함 속에서 찾을 수 있다"고 말했다[Powell 2003, 29]. 스티브 맥코넬이라는 프로그래머는『Code Complete』(정보문화사, 2005)라는 자신의 책에서 "복잡성 관리는 소프트웨어 개발에서 가장 중요한 기술적 주제다"라고 썼다[McConell 2004, 78]. 그리고 애플의 수석 디자이너인 조나단 아이브는 "단순함에는 심오하고 지속적인 아름다움이 있다"고 말했다[Etherington 2013]. 이처럼 모두가 단순화를 위해 노력하고 있다. 문제는 단순한 물건을 만드는 것이 간단하지 않다는 것이다.

언뜻 보기에는, 직관적이지 않은 것이다. 우리는 종종 '단순'을 미니멀리스트나 추가되는 것이 아무것도 없는 것으로 생각한다. 백지 상태로 시작하여 여기저기에 겨우 몇 가지만 덧붙인 것이, 단순한 디자인으로 끝낸 게 아닌가? 혹시 에세이나 복잡한 코드를 쓴 적이 있거나 제품 디자인을 한적이 있다면 첫 번째 초안은 항상 지나치게 복잡하고 혼란스럽다는 것을 알게 될 것이다. 혼란스러움을 간단하게 줄이는 작업은 엄청난 시간이 걸린다.

> 나는 편지를 더 짧게 쓰려고 했지만, 그럴 시간이 없었다.
>
> **블레즈 파스칼**

프로젝트는 백지 상태로 시작하는 것이 아니라, 많은 양의 자료, 지식, 아이디어들이 함께 혼합되어있다고 생각하는 섯이 더 낫다. 어느 정도 조각하는 과정과 같은 것이다. 거대한 대리석 덩어리를 가지고 시작하여 마침내 암석 안에 (그리고 마음속에) 있던 동상이 드러날 때까지, 매일 그것을 조금씩 잘라내어야 한다. 앙투안 드 생 텍쥐페리(Antoine de Saint Exupery)가, "완성은 덧붙일 것이 아무것도 없을 때가 아니라 제거할 것이 남지 않았을 때 이루어지는 것이다"라고 말했던 것처럼, 제품과 관련 없는 기능들, 에세이에 중복되는 말들, 소프트웨어 부분에 필요 없는 코드는 제거해야 한다. 남아있는 전부가 디자인, 차별화의 가장 핵심이 될 때까지 필요 없는 것들을 계속 제거해나가야 한다 (131쪽 '차별화에 집중하라' 참조). 이것이 바로 단순함이다.

단순함은 완수해야 하는 "한 가지가 무엇인지"를 말하는 것이다[Heath Heath 2007, 27]. 나의 제품이 해야 하는 그 한 가지가 무엇인가, 나의 디자인이 사용자들에게 전달해야 하는 그 한 가지가 무엇인가? 정기적으로 이런 질문을 하고 해답을 얻어내고, 또 다시 물어보도록 하라. 내가 디자인한 제품이 한 가지의 일을 해내는가, 또는 세부실행사항을 버리고 다른 것을 해냈는가?

다음과 같은 반대의 질문도 중요하다. 내 제품이 어떤 것을 하지 말아야 하는가? 모든 추가 기능은 상당한 비용이 든다. 실제 물건에는 비교적 확실히 비싸진다. 예를 들어, 칼, 스크류 드라이버, 깡통 따개, 핀셋 등 10가지 도구가 내장되어 있는 스위스 군용 칼을 상상해보라. 지금 가위 추가를 고려한다고 하자. 가위는 공간을 많이 차지하므로 가위를 넣으려면 칼을 크게 만들거나 기존의 모든 도구를 더 촘촘히 넣어야 한다. 어느 쪽이든, 사용하는 데 더 거추장스러운 칼을 만들게 되고 제품이 더 비싸질 것이 분명해진다. 따라서 새로운 도구를 추가하는 목표를 높이 잡거나 또는 공간을 만들어 내려면 10가지 도구 중 하나를 제거해야 한다[Cooper 2004, 27].

소프트웨어의 교환거래도 모든 새로운 기능은 이전 기능을 더 사용하기 어렵게 하고 소프트웨어 생산 비용이 더 들게 하는 경우다. 그러나 그렇게 분명한 경우 또한 아니다. 사실, 대부분의 기업들은 더 나은 제품을 구축하는 방법으로 점점 더 많은 기능을 끼워 넣고, 모든 것을 할 수 있을 때까지 출시하고 또 출시한다. 아무도 그것을 사용하는 방법을 생각해낼 수 없으므로, 그림 3.8에서처럼 할 수 없는 것은 제외해야 한다.

단순한 것을 디자인하는 데 성공하는 회사는 소프트웨어에 끼워 넣을 수 있는 기능의 수가 칼이 차지하는 전체공간 같은 물리적 한계가 아닌, 그것을 사용하는 인간의 정신적 한계에 의해 제한된다는 것을 깨달은 회사다. 단순한 디자인이 매력적이기 때문이 아니라 인간의 기억은 동시에 적은 수의 기능만 처리할 수 있기 때문에 단순화되어야 하는 것이다. 하나의 디자인에 너무 많은 것을 끼워 넣으면, 인간의 기억 한계를 빠르게 초과하게 될 것이고, 사용자는 제품에 압도되거나 제품 자체가 무용지물이 될 수도 있다. 이것이 바로 디자인에서는 정보의 양(적은 내용, 적은 버튼, 적은 설정)과 제품에는 기능의 수를 제한해야 하는 이유다(131쪽 '차별화에 집중하라' 참조).

사람들이 집중이라고 생각하는 것은 당신이 집중하는 것에 동의하는 것을 의미한다. 그러나 그것이 전부 무엇을 의미하는 것은 아니다. 다른 좋은 아이디어 수백 가지가 없음을 말하는 것을 의미한다. 주의 깊게 골라야 한다. 실제로 내가 만들었던 것들에 추가하지 않았던 것들을 자랑스럽게 생각한다. 혁신은 1천 가지를 하지 않는 것이다.

[GALLO 2011], 스티브 잡스

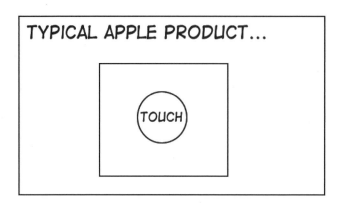

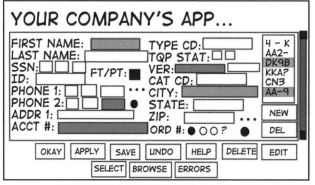

그림 3.8 단순함(에릭 버크 이미지 제공)

대부분의 프로그래머는 특정한 문제에 더 간결한 해결책으로, 코드를 삭제하는 방법을 좋아한다. 더 명쾌하게 실행할 수 있도록 일반적으로 문제를 깊이 이해하는 것이 필요하다. 디자인은 현실과 같다. 특히, 더욱 품격 있는 해결책을 찾아내는 과정으로, 기능들을 제거하고 디자인 일부를 잘게 잘라내는 과정을 즐겨야 한다. 프로그래밍과 마찬가지로, 더 품격 있는 디자인을 해내려면, 문제에 대해 더 깊이 이해해야 한다.

때때로, 사용자 연구, 고객 개발, '다섯 가지 이유'와 같은 기술을 통해 이런 이해를 발전시킨다. 그러나 세상의 많은 흥미로운 문제들은 해결해야 할 문제를 진정으로 이해할 수 있기 전에 구축되어야 하는 곤란한 문제다. 즉, 문제를 해결하는 것이 문제에 대한 더 명백한 견해를 갖게 해주고 더 나은 해결책을 구축할 수 있게 해준다. 새로운 해결책을 만들어내는 것은 문제를 더 잘 이해하게 하고, 그 주기가 계속해서 반복될 수 있다. 디자인은 반복적이다. 따라서 복잡한 문제에 단순한 해답을 얻어내기 위해 여러 번 반복될 수 있다.

사실은 간단한 해결책을 만드는 것이 목표는 아니다. 애플의 디자인 책임자인 조나단 아이브의 이야기에서, 진짜 목표는 "정말로 그 해결책을 알지 못하거나 (그리고) 결국 해결하기 얼마나 어려운 문제인지 인식하지 못하는" 문제를 해결하는 것이다[Richmond 2012]. 문제는 해결책을 간단하게 하는 것이 아니라, 사용자의 삶을 간단하게 하는 것이다. 아이폰은 믿을 수 없을 만큼 매우 복잡한 기술이지만, 사용 방법은 간단하다. 사용자의 삶을 간단하게 만드는 데 성공했는지 여부를 확인하는 유일한 방법은, 제품을 사용하는 사용자들의 공식적인 '사용성 테스트(usability testing)' 과정을 관찰하는 것이다.

사용성 테스트

이전 장에서, 아무리 많은 생각과 검증을 하더라도, 어느 정도의 예측은 맞지 않을 것을 설명했다. 해결책은 실제 고객 앞에 제품을 제시하여 이런 예측을 실험하는 것이었다 (58쪽 '고객 개발' 참조). 같은 논리가 디자인에도 적용된다. 아무리 훌륭한 사용자기반 디사인일지라도, 디자인 아이디어의 일부는 작동하지 않을 것이고, 생각해낼 수 있는 유일한 방법은 사용성 테스트 방식으로 실제 사용자들 앞에 디자인을 제시하고 생각해내는 것이다.

포커스 그룹과 사용성 테스트를 혼동하지 말라. 포커스 그룹의 목표는 사람들이 아이디어나 제품에 대해 어떻게 생각하는지 관찰하는 것이다. 사용성 테스트의 목표는 사람들이 특정 작업을 수행하여 실제 제품을 어떻게 사용하는지 관찰하는 것이다. 공식적인 사용성 연구를 실행할 수 있는 회사가 있지만, 비용이 많이 들고 시간이 많이 소요되는 이유로, 대부분의 스타트업은 자신들만의 더 단순화된 과정으로 진행한다. 다음이 그 개요다(더 자세한 설명은 『사용자를 생각하게 하지마(Don't Make Me Think)』[Krug 2014, Chap. 9]를 참조하라).

1. 사무실로 적은 수의 사용자(3명~5명)를 초대한다.
2. 촬영 장비를 설치한다(예 : 삼각대에 아이폰을 설치한다).
3. 제품을 이용해 작업목록을 수행하는 동안 사용자를 촬영한다.
4. 촬영 내용을 팀원들이 함께 본다.
5. 얻어낸 내용을 기반으로 취할 수 있는 조치를 결정한다.
6. 3주~4주마다 한번씩 반복한다.

이전에 사용성 테스트를 해본 적이 없다면, 곧 처음으로 회사 외부의 사람들이 회사 제품을 사용하는 것을 관찰하는 놀라운 경험을 하게 될 것이다. 한 달에 몇 시간 정도 소요하는 것이지만, 그 결과는 다른 수단으로는 결코 찾아낼 수 없는 당신 회사의 제품 디자인에 관해 정기적으로 배울 수 있다. 기억해야 할 가장 중요한 것은 진행자로서 사용자들과 같은 방에 있어야 하지만 방해하지 말고 관찰만 해야 한다는 것이다. 사용자들을 독려하고 논리적으로 질문에 대답할 수 있지만, 혹시 사용자들이 실수를 하더라도 제품사용에 도움을 줄 수는 없다. 사용자는 좌절하겠지만, 사용성 테스트의 요점은 이런 실수와 좌절을 찾아내어 그 내용들을 수정할 수 있는 것이다.

　사용성 테스트뿐만 아니라, 디자인을 개선하는 데 사용할 수 있는 몇 가지 다른 도구가 있다. 첫 번째 옵션은 웹 페이지에서 피드백 양식 같은 것을 만들어, 제품에 쉽게 피드백을 할 수 있도록 직접적인 메커니즘을 만드는 것이다. 소수의 사용자만이 피드백을 보낼 시간이 있지만, 그런 피드백이 보내지면 대개는 아주 가치 있는 내용이 된다. 두 번째 옵션은 사용성 설문조사를 주기적으로 실시하는 것이다. 각 사용자의 편지함에 피드백 양식을 직접 보내는 방식이다. 사용성 설문조사를 정확하게 해내는 것도 하나의 기술이며, 회사 제품의 세부사항을 잘 취급하는 전용 제품 사용성 평가를 이용하는 것도 좋은 방법이다(예 : Survey.io).

3.1.3 시각 디자인

이제 디자인의 시각적 측면으로 시선을 돌려 보자. 사람들은 수천 년 동안 시각 디자인을 해왔고, 그래서 그만큼 깊이가 있는 영역이다. 여기서는 시각적 디자인의 학습서인 "Hello, Startup" 부분만 다룰 것이다. 새로운 프로그래밍 언어를 시작할 때, 첫 번째 목표는 더 깊이 들어가서 더 복잡한 프로그램을 구축하는 방법을 배우기 전에 아주 빠르게 간단히 작동하는, "Hello, Startup"이라고 표기된 문장을 화면에 띄우는 프로그램을 만드는 정도만 배우는 것이다. 이와 비슷하게, 이 학습서에서의 나의 목표도 더 깊이 들어가서 더 복잡한 디자인을 해내는 것을 배우기 전에 간단하게 작동할 수 있는 데 필요한 기본적인 디자인 기술만 소개하는 것이다.

다음은 기본적인 디자인 기술 및 기법이다.

- 카피라이팅
- 디자인 재사용
- 레이아웃
- 타이포그래피
- 대비 및 반복
- 색상

여기에서는 기본적으로 두 가지 예에 집중할 것이다. 하나는 모든 사람에게 친숙한 디자인 작업인 이력서의 디자인을 수정하는 것이다. 그리고 다른 하나는 일반적인 스타트업에 필요한 웹사이트를 처음부터 디자인하는 것이다(이 책의 동반사이트인, hello-startup. net을 디자인한다). 그렇지만 여기서 든 예(이력서와 hello-startup.net)는 어디에서든 적용되는 것이 아니기 때문에, 왜 이와 같은 디자인을 결정하게 되었는지에 대한 결정 이면의 사고 과정에 주의를 기울여야 한다는 점에 주의하기 바란다.

카피라이팅

많은 사람이 디자인의 기본 도구로 색상, 테두리, 사진, 멋진 애니메이션을 생각하지만, 거의 모든 소프트웨어 디자인의 진정한 핵심은 실제 내용이다. 사실, 내용만 남을 때까지, 색상, 테두리, 사진 그리고 대부분의 애플리케이션에서 다른 모든 것을 제거하더라도 여전히 사용할 수는 있을 것이다. 이 말을 하는 이유는 다른 요소가 중요하지 않다는 얘기가 아니라, 소프트웨어 제품에서 사용자들이 필요한 대부분의 정보는 제목 (titles), 머리말(headers), 본문(body paragraphs), 메뉴(menus) 그리고 링크(links)에 있고, 최 우선순위는 항상 카피라이팅이어야 한다는 점을 강조하기 위해서다.

> 훌륭한 인터페이스는 내용이다. 당신이 픽셀이나 아이콘 그리고 서체를 고민하고 있다면, 모든 내용을 신 뢰해야 한다.
>
> [FRIED, HANSSON, AND LINDERMAN 2006, 101], 제이슨 플라이드, 데이비드 하이네마이어 핸슨, 매튜 린더만, *GETTING REAL*

사용자에게 말하고자 하는 것이 무엇인지 그리고 그런 것을 어떻게 말할 것인지 생각 할 시간을 가져라(83쪽 '감성 디자인' 참조). 좋은 제목이나 머리말(엘리베이터 피치(the elevator pitch))은 사용자들이 애플리케이션을 사용할 때 처음 보게 되며, 검색 결과로 애플리케 이션을 보게 되는 것이다. 그러므로 투자자들에게 아이디어를 발표할 때 특히 더 중요 하다. 잡지, 신문 또는 과학 저널을 휙휙 넘기다가 어떤 기사만 읽게 되는 경험을 한 적 이 있는가? 왜 어떤 기사는 읽게 되고 다른 기사는 읽지 않게 되는지 생각해본적이 있는 가? 머리말은 목표로 하는 페르소나를 상기시켜야 하고 무엇을 하고 있는지("우리의 소프 트웨어는 X를 할 수 있다")가 아니라 왜 사용자가 관심을 가져야 하는지("우리의 소프트웨어는 X 를 할 수 있으므로 Y을 얻을 수 있다")를 말하는 것이어야 한다. 왜(why, 사명)를 설명하는 분명한 메시지를 만들어내는 방법을 아는 것이 비즈니스의 모든 측면을 성공시키는 주요한 열 쇠다(173쪽 '브랜딩'과 393쪽 '사명' 참조).

일반적으로 마지막에 카피라이팅이 남기는 실수이고, 더 나쁜 것은, 표준 라틴어로 채워진 텍스트 "로엠 입슘(lorem ipsum)"[7]과 같은 플레이스 홀더[8]만 포함되는 디자인을 하는 것이다. 그것은 가장 중요한 디자인과 카피라이팅이 줄어들어, 청중과 공감할 메 시지를 작성하는 것에 집중하지 않고 실제 세상의 변수를 파악하지 않는 텍스트 형태 가 되는 것이다[Fired, Hansson, and Linderman 2006, 121]. 내가 hello-startup.net을 만들 때 가장 처음으로 했던 것은 그림 3.9에서 볼 수 있는 것처럼, 마이크, 모니카 마헤시가 원 하는 정보를 적어놓는 것이었다(81쪽 '페르소나' 참조). 기본 부분의 윤곽(책, 작가, 책을 구매할 수 있는 방법, 최근 소식 그리고 스타트업자원에 관한 정보)을 그리며 시작했고 상세한 내용으로 채 워나갔다. 많은 양의 분명하고, 의미 있는 HTML로 마무리를 했다. 특별히 주목을 끄

---

7   (옮긴이) 디자인의 레이아웃 등을 보여주어야 할 때 텍스트 공간에 임의의 의미 없는 글을 생성해주는 것을 뜻한다.
8   (옮긴이) 빠져 있는 다른 것을 대신하는 기호나 텍스트의 일부다.

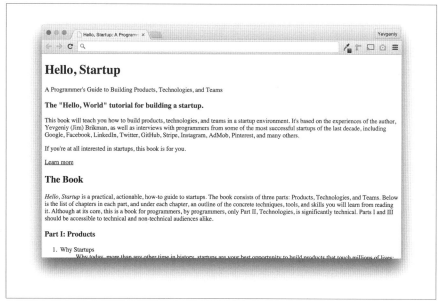

그림 3.9 hello-startup.net에 대한 카피라이팅

는 것은 아니지만, 기억하라. 디자인은 반복이고, 이것이 바로 그 첫 번째 초안이다.

그림 3.10에서 볼 수 있는 이력서의 첫 번째 초안은 대략적으로 지난 몇 년 동안 보았던 수백 개의 이력서 스타일을 기초로 삼았다. 약간은 보기 좋지 않지만, 카피라이팅이 있으므로 시작하기에는 좋다.

디자인 재사용

> 훌륭한 예술가는 복사한다. 위대한 예술가는 도용한다.
>
> [SEN 2012], 스티브 잡스

디자인이 처음이거나 대부분의 규칙이 처음이라면, 시작할 때 가장 좋은 방법은 다른 것들을 복사하는 것이다. 특히 바퀴 전문가가 아니라면, 바퀴를 다시 만들지 말라. 사실, 바퀴 전문가라 할지라도(즉, 숙련된 디자이너라 할지라도), 여전히 가능하면 기존의 디자인을 다시 사용해야 한다(188쪽 "자체 개발 vs. 상업적 제품 구매 vs. 오픈소스 사용"에서 설명한 것처럼 코드를 재사용하는 것과 같은 논리가 적용된다). 다른 것을 복사하면 시간을 절약하고, 배우고, 고품질에 접근할 수 있고, 실험을 거친 작업이 된다. 복사 및 붙여 넣기는 디자인을 배울

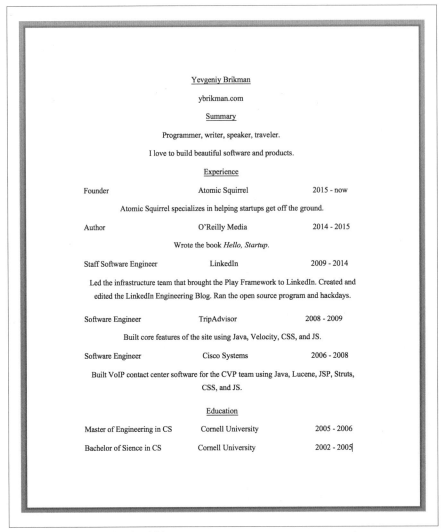

Yevgeniy Brikman

ybrikman.com

Summary

Programmer, writer, speaker, traveler.

I love to build beautiful software and products.

Experience

Founder	Atomic Squirrel	2015 - now

Atomic Squirrel specializes in helping startups get off the ground.

Author	O'Reilly Media	2014 - 2015

Wrote the book *Hello, Startup*.

Staff Software Engineer	LinkedIn	2009 - 2014

Led the infrastructure team that brought the Play Framework to LinkedIn. Created and edited the LinkedIn Engineering Blog. Ran the open source program and hackdays.

Software Engineer	TripAdvisor	2008 - 2009

Built core features of the site using Java, Velocity, CSS, and JS.

Software Engineer	Cisco Systems	2006 - 2008

Built VoIP contact center software for the CVP team using Java, Lucene, JSP, Struts, CSS, and JS.

Education

Master of Engineering in CS	Cornell University	2005 - 2006
Bachelor of Sience in CS	Cornell University	2002 - 2005

그림 3.10 디자인적으로 문제가 많은 이력서

수 있는 불만족스런 방법처럼 보일 수도 있지만, 이전 장에서 설명했던 것처럼, 복사, 변환 그리고 통합은 모든 창조 작업의 기초가 된다(30쪽 '아이디어는 어디에서 오는가' 참조).

나는 모든 프로젝트를 시작할 때 먼저 기존 디자인을 뒤적여서 그 디자인을 재사용할 수 있는지 또는 나에게 필요한 것에 적용가능한지를 살펴본 다음에 진행한다. 즉, 처음부터 디자인을 생각해내는 대신에 먼저 웹, 모바일 그리고 이메일을 위한 수천 개의 템플릿에서 사용할 수 있는 디자인을 고르는 것이다. 내가 좋아하는 것 중 하나는 부트

트랩(Bootstrap)이며, 그것은 그저 템플릿이 아니라 스타일, 행동, 플러그인, 재사용이 가능한 요소들의 기본세트인 오픈소스, 반응하는 HTML/CSS/자바스크립트 프레임 워크다.

바로 코드로 넘어가지 않으려면, UI 요소의 라이브러리에서 끌어놓기를 하여 디자인에 넣을 수 있는 발사믹(Balsamiq), UX핀(UXPin), 또는 저스트인마인드(Justinmind) 같은 와이어프래밍(wireframing) 또는 프로토타이핑 도구를 사용할 수 있다. 또한 저장된 사진과 그래픽 그리고 무료 폰트(즉, 위키미디어 컴몬즈(Wikimedia Commons), 구글 폰트(Google Fonts)) 그리고 유료 폰트(즉, 아이스탁(iStock), 어도비 타입키트(Adobe Typekit))를 찾을 수 있는 수백 개의 웹사이트가 있다. 또한 드리블(Dribbble, 디자이너들이 자신들의 작품을 공유하고 토론하는 커뮤니티)과 디자인클라우드(DesignCrowd, 로고나 웹사이트를 디자인할 프리랜서를 빨리 찾을 수 있는 온라인 정보시장)와 같은 웹사이트를 통해 디자인 커뮤니티를 활용할 수 있다.[9]

에이전트라고 부르는 무료 부트스트랩(Bootstrap) 템플릿에 hello-startup.net의 최종 디자인과 에이치룸(Hloom)에서 발견한 템플릿에 최종 이력서 디자인을 어설프게 따라 했다.[10] 그러나 디자인적 안목을 훈련하는 데 도움을 주기 위해서, 이런 템플릿을 즉각 사용하는 대신 그것들은 단계별로 사용하여 시각 디자인의 다른 측면을 인식할 있도록 레이아웃부터 시작할 것이다.

레이아웃

좋은 레이아웃은 다른 사람과 관련 있는 자신들의 상황에 맞게 많은 정보를 추론할 수 있도록 각각의 요소들을 화면에 배치하는 것이다. 레이아웃의 모든 면은 인접해있다. 요소들간의 인접은 그들이 논리적으로 관련이 있는지 없는지를 나타낸다. 논리적으로 연결되어있는 항목들은 더 가까이 있어야 한다. 연결되어있지 않은 항목들은 더 분리되어야 한다[Williams 2014, Chap. 2]. 그림 3.11을 보라. 왼쪽은 원래의 이력서이고, 오른쪽은 정확히 같은 이력서지만, 인접성을 보다 효율적으로 사용하였다.

---

9 디자인 리소스의 전체 목록은 http://www.hello-startup.net/resources/design과 http://www.hello-startup.net/resources/images-photos-graphics를 참조하라.

10 http://startbootstrap.com/template-overviews/agency와 http://www.hloom.com/get/industry+lifer를 참조하라.

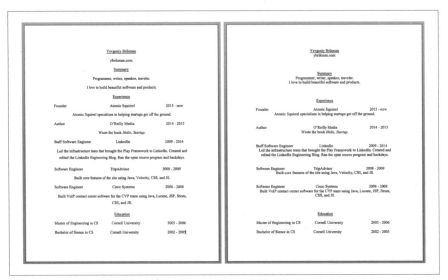

그림 3.11　왼쪽은 원래 이력서, 오른쪽은 인접성을 보다 효율적으로 사용한 동일한 이력서

서로 다른 부분들(요약, 경력, 교육) 사이에 두 줄을 넣었다. 그러나 헤더 부분과 내용 부분 (즉, '요약'과 '프로그래머, 저작자, 강연자, 여행자') 사이에는 반 정도의 줄을 넣었다. 하나의 직업 에는 모든 정보를 가까이 함께 당겨놓았지만, 직업들 사이에는 새로운 줄을 넣어 시작 하는 곳과 끝나는 곳을 명확히 했다. hello-startup.net 디자인도 그림 3.12에서 보는 것처럼, 비슷하게 수정했다.

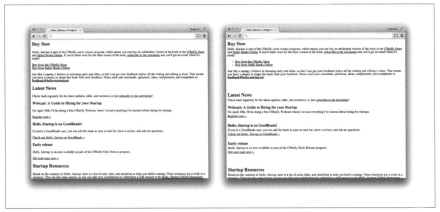

그림 3.12　왼쪽은 원래 hello-startup.net 디자인, 오른쪽은 근접을 더 효과적으로 사용한 동일한 디자인

오른쪽 디자인에서, "Buy Now", "Latest News", "Startup Resources" 사이에 공간을

더 주었기 때문에 별도의 부분임이 더 분명해졌다. "웹캐스트(webcast) : 스타트업에 채용하는 방법 안내"에 말을 할 수 있고, 그 아래 두 줄은 사이 공간을 줄였기 때문에 모두 하나의 논리적 단위다.

관련이 없는 요소 사이에는 공백을 많이 주어 관련된 요소끼리 근접의 균형을 유지해야 한다. 요점은, 가독성 측면에서, 인간의 마음에는 한 번에 처리 할 수 있는 정보량이 제한되어 있으므로 한 번에 오로지 하나에만 집중할 수 있도록 요소들 사이에 여백을 많이 두는 것이다. 내가 여백을 많이 두는 이유도 바로 이 내용 때문이다. 대부분의 초보자들은 모든 것을 촘촘하게 끼워 넣으려고 하므로, 제일 좋은 규칙으로 "여백을 두 배로"라고 정한다. 즉, 줄 사이에도 공간을 두고, 요소들 사이에도 공간을 두고, 각 요소 그룹들 사이에도 공간을 두어야 한다[Kennedy 2014]. 참고로, 그림 3.13에서 볼 수 있는 것처럼 좋은 디자인으로 알려진 블로깅 플랫폼은 여백과 서체로 얼마나 많은 것을 할 수 있는지에 대한 영감을 얻을 수 있는 좋은 예다.

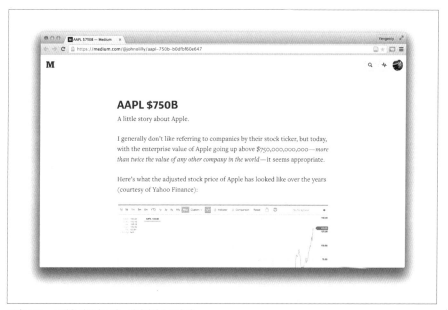

그림 3.13 공백을 사용하고 있는 미디엄의 스크린 샷

레이아웃의 또 다른 중요한 측면은 정렬이다. 정렬은 요소들을 더 가까이 하거나 더 멀리 두거나(근접으로) 하는 방법이 아니라 일반적인 라인을 따라 배치하여 요소들 사이에 있는 관계를 전달하도록 하는 것이다.

아무것도 페이지에 임의로 배치될 수 없다. 모든 요소는 페이지의 다른 요소와 시각적으로 연결되어야 한다.

[WILLIAMS 2014, 13], 로빈 윌리엄스, *디자이너가 아닌 사람들을 위한 디자인 북*, 라의눈, 2016

그림 3.11의 이력서가 얼마나 다른지 그리고 얼마나 임의로 정렬했는지에 주목하라. 제목과 회사명은 중앙에 배치하고, 직무 타이틀은 왼쪽에 정렬하고(그것도 소심하게, 겨우 스페이스와 탭을 사용했다), 데이터들은 오른쪽에 정렬하고(이것도 매우 소심하다), 직무 설명은 중앙에 배치했다. 그림 3.14는 동일한 이력서지만, 단순하고 더 확실하게 정렬했다.

그림 3.14 동일한 이력서, 그러나 더 확실하게 정렬함

제목과 섹션 내용들 사이의 확실한 세로선을 따라 모든 것이 배치되어있기 때문에, 이 레이아웃이 얼마나 읽기 쉬운지에 주목하라. 물론, 실제로 선은 없지만, 그림 3.15에서 보여주는 것처럼, 마음속에 선 하나를 삽입하라.

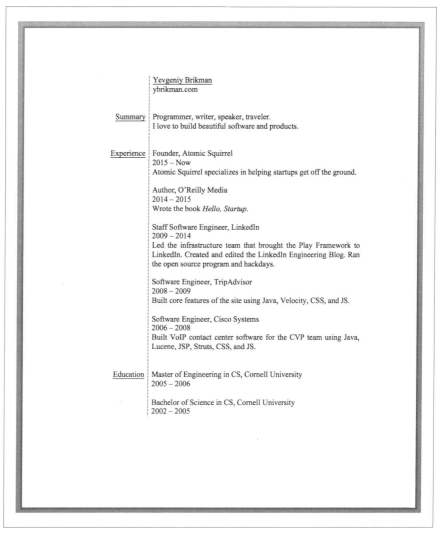

그림 3.15   마음 속에 레이아웃을 이해하는 데 도움이 되는 가상의 선을 삽입함

이런 종류의 선은 디자인에서는 어디에나 있고, 스스로 그 선을 의식하도록 노력해야 한다. 예를 들어, 그림 3.16은 더 효과적으로 정렬한 hello-startup.net이다. 이 디자인에서 선은 어디에 있는가?

그림 3.16 정렬을 더 효율적으로 사용한 hello-startup.net 디자인

경험한대로, 분명한 선을 하나 선택하고 모든 것을 그것에 맞추어 정렬하도록 한다. 즉, 몇 가지를 왼쪽, 오른쪽, 가운데 쪽에만 정렬하지 말라. 또는 마음속에 분명하고 강한 선이 만들어지지 않는 그런 디자인은 더 서툴러 보이기 때문에 제한적으로 가운데로 정렬하라. 경험에서 나온 것이라서 이따금 그것을 확실히 깨트릴 수 있지만, 의식적으로 그렇게 해야 한다.

타이포그래피

타이포그래피는 내용을 정돈하는 예술이자 과학이므로 내용을 읽기 쉽게 해주고 훌륭하게 해준다. 여기서는 타이포그래피 측면의 가장 중요한 '줄 길이', '줄 간격', '서체', '스타일'에 대해서 살펴볼 것이다.

줄 길이는 각 라인의 길이다. 만일 라인이 너무 짧으면, 독자는 다음 라인으로 넘어가려고 너무 자주 중단하게 된다. 라인이 너무 길다면, 독자는 라인의 끝에 도달하는 것에 조급해 할 것이다. 예를 보자. 그림 3.17에서 hello-startup.net의 어떤 버전이 더 읽기 쉬운가?

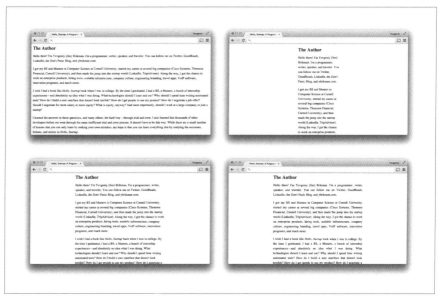

그림 3.17 hello-startup.net에 대한 줄 길이 비교 : 140자(왼쪽 위), 35자(오른쪽 위), 70자(왼쪽 아래), 적당한 정렬의 70자(오른쪽 아래)

대부분의 사람들은 위쪽의 이미지보다 아래쪽의 이미지가 더 읽기 쉽다는 것을 알게 되는데, 두 가지 이유 때문에 아래 이미지가 전체적으로 더 좋아 보인다. 첫째, 아래-오른쪽 이미지가 적절하게 정렬된 이유는 각 문단의 옆면에 강한 선을 만들며, 이것은 많은 양의 내용을 읽을 때 도움이 되는 것이다(이런 스타일이 대부분의 책이나 신문에 사용되는 이유다). 둘째, 아래쪽 이미지는 라인마다 45자~90자로, 줄 길이가 적당하다. 대체로, 알파벳의 모든 문자가 2번~3번, 뒤로 밀리고 밀려서 충분히 들어갈 정도의 줄 길이를 원한다[Butterick 2015, sect. line length].

abcdofghijklmnopqrstuvwxyz abcdefghijklmnopqrstuvwxyz abcdefghijklm

줄 간격은 줄 사이의 세로 공간의 양을 말한다. 줄 길이와 같이, 줄 간격이 너무 낳거나 너무 적게 되면, 내용을 읽기가 어려워진다. 줄 간격의 가장 좋은 크기는, 그림 3.18의 아래 이미지에서 보여주는 것처럼, 폰트 크기의 120%~145%가 적당하다[Butterick 2015, sect. line spacing].

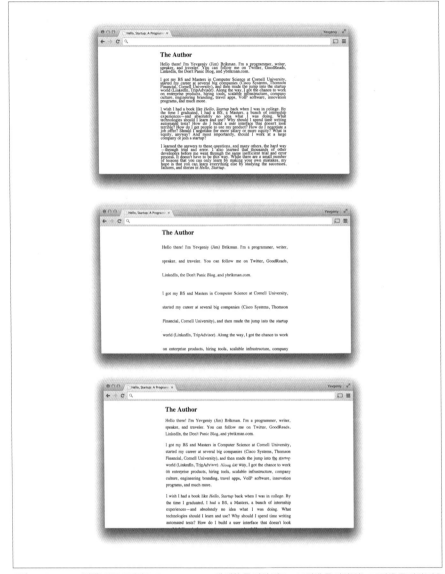

그림 3.18 16px(픽셀) 폰트 크기의 hello-startup.net에 대한 줄 간격 비교 : 13픽셀 줄 간격(위), 50픽셀 줄 간격(가운데), 24픽셀 줄 간격(아래)

서체(typeface)는 글자의 디자인이다. 모든 운영 시스템은 에리얼(Arial), 조지아(Georgia), 타임 뉴 로만(Times New Roman), 베르다나(Verdana)와 같은 여러 개의 표준 서체가 내장되어 있다. 이들 대부분은 특별히 보기 좋지는 않지만, 심지어 남용하는 경향이 있기에 대부분의 디자인에서는 단조로워 보인다. 디자인을 극적으로 개선할 수 있는 가장 간단한 방법은 시스템 서체 사용을 중단하는 것이다. 구글 폰트 같은 무료 사이트나 어도비 타이프키트와 같은 유료 사이트에서 품질 좋은 대체 서체를 구할 수 있다. 그러나 사용해야 하는 수천 개의 서체를 어떻게 구분할 수 있겠는가?

수준 높은 것으로, 모든 서체를 다섯 가지 분류, 즉 세리프(serif), 산세리프(sans serif), 장식(decorative), 스크립트(script), 고정폭(monospace) 서체로 분류할 수 있다. 분류되는 서체는 매우 다양하고, 어떤 서체는 분류와 완벽하게 맞지 않지만, 내 경험으로는 처음 시작하는 데 이 정도면 도움이 된다.

Serif
Times New Roman, Baskerville, Didot, Courier

그림 3.19   세리프체

세리프체는 각 문자 또는 기호의 획(劃) 끝에서 세리프체라는 작은 선이 있다. 예를 들어, 그림 3.19에서 'Serif'의 'r' 아래에서 옆까지 활자가 받침대에 있는 것처럼 돌출한 작은 선을 주목하라. 세리프체에 사용된 획은 또한 문자의 다른 부분마다 굵기가 다름을 알 수 있다. 예를 들어, 그림 3.19에서, 'Serif'의 'S' 자는 S의 위쪽과 아래쪽이 중간쪽보다 얇다. 세리프체라는 굵기 변화는 각 글자를 더 독특해 보이게 하고, 특히 많은 양의 내용을 빠르게 읽는 데 도움이 된다. 그러므로 세리프체는 많은 양의 본문과 인쇄물 사용에 적당하다(대부분의 책은 본문에 세리프체를 사용한다). 세리프체는 인쇄 시대가 아니라 그보다 거슬러 올라가서 오래 전 고대 로마인이 돌에 새긴 문자로, 가장 오래된 서체 스타일이므로 "고전적인" 느낌을 원한다면 머리말에 세리프체를 사용할 수 있다.

Sans serif
Helvetica Neue, Arial, Eurostile, Avenir

그림 3.20   산세리프체

'산스(Sans)'는 없다는 의미의 프랑스 단어이기 때문에 "산세리프(sans serif)"는 세리프체가 없다. 그림 3.20에서 'Serif'의 'r' 아래에 돌출하는 선이 없는 것에 주목하라. 산세리프체는 이에 반해 문자 전반에 더 균일한 두께의 획이 있다. 예를 들어, 그림 3.20에서, 'Serif'의 'S'는 모든 두께가 같다. 산세리프체는 단순하고 균일한 모습이기 때문에, 중간 크기의 본문에 사용하기에는 적절하지 않다. 그러나 큰 제목이나 작은 도움말과 같이 작은 크기의 내용에 일반적으로 더 적합하다. 사실, 세리프체로 된 작은 상세 내용 문자가 너무 작거나, 해상도가 낮은 화면으로 보고 있으면 흐릿하게 보이기 때문에 산세리프체는 디지털 매체에서 매우 인기가 높다.

그림 3.21 장식체

이름에서 알 수 있듯이, 장식체는 장식이나 강조할 때 사용된다. 그림 3.21에서 볼 수 있듯이 이런 서체는 독특하고, 재미있고, 매우 다양하기 때문에, 정말로 어떤 내용을 두드러지게 해야 할 때 사용하기에 매우 좋다. 그러나 읽기에는 조금 불편한 경향이 있어서 일반적으로 제목이나 자막 같은 몇 단어에만 제한적으로 사용하길 원할 것이다.

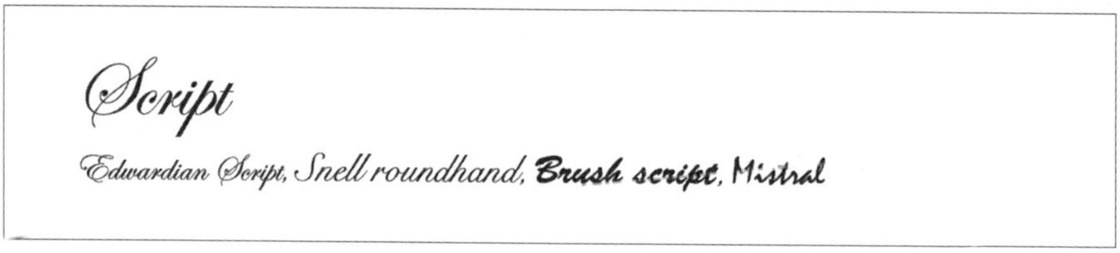

그림 3.22 스크립트체

그림 3.22와 같이 스크립트체는 손으로 쓴 것 같기도 하고 필기체 또는 서예체처럼 보이기도 한다. 스크립트체는 장식체와 유사하게, 페이지에서 강조할 때 사용하기에 좋은 서체지만 읽기 어렵기 때문에 몇 단어나 몇 문자 이상일 때에는 사용하지 않는다.

그림 3.23 고정폭체

그림 3.23과 같이 고정폭체의 각 문자는 동일한 양의 공간을 차지하므로, 일반적으로 코드의 정보를 표시할 때(모든 터미널, 텍스트 편집기와 IDE에 고정폭체를 사용하는 이유다)와 타자기로 친 것처럼 보여야 하는 글자에서만 유용하게 사용할 수 있다.

텍스트 크기, 텍스트 두께(굵은 또는 얇은), 텍스트 경사도(이탤릭체), 문자 간격, 밑줄, 대문자 등을 포함하여 모양을 변경할 때 적용할 수 있는 많은 스타일의 서체가 있다. 서체와 스타일의 특정 조합이 폰트다. 디자인에 각 폰트는 특별한 목적이 있어야 한다. 이력서는 모든 텍스트를 Times New Roman 12폰트를 사용하기 때문에 이런 규칙에 위반된다. 단지 예외로 섹션 제목을 강조하려고 몇 개의 밑줄을 긋지만, 밑줄은 좋은 선택이 아니다. 사실상 텍스트를 읽기 어렵게 하기 때문에 책, 잡지 또는 신문은 밑줄을 사용하지 않는다. 단지 밑줄을 하이퍼링크로 사용하는 웹사이트의 경우에는 예외다. 혼동을 방지하지 위해서 이 외의 다른 용도로는 사용하지 말아야 한다. 그림 3.24와 같이 이력서의 모양을 개선하기 위해서 밑줄을 없애고 여러 개의 다른 폰트 스타일을 사용해보자.

이력서의 구조가 이제 더 명확해졌다. 모든 직무 타이틀과 교육 타이틀은 굵은 꼴로, 모든 회사와 학교 이름은 굵은 이탤릭체로, 모든 날짜는 이탤릭체로 그리고 모든 섹션의 제목은 대문자로 했다. 개선이 좀 되었지만 전체 이력서가 Times New Roman, 단한 가지 서체만 사용하고 있어서 단조로워 보인다.

함께 잘 어울리는 서체를 찾기 위해 꽤 많은 실험과 경험이 필요할 수 있다. 폰트에 대해서 잘 모르는 초보자라면, 폰트를 전문적으로 다룰 수 있길 원할 것이다. 구글 "폰트 페어링스(font pairings)"에서, 멋지고, 미리 해볼 수 있는 추천 사양을 여러 개 발견할 수 있다. 예를 들어, 구글 웹 폰트 서체 프로젝트(http://femmebot.github.io/google-type)에서는 구글 폰트에 잘 어울리는 폰트 방법을 보여주고, 폰트 관련 서적인『저스트 마이 타입』(http://justmytype.co/)은 어도비 타이프키트 페어링스와『폰트인 유스』(Fonts in Use, http://fontsinuse.com/)와 동일한 것이고, 현실세계에서 아름다운 서체 갤러리를 참조하여, 산업, 형식 그리고 서체에 따라 해당 내용을 필터링할 수 있다. 폰트 인 유스에서 이력서에 사용할 좋은 옵션을 많이 찾았다. 그러나 그림 3.25에서 볼 수 있는 것처럼, 제목에는 헬베티카 노이어체를, 본문에는 가라몬드체로 구성해서 다른 사람의 컴퓨터에서도 잘 보일 수 있는 보수적인 세트를 사용하였다.

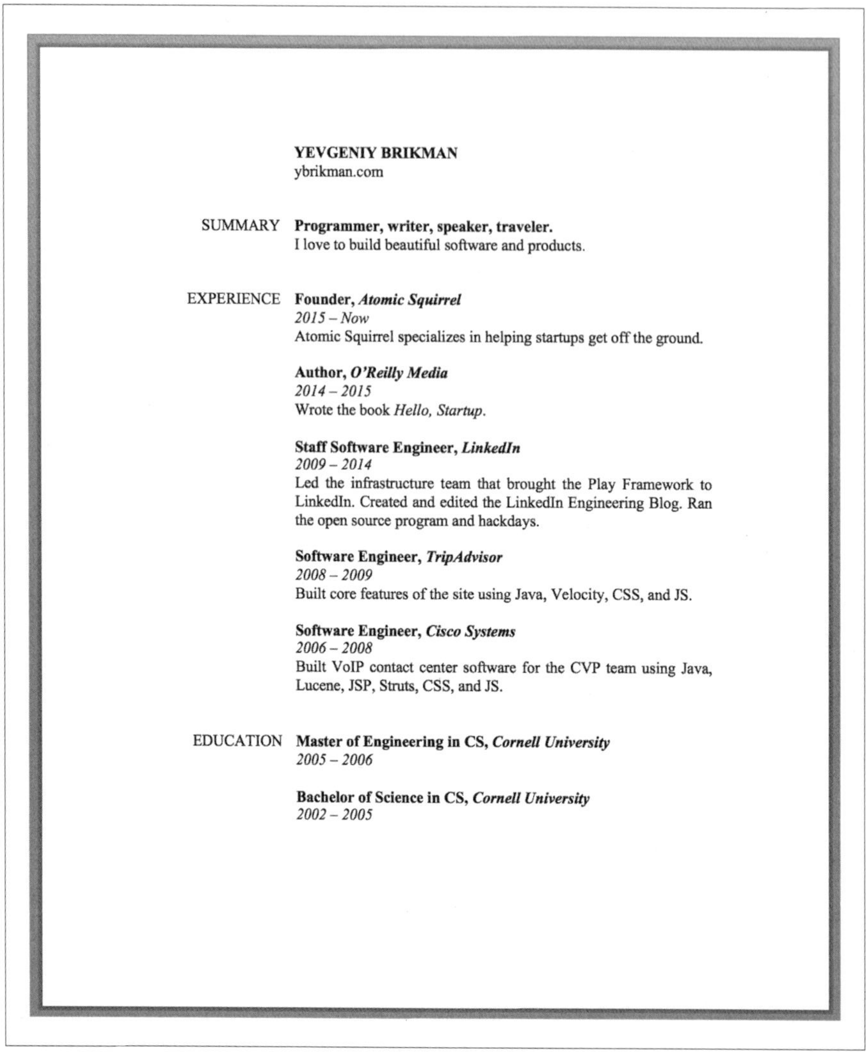

YEVGENIY BRIKMAN
ybrikman.com

SUMMARY **Programmer, writer, speaker, traveler.**
I love to build beautiful software and products.

EXPERIENCE **Founder,** *Atomic Squirrel*
2015 – Now
Atomic Squirrel specializes in helping startups get off the ground.

Author, *O'Reilly Media*
2014 – 2015
Wrote the book *Hello, Startup*.

Staff Software Engineer, *LinkedIn*
2009 – 2014
Led the infrastructure team that brought the Play Framework to LinkedIn. Created and edited the LinkedIn Engineering Blog. Ran the open source program and hackdays.

Software Engineer, *TripAdvisor*
2008 – 2009
Built core features of the site using Java, Velocity, CSS, and JS.

Software Engineer, *Cisco Systems*
2006 – 2008
Built VoIP contact center software for the CVP team using Java, Lucene, JSP, Struts, CSS, and JS.

EDUCATION **Master of Engineering in CS,** *Cornell University*
2005 – 2006

Bachelor of Science in CS, *Cornell University*
2002 – 2005

그림 3.24　여러 가지 다른 폰트 스타일을 사용한 이력서

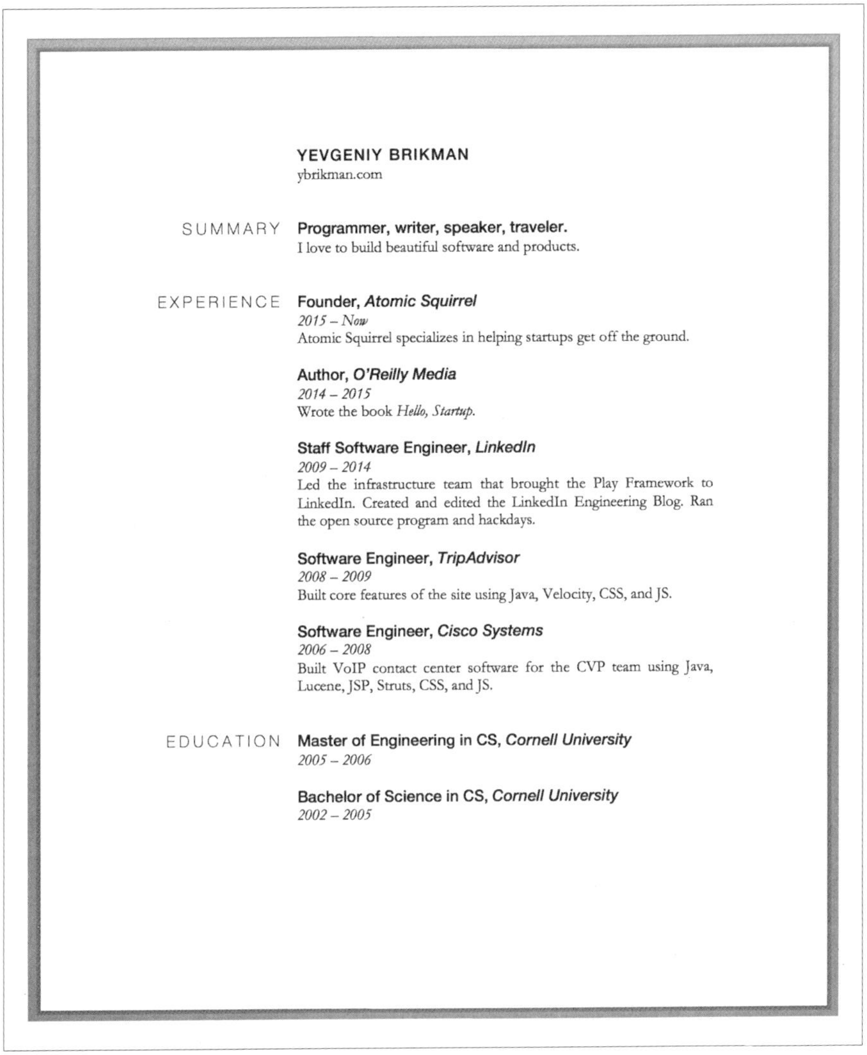

YEVGENIY BRIKMAN
ybrikman.com

SUMMARY   **Programmer, writer, speaker, traveler.**
I love to build beautiful software and products.

EXPERIENCE   **Founder,** *Atomic Squirrel*
2015 – Now
Atomic Squirrel specializes in helping startups get off the ground.

Author, *O'Reilly Media*
2014 – 2015
Wrote the book *Hello, Startup*.

Staff Software Engineer, *LinkedIn*
2009 – 2014
Led the infrastructure team that brought the Play Framework to
LinkedIn. Created and edited the LinkedIn Engineering Blog. Ran
the open source program and hackdays.

Software Engineer, *TripAdvisor*
2008 – 2009
Built core features of the site using Java, Velocity, CSS, and JS.

Software Engineer, *Cisco Systems*
2006 – 2008
Built VoIP contact center software for the CVP team using Java,
Lucene, JSP, Struts, CSS, and JS.

EDUCATION   **Master of Engineering in CS,** *Cornell University*
2005 – 2006

Bachelor of Science in CS, *Cornell University*
2002 – 2005

그림 3.25   여러 서체를 사용한 이력서

그림 3.26과 같이 hello-startup.net에서는 몬트세랫체, 드오이드 세리프체, 로보토 슬랩체(이 서체는 모두 구글 폰트에서 무료로 사용할 수 있다)와 같은 에이전트 템플릿 폰트를 사용하고 있다.

그림 3.26   몬트세랫체, 드오이드 세리프체, 로보토 슬랩체를 사용한 hello-startup.net

이런 새 폰트는 디자인이 조금 더 깨끗해진 것 같지만, 전체적으로는 아직 매우 단조롭다. 좀 북돋아줄 만큼 대비가 될 것이 필요하다.

대비 및 반복

근접과 정렬 두 가지 요소가 관련이 있음을 설명한 반면, 대비는 디자인의 두 부분이 다르다는 것을 확인하는 데 사용된다. 예를 들어, 여러 폰트를 혼합할 때, 이해해야 하는 가장 중요한 것은 폰트 사이에 상당한 대비가 필요하다는 것이다. 이력서에서, 보통 직무 타이틀은 굵은 헬베티카 노이에체를 사용하여 가라몬드체를 사용한 직무 설명과 쉽게 구분할 수 있다. 어떻게 이 메시지가 반복을 통해 강화되는지 주목하라. 모든 직무 타이틀은 하나의 폰트를 사용하고, 모든 섹션의 헤딩은 다른 폰트를 사용하고, 모든 본문은 세 번째 폰트를 사용한다. 디자인에서 몇 가지 요소의 목적을 정의할 때(코너의 폰트나 로고를 선택하거나, 요소를 정렬하는 방법) 어디에나 반복되어어야 한다. 이런 반복이 브랜드가 되고(자세한 내용은 173쪽 '브랜딩' 참조), 구별이 잘 된다면, 독자는 어디서나 당신의 스타일을 인식할 수 있을 것이다(그림 3.27 참조).

그림 3.27   같은 스타일을 반복하여 브랜드를 만든다(그래픽버거의 디자인, http://bit.ly/ gb-vol9)

여러 스타일(즉, 텍스트 크기, 굵기, 대문자)의 조합과 서체 분류를 통해 폰트에 대비를 만들 수 있다. 동일 서체에서 12폰트와 14폰트 같이 너무 비슷한 두 가지 폰트를 사용하거나, 두 개의 다른 폰트인 세리프 서체를 사용한다면, 서로 충돌하게 되고 디자인이 잘 보이지 않는다. 그러므로 새로운 폰트를 소개할 때마다, 명확하게 하기 위해, 대비를 많이 만들어 소란스럽게 전달할 필요가 있다. 예를 들어, 그림 3.28은, 크고, 얇고, 대문 자의 폰트를 사용하여 이력서에 더 많은 대비를 덧붙였다.

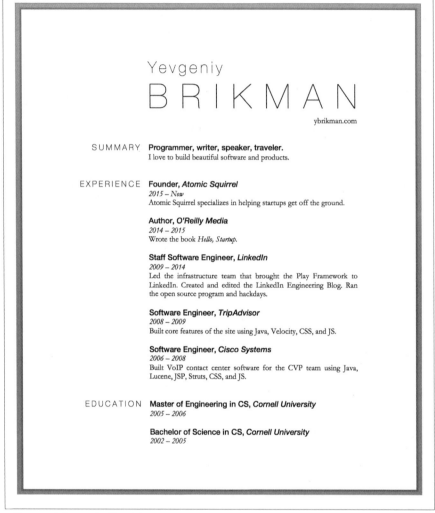

그림 3.28 타이틀 폰트에 더 많은 대비를 사용한 이력서

대비의 또 다른 중요한 역할은 디자인의 중요한 부분에 사용자의 관심을 집중시키는 것이다. 사람이 책을 읽는 것은 모든 단어를 읽는 것이지만, 대부분의 제품 사용자들은 그렇지 않다.

[사용자]들이 실제로 대부분의 시간(운이 좋다면)에 하는 것은 각 새로운 페이지를 훑어보고, 일부 내용을 스캔하고, 자신들의 관심이나 찾고 있던 것과 막연히 닮은 것을 발견하면 우선 링크를 클릭한다. 거의 항상 페이지에서 보지 않는 부분이 많다. '위대한 문학(최소한 제품설명서)'을 염두에 두지만, 사용자의 실체는 "광

고판은 한 시간에 60마일까지 전달된다"에 더 밀접해 있다.

[KRUG 2014, 21], 스티브 크룩, *사용자를 생각하게 하지마*, 인사이트, 2015

그러므로 디자인의 모든 폰트는 특별한 목적이 있어야 하고 모든 화면은 사용자가 얻고자 하는 중심이 되는 것이 있어야 한다. 이것이 "행동요구(CTA, Call To Action)"다. 예를 들어, hello-startup.net에서 사람들이 행동하기 바라는 중요한 것은 책 내용에 관해 공부를 하는 것이다. 그래서 나는 그림 3.29에서처럼, CTA의 하나로 커다란 〈Learn More〉 버튼을 덧붙일 수 있다.

그림 3.29　CTA로서 <Learn More> 버튼을 덧붙인 hello-startup.net 디자인

시작이지만, 버튼의 대비를 증가시키기 위해 색깔을 사용하여 더 두드러지게 만들 수 있다.

색상

그림 3.30에서 보여주는, 오케이큐피트(http://www.okcupid.com/)는 CTA를 만드는 데 아주 눈에 잘 띄는 색상과 대비를 이용하는 좋은 예다.

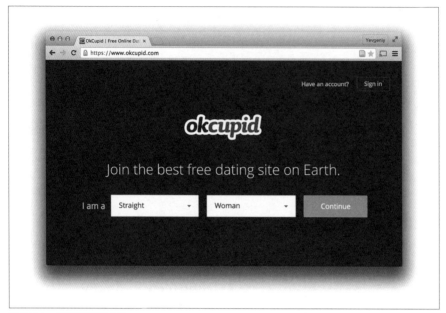

그림 3.30　오케이큐피트의 CTA

웹사이트에 들어가자마자, 무슨 사이트이고(명확한 카피라이팅 덕분에), 무엇을 하고자 하는 것인지(명확한 CTA 덕분에) 분명하게 알 수 있다. 중앙에 배치한 큰 폰트와 색상 대비가 실제로 CTA가 잘 드러나게 했다. "페이지에 두 가지 항목이 동일한 것이 아니면, 매우 다르게 만든다[Williams 2014, 69]." 또는 윌리엄스 진서가 "일종의 대담함이 되지 말고, 대담하라"라고 말한 것[Zinsser 2006, 70]은 대비를 효과적으로 사용하는 열쇠가 된다.

어떤 색상이 좋은 대비를 만들게 되는시 어떻게 알게 되었는가? 아기였을 때, 색깔 있는 페인트와 크레용으로 놀이를 하는 것이 시작이다. 성인이 되어서, 디자인에 잘 어울리는 색상을 선택하는 것은 그렇게 재미있는 일은 아니다. 컬러 이론은 타이포그래피보다 훨씬 더 복잡하다. 이것을 잘 해내기 위해서는, 심리학(예: 파란색 배경에 빨간색 텍스트를 입력하는 것이 내용을 흐릿하게 하기 때문에 읽기 어렵게 하고 심지어는 고통스럽게 하는 색입체시(Chromostereopsis)라는 효과를 만드는지[Chromostereopsis 2014]), 생물학(예: 여성의 2%~3%가 예외적인 컬러 감각으로 평균보다 더 많은 색상을 알아내는 반면 남성의 약 8 %가 컬러 결핍이라는 것에 관한[Roth 2006]), 심리학(예: 각 컬러는 많은 조합을 만들고 분위기에 중요한 영향을 준다), 기술(예: 디지털 디스플레이는 RGB 컬러 모델을 사용하는 반면 대부분의 인쇄장치는 CMYK를 사용한다), 미적 감각(예: 어떤 색상은 패션에 조화가 잘되고, 다른 색상은 그렇지 못하다) 그리고 물리학 및 색상 메커니즘(예: 컬러 휠, 1차 색, 2차 색,

3차 색, 혼합색, 색조, 채도, 명도, 음영 및 그림자)을 고려해야 한다. 배울게 많다.

시작한지 얼마되지 않았다면, 시간을 절약하기 위해 두 가지 팁을 제공할 수 있다. 첫 번째 팁은 먼저 흑백으로 디자인 작업을 모두하고 나중에 색상을 추가하는 것이다. 즉, 카피라이팅, 레이아웃 및 인쇄기술을 생각해서 색상 없이 디자인 작업을 한다. 그런 후 맨 마지막에, 모든 것이 준비가 되었을 때, 색상을 입힐지라도 그것의 목적은 하나다[Kennedy 2014]. 집에 페인트 칠을 하는 것처럼 색상을 입히는 것을 생각하라. 먼저 벽, 창문 그리고 문들을 붙인 후 칠을 해야 한다. 의도적으로 액센트를 주고, 분위기를 만들고, 특별한 주제를 위한 색상을 선택하게 되기 때문에, 디자인의 나머지 부분을 위해 준비된 다른 색상 계획을 실험하는 것이 더 쉽다. 예를 들어, 우리가 작업했던 이력서는 전체가 검은 색과 흰색으로 되어있다. 그림 3.31과 같이, 이제 강조가 되는 색상 하나를 집어넣는 것이 쉽다.

레이아웃(두 열) 및 폰트 선택(큰 폰트 크기 및 많은 양의 문자 간격과 얇은 헬베티카 노이어체)이 준비가 되었을 때 어떻게 이런 색상 계획이 통할 수 있는지 주목하라. 원래 디자인에 색상을 덧붙여서 했다면, 다른 방법으로 준비된 레이아웃과 서체를 다시 바꾸어야 했을 것이다.

hello-startup.net에 흑백으로 전체 디자인을 했고, 색상에 효과가 있는 디자인 이미지를 만들 수 있다. 예를 들어, 이 책의 표지 이미지는 회색 바탕과 녹색 글자로 했고, 그림 3.32에서처럼, 디자인 전반에 그 두 가지 색상을 사용했다.

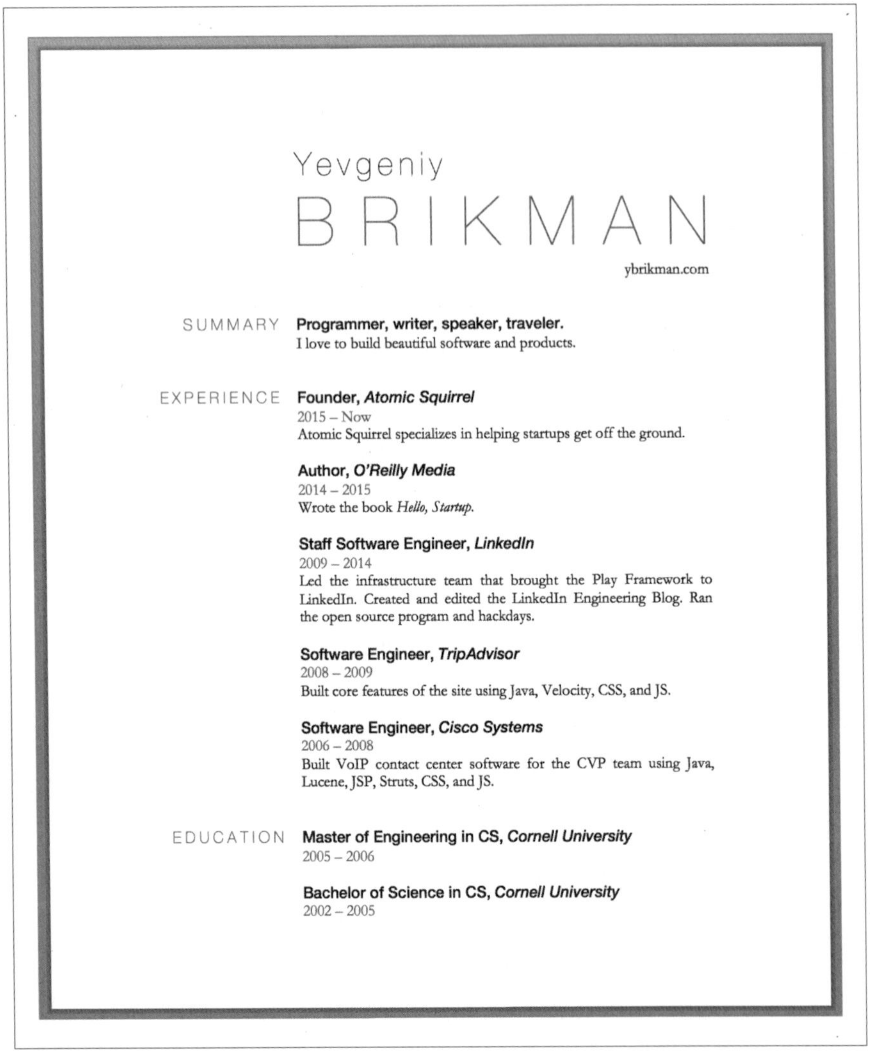

Yevgeniy

B R I K M A N

ybrikman.com

SUMMARY **Programmer, writer, speaker, traveler.**
I love to build beautiful software and products.

EXPERIENCE **Founder, *Atomic Squirrel***
2015 – Now
Atomic Squirrel specializes in helping startups get off the ground.

Author, *O'Reilly Media*
2014 – 2015
Wrote the book *Hello, Startup*.

Staff Software Engineer, *LinkedIn*
2009 – 2014
Led the infrastructure team that brought the Play Framework to LinkedIn. Created and edited the LinkedIn Engineering Blog. Ran the open source program and hackdays.

Software Engineer, *TripAdvisor*
2008 – 2009
Built core features of the site using Java, Velocity, CSS, and JS.

Software Engineer, *Cisco Systems*
2006 – 2008
Built VoIP contact center software for the CVP team using Java, Lucene, JSP, Struts, CSS, and JS.

EDUCATION **Master of Engineering in CS, *Cornell University***
2005 – 2006

Bachelor of Science in CS, *Cornell University*
2002 – 2005

그림 3.31 강조하기 위해 한 가지 색상을 준 이력서

그림 3.32　회색과 녹색을 디자인의 나머지 부분의 색상으로 한 표지 이미지

두 번째 팁은 스스로 찾아내는 대신 전문가의 팔레트를 조합해서 사용하는 것이다. 물론, 즐겨찾는 웹사이트에 사용되는 색 구성표를 복사할 수 있다. 하지만 특별히 색상 작업에 도움이 되는 전용 도구도 있다. 예를 들어, 어도비 컬러 CC와 팔레톤은 컬러 이론(예 : 단색, 인접 색상, 트라이어드)을 사용하는 컬러구성표를 만들어 낼 수 있다. 어도비 컬러, 컬러러버즈(COLOURlovers) 그리고 드리블 컬러(Dribbble's color) 등을 검색해서 미리 만들어진 색 구성표도 둘러볼 수 있다.

3.1.4 시각 디자인의 빠른 검토

그림 3.33과 그림 3.34는 각각 이력서와 hello-startup.net 디자인 진행과정을 보여준다. 이 이미지들을 잘 살펴보고 의식적으로 이 이미지 사이에 변화된 것이 있으면 이름을 붙여보라.

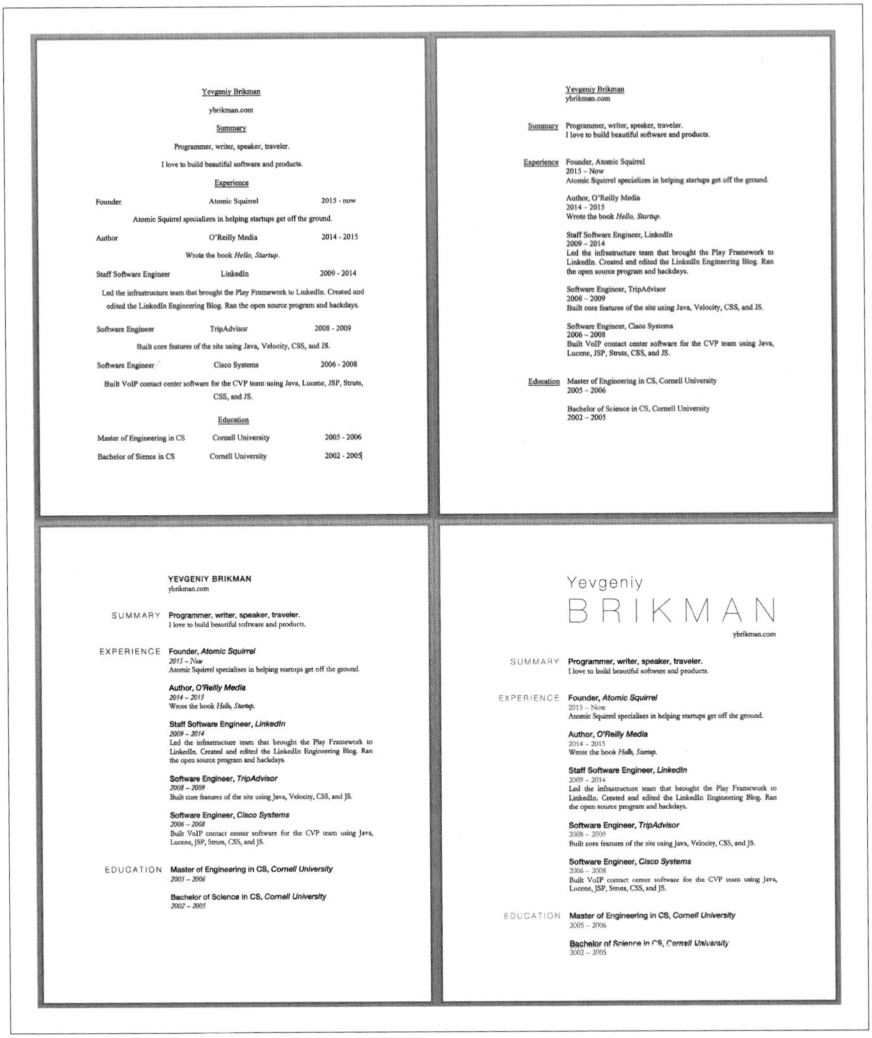

그림 3.33 이력서 디자인의 진행 과정

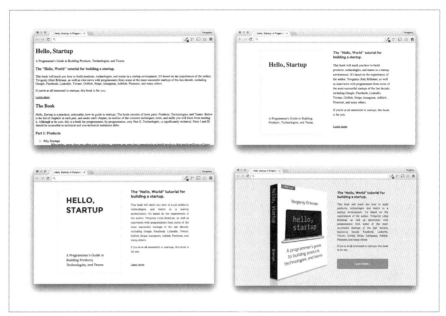

그림 3.34　hello-startup.net 디자인의 진행 과정

바라건대, 시각 디자인에서 다음 측면을 발견했으면 좋겠다.

- **왼쪽 위** : 카피라이팅
- **오른쪽 위** : 레이아웃(배치 및 근접)
- **왼쪽 아래** : 서체(줄 길이, 줄 간격, 서체, 폰트)
- **오른쪽 아래** : 대비와 색상

최종적으로, 모든 단계는 내가 온라인에서 찾아낸 템플릿, 폰트 조합 및 색상 팔레트가 기반이 되었고, 모든 단계의 중심은 디자인 재사용이다.

3.2 최소기능제품

스타트업에서 첫 번째 디자인 과제는 제품의 초기 버전을 구축하는 것이다. 대단한 아이디어를 찾아내고 실제 고객들의 평가를 받았을지라도 완성 제품을 디자인하고 만들려고 1년 정도 방문을 잠그고 싶은 생각을 떨쳐버려라. 제품은 아이디어라기보다는 '새로운 문제', '새로운 아이디어', '실행'이라는 일정한 주기임을 기억하라. 실행은 비용이 비싸다. 그래서 고객들을 대상으로 각각의 새로운 문제와 아이디어를 가능한 빨리 검증해야 한다. 가장 좋은 방법은 최소기능제품(MVP, Minimum Viable Product)이라는 것을 만드는 것이다.

MVP는 종종 잘못 해석되는 용어다. '최소(minimum)'는 종종 "가능한 인력으로 어떤 것(아무 것이든)이든 운송하는"으로 오인하여 (무모하게) 신제품을 출시하는 시기에 집중하도록 오도한다. '실행 가능한(viable)'은 종종 "제품이 작동하기 충분한 기능"으로 잘못 이해되어, 많은 불필요한 기능을 구축하고 실제로 문제가 되는 기능을 빠트리게 오도한다. 그리고 '제품(product)'은 MVP가 제품인 것처럼 틀리게 주장되어 사람들은 종종 더 간단하고, 더 저렴한 MVP 아이디어를 간과하게 된다.

MVP라는 용어는 에릭 리스가 쓴 『린 스타트업(The Lean Startup)』라는 책에서 대중화 되었고, 적절한 정의다. "MVP는 고객에 대해 최소의 노력으로 최대의 평가 결과를 수집하기 위해 팀에 주어지는 새로운 제품의 버전이다[Ries 2011a, 103]." MVP의 요점은 학습이고 학습 목표는 실제 고객을 대상으로 가설을 검증하는 가장 저렴한 방법을 찾는 것이다.

MVP에서 '최소(minimum)'는 현재 가설 검증에 직접적으로 도움이 되지 않는 것을 제거하는 것을 의미한다. 예를 들어, 37signals[11]가 자신들의 프로젝트 관리 도구인, 베이스캠프(Basecamp)를 처음 출시했을 때, 그들의 MVP에는 고객들에게 비용을 청구하는 기능을 넣지 않았다. 그들이 검증했던 가설은 클린 유저 인터페이스로 웹 기반 프로젝트 관리 도구에 가입하는 것이었다. 결제 시스템이 가설 검증에 도움이 되지 않아 MVP에서 삭제되고 나중에 추가되었다(실제로 고객들이 결제하기 시작할 때). 즉, MVP에 대한 분명하고 단순한 디자인을 제시하는 데 시간을 투자했고, 그러한 것은 검증했던 가설의 필수적인 부분이었다.

MVP에 '가능한(viable)'은 MVP가 고객이 받아들일 필요가 있는 모든 것을 가지고 있다는 것을 의미한다. MVP는 버그가 될 수도 있고, 기능을 잃게 될 수도 있고, 불쾌할 수도 있고, 궁극적으로 실제로 구축하고자 하는 것과 유사하지 않겠지만, 고객이 관심을 두는 문제를 해결해야 한다. 비기능(Non-viable)과 기능(viable) MVP 간의 차이에 대한 실례를 그림 3.35을 통해 알 수 있다.

---

11 (옮긴이) 웹 프로그램 서비스 업체로서 파일 공유, 웹호스팅 등의 사업을 안내한다.

그림 3.35　기능이 가능한 MVP 구축 방법(헨릭 크니버그의 이미지[Kniberg 2013])

그리고 마지막으로, MVP에서 '제품(product)'은 실제 '실험'을 의미한다. 데모 비디오의 랜딩 페이지처럼, 가설을 검증할 수 있는 제품이나 더 단순한 어떤 작동하는 프로토타입이 될 수 있다(자세한 내용은 126쪽 'MVP의 유형들' 참조).

　MVP를 구축하는 것은 일회성 활동이 아니다. 우선, 작동 유무를 발견하기 전에 많은 MVP를 구축하게 될 것이다. 그러나 더 중요한 것은, MVP를 구축하는 것이 제품의 라이프 사이클의 초기에 하는 '활동'이라기보다는 오히려 '생각'하는 방법에 관한 것이라는 점이다. 카드 게임을 할 때마나 집을 베팅하는 대신에 작은 돈을 거는 것을 생각해 보라. 따라서 아무도 사용해본 적이 없는 새로운 제품 아이디어를 시도하거나 아주 매력적인 기존 제품에 새로운 기능을 추가하는 MVP 사고 방식을 사용해야 하며, 그 방법은 다음과 같이 요약할 수 있다.

1. 가장 위험히고, 가장 중심이 되는 가정을 확인한다.
2. 검증할 만한 가설이 되는 가정을 표현한다.
3. 가설을 테스트하는 작은 실험을 구축한다.
4. 결과를 분석한다.
5. 새로운 연구 결과를 통해 1단계를 반복한다.

아무리 아이디어에 자신이 있어도, 그것을 실험할 가장 작고 저렴한 방법을 찾아보고,

프로젝트를 작고 점진적으로 진행하도록 하라. 50,000개의 IT 프로젝트에 관한 스탠디시 그룹(Standish Group)의 연구를 보면 작은 프로젝트(1백만 달러 이하)의 4개 중 3개는 성공적으로 완료되었지만, 대형 프로젝트(1천만 달러 이상)에서는 10개 중 1개만 정해진 시간과 예산대로 완료되었고, 3개 중 1개 이상의 대형 프로젝트는 완전히 실패였음을 알 수 있다[The Standish Group 2013, 4].

> 스탠디시 그룹은 (중대한 연구를 바탕으로 한) 프로젝트가 성공할 수 있는 비결은 크기와 복잡성을 제한하도록 강력하게 추천하고 강화하는 것임을 확신하였다. 이런 두 가지 요소는 다른 모든 요소의 으뜸이 된다.
>
> [THE STANDISH GROUP 2013, 4], 케오스 매니페스토 2013

이제 구축할 수 있는 MVP 유형을 살펴보자.

3.2.1 MVP의 유형들

MVP가 실제 제품일 필요는 없다. 고객이 그것을 사용하는 경우 가설을 검증할 수 있는 것이면 된다. MVP의 가장 일반적인 유형은 다음과 같다.

랜딩 페이지

쉽고, 싸고, 놀라울 정도로 효과적인 MVP는 제품을 설명하는 간단한 웹 페이지이고, 더 많은 정보를 얻기 위해서 또는 사전주문을 하기 위해 사용자들이 이메일 주소를 남기는 등 사용자가 관심있다면 일종의 약속을 요구하는 간단한 웹 페이지다. 일반적인 아이디어는 제품이 아직 존재하지 않는 경우에도 제품의 가장 이상적인 비전을 설명하고 얼마나 관심을 끌 수 있는지 알 수 있다. 따라서 아이디어에 대한 가장 이상적인 설명으로 최소 몇 명을 설득하여 이메일 주소로 가입시킬 수 없다면, 제고하게 될 것이다. 예를 들어, 소셜 미디어 관리 앱인 버퍼(Buffer)는 그림 3.36에서와 같이, 제품 아이디어 설명, 일부 가격 정보, 더 많은 정보를 얻을 수 있는 메일링 리스트에 가입하는 방법을 보여주는 랜딩 페이지로 시작했다. 충분한 가입자 수와 마찬가지로 중요한 것은 실제 제품으로 구축할 만한 자신감을 가질 수 있을 만큼의 가격 옵션의 클릭 수다.

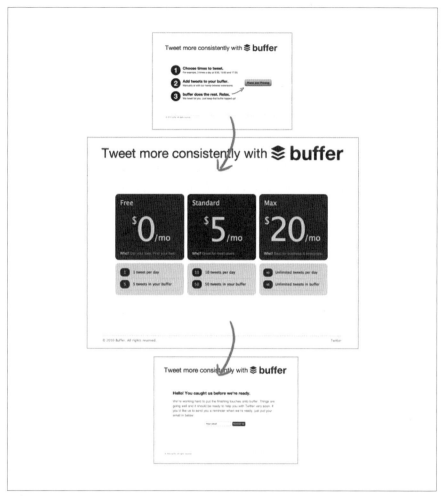

그림 3.36 소셜 미디어 관리 앱인 버퍼의 MVP[Gascoigne 2011]

랜딩 페이지의 텍스트와 이미지가 작동 제품보다 업데이트가 빠르기 때문에, 랜딩 페이지는 올바른 디자인, 메시지 그리고 시장에 대한 실력을 기르는 가장 효과적인 방법이다. 다른 표현으로 실험할 수 있고, 다른 고객 세그먼트를 목표로 할 수 있고, 다른 가격 전략을 시도할 수 있고, 가장 효율적인 것을 찾을 때까지 각단계를 반복할 수 있다(각 반복의 성과를 측정하는 방법은 제4장 참조). 아마존 웹 서비스(AWS)또는 깃허브 페이지에 자신의 랜딩 페이지를 소개할 수 있고, 또는 런치록

(LaunchRock)[12], 옵티마이즐릭(Optimizely), 랜더(Lander), 리드페이지(LeadPages) 등과 같이 내장된 랜딩 페이지에 다양한 도구 중 하나를 사용할 수 있다.

설명 비디오

드류 휴스턴은 드롭박스를 만들기 시작하기 전에, 아무도 원하지 않는 제품을 만드느라 시간을 낭비하는 것이 아니라는 확신을 얻고 싶었다. 모든 데이터를 저장하는 신뢰할만하고 성능 좋은 온라인 서비스 제작을 원했기 때문에, 사용자들이 자신들의 컴퓨터에 사용할 수 있는 간단한 프로토타입을 만드는 데도 시간이 오래 걸릴 것이라 예상했다. 그래서 그 때, 휴스턴은 더 간단한 MVP를 만들었다. 그림 3.37에서와 같이 가입 양식이 있는 랜딩 페이지에 4분짜리 설명 비디오를 덧붙인 것이다(http://bit.ly/dropbox-intro).

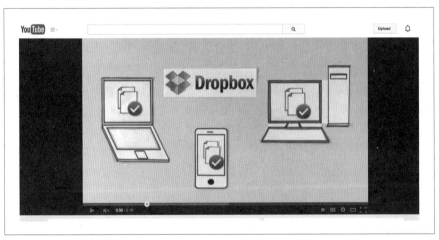

그림 3.37 드롭박스 설명 비디오

그냥 설명만 하는 것보다 동영상을 실행시켜 제품을 보여주는 것은 효과적인 방법이었고, 기술자 시청자(tech-savvy viewer)를 위한 몇 가지 부활절 달걀(즉 XKCD 및 Office Space를 위한 참조)을 포함시켰다.[13] 휴스턴은 해커 뉴스와 디그에 동영상을 올려, 24시간 이내에 랜딩 페이지에 수천 건의 방문 수와 7만 건의 등록 수를 올리게 했다. 그리고 휴스턴은 이를 통해 실제 제품을 구축할 가치가 있음을 확신했다[Ries

---

12 (옮긴이) 초기 홈페이지 또는 웹사이트 구축 시 오픈 전에 출시 페이지를 만들어주는 사이트다.

13 (옮긴이) 프로그램이나 게임 속에 개발자들이 숨겨놓은 기능이나 메시지를 빗댄 표현이다.

2011b]. 파우툰, 고애니메이트 및 캠타시아와 같은 도구는 무료 또는 아주 적은 비용으로 설명 비디오를 제작할 수 있다.

크라우드펀딩

퀵스타터나 인디에고고와 같은 크라우드펀딩 사이트는 이메일 주소를 기입하는 것만 빼고 관심 있는 고객이 제품과 가격을 제공하는 설명 비디오가 첨부되어 있는 랜딩 페이지와 어느 정도 비슷하다. 즉, 이것은 제품을 구축하기 전에 고객이 제품을 구매하도록 하는 방법이며, 당신이 얻을 수 있는 가장 좋은 평가다. 가장 성공적인 퀵스타터 캠페인 중 하나는 프로토타입[Gorman 2013]에 지나지 않는 상태로 68,000명의 후원자에게서 1천만 달러를 달성한 그림 3.38의 페블 시계였다(http://bit.ly/pebble-ewatch).

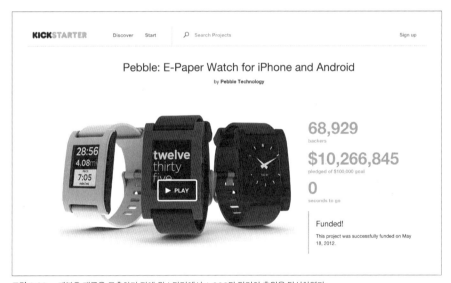

그림 3.38　페블은 제품을 구축하기 전에 퀵스타터에서 1,000만 달러의 후원을 달성하였다.

오즈의 마법사

오즈의 마법사 MVP는 사용자에게는 실제 제품처럼 보이지만, 그 이면을 보면 창업자는 모든 것을 수동으로 작업하고 있다. 예를 들어, 그림 3.39에서 볼 수 있듯이, 닉 스윈먼은 온라인에서 신발을 살 수 있는, 자포스(Zappos.com)에 대한 아이디어를 데스트하고자 했을 때, 지역 신발 점포를 돌아보고, 재고로 있는 신발 사진을 찍어서, 진짜 온라인에 신발 점포인 것처럼 보이게 웹사이트에 사진을 올렸다.

그림 3.39   1999년 인터넷 아카이브의 Zappos.com 스크린 샷

사용자가 주문을 하면, 스윈먼은 다시 지역 신발 가게에 가서 신발을 구입하고, 고객에게 배송했다. 이것은 스윈먼이 막대한 신발재고, 자동 주문 시스템, 신발을 저장하고 배송하는 공장 등에 투자하지 않아도 사람들이 인터넷으로 신발을 구매할 것이라는 그의 가설을 검증하게 했나[Hsieh 2013, 58]. 커튼 뒤의 사람에게 관심을 두지 않는다.

단편적인 MVP

기존 기성품 도구로 가능하면 저렴하게 자동화되는 설명서의 몇몇 부분만 제외하고, 단편적인 MVP는 오즈의 마법사 MVP와 유사하다. 예를 들어, 그루폰 MVP를 만들기 위해서, 앤드류 메이슨은 워드프레스 블로그를 사용자 지정 스킨에 올렸고 (그림 3.40 참조), PDF 쿠폰을 만들기 위해 파일메이커(FileMaker)[14]를 사용하였으며,

---

14 (옮긴이) 데이터베이스 개발 및 관리 프로그램 전문업체다.

애플 메일을 사용하는 사람들에게 발송하였다[Mason 2010]

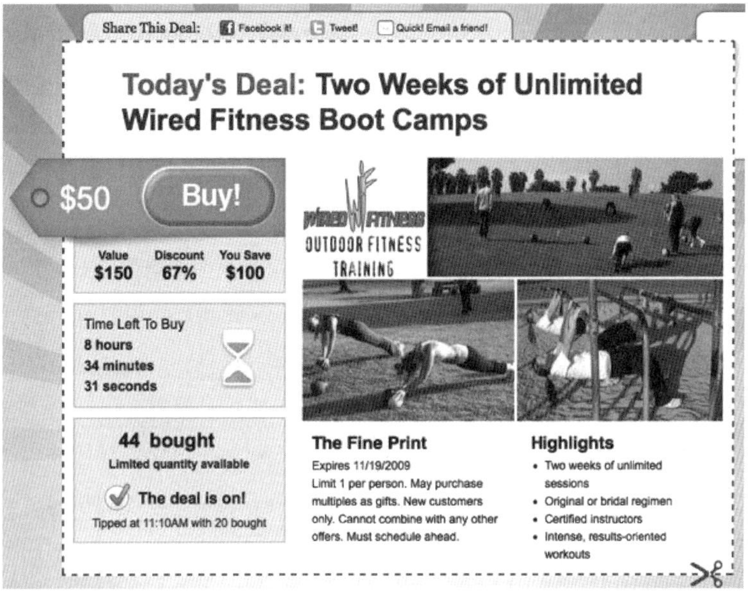

그림 3.40 2009년 인터넷 아카이브의 그루폰 스크린 샷

MVP를 구축하는 데 사용할 수 있는 도구 목록은 http://www.hello-startup.net/
resources/mvp를 참조하라. 만들어낼 MVP가 어떤 타입이든, 요점은 최소한으로 여
전히 실행 가능한 것의 구축을 보장하는 것이다. 그리고 그러기 위해서 가장 좋은 방법
은 차별화에 집중하는 것이다.

3.2.2 차별화에 집중하라

"당신과 당신의 연구(You and Your Research)"[15]에서, 벨 연구소의 주목할만한 수학자인,
리처드 해밍은 점심시간에 어떻게 화학 연구원들과 함께 앉아 있게 됐는지를 설명하고
있다.

나는 "당신의 분야에서 중요한 문제가 무엇인가?"라고 묻기 시작했다. 그리고 일주일 후 "당신이 연구하는

---

15 연구는 아니지만 거의 모든 경력에 적용되는 조언이기 때문에 "당신과 당신의 경력(You and Your Career)"이라는 별명이
있다.

데 중요한 문제가 무엇인가?"라고 물었다. 그리고 좀 더 시간이 지난 어느 날 와서 "당신이 하는 것이 중요하지 않다면 그리고 중요한 것을 해낼 것이라고 생각하지 않는다면, 왜 벨 연구소에서 일을 합니까?"라고 말했다. 그 후 나는 환영받지 못했다. 그리고 같이 밥 먹을 다른 사람을 찾아야 했다!

[HAMMING 1995], 리처드 해밍, "당신과 당신의 연구"

리처드 해밍은 의도적으로 중요한 문제뿐만 아니라 편하지 않은 것을 찾아냈기 때문에 벨 연구소에서 중요한 일을 하였던 것이다. 비록 그가 질문하는 방법이 사람들을 불편하게 만들었지만, 그 방법을 우리의 삶에 모두 적용해야 하는 것이다. "당신의 분야에서 중요한 것이 무엇인가, 무슨 일을 하고 있는가, 왜 그들과 동일하지 않는가?"

MVP를 구축하는 데도 동일한 논리가 적용된다. "당신 제품에 중요한 것이 무엇인가, 실제로 어떤 MVP를 구축하고 있는가, 왜 그것들과 동일하지 않는가?" 제품 측면에서 가장 중요한 것은 다른 대안과 구분되는 기능들과 같은 차별성이다. 사람들은 종종 '경쟁우위'를 차별성이라고 얘기하지만 얼마나 차이가 나든, 문구로는 장점을 충분히 만들 수 있다고 생각한다. 하지만 실제로는 그렇지 않다. 경쟁자보다 차별성이 훨씬 더 많아야 한다. 10% 정도 개선된 것을 찾는 것이 아니라, 10배 더 개선된 것을 찾고 있는 것이다. 약간 부족하다면, 대부분의 고객들은 단순히 전환할 가치가 있다고 생각하지 않는다.

그러므로 "나의 제품이 무엇인가, 예외적으로 잘 할 수 있는 두세 가지 점이 있는가?"라고 스스로에게 물어보는 것이 중요하다. 이런 몇 가지 핵심 기능을 확인해냈다면, 그런 기능을 중심으로 MVP를 구축하고, 다른 모든 것은 무시하라. 예를 들어, 구글이 처음으로 지메일을 출시했을 때, 그것의 차별성은 1GB의 저장 공간(대부분 다른 이메일은 겨우 4MB 정도만 제공할 수 있는 시기였다)과 아주 빠른 사용자 인터페이스(대화보기 기능, 강력한 검색 기능 그리고 페이지를 재생하는 대신 지속적으로 새로운 이메일이 보여지도록 하는 Ajax 기능을 사용하였음)였다. 다른 기능이 아주 적거나 없는 차별성이 강한 "리치 텍스트(Rich Text)" 컴포저나 주소록 같은 것은[Buchheit 2010] 다른 이메일 서비스를 모두 원시적으로 보이게 하기 때문에 중요하지 않다.

또 다른 좋은 예는 원래의 아이폰이다. 애플은 완벽하고, 세련되고, 완전한 해결책을 구축한 것으로 알려졌지만, 여러 면에서, 원래의 아이폰은 MVP였다. 앱스토어, GPS, 3G, 전방 카메라, 후방 카메라 플래시, 게임, 인스턴트 메시징, 복사 및 붙여 넣기, 멀티태스킹, 무선싱크, 익스체인징 이메일, MMS, 스테레오 블루투스, 보이스 다이얼링, 음성 녹음, 비디오 녹화 등은 없었다. 그럼에도 불구하고, 애플은 예외적으로 잘하는 몇 가지에 끊임없이 집중하고 있기 때문에 아직까지 여러 해 동안 다른 스마트폰을 앞서고 있다. 참고로 아이폰의 멀티 터치 사용자 인터페이스, 하드웨어 설계, 음악, 웹 서핑 경험은 다른 폰보다 적어도 10배는 더 좋다. 그리고 고객들은 그것을 좋아한다.

제품을 그저 좋아하는(like) 것이 아니라 사랑하는(love) 많은 고객을 얻는 것은, 대단한 장점이다. 소수의 사용자들이 제품을 사랑하게 하고 그것을 사랑하는 더 많은 사용자들을 얻는 것이 많은 사용자가 제품을 좋아하게 하고 그것을 사랑하는 사람들을 얻는 것보다 훨씬 쉽다[Graham 2008]. "좋아하는(like)"에서 "사랑하는(love)" 사용자들을 얻기 위해, 정신 없이 빠져들게 해야 한다. 그들이 "와우~!" 하도록 해야 한다. 어떤 것이 완성되어 "와우~!" 하는 마지막 순간을 생각해보라. 아마 당신을 기쁘게 하는 것 이상의 누군가를 얻었을 것이다. 아마 특별한 무언가가 있었는데, 그것은 예외적인 일을 하는 데 시간이 많이 걸린다는 단순한 사실이다. 그러므로 사용자들이 당신 제품을 좋아하기 원한다면, 단지 능숙한 것을 많이 하는 대신, 그 중에서 몇 개만 선택하여 장외로 그들을 타격하라.

어떤 기능에 집중할지 어떻게 알게 되는가? 그것을 알아낼 수 있는 한 가지 방법은 어떤 제품을 구축하기 전에 제품 출시를 알리는 블로그 게시물을 작성하는 것이다. 어떤 기능을 스크린샷에 보여줄 것인가? 블로그 포스팅 제목을 무엇으로 할 것인가? 등 좋은 블로그 게시물은 짧아서, 이런 연습을 통해 어떤 기능이 정말로 제품을 매력적으로 보이게 하는 점인지 알아내려 애쓰는 데 도움이 될 것이다. 블로그는 MVP를 위한 필수 아이템이다. 사실, 모든 것이 선택사항일 뿐만 아니라, 종종 유해한 것이다. 모든 예외적인 기능은 비용이 상당하다(92쪽 '단순함' 참조). 그래서 고객을 즐겁게 하거나 가설을 검증하는 데 절대적으로 필수적이지 않다면 MVP에 넣지 말아야 한다.

차별성을 찾고 그에 관한 MVP를 만들어, 가설을 검증하는 데 사용할 수 있다. 모든 것을 검증하는 데 가장 중요한 것은 그 MVP를 구입하는 고객을 만들어내는 것이다.

3.2.3 최소기능제품을 구매하라

심지어 아주 초기 단계에도, MVP의 목표 중 하나는 해결책을 구입하는 고객을 찾아내는 것이다. "구매하다"라는 단어를 강조하는 것에 주목하라. 많은 사람이 아이디어를 "좋아한다(like)"라고, 말하는 것은 그것을 좋아한다는 의미이지만, 좋아하는 것과 그것을 구매하는 데 전념하는 것에는 큰 차이가 있다. 새로운 제품을 구매하기 위한 돈보다 비용도 더 든다(또한 시간도 든다)[Traynor 2014]. 그 제품이 가치 있는 것이라고 가족을 설득하거나(소비자 제품의 경우) 직원들을 설득하는(기업 제품의 경우) 데는 시간이 걸린다. 그것을 설치하고 배포하는 데 시간이 걸리고, 그것을 사용하도록 자신이나 다른 사람을 훈련하는데 시간이 걸리고, 미래에 그것을 유지하고 업데이트하는 데 시간이 걸린다. 어떤 사용자들에게는 무료로 제공되더라도 시간이라는 것이 필요하다(즉, 광고가 후원하는 웹사이트나 프리미엄 서비스[16]). 그래서 어떤 가격 전략을 고려하고 있든 상관없이, 목표는 제품을 구매하겠다는 확약을 얻어내는 것이다.

이전에 보았던 모든 종류의 MVP는 심지어 가장 최소한의 것들도 구입할 수 있는 기회를 제공한다. 이것은 분명히 클라우드펀드된 MVP의 요점이지만, 랜딩 페이지 MVP에서 예약 주문 형태를 얻을 수 있고, 비록 현금 지불을 수락하게 될지라도, 오즈의 마법사를 위한 돈을 지불할 수 있다. 가장 효율적인 것을 발견할 때까지 가격을 변경할 수 있지만, 그것을 무료로 제공하지는 말라. 사실, 가격을 변경하는 것은 고객이 제품을 사용하는 것이 얼마나 중요한지를 알 수 있는 좋은 방법이다.

> 나는 (고객에게) "제품이 무료라면, 실제로 얼마나 사용하거나 이용하겠는가?"라고 묻는다. 목표는 그 문제에서 가격을 없애고 제품 자체가 고객들을 흥미롭게 하는지를 확인하는 것이다. 만약 "그렇다"고 대답하면, 나는 다음 질문을 덧붙일 것이다. "그렇다면, 무료가 아니고, 사실, 1백만 달러를 요구했다고 상상해보라. 그래도 구매하겠는가?" 황당한 얘기처럼 들리겠지만, 나는 항상 이렇게 한다. 왜냐하면? 고객의 절반 이상은 "스티브, 제 정신이 아니구나. 이 제품은 25만 달러 이상 가치가 없어"라고 말할 것이다. 나는 그저 고객들에게 얼마를 지불 할 수 있는지 말해달라고 하였던 것이다. 와우~!
>
> **[BLANK 2013, 52], 스티브 블랭크, *깨달음에 이르는 4단계***

어떤 종류의 고객이 존재하지도 않는 제품을 구매하려 하겠는가? 또는 작동하는 프로토타입을 가지고 있다 할 지라도, 어떤 고객이 그런 모든 버그, 성능 문제, 누락된 기능과 몇 개월 만에 폐업하게 될 수도 있다는 사실에도 불구하고 새로운 브랜드의 스타트업과 거래하겠는가? 『혁신의 확산(Diffusion of Innovations)』이라는 책에서, 에버렛 로저스는 고객들을 다섯 가지 종류의 그룹으로 분류했다[Roggers 2003, 제7장].

1. **혁신가**(Innovators) : 기능과는 상관없이, 기술자체가 삶의 주요 관심사이고 항상 가

---

16 (옮긴이) 기본 서비스는 무료로 제공하고 추가 고급 기능에 대해서는 요금을 받는 서비스다.

장 최신의 혁신을 유심히 살핀다.

2. **초기 혁신층**(Early Adopters) : 기술에 대한 관심이 아니라 그들의 삶은 눈에 보이는 기술의 혜택을 쉽게 발견하기 때문에 항상 새로운 기술에 기꺼이 위험을 감수한다.

3. **초기 다수층**(Early Majority) : 고객들은 특정 문제를 해결하기 위한 필요성에 몰리게 된다. 어떻게 새로운 기술이 해결책이 되는지 구상할 수 있지만, 많은 새로운 혁신이 결국 실패하게 된다는 것도 안다. 그러므로 스스로를 위해 그것을 구매하기 전에 다른 사람들에게는 어떻게 생각하는지를 기다리며 살펴본다.

4. **후기 다수층**(Late Majority) : 고객들도 해결해야 하는 특정 문제가 있지만, 그 문제를 해결하기 위해 새로운 기술을 사용하는 데 어려움이 있다. 기술이 더 성숙해지고, 표준화가 이루어질 때까지 기다리고, 구매하기 전에 관련 네트워크를 지지한다.

5. **후기 수용층**(Laggards) : 새로운 기술을 할 수 있는 한 피한다. 새로운 혁신을 가장 늦게 채택하고 대개 다른 선택의 여지가 없을 때만 수용한다.

각 종류의 고객 수는, 그림 3.41과 같이, 대략 '종형 곡선(bell curve)'을 그리고 있다.

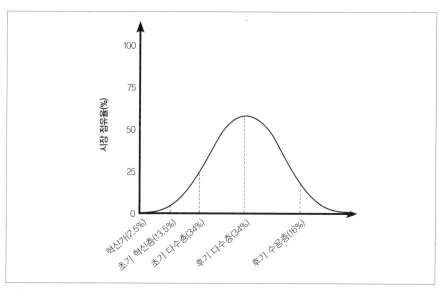

그림 3.41　혁신의 확산[Diffusion of Ideas 2012]

성공적인 회사가 되려면, 일반적으로 초기와 후기 다수층에게 판매해야 하지만, 혁신가와 초기 혁신층들이 확신할 때까지 그렇게 될 수 없다. 즉 혁신은 그림 3.41의 종형 곡선 왼쪽에서 오른쪽으로 확산하며 그리고 이전 단계에서 성공하게 될 때까지 새로운 카테고리로 이동할 수 없다. 그리고 고객의 개별 카테고리는 다른 무언가를 찾고 있기 때문에, 어떤 고객을 목표로 할지를 이해하는 것이 필수다. 그렇지 않으면 결국 잘못된 제품이나 마케팅 전략, 영업을 진행하게 되기 때문이다.

초기 혁신층에서 구매를 하는 만드는 것은 변화 매개체(Change Agent)의 일종이다. 초기 혁신층은 산업에서 이런 변화를 처음 시도함으로써, 저렴한 제품 비용, 빠른 시장 대응, 더 완벽한 고객 서비스, 또는 다른 비교대상 사업이익이든, 경쟁에서 사로잡기를 기대한다. 그들은 기존의 방법과 새로운 방법 사이의 철저한 불연속성을 기대하고, 완고한 저항이 있는 상황에서 챔피언이 될 준비를 한다. 처음이 되는 것은 또한 시장에 방금 출현한 혁신에 수반되는 불가피한 버그와 결함들을 참아낼 준비가 되어 있다.

[MOORE AND MCKENNA 2006, 25], 제프리 무어와 레지스 메케나, *CROSSING THE CHASM*

아직 문제와 해결책을 검증하고 있는 스타트업의 초기 목표는 적절한 초기 혁신층을 찾는 것이다. 특정 제품보다는 당신의 비전을 믿기 때문에 오래 전부터 그 해결책을 구매하려는 부류의 고객들이 있다. 스티브 블랭크는 이런 고객 그룹을 '얼리반젤리스트(earlyvangelist)'라고 부르고 그들을 확인하는 데 도움이 될 다음과 같은 편리한 목록을 제공하고 있다.

- 문제 또는 요구를 가지고 있는 사람들

- 문제가 있다고 이해하는 사람들

- 적극적으로 해결책을 찾아 나서고 그러기 위한 일정표를 만드는 사람들

- 문제가 너무 심각해서 임시 방편으로 해결하는 사람들

- 구매하려고 애를 쓰거나 빠르게 예산을 확보하는 사람들

[BLANK 2013, 35], 스티브 블랭크, *깨달음에 이르는 4단계*

이미 자신만의 임시 해결책을 적용한 고객을 찾아낼 수 있다면, 진짜 문제와 강력한 요구를 발견했다는 것을 알기 때문에 무엇보다 최고의 지표가 된다. 모든 산업에는 대개 그렇게 많은 숫자는 아니지만 얼리반젤리스트가 있다. 아무런 제품이나 고객이 없는 초기 단계에서는 단 한 명의 고객을 얻는 것 자체가 큰 승리가 된다. 수천수백만 명의 고객을 얻기 전에는 단 한 명, 그 다음은 10명, 그 다음은 100명이 필요하다. 그러나 이 모든 것을 완료한 다음 확장을 하지 않을 수도 있다.

3.2.4 확장하지 않는 실행

스타트업을 위해 와이 컴비네이터가 제시하는 가장 보편적인 조언은 "확장하지 않는 실행"을 하라는 것이다. 즉, 스타트업의 초기에는, 고용, 사용자 모집, 고객 서비스 등을 직접 수동으로 해야 하는 일이 많게 된다. 특히, "그렇지만 확장하지 않을 것이지 않냐?"라고 소리치고 싶은 프로그래머들에게는, 비효율적으로 생각될 것이다. 그러나 육체노동은 종종 플라이 휠(속도를 조절하는 바퀴)로 시작하는 유일한 방법이고, 확장에 대해 필요가 있는지를 진짜 고심할 때가 될 것이다. 예를 들어, 에어비앤비의 창업자는 초기 사용자를 모집하기 위해 뉴욕을 집집마다 방문하여 그들의 아파트를 촬영하는 것을 도와주기까지 했다[Graham 2013]. 고객들이 홈클리닝 서비스를 찾는 데 도움을 주는 스타트업인, 홈조이의 창업자는, 처음에 고객의 집 주변을 찾아가서 모든 청소를 해주었다[Cheung Adora 2014]. 핀터레스트 창업자의 경우 처음에는 커피숍에 가서 개별적으로 제품을 사용하려고 하는 낯선 사람들에게 질문을 하면서 사용자들을 모집했다[Altman 2014a]. 사용자들이 온라인으로 양식을 만드는 데 도움을 주는 스타트업인 우푸 직원들은 모든 고객에게 손으로 직접 쓴 감사 편지를 보냈다.

> 아마도 창업자들이 자신의 사용자들을 배려하는 방법을 깨닫는 데 가장 큰 방해 요인은 그들이 그와 같은 관심을 받아 본적이 없다는 것이다. 고객 서비스의 기준을 가장 중요한 고객들이 설정한 것이 아니라 회사가 설정한 것이다. 팀 쿡은 랩톱을 구매했다고 해서 손으로 쓴 편지를 보내지 않았다. 그는 할 수 없었다. 그러나 당신은 할 수 있다. 작게 하는 것의 장점이다. 큰 기업에서는 할 수 없는 수준의 서비스를 제공할 수 있다.
>
> 기존의 형식이 사용자 경험을 더 높일 수 없다는 것을 깨달았을 때, 사용자를 기쁘게 하기 위해 얼마나 더 멀리 진전시킬 수 있을지를 생각하는 것은 아주 즐겁고 흥미로운 일이다.
>
> **[GRAHAM 2013], 폴 그레이엄, 와이 컴비네이터의 공동 창업자**

작은 스타트업이고 아직 아이디어를 검증하는 단계라면, 처음 고객을 얻기 위해 확장하지 않는 일을 실행할 수 있다. 아이디어가 작동하고 난 후에 자동화를 통해 더 확장된 과정을 만들어 낼 수 있다. 그러나 만일 작동하지 않는다면(대부분의 아이디어들은 작동하지 않는다), 잘못된 것을 위한 자동화를 구축하지 않게 되어 막대한 시간을 절약할 수 있다. 또한 직접적으로 비즈니스의 가장 핵심적인 세부사항을 다룰 수 있고, 처음에 보았던 대로, 도메인 전문가가 될 수 있다. 이 모두가 훌륭한 아이디어를 내기 위해서는 필수적인 것이다.

3.3 요약

사용자 인터페이스는 농담 같은 것이다. 설명이 필요하다면, 그것은 좋은 일이 아니다.

[LEBLANC 2014 2014], 마틴 르블랑, 아이컨파운더의 창업자

사용자 인터페이스도 제품이기 때문에 디자인이 필수 기술이다. 디자인 과정이 반복된다는 것은 좋은 소식이다. 어떤 디자인이든 점차적으로 개선될 수 있고 어떤 사람도 점차적으로 자신들의 디자인 실력을 개선할 수 있다. 할 수 있는 가장 좋은 방법은 기존 디자인을 재사용하고, 사용자 스토리를 작성하고, 페르소나를 디자인하기 시작하는 것이다. 연습을 해서 카피라이팅, 레이아웃, 서체, 대비, 반복 그리고 색상을 배울 수 있다. 제품에 개성, 특히 공손한 것에 반응이 좋고, 사려 깊고, 용서를 제공하게 하여, 감성을 불러일으키는 디자인을 만들어 낼 수 있다. 그리고 빈번한 사용성 테스트를 진행하여, 어떻게 진행되고 있는지 직접적인 피드백을 얻을 수 있다.

그러나 아무리 디자인이 훌륭하다 할지라도, 그것이 성공할 수 있는지를 확신할 수 있는 방법은 없다. 그러므로 가장 좋은 전략은 끊임없이 작은 규모의 실험을 진행하고 실제 사용자에게서 받은 피드백을 근거로 수정해 나가는 것이다. 작은 규모의 시장조사를 진행하고, 잠재 고객들에게 이야기하고, 빠른 MVP를 공개하고, 사용자들의 반응에서 배우고 그리고 이런 것을 반복해야 한다.

나는 아마존의 베스트셀러 인터뷰 관련 책의 저자지만, 모두 20페이지 정도의 PDF로 시작했다. 솔직히, 처음에는 그렇게 좋지 않았다. 지금 보면 당황하게 된다. 그 당시에는 그런 생각을 하지 않았지만 말이다. 돌아보면 그 PDF가 MVP 역할을 충분히 했던 것이다. 시장을 테스트하고, 실제 수요가 있다는 것을 확립하게 되어, 그때 확장할 수 있었다. 또한 어떤 문제든지 아주 초기에 피드백을 받을 수 있었다.

내가 시작했을 때, 아주 유사한 것을 하는 또 다른 회사가 있었다. 소규모로 시작했고, 우연히, 내가 회사를 하나 가지게 되었다는 것을 깨달았다.

자신이나 다른 사람들에게서 들은 아이디어를 여러 이유로 나쁜 아이디어로 여겨서 없애 버리기 아주 쉽다. 왜 우리 회사가 실패했는지 1백만 가지 이유를 말할 수 있다. 그럼에도 불구하고, 아직 계속되고 있다 (그리고 아마도 어떤 경우에는 그것들 때문에).

어떤 것이 작동하고 어떤 것이 그렇지 않을 지 예측하는 것이 아주 어렵다는 것은 사실이다. MVP는 어떤 것을 비교적 빠르고 저렴하게 해낼 수 있게 한다. 그 결과는 종종 다른 예측보다 더 의미가 있다.

[MCDOWELL 2015], 게일 라크만 맥도웰, 캐리어컵의 창업자이자 CEO

많은 사람은 이런 것이 소모적이고 시행착오적인 접근 방식이라고 생각한다. 성공적인 제품을 보게 될 것으로 생각하고, 창업자는 머릿속에 정확히 지금 본 것을 매력적이고 완벽하게 완성될 것으로 추측한다. 농구 코트에서는 부드럽고 지배적으로 보이는 마이클 조던이 216파운드(6'6")의 체격에 덩크슛과 거침없는 페이드어웨이 슛을 할 수 있는 능력을 가진 채로 태어났다고 가정하는 것과 같다.

> 내 경력에서 9,000번 이상의 슛을 놓쳤다. 거의 300게임을 졌다. 26번이나, 게임을 승리로 이끌 슛을 했지만 실패했다. 내 인생에 반복해서 여러 번 실패를 했다. 그리고 그것이 내가 성공한 이유다.
>
> [GOLDMAN AND PAPSON 1999, 49], 마이클 조던

당신 손에 완성된 제품을 쥐고 있다면, 보고 있는 것이 수많은 실수, 피봇, 재디자인 그리고 절충하는 수천 번의 시행착오를 반복하였던 최후의 것임을 기억하라. 그리고 회사가 전적으로 그것을 구축하는 방법은, 아마 생존을 위한 투쟁이고 사업화되기 전에 작동하는 결합을 발견하기를 희망하는 것이다

> 회사를 시작하는 것은 자신을 절벽으로 내던지는 것과 같다. 그리고 하향 길에 접어든 비행기를 조립하는 것과 같다.
>
> [CHANG 2013], 리드 호프만, 링크드인의 공동 창업자이자 회장

스타트업은 "검색 모드"에 있다는 것을 의미한다. 해결할 문제를 발견하고 구축할 해결책을 찾아내려고 서두르는 미친듯한 경주이고, 유레카 순간을 기대하는 것이 아니라 반복과 실험 과정을 거쳐 만들어내기 위한 최선의 방법이다.

헬로,
스타트업

: 제품, 기술, 팀을 완벽하게 구축하는 기술

4장
데이터 및 유통

이전 장에서, 스타트업의 아이디어를 구현하는 최소기능제품(MVP)의 설계 방법을 살펴보았다. 이 장에서는 데이터와 유통을 통해서 최소기능제품을 성장시키는 방법을 살펴볼 것이다.

데이터란 많은 가정과 추측을 구체적이고 실행 가능한 사실로 만들어내는 방법이다. 측정하는 것이 측정하지 않는 것보다 항상 더 나은 이유를 보여주는 것이다. 여기서는 모든 스타트업이 추적해야 하는 측정 기준 목록을 소개할 것이며, 더 나은 결정을 위해 데이터 기반 개발인 측정 기준을 이용하는 방법을 설명할 것이다.

유통은 사용자가 제품을 찾아내는 것이다. 놀랄만한 제품을 만들었는데도, 실제 아무도 그 제품의 존재를 모른다면 문제가 될 것이다. 입소문, 마케팅, 영업 및 브랜딩을 포함하여 스타트업이 이용하는 가장 일반적인 유통전략을 검토할 것이다.

4.1 데이터

다음의 간단한 두 가지를 명확하게 표현해내는 것이 제품 매니저가 할 일이다.

- 무슨 게임을 하고 있는가?

- 점수를 어떻게 유지하고 있는가?

이 두 가지를 열심히 행하라. 그러면, 엔지니어링, 운영, 품질, 디자인 그리고 마케팅에 재능이 있는 많은 탁월한 개인 기여자들이 같은 목적을 향해 출발할 것이다. 그렇지 않으면, 아무런 우선순위 또는 실행관리도 당신을 구제하지 못할 것이다.

[NASH 2011], 아담 내시, 웰스프론트 사장 겸 CEO

성공적인 제품을 구축하려면, 무슨 게임을 하고 있는지, 점수를 어떻게 유지해야 할지 알아야 한다. 기업에서 '게임'은 '사명'을 다른 방식으로 말하는 것인데, 이 책의 392쪽 '핵심 이념'에서 설명할 것이다. 따라서 이 장에서는 무슨 게임을 하고 있는지에 대한 것보다 점수를 어떻게 유지할지에 대한 구체적인 방법에 집중할 것이다. 비록 진행과 정에 (유용성 연구에서 사용자들이 얼마나 행복한지 관찰되는 것 같은) 의미있는 수치가 직감되더라도 대부분의 상황에서 점수를 유지하는 가장 좋은 방법은 데이터를 수집하고 분석하는 것이다.

현대 소프트웨어 스타트업의 장점 중 하나는 사업의 모든 분야에 데이터를 수집하기가 매우 쉽다는 것이다. 구글 애널리틱스, 키스메트릭스, 뉴렐릭(전체 목록은 378쪽 '모니터링' 참조) 같은 도구를 사용하여, 사용자들이 어디서 오고, 당신 제품을 어떻게 사용하고, 어떤 기능이 가장 많은 수익을 창출하고, 어떤 테크 스택 부분에서 최고의 성과를 내는지 등에 관해 추적할 수 있다. 맹목적으로 추측하지 말고 구축하고자 하는 제품이 무엇인지, 어떤 유통채널을 사용할지, 어떻게 기술을 진화시킬지에 관해 잘 알고 의사결정을 하기 위해 이런 데이터를 사용할 수 있다. 결정을 내리기 위해 데이터를 잘 사용하는 것이 바로 측정 게임이다.

측정 : 하나 이상의 관찰을 근거로 불확실성 감소를 정량적으로 표현한 것이다.

[HUBBARD 2010, 23], 더글러스 허바드, *어떤 것을 측정하는 방법*

측정의 정의는 불확실성을 제거하는 것이 아니라 단지 그것을 줄이는 것임을 주목하라. 불확실성을 완전하게 제거할 수는 없다. 사업의 아무 것에도, 또는 인생 어디서도, 결코 완벽한 확실함이란 없고, 완벽한 측정도 존재하지 않는다. 그러나 측정이 정확하지 않거나 여전히 의심의 여지가 있어서 쓸모없다는 것은 아니다. 불완전한 측정이라도 측정을 하지 않고 생각대로 진행하는 것보다 일반적으로 더 낫다(전문가의 의견은 아니지만). 미시간 대학교의 연구원들은 기본적인 측정과 정량적인 분석이 일반적으로 인간 전문가를 능가함을 보여주는 많은 연구를 수집했다.

• 대학 신입생 GPA 예측의 경우, 고등학교 석차 및 적성 검사 같은 간단한 선형 모델이 경험있는 입학처

직원을 능가했다.

- 범죄 재범 예측의 경우, 범죄기록 및 감옥기록은 범죄학자를 능가했다.

- 의과대학 학생의 학업성취도는 교수들과의 인터뷰보다 과거 학업성적을 기초로 하는 단순 모델의 예측이 더 정확했다.

- 제2차 세계 대전 당시 해군 후보생이 신병 훈련소에서 얼마나 잘 훈련을 수행할지에 관한 예측은 고등학교 기록과 적성검사를 기반으로 했던 모델이 전문 면접자들을 능가했다. 면접자들에게 동일한 데이터를 제공했지만, 실행 예측치는 전문가들의 의견이 무시될 때 가장 높았다.

[HUBBARD 2010, 225], 더글러스 허바드, *어떤 것을 측정하는 방법*

인간은, 심지어 전문가들조차도, 매우 자주 잘못을 한다. 데이터 및 측정은 알맞은 것을 얻어내기 위한 가장 좋은 도구들이다. 비록 데이터 분석 전문가가 아닐 지라도, 걱정할 필요가 없다. 스타트업에서 측정해야 하는 대부분은 그렇게 정교한 도구나 방법이 필요하지 않다. 당신의 목표는 과학잡지에 게재되는 것이 아니라 의사결정을 제대로 하기 위해 개연성을 증가시키는 데이터를 수집하는 것이다. 그러기 위해서 단순하고, 불완전한 방법일지라도 대개 충분하다.

무엇보다도, 이 책의 공통 주제가 되는, 측정은 반복적인 과정이다. 첫날부터 완벽한 추적 및 분석시스템을 구축할 필요는 없다. 측정값을 얻으려 모든 것을 측정할 필요도 없다. 사실, 일반적으로 초기 몇몇 측정에서는 본전을 뽑을 정도면 되고 그리고나서 점점 더 정교한 방법으로 한계 효용을 얻게 된다. 작게 시작하여, 단순 측정 기준(147쪽 '매직 넘버' 참조)을 추적하고, 점차적으로 점점 더 측정방식을 진화시켜라.

물론, 측정할 수 있는 모든 것을 측정해야 하는 것은 아니다. 데이터 X의 각 유형을 위해 두 가지만 확인하라.

1. X를 측정하는 경우, 영향을 받게 될 최소 한 가지의 구체적인 결정이 있는가?
2. 그 결정은 X를 측정하는 비용보다 더 가치가 있는가?

이 두 질문에 "예"라고 대답할 수 없다면, X를 측정할 가치가 없다. 즉, 대부분의 사람들이 최소의 비용과 노력으로 측정할 수 있다는 사실에 놀라게 된다. 『어떤 것을 측정하는 방법(How to Measure Anything)』이라는 책에서는 제품 품질, 브랜드 인식, 보안 및 위험과 같은 불분명하고 측정할 수 없는 것처럼 보이는 것 등의 다양한 개념을 계량화하는 방법을 소개하고 있다[Hubbard 2010].

무엇이든 측정할 수 있다. 어떤 방법으로든 관찰될 수 있다면, 그 자체가 측정 방법의 한 형식이 되는 것이다. '불분명한' 측정이라고 하더라도, 이전에 알고 있는 것보다 더 많은 것을 알려주는 것이라면 그 또한 측정이다. 그리고 그러한 것들도 대부분 측정할 수 있는 것이다. 사실 항상, 비교적 간단한 측정 방법으로 해결할 수 있다.

[HUBBARD 2010, 3], 더글러스 허바드, *어떤 것을 측정하는 방법*

거의 모든 스타트업에서 추적하게 될 몇 가지 측정 기준을 살펴보자.

4.1.1 추적하게 될 측정 기준

다음에서 보는 몇 가지 유형처럼 스타트업에서 발생하는 문제들은 (회사마다 수치는 다르지만) 모든 사람이 추적해야 하는 측정 기준이다.

- 획득(Acquisition)
- 활성화(Activation)
- 유지(Retention)
- 추천(Referral)
- 수익(Revenue)
- 매직 넘버(The magic number)

위에서부터 다섯 번째까지의 측정 기준(획득, 활성화, 유지, 추천, 수익)은 데이브 맥클루어의 "스타트업을 위한 해적 지표(Startup Metrics for Pirate)"에 나온 것으로, 약자로는 기억하기 쉬운 AARRR이다[McClure 2007].[1] 마지막 측정 기준인, 매직 넘버는 처음 다섯 가지 결과에서 도출되는 것이고, 스타트업의 상태에 대한 글로벌 관점을 얻기에 가장 좋은 방법이다.

획득

관심을 가져야 하는 첫 번째 측정 기준은 '획득', 즉 "어떻게 사용자들이 당신의 제품을 발견하는가"다. 155쪽 '유통'에서 다루게 될 것으로, 제품이 아무리 훌륭해도 아무도 찾지 않는다면, 사람들이 그것을 찾을 수 있도록 검색엔진, 광고, 블로그, 이메일, TV, 소

---

1 이런 모든 측정 기준은 모바일 앱과 구글 애널리틱스(GA)를 사용하는 웹에서 추적할 수 있다. 무료이고 간단하기 때문에, 사업을 시작할 때 선택할 수 있는 아주 좋은 측정 기준이다.

셜 네트워크 등의 유통 채널을 사용할 수 있다. 획득은 깔때기(funnel)의 상단에 위치하므로 선봉이고 대개 성장의 가장 긴 병목구간이다. 그것을 작동하게 만드는 유일한 방법은 다양하고 많은 획득 채널을 통한 실험을 해보는 것이고, 어떤 것이 작동하고, 어떤 것이 작동하지 않는지 주의 깊게 추적해보는 것이다.

활성화

사용자들이 당신 제품을 발견하게 되면, 다음으로 추적하는 일은 '활성화'다. 계정에 가입하고, 친구를 초대하고, 검색을 실행하고, 또는 구매를 하는 등과 같이 얼마나 많은 사용자가 제품에 관심을 보이는지를 측정하는 것이다. 잘못된 메시지가 있다면, 사용자가 필요한 것을 명확하게 알 수 없고, 획득 채널이 맞지 않는 고객을 향하고 있다면, 사용자는 이탈하거나 그런 것을 보자마자 어떤 액션도 취하지 않고, 즉시 그 제품을 떠날 것이다.

　일반적으로, 제품을 더 좋게 만들고 획득 목표화(targeting)를 개선한다면, 활성화율은 상승하고 이탈율은 떨어져야 한다. 이 시점이 그런 수치들을 개선하는 데 중요한 A/B 테스트를 할 수 있는 시점이다(149쪽 '데이터 기반 개발'에서 논의). 또한 어떤 채널이 다른 채널보다 높은 활성화율을 가져오는지 알아내기 위해 획득 채널을 통한 활성화 수치를 세분화하는 것을 명심하라. 아마도, 페이스북 광고를 통해 유입되는 사용자는 이탈율이 80%인 반면, 구글 검색을 통해 유입된 사용자들의 이탈율은 50% 정도일 것이다. 그렇다면, 페이스북 광고 목표화를 조정하거나 광고를 전체 중지하고 검색순위를 개선하는 것을 두 배로 늘릴 필요가 있다는 것을 알게 된다.

유지

다음 단계는 다시 돌아와서 제품을 사용하는 사용자를 활성화시키는 것이다. 어떤 면에서, 이것 또한 획득이지만, 일반적으로 '유지'는 나른 채널을 사용히기 때문에 별도로 추적되어야 한다. 대부분의 사용자를 유인하는 것이 많기 때문에 사용자에게 기억나게 하는 어떤 방법을 계속 쓰지 않으면 앱을 계속 사용하거나 웹사이트로 다시 돌아오는 것을 기억하지 못할 것이다.

　이것이 바로 모든 사람이 자신들의 이메일 뉴스레터에 가입하기를 원하는 이유이고, 모든 회사가 유용한 팁과 충고 등으로 블로그를 채우고, 모든 모바일 앱이 알림을 보내고, 많은 게임이 도중에 벗어나지 않도록 하는 시간 기반 기능을 가지고 있는 이유다. 사용자들이 활성화되었다고 해서, 확고해지고 그들이 일상의 한 부분이 되기까지는 제품을 여러 번 살펴보는 것이 여전히 필요하다.

얼마나 많은 방문객이 한 주, 한 달, 한 해가 지난 후 되돌아 오는지 추적해보고 싶을 것이다. 그리고 어떤 획득 채널이 다른 채널보다 더 잘 추적하는지, 어떤 유지 채널이 사용자들을 되돌아오게 하는 데 가장 효과적인 채널인지 추적해보고 싶을 것이다. 결국, 활성화와 획득의 크기보다 유지 수치가 낮다는 것을 명심하라. 예를 들어, 소셜 기능을 가진 제품을 구축하는 경우라면, 독단적인 가입으로 들어온 사용자들보다 친구 초대로 들어온 사용자들의 유지가 더 높다는 것을 발견할 것이다. 이것이 바로 대부분의 소셜 애플리케이션이 초기 활성화 과정 중에 친구를 초대하는 등 사용자들과 접촉하는 노력을 했던 이유다.

추천

친구를 초대하는 것에 관한 주제는 추천 측정 기준을 얘기하는 것이다. 어떤 의미에서, 이 역시 또 다른 형태의 획득이지만, 하나의 특정 채널에 초점이 맞춰져 있다는 것이 다르다. 어떤 다른 유통채널을 사용하든 제품의 기존 사용자는 새로운 사용자를 획득할 수 있도록 도움을 준다. 세상의 모든 제품은 아직 입소문에 많은 영향을 받고 있으므로, 그것을 '추천'이라고 부르는 것이다(157쪽 '입소문' 참조). 드롭박스가 가입시킨 친구들에게 각각 500MB의 무료 저장공간을 제공하는 것 같이, 많은 회사가 친구 추천에 대한 보상을 제공하는 이유다.

추천 측정 기준은 획득의 중요한 요소일 뿐만 아니라, 제품의 품질 측정을 위한 대리인이 된다. 좋아하지 않는다면 친구에게 제품을 추천하지 않을 것이다. 그러므로 추천이 증가하는 것은 제품이 더 나아지고 있는지를 측정하는 아주 좋은 방법이다. 어디에서 추천을 하는지 아는 것이 필수이고, "우리에 대해 어떻게 아셨습니까?"가 등록양식의 일반적인 질문인 이유다.

수익

어떤 채널을 통해서 판매, 구독, 광고, 사업 개발 등과 같은 수익이 발생하고 있는지 추적해야 한다. 고객과의 관계를 통해 평생 한 고객으로부터 얼마나 벌어 들일 수 있는지를 예측하는 고객평생가치(CLV, Customer Lifetime Value)를 계산해내기 위해 수익수치가 필요할 것이다(구글에서 검색할 수 있다면, 여러 개의 간단한 CLV 계산 수식을 찾을 수 있다). 성공적인 기업이 되는 것은, 획득비용보다 고객평생가치가 더 커야 하므로, 이 두 가지 측정 기준을 신중하게 추적해야 한다.

또한, 다른 측정 기준에서의 수익 수치가 떨어진다는 것을 잊지 말라. 예를 들어, 만일 징가와 같은 회사가 만든 모바일 게임을 보면, 수익의 반이 단지 0.15%의 플레이어들에게서 나온다는 것을 발견하게 될 것이다. 이 플레이어들을 '고래'라고 하며, 어떠한 획득, 활성화, 유지, 추천 전략이 더 많은 고래를 끌어들이는지 이해하는 것이 그와 같은 비즈니스에서 성공하는 유일한 길이다[Johnson 2014].

매직 넘버

모든 회사에는 '매직 넘버'가 있다. 즉 사용자가 거치게 되는, 마침내 "아~하" 하는 순간으로 그 제품을 '구입'하게 되는 순간이다. 예를 들어, 페이스북의 경우, "새로운 사용자가 활동적인 사용자가 될 것이라는 선행지수는 등록 후 10일 이내 7명의 친구와 연결하게 된다는 것"이 매직 넘버다[Palihapitiya 2013]. 트위터의 경우, 새로운 사용자가 30명을 팔로우하는 경우, 활동적인 사용자가 될 가능성이 높다[Elman 2011]. 슬랙의 경우, 한 팀에서 2천 개의 메시지를 교환하면, 그 중 93%는 슬랙의 사용자로 남는다[First Round Review 2015]. 매직 넘버를 확인하는 것은 당신의 팀을 분명하고, 구체적이고, 쉽게 측정 가능한 목표에만 집중하게 하고, 회사 전반의 의사결정을 단순화하게 만든다. 이 프로젝트가 우리의 매직 넘버에 중요한 영향을 미치는가? 그렇다면 진행하고 그렇지 않다면 보류하자.

앤드류 첸은 회사를 위해 매직 넘버를 확인하는 방법으로 쿼라(Quora)[2]에 좋은 지침을 포스팅해두었다[Chen 2013]. 첫 번째 단계로 성공 측정 기준이 증가하고 있으면 기업이 성공하고 있는 것이고, 내려가고 있으면 실패하고 있는 것이다. 회사마다 다르지만 아주 명확해야 한다. 페이스북과 트위터는 대부분의 수익을 광고에서 얻는다. 그들의 성공 측정 기준은 사용자 참여와 매우 밀접하게 연결되어 있다(예 : 사용자가 28일 동안 몇 번이나 다시 사이트를 찾아오는가). 슬랙은 구독 제품이다. 그래서 성공은 사용자의 몇 퍼센트가 구독료를 지불하는지와 연결되어 있다. 엣시는 전자상거래 회사이고, 성공 방정식은

---

2 (옮긴이) 소셜 네트워크 서비스의 연동 질의 응답을 하는 검색 서비스다.

아마 그 사이트에서 얼마만큼의 거래가 발생하는 지와 연결되어 있을 것이다.

성공 방정식을 파악하고 나면, 두 번째 단계는 어떤 사용자 행동이 성공 방정식 증가와 상관관계가 있는지 결정하는 것이다. 대표적인 사용자 부분 집합을 중심으로 그곳 (예 : 획득 측정 기준, 활성화 측정 기준 등)에 가지고 있는 모든 데이터를 거대한 스프레드시트와 연결하라. 회사의 성공 방정식을 위한 사용자 활동 측정 기준을 고안할 때, 운이 좋으면 매우 분명한 상관 관계를 찾을 수 있다. 예를 들어, 트위터 사용자가 팔로잉하고 있는 사람 수 대비 연일 로그인하는 날 수를 생각하며, 그림 4.1의 그래프를 보면, y축 30~40 근처가 티핑 포인트임이 분명하다. 때로는 그렇게 분명하지 않기 때문에 좋은 상관관계를 찾아내기 위해서는 회귀분석을 실행해야 할 것이다([Cook 2013]을 참조하라).

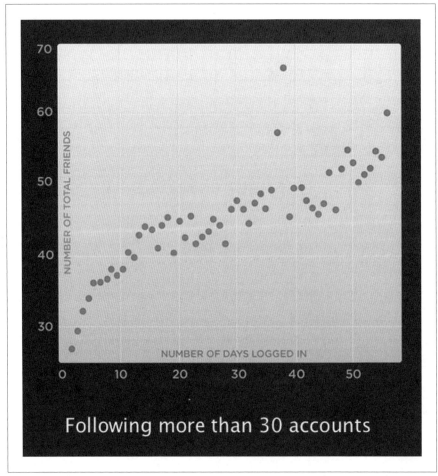

그림 4.1 트위터 사용자가 팔로잉하고 있는 사람 수 대비 연일 로그인하는 날 수[Elamn 2011]

완벽한 상관관계를 찾을 필요가 없으며 25가지 다른 요소를 수집하여 자신의 매직 넘버를 정의하는 것을 원치 않을 것이다. 매직 넘버는 영감을 주고 추론하기 쉬우며, 상당히 더 복잡하지만 좀더 많은 변수를 설명하고, 단순하면서 대부분의 변수를 설명할 수 있는 측정 기준이 필요하다. 어떤 측정 기준에서 매직 넘버를 선택하든, 마지막 단계는 매직 넘버를 테스트하는 것이고, 매직 넘버가 기대하는 성공 측정 기준 방식에 영향을 미치는지를 확인하는 것이다. 즉, 데이터 기반 개발의 핵심으로, A/B 테스트를 통해 대개 어느 것이 가장 좋은지, 상관 관계 이상의 원인과 결과를 보여줄 필요가 있다.

4.1.2 데이터 기반 개발

처음 사업에 관한 측정 기준 수집을 시작하는 것은 경이적인 경험이다. 모든 웹사이트가 구글 애널리틱스와 연결되어 있을지라도, 얼마나 많은 사람이 방문했는지, 어떤 페이지를 보았는지, 어느 경로로 들어 왔는지 등을 볼 수 있는 것은 놀라운 일이다. 잠시 동안 그런 데이터를 응시한 후, 당신이 구축한 제품과 기능이 성공적인지 그리고 성공 확률을 높이기 위해 어떻게 데이터를 사용할지 궁금하기 시작할 것이다. 이것이 데이터 기반 개발(Data-Driven Development)이 작동하게 되는 부분이다.

데이터 기반 개발에는 많은 양상이 있지만, 가장 자주 사용하게 되는 한 가지는 A/B 테스트라 불리는 것이다. A/B 테스트는 독립변수 하나만 제외하고 두 그룹 사이의 모든 변수를 같게 한 후, 무작위로 'A' 그룹과 'B' 그룹, 두 그룹으로 주제를 나누어 통제된 실험을 하는 마케팅 용어다. 이것은 독립변수인 두 개의 다른 값을 쓸 수 있고, 각 그룹에서 그룹의 행동에 수치적으로 유의미한 효과를 주는 한 가지가 있는지 확인할 수 있다. 물론, 또한 독립변수 두 개 이상의 값을 테스트할 수 있지만, 대신 '개별 테스팅'과 '버킷 테스팅'이라고 불리는 다른 마케팅 용어로 바꾸어야 한다. 두 그룹으로 하는 대신에, 많은 그룹(또는 '버킷')으로 사용자들을 나누고 각각의 독립변수에 다른 값을 테스트할 수 있다.

예를 들어, 2009년쯤 링크드인은 사용자들이 프리미엄 계정에 가입할 수 있는 구독 페이지 디자인을 새롭게 하는 작업을 하고 있었다. 오른쪽 상단에 행복한 사람의 큰 이미지가 필요했다. 그러나 어떤 사람을 이용해야 할지를 두고 디자이너가 육감으로 선택하도록 할 수도 있었지만, 버킷 테스트를 하기로 했다. 사진 4장을 선택하고, 링크드인 회원들을 A, B, C, D 4개의 버킷으로 무작위로 나눈 뒤, 각 사용자에게 그림 4.2의 이미지 중 하나를 보여주었다. 어떤 버킷이 제일 높은 득표를 했을까?

그림 4.2 링크드인 구독 버킷 테스트

버킷 C가 다른 것을 상당히 능가하는 것으로 나타났다. 회색 머리의 신사 이미지가 화면에 나타났을 때 더 많은 사람이 가입했다는 것은, 사용자들에게 신뢰의 영감을 주었음에 틀림없다. 그리고 링크드인은 직감 대신 버킷 테스트를 이용하여 더 많은 돈을 벌게 되었다.

A/B 테스트로 성공을 맛본 후에는, 이전으로 되돌아 갈 수는 없을 것이다. 의사 결정을 할 때 데이터를 사용하게 되면 얼마나 더 효과적인지를 깨닫게 될 것이고, 제품 개발 과정 모든 영역에 데이터를 포함시키기를 원하게 될 것이기 때문이다.

제품 개발 프로세스에 데이터 통합

다음은 엣시 제품 개발에 사용한 방법이다.

1. 기능을 구축한다.
2. 런칭 파티를 위해 칭고를 빌린다.

3. 기능을 출시한다.

4. 런칭 파티를 한다.

5. 20개월을 기다린다.

6. 사용 부족 기능을 삭제한다.

[MCKINLEY 2014A], 댄 맥킨리, 엣시 및 스트라이프의 소프트웨어 엔지니어

내 경험에 따르면, 이 설명은 엣시뿐만 아니라 대다수의 많은 회사에도 적용된다. 그림 4.3은 제품 개발 프로세스의 대략적인 도표다.

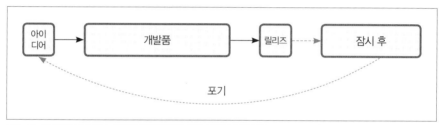

그림 4.3 일반적인 제품 출시 프로세스(댄 맥킨리의 설명을 기반으로 한 도표[Mckenly 2014a])

이런 방식으로 성공적인 제품을 구축할 확률은 낮다. 더 나쁜 것은, 때때로 성공적인지 아닌지 말조차 할 수 없다는 것이다. 웹사이트를 다시 디자인하고, 일주일 후 활성화 숫자가 10% 증가한다고 하자. 재설계로 약간 증가했지만, 실제 이유는 구글 검색에서 당신의 웹사이트의 순위가 바뀌는 것과 같이 전체적으로 관계없는 것들 때문일 수도 있다. 이런 제품 출시 과정으로는 확인할 방법이 없다.

이런 문제 해결을 위한 방법의 하나로써, A/B 테스트를 실행하는 것이다. 모든 사용자에게 새로운 기능을 노출하는 대신, 그 새로운 기능이 보이지 않는 통제그룹인 A 그룹, 새로운 기능이 보이는 실험그룹인 B 그룹으로 사용자들을 무작위로 분할한다.[3] 통계적으로 유의미한 결과를 얻기 위해 웹사이트 방문자들이 충분히 모아지는 데 얼마나 걸리는지에 따라[4] 얼마의 시간이 지난 후에, B 그룹의 측정 기준을 보면 A 그룹 사람들과 어떤 차이가 있는지 보게 된다. 만일 새로운 기능이 가장 가까운 원인이라면, 두 개의 그룹 사이에 바뀐 단 하나의 변수가 되어야 하는 것이다.

---

3   http://www.hello-startup.net/resources/mvp에서 'A/B 테스팅 도구 목록'을 확인하라.

4   http://www.experimentcalculator.com에서 'A/B 테스트의 적절한 기간 계산하기'를 확인하라.

만약 개선을 위한 측정 기준을 얻을 수 있는 새로운 특징이라면 당신은 모든 사용자에게 제품을 출시할 수 있다. 그렇지 않다면 버려 버리고 처음부터 다시 시작한다. 약간 더 나은 제품 개발 프로세스를 그림 4.4에서 보여주고 있다.

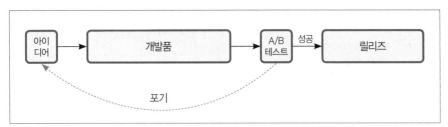

그림 4.4 최종으로 A/B 테스트를 하는 일반적인 제품 출시 과정(댄 맥킨리의 이야기를 기반으로 한 도표[Mckenley 2014a])

출시 바로 전에 이런 과정과 A/B 테스트를 실행하면, 통계에 해를 주거나 전혀 영향을 미치지 않는 기능을 대부분 쉽게 발견할 수 있다는 것이 놀랍다. 엣시가 A/B 테스트를 시작했을 때 발견했던 바로 그것이다. 링크드인에서 보았고 이 책에서 얘기한 모든 스타트업에서 보았던 패턴이다. 이런 모든 회사는 새로운 제품을 개발하는 데 수많은 세월을 보내고 수백만 달러를 쓰고, (많은 경우에는) 아무도 그 제품들을 사용하지 않아 1년 ~2년 후에는 없애버린다.

제품이 실패하는 데는 많은 이유가 있지만, 그 중 하나로 팀 하포드가 '갓 콤플렉스(the God complex)'라고 부르는 것이 있다. 많은 사람, 특히 전문가들은, 문제에 관해 열심히 생각하면 어떤 문제든 거의 해결할 수 있다는 믿음이 있다. 그들은 종이에 정교한 제품 아이디어, 기발한 엔지니어링 설계, 또는 공상도표와 방정식을 그려내고, 성공을 기다리고 있다. 그렇지만 내나수의 경우를 제외하고 성공은 찾아오지 않는다. 우리가 살고 있는 세상이 매우 복잡하기 때문이다. 즉, 우리는 지속적으로, 자유 시장경제, 또는 인간의 마음, 또는 분산 컴퓨터 시스템과 같이, 개인이 이해하는 것과는 상관없는 시스템을 다루고 있으며 이런 시스템으로부터 영향이 미치는 문제는 너무 복잡해서 이유 자체로는 해결하기 어렵기 때문이다.

> 복잡한 세상에서 복잡한 문제를 해결할 수 없다고 말하려는 것이 아니다. 우리는 분명히 할 수 있다. 다만 겸손하게 문제를 해결하는 길은 '갓 콤플렉스'를 버리고 실제로 가능한 문제해결 기법을 사용하는 것이다. 그리고 우리는 가능한 문제해결 기법을 가지고 있다. 지금 성공적인 복합시스템을 보여주면, 나는 시행착오를 통해 진화된 시스템을 보여주겠다.
>
> **[HARFORD 2011]**, **팀 하포드**, 경제학자, *경제학 콘서트*, *어댑트* 저자

지적인 디자인보다는, 진화가 필요하다. 즉, 갓 콤플렉스에서 벗어나서 알맞은 해답을 알지 못하는 자신을 인정하라는 것이다. 모든 문제에는 맞는 답이 있고 열심히 생각하다 보면 그 해답을 얻을 수 있다고 생각하도록 만든 학교교육 때문에 이렇게 하기가 어렵다. 그리고 학교에서 하는 간단한, 강요된, 일률적인 문제들에는 맞지만, 비즈니스 세상에서 다루는 문제 유형에는 맞지 않으며, 확실한 해결책도 있는 것도 아니다. 회사들이 그와 같은 세상에서 살아남을 수 있는 유일한 방법은 가능한 많은 것을 시도하고 어떤 것이 작동하는지 확인하는 것임을 발견했다.

> 이상적인 회사의 역사를 살펴보면, 상세한 전략 계획이 아니라 실험, 시행착오, 임기응변 그리고 (말 그대로) 얼마나 자주 우연하게 최고의 행동을 했는지에 놀라웠다. 지나고 보면 탁월한 전략이 종종 임기응변적인 실험과 "의도적인 사고"의 당연한 결과인 것처럼 보여지는 것이다.
>
> [COLLINS PORRAS 2004, 141], 짐 콜린스와 제리 포라스, *성공하는 기업들의 8가지 습관*, 김영사, 2002

시행착오는 어림 짐작과는 다르다. 아직도 할 수 있는 최선을 다하는 방식으로 문제를 추론하려고 노력하지만, 그 가정이 잘못되어 있다는 것을 알고 그것을 찾아내는 유일한 방법은 시행착오를 통하는 것이다. 과학자들이 수 세기 동안 알고 있었듯이, 시행착오의 적절한 방법은 통제실험을 통하는 것이다.

통제실험을 통한 데이터 기반 개발

A/B 테스트 후에도 효과가 없는 완전한 기능과 제품을 구축하는 것은 비용이 많이 들고 고통스러운 일이다. 이런 쓸모 없는 노력을 방지할 수 있는 방법이 있을까? 글쎄, 측정할 때 모든 불확실성을 제거할 수 없는 것처럼, 제품을 구축할 때 잘못된 노력을 모두 제거할 수는 없다. 하지만 줄일 수는 있다. 그러기 위해서 전체 개발과정에 걸쳐 데이터와 통제된 실험을 이용할 필요가 있다. 그림 4.5에서 보여주는 것처럼, 앞으로 완제품 구축에 투자하는 대신, 반복적 방법론을 이용한다.

1. MVP 구축하기
2. A/B 테스트하기
3. 결과를 분석하고 세 가지 의사 결정 중 하나를 실행하기
   a. **개선** : 더 나은 MVP를 개발할 수 있을 정도로 수치가 좋다. 1단계로 되돌아간다.
   b. **출시** : 수치가 좋아 보이고 제품은 완성되었다. 모든 사람에게 출시하라.
   c. **포기** : 지속적으로 진행할 만큼 수치가 좋지 않다. 다음 아이디어로 이동한다.

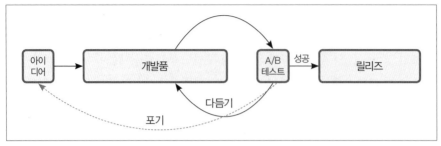

그림 4.5 데이터 기반 개발(댄 맥킨리의 설명을 기반으로 한 도표[Mckenly 2014a])

앞으로 제품에 많은 투자를 하는 대신에, 가정을 테스트할 MVP에 반복적으로 조금씩 투자하여 각 실험에서 데이터를 수집하고, 그 수치가 유의미한 경우에만 조금 더 투자한다. 예를 들어, 첫 번째 반복에서 MVP는 아마 종이로 된 프로토타입이 될 것이고 그 프로토타입을 통해 공감이 되는지의 여부를 보기 위해 실제 고객들과 채팅으로 고객평가 과정을 진행한다(58쪽 '고객 개발' 참조). 고객의 피드백이 좋게 나타나면, 다음 반복은 오즈의 마법사 MVP(126쪽 'MVP의 유형들' 참조) 및 A/B 테스트가 될 수 있다. 만일 A/B 테스트에서 MVP가 측정 기준에 긍정적인 영향(특별히 당신의 매직 넘버)을 미치는 것으로 나타나면, 더 완벽하게 프로토타입을 만들어서 또 다른 A/B 테스트를 실행할 수 있다. 제품이 완성될 때까지 이런 유효성 검사를 계속하거나, 아이디어가 작동하지 않는다는 것이 분명하면, 그런 경우에는 포기한다. 그렇지만 아이디어가 작동하지 않을지라도, 데이터 중심 과정이라면, 일찍 알아차려 노력의 낭비를 크게 줄일 수 있다. 속도가 중요하다.

데이터 기반 개발의 강점과 약점

"당신이 옳은 것처럼 디자인하라. 당신이 옳지 않은 것처럼 데이터를 읽어라."

[LILLY 2015], 존 릴리, 그레이락의 파트너

데이터 기반 개발은 당신이 개발한 것의 작동여부를 보여줄 것이지만, 데이터를 해석하고 왜 그런지를 이해하는 것은 당신에게 달려있다. 데이터 기반 개발은 더할 나위 없이 좋은 비교 옵션이지만, 처음 단계부터 그 옵션을 제시하는 것도 당신에게 달려있다. 그리고 데이터 기반 개발은 제품을 점증적으로 개선할 수 있는 완벽한 방법이지만, 지협적으로 최대치에 갇히지 않고 거대한 성장을 이루어내는 것도 당신에게 달려있다.

즉, 데이터 기반 개발은 (창의성과 통찰력 같은) 인간의 장점과 (데이터 수집 및 측정 같은) 컴퓨터의 장점이 결합할 때 가장 잘 작동한다. 의사결정 과정을 조언하는 방법으로 그리고 그것을 교체하는 방법으로 데이터를 사용하라.

제품개발 과정을 조언하는 것 외에 데이터 제품을 구축하는 요소로도 데이터를 사용할 수 있다. 예를 들어, 링크드인에서 가장 눈에 띄는 기능 중 하나는 "알 수도 있는 사람(PYMK, People You May Know)"으로, 그 사이트에서 당신이 알 수도 있을 누군가를 예상해내는 추천 시스템이다. PYMK는 연결 데이터(즉, 앨리스가 밥을 알고 밥이 캐롤을 알면, 앨리스도 캐롤을 안다), 교육 및 직업 데이터(즉, 앨리스와 밥이 동시에 같은 학교이거나 같은 회사라면, 그들이 서로를 알 가능성이 있다), 지정학적 데이터(즉, 앨리스와 밥이 같은 도시라면, 그들이 서로를 알 가능성이 높다)를 포함하는 많은 양의 데이터를 처리하여 추천해낸다. 또한 피드백(즉, 강화학습) 추천엔진으로 사용자 행동데이터(즉, 어떤 사용자가 추천 중 하나를 클릭했는지 아닌지의 여부)를 만족시킨다.

데이터 기반 제품은 강력한 차별화가 될 수 있다. 예를 들어, PYMK는 링크드인 연결의 절반 이상을 책임진다. 아마존은 제품판매의 35%가 추천시스템[Marshall 2006]에서 온 것으로 발표했다. 넷플릭스는 일부는 추천을 많이 해내고 일부는 더 나은 시스템을 구축할 수 있는 사람들에게 1백만 달러를 제공하는 대회를 개최한 영화 추천시스템으로 알려져 있다.[5]

4.2 유통

지금까지, 좋은 제품을 구축할 수 있는 모든 방법에 대해 얘기했다. 간단히 정리하면 훌륭한 아이디어가 필요하고, 비용이 적게 드는 MVP를 만들고, 단순한 디자인을 생각해내고, 의사결정에 조언해주는 데이터가 필요하다. 그렇지만 불행하게도 좋은 제품을 이렇게 관리해도, 최고의 제품이 항상 승리하지는 않는다.

1990년대 후반, 티보(TiVo)는 처음으로 소비자용 DVR을 출시하여 라이브 TV의 일시 중지와 되감기 그리고 그들이 좋아하는 모든 쇼의 예약녹화 능력에 열광하는 아주 충실한 고객들을 만들어냈다. 그러나 2008년까지, DVR 공간에서 티보의 시장점유율은 불과 6%였다. 다른 94%는, 모든 계정에서, 티보보다 못한(적은 기능, 더 나쁜 사용자 경험

---

[5] 이 대회에 대한 상세한 내용은 http://www.netflixprize.com에서 찾아볼 수 있다.

등) DVR을 판매하는 케이블 회사가 차지했다. 하지만 그 케이블 회사는 우수한 유통전략이 있었다. 바로 고객이 어떤 것을 요구하든 케이블박스를 업그레이드해서 DVR을 제공했던 것이다[Machefsky 2008].

1980년대 초반, 마이크로소프트의 DOS 운영체제는 애플의 운영체제처럼 강력하거나 사용자 친화적이지 않았다. 반면, 애플은 소프트웨어 독점권을 지키고 애플 하드웨어에서만 배포하도록 한 것에 비해, 마이크로소프트는 누구나 살 수 있도록 하는 운영체제로 특허를 받았다. 그리고 사람들이 그것을 구입했다. IBM과 모든 IBM PC 클론을 포함하는 많은 데스크톱 제조회사들이 마이크로소프트의 운영체제를 라이선스받게 되었고 시장에는 저가 PC가 넘쳐났다. 2000년까지, 마이크로소프트는 DOS를 윈도우즈로 교체했다. 그리고 애플의 운영체제만큼 훌륭한지 여부를 여전히 논쟁하고 있는 동안 운영체제 시장의 97%를 장악했다[Yarow 2012].

우리가 완벽한 정보 세상에서 살고 있다면, 최고의 제품이 항상 이길 것이다. 그러나 그런 세상에 살고 있지 않다. 요즘, 우리의 관심을 끌기 위해 너무 많은 것이 경쟁하고 있고 그 곳이 아니면 제품의 일부분만이라도 고객에게 알릴 방법은 없다. 고객이 당신의 존재를 모른다면, 제품이 얼마나 좋은지는 상관없다. 그러므로 최고의 제품이 아니라 고객이 최고라고 생각하는 제품이 승리하는 것이다. 이처럼 고객이 당신 제품을 알도록 하고 인식하도록 영향을 주는 것이 '유통'이다.

"제품을 만들면, 고객이 생긴다"는 말은 사실이 아니다. 제품은 스스로 팔리지 않는다. 성공하려면, 제품뿐만 아니라 그것을 유통할 방법도 구축해야 한다.

> 제품의 디자인이 필수적인 것처럼 유통도 그렇게 생각하는 것이 좋다. 새로운 무언가를 발명했지만 그것을 판매하는 효과적인 방법을 고안하지 않았다면, 옳지 않은 사업을 하고 있는 것이다. 제품이 아무리 훌륭해도 말이다.
>
> [THIEL 2014, 130], 피터 틸, *제로 투 원*, 한국경제신문사, 2014

이제, 스타트업을 위한 네 가지 가장 일반적인 유통채널을 살펴보자.

- 입소문(구전)
- 마케팅
- 영업(판매)
- 브랜딩

4.2.1 입소문

제품에 대한 메시지를 퍼뜨리는 가장 강력한 방법은 직접 퍼뜨리지 않고, 대신에 고객들이 퍼뜨리도록 하는 것이다. 어떤 회사든 모든 마케팅 접촉에 지불할 능력이 없으므로, 거의 모든 회사가 입소문 방식의 유통에 의존하게 된다[Moore and McKenna 2006, 36~37]. 즉, 고객이 아닌 누군가에게 당신 제품을 추천하는 어떤 고객을 통해서 말이다. 그리고 입소문을 통해 유통을 증가시킬 수 있는 세 가지 기법이 있다.

- 더 나은 제품을 구축한다.
- 훌륭한 고객 서비스를 제공한다.
- 제품에 바이러스 고리를 구축한다.

더 나은 제품을 구축한다

스스로 판매할 수 있는 제품은 정말로 없지만, 제품이 너무 좋아 고객들이 말하기를 멈출 수 없는 제품을 구축하면 이런 이상적인 상황에 근접할 수 있다. 예를 들어, 크로스핏은 2000년에 설립된 피트니스 회사이자 트레이닝 프로그램이다. 현재 15년이 지났지만, 전 세계 1만 개 이상의 지사에 1천만 명 이상의 크로스핏터들이 운동하고 있는 역대 가장 빠르게 성장하는 스포츠 중 하나다[Oh 2014]. (비교하자면, 맥도날드 지점이 1만 개가 되는 데 33년이 걸렸다[Hisroty of McDonald's 2015].) 크로스핏이 그렇게 빨리 성장하게 된 이유 중 하나는 다른 피트니스 프로그램과 같지 않다는 데 있다. 크로스핏은 에어컨이 있는 체육관에서 화려한 운동 기구로 매일 같은 운동을 하여 5분 안에 복근을 만들 수 있다는 약속을 하는 대신, 모든 형식(달리기, 리프팅, 체조)을 혼합한 격렬하고 지속적인 다양한 전신 운동 형태로 많은 운동을 하게하고, 꾸미지 않은 건물, 창고 같은 곳에서 운동하며, 바벨, 케틀 벨, 체조 링, 로프, 썰매, 트랙터 디이어, 썰매 망치 등을 이용해 주차장 같은 곳에서 운동을 한다. 크로스핏은 다른 피트니스 프로그램과 너무 많이 달라서 말하지 않고서는 배길 수가 없다. 또는 농담으로 다음처럼 말한다. "크로스핏을 하는 사람 얘기를 어떻게 할 수 있어? 걱정 마. 그들이 말할거니까."

크로스핏을 논할 때에는 얼마나 다른지에 주목하라. 가능한 모든 기능(피트니스 프로그램으로서, 크로스핏은 많은 결함과 약점이 있다)을 가지고 있는 것이 아니라, 몇 가지의 기능(133쪽 '차별화에 집중하라' 참조)으로 특출나게 하는 것이다. 차별화에 집중하는 것은 훌륭한 MVP

를 만드는 데 중요할 뿐만 아니라 다른 것보다 두드러지는 제품에 고객들을 주목하게 할 확률을 높일 수 있다.

"아이디어를 확산시키는 방법(How to Get Your Ideas to Spread)"이라는 세스 고딘의 TED 토크에서, 그는 이런 아이디어에 대한 좋은 비유를 했다[Godin 2003]. 운전을 하고 있다가 도로 옆에 있는 소 한 마리를 보았다고 상상해보라. 차를 멈추고 주목해서 볼 것 인가? 아마도 그렇지 않을 것이다. 인생에서 여러 번 소를 보았기 때문에, 그대로 운전 해서 갈 것이다. 그러나 만일 보라색 소 한 마리를 보게 된다면, 거의 분명히 길 한 쪽으 로 차를 대고 사진을 몇 장 찍을 것이다. 왜? 보라색 소는 놀랄 만하기 때문이다. 제품에 서도 같은 방식이 적용된다. 소비자는 제품 선택과 마케팅 메시지가 너무 과하기 때문 에 당신 제품에 주목하게 하는 유일한 방법은 (그리고 중요한 것으로, 그들의 친구들이 당신 제품에 주목하게 하는) "놀랄만한 것인가"다. 다른 것보다 돋보이거나 사람들의 입에 오르내릴 만 한 것을 제공해야 한다.

훌륭한 고객 서비스를 제공한다

놀라운 제품을 만들려고 아무리 열심히 노력하더라도, 모든 것이 잘 될 수는 없다. 고 객들이 질문할 것이고, 버그에 직면하게 될 것이며, 코너 케이스(Corner Cases)[6]를 발견 하게 되고 새로운 기능을 요청할 것이다. 이는 고객 서비스에 관여하게 되는 부분이다. 유통을 논의하고 있는데, 고객 서비스 업무를 던져주는 것은 이상해 보이지만, 많은 회 사가 고객 서비스를 아주 잘 할 수 있다면, 그것이 차별화가 되어 강력한 입소문 효과를 낼 수도 있다는 것을 알 수 있다.

> 수 년에 걸쳐, 자포스 성장의 최고 요건은 반복고객과 입소문이었다. 우리의 철학은 유료광고에 지불할 대 부분의 돈을, 고객 서비스와 고객 경험에 투자하여, 고객의 입소문을 통해 마케팅이 되게 하는 것이었다.
>
> 개인적으로 나는, 회사와 광고대행사 사이에는 그들의 메시지를 돋보이게 하는 방법에 대한 이야기를 하 는 회의를 많이 하기 때문에, 마케팅이나 브랜딩 회의에 참석하여 매일 같이 수 천의 광고 메시지 공세를 받게 되는 소비자들에 대한 얘기를 듣는 것이 우스운 일이라고 생각한다. 요즘 '소셜 미디어'와 '통합 마케 팅'에 관한 여러 설이 있다. 매력적이지 않고 수준 낮은 기술처럼 들리겠지만, 전화가 최고의 브랜딩 고안 중 하나라고 믿는다. 5분~10분 동안 고객의 전적인 관심을 얻게 되고, 상호작용 권리를 얻는다면, 고객은 아주 오랫동안 그 경험을 기억하고 자신들의 친구들에게 그 경험을 말하는 것을 발견했다.
>
> [HSIEH 2013, 143], 토니 셰이, *딜리버링 해피니스*, 북하우스, 2010

6　(옮긴이) 정상 조작 요인들의 범위 밖에서만 발생하는 문제나 상황을 뜻한다.

정말로 고객 서비스에서 탁월하고 싶다면, 아웃소싱 고객 서비스 부서를 분리하는 것으로는 충분하지 않다. 자포스는 모든 직원이 고객 서비스(484쪽 '문화에 잘 어울리고' 참조)에 참여하게 했다. 이와 유사하게, 스트라이프의 모든 엔지니어, 심지어 창업자는 격주로 돌아가면서 고객지원을 한다[Maccaw 2012]. 엔지니어가 고객 서비스를 하고 있다면 어떻게 회사를 확장할 수 있을까? 앞서 논의했던 것처럼, 초기의 회사는 확장되지 않는 것을 하는 것이 아주 좋다. 그러나 고객 서비스에 모든 사람이 참여하는 것은 입소문으로 제품을 퍼트리는 충성 고객을 확보할 수 있을 뿐 아니라 코드를 만드는 사람들이 사용하는 고객들의 고충을 알게 되어 더 나은 제품을 구축하는 데 도움이 되기 때문에 급속히 확장할 수 있다. 예를 들어, 카약의 공동 창업자인 폴 잉글리시는 엔지니어링 플로어의 중앙에 고객지원 전화선을 설치했다. 사람들이 "왜 높은 몸값의 엔지니어가 고객 전화에 응답하게 하는가?"라고 묻곤 했다. 그러자 그의 대답은 "글쎄, 전화벨이 두 번이나 세 번 울리면 엔지니어가 같은 문제를 가져오며, 그들이 하던 것을 멈추고 버그를 바로 잡으면 그 문제로 전화 받게 되는 것이 끝나게 된다"였다[Hale 2014].

건물 밖으로 나가서 실제 고객들과 지속적으로 가정을 검증하는 고객개발에 관해서는 제3장에서 이야기했다. 고객 서비스는 고객이 먼저 다가온다는 것만 제외하고, 고객개발과 동일한 장점이 있다. 제품의 눈에 잘 띄는 곳에 피드백할 이메일 주소나 전화번호가 있는 것을 확인하고 또는 젠데스크, 그루브와 겟 세티스팩션과 같은 도구를 이용하여 사용자들과의 의사소통 관리를 쉽게 하라.

제품에 바이러스 고리를 구축한다

요즘, 많은 사람이 "바이럴 마케팅 전략" 사용에 대해 이야기하고 있지만, 사실 그런 것은 존재하지 않는다. 모든 소셜 네트워크에 "입소문나다"라는 블로그 포스트나 비디오는 마케팅 전략이 아니라 뜻밖의 행운이다. 그것을 보는 관객을 예측할 수도 없고 제어할 수도 없으며, 배포를 위한 지속 가능한 전략으로 바꿀 수도 없다. 바이럴은 입소문이라 말하는 방법 외에 다른 방법이 없다. 이미 논의한 메커니즘(더 나은 제품을 구축하고 훌륭한 고객 서비스를 제공하는 것)을 능가하는 입소문을 장려하려면, 필요한 것은 바이럴 마케팅 전략이 아니라 제품에 바이러스 고리를 구축하는 일이다.

바이러스 고리는 새로운 사용자를 모집하기 위해 현재 사용자에게 인센티브를 제공하는 하나의 제품 기능이다. 새로운 사용자는, 차례로, 더 많은 사용자를 초대하여 인센티브를 받게 되고, 마치 바이러스처럼 당신 제품을 퍼뜨린다. 예를 들어, 1990년대 후반, 페이팔은 추천한 모든 친구에 대해 현재 사용자에게 10달러를 주고 새로운 사용자가 가입하면 역시 10달러를 주었다. 사용자가 가입하면 서비스에 빠져들게 되어 돈을 회수할 수 있을 정도인 사용자당 20달러를 회복할 수 있는 베팅이었다. 매우 위험한 것이고 어떤 기업도 따라하지 말아야 하는 것이지만, 페이팔은 성과를 냈고, 그 서비스가 1억 명의 사용자가 넘을 때까지 매일 7%~10% 정도의 성장은 계속되었다[Masters 2012, sect. III].

일부 바이러스 고리는 사용자 개입이 전혀 필요하지 않다. 예를 들어, 1996년 핫메일을 처음 출시했을 때, 세계 최초의 무료 웹 기반 이메일 서비스 중 하나였지만, 다수의 사용자에게 그 메시지를 전달하는 방법을 찾기 위해 애쓰고 있었다. 그래서 그들은 바이러스 전술을 사용하기로 결정했다. 사용자가 이메일을 보낼 때마다, 핫메일은 자동으로 "핫메일에서 무료 이메일을"이라는 문구에 링크된 사인을 이메일 하단에 추가하였다. 누군가 핫메일 사용자로부터 이메일을 받게 되면 (a) 보내는 사람, 종종 그들이 신뢰했던 사람이며, 바로 사용자였고, (b) 서비스가 작동하였고 (c)서비스는 무료였던 것이다. 사인이 실행되자 마자, 핫메일의 성장은 날아올랐다. 매일 수천 명의 사용자들이 추가되기 시작하였고 6개월 이내에 1백만 명, 몇 주 지나서 2백만 명 등으로 증가했다[Penenberg 2009, Chap. 4].

가장 강력한 바이러스 고리는 제품 사용의 본질적인 부분들이다. 전화, 화상 채팅, 또는 메신저와 같이 아무도 사용하지 않아 더 이상 고객에게 가치가 없는 제품을 가지고 있다면, 새로운 고객을 초대하는 것이 제품 사용의 고유 부분이 되므로, 급격한 입소문 성상을 이룰 기회를 얻게 되는 것이다. 그러나 결점이 있다. 어떻게 초기 고객을 가입하게 할 것인가? 어떻게 전화를 가진 사람이 아무도 없고 전화하는 사람이 아무도 없을 때 누군가 전화를 사도록 설득하겠는가? 바로 이런 문제가 콜드 스타트 문제(Cold Start Problem)라고 알려져 있는 것이다. 전화 등의 제품은 메칼프의 법칙(Metcalfe's Law)[7]의 대상이다. 제품가치가 사용자 수의 제곱(n^2)에 비례한다. 즉, 이런 제품은, 시작은 어렵지만(0^2은 0다), 한번 공이 구르게 되면, 강한 네트워크 효과를 보게 될 것이고, 모든 새로운 사용자들은 네트워크의 가치를 크게 증가시키고, 새로운 사용자를 더 유인하여,

---

7 (옮긴이) 네트워크의 규모가 커짐에 따라 그 비용은 직선적으로 증가하지만 네트워크의 가치는 기하급수적으로 증가한다는 법칙이다.

이전보다 네트워크 가치를 더 상승시키게 된다는 의미다.

소셜 네트워크는 고유의 바이러스 성장과 네트워크 효과의 힘에 대한 고전적인 예다. 소셜 네트워킹의 요점은 다른 사람들과 연결하는 것이다. 그래서 초대를 보내는 것이 제품을 사용하는 고유 부분이고, 폭발적인 성장을 이끄는 것이다. 2014년 말, 링크드인은 3억4천7백만 명의 회원을 보유했고[Linkedin 2014], 페이스북은 거의 14억 명의 회원을 보유했다[Facebook 2014]. 어떻게 이런 네트워크는 콜드 스타트 문제를 해결했을까? 첫째, 당신의 이메일, 전화 그리고 다른 기존의 네트워크에서 연락처를 가져올 수 있게 하여 서비스에 비회원을 쉽게 초대하도록 만들었다(새로운 사용자가 전화기와 같은 물리적인 것을 구매할 필요가 없기 때문에 바이럴 소프트웨어 제품을 구축하기는 더 쉽다). 둘째, 네트워크가 커지기 전부터 사용자들에게 가치 있는 것을 제공하였다. 예를 들어, 링크드인은 회원 수가 아주 적을 때에도, 잠재적 고용주 및 비즈니스 파트너가 찾을 수 있도록 당신의 이력서를 저장하는 공공장소로서 유용했다.

이런 예로 바이러스 고리에 관한 몇 가지 신화를 떨쳐버려야 한다. 첫째, 그것들은 무료가 아니다. 항상 제품에 바이러스 고리를 구축하는 것은 비용이 들고, 바이럴 메커니즘이 사용자 경험의 고유 부분인 경우에는, 페이팔의 경우에서와 같이, 각 새로운 사용자에게 비용을 지불해야 할 수도 있다. 둘째, 거의 모든 제품이 입소문으로 이익을 얻을 수 있지만, 모든 타입의 제품이 바이러스 고리를 포함할 수 있는 것은 아니다. 여기서 풀어야 할 몇 가지 의문이 있다.

- 사용자가 다른 사용자에게 접근할 콘텐츠를 어떻게 만들 수 있는가?
- 사용자의 경험이 접촉했던 사람들보다 어떻게 더 나아지는가?
- 사용자의 이익이 어떻게 비사용자의 관심에서 오는가?

[NASH 2012], 아담 내시, 웰스프론트의 사장 겸 CEO

제품이 본질적으로 사회적(즉, 소셜 네트워크, 파일 공유서비스 또는 지불 애플리케이션 같은 다수의 사람에 의해 공동으로 사용되는 것을 의미한다)이라면 이런 질문의 대답은 대개 쉽다. 그렇지 않다면, 지속 가능한 입소문 고리를 구축하는 것은 어려워 보인다. 시간을 들일만한 가치가 있어 보이면, 어떤 종류의 성과를 얻게 될지를 알기 위해서 다시 계산을 해볼 수 있다.

첫 번째 단계는 당신의 '바이럴 상관계수(Viral Coefficient)'를 예측하는 것이다. 바이럴 상관계수(일명 바이럴 요인)는 다음 질문의 대답이 되는 숫자다.

오늘 새로운 고객 한 명을 얻을 수 있다면, 얼마나 많은 새로운 고객을 다음 N일에 걸쳐 획득할 가능성이 있는가?

[NASH 2012], 아담 내시, 웰스프론트의 사장 겸 CEO

숫자 N은 비즈니스를 위한 합리적인 '사이클 타임'을 나타낸다. 즉, 새로운 고객이 초대를 보내고, 받은 사람이 응답을 하는 데 보통 얼마나 걸리는지를 측정하는 시간이다. 예를 들어, 페이스북과 같은 제품은 대개 새로운 사용자가 가입한 후에 곧바로 그들 모두에게 초대를 보내기 때문에, 합리적인 예측은 N = 1일이 될 것이다. 그리고 초대가 이메일 및 모바일 알림으로 보내지기 때문에 받는 사람이 같은 날에 보고 응답할 가능성이 높다. 다시 말해, 슬라이드쉐어와 같은 제품은, 새로운 사용자가 가입하자마자 슬라이드 데크에 게시하고 친구들과 공유하지만, 친구들이 자신들의 공유 슬라이드 데크를 갖게 될 때까지는, 슬라이드쉐어에 가입하지 않을 것이며, 아마 여러 달이 지날 때까지도 그럴 것이므로, N = 180일이 된다.

바이럴 상관계수(K)를 계산하려면, 초대의 수(I)가 필요하며, 사용자들은 매 N날에 전송한다(즉, 소셜 네트워크에 초대를 보내는 것과 같은, 현재 사용자가 잠재적으로 새로운 사용자를 모집하는 행동을 몇 번이나 수행하는가). 그리고 초대 숫자에 평균 전환율(C)을 곱한다(즉, 초대의 몇 퍼센트가 수락되었는가).

$$K = I \times C$$

예를 들어, 오늘 제품을 출시하고 1,000명이 가입했다고 하자. 통계를 보면 그 1,000명의 사용자가 곧바로 5,000개의 초대를 보낸 것을 볼 수 있고, 또는 사용자당 평균 I = 5 초대를 한다. 그 초대의 처음 며칠 간은 많은 클릭 수를 가져오지만, 인주일 정도 후에는 0으로 떨어지므로, 사이클 타임은 N = 7일이 된다. 그 주의 마지막에 5,000개의 초대에서 새로운 사용자 500명이 가입한 것을 발견하게 되며, 전환율은 C = 500 / 5,000 = 0.1이 된다. 즉, K = $I \times C$ = 5×0.1 = 0.5라는 바이럴 상관계수를 만들어낸다. 이 숫자가 내포하는 것을 가정하면, 첫 주 이후에 1,000×0.5 = 500이라는 새로운 사용자를 얻게 될 것이고, 둘째 주가 지나면, 500×0.5 = 250이라는 새로운 사용자를 얻게 될 것이다.

$$1,000 + (1,000 \times 0.5) + \left(1,000 \times 0.5^2\right) + \left(1,000 \times 0.5^3\right) + \dots$$

K의 바이럴 상관계수와 N의 사이클 타임으로, 출시 이후 T일의 사용자 숫자를 계산할 수 있다.

$$Users(T) = \sum_{i=0}^{T/N} Users(0) \times K^i$$

고교 수학을 기억한다면, 이것은 기하급수이고, 이 기하급수의 첫 번째 x항의 합은 다음과 같다.

$$Users(0) \times \frac{1 - K^x}{1 - K}$$

$K < 1.0$인 경우, x 접근이 무한대이므로, K^x는 0이 될 것이고, 방정식은 감소한다.

$$Users(0) \times \frac{1}{1 - K}$$

$K = 0.5$의 바이럴 상관변수를 대입하면, 이 기하급수는 시작했던 사용자 수에 2배로 수렴되는 것을 볼 수 있다. 마찬가지로, $K = 0.67$을 대입하면, 사용자 수의 3배가 됨을 알 수 있다. $K = 0.75$는 사용자가 4배로 될 것이다. 그림 4.6에서 보는 것처럼, 0과 1 사이의 바이럴 상관계수는, 고정승수(곱하는 수)로 간주될 수 있다는 것을 의미한다. 다른 지속 가능한 유통전략을 결합하면, 입소문 성장은 도달 범위를 증폭할 수 있는 강력한 방법이다.

그림 4.6 1,000명의 사용자와 0과 1.0 사이의 바이럴 상관계수로 시작하는 경우의 사용자 성장

하지만 1.0 또는 그보다 큰 바이럴 상관계수를 가지고 있다면 어떻게 되는가? 예를 들어, 만약 1.5 바이럴 상관계수를 가지고 있고, 초기 사용자가 1,000이면 다음 주 사용자는 $1000 \times 1.5 = 1,500$명이 될 것이다. 이 사용자가, 다음은, $1500 \times 1.5 = 2,250$명, 그 주 이후에는 3,375명의 사용자 등이 될 것이다. 이런 패턴을 계속하면, 기하급수적인 성장을 얻고 오래 전에 지구상의 모든 인간이 당신 제품을 사용하고 있을 것이다. 분명히 비현실적이다. 실제 세상에서, 단시간에 1.0 이상의 바이럴 상관계수를 유지할 제품은 없고, 대부분의 제품은 훨씬 더 작은 계수를 가지고 있다.

> 진정한 입소문 성장은 매우 드물며 잠시 고맙게 여기게 했다. 어떤 유의미한 기간 동안 바이럴 상관계수 1 이상을 유지했던 제품은 거의 없다. 1보다 큰 바이럴 상관계수에 배팅하지 못한다면, 우리 모델에 어떤 것을 사용해야 하는가? 다른 기업, 투자자들, 성장 해커들과의 토론에서 나는 다음을 알게 되었다. 소비자용 인터넷 제품에는 지속 가능한 0.15~0.25의 바이럴 상관계수 정도면 좋다. 0.4이면 더욱 좋고, 0.7 정도되면 월등하다.
>
> [VOHRA 2012], 라홀 보라, 패포르티브의 공동 창업자

1.0 이상의 바이럴 상관계수를 유지할 수 있는 제품이 거의 없기 때문에, 홍보 추진 및 바이러스성 성장에만 의존할 수 없다. 지속 가능한 다른 유통 메커니즘이 필요하다. 예

를 들어, 구글검색을 통해 한 주에 1만 명이 당신 제품을 방문한다고 하자(168쪽의 '검색 엔진 최적화' 참조). 그러면 이런 방문자 중 500명이 등록하게 된다. 홍보 추진을 하여 초기 1,000명의 사용자에, 검색을 통해 등록한 500명의 사용자를 더하고, 다양한 바이럴 상관계수를 결합하면 어떤 결과가 나오는지는 그림 4.7를 보면 알 수 있다.

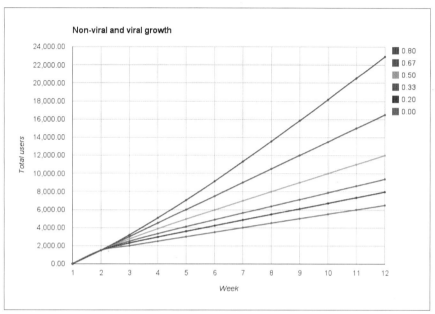

그림 4.7 바이러스성 및 비바이러스성 성장의 결합

전혀 바이러스성이 아닌 제품이라면, 12주 후 사용자는 6,500명이 조금 넘게 된다. 바이럴 계수가 0.5라면, 사용자는 대략 12,000명이 될 것이며, 정말로 애를 써서 바이럴 계수가 0.8이 되면, 사용자는 거의 23,000명이 된다. 이 계산에는 사용자 유지(예 : 매주 제품 사용을 중지한 사용자들의 비율)와 시간이 지난 후 바이럴 상관계수를 변화시키는 방법(예 : 새로운 사용자가 가입할 때 초대를 보내지만 그 후에는 그렇게 하지 않음을 가정하는 계산)과 같은 많은 요인을 계산에 넣지 않았다는 것에 주목하라. 바이러스성 성장을 모델로 하는 완벽한 논의로, 모두를 계산해 낼 수 있는 휴대용 스프레드시트뿐만 아니라, 라울 보라의 시리즈 게시물 "바이러스성 성장을 모델링하는 방법"을 참조하라[Vohra 2012].

4.2.2 마케팅

이제, 제품의 기존 고객에게서 새로운 고객을 창출하고 마케팅하기 위해, 직접적으로 제품의 새로운 고객을 창출해내는 입소문 방식에서 벗어나 보자. 제품을 판매하는 방법은 여러 가지가 있으므로, 스타트업에서 사용되는 가장 일반적인 방법 몇 가지를 간략하게 살펴보자.

- 광고
- 홍보(PR) 및 미디어
- 이메일
- 검색엔진 최적화(SEO, Search Engine Optimization)
- 소셜 미디어
- 인바운드 마케팅

광고

광고는 마케팅과 거의 동의어다. 잠재 고객의 관심이 벌써 어디로 향하고 있고 제품에 관한 메시지를 투입하려고 어디에 돈을 지불해야 하는지 알아낸다. 광고가 좋다는 것은 작동한다는 경우다. 그리고 광고가 나쁘다는 것은 아무도 광고를 하고 있다는 것을 모르는 경우다. 미국에서만 광고는 2천2백억 달러[Advertising Spending in the United States 2014]가 되는 산업이고, 어디서든 고개만 돌리면, 관심을 끌기 위해 경쟁하는 광고들이 있다. 구체적으로는 TV, 라디오, 비행기, 옥외광고판, 버스 옆면 광고가 있다. 모든 영화와 쇼의 작품 속 광고와 유명인 광고가 있다. 모든 신문, 잡지, 경기장, 영화관, 콘서트 홀에서도 광고가 있다. 공원 벤치와 보도, 티셔츠와 모자, 스티커 및 데칼코마니 광고가 있다. 그리고 배너광고, 플로팅 광고, 검색 광고 형태로 컴퓨터와 스마트폰 광고, 뉴스피드에 후원 업데이트, 모바일 앱 및 동영상을 보거나 기사를 읽을 때 끝까지 봐야 하는 모든 중간 광고 방식이 있다.

광고에 돈을 쓸 것이라면, 광고가 작동하는지 여부를 알려줄 수 있는 획득채널을 상세하게 추적해야 한다(144쪽의 '획득' 참조). 이 추적을 통해 온라인 광고를 진행하는 것이 더 쉬우며, 사용자가 광고 클릭으로 유입되는지의 여부를 알 수 있고, 정말 그렇다면 광고비용이 얼마였는지, 그 결과로 사용자에게서 얼마를 벌게 되었는지를 알 수 있다. 더 어렵지만, TV 광고와 같은 전통적인 광고를 추적하는 것도 가능한데, 프로모션 코드를 사용하는 것이 하나의 옵션이 된다. 예를 들어, 각 광고 캠페인에 할인혜택을 얻기 원하는 사용자들이 특별한 프로모션 코드로 들어오도록 할 수 있고, 유입된 사용자들에게는 본인 여부를 확인할 수 있는 혜택을 주고, 어디로부터 유입되는지 추적할 수 있게 해준다. 또 다른 옵션은 소비자 조사를 하는 것이다. 예를 들어, 트립어드바이저는 TV 광고 시리즈를 출시할 때, 얼마나 많은 소비자에게 광고 캠페인이 도달되고 영향을 미칠지를 확인하기 위해 사용자들에게 설문을 발송했다[Schaal 2015].

설문조사 및 프로모션 코드는 온라인 추적만큼 정확하지 않지만, 목표는 완벽한 데이터가 아니라 단지 불확실성을 감소시켜주는 것이다. 사용자가 어디에서 유입되고 그들이 누구인지 측정하는 것을 명심하라. 왜냐하면, 광고가 고객에게 도달되도록 또는 적절한 고객에게 도달되는지 확인할 필요가 있으며, 텔레비전과 광고판 같은 방송 매체에서는 이를 확인하기가 종종 더 까다롭기 때문이다.

홍보 및 미디어

광고, 홍보(PR)는 많은 청중에게서 제품에 관한 메시지를 얻을 수 있는 또 다른 좋은 방법이다. 이를 위해, TV와 영화산업, 기자, 블로거, 유명 인사들과의 관계를 구축해야 한다. 놀라운 (또는 놀랄 만큼 나쁜) 무언가를 할 경우에도, 요청하지 않아도, 때때로 당신에 대해 얘기한다.

대부분의 스타트업에서는 홍보 이벤트가 예측할 수 없는 것이고, 때로는 부정적이고, 거의 지속 가능한 유통전략이 아니다. 순간적인 관심을 얻을 수 있는 좋은 방법이지만, 며칠 후 그 관심은 대개 사라지고 모두 다시 시작해야 한다.

이메일

올바르게 진행되면 이메일 마케팅은 매우 효과적이다. 잘못 진행되면 스팸 메일에 지나지 않는다. 이메일을 이용하는 잘못된 방법은 이메일 목록을 구입해서 전혀 들어보지도 못한 낯선 사람들에게 대량 메일을 보내는 다이렉트 마케팅이다. 이것은 지속 가능한 전략이 아니다. 왜냐하면, 그런 이메일의 클릭율이 별볼일 없는(대개 몇 퍼센트에 지나지 않는다) 것이고 대부분 주요 이메일 업체에 의해 신속하게 스팸으로 분류된다. 회사 명성에 해를 주는 것이고 몇 가지 종류의 캠페인만을 보낼 수 있게 될 것이다.

이메일을 이용하는 더 좋은 방법은 제품에 대한 정보를 받기로 동의한 사용자의 이메일 목록을 만드는 것이다. 예를 들어, 사용자가 방문 페이지의 뉴스레터(126쪽 'MVP의 유형들' 참조)에 가입할 수 있는 방법을 제공할 수 있다. 고객들은 구매결정을 하는 데 시간이 오래 걸리고 좋아하게 되기까지 반복해서 제품을 보게 된다. 유용한 정보와 함께, 가끔 상기시키는 이메일을 보내는 것은 호기심을 끌어내어 고객들로 하여금 돈을 지불하게 하는 좋은 방법이 될 수 있다. 다이렉트 마케팅에 비해, 이 방법은 클릭율(아마 1%)을 약간 더 높여 줄 것이고, 이메일이 스팸으로 분류 될 가능성도 적게 된다.

이메일을 이용하는 가장 좋은 방법은 사용자를 고려해서 사용자 행동이나 이벤트의 대응으로 개별화된 이메일을 보내는 것이다. 예를 들어, 페이스북의 사진에 누군가가 태그를 할 때마다, 이메일을 받게 된다. 내가 당신에 대해 잘 모르지만, 그와 같은 이메일에 내 클릭율은 거의 100%이며, 후회할 이미지가 안되도록 확인해야 한다. 2011년 링크드인은 지난 해 동안 중요한 경력변화가 있었던 모든 동료의 사진을 보여주는 연례 이메일인 "한해 되돌아 보기" 이메일을 출시했다. 많은 사용자가 누가 새 직장을 찾고 또는 누가 승진했는지 확인하기 위해 그 이메일에 하나 이상의 링크를 클릭했기 때문에(CTR > 100%?) 이메일 클릭율은 가히 천문학적이었다.

새로운 사용자를 얻기(획득) 위해 좋은 도구는 아니지만, 기존 사용자(활성화, 유지, 추천, 수익)를 사로잡기 위해서는 이메일이 최고의 도구 중 하나라는 것을 깨닫는 것이 중요하다. 환영 이메일, 입사 이메일, 모임 이메일 그리고 추천 캠페인과 같이 보낼 수 있는 많은 다른 종류의 이메일이 많다. 더 많은 정보는 "스타트업처럼 이메일 보내는 방법" 센드위드어스 안내서를 참조하라(http://www.sendwithus.com/resources/guide/).

검색엔진 최적화

검색엔진 최적화(SEO, Search Engine Optimization)는 웹사이트를 최적화하여 검색 결과가 높은 순위가 되게 한다. 구글이 2012년에 1조2천억 건 검색을 했고[Google Zeitgeist 2012] 이 대규모 쿼리 볼륨(Query Volume)의 조각을 다듬어 많은 큰 사업을 구축하였다. 당신 제품이 사용자 리뷰(예 : 트립어드바이저), 토론 포럼(예 : 레딧), Q&A(예 : 스택 오버플로우), 또는 참고자료(예 : 위키피디아) 등과 같은 독특하고 가치 있는 내용이 많다면, 검색엔진 최적화를 통해 무료로 수천, 수백만 정도의 페이지 뷰를 구동할 수 있을 것이다. 그리고 이것은 상당히 지속 가능한 많은 양의 트래픽을 가져다 줄 뿐만 아니라, 종종 당신이 가지고 있는, 종류를 정확히 검색하는 사람들을 나타내는 것이기 때문에 변환이 잘 되는 트래픽이다.

구글과 모든 다른 검색엔진이 사용하는 순위 알고리즘의 결점은 비밀이 유지된다는 점이다. 구글은 SEO 팁과 트릭 같은 다른 많은 소스가 있는 검색엔진 최적화 초보자 가이드(http://bit.ly/seo-start-guide)를 발표했다.[8] 그러나 실제로 순위 알고리즘이 작동하는 방식과 일치한다는 보장이 없다. 훨씬 더 힘들게 하는 것은 구글이 자신들의 순위 알고리즘을 매년 500번 이상 변경하는 것이고, 대부분의 변경이 사소할 지라도, 어떤 것이 순위에 극적인 영향을 미칠 수 있을지에 대해서 검색엔진 최적화가 완전히 자유롭지 못하다는 것을 의미한다.[9] 사이트를 최적화하기 위해 선행업무를 진행해야 하고 결과 페이지의 상단에 사이트가 위치하도록 순위 알고리즘의 변화에 끊임없이 최근 상태를 유지해야 한다. 그리고 또, 동일한 작업을 수행하려고 하는 모든 다른 웹사이트와 경쟁해야 한다.

검색엔진 최적화가 좋은 것은 일반적으로 어떤 방식으로 진행한 행동도 순위 알고리즘이 보상한다는 것이다. 예를 들어, 할 수 있는 가장 중요한 '최적화'는 웹사이트에 좋은 품질의 콘텐츠를 많이 포함시키는 것이다. 즉, 더 나은 제품을 구축할 필요가 있는 것이다(157쪽 "더 나은 제품을 구축한다" 참조). 그렇게 하면, 많은 다른 웹사이트가 당신 웹사이트를 링크할 것이고, 사용자가 당신 웹사이트를 클릭하면, 즉시 반송하지 않을 것이다(둘 다 페이지 순위를 증가시키는 요인이다). 헤더 제목을 수정하는 것, URL들, 도메인 이름 및 메타 태그와 같은 모든 다른 최적화 방법이 유용하지만 더 나은 제품을 구축하는 것만큼 큰 영향은 거의 없을 것이다.

소셜 미디어

많은 회사가 유통을 위해 소셜 미디어에 의존하고 있는 것이 좋은 이유는 소셜 네트워크는 참여하는 관객의 규모가 매우 크기 때문이다. 페이스북, 트위터, 링크드인, 인스타그램, 클립 및 유사 사이트를 따라서 구축하는 것은 이미 가지고 있는 사용자들을 참여시키는 좋은 전략이다. 이는 이메일 뉴스레터의 최신 버전과 같다. 소셜 미디어가 더 좋은 것은 개인적 수준으로 사용자들과 결합하게 해주고, 효과적인 고객 서비스 도

---

8 Moz는 매우 훌륭한 "검색엔진 최적화 가이드"를 보유하고 있다(http://moz.com/learn/seo/on-page-factors).

9 Moz는 구글의 순위 알고리즘 "변화의 역사"를 보유하고 있다(http://moz.com/google-algorithm-change).

구를 만들게 해준다는 것이다. 특별히 좋지 않은 것 중에 하나는 새로운 사용자 획득이다. 트위터나 페이스북과 무언가를 공유할 때, 기존 팔로워들이 그것을 보게 되지만, 새로운 사용자들은 누군가와 다시 공유하지 않는 한 볼 수 없을 것이다. 때때로, 콘텐츠의 일부는 많은 재공유를 하게 되고 "입소문난다"가 되며, 수많은 새로운 사용자들 앞에 당신 제품이 드러날 것이다. 그러나 홍보 전략과 같이, 예측이 너무 불가능해서 새로운 사용자 획득을 위한 지속 가능한 형식으로 여길 수 없는 일회성 부양책이다.

인바운드 마케팅

인바운드 마케팅은 광고 같은 것처럼 고객의 주목을 끌기 위한 것이라기보다는 고객들이 가치 있는 것을 발견할 수 있는 콘텐츠를 사용하여 주의를 끌려는 노력이다. 확성기(아웃 바운드 마케팅)를 사용하여 마케팅 메시지를 내보내는 대신에, 허니팟[10](인바운드 마케팅)을 이용하여 고객들을 끌어들이는 노력이라고 생각하라. 허니팟은 블로그, 팟캐스트, 비디오, 책 또는 일련의 오픈소스 도구 형태가 될 수 있고, 일반적으로 고객을 찾을 수 있도록 검색엔진 최적화 및 소셜 미디어 공유와 결합할 수 있다. 인바운드 마케팅이 내포하는 핵심 아이디어는 고객에게 무언가를 판매하려는 것이 아니고, 가르침을 주려고 하는 것이다.

> 가르침은 전통적인 마케팅 전략으로는 얻을 수 없는 결합을 이룰 수 있다. 잡지나 온라인 배너 광고로 사람들의 관심을 사는 것은 한 가지에 지나지 않는다. 가르침으로 얻게 되는 그들의 충성도는 완전히 다른 연결을 형성한다. 더 신뢰하고 더 존중한다. 당신의 제품을 사용하지 않는 경우에도 여전히 팬이 될 수 있다.

[FRIED AND HANSSON 2010, 173], 제이슨 프라이드와 데이비드 하이네마이어 핸슨, **똑바로 일하라**, 21세기북스, 2011

인바운드 마케팅은 스타트업에 특히 유용한 전략이다. 왜냐하면, 큰 기업과 광고예산으로 경쟁할 수 없지만 가치 있는 콘텐츠를 생성해 낼 수는 있기 때문이다. 이메일 마케팅에 대한 도움이 되는 블로그를 운영하고 있는 센드위더스는 좋은 예다. "스타트업처럼 이메일 보내는 법(How to Send Email Like a Startup)"으로, 포괄적인 가이드를 게시하고, 무료로 많은 이메일 도구(예: 템플릿, 구성요소, 레이아웃)를 공개하고 있다.[11] 이메일을 보내는 도움말을 검색하는 경우, 제품을 판매하려고 광고나 어떤 명시적인 메시지 보다

---

10 (옮긴이) 많은 사람을 끄는 장소, 사물, 사람들을 통칭하는 용어다.

11 https://www.sendwithus.com/resources/를 참조하라.

는 무료이면서 가치 있는 콘텐츠를 클릭할 가능성이 높기 때문이다. 센드위드어스 블로그를 읽고 그들의 도구를 사용하면, 센드위드어스와 이메일 사이에 마음속 유대감이 서서히 형성될 것이다. 그리고 그들을 이메일 전문가로 생각하기 시작할 것이다. 이제 궁금한 것이 있으면 질문할 수 있는 곳이 생긴 것이다. 그리고 어느 날, 유료 이메일이 필요하게 되면 센드위드어스의 고객이 될 가능성이 더 높아진다.

4.2.3 영업

마케팅은 문(획득)으로 고객을 끌어들이는 것이다. 영업은 거래를 종료하고 고객들이 구매(수익)하게 하는 것이다. 고객이 구매를 하기 위해 자신들의 신용카드 정보를 연결할 수 있는 웹사이트 같은 '셀프 서브(Self-Serve)' 제품을 가지고 있다면, 판매와 마케팅 프로세스가 매우 유사하다. 그러나 사람의 개입을 요구하는 많은 종류의 판매 제품이 있다. 영업사원은 고객이 그 과정을 해내도록 도움을 주고, 질문에 응대하고, 계약의 세부 내용을 검토하는 데 도움을 준다. 미국에서 대략 1천4백만 명이 판매직[Sales and Related Occupations 2013]이고, 인구의 약 5%에 해당된다. 이와 같이 인기 있는 직업인 이유는 영업이 대부분의 기업 성공의 기본이 되고, 더 일반적으로는, 인생 대부분의 성공을 위해 기본이 되기 때문이다.

> 가장 기본적인 이유는 영업의 중요성을 과소평가하는 기업인들조차도 모든 분야의 모든 수준에서 세상이 영업에 의해 비밀리에 움직인다는 것을 숨기기 위해 조직적으로 노력을 한다는 것이다.
>
> [THIEL 2014, 129], 피터 틸, *제로 투 원*, 한국경제신문사, 2014

거의 모든 직업에 영업이 수반된다. 회사의 CEO는 여러 측면에서, 고객, 투자자, 주주, 직원에게 회사의 비전을 판매하는 영업사원이다. 마케팅이나 정치를 하고 있다면, 역시 대부분의 시간을 판매하는 데 쓴다. 그리고 당신이 프로그래머라 해도 일자리 면접이나 제안을 협상하거나 새로운 기술을 채택하기 위해 팀을 설득하려고 할 때마다 영업사원이 된다. 물론, 이런 직업의 타이틀에는 '영업'으로 기재되어 있지는 않다. 왜냐하면, 하고 있는 것이 모두 게임의 하나라고 인식할 수 없거나 경계가 허물어지기 때문이다. 누군가를 유혹하는 것이라고 인정하면 아마 데이트를 못할 것이다. 무언가를 판매하려는 것이라고 인정하면 아마 거래가 성사되지 않을 것이다. 아무도 판매하고 싶어하지 않지만, 모두가 어떤 것을 사고 싶어한다. 판매가 어려운 직업이 되는 이유다.

어떻게 영업을 배우는가? 제품을 사용하도록 누군가를 설득해보라. "월스트리트의 늑대에서"처럼 말이다. 이 펜을 나에게 팔아보시오. 진심으로 시도해 보시오. 어떻게 할 것인가? 어떻게 이 펜을 나에게 중요한 것으로 만들겠는가? 배운 적이 있으면 판매하는 법을 알고 있을 것이다.

[SHOUP 2015], 매튜 수웁, 노드월렛의 주요 괴짜

제품을 판매하는 스타트업을 설립한 경우(직업상 영업사원은 아닐지라도 또는 특별히 영업사원이라면)에는 유용한 연습이 된다. 영업팀을 고용하고 마케팅에 돈을 잔뜩 쓰기 전에, 건물 밖으로 나가 고객들과 직접 이야기를 하여 제품을 판매해 보아야 한다(58쪽 '고객 개발' 참조). 스스로 몇 건의 판매를 해내고 고객에게 중요한 것이 무엇이고 어떤 영업전략이 작동할 것인지 고민해 본 이후, 별도의 영업팀을 고용할 것인지에 대해 고심을 해야 한다(137쪽 '확장하지 않는 실행' 참조).

그 단계까지 가게 되면, 필요한 영업팀 유형은 거의 당신 제품에 달려있다. 대략 영업에는 다음과 같이 세 가지 영역이 있다.

1. **자동화된 영업** : Amazon.com처럼 웹사이트에서 계산하는 방식과 같다. 고객이 사람 판매원과 대화하지 않고 구매를 할 수 있는 셀프 서비스 시스템이다.

2. **내부 영업** : 고용주의 업무현장에서 대부분의 판매를 하는 영업사원이다. 내부 영업의 일반적인 유형으로 애플 스토어의 직원같이 상점이나 대리점에서 일하면서 카운터에서 제품을 판매하는 영업사원이다. 또 다른 일반적인 유형은 사무실에서 일하면서 전화, 이메일, 채팅, 웹 회의를 통해 제품을 판매하는 영업사원이다. 예를 들어, 세일즈포스처럼 서비스로서의 많은 소프트웨어 제품(SaaS)은, 온라인으로 제품시연 또는 기본버전에 가입하게 하고(자동화된판매) 그 제품의 더 강력한 버전을 원하면, 전화나 이메일로 영업사원과 접촉할 수 있게 한다(내부 영업).

3. **외부 영업** : 자신들의 업무를 대부분 고객들의 직장에서 하는 영업사원이다. 그들은 직접 고객과 미팅을 예약하고, 현장데모를 제공하고, 관련 이해 당사자들과 직접 대화하기 위해 고객의 입장에서 자신들의 시간 대부분을 보낸다.

자동화된 영업은 가장 확장성이 크고 비용 효율적인 옵션이지만, 대개 저가제품(1천 달러 이하)에 해당된다. 외부 영업은 영업팀을 고용해야 하고 그들의 경비를 지불해야 하며, 각 영업사원은 한 번에 한 명의 고객과 일을 할 수 있으므로 훨씬 더 많은 비용이 들고 훨씬 덜 확장적이다. 하지만 개인적인 관심으로는 아무도 온라인 결제방식으로는 주문하지 않을 훨씬 비싼(10만 달러 이상) 제품을 판매할 수 있다. 자동화된 영업방식보다 내부 영업을 운영하는 것이 비용이 더 들지만 외부 영업만큼 비용이 들지 않는다. 상점의 내부 판매사원이나 사무실로 온 전화로 판매하는 것은 하루에 많은 고객과 접촉할 수 있기 때문이다. 이런 고객과의 개별적인 접촉은 내부 영업팀이 자동화된 영업보다 더 규모가 큰 거래를 확보할 수 있지만, 외부 영업 전담팀만큼 크지 않다(1천 달러에서 10만 달러 사이가 일반적이다).

4.2.4 브랜딩

앞에서, 최고의 제품이 승리하는 것이 아니라 고객이 최고라고 생각하는 제품이 승리하는 것이라고 언급했다. 회사에 대해 고객이 어떻게 생각하는지에 대한 것이 브랜드이며, 인식에 영향을 주려는 것이 '브랜딩'이라고 불리는 것이다. 브랜딩은 단순히 전략이나 마케팅 캠페인이 아니고 고객들과 접촉하는 모든 방법을 일컫는 것이다. 즉, 회사 로고가 어떻게 보이는가, 태그라인에서 말하고자 하는 것이 무엇인가, 광고에서 회사를 어떻게 표현하는가, 인바운드 마케팅에서 어떤 종류의 전문성을 드러내는가, 웹사이트는 어떻게 보이는가, 명함은 어떤가, 영업팀이 사용하는 기법은 무엇인가, 어떤 고객 서비스로 고객을 다루는가 등의 모두를 말하는 것이다. 다른 제품과 당신 제품을 분리시키는 차별성처럼, 브랜드를 다른 브랜드로부터 분리하는 것이 필요하다.

레드불(Red Bull)은 단맛이 나고 카페인이 든 소다 음료를 만들지만, 자사의 브랜드는 완전히 다른 것이다. 예를 들어, 그림 4.8에서와 같이, 레드불 웹사이트(http://www.redbull.com)는 비포장 도로용 오토바이 경기를 하는 남자, 파티를 하고 있는 대학생들, 산에서 뛰어 내리는 사람을 보여준다. 이 회사는 BASE 점프, 자유러닝, 빙벽등반 그리고 급류 카약 같은 모험 스포츠를 보여주는 레드불 TV 채널을 운영하고 있다. 또한 뉴욕 레드불스(축구), 인피니티 레드불 레이싱(포뮬러 원) 및 팀 레드불(나스카)과 같은 많은 스포츠팀을 소유하고 있다. 아울러 레드불 로드 레이지(익스트림 활강 비이그 대회), 레드불 X-파이터(투우장에서 진행하는 프리 스타일 모터크로스 스턴트 경기), 레드불 스트라토스(24마일 위에서 자유 낙하를 하였고 800mph 이상의 속도를 달성한 스카이 다이버 펠릭스 바움 가르트너를 포함하는 공간 다이빙 프로젝트)[Red Bull 2015] 같은 이벤트를 지원하고 있다. 레드불을 생각할 때, 음료가 아니라 익스트림 활동을 생각한다. 이것이 그들의 브랜드다.

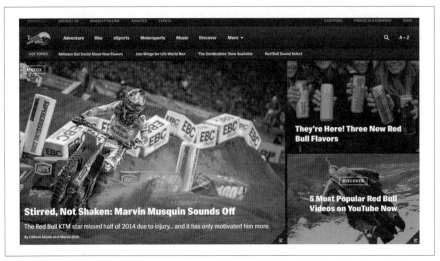

그림 4.8 레드불 웹사이트

주목해야 할 점은 브랜딩은 감정과 믿음에 관한 것이기 때문에 실제 제품과는 거의 관련이 없다는 점이다. 회사가 무엇을 하느냐가 아니라 왜 회사가 존재하는지에 관한 것이다(392쪽 '핵심 이념' 참조). 예를 들어, 나이키 광고 캠페인은 신발이나 에어 솔이 아니라 존경받는 훌륭한 운동선수들과 훌륭한 스포츠에 관한 것이다. 마찬가지로, 애플의 가장 성공적인 광고 캠페인 중 하나인, "다르게 생각하라(Think Different)"는 컴퓨터, CPU 속도, 또는 왜 애플이 마이크로소프트보다 더 나은가에 관한 것이 아니라 "애플이 누구이고 무엇을 나타내는가?"에 관한 것이다[Jobs 2007].

> 미친 자들이 있다. 현실 부저응자. 반항아. 문제아. 네모난 콘센트에 둥근 전기코드를 꽂는 사람들. 사물을 다르게 보는 사람들. 이들은 규칙을 좋아하지 않는다. 그리고 현상유지를 존중하지 않는다. 당신은 그들의 말을 인용할 수 있고, 그들의 생각에 동의하지 않을 수도 있으며, 그들을 찬양하거나 비난할 수 있다. 하지만 당신이 해서는 안된 일, 딱 한 가지는 그들을 무시하는 것이다. 왜냐하면 그들은 사물을 바꿔놓기 때문이다. 그들은 인류를 앞으로 나아가게 한다. 어떤 사람들은 그들을 미치광이로 보겠지만, 우리는 그 안에서 천재성을 본다. 왜냐하면 세상을 바꿀 수 있다는 생각을 할 만큼 미친 사람들이야말로 진정으로 세상을 바꿀 수 있는 사람들이기 때문이다.
>
> [JOBS 2007], 애플

"다르게 생각하라"는 단지 두 단어로, 애플의 모든 것과 왜 관심을 가져야 하는지를 정확히 알게 된다. 이런 명확하고 설득력 있는 메시지 제작은, 카피라이팅이 제품 디자인

의 가장 중요한 측면인 것이다. 그러므로 쉽지 않고(97쪽 '카피라이팅' 참조) 마케팅의 핵심
이라 할 수 있다. 이와 같은 것의 가장 좋은 예는 제품의 태그라인(Tag Line, 표어적인 어구)
이다. 태그라인은 사람들의 주목을 끌만큼 놀랄만한 것이어야 하고, 어떻게 다른지 보
여 주어야 하며, 짧고 간단해야 한다. 예를 들어, 오리지널 아이팟(iPod)의 슬로건을 살
펴보라.

> 1,000곡의 노래를 당신 주머니 속에.

[LIST OF APPLE INC. SLOGANS 2015], 오리지널 아이팟의 태그라인

아이팟은 대부분의 사람들이 거대한 CD지갑에다 음악을 가지고 다니는 시기에 나왔
는데, 당시의 각 CD에는 12곡 정도의 음악을 수록할 수 있었다. 이런 상황에서 1천 곡
의 음악을 담을 수 있고 휴대에 용이하게 주머니에 잘 맞는 음악 플레이어를 가질 수 있
다는 아이디어는 놀라운 것이었다.

　어떤 의미에서, 브랜드는 고객의 삶을 바꿔줄 약속이다. "우리 회사와 함께하면, 당
신이 할 수 있을 것이 이것입니다." 레드불은 익스트림 활동을 할 수 있는 에너지를 약
속한다. 애플은 다르게 생각할 수 있도록 기술을 약속한다. 그 약속은 제품이 할 수 있
는 것(기능)이 아니라 제품으로 고객이 할 수 있는 것(혜택)임에 주목하라. 중요한 차이
다. 그림 4.9의 그림처럼, 깊게 공감하게 되면, 효과적인 메시지를 만들어 내기가 쉽다
는 것을 알게 된다.

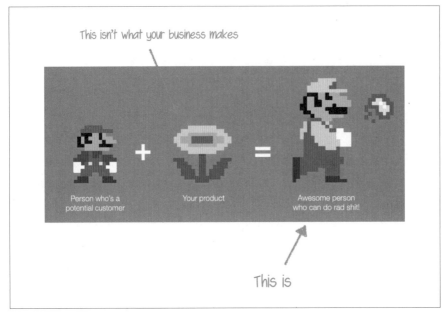

그림 4.9 기능 대 혜택(사무엘 허글릭에서 이미지 제공, http://bit.ly/hulick-fvb)

4.3 요약

와이 컴비네이터의 모토는 "사람들이 원하는 것을 만들라(Make Something People Want)"
다. 이 네 개의 간단한 단어는 성공적인 스타트업 구축에 관해 알아둘 필요가 있는 거의
모든 것을 함축하고 있다. 제2장에서 아이디어를 찾아내는 방법에 대해 이야기했고,
제3장에서는 아이디어에 해당하는 기본 제품을 설계하는 방법을 다루었다. 이것들은
각각 "사람들이 원하는 어떤 것 만들기"에서 '만들기'와 '어떤 것' 부분에 해당한다. 이
번 장에서 각각 '데이터'와 '유통'의 형태로 '사람'과 '원하는'의 모토가 되는 서로 다른 두
단어를 살펴보았다.

> 우리가 데이터를 가지고 있다면, 데이터를 살펴보자. 우리 모두 의견이 있으면, 서로 의견을 나누자.
>
> **짐 박스데일, 넷스케이프의 전 CEO**

데이터는 사람들이 원하는 것을 만들고 있다는 것을 알게 되는 방법이다. 모든 결정은
측정과 불확실성 감소로 개선될 수 있다. 제품이 진행되는 모든 측면이 어떠한지 해적

판 측정 기준(AARRR(획득, 활성화, 유지, 추천, 수익))을 주의 깊게 추적하면 알 수 있다. 그리고 '매직 넘버'를 정의하여 동일한 사명을 추종하는 완전히 정비된 팀을 얻을 수 있고 그것을 이용하여 모든 프로젝트의 우선순위를 정할 수 있다. 가장 중요한 것은, 선행된 결정이 어떻게 작동하는지 추적하기 위해서뿐만이 아니라 미래의 의사결정을 확인하는 데 데이터를 사용할 수 있다는 것이다. 갓 콤플렉스를 극복하고 사람들이 진정으로 원하는 것이 무엇인지 측정하는 A/B테스트를 사용하라.

> 쥐덫으로서 "완벽한 제품"을 생각해 보자. 쥐를 잡을 것이다. 왜냐하면, 그것은 쥐덫이며 그것을 위한 완벽한 제품이기 대문이다. 그러나 비록 완벽한 제품이라 할지라도, 아직 쥐들을 유인하는 것이 필요하다. 성공적인 쥐덫을 위해 정말로 필요한 것은 미끼와 유치에 관해 생각하는 것이다. 쥐를 유인하기 위해 알맞은 음식을 사용해야 하고 벽 뒤쪽에, 쥐들이 살고 있다고 예측되는 곳에 쥐덫을 두어야 한다. 모두 위치와 미끼에 관한 것이다.

> [SHOUP 2015], 매튜 수입, 노드월렛의 주요 괴짜

유통은 사람들이 원하는 어떤 것을 만드는 방법이다. 무언가를 원하면, 고객은 그것이 존재하는지 알아야 하고 원하던 것인지 쓸모 있는 것인지 알아야 한다. 소유한다고 해서 그렇게 되는 것이 아니라 알맞은 위치와 미끼를 사용해야 하고, 스타트업 세상에서 그것들은 입소문, 마케팅, 영업, 브랜딩으로 구성된다. 시작한지 얼마 안 됐을 때, 유통 전략은 대개 창업자들이 개인적으로 하는 영업이다. 회사가 성장함에 따라, 입소문, 마케팅 그리고 브랜딩이 확장하면서 필요하게 될 것이다. 어떤 것을 사용할 지는 당신이 구축하는 제품이 어떤 타입이냐에 달려 있다. 표 4.1은 현실 세계의 몇 가지 예다.

표 4.1 제품에 따른 기본적인 유통 채널

고객 수	상품 타입	가격 범위	예시 회사	유통 전략
1,000,000,000	물리적 제품	1달러~10달러	코카 콜라	마케팅(광고)
1,000,000,000	광고	1달러~10달러	페이스북	입소문(네트워크 효과 및 바이러스성)
100,000,000	물리적 제품	10달러~100달러	존슨 앤 존슨	마케팅(광고)
100,000,000	광고	10달러~100달러	트립어드바이저	마케팅(사용자 생성 콘텐츠 및 SEO)

10,000,000	비디오 게임	100달러 ~1000달러	블리자드	마케팅(광고) 및 입소문(바이러스성)
1,000,000	서비스형 소프트웨어	1000달러 ~10,000달러	샌드위드어스	마케팅 (인바운드 마케팅)
100,000	기업 지원	10,000달러 ~100,000달러	몽고디비	세일즈 (내부 영업)
10,000	데이터 분석	100,000달러 이상	클라우데라	세일즈 (외부 영업)

모두를 함께 모아 놓고, 알맞은 아이디어, 디자인, 데이터 그리고 유통을 갖게 되면, 사람들이 원하는 것을 만들 수 있을 것이다.

- 아이디어는 디자인이 아니다.
- 디자인은 프로토타입이 아니다.
- 프로토타입은 프로그램이 아니다.
- 프로그램은 제품이 아니다.
- 제품은 비즈니스가 아니다.
- 비즈니스는 이익이 아니다.
- 이익은 출구가 아니다.
- 그리고 출구는 행복이 아니다.

[SELLERS 2011], 마이크 셀러스, 시리얼 기업가

2부
기술

헬로,
스타트업

: 제품, 기술, 팀을 완벽하게 구축하는 기술

5장
테크 스택 선택

5.1 테크 스택에 대한 생각

어떤 프로그래밍 언어를 사용할 것인가, 웹 프레임워크는 어떤 것을 사용하고 데이터 저장은 어떻게 할 것인가, 당신의 스타트업에서 사용할 테크 스택은 무엇인가?

테크 스택은 하나의 도구다. 이 의미는 제품을 만든다는 것이며, 이것으로 끝나는게 아니라는 뜻이다. 단지 재미있고 좋아보인다는 이유로 기술을 따라가면 안된다. 기술 선택은 지렛대(Leverrage) 효과를 가져온다. 이를 위해 "기술 선택의 황금률"을 가슴에 새겨야 한다.

> 좋은 테크 스택은 이것을 유지하는 인력보다 더 빨리 확장하는 것이다.

목표는 인력보다는 하드웨어와 돈을 사용해서 더 많은 사용자, 트래픽, 데이터 그리고 코드를 확장 기능하게 하는 것이다. 사용자가 두 배씩 늘 때마다 서버와 유지 작업을 위해 적은 돈을 지불할 수 있다면 이것은 좋은 상황이다. 다른 한편으로 당신의 팀이 두 배의 크기가 된다면 변화가 필요할 지도 모른다. 명심하라. 스타트업은 사람에 관한 것이다. 이 장에서는 기술에 초점을 맞추지만 기술에서 가장 중요한 것은 사람들이 이것을 이용할 때 어떤 종류의 지렛대 효과를 얻을 수 있는지에 있다.

지렛대 효과에 있어 가장 좋은 예는 왓츠앱 팀이다. 테크 스택 전반에 있어 얼랭으로 구축하고, 매 초마다 700만 건을 지원하며, 4,500만 사용자, 매일 500억 메시지, 연간 7.2조의 메시지 처리를 지원한다.[1] 그리고 단지 32명의 엔지니어가 이 모든 것을 처리한다[Hoff 2014].

물론 왓츠앱 스토리는 얼랭을 사용하는 모든 사람에게 적용되는 것은 아니다. 성공적인 스타트업은 거의 대부분 생각할 수 있는 기술을 사용한다. 이 장에서는 이런 기술과 스타트업에 있어 지렛대 효과를 줄 수 있는 테크 스택을 찾아볼 것이다. 먼저, 초기 테크 스택을 선택하는 방법과 시간이 지남에 따라 발전시키는 방법을 찾아본다. 다음에는, 내부 인력에 관한 부분으로 개발, 상업적 제품 구입 또는 오픈소스 사용을 결정하기 전에 고려해야 할 사항을 알아본다. 마지막으로, 스타트업에서 사용할 공통 기술의 세부 사항을 설명한다. 프로그래밍 언어, 서버측 프레임워크 그리고 데이터베이스에 관한 것이다. 이 장에서는 테크 스택의 다른 몇몇 관점과 어떻게 구축하고 배포하는지 그리고 코드를 어떻게 모니터링 하는지에 대해서 이야기한다.

5.2 테크 스택 발전

이 책의 주요 주제 중 하나인 테크 스택 발전은 위대한 기업 진화의 결과이지만 지적 디자인 산물은 아니다. 이들 기업들에 있어 테크 스택은 대부분 유사하다. 그럼에도 불구하고 바둑판 모양의 청사진으로 그려진 도시계획처럼 꼼꼼한 계획의 결과처럼 기술을 생각하는 경향이 있다. 실제 대부분의 테크 스택은 유기적인 성장의 결과이며, 마치 불규칙하게 넓게 뻗은 정글과 같이 생존에 필요한, 무작위로 자란 뿌리와 곁가지로 가득 차 있다. 따라서 미래에 다가올 기술적 변화를 예측하는 것은 불가능하기 때문에 필요하지 않는 것들을 만드는 것은 시간 낭비다. 따라서 할 수 있는 유일한 방법은 작고 간단한 테크 스택으로 시작하고 증가된 트래픽과 신규 고용, 새로운 기능을 다룰 필요가 있는 환경 같은, 새로운 요구(압력)에 필요한 것으로 적용할 수 있는 과정을 만드는 것이다. 다른 측면에서는, 테크 스택을 만드는 방법에 더 집중해야 한다. 지금 최고의 테크 스택이 무엇인지보다는 시간이 지남에 따라 발전할 수 있어야 한다.

사실 최고의 테크 스택이란 것은 존재하지 않는다. 제품, 팀 그리고 회사 문화를 고려하지 않고 기술을 선택한다면, 이것은 마치 집을 구입하기 전에 가구부터 구입하는

---

1 이는 전 세계 통신 회사에서 연간 전송되는 SMS 메시지의 숫자인 7.2조 건과 맞먹는 수치다[Evans 2014].

것과 같다. 이것은 상황에 따른 문제다.

예를 들면, 구글과 같은 기업은 엄청난 규모의 테크 스택을 유지한다. 구글 엔지니어들은 그들의 웹 크롤러가 작은 소규모 웹사이트를 밀어내지 않도록 주의했다. 프로젝트를 매우 꼼꼼하게 계획해서 진행해야 한다. 왜냐하면 상상할 수 없을 만큼 많은 페타바이트(Petabyte, 기가바이트의 10만 배) 데이터를 다루기 때문이다. 순위 알고리즘에 대해 테스트 방법을 숙고해야 한다. 수억 명의 사용자가 그들의 살아있는 일상에 대해 검색 결과를 사용하고 있기 때문이다. 이와 다르게, 2007년에 설립한 애드몹(AdMob)과 같은 스타트업의 테크 스택은 매우 다르다.

구글을 떠나 애드몹으로 갔을 때, 나의 첫 번째 충격이란 "오~!, 쓰레기, 쓰레기, 쓰레기" 같았다. 더 이상 이것에 대해 말하고 싶지 않았다. 왜냐하면 리더로써 이야기를 시작하기 전에 입을 닫고 귀를 기울이는 것은 매우 귀중한 교훈이기 때문이다. 그러나 나는 '구글에서는 이렇게 하지 않았는데, 구글에서는 이렇게 하지 않았는데, 또 구글에서는 이렇게 하지 않았는데'라고 내 머릿속에서 계속 이것에 대해서 생각했다. 쉬는 시간 사이에 스크립트를 실행한 후 구글과 다르다는 것을 깨닫고, 전혀 다른 문제를 풀고 있으며, 다른 엔지니어링 문화를 가지고 있다는 것을 알았다. 그리고 이 모든 것이 좋아지기 시작했다. 정말로 좋았다.

애드몹에서 이런 환경은 시장이 너무나 빨리 변하고 있어, 여기에는 선점 효과가 거의 매달 기본이 되었다. 성공을 하기 위해서 믿을 수 없을 정도로 많은 애자일이 필요했다. 그래서 애자일을 위한 전체 시스템을 만들었다. 또한 아드레날린에 미친 사람들을 영입했다. 우리는 코드를 작성하고 생산할 수 있다는 것을 근무한 첫 주에 확인했다. 만약 그렇게 할 수 없다면, 둘째 주가 시작될 때는 적합한 환경이 되도록 그들과 매우 진지하게 대화를 했다.

다른 사람들에게 우리는 미친 것처럼 위험이 보일 정도로 사람들을 격려했다. 회사의 모든 엔지니어는 수천 대의 기계에 관리자로 접근할 수 있는 권한이 있었다. 엔지니어는 기계를 바꾸어 가면서 새로운 광고 서버 배포를 완벽하게 마쳤다. 그리고 그들의 배포가 중단되는 것에도 완벽하게 동의했다(아주 멋지게 중단되었다). 이렇게 할 수 있는 이유는 모든 소프트웨어에 대한 예측과 어떤 심각한 실패와 같은 중요한 사실을 볼 수 있도록 전체 시스템을 설계했기 때문이다. 이것은 악당을 쏘는 스나이퍼처럼 누군가에게 도움을 요청하면 누군가가 혼란을 정리했다.

그래서 핵심 데이터베이스의 질의문에 대해 처리 작업, 광고 지원 프로세스에 대한 처리 작업, 이 작업을 해줄 사람을 채용하는 작업, 소프트웨어 개발 프로세스를 실행하는 방법 그리고 안정만을 구축하는 방법을 실행했다. 위험을 기꺼이 감수하고 장려하는 환경을 만들었다. 선점에 대한 효과를 우리는 잡아야만 했다. 심지어 팀의 구조까지 내려갔다. 인간적으로 가능한 팀의 구조를 최소화했다. 일을 마무리하고, 인공 구조물에 대한 정렬, 관리, 코드에 대한 제휴 없이 다음 일로 이동할 수 있기를 원했다. 왜냐하면 계속해서 빠르고, 빠르게 하는 것이 가장 중요했기 때문이다.

내 기억으로는 스티브 잡스가 WWDC에서 2008년 6월 아이폰이 앱스토어를 가지고 가는 것을 발표한 것으로 기억한다. 모두들 베타 프로그램을 발표한 그 해 3월부터 알고 있었다. 하지만 우리는 베타 프로그램에 포함되지 않았고 어떤 세부적인 사항도 알지 못했다. 집에 머물면서 기조 연설에 대한 것을 블로그에서 보기를 원했다. 라이브 블로그에서 스티브는 어떻게 앱스토어가 작동하고 개발자들이 어떻게 만들 수 있는지에 대해 세세하게 모든 것을 알려주었다. WWDC 시청이 끝날 때쯤 내 휴대폰이 울렸다. 회사의 대표인 오마르였다. "스티브의 기조 연설을 시청했어?"라고 물었다. 그리고 나는 대답했다. "물론이지", 그는 "우리도 이걸 해야겠어. 앱스토어가 런칭하기 전에 앱스토어에 대한 광고 SDK를 구축하고 이것을 끝내야 할 필요가 있겠어"라고 말했다.

앱스토어 런칭까지는 6주가 남았을 뿐이었다. 지금은 6월이고 앱스토어 런칭은 7월 중순일 것 같았다. 매일마다 민첩성을 가질 수 있도록 만들어야 했다. 6명으로 전체 팀을 구성했고 우리는 이를 기뻐했다. "우리는 이것을 만들 필요가 있습니다. 이것은 매우 멋진 것을 만드는 것입니다. 우리는 인앱 광고 SDK로 첫 번째 회사가 되어야 합니다. 지금 즉시 필요합니다. 6주라는 시간이 있습니다."

팀은 당황하지 않았다. 누구도 그들의 직무를 해내기 위해 허둥지둥하지 않고, 팀의 결과를 뽑아내기 위해 실패는 없었으며, 폭발적으로 나아갔다. 문 밖으로 이 모든 것을 부셔넣었다. 6주 후, 일을 마치고 앱스토에 런칭을 하자 신문 기사에 실렸다. 6개월 동안 비즈니스에 있어 가장 큰 일이 되었다.

[SCOTT 2014], 케빈 스캇, 링크드인 수석 부사장, 애드몹 부사장, 구글 이사

정확한 상황을 모른 체, 이 장에서는 특정 기술에 대한 조언을 할 수 있는 방법은 없다. 대신에 목표를 결정하기 위해 올바른 이유에 대한 근거를 제공하는 것, 장점과 단점을 알리는 것 그리고 다른 기업이 과거에 어떻게 결정을 했는지를 알려줄 수 있을 뿐이다.

이제 당신이 해야 할 첫 번째 결정을 시작해보자. 스타트업을 위한 초기 테크 스택은 어떻게 선택하는가? 나는 5개 단어로 답을 할 수 있다. "go with what you know(아는 대로 하라)." 이 책에 있는 인터뷰에서처럼, 나는 매번 스타트업에게 무슨 일이 있더라도 창업팀이 가장 잘 알고 있는 기술을 선택하라고 말한다. 링크드인은 창업팀이 자바를 잘 알고 있으므로 자바로 구축했다[Dellamaggiore 2014]. 깃허브 창업자는 모두 루비 개발자로서, 루비를 사용해서 사이트를 구축했다[Holman 2014]. 트위터는 초기 다수의 개발자가 레일즈에 익숙해있어서 주로 레일즈를 사용했다[Larson 2014]. 포스퀘어는 공동 창업자 데니스 크라울리가 PHP를 잘 알고 있어서 PHP로 시작했다[Ortiz 2014]. 핀터레스트는 창업팀이 파이썬에 익숙해있어서 파이썬을 사용했다[Chou 2014].

이론적인 장점이 있는 새로운 기술을 배울 수 있다는 재미가 있지만 스타트업의 초기 목표는 사용자가 원하는 것이 무엇인지 알아내고, 시간을 낭비하지 않는 것이다. 초기 제품은 소수의 사용자와 적은 코드를 가진다. 그래서 확장성은 수많은 도전이 아니라, 가능한 모든 문제에 대해 가능한 빠르게 반복하는 것이다(52쪽 "속도가 승리한다" 참조). 만약 당신이 자바 전문가라면 자바로 시작하라. 만약 루비를 사용한다면 루비 또는 레일즈를 사용하라. 만약 수 년간 MySQL을 사용해 왔다면 MySQL을 사용하라. 다음 주

에 할 완벽한 테크 스택보다 지금 미치듯이 쓸 수 있는 것이 가장 좋은 테크 스택이 될 것이다.[2]

물론, 스타트업이 다음 주까지 생존할 수 있을 만큼 충분히 성공적이라면, 새로운 요구사항에 맞는 테크 스택을 발전시킬 수 있다. 예를 들어, 트위터는 루비온레일즈(Ruby on Rails)[3]로 시작했지만 지금 그들은 너무 커져서 스칼라와 자바로 옮겨갔다[Humble 2011]. 핫스팟도 .NET과 SQLServer에서 자바와 MySQL, 하둡 그리고 HBase로 옮겨갔다[Milstein 2013]. 코세라는 현재 PHP에서 스칼라로 옮겨가는 중이다[Saeta 2014]. 링크드인은 자바 서블릿, 그루비, 루비, 자바와 스프링MVC, 자바스크립트와 Node.js 그리고 스칼라와 플레이 프레임워크 등 프로그래밍 역사에 나오는 대부분의 기술을 시도하고 있다.

> 초기 테크 선택의 비결은 없다. 초기 결정은 확실하게 빌어먹을 시도가 된다. 유일한 문제는 잘못된 선택이 얼마나 오래 지속되는가에 있다. 살려내려고 반창고를 붙이고 또 붙이고 하는 대신에 잘못된 선택을 죽일 용기를 내야 하는 변곡점이 언제인지 인식하는 것이 비결이다.
>
> 훈련을 하는 것은 매우 중요한 일이다. 생각하라. 멀리, 더 멀리···. 이것은 매우 중요한 일이다. 그리고 나서 시대 정신을 읽고 최고의 초기 기술 결정을 알아내기 위해 무한히 반복되는 디자인 설계 분석에 들어간다. 대신에, 스스로 만들고 변화에 적응할 수 있는 환경과 언제 재구축할지를 알아내야 한다.
>
> **[SCOTT 2014], 케빈 스캇, 링크드인 수석 부사장, 애드몹 부사장, 구글 이사**

테크 스택을 변화하는 시간이 언제인지는 기본적으로 규모의 문제다. 기술보다 사람들이 더 빨리 확장하는 것을 발견하게 된다면, 테크 스택의 황금률을 위반하는 상황을 재평가를 해야 하는 시기다. 만약 예상되는 새로운 기능 구축이 새로운 배포보다 시간이 더 많이 걸린다면 기능 추가를 멈추어야 한다. 바로 이때가 변화를 위한 시간이 될 수 있다. 때로는 간단한 변화로 단지 데이터베이스 질의문을 최적화하거나 캐시를 추가하는 것으로도 충분히 해결할 수 있다. 또한 테크 스택의 거대한 부분을 교체하는 것처럼 다른 데이터베이스의 정보를 이동시킬 수 있다. 그러나 이때 시스템이 정지하지 않도록 조심하고 서서히 재작성해야 한다.

완전히 새로운 테크 스택 위에 코드를 재작성할 때 모든 개발이 중지되면 엄청난 위

---

2 패튼 장군의 인사말에서 차용했다.

3 (옮긴이) 개발자를 위한 풀 스택의 오픈소스 웹 프레임워크로서 실제의 애플리케이션을 빠르고 쉽게 개발할 수 있도록 해 준다.

험이 된다. 이것은 "소프트웨어 회사가 할 수 있는 한 번뿐인 최악의 실수[Spolsky 2000]" 그리고 "스타트업 자살[Blank and Dorf, 2012]"이라고 알려져 있다. 과거에 작성된 코드를 버릴 때, 버그 수정 및 학습의 시간들도 버려질 것이다. 재작성을 할 때에는 같은 실수의 반복을 끝내고 새로운 것을 추가해야 한다. 반짝하는 새로운 기술 위에 재작성된 코드는 문제의 아주 작은 파편이 된다. 그리고 시간의 대부분은 이를 실행하기 위한 새로운 방법에 대한 팀원의 재교육에 소비되며, 새로운 방법이 더 낫다고 설득하고, 문서 갱신, 데이터 이주 문제에 대한 협상, 구축된 시스템 내에서의 기술 통합, 모니터링 설정 그리고 새로운 기술을 어떻게 디버깅하는지에 대한 방법을 알아내는 것이 필요하다. 재작성은 호프스태터의 법칙(Hofstadter's Law)[4]의 아주 좋은 예가 된다. 호프스태터의 법칙을 고려하더라도 항상 예상보다 오래 걸린다[Hofstadter 1999, 152]. 그러는 사이에 당신 제품은 진흙 속에 묻혀있고 경쟁자들은 당신을 앞서갈 것이다.

그래서 스타트업을 죽이지 않고 테크 스택을 발전시키는 방법을 알고 있는가? 해답은 점진적 증가다. 아이디어는 작은 작업, 독립된 단계, 스스로의 가치를 가지도록 나누어진다[Milstein 2013]. 모든 작은 과정은 평등하게 생성되고 점진적 성장의 실패(false incrementalism)를 조심할 수 있다.

> 점진적 성장의 실패는 작은 단계의 집합 안에 큰 변화가 생기는 것을 막는다. 그러나 이들 단계에서 아무것도 자신의 가치를 만들지 못한다. [중략] 만약 점진적 성장의 실패에 대한 쉬운 방법을 결정한다면 매우 작은 단위의 테스트를 하는 것이다. 각각의 점진적 성장이 있은 후, 핵심적인 사람에게 지금 이 순간 팀에 알맞은 프로젝트를 할당할 것인지를 물어본다. 그리고 비즈니스가 어떤 가치를 가지는지 살펴본다. 이것이 황금률의 표준이다.
>
> [MILSTEIN 2013], 댄 밀스타인, HUT 8 LABS 공동 창업자

즉, 테크 스택에서 가장 중요한 변경을 해야 할 때, 이를 달성하기 위한 최고의 방법은 모든 것을 버리고 처음부터 교체하기보다는 지금 점진적으로 진화하는 것이다(진화는 지적 설계를 고동치게 한다). 어떤 면에서 자동차가 움직이는 동안 차 바퀴를 변경하는 것과 같다. 그러나 스타트업 세계에서 자동차 고장은 세워둘 갓길이 없기 때문에 차를 세울 경우 이미 당신은 죽은 것이나 다름없다.

2011년 링크드인은 급격한 하이퍼 성장기를 거쳐 지나가고, 사이트 트래픽과 직원

4　(옮긴이) 그 일은 항상 당신이 생각하는 것보다 오래 걸린다는 법칙이다.

수 양쪽 모두 증가와 인프라스트럭처가 부하로 인해 성장은 굴절되고 있었다. 이때 나는 서비스 인프라스트럭처 팀원 중 한 명이며, 빠르게 성장하는 요구에 대해 테크 스택을 확장이 가능하도록 몇몇 눈에 띄는 변화를 만들어야 함을 알았다. 팀은 코드를 전달하기 위한 대규모 변경 작업을 했고(8장 참조), 처음부터 코드를 작성하는 방법을 향상시키는 작업을 수행했다. 링크드인을 Play 프레임워크로 이전하는 프로젝트를 수행하여 마쳤다.[5] 표 5.1은 점진적인 단계에 대한 것으로, 결정에 따르는 것과 실제 이전 수행, 성공 또는 취소된 경우를 포함한 프로젝트 각 단계에서 일어난 것을 보여준다.

표 5.1 링크드인을 Play 프레임워크로 이전하는 점진적 단계

단계	프로젝트 성공에 대한 가정	프로젝트 취소에 대한 가정	실제 결과
1단계 : 가장 큰 불편한 점을 파악하고, 해결책으로 초기 적용 팀에 최신 기술을 시도할 수 있도록 개발 팀과 이야기를 나눈다.	인프라스트럭처 작업의 우선순위를 찾는다.	작업을 수행하기 위해, 필요한 자원을 확보하기 전까지 팀을 고통스럽게 만드는 것이 무엇인지 알아낸다.	웹 프레임워크의 성능과 생산성이 가져오는 고통을 알아내고, 해결책으로 Play 프레임워크로 결정했다.
2단계 : 링크드인에서 Play 프레임워크 사용에 대해 통합 지점의 최소 개수를 구축한다.	링크드인에서 Play 앱을 지원하기 위한 기본적인 통합 코드를 완성한다.	미래에 어떤 프레임워크를 유용하게 사용하기 위한 몇 가지 통합된 코드에 대해 배운다.	모니터링, 배포 및 환경 구성 도구에 Play 프레임워크를 적용했다.
3단계 : Play 프레임워크의 최상단 서비스 중에 하나를 재작성하여 초기 적용 팀과 함께 작업한다.	적어도 한 개 팀은 성능과 생산성 향상을 가져온다.	적어도 한 개 팀은 성능과 생산성 향상을 가져온다.	Play 프레임워크에 링크드인 설문 조사의 백엔드를 재작성했다.
4단계 : 다시 1단계로 돌아간다.	더 많은 팀이 Play 프레임워크로 이주에 대한 관심을 발견하고, 요구에 맞는 새로운 통합 지점을 구축한다.	다른 팀이 가진 고통과 문제 해결을 위한 초점 이동을 이해한다.	80개 이상의 서비스를 Play 프레임워크로 이전했다. 여기에는 홈페이지, 구직, 채용 정보와 그 외 다수가 포함된다. 이전은 지금노 계속 진행 중이다.

이 책의 1부에서 논의되었던 것과 유사한 반복적인 제품 개발 프로세스라는 것을 눈치 챘을 것이다. 이 과정은 Play 프레임워크 위에 사이트의 주요 부분을 점진적으로 이동

---

5 더 많은 정보는 링크드인에서 Play 프레임워크에 대한 부분을 참조한다.

하는 것을 허용한다. 결과적으로 주요 재작성 작업으로 인해 중단되는 일 없이 성능과 생산성이 점진적으로 혜택이 되어 다가왔다. 각 단계는 그 자체만으로도 유의미하므로 만일 어떤 지점에서 프로젝트를 중단하게 될 지라도 여전히 가치가 있다.

Play 프로젝트의 성공 이유 중 하나는 우리가 처음부터 완전히 새로운 웹 프레임워크를 개발하지 않았기 때문이다. 대신에 내부의 인프라스트럭처의 거대한 조각으로 나누어서 오픈소스와 상업적인 지원을 얻어내어 힘들지만 점진적으로 수행해냈다.

5.3 자체 개발 vs. 상업적 제품 구매 vs. 오픈소스 사용

테크 스택 각각의 부분에 대해서 '자체 개발', '상업적 제품 구매', 또는 '오픈소스 사용' 방법 중에서 테크 스택의 구축 여부를 결정해야 한다.

5.3.1 자체 개발

프로젝트를 자체 개발로 구축한다면 모든 것을 완벽하게 제어해야 한다. 자신의 코드와 데이터는 요구사항에 맞게 프로젝트에서 커스터마이징할 수 있어야 하며, 미래에 있어 프로젝트가 진화하는 방법을 결정하고, 새로운 기능을 배포할 수 있어야 한다. 웹사이트의 사용자 인터페이스처럼 고객의 제품과 구글의 랭크 알고리즘과 같은 차별점에 대한 자체 개발은 유일한 선택이 된다. 그러나 라이브러리나 인프라 스트럭처를 재사용하고자 할 때는 독점 소프트웨어로 비용이 비싸다. 그리고 개발하는 시간도 필요하다.

대부분의 개발자는 오직 프로젝트의 초기 비전을 작성하는 데 걸리는 시간만 생각한다. 이는 얼마나 오래 걸리는지 너무 과소평가하는 것이다. 그러나 이것은 전체 비용의 극히 일부일 뿐이다. 개발자는 새로운 요구사항을 통해 진화, 버그 수정 그리고 문서 작성과 같은 프로젝트를 장기적인 관점에서 관리해야 한다. 개발자들은 무엇인가 잘못될 때마다 모든 질문에 대한 대답과 24시간 지원을 제공할 책임과 같은 일을 반복해야 한다. 그리고 이미 프로젝트 내에 전문가를 고용할 사람이 없거나, 스택 오버플로우 같은 사이트는 플러그인 또는 확장에 기여하는 커뮤니티가 없는 독점적인 코드를 도울 수 없다. 이런 사실은 대부분의 개발자가 독점적인 시스템을 배우길 좋아하지 않는다는 것이다. 왜냐하면 이 지식은 다른 곳에서 사용할 수 없는 경력이 되기 때문이다.

5.3.2 상업적 제품 구매

상업적 제품은 개발자의 시간을 돈으로 사는 것이다. 외부 공급업체는 모든 코드 작성, 버그 수정 그리고 문서 생성을 담당한다. 이들은 하나의 제품에 회사 전체가 전념하므로 더 많은 개발자를 할당한다. 몇몇 외부 공급업체는 공급 지원 계약을 제공하며, 제품, 우선순위를 가진 버그 수정 그리고 24시간 지원 및 커스터마이징하기 위해서는 추가적인 돈을 지불해야 한다. 일부 상업적 제품은 커뮤니티를 가지고 있다. 제품 커뮤니티는 증명서이자 위대한 원천이 된다. 개발자들은 소프트웨어 사용 방법, 플러그인, 확장 그리고 스택 오버플로우에서의 도움, 메일링 리스트, 블로그 게시 그리고 대화를 이미 알고 있다. 완전히 검증되지 않은 프로젝트로 시작하는 것보다 수십 개의 회사들이 성공적으로 사용하고 있는 제품으로, 평판 좋은 공급업체의 제품을 사용하는 것은 안전한 방법이 된다. 대부분의 스타트업은 상업적 소프트웨어를 많이 사용하고 있다. 예를 들면 팀 커뮤니케이션 플랫폼으로 슬랙을 사용하고, 모니터링과 알림 도구로 페이저듀티, 클라우드 호스팅으로 아마존 EC2, 인사관리로 제니핏츠, 고객관계 관리로 세일즈포스 그리고 그 외 많은 소프트웨어를 사용한다.

상업적 소프트웨어는 내부 비용이 된다. 몇몇은 공급업체가 청구서를 당신에게 보낼 것이다. 다른 곳은 그렇지 않을 수도 있다. 예를 들면, 공급업체의 코드를 소유, 이해 불능, 품질 판단, 보안성 필요, 디버깅 문제가 있을 때 참조, 또는 미래의 진화방법을 제어하는 데 사용된다. 만약 코드를 제어하지 않는 SasS 제품과 같이 데이터만 이용한다면 상이한 기술로 이전을 할 때 매우 어려울 수 있다. 이를 흔히 공급업체 종속(vendor lock-in)이라고 말한다.

> 잔인한 진실은 이것이다. 비즈니스의 핵심 프로세스는 비트의 불투명한 블록으로 실행될 때 내부조차 볼 수 없고 비즈니스의 제어를 잃게 된다. 공급 업체가 당신을 필요로 하는 이상 공급 업체가 필요하게 된다. 그리고 힘의 불균형으로 인해 지불하고, 지불하고, 또 계속해서 지불하게 된다.
>
> [RAYMOND 2001, 152], 에릭 레이몬드, *성당과 시장*의 저자

상업적 제품을 사용할 때마다 제어권, 즉 기업의 일부분을 타사에게 주는 것이다. 몇 개월만 공급업체와 비즈니스를 진행하는 것은 어떻게 되는가? 또는 경쟁사에게 인수되는 것은? 이것은 매우 심각한 위험이다. 예를 들어 데이터 저장소 같은 비즈니스의 매우 중요한 부분에 있어서 증명되지 않은 공급업체를 사용할 때는 매우 주의해야 한다.

5.3.3 오픈소스 사용

오픈소스 프로젝트는 상업적 제품을 이용하는 것과 같이 이점도 많지만 위험도 많다. 오픈소스를 사용하면 커뮤니티의 개발자들이 코드 작성, 버그 수정, 문서 작성 그리고 플러그인 개발과 확장에 대한 책임을 진다. 이들 커뮤니티는 도움을 얻을 수 있는 강력한 자원이다. 질문이 있다면 스택 오버플로우와 메일링 리스트에서 답을 얻고, 블로그 게시물과의 대화로부터 최고 사례를 배우고, 많은 프로젝트와 전문가를 개발자로 고용할 수 있다. 사실 대부분의 개발자들은 오픈소스를 사용하여 작업하는 것을 사랑한다. 후일 자신의 경력에 지식을 재활용할 수 있으며, 오픈소스에 대한 기여는 공개 이력서의 일부가 되기 때문이다(523쪽 "왜 공유해야 하는가" 참조). 인기 있는 프로젝트의 경우, 오픈소스 커뮤니티는 어떤 단일 기업보다 훨씬 큰 규모다. 예를 들면, 2014년 702명의 장고(Django) 커뮤니티, 2,469명의 루비온레일즈 커뮤니티는 각 프레임워크에서 사용할 수 있는 수천 개의 플러그인이 있다. 만약 당신의 스타트업이 자신의 웹 프레임워크를 작성하려고 생각했다면, 얼마나 많은 사람이 그것을 위해 헌신해야 하는가? 한 번쯤 생각해볼 문제다.

오픈소스의 약점은 대부분 자원봉사자들을 기초로 이루어진다는 것이다. 많은 수의 개발자들은 다양한 기업에서 작업을 함께 하기에 매우 효과적일 수 있다(412쪽 '자율성 참조'). 그러나 이것은 당신이 어떤 종류의 보증도 필요로 하지 않아야 한다. 예를 들면, 특정 버그에 대한 수정, 특정 기한 내에 새로운 기능을 공개, 또는 프로젝트 개발을 완료하기 위해 진행 중인 상황에서 보증을 필요로 하는 경우다.

때때로 오픈소스 프로젝트의 관리자는 전체 프로젝트를 포기하기도 한다. 심지어 프로젝트를 삭제하기도 한다(예 : 파운데이션DB는 애플에 인수된 후 깃허브에서 삭제되었다). 때때로 프로젝트 전반의 커뮤니티는 쪼개지고 몇 가지 다른 방향으로 나누어진다(예 : Node.js에서 조이엔트는 io.js로 갈라졌다). 그리고 오픈소스 프로젝트는 생각하는 것처럼 "개방적"이지 않을 수 있다. 여기에는 라이선스에 대한 혼란이 있다(예 : 대부분의 상용 회사들은 GPL 라이선스를 소프트웨어에서 피하고 있다). 상표권에서는 조이엔트가 Node.js 상표권을 가지고 있어 Node.js의 갈라진 프로젝트에서도 Node라는 이름을 사용할 수 없다. 저작권에서는 자바의 오픈소스 구현을 예로 들 수 있는데, 오라클은 자바 API 저작권을 가지고 있어서 안드로이드에서 API 사용에 대한 문제로 구글을 고소했다.

상용 소프트웨어도 마찬가지로, 오픈소스 사용은 기업의 일부분으로 타사에게 주어진 온전한 제어권을 행사하지 못한다. 상용 소프트웨어와 다르게, 소스코드에 대한 제어권을 가지고 위험을 완화시킨다. 만약 소스코드를 소유한다면, 패치 또는 플러그인에 기여할 수 있으며, 만약 배포 주기가 너무 느리다면 사용자 빌드를 생성하고, 시작점이 다른 방향으로 흘러가면 새로운 프로젝트를 나누며, 또는 필요에 따라 완전히 다른 프로젝트로 이동도 가능하다. 이것으로 벤더 종속을 피할 수 있다. 따라서 다른 사람들도 소스코드를 찾고 있기 때문에 오픈소스 프로젝트는 높은 품질의 증거가 되는 것이다[Coverity, Inc. 2013]. 그리고 독점적인 프로젝트보다 낮은 보안 문제가 있다[Renolds and Wyat 2011]. 오픈소스의 품질을 측정하기는 쉽다. 많은 회사의 코드 사용, 많은 관리자의 평판, 많은 독자 또는 새로운 분기를 통해서 측정할 수 있으며 얼마나 많은 리소스가 온라인에서 사용되는지를 세어보고 코드를 읽어볼 수 있기 때문이다. 그리고 도움이 필요하다면, 오픈소스 프로젝트에 대한 상용 지원을 받을 수 있다. 대표적으로, 레드햇, 타입세이프, 조이엔트, 클라우데라 그리고 호톤웍스 같은 회사가 있다.

5.3.4 기술은 결코 스스로 구축할 수 없다

일부 기술은 너무나 복잡하고, 오류를 발생하기 쉬우며, 스스로 만들기에 시간이 너무 많이 든다. 그리고 스타트업으로써 스스로 그것을 구축하지 않는다면 상업적 세계 또는 오픈소스 내에서 멋지게 해결할 수 있다. 여기에 그 목록이 있다.

- 보안 : 암호화, 암호 저장, 신용카드 수납
- 웹 기술들 : HTTP 서버, 서버측 또는 클라이언트측 프레임워크
- 데이터 시스템 : 데이터베이스, NoSQL 저장소, 캐시, 메시지 큐
- 소프트웨어 납품 : 버전관리, 시스템 구축, 자동화 배포
- 컴퓨터 기본과목 CS 101 : 기본적인 데이터구조(map, list, set), 정렬 알고리즘
- 공통 데이터 포맷에 대한 라이브러리 : XML, HTML, CSV, JSON, URLs
- 유틸리티 라이브러리 : 일/시간 관리, 문자열 편집, 로깅
- 운영체제
- 프로그래밍 언어

이 시스템 중에 적어도 하나를 구축할 유일한 이유로, (a) 학습에 대한 개인적인 측면으로 프로젝트를 활용하기 또는 (b) 이 기술 중에 하나에 대한 매우 독특한 요구사항을 가

지는 경우와 같은 경우가 있다. 여기서 후자의 경우는 드물다. 만약 데이터베이스 판매 비즈니스 또는 다른 기업에 비해 타의 추종을 불허하는 규모로 운영하고 있다면, 스스로 구현하는 것이 의미가 있지만 그렇지 않다면 기성품으로 해결하는 것이 좋다.

구글은 매우 NIH 증후군[6]적인 스택을 가지고 있다. 모든 것을 내부에서 개발한다. 내가 구글에 있을 때, 아마도 GCC를 제외한 오픈소스 도구 또는 라이브러리 사용을 생각하지 않았다. 이유 중 일부분은 산업계에 있어 다른 누구보다도 적어도 5년은 구글이 앞서 있다고 생각했다. 구글에서는 분산 시스템을 구동하는 저렴한 범용 하드웨어를 다량으로 사용하여 맵리듀스(MapReduce)와 같은 것을 만들었다. 구글에서는 기본적으로 고안 또는 이런 많은 제품을 대중화시켰다. 이것들은 모든 산업의 표준이 되었고 구글에 있기 전에는 대부분 존재하지 않았다. 구글은 충분히 그것들을 만드는 것으로 다른 사람보다 충분히 앞서 있다는 것처럼 느꼈다. 그리고 어쩌면 이것은 스스로 자기강화가 되는 것도 있었다. 왜냐하면 우리는 우리를 위해 일을 하는 NIH 문화가 있었기 때문이다.

[LARSON 2014], 브라이언 라슨, 구글과 트위터의 소프트웨어 엔지니어

5.3.5 자체 개발 vs. 상업적 제품 구매 vs. 오픈소스 사용에 대한 요약

스타트업은 오픈소스를 최고의 선택으로 사용하고, 상업적 제품을 사용해서 빠르게 쫓아가야 한다. 자체 개발한 인프라스트럭처 구축은 더 이상 다른 선택이 없는 경우에만 사용하는 최후의 수단으로 취급해야 한다. 기억하기 어렵겠지만, 많은 개발자가 복잡한 인프라스트럭처 부분을 빌드하는 기회에 흥분하고, 기존 기술은 자신의 요구에 맞는 것이 없다고 주장한다. 그러나 선택할 수 있는 수천만 오픈소스 저장소보다 더 많은 것은 없다[Doll 2013]. 그리고 개발자 시간은 스타트업에 있어 항상 희귀하고 고가의 자원이기 때문에, 쉽게 사용할 수 있는 기성품이 있다면 새로운 바퀴를 발명하는 데 시간을 보낼 여유가 없다. 업무 흐름도인 그림 5.1은 자체 개발 구축, 상업적 제품 구입, 오픈소스 사용을 결정하기 위해 사용한다.

---

6 (옮긴이) 제3자가 개발한 기술이나 연구성과를 인정하지 않는 것을 의미한다.

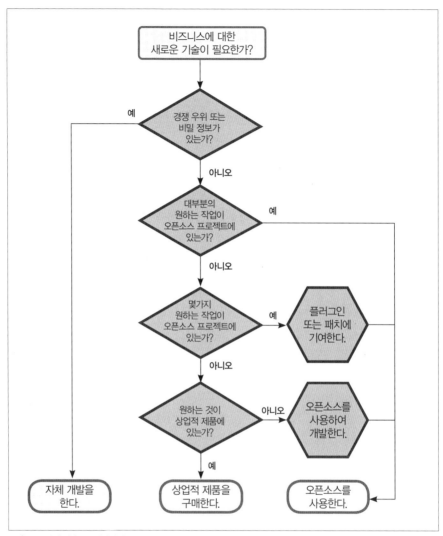

그림 5.1 자체 개발 vs. 상업적 제품 구매 vs. 오픈소스 사용에 대한 업무 흐름도

5.4 프로그래밍 언어 선택

프로그래밍 언어는 종종 회사에서 하게 될 첫 번째 기술적 결정이 된다. 이는 또한 다른 모든 결정에 가장 영향을 미치는 하나가 된다. "go with what you know(아는 대로 하라)" 법칙의 의미는 대부분 벤처기업의 초기 창업자가 가장 잘 알고 있는 언어를 사용한

다는 것이다. 그러나 스타트업은 성장하고 진화함에 따라, 다른 언어가 소개되는 것은 매우 흔한 일이다. 예를 들어, 트위터는 루비로 시작했지만 결국에 몇 년 지나서는 그들의 서비스를 스칼라 언어로 많이 이전했다[Humble 2011]. 왜 스칼라일까? 왜 파이썬이나 자바, 하스켈이나 다른 언어가 아닐까? 질문에 대한 답은 프로그래밍 패러다임, 성능, 문제 대한 적합성, 문화적 적합성 그리고 제품 생산성과 같은 서로 다른 프로그래밍 언어의 핵심을 이해하는 것이 필요하다.

5.4.1 프로그래밍 패러다임

각각의 프로그래밍 언어는 문제를 해결하는 방법에 대해 서로 다른 철학이 있다. 프로그래밍 언어의 패러다임에 대한 생각은 마치 언어의 어휘와 문법과 같다. 당신이 말하는 방법을 결정하는 것이다. 여기에는 결정적인 증거가 거의 없다. 하나의 패러다임은 다른 것보다 좀더 나을 수 있다.[7] 그러나 몇몇 아이디어는 다른 것보다 특정 패러다임에서 표현이 쉬울 수 있다. 다음 몇 장에 걸쳐서 객체지향 프로그래밍, 함수형 프로그래밍, 정적 유형 그리고 자동 메모리 관리에 관한 대부분의 패러다임에 대한 몇 가지 중요 주제에 대해 살펴볼 것이다.

객체지향 프로그래밍

객체지향 프로그래밍(OOP, Object-Oriented Programming)은 객체로써 세상을 모델링하는 경향이 있다. 이것은 자료구조를 데이터와 행위의 패키지로 묶는다. OOP는 지난 20년간 프로그래밍 패러다임을 지배해왔다. 이 세계에서 대중적인 프로그래밍 언어로는 C++, C#, 자바, 자바스크립트, 루비 그리고 파이썬이 있다.

인기의 비결은, 객체와 메서드는 실제 세계의 명사와 동사로 잘 표현되기 때문이다. 일례로, Car 클래스와 함께 Car 내부의 상태에 대한 갱신 방법을 알 수 있는 move 메서드로 직관적인 설명이 가능하다. 또한 OOP는 변경과 같은 내부 구현의 세부적인 사항을 다른 객체로부터 접근을 제안하는 정보 은닉(Information Hiding)을 통해 커플링을 줄여주는 데 도움이 된다. 프로그램을 안정화하려면 반드시 객체의 public 메서드와 같은 안정적인 인터페이스를 통해 상호작용을 해야 한다.

---

7 정적 유형과 함수 언어는 생산성을 완만하게 개선하는 것으로, 나타나는 몇 가지 증거가 있다. 그러나 이들 패러다임 사이에서의 차이점은 개별 프로그래머 사이의 능력의 차이로 가려지는 경향이 있다[Luu 2014].

그러나 OOP는 두 가지 중요한 문제점이 있다. 첫 번째는 "객체지향적"의 진정한 의미가 무엇인지에 대한 의견 일치가 부족하다는 것과 올바르게 수행하는 방법에 대한 것이다. 모든 OOP 언어와 프로그래머는 이 부분에 대해서 다르게 행동한다.[8] 두 번째로 대부분의 OOP 언어는 가변 데이터와 부작용을 가진다는 것이다(6장 참고). 이는 관리 그리고 테스트 코드, 동시성 환경과 같은 특별한 경우에 대해 이해를 어렵게 만든다.

함수형 프로그래밍

함수형 프로그래밍 언어는 OOP 언어와는 달리 함수의 평가로써 세상을 모델링한다. 이때 가변 데이터와 부작용에 대한 사용을 제한할 수 있다. 간단한 구성으로 복잡한 코드를 구축하는 데 초점을 맞추고 있다. 순수 함수와 프로그래밍의 더 진보된 선언적 스타일을 사용하여 원하는 것을 묘사하기보다는 어떻게 얻을 것인가에 대한 방법을 표현한다. 이것은 관리, 테스트 코드를 보다 쉽게 이해하게 해준다(이것은 함수형 프로그래밍 부분에서 보다 깊게 다룬다. 267쪽을 참조한다). 대중적인 함수형 프로그래밍 언어는 하스켈, LISP 패밀리(스키마, 클로저) 그리고 스칼라와 같은 OOP와 함수 언어의 혼합형이 있다.

왜 OOP보다 함수형 프로그래밍이 인기가 없는가? 여기에는 두 가지 이유가 있다. 첫 번째로 함수형 프로그래밍은 가파른 학습 곡선을 가지기 때문이다. 카테고리 이론, 모나드(monads), 모노이드(monoids), 값 중심(applicative) 그리고 펑크터(functors)는 "객체는 사물이다" 그리고 "고양이는 동물의 상속이다"보다 더 이해하기 어려운 것으로 시작한다. 함수형 프로그램의 수학적 뿌리는 대중에게 다가가 이해시키기에는 충분하지 않다. 두 번째로 함수형 프로그래밍은 현실 세계로부터 제외된 디자인을 하고 있기 때문이다. 이것은 부작용과 상태를 제어해야 하지만, 대부분의 프로그램은 부작용과 상태를 관리하기 위해 존재하지 않기 때문이다. 함수형 프로그래밍은 하드웨어 아키텍처로부터 멀리 떨어져 있다. 예를 들면, 반복 대신에 재귀를 사용하고, 가변 데이터 대신에 불변 데이터를, 메모리 관리 대신에 쓰레기 수집을, 조급한 계산법(eager evaluation) 대신에 느긋한 계산법(lazy evaluation)을 사용한다. 이것은 함수 코드의 성능을 예측하는 데 어렵게 만든다. 여기에는 성능에 대한 불이익을 제거하거나 완화하는

8　객체지향 프로그래밍의 개발자 중 한 명인 앨런 케이는 두 가지 대중적인 OOP 언어에 대해 말했다. "나는 객체지향이라는 언어를 만들었다. 그리고 나는 내 마음에 C++를 가지고 있지 않다" 그리고 "자바는 MS-DOS 이후로 가장 고통을 주는 히트 작이다[Kay 1997]."

방법이 있다. 예를 들면 영구 데이터 구조(Persistent Data Structures)와 꼬리 호출 최적화 (Tail-Call Optimization)를 사용한다. 그러나 이것은 종종 프로그래머에게 부담을 증가시 킨다.

정적 유형

프로그래밍에서, 데이터의 각 부분은 메모리에 어떻게 저장하고, 어떤 값을 설정하고 어떤 동작을 수행하는지를 결정하는 유형을 가진다. 예를 들어, 몇몇 언어들은 정수 값을 가진다면 32비트 부호가 있는 2의 보수의 정수로 스택에 저장됨을 의미한다. 가능한 값의 범위는 -2^{31}에서 $2^{31}-1$까지이며 덧셈, 뺄셈, 곱셈, 나눗셈 그리고 나머지를 수행할 수 있다. 동적 유형 언어(Dynamically Typed Languages)는 만약 배열의 색인 범위를 넘는다면 오류를 던지는데 이것은 런타임에서만 유형을 확인한다. 정적 유형 언어 (Statically Typed Languages)는 컴파일 시간에 오류를 확인한다. 예를 들면, 문자열에 정수를 할당하려고 시도한다면 컴파일러는 실패를 만든다.

정적 유형 시스템은 자동화 테스트의 컴파일러 실행 슈트와 같이 날짜와 정확도가 보장된다(297쪽 '자동화 테스트' 참조). 정적 유형 언어를 사용하는 경우에도 자동화 테스트를 작성할 수 있다. 유형 시스템은 자동적으로 버그의 부분 집합을 잡기 위한 많은 시간을 절약해준다. 정적 유형은 코드를 읽는 사람에게 유용하고 많은 정보를 제공해준다. 개발자를 포함하여 문서에 제공되는 내용에 맞추어 유형을 사용할 수 있다.

그러나 정적 유형은 특효약이 아니다. 정적 유형으로 작성된 코드는 시간이 걸리고 반복 속도를 느리게 하는 컴파일을 반드시 해야만 한다. 그리고 얼마나 많은 컴파일 시간을 소비할지 모르고, 코드의 정확성을 위해 모두 정적인 검사를 해야만 한다. 유형 시스템이 더욱더 강력해짐에 따라, 코드의 하부 구조는 더욱더 증가하여, 유형 시스템의 복잡성은 기하 급수적으로 비용 증가를 가져온다. 다음과 같은 언어에서 사용되는 내용을 배워야 한다. 제네릭(generics), 공분산(covariance), 콘트라베리언스(contravariance), 존재하는 유형, 고유 유형, 조합 유형, 의존 유형, 재귀 유형, 유형 클래스, 유형 범위, 높은 관련성 있는 유형, 팬텀 유형, 구조적 유형이다. 그리고 이것은 때때로 언어 사용 비용이 이익보다 크게 될 수 있다. 예를 들면, 도메인 정의 언어(DSLs, Domain-Specific Languages)와 메타 프로그래밍은 대부분의 유형 시스템에서 유연성과 표현력을 뛰어 넘는다. 이런 문제에 대한 확실한 유형은 특별한 경우가 된다.

자동화된 메모리 관리

C, C++와 같은 저수준, 즉 시스템 프로그래밍 언어는 메모리 할당과 해제를 위한 관리를 프로그래머가 수동으로 해야 한다. 대부분의 고수준 프로그래밍 언어인 자바, 루비, 파이썬은 자동화된 메모리 관리를 제공한다. 이는 컴퓨터의 메모리 구조를 이해할 필요 없이 실제 문제 해결에 초점을 맞출 수 있도록 해준다. 이것은 생산성 향상과 버그를 가진 큰 클래스를 예방한다. 메모리 해제를 잊어 메모리 누수를 더 이상 신경 쓰지 않아도 되고 포인터 사용과 이중 메모리 해제와 같은 잘못된 메모리 해제 사용을 방지한다.

그러나 불행하게도 자동화된 메모리 관리는 추가적인 비용이 든다. 자동화된 메모리 해제를 위한 공통적인 방법은 쓰레기 수집(GC, Garbage Collection)을 사용하는 것이다. 주기적으로 모든 할당된 메모리를 검사하고 더 이상 사용하지 않는, 반환하는 수집기를 사용한다. 여기서 CPU와 메모리 자원을 수집하는 수집기 사용에 문제가 있다. 튜닝 과부하를 감소시킬 수 있지만, 고성능의 메모리 캐시와 같은 메모리 집약적인 프로그램에서 너무나 많은 과부하가 있을 수 있다. 많은 쓰레기 수집 알고리즘은 수집기를 수행하는 동안 전체 시스템을 멈추는 경향이 있다.[9] 쓰레기를 수집하는 언어는 실시간 애플리케이션에 대해서는 좋은 선택이 아니다. 애플리케이션은 GC로 잠시 멈추는 시간보다 더욱더 짧은 응답시간이 필요하기 때문이다.

5.4.2 문제 일치

이론적으로, 모든 현대적 프로그래밍 언어는 튜링 머신의 완성이다. 그래서 모두 동등하다. 그러나 실제로, 특정 유형의 문제는 몇몇 프로그래밍 언어에서 보다 쉽게 해결할 수 있다. 예를 들면, 클로저, 루비와 같은 강한 메타프로그래밍 능력을 가진 언어는 DSL을 보다 쉽게 정의해서 사용할 수 있다. 얼랭은 분산 시스템과 고장 방지를 구축하는 데 효과적이다. 어셈블리와 C는 일반적으로 저수준, 실시간 또는 임베드 시스템을 위한 유용한 선택이다.

언어의 주변 커뮤니티는 문제 일치를 위한 큰 영향을 가진다. 예를 들면, C++와 파이썬은 컴퓨터 비전 라이브러리의 아주 많은 숫자를 보유하고 있다. 매트랩(Matlab), 메스메티카(Mathmatica)와 R은 수학, 그래프 통계에 대한 포괄적인 라이브러리를 가지고 있

---

9 (옮긴이) 이를 종종 "Stop of the World"라고 부른다.

다. PHP, 루비, 파이썬, 자바스크립트, 자바는 웹 애플리케이션을 구축하기 위한 라이 브러리와 프레임워크의 거대한 생태계를 가지고 있다. 특정 문제 영역에 대해서 올바른 언어 선택은 엄청난 생산성 향상을 줄 수 있다. 왜냐하면 많은 코드는 당신이 작성해야 하기 때문이다.

5.4.3 성능

프로그래밍 언어는 대부분 회사에서 병목현상을 발생시키지 않는다(7장을 참조한다). 어쨌거나 경우에 따라서 충분한 부하가 있는 경우 언어는 중요하지 않을 수 있다. 프로그래밍 언어에서 가장 중요한 두 가지 성능의 병목점은 '쓰레기 수집'과 '동시성'이다.

쓰레기 수집은 CPU와 메모리를 소모하며 프로그램 실행을 잠시 멈춘다. 이에 대해서는 "프로그래밍 패러다임"에서 논의했다(194쪽 참조). 몇몇 쓰레기 수집 알고리즘은 좀 더 발전되고 조율이 가능하다. 예를 들어, 자바의 JVM은 세상에서 가장 좋은 쓰레기 수집기 중에 하나로 알려져 있다. 루비 가상머신의 쓰레기 수집기는 다양한 성능 문제가 있는 것으로 알려져 있다.[10] 어쨌거나, 언어는 쓰레기 수집기가 없는 언어에 대해 성능에 대한 현명한 평가를 할 수 없다. 만약 애플리케이션이 GC 또는 CPU, 메모리 과부하로 멈춤을 다룰 수 없다면, C와 C++와 같이 수동으로 메모리 관리를 지원하는 언어를 사용해야 한다.

동시성에 있어서 아주 중요한 요인은 동시성 구조가 언어에서의 지원 방법과 I/O를 처리하는 방법에 있다. 예를 들면, 루비 언어는 스레드를 지원하지만 GIL(Global Interpreter Lock)을 가지지 않는다. 이것은 "하나의 스레드는 오직 하나만 실행된다"는 의미다. 더욱이 대부분 인기 있는 루비 라이브러리는 동기식 I/O를 수행한다. 이는 스레드가 디스크를 읽거나 또는 네트워크가 반환 값을 호출할 때 대기 상태로 묶여 (blocking) 있을 수 있다. 이 결과로 루비는 동시성 처리가 많은 경우에 효과적인 언어가 아님을 알 수 있다. 루비 프로세스 여러 개를 동시에 수행하는 대안이 있다. 또는 비블로킹(non-blocking) 라이브러리로 이벤트 머신(EventMaachine), 다른 J루비와 같은 가상머신을 사용할 수 있다. 그러나 이 모든 것은 과부하 절충을 해야 한다.

이런 이유 중에 하나로 트위터는 루비에서 자바로 이동했다. 자바는 완벽한 멀티 스

---

[10] 루비 2.1은 쓰레기 수집기에서 많은 성능 개선이 이루어졌다[Saffron 2014]. 그러나 아직도 많은 느려지는 문제가 존재한다 [Robertson 2014].

레딩을 GIL 없이 지원한다. 또한 비블로킹 I/O, 동시성 구조 지원, 스레드와 락 포함, Futrues, Actors 그리고 소프트웨어 트랜잭션 메모리를 지원한다. 트위터는 루비에서 스칼라로 이전해서 검색 대기 시간을 세 배나 줄여주고 CPU 사용량을 반으로 줄였다 [Humble 2011].

5.4.4 생산성

프로그래밍 언어의 성능은 가장 중요하다. 프로그래머 성능은 대부분 스타트업에서 가장 큰 병목이 된다. 가장 최단 시간에 끝낼 수 있는 언어를 찾아야 한다. 여기서 생산성은 두 가지 중요한 관점을 가진다. "존재하는 코드를 얼마나 재사용할 수 있는가"와 "얼마나 빨리 새로운 코드를 작성할 수 있는가"다.

존재하는 코드의 양은 언어의 인기도와 커뮤니티의 크기에 의해 결정된다. 인기 있는 언어는 더 많은 학습 자원이 있고 많은 사람이 이미 언어를 알고 있는 사람을 고용하고 많은 오픈소스 라이브러리를 사용할 수 있다. 성숙한 언어는 생산성 도구의 생태계를 가지고 있다. 예를 들면, 통합개발환경, 프로파일러, 정적 검사 도구, 빌드 시스템이다. 많은 코드를 재사용하고, 더 적은 코드를 작성하거나 관리하게 해준다.

얼마나 빨리 새로운 코드를 만들 수 있느냐는 세 가지 요소에 달려있다. 첫 번째 요소는 경험이다. 많은 언어에 대한 경험은 높은 생산성을 가져오며, 이미 알고 있는 언어를 찾고, 문서화하고 쉽게 배울 수 있다. 두 번째 요소는 코드 변화의 영향을 확인하는 데 얼마의 시간이 걸리는지에 대한 피드백 루프(feedback loop)다. 만약 컴파일 또는 배포하는 코드에 몇 분을 기다려야 하는 경우, 페이지를 갱신 또는 스크립트를 재실행하기 위해 몇 초를 기다리는 것보다 덜 생산적이 된다. 핫 리로드(hot reload)를 지원하는 언어를 찾는다. 이것은 읽고, 평가, 출력에 대해 반복되는 상호작용적인 코딩 환경과 빠른 컴파일 시간 그리고 빠른 자동화 테스트를 지원한다. 세 번째 요소는 언어의 표현력이다. 특정 아이디어를 구현하는 데 얼마나 많은 코드 라인을 사용하는지를 측정하는 것이다. 코드의 많은 라인은 실행을 느리게 하고 많은 버그를 야기한다(331쪽 '코드 분할' 참조). 일반적으로 대부분의 고수준 언어와 간결한 언어는 다른 요구사항에도 여전히 유용하다.

5.4.5 프로그래밍 언어를 선택할 때 마지막으로 생각해야 할 것

언어를 선택할 때는 기술 집합을 절충하는 것보다 커뮤니티를 선택해야 한다. 이것은 마치 음료바를 선택하는 것과 같다. 맛있는 음료를 제공받기 위해 바를 가기 원한다면 그것은 가장 중요한 것이 아니다. 중요한 것은 누가 바에 있고 누구와 무엇에 대해 대화하는 것이다. 이것은 컴퓨터 언어를 선택할 때에도 똑같이 적용된다. 시간이 지남에 따라 커뮤니티는 언어를 둘러싼 사람들뿐만 아니라 소프트웨어의 도구, 라이브러리 그리고 기타 등등과 같은 유물을 축척한다. 그 이유중 하나로, 서류상으로는 어떤 언어도 다른 언어를 이길 수 없다. 왜냐하면 그들 스스로 원하는 커뮤니티를 둘러싼 것들을 만들 수 없기 때문이다.

[SEIBEL 2009, 174], 여호수아 블로흐, PASS 수석 엔지니어 선 마이크로시스템즈, 구글의 수석 자바 아키텍트

선택할 수 있는 프로그래밍 언어가 수백 가지가 되지만, 스타트업의 존속을 위해 선택해야 하는 충분히 성숙하고 거대한 커뮤니티를 가진 언어는 소수에 불과하다. 다음은 2015년 인기 지수(TIOBE, LangPop, RedMonk)와 스택 오버플로우 개발자 설문 조사 그리고 개인적인 경험을 기반으로, 알파벳 순서로 정리한 프로그래밍 언어 목록이다.

- C, C++, C#
- Go
- 그루비(Groovy)
- 하스켈(Haskell)
- 자바(Java)
- 자바스크립트(JavaScript)
- 리스프(Lisp), 클로저(Clojure), 스킴(Scheme)
- 펄(Perl)
- PHP
- 파이썬(Python)
- 루비(Ruby)
- 스칼라(Scala)

세 가지 필터를 사용하여 목록을 최대한 빨리 줄일 수 있다. 문제 적합성, 프로그래밍 패러다임 그리고 성능 요구사항이다. 예를 들면, 스타트업이 컴퓨터 비전 그리고 머신 러닝 시스템이라면 문제 적합성에 기반으로 오직 세 개의 언어로 제한된다. C++, 자바, 파이썬이다. 만약 스타트업이 정적 타입을 선호한다면, 파이썬은 목록에서 제외된다.

마지막으로 고성능과 실시간 시스템을 구축하고 쓰레기 수집을 사용하지 않는다면, 최종적으로 C++만 남게 된다.

처음 세 개의 필터를 적용한 후, 여전히 선택할 수 있는 여러 언어가 남아있다면 가장 생산성이 높은 언어를 선택한다. 예를 들면, 스타트업에서 웹 애플리케이션 구축은 자바, 자바스크립트, PHP, 파이썬, 루비, 스칼라가 이 문제에 가장 잘 맞는 최선으로 보인다. 만약 동적 유형을 선호한다면 위 목록에서 자바와 스칼라를 제거한다. 그리고 이미 파이썬을 잘 알고 있고 몇 가지 장고 플러그인을 발견할 수 있다면, 많은 시간을 절약해 줄 것이며 파이썬이 최고 선택이다.

5.5 서버측 프레임워크 선택

당신의 스타트업에서 프레임워크를 사용하는가? 몇몇 프로그래머는 라이브러리를 사용하는 대신에 프레임워크를 사용하면 복잡하고 무겁다고 말할 것이다. 그러나 라이브러리와 프레임워크를 어떻게 구별해서 이런 말을 하는가? 일반적인 대답은 제어 반전(Inversion of Control)이다. 코드에 라이브러리를 연결하고 그들을 외부로 호출하는 것처럼 프레임워크에 코드를 연결하고 그걸 당신에게 알려주는 방법이다. 이는 헐리우드 법칙(Hollywood Principle)으로 알려져 있다(우리를 부르지 말라. 우리가 너를 부르겠다)[Fowler 2005]. 웹 서비스를 구축하기 위해 socket.accept를 호출하고 HTTP 분석 코드를 작성하지 않으려면, 프레임워크의 몇몇 정리된 내용에 코드를 항상 연결해야 한다. 즉 요청 핸들에 대한 제어, 최소한의 요청, 순수한 HTTP 서버 그리고 HTTP 메시지 처리 기능을 연결하는 루비온레일즈와 같은 풀스택 프레임워크가 되어야 한다. 그러나 어떤 경우에도 프레임워크를 가질 수는 없다[Florence 2014].

이것은 일반적인 라이브러리 대 프레임워크의 문제가 아니다. 그러나 경량 프레임워크(Minimal Framework) 대 풀스택 프레임워크(Full-Stack Framework)의 문제도 이 니다. 루비온레일즈와 같은 풀스택 프레임워크는 예를 들면, 라우팅, 데이터 모델링, 뷰 렌더링, 다국어지원, 환경 구성 및 테스트와 같은 대부분의 공통 작업을 위한 기본적인 해결책을 구축해서 가지고 있다. 시나트라(Sinatra) 같은 경량 프레임워크는 단지 HTTP 라우팅과 같은 스타트를 위한 충분한 기능을 제공한다. 그리고 모든 공통 작업을 처리하는 방법 외에 구현된 것이 거의 없다.

작은 프로젝트, 프로토타입 그리고 실험을 위해 경량 프레임워크는 아주 적합하다. 예를 들면, 시나트라에서 "Hello, World"는 루비 코드로 5줄이면 완성된다.

```
require 'sinatra'

get '/hi' do
    "Hello, World!"
end
```

만약, 작고 간단한 작업인 경우, 프레임워크는 쉽게 배울 수 있으며 큰 장점을 얻을 수 있다. 단지 필요한 라이브러리, 예를 들면 템플릿 엔진과 JSON 처리를 위한 라이브러리만 사용한다면, 라이브러리에 전달하고 (다른 일을 하러) 문밖으로 빨리 떠나면 된다. 어쨌거나 프로젝트가 커지고 중요하게 되면, 환경 구성 처리, 테스트, 보안, 정적 검사, 모니터링 그리고 데이터베이스 제어의 필요성을 깨닫게 된다. 그래서 경량 프레임워크 위에 라이브러리를 좀더 꼼꼼하게 조여 넣길 시작한다. 마침내 당신은 소유권, 그리고 문서, 테스팅, 또는 오픈 커뮤니티로 회기하지 않는 풀스택 프레임워크를 만들어 완성하게 된다.

> 충분할 만큼 복잡한 어떤 라이브러리 수집은 예외 상황, 비공식적 사양, 오류 많음, 풀스택 프레임워크의 절반에 해당하는 느린 구현을 가져온다.[11]

풀스택 프레임워크는 대부분의 모든 기능을 포함하는 이유가 있다. 대부분의 실세계 애플리케이션은 그런 기능을 필요로 하기 때문이다. 비록 적극적으로 기능을 사용하지 않더라도, 약간의 비용을 추가하여 구축할 수 있다. 그래서 어떻게든 "헤비급 느낌"의 근시안적인 것은 피해야 한다. 물론 모든 내장 헤결책이 요구에 맞는 것은 아니다. 그래서 80%~90% 시간에 대한 기본 작업을 하는 프레임워크를 찾아야 한다. 그러나 프레임워크가 하지 않는 것은 사용자 지정 라이브러리로 쉽게 대체할 수 있다. 예를 들면, Play 프레임워크는 풀스택 자바/스칼라 프레임워크다. 그러나 대부분의 기능은 데이터베이스 제어, 뷰 렌더링, 캐싱 그리고 국제화와 플러그인이며 싱글 클래스로 라우팅하는 것처럼 핵심 기능을 대체할 수 있다.

---

11 그린스펀의 "프로그래밍의 10가지 규칙"에 대한 효과는 다음과 같은 상태다. "조금은 충분히 복잡한 C 또는 포트란 프로그램은 예외 상황, 비공식적 사양, 오류 많음, Common Lisp의 절반에 해당하는 느린 구현을 가진다."

```
public class Global extends GlobalSettings {
    @Override
    public Action onRequest(Request request, Method actionMethod) {
        return handleRequestWithCustomRoutingLogic(request);
    }
}
```

당신의 비즈니스에 중요한 무언가를 구축하기 위해 웹 프레임워크를 사용하기로 한다면, 최선의 선택은 일반적으로 모듈화된 풀스택 프레임워크다. 이것은 문서화, 커뮤니티 지원 양쪽에서 최고의 선택이 될 수 있다. 오픈소스 프레임워크는 대부분의 사례를 처리하는 데 좋은 업무를 수행하는 기본 값이 되며, 몇몇 특별한 사례에 대해 사용자 라이브러리를 연결할 수 있는 능력을 추가하고 있다.

좋은 풀스택 프레임워크를 선택하는 데 도움을 주기 위해, 문제 일치, 데이터 레이어, 뷰 레이어, 테스팅, 확장성, 배포 및 보안에 대해 알아보겠다.

5.5.1 문제 일치

몇몇 웹 프레임워크는 특정 유형의 문제들에 대한 해결을 전문으로 하고 있다. 예를 들면, 루비온레일즈와 장고는 관계형 데이터베이스의 기본적인 생성/읽기/갱신/삭제 작업을 하는 CRUD 애플리케이션을 통해 구축 프로세스를 간소화한다. 구체적으로, 데이터베이스 이동, 데이터베이스 클라이언트 라이브러리, 뷰 렌더링, 라우팅 그리고 지지체(scaffold) 내장을 지원한다. 많은 Node.js 프레임워크와 derby.js 그리고 express.io는 웹 소켓을 사용하는 실시간 웹 응용 프로그램을 위해 특별히 만들어져 있다. 드롭위저드 프레임워크는 RESTful API 서버를 구축하는 데 사용자 맞춤형을 지원한다. 예를 들면, RESTful 라우팅 구성, 리소스 구현, API 문서 생성 그리고 모니터링을 지원한다. 만약 요구에 맞는 프레임워크를 찾지 못한다면, 아마도 프레임워크를 이해하지 못했거나 요구사항이 적절하지 못하기 때문이다. 더 연구하고 몇 가지 프로토타입을 구축해보라.

5.5.2 데이터 레이어

대부분의 서버측 프레임워크 작업은 분석, 변환 그리고 데이터 직렬화다. 여기서는 강력한 데이터 조작 도구들을 제공하는 프레임워크를 찾아본다. 백엔드 서비스를 구축할 때, 대부분은 데이터베이스로부터 데이터를 처리하고, 클라이언트로부터 데이터를 받는다. 이에 대해서는 216쪽 "데이터베이스 선택"에서 논의한다. 클라이언트로부터 받는 데이터는 일반적으로 URL 폼, JSON 그리고 XML을 사용한다. 예를 들면 HTTP 요청은 다음과 같다.

```
Method: POST
Path: /article/5/comments
Headers: Content-Type: application/json;
Body: {userId: 10, text: "Thanks for sharing!"}
```

루비온레일즈에서 요청 처리를 하려면 routes.rb 파일에 다음 항목을 추가하면 된다.

```
post '/article/:articleId/comments', to: 'Comments#create'
```

그리고 요청을 처리하기 위해 컨트롤러는 다음을 생성한다.

```
class CommentsController < ApplicationController
    def create
        comment = Comment.create(
            articleId: params[:articleId],
            userId: params[:userId],
            text: params[:text])
        render :json => comment
    end
end

class Comment < ActiveRecord::Base
end
```

이처럼 단지 몇 줄의 코드로 처리한다. 여기서 루비온레일즈가 얼마나 많은 데이터를 조작하는지는 고려하지 않는다.

1. 레일즈는 routes.rb 내의 패턴을 기반으로 한 URL 경로를 분석한다. 그리고 params 해시로부터 articleId를 꺼낸다.

2. Content-Type 헤더는 "application/json"이다. 레일즈는 자동적으로 JSON으로 요청한 몸체를 분석하고, params로부터 text와 userId를 꺼낸다.

3. Comment 클래스는 ActiveRecord::Base를 상속 받아 create 메서드를 호출하여 데이터베이스에 comment 데이터를 저장한다.

4. render :json을 호출할 때, 레일즈는 자동적으로 comment 객체를 JSON으로 변환

하고, Content-Type 헤더에 추가하며 브라우저로부터 응답을 돌려준다.

이제 위에서 설명한 데이터 작업을 하는 프레임워크를 찾으면 된다.

5.5.3 뷰 레이어

대부분의 웹 프레임워크는 HTML 렌더링을 위한 템플릿 라이브러리를 포함하고 있다. 템플릿 라이브러리를 평가해야 할 때, 몇 가지 고려해야 할 것은 뷰 도우미, 서버측 대 클라이언트측, 로직 대 비로직을 살펴봐야 한다.

뷰 도우미 내장

풀스택 프레임워크가 있는 것처럼, 모든 공통 뷰 작업을 위한 한 세트의 도우미가 있는 풀스택 템플릿 라이브러리가 있다. 예를 들면, 루비온레일즈의 ERB 템플릿은 i18n(국제화, 다양한 국가의 언어를 지원), 앱 안의 URL 컨트롤러 생성(예 : CSS, JS, 이미지)과 같은 정적 콘텐츠에 대한 URL 생성, 폼 렌더링 그리고 컴포지션 템플릿(즉, 재사용이 가능한 레이아웃과 파셜과 같은)에 대한 도우미를 가지고 있다.

서버측 대 클라이언트측

대부분의 템플릿 기술은 레일즈의 ERB 템플릿, 장고 템플릿 그리고 JSP와 같은 서버측 기술이다. 서버는 데이터베이스로부터 데이터를 실행, HTML 생성에 대한 템플릿을 공급하고, 웹 브라우저로 HTML을 전송하는 일 등을 수행한다. 이를 그림 5.2에서 설명했다.

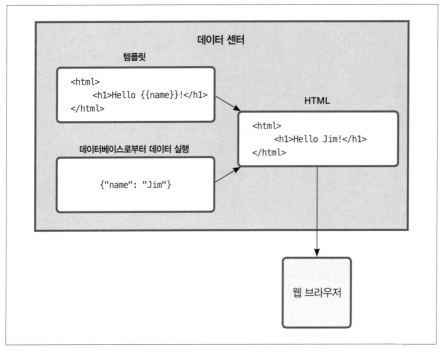

그림 5.2 서버측 렌더링

대안으로 최근 몇 년 동안 대중화된 Mustache.js와 같은 자바스크립트로 컴파일된 템플릿 기술을 사용하는 것이다. 이것은 클라이언트측 렌더링을 사용한다. 웹 브라우저로 HTML 페이지를 전송하려고 한다면 여전히 서버측 렌더링이 필요할 수 있다. 그러나 모든 페이지가 데이터베이스로부터 실행된 데이터를 포함하지 않는다. 일반적으로는 JSON 내장, 자바스크립트 코드에 대한 링크를 추가한다. 브라우저가 자바스크립트 코드를 실행할 때, HTML을 생성하기 위한 JSON 공급 그리고 DOM으로 HTML을 주입하는 클라이언트 템플릿을 실행할 것이다. 이 내용을 그림 5.3에서 설명했다.

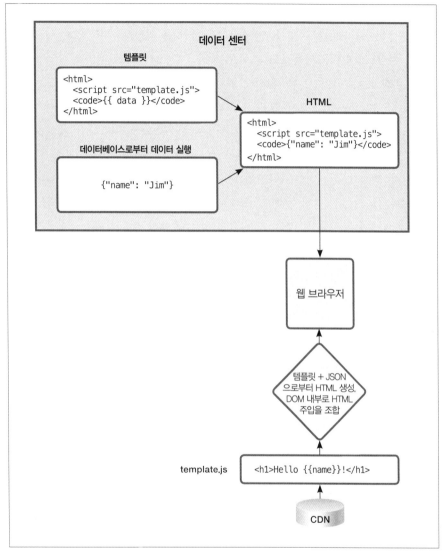

그림 5.3 클라이언트측 렌더링

클라이언트측 템플릿은 풍부한 자바스크립트 애플리케이션에 대한 최고의 선택이 된다. 페이지 로딩을 대신하여 Ajax로 데이터를 실행하고 페이지의 작은 부분을 다시 그리기 위해 클라이언트측 렌더링을 사용한다. 여기에는 잠재적인 성능 향상도 있다. 마크업의 대부분은 자바스크립트 파일에 있으며, 대기시간을 줄이기 위해서 CDN으로부터 서비스를 받을 수 있다. 그리고 브라우저는 이를 캐싱하여 결코 두 번이나 같은 마크업을 적재하지 않는다. 그러나 여기에는 보이지 않는 성능 비용이 숨어 있다. 브라우저 대부분은 초기 페이지 적재를 위한 HTML 렌더링을 최적화한다. 클라이언트측 렌더링은 자바스크립트를 다운로드, 분석, 실행하고 DOM 내부로 결과를 삽입 요청한다. 몇몇 회사는 클라이언트측 렌더링으로부터 좋은 성능을 얻어 냈다. 예를 들어, 페이스북에는 BigPipe가 있다[Jiang 2010]. 그러나 트위터와 같은 많은 기업은 이 상황에 혼란스러워하고 있으며, 클라이언트측 렌더링을 사용하고 있지만, 초기 페이지 적재 시간의 80%를 줄이기 위해 서버측 렌더링으로 되돌아가기도 했다[Webb 2012].

아이디어의 해법은 서버와 클라이언트 양쪽에 같은 템플릿에 대한 렌더링을 지원하는 것이다. Node.js는 서버측 자바스크립트 엔진으로 웹 앱 부분에서 인기 있는 플랫폼이 되었다. 왜냐하면 서버측과 클라이언트측 양쪽에서 같은 자바스크립트 코드를 실행할 수 있게 해준다. 이런 기술은 동형 자바스크립트(Isomorphic JavaScript)으로 알려져 있다. 예를 들면, 초기 페이지를 적재하기 위해서 서버측 Node.js의 Mustache 템플릿으로 렌더링을 한다. 그러나 그 후 브라우저의 모든 클릭에 대해서 클라이언트 렌더링으로 페이지의 조각을 다시 그리기를 위해 같은 Mustache 템플릿을 사용한다. Node.js 프레임워크는 rendr.js, meteor.js, derby.js 같은 클라이언트와 서버 사이에 공유하는 코드를 쉽게 만들 수 있게 해준다.

로직 대 비로직 템플릿

대부분의 템플릿 언어는 일반적인 프로그래밍 언어로부터 임의의 코드를 포함하고 특정 구문을 추가한 HTML 마크업으로 구성된다. 예를 들면, 루비온레일즈는 ERB 템플릿을 포함하고, 루비 코드에서는 다른 코드를 〈%%〉 블록 안에서 실행되도록 감싼다.

```
<p>Regular HTML markup</p>

<%
    text = "Arbitrary Ruby code"
    puts text
%>
```

몇몇 프로그래머들은 HTML 마크업, 자바스크립트 코드, 데이터베이스 호출과 하나의 파일에 다른 비즈니스 로직(예: my-entire-app.php)을 삽입하고, 이들을 마구마구 넣어 버려 능력을 남용하고 있다. 이것은 매우 어려운 코드로 관리, 재사용, 테스팅 그리고 이해를 요구하게 한다. 관심사를 분리하기 위해, 몇몇 개발자들은 비로직 템플릿(Logic-Less Templates)을 사용해서 HTML 마크업에 대한 단독적인 디자인과 다른 코드를 포함하는 문법을 제한한다. 예를 들면, 대부분 인기 있는 비로직 템플릿 라이브러리 중 하나는 Mustache.js로, 유일한 특수 문법은 변수 룩업(예 : {{variable_name}})이고 기본적인 반복과 조건(예 : {{#conditional_variable_name}})이다.

```
<p>Regular HTML markup</p>
<p>This is a {{variable}} lookup.</p>
<p>This is {{#is_enabled}}conditional text{{/is_enabled}}</p>
```

비로직 템플릿의 약점은 뷰 로직(view logic)과 유사하다는 것이다. 예를 들면, 다른 CSS 클래스 이름을 사용한 테이블의 행에 대해 다른 이름을 필요로 한다면, 색인의 홀짝을 확인하여 색인을 제어하는 반복문을 필요로 한다. 비로직 템플릿은 사용자 도우미 함수를 구현하기 위한 로직 타입으로 처리하도록 한다. 종종 도우미 문법은 전체 프로그래밍 언어의 가장 큰 부분을 재구현하도록 요청할 수도 있다.

5.5.4 테스팅

당신이 시도해야 할 첫 번째 중 하나는 웹 프레임워크를 코드에 맞는 몇 개의 자동화 테스트로 작성하는 것이다(297쪽 "자동화 테스트" 참조). 만약 프레임워크를 테스트 작성 방법과 라이브러리 작업 그리고 공통 테스트 작업의 도우미에 대한 명확한 문서를 가지고 있다면 이것은 좋은 징조다(예 : 인 메모리 데이터베이스 또는 가짜 요청). 만약 단위 테스트 작성이 매우 어렵다면, 프레임워크는 전체 상태 또는 종속성에 대한 강한 결합으로, 예를 들어 "앱과 데이터베이스는 어떤 테스트 코드로 반드시 시작하라"와 같이 사용되고 있다는 것이다. 이는 나쁜 징조다. 프레임워크에 대한 소스코드가 자동화 테스트의 많은 부분을 포함하지 않고, 어떻게 테스트를 작성해야 하는지에 대한 어떤 문서도 없다면 이것은 매우 끔찍한 징조가 된다.

5.5.5 확장성

웹 프레임워크가 애플리케이션에서 확장성 문제가 되는 경우는 거의 없다(이에 대해서 7장을 참고한다). 그래서 일반적으로 웹 프레임워크는 요청에 대한 서비스 측면의 빠름보다는 개발자 관점에서 빠름을 선택하는 것이 좋은 방법이다. 다시 말해서, 성능에 대해 걱정한다면 애플리케이션의 I/O와 CPU/메모리 경계에 대해 이해할 필요가 있다.

I/O 경계

루비온레일즈, 서블릿 그리고 장고와 같은 많은 웹 프레임워크는 각 요청에 대해서 프로세스 또는 스레드 하나를 지정한다. 그리고 원격 웹 서비스 또는 데이터베이스에 대한 응답으로 I/O를 기다리는 동안 스레드는 대기하게 된다. 만약 너무 적은 스레드가 있는 경우, I/O는 대기하기 쉬운 상태가 된다. 프로세스를 실행하기 위해 새로운 요청을 방지하기 위한 것임에도 불구하고 대부분의 스레드는 멍하니 대기하고 있게 된다. 만약 너무 많은 스레드가 있는 경우, 추가적인 메모리 사용과 문맥 교환에 대한 명백한 과부하가 발생하게 된다. 스레드의 올바른 숫자는 서버의 부하와 자료 전송에 대한 대기시간, 지속적인 변화에 의존하게 되므로 이를 알아내는 것은 매우 어렵다. 그리고 잘못된 스레드 숫자를 선택한다면, 자료 전송 중 하나가 대기 시간이 작게 증가되더라도 대기 시간의 증가를 야기하고, 데이터 센터에 대기 시간이 순차적으로 증폭하여 고장을 만들 수 있다[Brikman 2013a].

I/O를 다루는 더욱더 효율적인 방법은 Node.js 또는 Netty와 같은 비대기I/O(non-blocking I/O)를 사용한 웹 서버를 사용하는 것이다. I/O 완료를 위해 대기하는 동안 스레드가 대기 상태인 대신에 콜백을 등록하고 스레드는 다른 요청에 대한 프로세스를 계속 수행할 수 있게 해준다. 콜백을 실행할 때, 스레드는 요청을 다시 가져오고, 처리 작업을 완료한다. I/O는 프로세스 내의 처리보다 몇 배나 더 오래 걸리기 때문에,[12] 비동기적으로 서버의 자원을 사용하는 것이 더욱더 효과적으로 처리할 수 있다. 비대기 서버는 일반적으로 CPU 당 스레드 또는 프로세스 하나를 필요로 하고 자료 전송 지연에 훨씬 덜 민감하다.

CPU/메모리 경계

대부분의 웹 앱들은 I/O 경계가 있지만, 실제 서비스에 있어 매우 적은 I/O 작업을 하려고 한다면, CPU 또는 메모리 경계를 사용하는 것이 좋다. 이런 경우 최대 성능을 낼

---

12 이에 관해서는, "대기 숫자는 모든 프로그래머가 알아야 할 것"을 자세히 읽어보라(http://www.eecs.berkeley.edu/~rcs/research/interactive_latency.html).

수 있으며, 프레임워크는 순수한 계산 작업에 대해 매우 빠르며, 최소한의 과부하를 가진다. 성능에 대한 모든 질문의 유일한 답은 성능 테스트와 측정을 통해 찾아낸다. 테크엠파워(TechEmpower) 웹 프레임워크의 시작점을 살펴보라.[13] 그리고 7장에서 성능 측정에 대해 더 많은 정보를 알아볼 것이다.

5.5.6 배포

코드를 배포하려면, 어떻게 빌드하고, 구성하고, 모니터링하는지를 이해해야 한다.

빌드 프로세스는 코드 컴파일, 정적 리소스(예 : sass, less, CoffeeScript 같은)에 대한 컴파일, 테스트 실행 그리고 제품 배포를 위한 앱 패키징을 포함한다. 빌드 프로세스의 일부분은 개발 과정에서 일어날 수 있다. 예를 들면, CoffeeScript 파일은 매번 페이지를 재갱신할 때마다 재컴파일을 한다. 테크 스택에 자신의 빌드 프로세스를 통합하는 방법을 이해하기 전까지는 절대 어떤 웹 프레임워크도 사용하지 말라(이에 대해서는 355쪽 '빌드'에서 더 자세히 살펴본다).

앱을 빌드한 후에, 제품 배포를 위한 구성을 해야 하는데, 이미 다른 회사에서 사용 중인 프레임워크를 찾아 그들의 경험을 배우면 유용하다. 예를 들면, 단일 서버에 모든 CPU 코어를 사용하려면 어떻게 프레임워크를 실행해야 하는가, 여러 서버로부터 로드밸런싱을 어떻게 하는가, 정적 콘텐츠 제공 및 SSL 종료 핸들에 대한 웹 프레임워크 구성은 어떻게 하며, 분리된 웹 서버에게 작업을 어떻게 나누어 처리하는가? 등에 대한 부분이다. 대부분의 프레임워크는 SSL 설정, 정적 콘텐츠 설정 그리고 메모리 설정은 매개변수 조정으로 가능한 구성 시스템(Configuration System)을 가진다. 구성 시스템이 잘 문서화되어 있는지 확인하고, 구성 파일은 코드를 저장할 때처럼 버전 관리에 저장해야 한다. 그리고 서로 다른 환경에서 다른 구성 파일을 사용하는 쉬운 방법이 있다면 사용한다(370쪽 "애플리케이션 환경설정" 참조).

단지 제품 생산을 위한 코드 배포 방법을 알기 원한다면, 실행을 지속적으로 모니터링해야 한디. 로깅은 모니터링의 가장 기본이다. 그래서 프레임워크 내에 빌드 로깅의 유형을 이해하고, 로그의 레벨을 조정, 로그 포맷, 로그 저장과 주기를 설정하는 방법을 이해해야 한다. 마찬가지로 QPS, 대기시간, URL의 적중율, 오류율 그리고 CPU와 메모리 사용과 같은 모니터링 통계가 가능하다. 몇몇 프레임워크는 이들을 자동적으로

---

13 http://www.techempower.com/benchmarks를 참조한다.

또는 플러그인을 통해 노출할 수 있다. 다른 타사의 서비스 및 대시보드와 통합도 가능하다(378쪽 '모니터링' 참조).

5.5.7 보안

보안은 매우 어려운 작업이다. 191쪽 "기술은 결코 스스로 구축할 수 없다"에 있는 목록 중 최상위에 있는 항목이다. 프레임워크의 보안 기능은 내장, 오픈소스, 테스트에 사용된다. 프레임워크는 기본적으로 보안을 필요로 하며 무언가 안전하지 못한 것을 한다면 어렵거나 불가능하다. 이런 기능은 나중에 할 수 없다. 공통 웹 보안에 대한 유형에 관해 미리 숙지해야 한다. OWASP(Open Web Application Security Project)는 시작하기 좋은 부분이다. 다음에 인증, 사이트 간 위조 요청(CSRF, Cross-Site Request Forgery) 공격, 코드 주입 공격(Code Injection Attacks) 그리고 보안 권고에 대한 기본적인 사항을 소개하고 있다.

인증

암호 저장의 첫 번째 규칙은 "소문자로 이루어진 암호로 저장하지 말라"다. 암호 저장의 두 번째 규칙은 "대문자로 이루어진 암호로 저장하지 말라"다.

안전하게 작업을 수행하는 방법에 대한 깊은 이해 없이 암호를 저장하는 것은 배덕하고 나쁘다. 당신의 서비스 사용자에 대한 위험뿐만 아니라 인터넷을 사용하는 모든 사람은 거의 동일하게 여러 곳에서 같은 암호를 재사용한다. 암호를 가볍게 저장하지 말라. 자신의 암호 저장 방식을 고수하지 말라. 결코 암호를 문자로 저장하지 말라.

안전하게 저장하는 암호에 대한 최소한의 방법은 다음과 같다.

- 클라이언트 인터페이스에 적절한 암호 필드를 사용한다(예: * 표시).
- 항상 SSL 연결을 통해 암호를 전송한다.
- 모든 암호는 길고, 고유하며, 임의로 솔트(임의로 추가한 무작위 난수)를 추가한다.
- 암호와 솔트를 결합하고, bcrypt 같은 암호화된 해시 함수를 사용한다.
- 솔트와 해시를 저장하고, 원래 암호를 사용하지 않는다.

모든 단계에서 필요와 구현 방법을 이해할 때까지 사용자 암호를 건드리면 안 된다.[14] 암호와 관련해서는 추가적으로, 안전하게 세션을 관리하는 방법, 세션 ID를 생성하는 방법, 세션을 쿠기에 저장하는 방법 그리고 세션 만료를 처리하는 방법에 대해 알고 있어야 한다.[15] 이런 부분을 당신 스스로 구현하는 것이 아니라, 모든 작업에 대해 오픈소스 라이브러리를 테스트하고, 대신할 프레임워크를 찾는 것이 가장 좋다.

사이트간 위조 요청 공격

사이트 위조 요청(CSRF, Cross-Site Request Forgery) 공격은 악의 있는 웹사이트가 신뢰할 수 있는 웹사이트처럼 요구하지 않는 요청을 실행하여 사용자를 얻는 방법이다. 예를 들어 win-an-ipad.com을 방문한다고 가정하면, 웹사이트는 몇 가지 정보를 양식에 맞추어 입력하여 제출하라고 요청한다. 실제로 amazon.com으로 입력된 양식이 제출되었는지 당신은 알 수가 없다. 웹사이트를 신뢰하고 로그인했을 뿐이다. 만약 아마존에서 CSRF 보호가 없고 공격자가 올바르게 양식을 제출한다면, 아마존은 당신이 주문을 위해 제출된 양식으로 해석할 것이다. 그리고 브라우저는 아마존의 쿠키 정보를 전송할 것이다.

CSRF 공격으로부터 보호하려면, 웹 프레임워크는 모든 사용자에 대한 아주 짧은 무작위 토큰을 생성하는 메커니즘을 통해 쿠키를 저장하고 양식으로 전송된 토큰이 쿠키 내의 토큰과 일치하지 않는다면 거부해야 한다. 웹사이트의 합법적인 양식을 만들 때, 숨겨진 양식 필드로 토큰을 포함시킬 수 있다. 어쨌거나 공격자는 웹사이트를 악의적인 양식으로 만들려고 할 때, 쿠키를 읽지 않고서는 양식에 포함된 올바른 토큰 값을 추측하는 것은 불가능하다.

코드 주입 공격

코드 주입 공격은 악의적인 사용자가 코드를 실행힐 수 있는 애플리케이션을 얻을 때 이뤄진다. 즉, 사용자가 생성한 데이터가 걸러지지 않았다면 가능하다. 코드 주입 공격의 세 가지 공통적인 유형은 교차 사이트 스크립팅(XSS, Cross-Site Scripting), SQL 주입, 동

---

14 암호 커닝 시트를 참고한다(https://www.owasp.org/index.php/Password_Storage_Cheat_Sheet).

15 OWASP의 세션 관리 커닝 시트를 참고한다(https://www.owasp.org/index.php/Session_Management_Cheat_Sheet).

적 계산 주입(Eval Injection)이다.

교차 사이트 스크립팅 공격은 웹 페이지 내에 소독되지 않은 사용자 생성 데이터를 입력할 때 가능하다. 공격자는 사용자 쿠키를 훔치는 것처럼 임의의 코드를 웹 페이지 내에서 실행시킨다. 교차 사이트 스크립팅 공격으로부터 보호하기 위해서는 템플릿 기술이 기본적으로 HTML 문자를 벗어나지 않고, 필요할 경우 자바스크립트나 XML 같은 곳에서 이스케이프 문자를 사용해야 한다. 더 많은 정보는 OWASP XSS 방지 안내서를 참고한다.[16]

SQL 주입 공격은 SQL 질의문 내에 걸러지지 않은 사용자 생성 데이터를 입력할 때 일어난다. 공격자는 데이터베이스에 대해 임의의 수정을 실행할 수 있다. 예를 들면 테이블 삭제다. 안전한 라이브러리를 사용하려면 기본적으로 모든 질의문의 매개변수를 걸러내서 데이터베이스와 작업해야 한다. SQL 주입 공격에 대해서는 OWASP를 참고한다.[17]

동적 계산 주입은 평가 문장 내에 걸러지지 않은 사용자 생성 데이터를 입력할 때 일어난다. 공격자는 서버에 임의의 코드를 실행시킨다. 예를 들면, 사용자 데이터를 훔치거나 다른 곳으로 인계하는 것이다. 여기서 동적 계산은 문자열을 받아 그것으로 임의의 코드를 실행하는 모든 언어 구조를 말하는데, 걸러짐을 통해 동적 계산 공격을 보호하는 안전한 방법은 없다. 그래서 절대로 사용자 생성 데이터는 동적 계산을 사용하면 안된다.[18] 사실 동적 계산은 코드 이해를 어렵게 한다. 그리고 성능 문제를 야기한다. 일반적인 규칙에서 이것은 모든 비용에서 피해야 한다. 코드 내에서 실행하는 것이 충분히 쉽다고 해도, 만약 프레임워크 또는 라이브러리와 의존성을 가지는 경우 이것을 절대 알 수가 없다. 대부분 정적 유형 언어는 동적 계산의 어떤 양식을 제공하지 않으므로, 공격자의 유형 대응에 본질적으로 안전하다.[19]

---

16 (옮긴이) https://www.owasp.org/index.php/XSS_(Cross_Site_Scripting)_Prevention_Cheat_Sheet를 참고하라.

17 (옮긴이) https://www.owasp.org/index.php/SQL_Injection을 참고하라.

18 예를 들면, 자바스크립트 코드는 오로지 ( ) [ ] { } ! + 문자만을 사용해야 한다[Palladino 2012].

19 몇몇 정적 유형 언어들은 최소한의 동적 계산이 가능하다. 많은 구문을 뛰어 넘을 수 있지만 이것은 매우 드문 일이다. 한편, 동적 계산은 동적 언어에서 자주 사용되며 이는 보안에 매우 취약하다. 예를 들면, 단일 동적 계산은 임의의 코드 주입에 취약하여 루비온레일즈를 설치하는 경우 라우팅 클래스 내부에서만 사용된다[Schneeman 2013].

권고

인기 있는 대부분의 웹 프레임워크는 심각한 보안 결함이 발견되면 사용자에게 통지할
수 있는 시스템이 있다. 예를 들어, 루비온레일즈의 Security List[20]와 Node Security
Project[21]다. 모든 프레임워크는 이따금씩 보안 문제를 일으킨다. 그러므로 보안 문제
가 발견된 후 신속하게 복구하는 것이 매우 중요하다. 심각한 보안 문제를 처리하고 즉
각적으로 권고를 등록하는 프레임워크를 찾는 것이 좋다.

5.5.8 서버측 프레임워크를 선택하는 마지막 생각

프레임워크를 선택하는 가장 큰 조건은 커뮤니티의 크기, 고용 능력, 학습 자원, 오픈소
스 라이브러리와 플러그인의 활용이다. 2015년을 기준으로 가장 인기 있고 성숙한 몇
개의 프레임워크를 소개한다. 프로그래밍 언어의 알파벳 순서이며 핫프레임웍스와 나
의 경험에 기반해서 정리했다.

- C# : .NET
- 클로저 : Ring, Compojure, Hoplon
- Go : Revel, Gorilla
- 그루비 : Grails
- 하스켈 : Snap, Happstack, Scotty
- 자바 : Spring, Play Framework, DropWizard, JSF, Struts
- 자바스크립트 : express.js, sails.js, derby.js, geddy.js, koa, kraken.js, meteor
- 펄 : Mojolicious, Catalyst, Dancer
- PHP : Laravel, Phalcon, Symfony, CakePHP, Yii, Zend
- 파이썬 : Django, Flask
- 루비 : Ruby on Rails, Sinatra
- 스칼라 : Play Framework, Spray

프로그래밍 언어, 문제 적합성, 확장성이라는 세 가지의 필터를 적용해서 목록을 줄일
수 있다. 예를 들어, 당신 팀이 모든 것을 자바로 작성하기를 선호한다면, Spring, Play

---

20 (옮긴이) https://groups.google.com/forum/#!forum/rubyonrails-security를 참고하라.

21 (옮긴이) https://nodesecurity.io를 참고하라.

프레임워크, 드롭위자드, JSF, 스트럿츠를 선택할 수 있다. 만약 목표가 RESTful AP 서버를 구축하는 것이라면, 스프링, Play 프레임워크, 드롭위자드를 선택할 수 있다. 그리고 앱에서 I/O 경계를 필요로 한다면, Play 프레임워크의 비대기 I/O 모델이 가장 최선의 선택이 된다.

세 가지 필터를 적용한 후에 아직도 몇 개의 선택이 남았다면 배포, 보안 요구사항, 데이터, 템플릿 그리고 테스팅 요구사항에 맞는 프레임워크를 선택한다.

5.6 데이터베이스 선택

현대의 인터넷 기업은 이전보다 더 많은 데이터를 처리한다. 여기서는 1분 동안에만 인터넷에서 생성되고 교환되는 데이터량을 고려해본다.

- 유튜브에 100시간의 비디오가 업로드된다[YouTube Statistics 2014].
- 애플 앱스토어에서 19,000개의 앱이 다운로드된다[Nerney 2012].
- 스냅챗에 276,000개의 사진이 업로드된다[Van Hoven 2014].
- 트위터에 350,000개의 트윗이 올려진다[Mirani 2013].
- 페이스북에 3,000,000개의 '좋아요'가 등록된다[Tepper 2012].
- 왓츠앱에 44,000,000개의 메시지가 전송된다[Bushey 2014].
- 204,000,000개의 이메일이 보내진다[Knoblauch 2014].

더욱 놀라운 것은 이 숫자들이 기하 급수적으로 증가하고 있다는 점이다. 세계적으로 생성된 데이터량은 매년 두 배가 된다[Turner 2014]. 이 모든 데이터를 처리하기 위해서, 지난 15년간 데이터 저장 시스템은 폭발적으로 증가했다. 그래서 좋은 소식은 스타트업이 선택할 수 있는 많은 데이터 저장 옵션이 있다는 것이다.

나쁜 소식은 (역설적으로) 선택할 수 있는 많은 데이터 저장 옵션이 있다는 것이다. 버즈 단어의 숫자와 콘셉트는 압도적이다. SQL 또는 NoSQL을 사용할 것인가, 스키마 또는 스키마-리스인가, MySQL 또는 MongoDB인가, Redis 또는 Riak인가? 이들 질문에 대한 도움말은, 스타트업이 사용하는 대부분의 공통 데이터 시스템을 간략하게 살펴보는 것이다. 예를 들어 관계형 데이터베이스와 NoSQL 데이터베이스를 비교해서 살펴보는 것이다. 그 후 데이터 읽기, 데이터 쓰기, 스키마, 확장성, 성숙성 사이에서 선택을 고려할 때 장단점을 목록에서 확인한다.

5.6.1 관계형 데이터베이스

관계형 데이터베이스는 1980년대부터 데이터 저장 해결책으로 우위를 점하고 있다. 가장 대중적인 관계형 데이터베이스로는 오라클, MySql, PostgreSQL, MS SQL Server, SQLite 등이 있다. 관계형 데이터베이스는 열과 행으로 이루어진 테이블에 데이터를 저장한다. 각 테이블은 관계된 아이템의 집합으로 표현되며, 각 아이템은 행에 저장되고, 각 행은 테이블 내에 같은 열을 가진다. 예를 들어, 은행 업무를 하는 웹사이트가 있다고 하면, 고객에 대한 데이터를 저장해야 한다. 각 행은 하나의 고객을 나타내는 고객 테이블로 생성한다. 이때 하나의 고객 행은 customer_id, name 그리고 date_of_birth의 튜플[22]이 된다. 표 5.2에 고객 테이블이 있다.

표 5.2 고객 테이블

customer_id	name	date_of_birth
1	Brian Kim	1948-09-23
2	Karen Johnson	1989-11-18
3	Wade Feinstein	1965-02-29

관계형 데이터베이스는 각 테이블의 구성을 설명하는 스키마(schema)를 정의한다. 이것은 일반적으로 데이터 정의 언어인 구조적 질의 언어(SQL, Structured Query Language)를 사용한다.

```
CREATE TABLE customers (
    customer_id      INT NOT NULL PRIMARY KEY,
    name             VARCHAR(128),
    date_of_birth    DATE
);
```

스키마는 관계형 데이터베이스의 무결성 제약 조건(Integrity Constraints)을 적용한다. 예를 들어, 스키마를 설명하기 전에 각 열은 (INT, VARCHAR, DATE) 유형을 가지며, 데이터베이스는 매 번 기록을 확인한다. customer_id 열은 NOT NULL PRIMARY KEY로 정의되고, 데이터베이스는 각 customer_id가 테이블에서 오직 한 번만 나타나는 값을 가지는 지를 보증한다. 이것으로 행은 고유한 식별자로 사용될 수 있다.

---

22 (옮긴이) 행이 가지는 값의 범위 또는 집합이다. 여기서 튜플은 세 개가 된다.

관계형 데이터베이스는 데이터 조작 언어로써 SQL을 사용한다. customers 테이블에 하나의 행을 입력하는 방법을 예로 들면 다음과 같다.

```
INSERT INTO customers    (customer_id, name, date_of_birth)
VALUES                   (1, "Brian Kim", "1948-09-23");
```

그리고 여기 이름이 Brian Kim인 고객을 찾기 위해서 데이터베이스에 질의문으로 SQL을 사용한다. 예를 들면, 다음과 같다.

```
SELECT * FROM customers WHERE name = 'Brian Kim';
```

관계형 데이터베이스는 행에 열 하나를 색인으로 만들 수 있고 여러 열을 조합한 색인도 가능하다. 이것은 검색 질의문을 정렬해서 속도를 높여준다. 색인은 동시에 여러 테이블에 대한 작업을 가능하게 해준다. 예를 들어, 은행의 고객마다 당좌예금 계좌와 예금 잔액이 있다면, 계정 테이블을 생성해서 데이터를 표현할 수 있다. 표 5.3과 같다.

표 5.3 계정 테이블

account_id	customer_id	account_type	balance
1	1	checking	500
2	2	checking	8,500
3	1	savings	2,500
4	3	checking	160

customer_id 열은 customers에서 ID로써 참조 방법을 알려준다. customer_id 열과의 관계를 외래키(Foreign Key)로 표현할 수 있다.

```
CREATE TABLE accounts (
    account_id      INT NOT NULL PRIMARY KEY,
    customer_id     INT FOREIGN KEY REFERENCES customers(customer_id),
    account_type    VARCHAR(20),
    balance         INT
);
```

여기서 데이터베이스는 customers 테이블에 존재하지 않는 customer_id를 accounts 테이블에 열로 입력하려 한다면 오류를 발생시킬 것이다.

```
INSERT INTO accounts (account_id, customer_id, account_type, balance)
VALUES          (1, 555, "checking", 500)

-- Error : Cannot add or update a child row : a foreign key constraint fails
```

여러 테이블에 걸쳐서 질의문으로 SQL을 실행하는 것을 JOIN이라고 한다. 예를 들어, 최소 1,000달러의 예금 잔액이 있는 고객 이름을 찾을 수 있다.

```
SELECT customers.name
FROM customers JOIN accounts
ON customers.customer_id = accounts.customer_id
WHERE accounts.balance > 1000
```

5.6.2 NoSQL 데이터베이스

NoSQL은 Not Only SQL의 약자로, SQL을 사용하지 않는 데이터베이스를 가리키는 퍼지 용어[23]다. 이들은 관계 모델을 사용하지 않는다. 여기에는 비관계형 데이터베이스의 많은 유형이 있다. 대부분은 많은 선택을 얻는 데 실패했다. 예로 1990년대 객체형 데이터베이스와 2000년 초의 XML 데이터베이스가 있다. NoSQL은 주로 성능, 가용성과 데이터 볼륨의 전례 없는 요구에 대해 관계형 데이터베이스가 적응하려던 인터넷 기업에 의해 2000년도 후반에 만들어진 새로운 데이터베이스 형태를 말한다.

NoSQL의 초기 영감은 두 개의 논문에서 얻었다. 하나는 2006년 구글의 「BigTable」이라는 논문으로서, 이 논문에서 얻은 영감은 "분산 저장 시스템이 페타바이트 데이터를 수천 개의 상품 서버에서 사용한다"라는 부분이다[Chang, et al. 2006]. 그리고 다른 하나는 2007년 아마존의 「Dynamo」 논문인데, 여기서는 "고가용성을 가진 키-값 저장 시스템이 아마존 코어 서비스의 상시 경험을 제공하는 데 사용한다"라는 부분에서 영감을 얻었다[DeCandia et al 2007]. NoSQL의 실제 용어는 샌프란시스코 2009년 밋업(MeetUp)에서 트위터의 #NoSQL 해시 태그에서 시작되었다. 여기서 "오픈소스, 분산, 비관계형 데이터베이스"에 대해 논의되었다.

밋업의 논의는 NoSQL이 우리가 할 수 있는 최선의 선택으로 정의했다. 오픈소스 데이터베이스는 서버의 클러스터에서 동작하고 관계형 모델을 사용하지 않도록 디자인됐다. NoSQL 데이터베이스 대부분의 일반적인 유형은 키-값 저장, 문서 저장, 열 지

---

23 (옮긴이) 알쏭달쏭한 재미있는 표현이다.

향 데이터베이스, 그래프 데이터베이스로 나타난다.

키-값 저장

키-값 저장은 단 하나의 사례에 최적화되어 있다. 이것은 식별자로 알려진 조회에 극단적으로 빠르다. 그들은 효과적으로 여러 서버에 분산과 영속성을 가지는 디스크를 해시 테이블로 사용한다. 가장 대중적인 예로는 Redis, DynamoDB, Riak 그리고 Voldemort가 있다.

대부분의 키-값 저장에 대한 API는 일반적으로 두 개의 함수로 구성된다. 첫째는 키-값 쌍으로 입력하고, 다음으로는 키로 값을 찾는다. 다음은 Voldemort의 put과 get 함수에 대한 예제다.

```
> put "the-key" "the-value"
> get "the-key"
version(0:1) : "the-value"
```

키-값 저장은 스키마를 사용하지 않는다. 그래서 원하는 어떤 유형의 값도 저장할 수 있다. 불행하게도, 대부분의 키-값 저장은 불투명한 값으로 처리되어, 기본 키로 조회하는 어떤 질의문 체계를 지원하지 못한다.

문서 저장

문서 저장은 키-값 쌍의 저장을 허용하는 면에서는 키-값 저장과 유사하다. 그렇지만 문서 저장은 값의 형식을 알고 있다는 차이가 있다. 그래서 좀더 진보된 질의 함수를 사용할 수 있다. 대중적인 문서 저장에는 MongoDB, CouchDB, Couchbase가 있다.

여기서는 MongoDB 사용에 대해 살펴보자. MongoDB는 collections으로 JSON 문서를 저장할 수 있는데, 관계형 데이터베이스의 테이블 열에 저장하는 방법과 어느 정도 유사하다. MongoDB는 사전에 정의된 스키마가 없고, 원하는 어떤 JSON 데이터도 저장할 수 있다. 예를 들어, people를 호출하는 collection의 JSON 문서를 저장하는 save 명령어를 사용할 수 있다.

```
> db.people.save(
{_id : "the-key", name : "Ann", age : 14, locationId : 123})
```

MongoDB에서, 모든 문서는 키로 사용되는 _id 필드를 가진다. 여기서 _id는 명시적으로 "the-key"에 대한 집합이다. 그러나 MongoDB에서 save를 호출할 때 이것을 포함하지 않는다면, 자동적으로 _id 필드를 생성한다.

```
> db.people.save({name : "Bob", age : 35, locationId : 456})
```

이제 find 명령어를 사용하여 People collection에서 모든 문서를 볼 수 있다.

```
> db.people.find()
{"_id" : "the-key", "age" : 14, "name" : "Ann", "locationId" : 123}
{"_id" : ObjectId("545bdc1e"), "age" : 35, "name" : "Bob", "locationId" : 456}
```

또한 효과적으로 키-값 저장처럼 ID로 특정 문서를 조회할 수 있다.

```
> db.people.find({"_id" : "the-key"})
{"_id" : "the-key", "age" : 14, "name" : "Ann", "locationId" : 123}
```

키-값 저장과 다른 점은, 문서 데이터베이스는 문서 내의 필드로 검색이 가능하다는 것이다. 예를 들면, 이름의 필드에서 "Ann"으로 문서를 찾을 수 있다.

```
> db.people.find({"name" : "Ann"})
{"_id" : "the-key", "age" : 14, "name" : "Ann", "locationId" : 123}
```

많은 문서 데이터베이스는 문서 내의 필드에 색인을 지원하는데, 2차 색인(Secondary Indices)으로 좀더 빠른 검색을 만들 수 있다. 그렇지만 아쉽게도 JOIN 질의문은 지원하지 않는다. 예를 들어, locations을 호출하는 다른 collection이 있다고 가정해보자.

```
> db.locations.find()
{"_id" : 123, "city" : "Boston", "state" : "Massachusetts"}
{"_id" : 456, "city" : "Palo Alto", "state" : "California"}
```

그들이 어디서 살고 있는지 person과 name을 가져오는 유일한 방법은 애플리케이션 코드에서 두 개의 순차적인 질의를 사용하는 것이다. 첫 번째는 person collection으로부터 데이터를 가져오고, 두 번째는 location collection으로부터 location 데이터를 가져온다. 다른 대안은 데이터를 비정규화하는 것으로, people collection 내의 각 문서 내에 locationId 저장을 대신하여, city와 state를 직접 저장하는 것이다. 이것은 간단하고 빠르다. 왜냐하면 오직 하나의 질의로 가능하기 때문이다. 그러나 더욱 복잡한 갱신과 오류 야기를 통해 생성된 불필요한 데이터로 인해 느려진다. 예를 들어, 만약 city의 이름이 바뀌면, locations collection 내에 있는 하나의 요소를 대신하기 위해서 새로운 이름으로 people collection 내의 모든 항목을 갱신해야 한다.

열 지향 데이터베이스

대중적인 열 지향 데이터베이스에는 HBase와 Cassandra가 있다. 표면적으로는 열과 행으로 구성된 테이블에 데이터를 저장하는 관계형 데이터베이스와 유사하다. Cassandra는 테이블에 대한 스키마를 가지며 SQL과 유사한 CQL이라는 질의문이 있다. 중요한 차이점은 일반적으로 열 지향이라는 것이다. 이것은 많은 데이터의 행에 걸쳐 하는 작업에 최적화되어 있으며, 열 지향 데이터베이스는 많은 열에 대한 작업에 최적화되어 있다. 예를 들어, 표 5.4의 books 테이블에서 살펴보자.

표 5.4 books

id	title	genre	year_published
1	Clean Code	tech	2008
2	Code Complete	tech	1993
3	The Giver	sci-fi	1993

어떻게 하드 드라이브에 데이터가 저장되는가? 관계형 데이터베이스의 경우 각 열은 값으로 모두 함께 저장된다. 개념적으로 직렬화 데이터는 다음과 같이 보일 것이다.

```
1:Clean Code,tech,2008;2:Code Complete,tech,1993;3:The Giver,sci-fi,1993;
```

하나의 행에 대한 모든 열은 순차적으로 배치된다. 열 지향은 다음과 같은 방법으로 같은 데이터를 비교할 수 있다.

```
Clean Code:1,Code Complete:2,The Giver:3;tech:1,2,sci-fi:3;2008:1,1993:2,3;
```

이 형식에서, 하나의 행 내의 모든 값은 키다. 그리고 ID로 이루어진 행의 값으로써 순차적으로 배치된다. 다음 질의문을 살펴보자.

```
SELECT * FROM books WHERE year_published = 1993;
```

일치되는 모든 열에 대해 모든 행을 읽기 위해서 질의문은 SELECT *를 사용한다. 순차적인 읽기는 하드 드라이브 성능에 좋다. 이런 질의에서 행 지향 저장은 매우 효과적이다. 하나의 행에 대한 모든 열은 다음 다른 행으로 이어져 있다. 다음 질의문과 비교해보자.

```
SELECT COUNT(*) FROM books WHERE year_published = 1993;
```

질의문은 SELECT COUNT(*)를 사용한다. 이것은 year_published 열 내에서 단지 필요로 하는 값을 읽는다. 이런 집합 질의문의 종류는 열 지향 데이터베이스에 효과적이다. 하나의 열에 대한 모든 값들은 다음 다른 열로 이어져 있다.

그래프 데이터베이스

그래프 데이터베이스는 방향성을 가지는 모서리(edge)와 연결된 노드(node)로 구성된다. 다른 NoSQL 데이터 저장은 클러스터 위에서 실행하는 것의 중요한 동기가 된다. 대부분 그래프 데이터 베이스는 하나의 노드위에서 실행되고 효과적인 저장, 질의 그리고 관계 데이터 탐색이 중요한 동기가 된다. 대중적인 그래프 데이터베이스는 Neo4j와 Titan이 있다.

그래프에 대해서는 그림 5.4를 살펴보라.

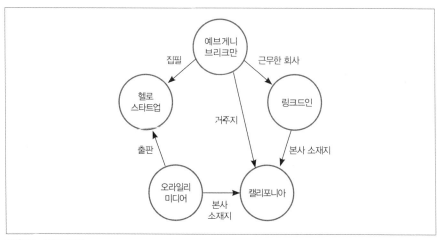

그림 5.4 그래프 예제

Noe4j에서 CREATE 명령어를 사용하여 그래프로 노드를 생성해본다.

```
CREATE
    (yevgeniy { name : "Yevgeniy Brikman" }),
    (oreilly { name : "O'Reilly Media", industry : "publishing" }),
    (california { name : "California" }),
    (linkedin { name : "LinkedIn", industry : "social networking" }),
    (hello { name : "Hello Startup", yearPublished : 2015 })
```

마찬가지로 CREATE 명령어를 사용하여 노드의 모서리를 연결한다.

```
CREATE
    (yevgeniy)-[:WROTE]->(hello),
    (yevgeniy)-[:LIVES_IN]->(california),
    (yevgeniy)-[:WORKED_AT]->(linkedin),
    (oreilly)-[:PUBLISHED]->(hello),
    (oreilly)-[:HEADQUARTERED_IN]->(california),
    (linkedin)-[:HEADQUARTERED_IN]->(california)
```

미리 정의된 스키마가 없으며, 노드와 모서리는 임의의 속성으로 만들 수 있다. 속성을 기반으로 그래프를 검색하는 질의문은 MATCH 명령어를 사용한다. 예를 들면, "Yevgeniy Brikman" 속성으로 노드를 찾는 질의문은 다음과 같다.

```
MATCH (person)
WHERE person.name = "Yevgeniy Brikman"
RETURN person
```

질의문으로 한 개의 노드를 찾는다.

```
(8 {name:"Yevgeniy Brikman"})
```

마찬가지로 노드 사이의 관계도 질의할 수 있다. 예를 들면, 캘리포니아에 본사를 두고 있는 회사를 찾는 방법을 살펴보자.

```
MATCH (company)-[:HEADQUARTERED_IN]->(location { name : "California" })
RETURN company
```

결과로 두 개의 노드가 나타난다.

```
(9 {name:"O'Reilly Media", industry : "publishing"})
(10 {name:"LinkedIn", industry : "social networking"})
```

좀더 깊이 찾을 수 있다. 예를 들면, 캘리포니아에 살고 있는 사람들이 쓴 책을 찾을 수도 있다.

```
MATCH (book)<-[:WROTE]-(person)-[:LIVES_IN]->(location { name : "California" })
RETURN book
```

결과로 한 개의 노드가 나타난다.

```
(11 {name:"Hello, Startup", yearPublished : 2015})
```

5.6.3 데이터 읽기

표 5.5는 관계형 데이터베이스와 NoSQL 데이터베이스에 대한 소개로, 질의 모델을 지원하는 유형들 사이의 교환 내용을 보여준다. 관계형 데이터베이스와 그래프 데이터베이스는 일반적인 목적의 데이터 저장에 좋은 선택이다. 왜냐하면 유연한 질의 모델은 대부분의 스타트업에서 끊임없이 변화하는 제어 패턴을 처리할 수 있기 때문이다. 다른 NoSQL 데이터베이스는 특정 제어 패턴에 맞는 특별한 목적의 데이터 저장을 위해 선택할 수 있다.

표 5.5 질의 모델

데이터베이스 유형	제어 패턴	JOIN	Indexes 결과
관계형	매우 유연한 질의 모델	지원	기본키, 후보키, 복합키
키-값	기본키 검색	미지원	기본키
문서	기본키, 후보키 검색	미지원	기본키, 후보키
열 지향	단일 열 실행	미지원	기본키, 후보키
그래프	매우 유연한 질의 모델	지원	기본키, 후보키

데이터를 읽을 때는 또 다른 교환이 고려해야 할 것은 데이터를 어떻게 표현할지에 대해서다. 예를 들어, 자바 클래스에서는 다음과 같다.

```
public class Person {
    private long id;
    private String name;
    private int age;
```

```
        private List<String> skills;
}
```

유사한 JSON 문서로 Person 클래스를 쉽게 표현할 수 있다.

```
{
    "_id" : 123,
    "name" : "Linda",
    "age" : 35,
    "skills" : ["Java", "Scala", "Ruby"]
}
```

키-값 조정 또는 문서 데이터베이스는 단지 하나의 명령어로 JSON 문서를 저장 또는
검색할 수 있다.

```
> db.people.save(
{_id : 123, name : "Linda", age : 35, skills : ["Java", "Scala", "Ruby"]})
> db.people.find({_id : 123})
{_id : 123, name : "Linda", age : 35, skills : ["Java", "Scala", "Ruby"]}
```

한편, 관계형 데이터베이스에서 이런 데이터의 정규화된 표현은 상당히 다르게 보인
다. 이것은 표 5.6, 표 5.7, 표 5.8에서 볼 수 있다.

표 5.6   people

person_id	name	age
12345	Linda	35

표 5.7   skills

skill_id	skill_name
1	Java
2	Scala
3	Ruby

표 5.8   people_skills

person_id	skill_id
12345	1
12345	2
12345	3

하나의 Person 객체에 대한 데이터를 실행하기 위해서 테이블 세 개를 JOIN하여 질의 해야 한다.

```
SELECT people.person_id, people.name, people.age, skills.skill_name
FROM people
    JOIN people_skills ON people.person_id = people_skills.person_id
    JOIN skills ON skills.skill_id = people_skills.skill_id
WHERE people.person_id = 12345
```

질의 결과, 세 개의 열을 결과로 받는다. 이는 표 5.9와 같다. 그리고 나서 조심스럽게 Person 클래스의 필드로 내용을 분석하여 처리한다.

표 5.9 질의 결과

person_id	name	age	skill_name
12345	Linda	35	Java
12345	Linda	35	Scala
12345	Linda	35	Ruby

간단한 클래스조차, 내부 메모리 표현을 위해 관계형 표현으로부터 매핑하는 것은 복잡하다. 이것은 임피던스 부정합(Impedance Mismatch)으로 알려져 있다. 많은 객체 관계 매핑 도구(ORM, Object-Relational Mapping)는 이 문제를 해결하려고 시도해왔다. 예를 들어, 액티브레코드(ActiveRecord)와 하이버네이트(Hibernate)가 있다. 그러나 이것은 논쟁의 원천이 되며, 추상화 누수에 대한 노출과 성능 문제로 비난이 된다. 특정 ORM 도구가 나쁜 것은 아니지만, 매핑 문제는 상속을 어렵게 한다. 당신이 가지고 올 수 있는 모든 해결책은 심각, 고통에 대한 교환을 포함할 수 있다[Atwood 2006b].

많은 스타트업에 대해, 애플리케이션은 작고, 성능 요구는 낮을 때 ORM은 사용 가치가 있다. 예를 들어, 문제 없이 유즈케이스의 80%~90%를 처리할 수 있기 때문이다. ORM 사용은 관계형 데이터베이스 작동에 대한 세부적인 이해를 무시할 수 있다는 것을 이미하지는 않는다. 여전히 관계형 모델링, 정규화, 색인화, join에 대한 이해가 필요하다. 그리고 데이터를 정확하게 어떻게 저장하는지 알고 질의문을 튜닝하고, ORM을 사용하여 유즈케이스의 10%~20%를 처리할 수 있다.

스타트업의 성장에 따라 ORM의 성공률은 80% 아래로 떨어질 수 있다. 이 시점에는 두 가지 선택을 할 수 있다. 양쪽 중 객체를 포기('O' 떨굼)하거나 관계형 데이터베이스 포기('R' 떨굼)에서 하나를 포기할 수 있다. 이것을 선택하여 더 이상의 매핑 문제를 가지지 않도록 할 수 있다[Atwood 2006b]. 만약, 첫 번째를 선택한다면, 객체를 대신하여 관계형 또는 함수형 모델을 사용하여 메모리에서 데이터를 표현할 수 있다. 예를 들어, 함수 관계 매퍼(Functional-Relational Mapper)와 같은 Typesafe Slick, instead of an ORM를 사용한다. 그리고 두 번째를 선택한다면, 관계형 데이터베이스에서 NoSQL 저장으로 전환할 수 있다. 이전에 본 것처럼, 키-값 또는 문서 저장의 데이터 표현은 메모리 내의 자신의 표현과 유사하다. 그래서 매핑 문제가 쉬울 수 있다. 여기서 나쁜 선택은 자신의 ORM을 스스로 작성하는 것이다. 오픈소스 ORM 도구들은 몇 년에 걸쳐서 개발되어 왔기 때문에 자신의 ORM을 스스로 작성하는 선택은 거의 확실하게 나쁜 해결책으로 끝날 것이다.

5.6.4 데이터 쓰기

대부분의 NoSQL 데이터베이스는 집합(aggregates) 작업에 대해 최적화되어 있다. 키-값 저장에 대한 하나의 값, 문서 저장에 대한 하나의 문서, 또는 행-지향 데이터베이스에 대한 하나의 행에 대해서다.[24] 하나의 집합을 작성하는 중에 일반적으로 쉬움과 원자에 대한 보장을 한다. NoSQL 데이터베이스는 다중 집합을 작성하는 중에는 보장을 지원하지 않는다.

예를 들어, 은행 웹사이트를 구축하고 각 계정에 대한 예금 잔액을 저장할 필요가 있다고 생각해보자. 이는 표 5.10과 같다.

표 5.10 계정

account_id	balance
1	500
2	8,500
3	2,500

Voldemort에서 키-값 저장은 하나의 집합으로 쉽게 저장할 수 있다.

---

24 집합(aggregates)의 용어는 [Sadalage and Fowler 2012, 14]로부터 왔다. 그래프 데이터베이스는 집계에 대해 최적화가 없으므로 이 논의에서 제외했다.

```
> put "4" "5,000"
```

어쨌거나 기존에 존재하는 데이터 갱신은 어렵게 되었다. 은행 계정의 잔액을 갱신하기 위해, 현재 값을 가져오기 위한 첫 번째 요청을 만들어야 한다. 애플리케이션 코드에 새로운 값을 계산하고 새로운 값을 저장하기 위해 두 번째 요청을 만든다(이 작업은 원자가 필요하지 않는다). [25]

문서 데이터베이스에서 하나의 계정(또는 하나의 집합)을 갱신하는 것은 좀더 쉽다. 예를 들어, 계정에서 100달러를 인출하려면, MongoDB의 갱신 함수를 사용하고 $inc : 증가 연산자를 사용할 수 있다.

```
> db.accounts.update({_id : 1}, {$inc : {balance : -100}})
```

관계형 데이터베이스에서 하나의 계정에 대한 갱신은 간단하다.

```
UPDATE accounts
SET balance = balance - 100
WHERE account_id = 1
```

그러나 은행에서 100달러의 연회비를 청구하기 위해, 모든 계정에서 100달러를 인출하기 원한다면 어떻게 해야 할까? MongoDB의 multi 옵션을 true로 설정하여 해결할 수 있다.

```
> db.accounts.update({}, {$inc : {balance : -100}}, {multi : true})
```

결과적으로 하나 이상의 계정(또는 하나 이상의 집합)에 대한 갱신은 원자성이 발생하지 않는다. 여러 계정을 가진 고객이 은행 웹사이트를 사용하고, 이들 계정 중 하나에서 100달러가 공제된 것을 알 수 있지만, 다른 계정에서는 그렇지 않을 수 있다. 관계형 데이터베이스에서는 모든 갱신이 원자성을 가지기 때문에 결코 이런 일은 일어날 수 없다.

```
UPDATE accounts
SET balance = balance - 100
```

---

[25] 몇몇 Redis와 Riak 같은 키-값 저장은 값에 대한 데이터 유형을 제한적으로 지원한다. 예를 들면, 문자열, 정수, 집합, 리스트, 맵이다. 사용자에게 실행 여정에 있어 특정 갱신 유형을 만들 수 있도록 한다. 예를 들면, Redis는 INCR 명령어로 정수 값을 증가시킬 수 있다.

이것은 트랜잭션의 의미를 필요로 하는 중요한 문제다. 예를 들면, 계정 1에서 계정 2로 100달러를 송금한다면, 대부분의 NoSQL 데이터베이스는 두 번의 갱신으로 실행을 해야 한다.

```
> db.accounts.update({_id : 1}, {$inc : {balance : -100}})
> db.accounts.update({_id : 2}, {$inc : {balance : 100}})
```

이 문제는 두 개의 갱신이 원자적이지 않다는 것이다. 그렇다면 무슨 일이 중간에 잘못된 것일까? 예를 들어, 계정 1로부터 돈을 인출하고, 계정 2에게 입금을 하기 전에 데이터베이스가 중단된다면, 돈은 공중으로 사라지게 된다. 만약 NoSQL 데이터베이스를 사용하여 원자성을 가진 갱신을 사용하고 싶다면, 애플리케이션 코드 내에 2단계의 승인을 수동으로 구현해야 한다. 이것은 복잡하고 오류를 야기할 수 있다.

대부분의 관계형 데이터베이스는 트랜잭션으로 갱신을 감싸 원자성 문제를 해결하고 있다.

```
START TRANSACTION;
    UPDATE accounts
    SET balance = balance - 100
    WHERE account_id = 1;

    UPDATE accounts
    SET balance = balance + 100
    WHERE account_id = 2;
COMMIT;
```

이렇게 여러 행 또는 여러 테이블에 대한 갱신을 실행할 수 있다. 그리고 모든 갱신은 성공하거나 또는 모두 롤백될 수 있다.

5.6.5 스키마

관계형 데이터베이스는 스키마를 먼저 정의해야 하는데 반하여, 대부분 NoSQL 데이터베이스는 스키마가 없다(schema-less)라고 광고한다. 이 말은 약간 잘못되었다. NoSQL 데이터베이스는 데이터 스키마에 대해 걱정하지 않을 수 있지만, 애플리케이션이 어떤 시점에서는 읽기가 가능한 데이터 형식인지를 알아야 한다. 예를 들면, MongoDB에서 문서를 읽기 위해 자바 코드를 사용할 수 있다.

```
DBCollection books = db.getCollection("books");
BasicDBObject query = new BasicDBObject();
query.put("author", "Yevgeniy Brikman");

DBObject book = books.findOne(query);

String title = (String) book.get("title");
int pages = ((Number) book.get("pages")).intValue();
Date datePublished = (Date) book.get("datePublished");
```

의미있는 쿼리를 실행하고 결과를 분석하기 위해, 자바 코드는 필드(저자, 제목, 페이지, 배포일자) 이름과 해당 필드(문자열, INT, 날짜)의 이름을 알아야 한다. 이것이 스키마다! 즉, 스키마가 없는 것과 스키마가 있는 것의 문제가 아니라 스키마가 데이터베이스에 의해 수행되는 명시적인 것과 응용코드에 의해 수행되는 암시적인 것의 문제다.

데이터베이스가 스키마 강제를 가지는 것은 자동으로 오류의 큰 범주에서 예방을 돕는 것으로 마치 프로그래밍 언어의 정적 변수와 유사하다. 예를 들면, 관계형 데이터베이스는 질의문이 테이블 또는 열 이름에 오타를 포함하지 않도록 할 수 있다. 열에 잘못된 데이터 유형을 저장할 수 없으며, 문자열은 미리 정의된, 제안된 크기를 넘을 수 없다. 기본키 ID는 유일해야 하며 외래키는 다른 테이블에 유효한 ID를 참조해야 한다. 마찬가지로 NoSQL에서도 무결성 검사는 필요하다. 그러나 애플리케이션에서 수동으로 구현해야 한다. 일반적으로 안전을 위해 유정 테스트(well-test)를 관계형 데이터베이스에서는 잘 지키고 있다. 특별히 스키마 보증은 직접 NoSQL 데이터베이스를 다루는 애플리케이션의 모든 곳에 조금씩 분산되어 있지 않고 한 곳에서 관리된다. 스키마는 마찬가지로 그들이 다루는 데이터의 유형을 이해하기 위해 개발자들에게 문서의 형태로 다루어진다.

스키마 없음의 접근 방식이 유리한 두 가지 경우가 있다. 첫 번째는 비구조화 또는 비정형 데이터에 대한 저장이 필요한 경우다. 예를 들어, 사용자 생성 데이터, 이벤트 추적 데이터, 불규칙한 로그 메시지 또는 예측할 수 없는 형식에 사용된다. 만약 관계형 데이터베이스 내에 이런 데이터를 저장하려고 한다면, 의미 없는 이름을 가진 열 이름(col1, col2, col3이나 열에 JSON 문서를 저장했던 "blobs" 유형으로 저장과 같은)이나 NULL 열로 많이 끝내는 경우가 있다. 이는 관계형 데이터베이스를 사용함에 있어 안티 패턴이 된다(스키마에 정의되지 않은 사용자가 임의로 파괴적인 사용 방법이 된다).

두 번째 경우는 데이터 이주(Data Migrations)를 시행할 때다. 관계형 데이터베이스로 저장된 데이터의 유형을 변경하려고 한다면, 단지 응용 코드뿐만 아니라 스키마도 갱신해야 한다. 데이터베이스와 얼마나 많은 데이터를 포함하는 지에 따라서 열과 테이블 추가 또는 삭제 또는 무결성 제약 조건은 비용이 비싸질 수 있고 정지시간 없이 진행하기 까다로울 수 있다. NoSQL 데이터베이스에서, 당신이 해야 할 모든 일은 애플리케이션 코드에서 새로운 데이터 형식과 이전의 형식 모두를 처리할 수 있도록 갱신하는 것이다. 그러면 모든 이전이 완료된다. 더욱 정확히 하려면, 이전은 단지 시작일 뿐이며, 새로운 데이터가 쓰여질 때 점진적으로 일어난다. 예를 들어, MongoDB에서 book 데이터를 저장한다고 하면, 페이지 필드명을 pageCount로 변경하고, 자바 코드에서 갱신해야 한다. 다음처럼 말이다.

```
int pages;

if (book.containsKey("pages")) {
    pages = ((Number) book.get("pages")).intValue();
} else {
    pages = ((Number) book.get("pageCount")).intValue();
}
```

쉽게 증가를 할 수 있다. 이것은 무정지 이전으로, 데이터베이스 내의 모든 존재하는 book에 대한 이전 필드명과 데이터베이스에 쓰여질 새 book에 대한 새로운 필드명 양쪽을 처리할 수 있다. 그러나 몇 개를 이전 한 후, if 문장으로 된 유형은 애플리케이션에서 관리가 어렵게 된다. 따라서 이전을 빠르게 하기 위하여 몇 가지 추가적인 작업으로 후위 스크립트를 생성할 수 있다. 이것은 코드가 너무 지저분해지기 전에 오래된 이전 포맷에 대한 코드를 정리할 수 있도록 해준다.

5.6.6 확장성

확장성은 NoSQL에 대한 중요한 동기 중 하나였다.[26] 구글과 아마존 같은 16개 회사들은 단일 서버의 성능을 초과하는 가용성과 성능 요구에 직면했다. 그들은 더 많은 램과 CPU를 추가하는 수직적인 확장(Vertical Scaling)의 한계에 직면하여, 더 많은 서버를 추가할 수 있는 수평적인 확장(Horizontal Scaling)으로의 서버 클러스터를 필요로 했다.

단일 서버에서 여러 서버로 데이터를 저장하는 것은 분산 시스템(Distributed System)

---

26 그래프 데이터베이스를 제외하고, 다른 동기를 가진다. 즉, 효과적인 저장과 질의 관계 데이터를 필요로 한다.

에서 다루고 있다. 모든 분산 시스템은 CAP 원리(CAP theorem)를 목적으로 한다.

분산 시스템이 다음 세 가지를 보장하여 제공하는 것은 불가능하다.

- 일관성(Consistency) : 모든 노드는 같은 시간에 같은 데이터를 유지한다.

- 가용성(Availability) : 모든 요청에 대해 성공 또는 실패에 대한 응답 수신을 보장한다.

- 파티션 내성(Partition tolerance) : 시스템은 임의의 메시지 손실 또는 시스템의 일부분 실패에도 불구하고 운영을 지속해야 한다.

[CAP THEOREM 2014]

일관성 (C), 가용성(A), 파티션 내성 (P) 중 두 개를 선택한다. 실제로 서버는 네트워크에서 메시지를 놓치거나 실패할 가능성이 있다. 그래서 모든 분산 시스템은 반드시 파티션 내성(P)을 가져야 한다. 그래서 파티션 내성은 결코 희생될 수 없다[Hale 2010]. 진짜 질문으로, 네트워크 파티션이 존재한다면 가용성과 일관성을 유지해야 하는가?

MongoDB, HBase, Redis와 같은 몇몇 시스템은 모든 노드의 데이터 일관성을 유지하려고 노력한다. 그래서 네트워크 파티션과 같은 경우에는 가용성을 잃을 수도 있다. Voldemort, Cassandra, Riak, CouchDB와 같은 몇몇 시스템은 일관성을 일치시킨다. 이 의미는 네트워크 파티션 중에도 가용성을 유지시킨다는 것이다. 그러나 다른 노드에서 다른 데이터로 끝날 수 있으며 이런 충돌은 나중에 해결하도록 한다. 사실 파티션 없이 분산 시스템에서 전달된 데이터는 항상 시간을 소요하며, 그래서 일반적인 동작 상황에서 일관성 시스템은 적어도 아주 짧은 시간 동안에는 다른 노드에서 다른 데이터를 가질 수 있다.

분산 시스템을 구축하는 두 가지 주요 전략은 복제와 파티셔닝으로 수평 확장이다 [Kleppmann 2015, part 2].

복제

복제는 다수의 서버나 복사본에 동일한 데이터를 복사히는 것을 포함한다. 복제의 중요한 이점 중 하나는 결함에 대한 내성이다. 서버 및 하드 드라이브가 모든 시간에서 실패하면, 어떤 데이터베이스 기술을 선택하든지 상관없이 데이터의 복사는 정지 시간과 데이터 유실을 방지하기 위한 하나 이상의 공간을 보장할 필요가 있다. 아주 최소한의 대기 복사본을 위한 복제 데이터가 있다면, 어떤 실시간 트래픽을 제공하지 않지만 기본 데이터베이스가 정지된다면 바로 교체할 수 있다. 복사본은 하나 이상의 더 많은 활성화된 복사본을 만들 수 있다. 이것은 서버에 트래픽을 실시간으로 제공하며, 더 많은 복사본을 추가하여 데이터베이스가 수평적 확장을 할 수 있도록 해준다. 확장성에 대한 복제를 사용하는 일반적인 두 가지 방법은 마스터/슬레이브 복제와 멀티 마스터 복제다[Kleppmann 2015, chap. 5].

마스터/슬레이브 복제는 그림 5.5에서와 같이 모든 쓰기는 하나의 노드(또는 마스터)에서 실행되고, 이들 변경은 하나 이상의 복사본(또는 슬레이브)으로 전달된다. 모든 읽기는 복사본에서도 가능하다.

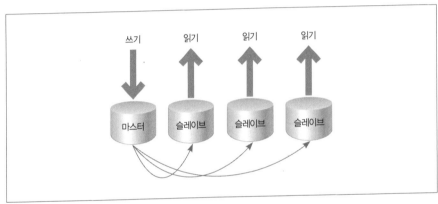

그림 5.5 마스터/슬레이브 복제

멀티 마스터 복제는 그림 5.6에서처럼, 모든 노드가 동등하여 쓰기와 읽기를 처리할 수 있고, 동료에게 변화를 전달할 수 있다.

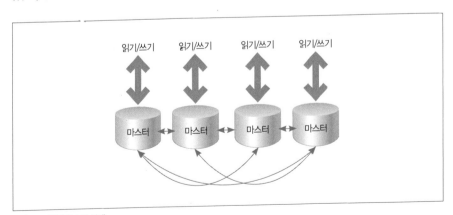

그림 5.6 멀티 마스터 복제

마스터/슬레이브 복제는 주로 더 많은 읽기 트래픽에 대한 확장을 허용한다. 멀티 마스터 복제는 읽기와 쓰기 트래픽 양쪽에 대한 확장을 허용한다. 그렇다고 "모든 경우에 멀티 마스터 복제를 사용할 것인가?"라고 물으면 대답하기가 매우 어렵다. 단일 쓰기 (또는 마스터)를 사용하는 시스템은 이해와 관리가 비교적 쉽고 대부분의 데이터베이스는 쓰기보다 읽기 트래픽이 더 많기 때문이다. 마스터/슬레이브 복제는 많은 확장성에 대한 도전을 처리하는 데 도움이 된다. 어쨌거나 단일 마스터는 쓰기에 대한 병목이 올 수 있고, 멀티 마스터 복제의 복잡성은 병목 해결에 대한 충분한 가치가 있을 수 있다.

복잡성은 쓰기를 하는 여러 시스템으로부터 두 개의 서로 다른 노드에서 같은 데이터 조작에 대한 두 개의 서로 다른 갱신이 일어날 때 나타난다. 이것을 충돌(conflict)이라고 한다. 시스템은 멀티 마스터 복제 사용을 위해 충돌 해결 전략(Conflict Resolution Strategy)을 구현해야 한다. 몇몇 사례에서 쓰기를 병합해서 함께 작업할 수 있다. 예를 들어, 아마존은 쇼핑 카트 데이터를 저장하는데 Dynamo 데이터베이스를 사용한다. 여기서 충돌된 쓰기를 함께 병합하기 위한 방법으로, 사용자에 쇼핑 카트를 추가하는 모든 것을 표현한다. 다른 전략들은 마지막 쓰기를(last write wins)한 것으로 본다. 타임 스탬프 또는 벡터 시간을 사용하여 이전 것에 새로운 값을 덮어 쓰는 것을 사용자가 선택하도록 한다. 여기에는 모든 충돌된 버전은 저장되고, 클라이언트 코드는 데이터를 읽어 유지될 때 결정해야 한다.

파티셔닝

복제가 복수의 서버에 동일한 데이터를 복사하는 반면, 파티셔닝은 다른 서버에 다른 데이터의 하위 집합(subsets)으로 복사한다. 파티셔닝의 목적은 n개 서버 사이의 데이터 집합을 분할하는 것이다. 각각의 하나는 전체 부하의 $1/n^{th}$로 처리된다. 추가된 노드들은 수평적으로 확장할 수 있다. 그리고 각각의 부하를 감소시킬 수 있다. 어쨌거나, 데이터를 파티션하지 않는다면, 하나의 노드는 다른 것보다 더 많은 부하를 빚게 된다. 이는 '핫스팟'이라고 알려져 있으며, 확장 효과에 대한 병목현상을 말한다. 이런 병목현상을 피하기 위해서 올바른 파티션 전략을 선택해야 한다. 여기서 선택할 수 있는 주요한 두 가지는 수직 파티션(Vertical Partitioning)과 수평 파티션이다(Horizontal Partitioning).

수직 파티션은 데이터를 관련 없는 유형으로 분할하는 것으로, 분리된 데이터베이스로 분리된 테이블 또는 테이블의 열을 이동시키는 것이다. 예를 들면, 단지 두 페이지를 가지고 있는 은행 웹사이트를 구축한다고 가정해보자. 첫 번째 페이지는 계정의 저축을 관리하고 다른 한 페이지는 계정을 관리하기 위한 것이다. 초기 디자인은 users를 호출하는 테이블에서 모든 사용자 데이터를 저장한다. 표 5.11을 참고한다.

표 5.11 사용자

user_id	username
1	alice123
2	bob456
3	jondoe

그리고 accounts를 호출하는 테이블에서 모든 계정 데이터를 저장한다. 표 5.12를 참고한다.

표 5.12 accounts

account_id	user_id	type	balance
1	1	checking	100
2	1	savings	500
3	2	checking	1500
4	3	savings	250

만약 웹사이트가 대중화되고 accounts 테이블이 거대해지면, 데이터베이스는 부하를 유지하기 위해 고군분투해야 한다. 이를 처리하기 위한 하나의 방법은 두 개의 테이블로 나누어, 당좌예금(checking)을 저장하는 데이터와 account 데이터에 대한 일반예금(savings)으로 수직 파티션을 하는 것이다. 표 5.13에는 당좌예금, 표 5.14에는 일반예금의 데이블을 보여준다.

표 5.13 당좌예금

account_id	user_id	balance
1	1	100
3	2	1500

표 5.14 일반예금

account_id	user_id	balance
2	1	500
4	3	250

분리된 데이터베이스에 이들 테이블을 저장할 수 있다. 그림 5.7을 참고한다.

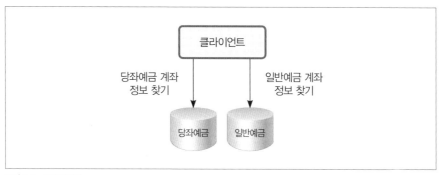

그림 5.7 수직 파티션

왜냐하면 각각의 웹사이트 페이지는 당좌예금 계정 또는 일반예금 계정 모두를 표시하거나 그렇지 않을 수 있기 때문이다. 각각의 데이터베이스는 이제 요청의 일부를 처리한다. 또한 각각의 데이터베이스는 CPU, 메모리, 디스크 공간에 대해 경쟁할 필요가 없다. 그러나 파티션은 항상 추가적인 비용을 소요한다. 예를 들면, JOIN을 수행할 능력을 잃어버린다. 만약 user_id에 대한 사용자 이름과 총 잔액을 알고 싶다면, 하나의 JOIN을 사용한 질의문 대신에, 모든 파티션에 부하를 가하는 세 개의 분리된 요청을 만들어야 한다. 또한 외래키 제약 조건을 자동적으로 적용할 수 있는 능력을 상실한다. 예를 들면, 당좌예금과 일반예금 테이블의 user_id 열이다. 수직 파티션은 하나의 테이블이 너무 큰 경우에는 도움이 되지 않는다. 예를 들면, 은행 웹사이트가 너무 인기가 많아, 단지 당좌예금 테이블만으로 하나의 서버를 사용할 수도 있다.

다른 대안은 수평적 파티션(AKA sharding)으로, 하나의 테이블을 가르는 분리된 파티션(AKA shards)으로 열로써 분할한다. 예를 들어, 은행 웹사이트가 10개의 서버와 10만 명의 사용자를 가지고 있다면, user_id로 원래 계정과 사용자 테이블을 파티션할 수 있다. user_id 0~100,000까지는 서버 0이, 100,001~200,000까지는 서버 1과 같이 총 서버 9까지 나눈다. 그림 5.8을 참고한다.

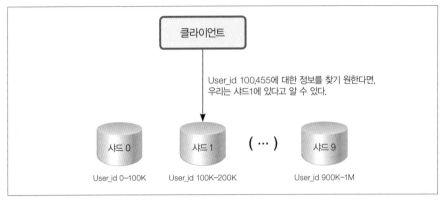

그림 5.8 수평적 파티션

이 전략은 단일 사용자에 대한 데이터를 필요로 하는 모든 페이지에 대해 잘 작동한다. 왜냐하면 모든 데이터는 하나의 샤드에 존재하기 때문이다. 예를 들면, 수직 파티셔닝 된 스키마는 하나의 user_id에 대한 사용자 이름과 총 잔액에 대해 세 개의 요청을 필 요로 하는 반면, 수평적 파티셔닝된 스키마는 사용자의 샤드에 대한 단일 질의문으로 처리한다.

```
SELECT users.username, SUM(accounts.balance)
FROM users JOIN accounts ON users.user_id = accounts.user_id
WHERE users.user_id = 100455
```

만약 대부분의 요청이 한번에 오직 한 사용자만을 위해서라면, 각 샤드는 10% 정도의 부하를 가지고 여전히 JOIN과 외래키 제약 사항을 사용할 수 있다. 만약 사용자 수가 증가한다면, 더 많은 샤드를 추가히어 수평저으로 확장할 수 있다.

　그러나 마찬가지로 몇 가지 심각한 단점이 있다. 예를 들어, 그들의 계정에 최소한 500달러가 남아 있는 모든 사용자를 찾기 원한다면 어떻게 될까? 이들 사용자에 대한 샤드가 파티션되어 있어 미리 알 수 있는 방법이 없다. 그래서 모든 파티션으로부터 펼 쳐서 뿌리고 수집하는 질의문(Scatter Gather Query)을 실행하여 모든 샤드에 부하를 걸어 야 한다. 수평적 파티셔닝은 ID를 생성하여 좀더 복잡하게 만들 수 있다. 단일 데이터 베이스로 증가 계산기는 매우 쉽게 만들 수 있다. 그러나 다수의 데이터베이스는 충돌 을 회피하는 추가적인 작업이 필요하다.[27] 이를 더 어렵게 만드는 것은 데이터와 제어

27　[Krieger 2011]에서 이 선택에 대한 요약을 살펴볼 수 있다.

패턴이 시간에 따라 변화하는 것이다. 그래서 초기의 파티셔닝은 가까운 미래의 핫스 팟을 가지는 것이 타당하다. 파티셔닝 전략의 변화는 재균형으로 알려진, 많은 데이터 의 이동을 요구하는 어렵고 비싼 것이다.

5.6.7 실패 모드

어느 순간에 모든 데이터 저장소로, MySQL 설정의 수동 샤드 또는 MongoDB 클러스 터의 자동 샤드는 실패한다. 이 질문은, 얼마나 많은 방법이 시스템 실패를 가능하게 하 는지와 어떻게 이것을 쉽게 이해하고 해결할 수 있는가에 맞춰져 있다. 일반적으로 간 단한 해결책은 쉽게 해결할 수 있다. 그리고 많은 NoSQL 해결책은 다수의 쓰기, 자동 샤딩 그리고 자동 재균형을 지원한다. 이것은 아무 것도 아니고 아주 쉽다.

많은 실패 모드의 복잡성은 많은 이유 중 하나였다. 핀터레스터는 매달 0에서 10억 페이지 뷰에 대한 웹사이트의 확장을 하면서 MongoDB와 Cassandra를 포기했다 [Hoff 2013]. 예를 들어, NoSQL 저장에서 자동화된 재균형 알고리즘이 버그가 있는 경우 어떻게 되겠는가? 한 가지 예상할 수 있는 결과는 복제할 수 있는 단순히 최종적인 것들 로 채워져서 전혀 일관적이지 않는 것이다. 다른 가능한 결과는 클러스터가 불균형해 지고 마침내 10개의 노드가 있음에도 모든 통신은 오직 한 개와 이루어질 수 있다. 세 번째 가능한 결과는 재균형 알고리즘이 깨져서 모든 노드로부터 잘못된 데이터가 확산 되고, 모든 데이터는 완전히 손상될 수 있다. 무엇보다도 나쁜 것은, NoSQL 소프트웨 어의 새로운 버전에 대한 갱신으로 문제를 해결하려고 할 때, 다른 실패 모드를 발견할 수 있다는 것이다. 분산 시스템에서 모든 노드는 다른 노드와 통신이 필요하다. 예를 들어, 멀티 마스터 복제를 사용하는 NoSQL 저장에서, 소프트웨어의 새로운 버전에서 통신을 위해 사용하는 프로토콜이 변경되어 호환이 되지 않을 경우 전체를 정지시켜 확인하지 않는다면 클러스터 업그레이드는 진행될 수 없다.

5.6.8 성숙성

회사의 데이터는 비즈니스의 매우 중요한 부분 중 하나다. 그것은 대부분 기능, 또는 앱 으로 회사 자체보다도 오래 아마 지속될 것이다. 프로그래밍 언어, 웹 프레임워크, 수 백 시간의 재작성된 코드가 변경될 수 있지만 수집된 데이터는 변하지 않는다. 예를 들 어, 데이터웨어하우스 내의 피드, 하둡 클러스터, 또는 검색 색인과 같은 데이터 전반,

백업 데이터, 모니터 데이터에 대해 이동이 필요할 수 있다. 이 모든 것은 도구에 대한 성숙한 에코 시스템 없이는 매우 어려운 일이다. 따라서 안전하고, 신뢰할 수 있으며 오랜 시간 동안 잘 지원될 수 있는 방식으로 데이터를 저장할 필요가 있다. 유명한 투자자 조지 소로소는 "좋은 투자는 지루하다"라는 말로 알려져 있다. 나는 "좋은 데이터 저장은 지루하다"라고 제안한다.

> 초기에 깃허브에서 다양한 수많은 데이터베이스를 시작하려고 시도했지만 지난 2년~3년에 이들 모두를 제거하고 단지 MySQL을 사용했다. MySQL은 20년 동안 개발되어 왔다. 이것은 끔찍한 부분을 가지고 있지만 우리는 그것이 무엇인지 알고 있다. 상당히 안정적이고, 대부분 중요한 것은 어떻게 이것을 확장하는지의 방법을 아는 것이다. 회사를 처음 시작했을 때부터 그 일을 해오고 있지만 그래서 알려진 것이다.
>
> 우리는 가능한 스택을 단순화하기 위해, 더 많이 제거하기 위해, 노력해왔다. 새로운 데이터베이스는 될 수 있다면 섹시하도록 했다. 안정성은 섹시가 아니다. 사람들은 가동 시간을 사랑한다. 가동 시간은 아주 중요하다. 그래서 모든 시간을 기술 선택에 있어 더욱더 지루하게 가져갈 수밖에 없으며 이것으로 행복할 수는 없다.
>
> ──────────────
> **[HOLMAN 2014], 자크 홀맨, 깃허브 서포트웨어 엔지니어**

데이터 저장기술은 오랜 시간 동안 성숙해왔다. 가장 인기 있는 몇몇 관계형 데이터베이스의 초기 배포 날짜를 살펴보자. 오라클은 1970년, 마이크로소프트의 SQL 서버는 1989년, MySQL과 PostgreSQL은 1995년이다. 이들 데이터베이스는 20년~40년간 지속적으로 개발되어 왔고 안전성, 신뢰성 그리고 성능을 개선하기 위한 작업을 지속하고 있다. 데이터 저장소는 쉽고 빠르게 해결할 수 있는 문제가 아니다. 그래서 다음과 같은 작은 규칙을 제안한다.

> 일반적인 목적의 데이터 저장 기술은 성숙을 위해 10년이 걸린다.[28]

2014년 이 책을 쓰는 시점에서, NoSQL 저장소의 평균 수명은 대략 6년 정도였다. 다음은 가장 인기있는 몇몇 데이터베이스의 출시 날짜다. CouchDB는 2005년, HBase는 2006년, Neo4j는 2007년, Cassandra는 2008년, MongoDB, Redis, Riak 그리고 Voldemort는 2009년에 출시됐다. 많은 기업이 NoSQL의 미숙에 대한 문제를 보고 했다. 예를 들어, MongoDB는 몇 년 동안 논란의 원천이 되어왔다. 결함 허용 방식

---

28 단지 데이터 저장소만이 아니라, 소프트웨어의 복잡한 부분은 더 많은 시간이 걸린다. "좋은 소프트웨어는 10년이 걸린다. 이것에 익숙해지려면" 조엘 스폴스키가 말했다[Spolsky 2001].

은 디자인의 파괴[Gün Sirer 2013]로 수많은 기업이 이것으로부터 멀리 떠났다. 핀터레스트[Hoff 2013], Urban Airship[Schurter 2011], 애트시(Etsy)[McKinley 2012], Viber[Ish-Shalom 2014], Bump[Doug 2012]가 포함된다. 그러나 MongoDB는 아직 혼자만은 아니다. 트위터, 페이스북 그리고 핀터레스트는 Cassandra를 포기했다[North 2011]. 인스타그램[Branson 2014]과 바이버[Leonard 2014]는 Redis를 포기했다. 그리고 시그널 인게이지[Wood 2012]와 캐노니칼[Lord 2011]은 CouchDB를 포기했다. 이것이 NoSQL 데이터베이스가 나쁜 선택이라고 말하는 것은 아니다. 그러나 이것은 아직은 위험한 선택이고, 데이터 저장소는 일반적으로 위험을 감수할 만큼 심각한 것이 아니라는 것이다.

5.6.9 데이터베이스를 선택하는 데 있어서의 마지막 생각

데이터 저장소를 선택할 때 가장 중요한 요소는 성숙성이다. 프로그래밍 언어 또는 서버측 프레임워크에서 작업의 한계를 가질 수 있지만 데이터를 유실할 수는 없기 때문이다. 관계형 데이터베이스는 어떤 데이터 저장 결정에 대해서도 기본적으로 선택이 가능하도록 되어 있다. 관계형 데이터베이스를 가지고 당신의 문제를 모델링하는 것을 시작한다면 한계에 도달하기 전까지 얼마나 많은 것을 얻을 수 있는지 알아야 한다. 그리고 오랫동안 사용함에도 한계에 도달하지 않는다 해도 그것은 놀랄일이 아니다. 왜냐하면 관계형 데이터베이스는 매우 유연하기 때문이다. 예를 들어, 표준화된 관계형 스키마, 무결성 제약조건, 색인을 지원하는 질의문 언어의 장점, 트랜잭션, JOIN을 사용할 수 있다. 또는 스키마 없음, 키-값 저장을 사용할 수도 있다[Entity-attribute-value Model 2014]. 또는 cube, star 및 snowflake를 오프라인 분석 저장소로 쓸 수 있다[Online Analytical Processing 2014]. 또는 빠른 JSON 문서 저장소로로 사용할 수 있다.[29]

만약, 관계형 데이터베이스를 한계까지 사용해보려고 한다면, 단일 서버용량을 초과하는 데이터 용량과 가용성 요구사항이 있어야 한다. 이 시점에서 우선적으로 명확하고 간단한 해답은 확장을 하는 것이다. 복잡성이 증가하면, 대부분 공통된 선택은 다음과 같다.

- 기존 데이터베이스에 데이터 저장소 형식 및 질의문 최적화
- 데이터베이스 앞단의 캐시 설정(예 : memcached)

---

29 JSON 문서에 대한 현지 지원은 PostgreSQL[JSON types]와 MySQL[Wendel 2013]에서 가능하다. PostgreSQL 버전은 MongoDB보다 빠를 수 있다[Linster 2014].

- 마스터/슬레이브 복제 설정
- 관계없는 테이블 수직 파티션
- 단일 테이블 수평 파티션
- 멀티 마스터 복제 설정

일반적으로 데이터 파티션을 피하고 가능한 오랫동안 단일 쓰기로 사용하는 것이 좋다. 멀티 마스터 시스템, 샤드는 실패 모드를 가질 수 있다. JOIN, 트랜잭션, 무결성 제약, 이주, 갱신, 백업 그리고 ID 생성을 실행하는 것은 훨씬 더 복잡하다. 많은 NoSQL 데이터베이스의 문제는 앞에서 모든 것을 희생하게 만들며, 심지어 대부분의 사례들이 보증되지 않는다. 심지어 희생이 필요로 하는 경우에, 관계형 데이터베이스로 작업하면 아주 멀리까지 필요한 것을 얻을 수 있다(페이스북은 4,000개의 MySQL 노드의 클러스터를 가지고 초당 600만 건의 질의문을 처리할 수 있다)[Harris 2011]. 이 말은, 관계형 데이터베이스는 원래 단일 서버에서 운용하도록 디자인되어 있다는 뜻이다. 대부분 NoSQL 데이터베이스는 클러스터에서의 운용을 목적으로 디자인되어 있다. 일반적으로 일관성과 가용성, 복제 요소 그리고 파티션 수 사이에 교환 조정을 위해 내장된 도구를 가진다. 몇몇 사례에서, NoSQL 저장은 요구사항에 대해 간단한 해답이 될 수 있다.

앞으로 유의해야 하는 두 가지 트렌드가 있다. 첫 번째 트렌드는 NoSQL 생태계는 점점 더 성숙해질 것이라는 점이다. 몇 년이 지나면, 많은 버그가 해결되고, 신뢰성은 향상되며 그리고 하나의 산업이 될 것이다. 여기에 각 데이터를 엑셀에 저장하는 것보다 더 좋은 것으로 이해하게 될 것이다. 그래서 NoSQL은 더 많은 사용 사례에 대한 간단한 해결책이 될 수 있다. 두 번째 트렌드는 NewSQL 데이터베이스의 등장이다. 이는 데이터 저장이 여전히 관계형 데이터베이스를 지원하며 클러스터로 동작하도록 디자인된다[NewSQL 2015]. 이들 데이터베이스 유형은 2011년 쯤 주위에 나타나기 시작했다. 그래서 NoSQL 데이터베이스보다 덜 성숙해있지만 그들의 개발 방식을 보면 매우 흥미롭다. 예로, Google Spanner, VoltDB, FoundationDB, Clustrix가 있다.

5.7 요약

스타트업을 구축한다면, 테크 스택의 초기 선택은 쉽다. 알고 있는 대로 하면 된다. 많은 오픈소스와 상용 기술을 사용할 수 있다. 회사를 대표하는 '비밀 소스'의 조각을 사내에서도 개발할 수 있다. 만약 이 초기 단계를 넘어서 회사가 충분히 성장할 수 있는 경우 당신의 선택은 좀더 복잡해진다.

다음은 프로그래밍 언어를 평가할 때 고려해야 할 핵심 교환 사항이다.

프로그래밍 패러다임

객체지향 또는 함수형 프로그래밍 언어인가, 정적 유형 또는 자동화된 메모리 관리를 지원하는가?

문제 일치

예를 들어, C 언어는 임베드 시스템에 대해서는 좋은 선택이다. 얼랭은 결함 내성을 가지는 분산 시스템에 좋고, R은 통계에 좋다.

성능

언어에서 동시성 처리는 어떻게 하는가, 언어에서 쓰레기 수집과 collector를 처리하는 방법은 무엇인가?

생산성

대중적인 언어인가, 얼마나 많은 프레임워크와 라이브러리를 사용할 수 있는가, 얼마나 간결한가?

다음은 서버측 프레임워크를 평가할 때 고려해야 할 핵심 교환 사항이다.

문제 일치

Rails는 CRUD 애플리케이션에 대해서 특별히 좋은 선택이다. DropWizard는 RESTful API 서버에, Node.js는 실시간 웹 앱에 좋다.

데이터 레이어

프레임워크가 URLs, JSON, XML 조작에 도움이 되는가?

뷰 레이어

많은 내장된 템플릿 도우미가 있는가, 서버측 또는 클라이언트측 렌더링을 사용할 수 있는가, 로직 또는 로직 없음을 허용하는가?

테스팅

프레임워크 위에 구축된 앱에 대한 단위 테스트를 쉽게 작성할 수 있는가, 프레임워크 자체가 테스트를 쉽게 지원하는가?

확장성

프레임워크는 대기 또는 비대기 I/O를 사용할 수 있는가, 사례에 대한 프레임워크의 성능 테스트가 있는가?

배포

프레임워크가 빌드로 통합하는 방법을 알고 있는가, 제품 생산을 위한 구성, 배포, 모니터링 방법을 알고 있는가?

보안

프레임워크 내에 인증, CSRF, 모드 주입 그리고 보안 권고를 처리하기 위하여 내장 및 쉽게 테스트할 방법이 있는가?

다음은 데이터베이스를 평가할 때 고려해야 할 핵심 교환 사항이다.

데이터베이스 유형

관계형 데이터베이스 또는 No SQL 저장인가?(예 : 키-값 저장, 문서 저장, 열-지향 데이터베이스, 그래프 데이터베이스)

데이터 읽기

기본키와 보조키를 사용해서 데이터를 검색할 수 있는가, JOIN이 필요한가, 데이터 매핑이 메모리 내에서 어떻게 표현되는가?

데이터 쓰기

쓰기는 단일 집합 또는 다수에 대한 갱신할 수 있는가? 원자성 갱신 또는 트랜잭션을 필요로 하는가?

스키마

스키마는 데이터베이스 내 명시적으로 저장 또는 애플리케이션 코드로 묵시적인

가, 데이터는 정형인가 비정형인가?

확장성

데이터베이스는 수직적 확장이 가능한가, 만약 그렇지 않다면 데이터베이스는 복제, 파티션 또는 양쪽 모두를 지원하는가?

실패 모드

얼마나 많은 방법이 시스템 실패를 가능한가, 쉽게 실패를 디버그할 수 있는가?

성숙성

데이터베이스는 얼마의 시간 동안 개발되어 왔는가, 얼마나 많은 기업에서 사용하고 있는가, 얼마나 풍부한 지원 도구에 대한 생태계가 있는가?

마지막으로, 전체 테크 스택에 대해 생각해볼 때, 많은 기업이 단일, 모노리식 테크 스택, 하나의 프로그래밍 언어, 프레임워크 그리고 모든 사용 사례에 대한 데이터 저장 해결책을 떠나서, 여러 언어의 프로그래밍으로 향하고 있다. 이것은 다른 사용 사례에 대한 다른 기술을 사용해야 하기 때문이다. 다른 여러 서비스 위에 테크 스택을 구축하고, 각각의 서비스는 다른 언어와 프레임워크를 사용해서 작성한다. 이때 다른 서버들에 대한 배포, 다른 데이터 저장에 대한 대화 그리고 원격 메시지를 통한 다른 서비스와의 커뮤니케이션을 사용할 수 있다(329쪽 '서비스' 참조). 예를 들어, 전자상거래 웹사이트는 다음과 같은 조각으로 구성될 수 있다.

- 프런트엔드 서비스는 자바스크립트와 Node.js로 구축하고, 백엔드로부터 데이터를 실행하는 비대기 JSON-over-HTTP로 호출한다.
- RESTful 백엔드 서비스는 파이썬과 Flask로 구축하고, PostgreSQL로 사용자 데이터와 제품을 저장한다.
- RESTful 백엔드 서비스는 자바, 드롭위자드, Lucene와 Redis로 구축하고, 이들로 검색 색인을 관리한다.
- 오프라인 분석에 대해서 HBase 클러스터를 사용한다.

이런 여러 언어 모델의 장점은 각 작업에 대해 최고의 도구를 사용할 수 있다는 것이다. 그리고 격리, 느슨한 결합의 컴포넌트 내에 코드를 세부적으로 나누어 넣을 수 있다.

어쨌거나 학습, 배포, 관리와 같은 많은 다양한 기술은 상당한 추가 비용을 필요로 한다. 그래서 일반적으로 하나의 모노리식 코드베이스의 용량 이상의 규모가 필요하다면 대기업을 위한 제품을 사용할 수 있다. 324쪽 "코드 분할"을 참조하면 더 자세한 내용을 알 수 있다.

6장
클린 코드

6.1 코드는 사람을 위한 것이다

프로그래밍은 인간이 컴퓨터에게 원하는 것을 수행시키는 언어의 예술이다.

도널드 커누스, 스탠퍼드 대학교 명예교수, _컴퓨터 프로그래밍의 예술_의 저자

프로그래머로서, 당신은 작업 시간 중 실제 코딩하는 시간은 50% 미만을 차지한다 [Orsini 2013]. 코드를 갱신하기 위해서 기존의 코드를 읽는 데 소비하는 시간은 10:1의 비율을 가진다. 실제 코드를 작성하는 데는 아주 작은 시간만을 사용하며 80% 이상은 기존의 코드를 수정하고 보수하는 등의 유지관리에 소비한다[Martin 2008, xx]. 만약 하루에 8시간 동안 일을 한다면, 새로운 코드를 작성하는 데에는 단지 5분만 사용하는 것이다. 프로그래머로서 이런 작업은 코드를 작성하는 것이 아니라 코드를 이해하는 것으로 나타났다(그림 6.1 참조).

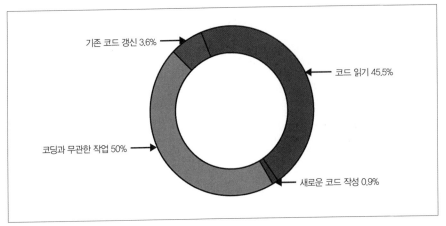

그림 6.1 개발자의 시간 분석

이것은 왜 클린 코드가 중요한지를 설명하는 이유가 된다. 클린 코드는 사람들이 이해하기 쉽도록 최적화하는 것이다. 반드시 명심해야 할 것은, 스타트업은 사람에 관한 일을 하는 곳이라는 점이다. 어떻게 빨리 시작할 것인가 또는 어떤 알고리즘을 사용할 것인가를 고민할 것이 아니라, 사람들이 중요하게 사용하는 것이 무엇인가에 초점을 맞추어야 한다. 클린 코드를 작성하고자 한다면 몇몇 책에서 말하는 반드시 해야 하는 것, 예를 들어, 탭보다 빈 칸이 더 좋다는 것과 같은 이상적인 이유가 아닌 프로그래머로서의 코드 이해와 유지보수 같은 가장 중요한 일에 대부분의 시간을 보내야 한다. 그래야 스스로 쉽게 확인할 수 있다.

이제 실험을 해보자. 다음과 같은 자바 코드가 있다고 상상해보자.

```
public class BP {
public void cvt(File i,File o) {
BufferedReader r=null;
BufferedWriter w;
String l,j="[";
String[] p;
try {
r=new BufferedReader(new FileReader(i));
} catch (FileNotFoundException e) {}
try{
while ((l=r.readLine())!=null){
p=l.split(",");
if(!p[3].equals("fiction")&&!p[3].equals("nonfiction"))continue;
j+="{";
j+="title:\""+p[0]+"\",";
j+="author:\""+p[1]+"\",";
```

```
j+="pages:\""+Integer.parseInt(p[2])+"\",";
j+="category:\""+p[3]+"\"";
j+="},";
}
try {
r.close();
} catch(IOException e) {}
} catch(IOException e) {}
j+="]";
try {
w=new BufferedWriter(new FileWriter(o));
w.write(j);
w.close();
} catch (IOException e) {}}}
```

위 코드는 무엇을 하는 것인가? 몇 초 동안 잠시 멈추고 무엇을 하는지 알아내보자. 30줄 내외의 짧은 코드이며 기능은 매우 간단하다. 아직까지 알아내지 못했는가?

아마도 당신은 몇 줄의 코드를 슬쩍 보고서 즉시 포기하고 말았을 것이다. 왜냐하면 이 책에 있는 단지 몇 줄의 코드로, 당신이 프로그래머가 아닌 이상 코드의 세련됨을 가질 수는 없을 것이다. 어떤 날은 세련되게 코딩하지 않고, 어떤 날은 세련된 코딩을 실행할 것이다. 회사에서 누군가 작성했는지도 모르는 코드, 어떤 코드에 대한 설명 문서도 없고, 비즈니스에서 매우 중요한 부분을 책임지는 코드를 실행하게 될 수도 있다. 설상가상으로 버그가 가득하고 그것을 수정해야 할 수도 있다. 이와 같은 일이 생긴다면 클린 코드의 중요성을 인식하게 된다.

이 장에서는 클린 코드의 핵심을 설명한다. 코드 레이아웃, 이름 명명, 반복하지 마라(DRY, Don't Repeat Yourself), 단일 책임 원칙(Srp, Single Responsibility Principle), 기능적 프로그래밍, 느슨한 결합, 높은 응집력, 주석 그리고 리팩토링 등이 이 장에서 다룰 주요 내용이다. 여기서는 클린 코드의 모든 내용에 대해서 설명하지 않는다. 또한 이론적인 내용에 초점을 맞추지도 않는다. 대신에 스타트업에 있어 가장 일반적인 코드 품질 문제에 대한 실용적인 가이드를 제공한다.

바로 앞에서 보여준 자바 코드 예제는 실제하는 거의 대부분의 문제를 보여준다. 코드 예제를 읽고 각각의 문제에 대한 해결책을 찾고, 코드 예제를 개선하기 위한 방법들을 사용한다면, 결국에는 쉽게 이해될 것이다. 해결책은 모든 사례에 대해서 적용할 수 없지만 유사한 문제는 모든 곳에 사용할 수 있다. 이 장의 목표는 구체적인 사례를 통해 문제 해결의 과정을 이해하는 것이다.

6.2 코드 레이아웃

영어로 책을 읽는다면 다음과 같은 규칙을 통해서 책이 기록됐을 것이라고 예상할 수 있다. 단어는 표기에 의해 문장으로 그룹화되고, 문장은 줄바꿈에 의해 단락으로 그룹화되며, 문단은 절 제목에 의해 장으로 그룹화된다. 절 제목은 큰 글씨를 사용하고, 인용된 문장은 들여쓰기를 하며, 관련된 논의는 페이지 하단에 각주로 표기한다.

> 문법 도구는 수세기 동안 운에 의해 살아남은 것이 아니라 독자들의 필요성과 무의식적인 요청이 물질의 고유 성질처럼 필요했기 때문이다.
>
> [WILLIAM ZINSSER, 233], 윌리암 진서, *글쓰기 생각쓰기*, 돌베개, 2007

프로그래밍의 경우에도 글쓰기와 차이가 없다. 코드를 읽는 사람은 이해를 위해 코드 레이아웃의 규칙을 따라 프로그램이 구조화되어 있을 것이라 예상한다. 예를 들어, 대부분의 중괄호 언어들(C, 자바, 자바스크립트 등)은 중괄호로 코드가 블록에 싸여있고, 각 블록의 내용은 들여쓰기와 줄바꿈으로 함수들이 분리되어 있다. 만약 이런 규칙을 무시한다면, 코드를 읽는 사람은 생산성과 이해도가 급격히 떨어진다.

> 포매팅의 기본 원리는 프로그램의 논리적인 구조를 시각적인 레이아웃으로 보여주는 것이다. 코드를 보기 좋게 만드는 것은 무엇보다 가치가 있다. 그러나 코드 구조를 보여주는 것이 가장 가치가 있다.
>
> [MCCONNELL 2004, 732], 스티브 맥코넬, *CODE COMPLETE*, 정보문화사, 2005

코드의 레이아웃이 잘못되면 어떻게 될지 살펴보자. 2014년 2월 애플의 사파리 웹 브라우저는 SSL 서버 키를 확인하는 과정에서 거대한 보안의 허점이 발견되었다[Langley 2014].

```
static OSStatus SSLVerifySignedServerKeyExchange(
    SSLContext *ctx,
    bool isRsa,
    SSLBuffer signedParams,
    uint8_t *signature,
    UInt16 signatureLen)
{
    OSStatus err;
    ...

    if ((err = SSLHashSHA1.update(&hashCtx, &serverRandom)) != 0)
        goto fail;
```

```
        if ((err = SSLHashSHA1.update(&hashCtx, &signedParams)) != 0)
            goto fail;
            goto fail;
        if ((err = SSLHashSHA1.final(&hashCtx, &hashOut)) != 0)
            goto fail;
        ...

        err = sslRawVerify(...);

fail:
        SSLFreeBuffer(&signedHashes);
        SSLFreeBuffer(&hashCtx);
        return err;
}
```

버그를 발견했는가? 두 개의 goto 문장에 버그가 있다.

```
if ((err = SSLHashSHA1.update(&hashCtx, &signedParams)) != 0)
    goto fail;
    goto fail;
```

위 문장은 두 개의 레이아웃 실수를 포함하고 있다. 첫 번째로 각 if 문장은 중괄호로 둘러싸여 있지 않다. 두 번째로는 들여쓰기 오류다. 오직 첫 번째 goto 문장만 실행될 때, 두 개의 goto 문장은 if 문장의 몸체 부분으로 오해할 수 있다. 레이아웃 실수를 수정한다면 다음과 같이 버그를 고쳐야 한다.

```
if ((err = SSLHashSHA1.update(&hashCtx, &signedParams)) != 0) {
    goto fail;
}

goto fail;
```

수정된 문장에서, 두 번째 goto 문장은 항상 실행된다. sslRawVerify를 포함한 아래 부분에 대한 확인은 모두 생략된다. 그리고 fail 레이블로 이동되어 실행된다.

```
fail:
        SSLFreeBuffer(&signedHashes);
        SSLFreeBuffer(&hashCtx);
        return err;
```

fail 레이블로 이동하면 err 값을 반환한다. 호출자는 실제 어떤 일이 일어났는지 모른 체 모든 절차를 통과하여 반환 시점에 "0"으로 값이 설정된다. 이런 버그는 "gotofail"

이라는 별명을 가지며, 수백만 대의 iOS와 OS X 제품들이 중간자 공격(Man-In-The-Middle Attacks)의 위험에 노출된다. 코드가 문제가 되는 것은 레이아웃에서만이 아니다. 코드 레이아웃 버그는 일반적으로 심각하지는 않지만, 코드 레이아웃이 코드를 덜 예쁘게 만드는 것이고 코드의 구조를 더 드러나게 하는 것임을 일깨워주는 데 유용한 것이다.

당신의 팀은 공백, 줄바꿈, 들여쓰기 그리고 중괄호를 포함한 코드 레이아웃에 대한 일련의 규칙들을 준수해야 한다. 비록 프로그래머들은 탭 사용보다 공백 사용과 중괄호를 어디에 두어야 하는지에 대한 논의를 좋아하지만 이것은 실제 중요한 것은 아니다. 정말 중요한 것은, 작성하는 전체 코드베이스의 일관성을 유지하는 것이다. 포매팅 도구는 대부분의 편집기 또는 통합개발환경(IDE, Integrated Development Environment)에서 사용되며 버전 통제 시스템을 위한 프리 커밋 훅(Pre-Commit Hooks)은 공통 코드 레이아웃을 강화하는 데 도움이 된다.

레이아웃 규칙에 대한 좋은 예제로 구글 자바 스타일 가이드가 있다. 당신은 이를 통해서 이 장의 시작 부분에서 예로 들었던 코드의 레이아웃을 향상시킬 수 있다.

```java
public class BP {
    public void cvt(File i, File o) {
        BufferedReader r = null;
        BufferedWriter w;
        String l, j = "[";
        String[] p;

    try {
        r = new BufferedReader(new FileReader(i));
    } catch (FileNotFoundException e) {}

    try {
        while ((l = r.readLine()) != null) {

            p = l.split(",");
            if (!p[3].equals("fiction") && !p[3].equals("nonfiction")) {
                continue;
            }

            j += "{";
            j += "title:\"" + p[0] + "\",";
            j += "author:\"" + p[1] + "\",";
            j += "pages:\"" + Integer.parseInt(p[2]) + "\",";
            j += "category:\"" + p[3] + "\"";
            j += "},";
        }
```

```
            try {
                r.close();
            } catch (IOException e) {}
        } catch (IOException e) {}

        j += "]";

        try {
            w = new BufferedWriter(new FileWriter(o));
            w.write(j);
            w.close();
        } catch (IOException e) {}
    }
}
```

올바른 위치에 공백을 추가하면, 코드의 구조를 볼 수 있게 된다. 클래스 BP는 메서드 cvt를 호출한다. 이 메서드는 파일 i를 읽고 스트링 j를 만들기 위해 자신의 내용을 반복적으로 수행한다. 그리고 파일 o를 호출하여 j를 기록한다. 지금은 아주 조금 이해할 수 있지만 앞으로 더 나아가면 변수, 함수 그리고 클래스 이름에 대해 알게 될 것이다.

6.3 이름 명명

코드베이스(codebase)는 클래스 이름, 메서드 이름, 변수 이름, 함수 이름, 패키지 이름, 파일 이름 그리고 폴더 이름으로 구성된 언어로 정의된다. 만약 코드 레이아웃을 문법으로 비유한다면, 작성하는 코드는 어휘가 된다. 그리고 어휘의 단어는 코드에 대한 생각이 된다. 좋은 이름은 핵심적인 문제의 해결책을 주고, 빈틈없이 정확하며, 의도를 나타내고, 규칙을 따른다.

6.3.1 핵심적인 질문에 대한 해결책

변수, 함수 그리고 클래스 이름은 핵심적인 질문의 답이 된다. 왜 존재하고, 왜 그렇게 실행되며 어떻게 사용하는지를 설명해준다.

[MARTIN 2008, 18], 로버트 C. 마틴, *클린 코드*, 인사이트, 2013

이 장에서 처음 봤던 코드는 이해할 수 없었을 것이다. 왜냐하면 코드에 사용된 이름과 제대로 이해할 수 있는 개념이 없기 때문이다.

```
public class BP {
```

```
public void cvt(File i, File o) {
    BufferedReader r = null;
    BufferedWriter w;
    String l, j = "[";
    String[] p;
```

코드를 살펴보면, 변수 i, o, r, j는 너무나 짧아 어떠한 정보도 제공하지 못한다. 축약된 클래스 이름 BP, 메서드 이름 cvt는 코드를 작성하는 동안 나에게는 어떤 의미가 있을 수 있다. 그러나 다른 사람은 작성된 코드를 읽을 때 이런 이름이 암호를 해독하듯이 어려움을 느낄 수 있다. 개발자는 코드를 작성하는 것보다 코드를 읽는 시간에 더 많은 시간을 투자하게 되므로 수수께끼 같은 이름을 생각해내느라 보내는 시간이 중요할 수 있다. 반면에 특히 현대화된 문서 편집기와 IDE에 내장된 자동 완성 도구를 사용하는 경우 문자를 적게 타이핑해서 절약되는 시간은 매우 미미하다. 이름 명명은 코드에서 무엇을, 왜 그리고 어떻게 해야 하는지에 대한 답을 필요로 한다.

여기서 이름 명영을 향상시킨 첫 번째 시도를 살펴보자.

```
public class BookParser {

    public void convert(File inputCsv, File out) {
        BufferedReader reader = null;
        BufferedWriter writer;
        String tmp, data = "[";
        String[] parts;
```

이처럼 작은 변화는 코드를 이해하는 데 훨씬 도움을 준다. 클래스 이름 BookParser는 책에 대한 데이터를 파싱하는 것으로 유추할 수 있다. 메서드 이름 convert와 매개변수 이름 inputCsv와 out은 CSV 포맷으로부터 정렬된 포맷으로 출력되는 책 데이터로 보인다.

6.3.2 정확하게 하라

이름을 명명할 때는 코드 조각의 역할과 이유를 정확하게 묘사할 수 있는 이름을 선택한다. 예를 들어, 정확한 이름은 상호보완적이어야 한다. 만약, 메서드 open( )을 호출한다면 보완적인 메서드는 close( )로 호출해야 할 것이다. 또한 input을 입력으로 한다면, 일반적으로 output을 출력으로 한다[McConnell 2004, 172]. 함수 convert는 매개변수 inputCsv를 호출하여 읽고 매개변수 out을 호출하여 출력하는 상호 보완적인 구성을 가진다. 매개변수를 보다 명확하게 사용할 수 있도록 inputCsv와 outputJson으로 만들 수 있다.

```
public void convert(File inputCsv, File outputJson) {
```

이제 함수의 목적을 CSV 포맷에서 JSON 포맷으로 책의 데이터가 변환됨을 알 수 있다. 변수 reader와 writer 이름은 csvReader와 jsonWriter로, 보다 명확한 이름으로 바꾸어 사용할 수 있다.

```
BufferedReader csvReader = null;
BufferedWriter jsonWriter;
```

그리고 변수 tmp, data, parts와 같은 모호한 이름을 피해야 한다.

```
String tmp, data = "[";
String[] parts;
```

이런 변수 이름은 데이터 유형을 저장하기 위해 사용하는 것이 일반적이다. 변수는 왜 여기에 존재하는지 또는 어떤 이유로 사용되는지에 대한 힌트를 제공하지는 않지만 이전에 사용된 단일 문자의 이름보다는 나아보인다. 코드에서 변수 이름을 line, json, fields로 바꾸면 의미가 좀더 명확해진다.

```
String line, json = "[";
String[] fields;
```

단어 선택은 현명하게 해야 한다. 모호한 temp, num, data와 같은 단어보다는 언제나 더 나은 선택이 있다. 바로 subtotal1과 subtotal2가 있으며, 이런 이름을 사용하면 변수 값이 어떤 의미인지를 분명하게 표현한다. 예를 들어, subtotalWithShipping과 subtotalWithShippingANdTax처럼 이름을 만들 수 있다.

6.3.3 철저하게 하라

이름 명명은 무엇을, 왜 그리고 어떻게 해야 하는지 철저하게 포착해야 한다. 클래스 BookParser 내의 이름들은 이전보다 나아졌지만 아직 몇 가지 중요한 것이 누락되어 있다. 예를 들어, 메서드 convert 이름은 무엇을 변환(convert)하는지 알려주지 않는다.

더 좋은 철저한 이름은 convertCsvToJson이다.

```
public void convertCsvToJson(File inputCsv, File outputJson) {
```

우습게도 너무 긴 이름을 사용한다면, 일반적으로 너무나 많은 책임이 있는 이름이 된다(265쪽 "단일 책임 원칙" 참조) 예를 들어, 만약 BookParser 코드가 CSV 파일을 JSON 파일로 변환하지 않고 CSV 파일을 삭제하고 리포트를 생성한다면, convertCsvToJsonAndDeleteCsvFileAndGenerateReport처럼 이름을 변경해야 한다. 이것은 코드가 너무 많은 일을 하는 의미를 담은 긴 이름이 된다. 이에 대한 해답은 약어나 축약을 사용하지 말고, 3개의 분리된 기능에 대한 책임에 맞게 그들 자신의 이름으로 알맞게 나누는 것이다. 예를 들어, onvertCsvToJson, cleanupCsvFile, generateReport다.

변수, 함수, 클래스를 어떻게 사용하는지 알아내는 데 철저해야 한다. 예를 들어, 어떤 데이터가 line과 field 변수에 저장되는지 명확하지 않다. 어떤 종류의 line인가, 코드의 line인가, 음악의 line인가, 종료의 line인가? 모든 것을 csvLine, csvFields 변수로 이름을 명명한다면 명확하게 알 수 있게 된다.

```
String csvLine, json = "[";
String[] csvFields;
```

이름은 코드를 읽기 쉽게 하기 위해서만 철저해지는 것이 아니라 버그를 방지하는 데도 도움이 되므로 철저해야 한다. 예를 들어, 다음과 같은 코드를 보자.

```
double totalWeight = packagingWeight +
                (itemWeight * numberOfItems);
```

잘못된 부분이 보이는가? 동일한 코드지만 변수 이름이 다르다.

```
double totalWeightInLbs = packagingWeightInLbs +
                (itemWeightInKgs * numberOfItems);
```

여기에는 분명히 버그가 있다. 여기에는 같은 계산식 안에 킬로그램(itemWeightInKg)과 파운드(packagingWeightInLbs)를 혼용해서 사용하고 있다. 빈틈없이 철저히 해야겠지만, 코드를 잘못보고 변수 이름을 틀리게 해독할 수 있다.[1] 예를 들어, 변수 이름에 어떠

— —

1 조엘 스폴스키가 블로그에 게시한 깃처럼 이 표기는 헝가리 표기법의 원래 의도였다[Spolsky 2005b].

한 단위를 포함시키는 것이다. lengthInMeters는 length보다 더 좋은 이름이다. 하지만 변수가 어떻게 사용되는지에 따라 작성해야 한다. Line이라는 변수 이름보다는 csvLine을 사용한다.

변수 이름은 어떠한 시스템 유형도 불필요하게 작성되지 않아야 한다(만약, 프로그래밍 언어의 정적인 변수 유형을 사용한다면). 예를 들어, 다음 변수 이름은 불필요하게 사용되었다.

```
String csvLineString; // 중복 변수 이름
```

변수 이름에서 "String"이라는 문자는 필요하지 않다. 왜냐하면 이미 타입에서 유형을 표시하고 있기 때문이다. 컴파일러는 타입에 맞추어 자동으로 유형을 적용한다. 다른 측면에서, InLbs는 totalWeightInLbs를 가르키고 InKgs는 itemWeightInKgs를 나타내므로 불필요하다. 이들 변수는 서로 다른 측정 단위를 나타낸다고 말할 필요 없이 모두 double형이기 때문이다.

6.3.4 의도를 나타내라

좋은 이름은 의도(intend)를 나타난다. 컴퓨터는 코드가 무엇을 하는지에 관심을 가지는 반면, 인간은 왜 코드가 그 일을 하는지에 관심을 가진다. 예를 들면, 코드 BookParser는 아무런 힌트도 주지 않고 숫자들을 보여주고 있다.

```
if (!csvFields[3].equals("fiction") &&
    !csvFields[3].equals("nonfiction")) {
    continue;
}

json += "{";
json += "title:\"" + csvFields[0] + "\",";
json += "author:\"" + csvFields[1] + "\",";
json += "pages:\"" + Integer.parseInt(csvFields[2]) + "\",";
json += "category:\"" + csvFields[3] + "\"";
json += "},";
```

csvFields의 세 번째 요소에 대한 특별한 것은 무엇인가? csvFields[3]은 fiction과 nonfiction을 왜 비교하는가? 그리고 cvsFields[0]과 cvsFields[1], 그 외의 변수는 무엇인가? 좋은 아이디어는 이름으로 정의된 상수를 매직 넘버[2]로 대체하는 것이다. 자

---

2 (옮긴이) 식별에 사용할 특별한 수 또는 고유의 값을 의미한다.

바에서는 상수를 정의하는 방법으로 enum 배열을 사용한다.

```java
public enum CsvColumns {
    TITLE, AUTHOR, PAGES, CATEGORY
}
```

배열 enum에서 각각의 상수는 정의된 순서에 따라 서수 번호(Ordinal Number)의 이름을 가진다. 예를 들어, CsvColumns.TITLE.ordinal은 0이고 CsvColumns.PAGES.ordinal( )은 2다. 여기서 CsvColumns 배열 enum을 사용하여 BookParser의 매직 넘버로 대체할 수 있다.

```java
String title = csvFields[TITLE.ordinal()];
String author = csvFields[AUTHOR.ordinal()];
Integer pages = Integer.parseInt(csvFields[PAGES.ordinal()]);
String category = csvFields[CATEGORY.ordinal()];

if (!category.equals("fiction") && !category.equals("nonfiction")) {
    continue;
}

json += "{";
json += "title:\"" + title + "\",";
json += "author:\"" + author + "\",";
json += "pages:\"" + pages + "\",";
json += "category:\"" + category + "\"";
json += "},";
```

CVS 파일은 4개의 컬럼(title, author, pages, category)을 포함한 각 라인을 설명하는 더 좋은 이름으로 소개한다. 카테고리 컬럼 이름은 fiction과 nonfiction으로 값을 가져야 한다. 여기서는 카테고리 컬럼 이름에 대한 또 다른 배열 enum을 제안한다.

```java
public enum Category {
    fiction, nonfiction
}
```

배열 enum 값에 해당하는 String으로 자동 변환하는 함수 valueOf를 사용한다. 만약 일치하는 값을 찾을 수 없는 경우에는 예외를 던진다. 이제 더 이상 명시적으로 fiction과 nonfiction에 대한 카테고리 비교를 할 필요가 없어진다.

```java
Category category = Category.valueOf(csvFields[CATEGORY.ordinal()]);
```

6.3.5 관례에 따르라

특정 이름의 규칙을 따르는 것보다 더 중요한 것은 프로젝트 전반에 걸쳐서 일관된 규칙을 적용하는 것이다. 예를 들어, 변수 recordNum은 이곳에서 호출하고, 다른 곳에서는 numRecord로 호출하고 있는가, Interface 또는 IPaymentProcessor로 호출하는가, CreditCardPaymentProcessor 또는 CreditCardPaymentProcessorImpl로 구현하고 있는가? 예를 들어, 객체지향 프로그래밍에서 factory, builder, decorator, visitor와 함수형 프로그래밍 언어에서 monad, iterate, reader, lens 같은 디자인 패턴의 공유된 내용을 사용하고 있는가?

대부분의 경우에는 프로그래밍 언어의 규칙에 따른다. 예를 들어, 루비 언어 코드를 읽으려면 다음과 같은 규칙을 알고 있어야 한다. 메서드와 변수 이름에는 뱀 표기법을 사용하고(예 : my_method_name, my_variable_name), 클래스 이름에는 대문자로 시작하는 낙타 표기법을 사용하며(예 : MyClassName), 상수에는 대문자 뱀 표기법을 사용하고(예 : MY_CONSTANT_NAME), 논리값을 반환하는 메서드 이름에는 물음표를 사용한다(예 : is_empty?). 그리고 추가적인 효과 또는 값의 파괴, 변화를 가지는 변수 이름의 마지막에는 느낌표를 사용한다(예 : fire_missles!). 이름 명명, 작성, 코드베이스를 통한 시행을 포함한 코딩 규칙을 당신의 팀을 위해서 세워야 한다.

> 만약 10명의 서로 다른 엔지니어가 파일 하나를 작성했다면, 어떤 사람이 어느 부분을 작성했는지 구별할 수 없어야 한다. 이것이 내가 말하는 클린 코드다. 이 방법은 코드 리뷰, 스타일 가이드, 패턴, 언어 배포 등을 할 때 사용된다.[3] 이것을 배우고 나면, 누구나 더 좋은 제품을 만드는 방법을 알게 된다. 왜냐하면 어떻게 같은 방법으로 코드를 작성하는지 알게 되기 때문이다. 여기서 말하는 요점은 어떻게 작성하는지에 관한 것이며 무엇을 작성하는지에 관한 것은 아니다.
>
> **[DELLAMAGGIORE 2014], 닉 델라마기오레, 링크드인과 코세라의 소프트웨어 엔지니어링**

6.3.6 이름 명명은 어렵다

> 컴퓨터 과학에는 두 가지 어려움이 있다. 캐시 무효화와 이름 명명이다.[4]
>
> **필 칼톤, 시스템 디자인 및 프로그래머, _UML & 리팩토링_ 저자**

---

3 331쪽 "코드 리뷰"를 참고하라.

4 다른 말로, 컴퓨터 과학에 두 가지 어려움이 있다. 캐시 무효화와 이름 짓기 그리고 하나의 오류로 나타나는 것이다.

좋은 이름은 상황에 따라 크게 달라진다. 좋은 이름을 사용하기 전에, 당신은 제품 도메인, 테크 스택, 팀 문화 그리고 관례 속에서 전문가가 되어야 한다. 새로운 기능을 작성할 때, 종종 본문을 구현하고, 몇 차례 그것을 테스트하는 foo와 같이 의미 없는 이름으로 시작했었다면, 적당한 이름을 부여하는 것이 어떤 것인지 충분한 이해가 필요하다. 때때로 이들 이름은 올바르게 되어있지 않았기 때문이다. 그리고 며칠 후 문제 공간을 더 깊이 이해하게 되었을 때, 다시 돌아와서 더 좋은 이름으로 바꿀 수 있게 된다. 이름 명명은 이 장에서 몇 번에 걸쳐서 다시 반복할만큼 매우 중요한 것이다. 그러나 먼저 오류 처리에 대해서 이야기하자.

6.4 오류 처리

코드 BookParser는 오류를 조용히 삼켜버린다. 아래 inputCsv를 읽으려고 시도할 때 나타난 오류는 catch 블록에서 아무 것도 하지 않는다.

```
try {
    csvReader = new BufferedReader(new FileReader(inputCsv));
} catch (FileNotFoundException e) {}
```

만약 JSON이 디스크로 write를 실행할 때 실패한다면, 오류는 조용히 삼켜진다.

```
try {
    jsonWriter = new BufferedWriter(new FileWriter(outputJson));
    jsonWriter.write(json);
    jsonWriter.close();
} catch (IOException e) {}
```

만약 이 코드를 실행하고 JSON 파일이 생성되지 않는다면, 적절한 오류 처리의 부족은 디버깅을 매우 어렵게 만든다. 만약, 코드가 CSV 파일을 읽을 때 실패하거나, CSV 안에 유효한 레코드가 없고, JSON 파일의 경로가 유효하지 않으며, 하드 디스크에 여유 공간이 없는 것을 모르고 있을 수 있다. 모든 프로그램은 서로 다른 오류 처리 요건이 있지만 오류가 조용히 삼켜지는 것은 결코 있어서 안된다.

오류 메시지를 완벽하게 하는 것은 클린 코드의 품질 보증(hamlmark)이 된다. 예외 던짐(Throw Exceptions)을 할 수 있고, 반환 값의 일부로 오류 메시지를 만들 수 있고, 오류 로그를 만들 수 있다. 실패를 침묵하지 않아야 한다. BookParser는 비즈니스 데이터를 처리하기 때문에, 가능하다면 본래의 데이터를 유지하길 원한다. 만약, 오류를 수정할 수 있다면, 전체 변환 프로세스가 소란스럽게 실패하는 것도 좋은 아이디어다. 쓸모없는 모든 try/catch 블록을 제거하고, 호출된 내용 위쪽으로 예외가 전파하도록 해서이런 것을 해낼 수 있다.

```java
public void convertCsvToJson(File inputCsv,
                            File outputJson) throws IOException {
    try (
        BufferedReader csvReader =
            new BufferedReader(new FileReader(inputCsv));
        BufferedWriter jsonWriter =
            new BufferedWriter(new FileWriter(outputJson))
    ) {
        String csvLine, json = "[";
        String[] csvFields;

        while ((csvLine = csvReader.readLine()) != null) {
            csvFields = csvLine.split(",");

            String title = csvFields[TITLE.ordinal()];
            String author = csvFields[AUTHOR.ordinal()];
            Integer pages =
                Integer.parseInt(csvFields[PAGES.ordinal()]);
            Category category =
                Category.valueOf(csvFields[CATEGORY.ordinal()]);

            json += "{";
            json += "title:\"" + title + "\",";
            json += "author:\"" + author + "\",";
            json += "pages:\"" + pages + "\",";
            json += "category:\"" + category + "\"";
            json += "},";
        }

        json += "]";

        jsonWriter.write(json);
    }
}
```

유일한 try 블록 왼쪽은 try-with-resource 문장이다. 이 프로그램에서 csvReader와 jsonWriter로 읽기와 쓰기를 시작한다. 만약 예외를 던지면 파일은 올바르게 종료된다. 이것은 convertCsvToJson에 대해 디버깅을 매우 쉽게 만들어준다. 이로써 모든 오류는 분명하게 보고되고 쉽게 읽을 수 있으며, 더 이상 try/catch 블록으로 감싸지 않아도 된다.

6.5 반복하지 마라(DRY)

지식의 모든 조각은 시스템 안에서 유일하고, 모호하지 않으며, 권위 있는 표현이어야 한다.

[HUNT AND THOMAS 1999, 27], 앤드류 헌트와 데이비드 토머스, *실용주의 프로그래머*, 인사이트, 2014

중복 회피는 클린 코드의 중요한 기본 원칙 중 하나다. 아이러니하게도 중복 회피의 아이디어는 "반복하지 말라", "단일 책임의 원칙", "꼭 한 번만 사용하라"와 같이 다양한 명칭으로 계속해서 반복적으로 많이 나온다. 중복은 아키텍처, 코드, 테스트, 프로세스, 요구사항 그리고 문서에 포함된 기술들의 부분에서 나타난다. 그리고 이것은 몇 가지 이유로 발생된다.

- 데이터베이스 스키마, 데이터베이스 엑세스 계층, HTML 마크업 그리고 CSS에서 동일한 컬럼의 목록처럼 여러 방법으로 동일한 정보가 표현된다.
- 자바의 setter와 getter에서 정의한 언어의 제한에서 나타난다.
- 데이터베이스 테이블에서 유도된 데이터에서 비정형화(denormalization)의 부족으로 나타난다.
- 코드의 복사와 붙이기를 시도할 때 시간의 부족으로 나타난다.
- 다수의 개발자가 자신의 StringUtil 클래스를 만들어 사용할 때 의식 부족으로 나타난다. 거대한 작업에서 이미 존재하는 유사한 클래스를 알지 못하는 경우다(오픈소스 라이브러리처럼 더 좋은 버전의 사용 가능 여부를 몰랐을 수도 있다).

한 번 이상은 같은 것을 다시 구현하기 때문에 중복은 시간 낭비일 뿐만 아니라, 코드 이해와 관리의 방해 요소가 된다. 만약 코드가 DRY가 아니라면, 매번 그것에 관한 질문에 대답을 해야 하고, 어떤 중복을 빠뜨리지 않았는지 확인해야 한다. 만일 중복 중의 하나가 동시에 이루어지지 않는다면, 모순과 버그가 남게 될 것이다.

같은 코드가 계속해서 또 쓰여지는 것을 발견하거나 또는 작은 변화가 코드베이스의 절반을 건드려야 하는 경우에서 더욱 더 "반복하지 말라"에 대한 방법이 필요하게 될 것이다. 특별한 경우에, 같은 프로세스에서 계속해서 쓰임이 반복되는 경우, 자동화를 구축할 필요가 있다. 하나 이상의 작업 장소에서 같은 로직을 가지는 경우, 하나의 구현을 공유하는 것을 허락할 수 있도록 추상화된 구현이 필요해진다[Henney 2010, 60-61].

예를 들어, 코드 BookParser에서 JSON의 사용 방법을 고려해본다.

```
String csvLine, json = "[";
while ((csvLine = csvReader.readLine()) != null) {

    // ...

    json += "{";
    json += "title:\"" + title + "\",";
    json += "author:\"" + author + "\",";
    json += "pages:\"" + pages + "\",";
    json += "category:\"" + category + "\"";
    json += "},";

}

json += "]";
```

여기에는 많은 중복이 나타난다. 괄호(⑴ 또는 ⑴) 안에 JSON의 요소들을 둘러싸는 코드의 중복된 내용이 나타나며, JSON 객체 안에는 키와 값(key-value entry)으로 구성된 항목을 생성하는 코드가 중복되어 나타난다. 이 모든 중복은 몇 가지 버그를 만들어 낸다. 문제점을 발견했는가? 첫 번째는 고전적인 복사/붙여넣기 오류다. 변수 pages는 정수integer이므로, JSON에 사용할 때에는 따옴표로 둘러싸여서는 안 된다.[5]

```
json += "pages:\"" + pages + "\",";
```

두 번째는 버그는 JSON 배열의 마지막 요소에 여분의 쉼표가 있는 것이다.

```
json += "},";
```

이들 버그를 수정했지만 코드 전반에 걸쳐진 중복이 해결된 것은 아니다. JSON과 CSV는 공통 데이터 포맷이고 그들을 다루기 위해서는 아무런 사전 준비 없이 코드를 작성할 이유가 없다. 반복된 작업은 중복의 일반적이고 불필요한 형태 중 하나다. 가능하다면, 이런 문제를 직접 해결하기보다는 오픈소스 라이브러리를 사용하길 바란다 (188쪽 "자체 개발 vs. 상업적 제품 구매 vs. 오픈소스 사용"을 참고한다). 예를 들어, 자바의 Jackson 라이브러리를 사용하여 JSON을 작성하면 강력한 DRY 코드를 만들 수 있다. 왜냐하면, 자바는 클래스(class) 기반이며, 객체지향 언어이고, 데이터 표현의 표준 방법으로 클래스를 생성하여 사용하기 때문이다.

---

5 (옮긴이) 따옴표는 문자열에서만 사용한다.

```java
public class Book {
    private String title;
    private String author;
    private int pages;
    private Category category;

    // (생성자와 getters 생략)
}
```

JSON 스트링으로 작성하는 방법 외에, 객체 Books의 리스트를 사용한다.

```java
List<Book> books = new ArrayList<>();

while ((csvLine = csvReader.readLine()) != null) {
    csvFields = csvLine.split(",");

    String title = csvFields[TITLE.ordinal()];
    String author = csvFields[AUTHOR.ordinal()];
    Integer pages =
        Integer.parseInt(csvFields[PAGES.ordinal()]);
    Category category =
        Category.valueOf(csvFields[CATEGORY.ordinal()]);

    books.add(new Book(title, author, pages, category));
}
```

JSON의 키 값을 클래스의 필드 이름으로, Jackson 라이브러리는 JSON 표현을 대부분 자바 클래스로 변환한다. Jackson OjbectMapper 클래스를 사용하면, JSON 파일을 Book 객체의 List로 변환한 코드를 단지 두 줄로 해결할 수 있다.

```java
ObjectMapper mapper = new ObjectMapper();
mapper.writeValue(outputJson, books);
```

유사하게 아파치 CSV 공통 라이브러리로 CSV를 파싱하여 단순화시킬 수 있다. 클래스 CSVParser는 parse 메서드를 사용하여 CSV 파일을 읽는다. 그리고 withHeader 메서드를 사용하여 각 컬럼에 대한 이름으로 레이블을 생성한다.

```java
List<CSVRecord> records = CSVFormat
    .DEFAULT
    .withHeader(TITLE.name(), AUTHOR.name(),
                PAGES.name(), CATEGORY.name())
    .parse(new FileReader(inputCsv))
    .getRecords();
```

이제 한 쉼표에 각 줄을 분할하고 컬럼 인덱스로 요란을 떠는 대신에, CSVParser에서 가져온 레코드를 반복 사용하여 각 컬럼의 이름을 읽을 수 있다.

```
for (CSVRecord record : records) {
    String title = record.get(TITLE);
    String author = record.get(AUTHOR);
    Integer pages = Integer.parseInt(record.get(PAGES));
    Category category = Category.valueOf(record.get(CATEGORY));

    books.add(new Book(title, author, pages, category));
}
```

수 작업 대신에, 코드의 버그에 대해서 영향력을 가진 대중적인 오픈소스 라이브러리를 활용하는 것이 좋다. 코드는 짧게 자바의 문법에 맞추어 아주 적은 버그와 중복을 가지게 된다. 여기에 convertCsvToJson 함수를 살펴보자.

```
public void convertCsvToJson(File inputCsv,
                             File outputJson) throws IOException {
    List<Book> books = new ArrayList<>();
    List<CSVRecord> records = CSVFormat
        .DEFAULT
        .withHeader(TITLE.name(), AUTHOR.name(),
                    PAGES.name(), CATEGORY.name())
        .parse(new FileReader(inputCsv))
        .getRecords();

    for (CSVRecord record : records) {
        String title = record.get(TITLE);
        String author = record.get(AUTHOR);
        Integer pages = Integer.parseInt(record.get(PAGES));
        Category category = Category.valueOf(record.get(CATEGORY));

        books.add(new Book(title, author, pages, category));
    }

    ObjectMapper mapper = new ObjectMapper();
    mapper.writeValue(outputJson, books);
}
```

6.6 단일 책임 원칙(SRP)

단일 책임 원칙(SRP, Single Responsibility Principle)은 모든 클래스, 함수, 변수에 대해 단 하나의 목적만 있어야 한다고 주장한다. 또 다른 관점에서 보면 모든 클래스, 함수, 변수는 오직 하나 그리고 변화에 대한 이유가 있어야 한다[Martin 2005]. 예를 들어, 함수 convertCsvToJson은 단일 책임 원칙을 위반하고 있다. 만약, 다른 방식으로 csv 데이터를 읽어야 한다면(즉, 디스크 대신에 네트워크로 부터), 다른 방식으로 csv 포맷을 분석하고 (즉, 디스크 대신에 콘솔에 작성하고), 또는 다른 방식으로 JSON 출력을 작성하라. 이런 모든 것이 convertCsvToJson을 변경하게 되는 이유가 된다. 하나의 함수에 대한 너무나 많은 책임은 매 순간 여러 책임 중 하나에서 가져올 변화로 인해 다른 모든 것을 파괴하게 되는 위험이 된다.

이를 개선하기 위한 한 가지 방법으로는 함수를 분할하여 각각의 책임을 나누는 것이다. 첫 번째로 자바 객체 내의 CSV 포맷의 한 열을 변환하고, 분리된 함수 parse BookFromCsvRecord를 호출한다.

```java
public Book parseBookFromCsvRecord(CSVRecord record) {
    String title = record.get(TITLE);
    String author = record.get(AUTHOR);
    Integer pages = Integer.parseInt(record.get(PAGES));
    Category category = Category.valueOf(record.get(CATEGORY));

    return new Book(title, author, pages, category);
}
```

다음은 함수 parseBooksFromCsvFile을 호출하여 CSV 파일을 읽고, Book 객체의 리스트로부터 parseBookFromCsvRecord를 사용하여 변환한다.

```java
public List<Book> parseBooksFromCsvFile(File inputCsv)
    throws IOException {

    List<CSVRecord> records = CSVFormat
        .DEFAULT
        .withHeader(TITLE.name(), AUTHOR.name(),
                    PAGES.name(), CATEGORY.name())
        .parse(new FileReader(inputCsv))
        .getRecords();

    List<Book> books = new ArrayList<>();

    for (CSVRecord record : records) {
        books.add(parseBookFromCsvRecord(record));
    }

    return books;
}
```

마지막으로 분리된 writeBooksAsJson 함수를 호출하여 Book 객체의 리스트를
JSON으로 변환한다.

```
public void writeBooksAsJson(List<Book> books,
                            File outputJson) throws IOException {
    ObjectMapper mapper = new ObjectMapper();
    mapper.writeValue(outputJson, books);
}
```

여기서 도움이 되는 세 가지 각 함수는 하나의 책임이 있다. 만약, 책임이 변경된다면
단지 함수에 관련된 변경을 하면 된다. 이것은 코드 내에 다른 책임에 대한 영향력을
주는 리스크를 주지 않는다. 그리고 이런 도움이 되는 함수를 같이 사용하면 convert
CsvToJson을 단지 두 줄로 줄일 수 있다.

```
public void convertCsvToJson(File inputCsv,
                            File outputJson) throws IOException {
    List<Book> books = parseBooksFromCsvFile(inputCsv);
    writeBooksAsJson(books, outputJson);
}
```

6.7 함수형 프로그래밍

단일 책임 원칙을 따르는 것은 몇몇의 짧고, 단순하고, 독립적인 함수를 사용하는 디자
인을 한다. 이들 각각은 읽고, 관리하고, 테스트하는 것을 쉽게 해준다. 그리고 복잡한
동작을 가진 새로운 함수를 만들 때 이들 함수를 몇 가지로 결합할 수 있다. 이것이 함
수형 프로그래밍의 기초다. 블록 쌓기를 하듯이 애플리케이션을 함수와 함수를 결합
하여 사용할 수 있다. 안전하고 쉬운 결합을 만드는 것이 함수 디자인의 핵심이다.

　함수형 프로그래밍이라는 큰 주제로 본다면 자바는 이상적인 프로그래밍 언어는 아
니다. 그래서 여기서는 기본적인 몇 가지 아이디어만 설명하고 함수형 프로그래밍과
클린 코드에 대한 아이디어를 설명하지는 않는다.

6.7.1 불변 데이터

다음 코드를 살펴보자.

```
public class Groceries {
    public List<String> shoppingList = new ArrayList<>();

    public void fillShoppingList() {
        shoppingList.add("milk");
        shoppingList.add("eggs");
        shoppingList.add("bread");

        if (!isOnDiet()) {
            addCandy(shoppingList);
        }

        if (isXmas()) {
            addXmasFoods(shoppingList);
        }
    }
}
```

fillShoppingList 함수를 호출한다면, shoppingList 필드에 값을 저장하게 될까? 초기에 shoppingList 필드는 비어 있었다. 그러나 ["milk", "eggs", "bread"]를 가지게 된다. 그 이후의 값에 대해서는 명확하지 않다. addCandy 메서드와 addXmasFoods 메서드는 shoppingList를 참조하고 있다. 그래서 이들 메서드는 그들이 무엇을 하는지 알아야 코드를 읽을 수 있다. 실제로 shoppingList는 Groceries 클래스의 필드 변수다. 어떤 메서드도 클래스에서 필드 변수를 수정하면 isOnDiet와 isXmas 내의 모든 코드를 읽을 수 있게 된다. 이것은 필드 shoppingList가 공용 필드 변수로, Groceries 클래스를 접근한다면 누구든지 수정할 수 있기 때문이다. 이것은 전체 코드베이스를 통해 수행되지 않는다면 shoppingList 값을 보증할 수 없다는 뜻이다. 검색하는 동안 Groceries 클래스를 멀티스레드 환경에서 사용한다면 shoppingList의 값은 스레드 실행의 순서가 비결정적이기 때문에 어떻게 동작할지 알 수 없다.

다시 말해서, 심지어 작은 코드 조각에서도 shoppingList는 가변 변수이므로 어떤 값을 가지는지 추론하기 어렵다. 가변 변수는 메모리에 위치한 포인터로 다른 시간에 상이한 값을 가진다. 이것이 시간에 대한 생각을 어렵게 한다. 모든 코드를 꼼꼼히 읽을 때 머릿속에 shoppingList 상태를 유지해야 하고 그 값을 알아내기 위해 가능한 모든 타임라인을 조정해야 한다. 가변 변수의 범위가 증가하고 동시성을 가질 때에는 가능한 타임라인의 수는 기하급수로 증가하고 코드를 따라가기는 불가능해진다.[6] 보다

---

6 값, 상태, 정체성, 그리고 시간에 대한 미묘한 차이에 대해서는 리치 하이키의 "우리는 아직도 거기에 있는가?(Are We There Yet?)"를 찾아보라[Hickey 2009].

좋은 접근 방법은 불변 변수(Immutable Variables)를 사용하는 것이다. 불변 변수는 고정된 값을 사용하여 절대 변경되지 않는다. 대부분의 함수형 프로그래밍 언어는 불변 변수를 기본적으로 제공한다. 예를 들어, 하스켈(Haskell) 변수 이름이 값을 가지면 결코 변경할 수 없다. 즉, 변수 x가 값 5를 호출한다면, 이후에 값을 6으로 변경하려고 시도하면 컴파일러는 오류를 발생한다.

```
x = 5
x = 6 -- 컴파일 오류!
```

비 함수형 프로그래밍 언어에서는 가변 변수가 기본 값이다. 그러나 일반적으로 불변 변수로 처리하는 방법이 있다. 예를 들어, 자바에서는 변수에 final 선언을 하면 결코 변경할 수 없게 된다.

```
final int x = 5;
x = 6; // 컴파일 오류!
```

기본형 대신에 객체를 사용한다면, 객체 불변 변수 내의 모든 필드를 확인해야 한다.

```java
public class Person {
    private final String name;
    private final int age;

    public Person(String name, int age) {
        this.name = name;
        this.age = age;
    }

    public String getName() {
        return name;
    }

    public int getAge() {
        return age;
    }

    public Person withName(String newName) {
        return new Person(newName, age);
    }

    public Person withAge(int newAge) {
        return new Person(name, newAge);
    }
}
```

Person 클래스 내의 모든 필드를 final로 선언한다. 또한 setter 메서드 대신에 getter 메서드를 사용하며, withX 메서드를 사용하여 Person 클래스의 새로운 인스턴스를 반환한다. 아마도 불변 클래스로 대부분의 작업은 이렇게 했을 것이다. 예를 들어, 자바의 String 클래스는 불변이다. 불변 변수를 사용할 수 있는 유일한 방법은 새로운 값을 생성하여 계산을 수행하는 것이다.

```
newValue = someComputation(oldValue);
```

자바의 String 클래스에서, 모든 메서드는 실제로 String 반환 값을 통해 변경이 묵시적으로 적용된다.

```
String str1 = "Hello, World!";
String str2 = str1.replaceAll("l", "");
// str1은 계속해서 "Hello, World!"
// str2는 "Heo, Word!"
```

대부분의 언어는 공동 데이터 구조에 대한 불변의 구현체를 가진다. 예를 들어, 자바에서 Google Guava 라이브러리[7]는 Set, Map, List에 대한 불변의 버전을 제공한다.

```
List<String> shoppingList =
    ImmutableList.of("milk", "eggs", "bread");
```

변이(mutation)로 해결될 수 있는 문제는 몇 가지 정도인데 반해, 대부분의 코드는 불변 변수로 작성할 수 있고, 작성되어야 하며, 작성되고 있다. 일반적인 전략은 초깃값으로 시작한다. 그러나 여기서는 변경을 하지 않고, 몇 가지 요구하는 결과를 얻을 때까지 새로운 중간 값(Intermediary Value)의 종류로 한 번에 한 가지씩 변형시킨다.

```
originalValue = getOriginalValue();

intermediateValue1 = computation1(originalValue);
intermediateValue2 = computation2(intermediateValue1);
intermediateValue3 = computation3(intermediateValue2);

desiredResult = finalComputation(intermediateValue1,
                                 intermediateValue2,
                                 intermediateValue3);
```

---

7 (옮긴이) 함수형 스타일의 다양한 컬렉션 데이터를 제공하는 오픈소스 라이브러리다.

앞의 패턴은 이전 값을 결코 변경하지 않고, 각 계산으로부터 새로운 중간 값을 생성하는 방법을 보여준다. 이것은 Groceries 클래스에 대해 쉽게 이해할 수 있는 전략으로 사용된다.

```java
public List<String> buildShoppingList() {
    List<String> basics =
        ImmutableList.of("milk", "eggs", "bread");
    List<String> candy =
        !isOnDiet() ? getCandy() : emptyList();
    List<String> xmas =
        isXmas() ? getXmasFoods() : emptyList();

return new ImmutableList.Builder<String>()
    .addAll(basics)
    .addAll(candy)
    .addAll(xmas)
    .build();
}
```

아이디어는 중간 값 List 내에 결코 변경되지 않도록 각 식품에 대한 계산된 결과를 저장하는 것이다. 끝에서, 모든 List를 연결하고 함수로부터 반환 값을 받는다. 모든 중간 값 List는 이름을 가지고 있어, 로직에서 쉽게 읽어 들일 수 있다. 그리고 모든 것은 불변이기 때문에, 현재 로직은 buildShoppingList 함수에 대해서는 전체가 지역 변수다. 이것은 다른 함수, 클래스, 또는 스레드는 결과에 어떤 영향을 미칠 수 없다. 불변 데이터로는 조정할 타임라인이 없기 때문이다.

6.7.2 고차 함수

buildShoppingList() 함수에서 변수를 불변으로 만드는 쉬운 방법을 살펴보았다. 그러나 이 방법은 실행을 하기 전에 계산된 값을 알고 있어야 한다. 각 단계마다 이름, 중간 값, 불변 변수 그리고 마지막에 모두 함께 연결된 값으로 할당되기 때문이다. 계산된 동적인 숫자를 실행하기 위해서 무엇을 해야 하는지 알고 있는가? 예를 들면, 코드 BookParser의 parseBooksFromCsv 메서드 내에서 레코드 숫자는 CSV 파일의 내용에 의존된다.

```java
public List<Book> parseBooksFromCsvFile(File inputCsv)
    throws IOException {
```

```
    List<CSVRecord> records = CSVFormat
        .DEFAULT
        .withHeader(TITLE.name(), AUTHOR.name(),
                    PAGES.name(), CATEGORY.name())
        .parse(new FileReader(inputCsv))
        .getRecords();

    List<Book> books = new ArrayList<>();

    for (CSVRecord record : records) {
        books.add(parseBookFromCsvRecord(record));
    }

    return books;
}
```

예를 들면 parseBookFromCsvRecord 호출과 같이, 계산된 숫자는 미리 알 수 있는 방법이 없다. 그렇다면 객체 Book의 List를 생성하는 방법을 알고 있는가?[8] 한 가지 해결책은 고차 함수를 사용하여 다른 함수의 매개변수로 함수를 사용하는 것이다.

자바 버전 8에서는 고차 함수(higher-order functions)를 지원한다. 예를 들어, map, filer, reduce에서 stream API로 제공한다. 정수의 리스트 내에서 모든 짝수를 곱하는 방법을 비교해보자. 여기에 즉시 해결할 수 있는 방법이 있다.

```
List<Integer> numbers = Lists.newArrayList(1, 2, 3, 4, 5);
int product = 1;

for (int i = 0; i < numbers.size(); i++) {
    int number = numbers.get(i);
    if (number % 2 == 0) {
        product = product * number;
    }
}
```

// 자바 버전 8에서 지원한다.

이는 낮은 수준의 해결책이다. 반복, List의 색인, product를 계산하기 위해 가변 변수들을 관리해야 한다. 동일한 문제에 대한 기능적인 해결책이 있다.

```
List<Integer> numbers = ImmutableList.of(1, 2, 3, 4, 5);
```

---

8 특히 이 경우에, books가 가변 변수라는 것은 우려할 만한 일이 아니다. 여기서 이것은 지역 변수로 어떤 다른 함수에게 전달되지 않고 코드는 매우 짧다. 프로젝트의 코딩 규칙에 따라 이것은 이대로 남겨두는 것이 합리적일 수 있다. 어쨌거나 이와 같은 코드는 길고 굼디 복잡하게 만든다. 그래서 코드를 리팩토링하거나 처음부터 유사한 코드를 작성하는 경우에는 불변 함수를 사용하는 습관을 가지는 것이 좋다.

```
final int product = numbers
    .stream()
    .filter(number -> number % 2 == 0)
    .reduce((a, b) -> a * b)
    .orElse(1);
```

// 자바 버전 8에서 지원한다.

기능적인 해결책은 고수준의 세부 사항에 초점을 맞춘다. 예를 들어, 어떠한 변경 가능한 변수를 직접 관리하지 않고, 짝수를 식별하는 방법과 두 숫자를 함께 곱하는 방법이다. 여기서는 parseBooksFromCsvFile( ) 함수로부터 변경을 제거하기 위해 고차 함수를 사용한다.

```
public List<Book> parseBooksFromCsvFile(File inputCsv)
        throws IOException {

    List<CSVRecord> records = CSVFormat
        .DEFAULT
        .withHeader(TITLE.name(), AUTHOR.name(),
                    PAGES.name(), CATEGORY.name())
        .parse(new FileReader(inputCsv))
        .getRecords();

    return records
        .stream()
        .map(this::parseBookFromCsvRecord)
        .collect(Collectors.toList());
}
```

6.7.3 순수 함수

불변 데이터와 고차 함수를 사용하면 코드를 쉽게 이해하고 유지, 관리할 수 있게 해준다. 그러나 함수형 프로그래밍을 사용하지 않아도 이런 장점을 얻을 수 있다. 이를 위해 순수 함수(Pure Functions)를 사용한다. 순수 함수는 다음과 같은 특징이 있다.

- 함수는 멱등성(idempotent)을 가진다. 같은 입력 매개변수가 주어지면 함수는 언제나 같은 결과 값을 반환한다.

- 함수는 부작용(side effects)을 일으키지 않는다. 어떠한 경우라도 외부로부터 상태가 변경되거나 의존되지 않는 것을 말한다. 예를 들어, 부작용은 전역 변수가 변경, 하드 디스크에 기록, 콘솔로부터 사용자 입력을 읽기, 또는 네트워크로부터 데이터를

수신하는 단계에서 일어나는 것을 포함한다.

순수 함수에서 중요한 사실 하나는 자신의 입력 매개변수가 변경되면 새로운 값을 반환한다는 것이다. 이것은 순수 함수에 대한 사용을 쉽게 할 뿐만 아니라 프로그램 구성을 쉽게 해준다. 하나의 순수 함수의 반환 값은 다른 순수 함수에 대해 매개변수가 유효하다. 이것은 안전한 프로그램 구성을 가능하게 해준다.

```
result = pureFunction3(pureFunction2(pureFunction1(val)));
```

부작용이 있는 함수는 프로그램 구성을 어렵게 한다. 예를 들어, BookParser의 함수 convertCsvToJson은 파일시스템으로부터 읽기와 쓰기를 한다. 이것은 순수 함수가 되지 않는다.

```
public void convertCsvToJson(File inputCsv,
                             File outputJson) throws IOException {
```

convertCsvToJson 함수는 서명이 반환값을 가지지 않는 방법으로, 그것은 void 함수를 사용하는 것을 말한다. 이런 함수는 부작용을 가지는 고전적인 형태이다.[9] 반환 값을 가지지 않는 것은 다른 함수와 함께 프로그램 구성을 어렵게 만든다. 함수는 파일 시스템 또는 공유 변수를 통해 상호 통신을 한다. 함수는 반환 값보다 매개변수를 사용하는 것이 복잡하고 오류를 만들어 내는 경향이 있다.

그럼에도 불구하고 대부분의 함수는 반환 값을 가지기 때문에 여전히 부작용을 가지고 있다. 그리고 여전히 프로그램 구성과 이해를 어렵게 만드는 요소가 된다. 예를 들면, 함수 convertCsvToJson의 동작을 이해하기 위해서 함수 내부의 코드 또는 함수의 서명을 보는 것으로는 충분하지 않을 수 있다. 이를 이해하려면 함수 외부의 상태에 대해서 알아야 한다. 예를 들어, 입력할 CSV 파일은 존재하는가, 읽으려는 파일의 권한은 있는가, 누군가 파일을 읽는 동안 파일에 대한 쓰기를 시도하지 않는가, JSON 파일이 이미 존재하는가, JSON 파일에 대한 쓰기 권한은 있는가, 누군가 JSON 파일 작업에 대해 동시에 쓰기를 시도하려고 하지 않는가, JSON 파일을 쓰기 위한 하드 디스크 드라이브에 대한 충분한 여유 공간이 있는가?

---

9 만약 반환 값이 없다면, 함수가 가지는 유일한 방법은 부작용을 가지고 실행하는 것이다.

가변 데이터는 당신의 머릿속에 여러 타임라인을 적용하도록 한다. 함수의 부작용도 당신의 머릿속에 여러 타임라인과 가능한 여러 정보를 적용하게 한다. 몇몇 함수의 부작용은 모든 타임라인과 다른 함수와의 상호작용에 대한 상태에서 복잡도가 기하 급수적으로 증가하는 원인이 될 수 있다.

> 객체지향 언어의 재사용은 부족하지만 함수 언어는 그렇지 않다. 왜냐하면 객체지향 언어의 문제점은 언어가 전달하는 함축적인 환경이 있어야 하기 때문이다. 단지 바나나를 원하지만 당신이 얻은 것은 전체의 정글과 바나나를 잡고 있는 고릴라였다.
>
> 참고용으로 투명한 코드를 가지길 원한다면, 순수 함수를 사용해야 한다면 믿을 수 없을 만큼 재사용가능하다(모든 데이터는 자신의 입력 인수에서 나오고 모든 것이 나가서 아무 정보도 뒤에 남지 않는다).

[SEIBEL 2009, 213], 조 암스트롱, 얼랭의 창작자

순수 함수로 작성하는 대부분의 경우 이해가 쉽고 코드 재사용을 발견한다. 물론 어떤 것에 유용하게 될 코드를 원한다면, 코드가 어떤 점에서는 실제 세상과 상호 작용해야 한다. 그렇지만 부작용을 완벽하게 제거하지는 못할 것이다. 최고의 방법은 코드를 제어하고 관리할 수 있도록 해야 한다.

하스켈과 같은 프로그래밍 언어에서는 오직 런타임에서만 부작용 실행이 허용된다. 만약, 가지고 있는 코드에 직접적으로 부작용을 실행하려고 한다면, 컴파일러는 오류를 발생할 것이다. 예를 들어, 다음과 같은 의사 코드(Pseudo-Code)가 있다고 하자.

```
def main():
    someSideEffect()
```

하스켈 코드에서 직접적인 부작용 실행을 시도하려고 한다면 컴파일되지 않을 것이다. 이것을 작동시키려면, IO를 호출하는 형태도 부작용을 포장해야 한다. 그리고 나서 하스켈 런타임이 실행되고 main 메서드로부터 반환되기까지, 부작용은 실행되지 않을 것이다.[10]

```
def main():
    return IO(someSideEffect)
```

---

10 IO는 사실 모나드(monad)다. 즉, 구성, 연결, 그리고 장식을 쉽게 만드는 방법으로 임의의 계산을 감싸기 위한 레퍼와 부작용 없는 레퍼를 풀기 위한 구조를 목적으로 한다.

하스켈은 정적 언어 형식으로, IO 타입은 함수 서명의 일부분이며, 부작용은 언어의 일급 객체이므로 그것들은 없앨 수 있고, 만들어 낼 수 있고, 컴파일러 체크를 할 수 있다는 것을 의미한다.

```
main:: IO ()
```

자바와 같은 대부분의 다른 언어에서는 부작용이 크게 보이지 않는다. 그것의 서명이 어떤 것이든, 함수는 네트워크 호출, 글로벌 변수의 변경, 프로그램 실행을 할 수 있다. 다른 순수 함수 언어는 이것에 대한 쉬운 해결이 없다. 최선은 가능한 작은 조각으로 부작용을 포함한 코드를 나누는 것이다. 또한 메서드의 서명과 부작용에 대한 문서화에 최선을 다하는 것이다. 몇몇 사례에서, 명령줄로 애플리케이션 내의 main 메서드 또는 웹 서버에 대한 HTTP 요청 핸들러와 같은, 애플리케이션의 진입점에 대한 부작용을 밀어 넣는 하스켈 접근법을 모방할 수 있다.

여기서 예로 살펴본 BookParser 클래스는 읽기와 쓰기 파일이 필요하지 않다. 클래스의 목적은 CSV 데이터를 파싱하고 JSON 데이터로 변환하는 것이다. 그러나 데이터의 시작과 끝은 하드 디스크와 무관하다. 문자열로 CSV 데이터를 가져오고, 문자열로 JSON 데이터를 반환하도록 수정해야 한다. 이때 전체 파일 시스템은 손대지 말아야 한다.

```java
public class BookParser {

    public String convertCsvToJson(String csv) throws IOException {
        List<Book> books = parseBooksFromCsvString(csv);
        return writeBooksAsJsonString(books);
    }

    public List<Book> parseBooksFromCsvString(String csv)
        throws IOException {

        List<CSVRecord> records = CSVFormat
            .DEFAULT
            .withHeader(TITLE.name(), AUTHOR.name(),
                        PAGES.name(), CATEGORY.name())
            .parse(new StringReader(csv))
            .getRecords();

        return records
            .stream()
            .map(this::parseBookFromCsvRecord)
```

```
            .collect(Collectors.toList());
    }

    public Book parseBookFromCsvRecord(CSVRecord record) {
        String title = record.get(TITLE);
        String author = record.get(AUTHOR);
        int pages = Integer.parseInt(record.get(PAGES));
        Category category = Category.valueOf(record.get(CATEGORY));

        return new Book(title, author, pages, category);
    }

    public String writeBooksAsJsonString(List<Book> books)
        throws JsonProcessingException {

        ObjectMapper mapper = new ObjectMapper();
        return mapper.writeValueAsString(books);
    }
}
```

BookParser 클래스에 있는 모든 함수는 순수 함수다. 이들 함수는 어떤 부작용도 없으며 각각 몇 개의 입력 매개변수, 변환, 값을 반환한다. 이 함수들은 쉽게 읽고, 관리하고, 재사용을 한다. BookParser 클래스 클라이언트는 CSV 데이터를 받는 방법과 JSON 출력 방법에 대한 제어를 할 수 있도록 허용한다. 아주 다양한 형태로 이 코드를 활용할 수 있다. 예를 들어, 아래는 명령줄에 BookParser를 사용하는 방법이다.

```
public class Main {
    public static void main(String[] args) throws IOException {
        String inputCsv = args[0];
        String outputJson = args[1];

        String csv = IOUtils.toString(new FileInputStream(inputCsv));
        String json = new BookParser().convertCsvToJson(csv);

        IOUtils.write(json, new FileOutputStream(outputJson));
    }
}
```

BookParser 클래스에 (즉, 디스크에서 읽고 디스크에 작성하는) 존재하는 모든 부작용은 지금, 앱의 진입점이 I/O를 적용할 자연적 위치인 것처럼, main 메서드에 고립되어 있다. 모든 BookParser 함수는 순수 함수라서 작성하기 쉽고 그들을 테스트하기 위해 풀기도 쉽다. 예를 들어, 함수 convertCsvToJson에 대한 간단한 Junit 단위 테스트가 있다("자동화 테스트"에 대해서는 297쪽을 참조한다).

```
@Test
public void testConvertCsvToJson() throws Exception {
    String csv = "Code Complete,Steve McConnell,960,nonfiction";

    String expected = "[{\"title\":\"Code Complete\"," +
                        "\"author\":\"Steve McConnell\"," +
                        "\"pages\":960," +
                        "\"category\":\"nonfiction\"}]";

    String actual = new BookParser().convertCsvToJson(csv);
    Assert.assertEquals(expected, actual);
}
```

단위 테스트는 부작용에 대한 걱정이 없을 때 쉽게 사용할 수 있다. 하드 드라이브에서 CVS 또는 JSON 파일에 대한 불필요한 일처리가 없고, 병렬 작업 중에 쓰기 테스트는 각각 다른 파일에 대한 덮어 쓸 필요가 없으며, 그리고 작업을 완료하면 파일을 정리할 필요도 없다.

6.8 느슨한 결합

다음의 NewsFeed 클래스를 살펴보자.

```
public class NewsFeed {
    List<Article> getLatestArticlesSharedByUser(User user) {
        long userId = user.data().getProfile().getDatabaseKeys().id;
        List<Article> articles = GlobalCache.get(userId);

        if (articles == null) {
            Date oneMonthAgo = new DateTime().minusDays(30).toDate();

            String query =
                "select * from articles where userId = ? AND date > ?";
            articles = parseArticles(DB.query(query, userId, oneMonthAgo));

            GlobalCache.put(userId, articles);
        }

        return articles;
    }
}
```

NewsFeed 클래스의 getLatestArticlesSharedByUser 메서드 는 최근 30일간 주어진 사용자에 의해 공유된 문서 가져오기를 실행한다. 먼저 캐시에서 찾고, 캐시에서 찾지 못하는 경우 데이터베이스로부터 가져오기를 호출한다. 이 코드에는 수많은 문제점이 있다. 여기에서 그 문제들을 찾을 수 있는 좋은 방법은 단위 테스트를 작성하는 것이다(테스트 주도 개발(TDD, Test-driven development)) 등 더 좋은 디자인을 위한 방법에 대해서는 307쪽을 참고하라).

```java
@Test
public void testGetLatestArticlesSharedByUserFromDB() {
    // 텅빈 캐시로 시작한다. 그래서 모든 것은 캐시 미스가 된다.
    GlobalCache.reinit();
    // 텅빈 DB로 시작한다.
    DB.reinit();

    // 두 개의 최신 article을 생성한다.
    Article article1 = new Article("Recent Article 1");
    Article article2 = new Article("Recent Article 2");

    // User를 생성한다.
    long userId = 5;
    User user = createMockUser(userId);

    // 데이터베이스 내 artcle에 insert를 실행한다.
    String insertStatement =
        "insert into Articles(userId, title, date) values ?, ?, ?";
    DB.insert(insertStatement, userId,
            article1.getTitle(), new Date());
    DB.insert(insertStatement, userId,
            article2.getTitle(), new Date());

    // newsfeed는 두 개의 artcle을 반환한다.
    List<Article> actualNews =
        new NewsFeed().getLatestArticlesSharedByUser(user);
    List<Article> expectedNews =
        Arrays.asList(article1, article2);

    assertEquals(expectedNews, actualNews);
}
```

NewsFeed 코드의 내부 구현 세부 사항과 가정 통과를 테스트하기 위해 얼마나 많은 TestNewsFeed 클래스가 복사되는지 고려해보자.

- 테스트 코드는 초기화되지 않은 상태에서 getLatestArticlesSharedByUser를 실행하지 않도록 캐시를 살펴 GlobalCache.reinit( )를 호출한다. 만약 NewsFeed 클래스가 서로 다른 캐시 정책을 사용한다면 테스트 코드는 중지해야 한다.

- 테스트 코드는 묵시적으로 DB.reinit( )를 호출하면, 스키마 설치와 빈 테이블로 모두 초기화된 데이터베이스 기동 상태를 만들어 준다(이는 다른 테스트로부터 발생한 데이

터를 레코드에 포함하지 않는다). 마찬가지로 테스트는 DB.executeInsert( )를 사용하려고 모의 정보를 입력하기 위한 데이터베이스 스키마의 명시적인 지식을 가지고 있어야 한다. 언젠가 NewsFeed 클래스에서 호환되지 않는 이기종 데이터베이스 스키마 또는 데이터베이스의 키-값 저장을 다른 방법으로 사용하는 것과 같은 저장하는 데이터 방법이 변경된다면, 테스트 코드는 더 이상 동작하지 않을 것이다.

- TestNewsFeed 클래스는 getLatestArticlesSharedByUser가 User 객체로부터 user ID를 가져오는 것을 알고 있다. 그래서 동일한 user ID에 대한 정보 리스트와 User 객체를 정교하게 다룰 수 있다. 언젠가 User 객체가 변경되거나 클래스 NewsFeed가 다른 캐시 키를 사용한다면, 테스트 코드는 더 이상 동작하지 않을 것이다(예를 들어, 클래스 User가 hashCode로 변경한다면 말이다).

- 테스트는 getLatestArticlesSharedByUser를 최근 30일에 대한 정보를 정의한 내용에 복제한다. 데이터베이스가 getLatestArticlesSharedByUser 내부의 질의문에 의해 포착된 정보를 삽입하므로 날짜를 확인해야 한다. 언젠가 클래스 NewsFeed가 최근 날짜라는 정의가 변경되면 테스트 코드는 더 이상 동작하지 않을 것이다.

- NewsFeed 클래스는 GlobalCache를 사용한다. 최근 정보에 대해 user ID를 매핑하여 저장하고 다른 사람은 이 캐시를 사용하지 않을 것이라고 가정한다. 그러나 캐시는 전역적으로 사용할 수 있기 때문에, 언젠가 개발자가 캐시에 다른 타입의 데이터를 저장하고 코드베이스의 다른 부분을 사용하여 작업하는 경우에 News Feeds는 더 이상 동작하지 않을 것이다.

매번 NewsFeed 클래스를 변경하기 위해서 외부에 영향을 주지 않고 내부 구현의 세부 사항을 변경해야 한다면 알다시피 테스트 코드를 갱신하는 게 나을 것이다. 여기서 더 나쁜 것은 NewsFeed 클래스의 모든 클라이언트가 테스트 코드에 대해 같은 가정을 많이 한다는 것이다. 그래서 이 모든 것 역시 갱신해야 되는 상황이다. 이런 소프트웨어에 있어서 두 개의 모듈이 서로 의존하는 정도를 커플링(coupling)이라고 한다. 만약, 다른 모듈이 업데이트가 될 때 현재 모듈이 갱신되어야 할 경우 모듈이 강하게 커플링되어 있다고 하며, 이 의미는 코드가 다루기 힘들고 유지보수가 어렵다는 것이다.

이와 관련해서는 클린 코드의 '의존 관계 역전의 원칙(DIP, dependency inversion principle)을 살펴본다[Martin 1996].'

- 고수준 모듈은 저수준 모듈과 의존성을 가지지 않는다. 상호간 의존성은 추상화해야 한다.
- 추상화는 세부적인 사항에 대한 의존성을 가져서는 안된다. 세부적인 사항은 추상화에 의존해야 한다.

NewsFeed 클래스는 강한 커플링에 대한 의존 관계 역전의 원칙을 위반하는 네 가지 사례를 가진다.

- 내부 구현의 의존성 : User 클래스
- 시스템 의존성 : 시간
- 라이브러리 의존성 : DB 클래스
- 전역 변수 : GlobalCache 클래스

6.8.1 내부 구현의 의존성

NewsFeed 클래스는 User 클래스로부터 사용자 ID를 추출하는 방법을 고려한다.

```
long userId = user.data().getProfile().getDatabaseKeys().id;
```

메서드 호출의 긴 사슬구조와 필드 검색은 전형적인 강한 커플링의 신호다.[11] 여기서 사례로 든 NewsFeeds 클래스는 User 클래스의 내부로 깊게 들어간다. id 필드의 이름 또는 데이터베이스 대신에 키 값이 저장된 사용자 정보가 변경된다면, 즉 언제라도 User 클래스가 변경된다면 NewsFeed 클래스는 즉시 변경해야 한다.

이는 의존 관계의 역전 원칙에 대한 위반이다. NewsFeed 클래스는 사용자 ID를 얻는 고수준의 추상화 대신에 User 클래스의 저수준 구현을 사용하고 있다. 또한 클린 코드를 위한 더 좋은 이름으로 설명해야 한다. 예를 들어, 클래스 User의 getId() 메서드를 살펴보자.

```
public long getId() {
```

---

[11] 사슬로 연결된 메서드는 동시에 같은 것을 호출되게 디자인된 코드이지만 여기서는 적용되지 않는다. 그래서 일반적으로 클래스 내부로 이동하기보다는 오히려 때에 따라 동일한 데이터 유형을 반환하도록 구현한다. 예를 들면, 컬렉션 내의 합수를 호출하는 사슬 메서드에는 유용하다. 예로, list.filter(i → i 〉 5).map(i → i + 2).sum( ))와 CacheBuilder.newBuilder ( ).maximum-Size(1000).expireAfterWrite(10, TimeUnit.MINUTES).build( )와 같은 빌더 클래스가 있다.

```
        return data().getProfile().getDatabaseKeys().id;
}
```

getId( ) 메서드의 고수준 추상화는 커플링의 결합도를 약화시킨다. 이런 추상화 아래, User 클래스에서 getId( ) 메서드를 구현해야 한다. NewsFeed 클래스나 다른 클라이 언트의 변경 없이 원하는 시점에 구현된 세부 사항이 변경될 수 있다.

6.8.2 시스템 의존성

아래 getLatestArticlesSharedByUser에 대해서 고려해본다.

```
Date oneMonthAgo = new DateTime().minusDays(30).toDate();
```

DateTime( ) 메서드를 호출하여 현재 날짜와 시간을 알아낸다. 여기서 getLatest ArticlesSharedByUser는 멱등성을 가지지 않는다. 이것은 매번 실행 후 하나의 시간 에 대해 다른 작동을 가져온다. 시스템 시간에 대한 의존성은 힘든 이해와 테스트를 야 기한다.

더 나은 디자인은 의존성을 주입하는 것이다. 즉, getLatestArticlesSharedByUser 의 내부에 직접 코딩을 대신에 의존성을 주입하여 클라이언트에 따라 의존성을 역전시 키는 것이다. 가능한 한, 의존성 주입을 위한 가장 좋은 방법은 함수 매개변수로 통과하 는 것이고, 모든 의존성이 함수 서명에서 가시적이라면 함수에 대해 추론하는 것이 더 쉬워진다. 예를 들면, 날짜 매개변수를 추가하여 getLatestArticlesSharedByUserSi nce 메서드를 호출하거나 재명명하면 정해진 날짜로부터 사용자의 정보를 반환해야 한다.

```
List<Article> getLatestArticlesSharedByUserSince(User user,
                                                 Date since) {
    List<Article> articles = GlobalCache.get(user.getId());

    if (articles == null) {
        String query =
            "select * from articles where userId = ? AND date > ?";

        articles = parseArticles(DB.query(query,
                                          user.getId(),
                                          since));
        GlobalCache.put(user.getId(), articles);
    }
```

```
        return articles;
}
```

getLatestArticlesSharedByUserSince( ) 함수는 더 이상 시스템 시간에 의존하지 않고, 멱등성을 가지고 동작하며, 테스트와 이해를 쉽게 한다. 이것은 유연성을 증가시킨다. 더 나아가 마지막 30일 대신에 마지막 60일로부터 검색 내용을 원한다면, 새로운 함수를 작성하는 대신에 단지 다른 날짜의 매개변수를 입력하면 된다.

6.8.3 라이브러리 의존성

NewsFeed 클래스는 데이터베이스 접근에 라이브러리를 사용한다.

```
String query =
    "select * from articles where userId = ? AND date > ?";
articles = parseArticles(DB.query(query, userId, oneMonthAgo));
```

NewsFeed 코드는 article 검색 결과가 데이터베이스 내에 어떻게 저장되는지 신경쓰거나 알 필요가 없다. 모든 것은 특정 조건에 일치하는 article을 가져오는 몇 가지 방법이 있다는 것이다(무슨 일이 일어난 후에 그것은 다른 사람의 문제이다). 다른 말로 위 코드는 역전 관계의 역전 원칙을 위반한다. NewsFeed 클래스는 검색 결과에 대해 고수준 추상화를 사용하는 것 대신에 데이터베이스를 직접 제어하는 저수준 구현에 의존한다. 여기서 자바의 추상화를 정의하는 방법으로 interface를 사용한다.

```
public interface ArticleStore {
    List<Article> getArticlesForUserSince(long userId, Date since);
}
```

NewsFeed 클래스 내부에 ArtcleStore 인스턴스를 어떻게 주입할 수 있을까? getLatestArticlesSharedByUserSince( ) 함수로 매개변수를 전달하는 것이다. 그러나 이것은 장황하고 API 혼동을 준다. 프로그래밍 언어에서 의존성은 다양한 방법의 의존성 주입이 존재한다. 자바와 다른 객체지향 언어는 생성자 매개변수(Constructor Parameters)를 사용하여 의존성 주입을 하는 쉬운 방법이 있다. 자바는 의존성 주입에 필요한 라이브러리와 프레임워크가 지원하는데, 이를 스프링 프레임워크와 Guice 프레임워크에서 IoC 컨테이너(Inversion Of Control Container)라 부른다. 스칼라 언어에서는 케이크 패턴[12]을 통한 의존성 주입이 있다. 헤스켈 언어에서는 함수 커링(currying) 또는 모나드 패턴을 사용한다. 어쨌거나 이런 기술은 의존성 주입을 위해 선택할 수 있으며, 최종 목적은 명확한 API와 가시적인 의존성을 만드는 것이다.

이제 NewsFeed 예제에 대한 의존성 주입의 사용 예를 살펴보자. 클래스의 모든 사용자로부터 article 검색 데이터를 가져오는 한 가지 방법을 사용한다.

```
public class NewsFeed {
    private final ArticleStore articleStore;

    public NewsFeed(ArticleStore articleStore) {
        this.articleStore = articleStore;
    }

    List<Article> getLatestArticlesSharedByUserSince(User user,
                                                     Date since) {
        List<Article> articles = GlobalCache.get(user.getId());

        if (articles == null) {
            articles =
                articleStore.getArticlesForUserSince(user.getId(), since);
            GlobalCache.put(user.getId(), articles);
        }

        return articles;
    }
}
```

NewsFeed 클래스 자신의 세부 구현과 검색할 article 데이터를 실행하는 방법에 대한 구현이 분리되어야 한다. 관계형 데이터베이스로 질의문 처리를 ArticleStore 인터페이스로 구현하거나 문서 데이터베이스로 질의문 처리를 DocumentArticleStore로 구현하거나 이것도 아니라면 HashMap으로 메모리 내부에 검색 결과를 저장하는 InMemoryArticleStore를 구현해서 처리할 수 있다. 이런 방법으로 테스팅할 수 있다. 추상화의 힘은 NewsFeed 코드의 수정없이 ArticleStore 구현을 원하는 대로 수정하는 것이 가능하다는 것이다.

까다로운 질문이다. 종속성이 나타나는 라이브러리는 어디인가? 예를 들어, BookParser 코드는 자바 객체를 JSON으로 변환하는 데 Jackson 라이브러리를 사용하고, CSV 파일을 파싱하는 데 아파치 공통 CSV 라이브러리를 사용한다. 종속성을 이

---

12 (옮긴이) 결혼식에 쓰는 3단 케이크 같이 케이크를 한 단씩 쌓아 올리는 형태를 말한다.

들 라이브러리에 대해 주입하는가? 몇 가지 규칙으로 다음과 같은 라이브러리 구현에 대해서는 추상화된 주입을 선호한다.

- 부작용을 포함한다.
- 상이한 환경에서 다르게 동작한다.

예를 들어, BookParser 코드에서 Jackson 또는 아파치 공통 CSV 라이브러리에 주입은 필요하지 않는다. (a) 메모리에서 String으로 작업을 한다면 부작용은 나타나지 않는다. (b) 라이브러리는 모든 환경에서 동일하게 동작한다. 따라서 위와 같은 현상은 일어나지 않는다. 다른 예로, NewsFeed 코드의 ArticleStor에서는 의존성 주입이 필요하다. (a) 네트워크를 통해 원격지 데이터베이스와 통신한다. (b) 테스트 시점에서 상이한 환경의 이기종 데이터베이스 또는 가짜 데이터베이스를 사용한다.

6.8.4 전역 변수

NewsFeed 클래스에서 가장 큰 문제점은 GlobalCache 클래스 사용에 있다.

```
List<Article> articles = GlobalCache.get(userId);

// ...

GlobalCache.put(userId, articles);
```

이름에서 알 수 있듯이 GlobalCache는 전역 변수다. 이는 어느 코드베이스나 접근 가능한 가변 상태다. NewsFeed의 사용자가 getLatestArticlesSharedByUserSince를 호출하기 전에 GlobalCache의 초기화를 잊어버리면 어떻게 될까? 한 명 이상이 GlobalCache를 초기화하면 어떻게 되는가, NewsFeed는 하나 이상의 스레드가 접근을 하는가, 일부 관련 없는 코드가 사용자에 대한 상이한 검색 결과에 대하여 저장하는 GlobalCache를 사용하고 있는가, 또는 userId를 키로 사용하지 않는 이유는 무엇인가?

전역 변수의 사용은 위험을 가져올 수 있다. 전역 변수는 그 특성상 어디서나 접근이 가능하다. 그래서 전역 변수를 사용할 때에는 전체 코드베이스에 걸쳐 결합도가 증가한다. 전역 변수는 다양한 언어에서 다양한 형태로 나타난다. 예를 들어, 자바에서는 static 키워드로, 자바스크립트에서는 windows 범위 설정, 루비에서는 $ 기호로 시작되는 변수 이름, PHP와 파이썬에서는 global 키워드를 사용하며, 여러 언어에서 단독적인 가변 개체가 있다. 전역 변수를 피하려면 항상 더 좋은 해결책을 찾기 위해 노력해야 한다.

기존 레거시 코드 작업에 있어서 전역 변수를 사용한다면 의존 관계 역전의 원칙에 따라 프로그래밍에 손상을 줄일 수 있다. NewsFeed 클래스는 무엇인가 캐시하는 방법에 대해 저수준의 상세한 구현을 알지 못한다. 그것을 필요로 하는 모든 캐싱에 대한 고수준의 추상화가 필요하다. 여기서는 캐시를 통과하는 인터페이스를 정의한다.

```
public interface PassthroughCache<K, V> {
    V getOrElseUpdate(K key, Supplier<V> valueIfMissing);
}
```

정의된 PassthroughCache 인터페이스는 주어진 키에 대한 값을 반환하거나 값이 키와 연관되어 있지 않은 경우 valueIfMissing 함수와 반환 값에 의해 생성된 값을 저장한다. 만약 원한다면 전역 변수를 구현할 수 있었다. 그러나 더 좋은 아이디어는 분산된 캐시 또는 인메모리 캐시의 인스턴스를 사용하는 것이다(예 : memcached 사용). 추상화를 사용하는 것은 NewsFeed 코드의 이해와 관리가 필요하지 않을 때다. 느슨한 결합은 나중에 마음에 따라 원하는 방법을 선택하고 안전하게 바꿀 수 있게 해준다.

여기서는 NewsFeed 생성자에 대한 캐시 추상화를 주입해본다.

```
public class NewsFeed {
    private final ArticleStore articleStore;
    private final PassthroughCache<Long, List<Article>> cache;

    public NewsFeed(ArticleStore articleStore,
                    PassthroughCache<Long, List<Article>> cache) {
        this.articleStore = articleStore;
        this.cache = cache;
    }
    List<Article> getLatestArticlesSharedByUserSince(User user,
                                                     Date since) {
        return cache.getOrElseUpdate(
            user.getId(),
            () -> articleStore.getArticlesForUserSince(user.getId(),
                                                       since));

    }
}
```

NewsFeed 코드에서 모든 의존성을 반전시킨다. 이는 결합도를 줄이고 테스트와 관리를 쉽게 한다. 여기서는 단위 테스트를 위해 갱신된 버전을 살펴본다.

```
@Test
public void testGetLatestArticlesSharedByUserSince() {
    List<Article> expected = Arrays.asList(
        new Article("Article 1"), new Article("Article 2"));
    NewsFeed newsFeed =
        new NewsFeed(new MockArticleStore(expected),
                     new AlwaysEmptyCache());

    User user = createMockUser(5);
    Date since = new Date();
    List<Article> actual =
        newsFeed.getLatestArticlesSharedByUserSince(user, since);

    assertEquals(expected, actual);
}
```

이 테스트 코드는 쉽게 읽을 수 있으며, NewsFeed 클래스에 대한 내부 변화로 인해 동작이 중지되지 않으며, 병렬 테스트와 같은 동시 작업에 안전하게 동작할 수 있다.

6.9 높은 응집력

노암 촘스키의 다음 문장을 고려해보자. "Colorless green ideas sleep furiously [Chomsky 2002, 15]". 촘스키는 문법적으로 정확하지만 무의한 문장을 예로 제시했다.[13] 이 단어들은 관계가 없고 결과는 일관되지 않는 문장이다.

여기서는 다음과 같은 클래스를 살펴본다.

```
public class Util {
    void generateReport() { /* ... */ }
    void connectToDb(String user, String pass) { /* ... */ }
    void fireTheMissles() { /* ... */ }
}
```

위 예제 클래스는 기술적으로 완전하더라도 무의미하다. 해결 방법은 낮은 관련성과 낮은 응집력을 가지는 클래스를 만드는 것이다.

---

13 (옮긴이) 해석을 억지로 하면 이상한 의미가 되어버린다. 결국 의미가 없는 단어의 나열이다.

응집력은 접착에서 유래된 것으로, 같은 뿌리에 붙어 있다는 의미이고 붙어 있는 상태를 말하는 단어다. 무언가 다른 것, 예를 들어 접착제와 같은 것으로 한쪽 또는 외부에 풀 같은 것으로 다른 것에 붙일 수 있다. 이렇게 응집력을 가지는 것은 다른 쪽과 자연스럽게 붙어 있는 것이다. 그렇기 때문에 이들은 같은 종류이거나 그들이 함께 잘 맞아야 한다. 테이프로 끈쩍이게 달라붙어 있다면 이들 사이에 공통점이 아무것도 없기 때문이다. 그러나 두 개의 점토에서는 함께 그리고 잘 일치되어, 같이 있다면 응집력을 가진다. 왜냐하면 이들은 마치 기계의 부품처럼 서로 잘 맞아 떨어지기 때문이다.

[VANDERBURG 2011], 그렌 반더버그, 리빙소셜의 수석 엔지니어

클래스 이름인 util이라는 단어는 낮은 응집력을 가지는 고전적인 기호다. 클래스에서 util이라는 이름은 관련 없는 기능을 모아두는 용도지만 여기서는 맞지 않아 보인다. 그러나 낮은 응집력은 Util 클래스만큼이나 항상 명확하지 않다. 여기서는 실제 예제를 살펴보자.

```java
public interface HttpClient {
    byte[] sendRequest(String url,
                       Map<String, String> headers,
                       byte[] body);
    Document getXml(String url);
    int postOnSeparateThread(String url,
                             String body,
                             ExecutorService executor);
    void setHeader(String headerName, String headerValue);
    boolean statusCode();
}
```

HttpClient 인터페이스 내의 메서드들은 Util 클래스보다 관계가 강하다. 이들은 HTTP 요청에 대한 전송과 관련되어 있다. 어쨌거나 이들 메서드는 응집력이 낮으며 여러 다른 추상화 레벨에 사용할 수 있다.

- sendRequest는 요청과 응답 몸체(Body)에 대한 byte 배열을 사용한다. postOnSeparateThread는 요청 몸체에 대한 String과 응답 몸체를 반환하지는 않는다. 단지 상태 코드만을 반환한다. 그리고 getXml은 요청 몸체를 가지지 않고 응답 몸체에 대한 XML Document를 반환한다.

- postOnSeparateThread는 저수준의 스레딩 구현을 가지지만 다른 메서드와 사용되지는 않는다.

- setHeader와 statusCode 메서드는 HttpClient가 이전의 응답 또는 다음 번 응

답에 대한 상태를 저장하는 데 사용한다. 다른 메서드와 상호작용하는 방법이 명확하지 않다. 예를 들어, 자신의 매개변수 중 하나를 HTTP 헤더의 맵을 가져오는 sendRequest로 사용한다면 말이다.

클린 코드에서는 높은 응집력을 가질 수 있다. 모든 변수와 메서드는 관계를 가지며 같은 레벨의 추상화로 운영되어야 하며, 마치 부품처럼 주변과 잘 맞아야 한다. 예를 들어, 여기에 HttpClient 인터페이스의 좀더 높은 응집력을 가지는 버전을 살펴본다.

```java
public interface HttpClient {
    HttpResponse sendRequest(HttpRequest request);
}

public interface HttpRequest {
    URL getUrl();
    Map<String, String> getHeaders();
    byte[] getBody();
}

public interface HttpResponse {
    Map<String, String> getHeaders();
    byte[] getBody();
}
```

새로운 HttpClient는 요청을 보내는 하나의 메서드로 구성된다. 이전의 다른 로직은 다른 클래스에서 처리하게 한다. 예를 들어, HTTP 헤더, URL, HttpRequest와 HttpResponse에 대한 처리하는 부분은 다른 클래스에서 구현한다. 만약 HTTP 헤더를 직접 설정하고 요청에 대해 바이트 배열 작업보다 고수준 요청 처리를 하고 싶다면, HttpRequestBuilder 클래스를 생성한다.

```java
public class HttpRequestBuilder {
    public HttpRequest postJson(String url,
                                String json) throws Exception {
        return new BasicHttpRequest(
            url,
            ImmutableMap.of("Method", "POST",
                            "Content-Type", "application/json"),
            json.getBytes("UTF-8"));
    }
}
```

만약, 바이트 배열을 포함하지 않는 고수준 응답 처리를 하고 싶다면, HttpResponse

Parser 클래스를 생성한다.

```java
public class HttpResponseParser {
    public Document asXml(HttpResponse response) {
        return DocumentBuilder.parse(
            new ByteArrayInputStream(response.getBody()));
    }
}
```

스레딩 처리가 필요할 때는 HttpClient를 구현하여 처리할 수 있다.

```java
public class ThreadedHttpClient implements HttpClient {
    private final ExecutorService executor;

    public ThreadedHttpClient(ExecutorService executor) {
        this.executor = executor;
    }

    public HttpResponse sendRequest(HttpRequest request) {
        try {
            return executor.submit(() -> doSend(request)).get();
        } catch (Exception e) {
            throw new HttpClientException(e);
        }
    }
}
```

상당 수의 관련 없는 작업을 처리한다고 있다면, HttpClient 클래스를 대신할 수 있는 몇 개의 작업으로 수행하는 작은 버전의 클래스로 나누어 가질 수 있다. 적은 기능에 집중하는 모노리식(monolith)은 클린 코드에 있어 응집력이 높은 클래스의 표준이다.[14]

6.10 주석

나쁜 주석을 쓰지 마라. 재작성이 필요할 것이다.

[KERNIGHAN AND PLAUGER 1978, 144], 브라이언 W. 케닝핸과 P.J 파울러, *프로그래밍 스타일의 핵심 요소*

마지막 끝날 때까지 의도적으로 주석 쓰기를 미루지 마라. 코드 자체로 알고자 하는 모든 것을 말할 수 있다. 만약 코드가 그렇게 할 수 없다면, 주석을 귀찮아 하기 전에 코드

---

14 (옮긴이) 작은 단일화된 처리기능으로 응집력이 높은 클래스를 생성할 수 있다.

를 향상시키는 것을 우선순위로 해야 한다.

 BookParser 코드는 코드에서 설명할 수 없는 모든 것을 주석으로 추가한 합리적인 클린 주석이다. 이런 주석은 코드의 첫 번째 공간에 존재하며, 예제, 입력과 출력에 관한 사항을 알려준다. 자바에서는 JavaDoc을 사용하여 주석 포맷을 사용할 수 있다.

```
/**
 * book  데이터는 CSV 포맷에서 JSON 포맷으로 변환한다.
 * CVS는 RFC4180 포맷과 각 열마다 4개의 행을 포함한다.
 * 저자, 제목, 페이지, 목록이다. 페이지는 반드시 정수로 표현한다.
 * 목록은 반드시 소설 또는 비소설 중에 하나를 선택한다.
 * 예를 들면, CSV를 선택한다면, 조지 R.R 마틴, 왕좌의 게임, 864, 소설 토르 노르트랜더스,
 * 사용자 환상, 480, 비소설 등이다
 * 이것을  JSON으로 표현하면 다음과 같다.
 *
 * [
 *   {
 *       "author": "George R.R. Martin",
 *       "title": "Game of Thrones",
 *       "pages": 864,
 *       "category": "fiction"
 *   },
 *   {
 *       "author": "Tor Norretranders",
 *       "title": "The User Illusion",
 *       "pages": 480,
 *       "category": "nonfiction"
 *   }
 * ]
 *
 * @param csv 문자열은 CVS 포맷으로 된 book 데이터다.
 * @return 문자열은 book 데이터의 JSON 표현이다.
 * @throws IOException 만약 CVS가 포맷을 벗어나면 발생한다.
 */
public String convertCsvToJson(String csv) throws IOException {
```

주석은 문서의 부분으로 자세한 내용은 335쪽 '문서화'에서 이야기한다.

6.11 리팩토링

이 장에서 BookParser 코드를 점진적으로 개선해보았다. 내부 구현의 세부 사항에 대해 매번 작은 변화를 주었다. 이것은 리팩토링(refactoring)으로 알려져 있다. 리팩토링은 외부 동작을 변경하지 않고 코드의 구조를 변경하는 프로세스를 말한다. 이런 코드 작업은 소프트웨어의 비기능적인 관점(Nonfunctional Aspect)에 영향을 미친다. 코드는 같은 일을 하지만 자신의 디자인을 개선할 수 있다[Fowler et al. 1999, xvi].

리팩토링을 하는 이유는 처음 시작부터 올바른 디자인을 가지지 못하기 때문이다. 처음 시작할 때는 단지 짧은 글로 되어 있어서 코드는 어지럽고, 미완성적이고 재작성이 필요하다. 예제 BookParser는 의도적으로 잘못 만들었다. 그리고 처음 구현된 내용은 많은 문제가 있다. 작성된 코드는 문제를 더 잘 이해하게 된다. 리팩토링의 본질은 작성된 코드로 돌아가 새로운 이해를 바탕으로 개선하는 것이다.

> 프로그래밍 언어는 프로그래머의 생각이며, 이전에 생각했던 프로그램의 표현이 아니다.
>
> **[GRAHAM 2004A, 22] 폴 그레이엄, 와이 콤비네이터의 창업자**

코드 작성 또는 문장은 반복적인 프로세스다. 좋은 글을 쓰려면 많은 작품을 알아야 하듯이 좋은 코드를 작성하려면 많은 코드를 알아야 한다. 이 의미는 리팩토링이 작업을 나누지 않다는 것이다. 마치 프로젝트의 정리 단계를 따로 가지지 않는 것처럼 말이다. 리팩토링은 소프트웨어 개발에 아주 중요한 핵심이며 지속적으로 실행해야 한다.

> 순수한 확장에 따른다면 진정한 리팩토링이 가능하다고 믿는다. 행위에 어떤 변화도 없다면 기능의 다음 증분을 추가하기 전까지 코드 정리를 쉽게 할 수 있다. 그 이후, 기능의 다음 증가분을 추가한다. 전체 프로세스에 이를 계속 반복한다.
>
> **[THOMPSON 2014], 딘 톰슨, 미국 다이닝 레스토랑 예약 앱 서비스 회사인 노웨이트의 CTO**

윌리암 진서는 자신의 책인 『On Writing Well』에서 "다시 쓰기야 말로 글쓰기의 본질이다"라고 했다[Zinsser 2006, 83]. 리팩토링은 프로그램을 잘하기 위해 본질이라고 제안한다.[15]

6.12 요약

이 장의 핵심은 보기 흉한 코드를 작성하는 데 걸리는 동일한 시간 내에 클린 코드를 작성해야 함을 발견하라는 것이다. 클린 코드는 보기 흉한 코드를 읽는 것보다 더 적은 시간을 소비하고, 보기 흉한 코드를 갱신하는 것보다 두 배나 더 적은 시간을 소비한다. 코드의 읽기와 갱신의 비율은 대략적으로 새로운 코드를 작성하는 데 드는 시간의

---

15 리팩토링에 대한 훌륭한 가이드로 마틴 파울러가 쓴 『리팩토링(refactoring)』(대청미디어, 2002)을 참고한다[Fowler et al. 1999].

50:1을 가진다. 생각할 필요도 없이 클린 코드를 작성해야 한다. 항상 그렇게 하라.

보기 흉한 코드는 모든 프로젝트에서 찾을 수 있다. 제품, 사람 그리고 에코시스템과 같은 것으로 코드를 변경한다면 미래의 필요로 확장을 허락하지 않을 수 있다. 그래서 첫 번째로 클린 코드 작성이 필요할 뿐만 아니라 새로운 요구사항을 코드에 적용하기 위해 지속적으로 리팩토링을 해야 한다. 리팩토링은 모든 것을 시작할 때, 코드 포함할 때에 대한 방법에 대한 예다. 리팩토링은 진화에 관한 것이며 이후에 선행 디자인을 실행해야 한다.

만약, 클린 코드를 지키지 않고 코드를 진화시키지 않는다면 기술적 부채를 가진 채 남게 될 것이다. 실제 부채처럼 갚을 시간이 오래 걸린다면 더 많은 이자가 누적될 것이다. 기술적 부채의 생산 비용은 잘 알려져 있지만 휴먼 비용[16]은 그렇지 않다.

> 품질은 순전히 경제적 요인이 아니다. 사람은 그들이 자랑스러워하는 작업을 할 필요가 있다.
>
> [BECK AND ANDRES 2004, 33], 켄트 백과 신시아 안드레스, *익스트림 프로그래밍*, 인사이트, 2006

기술적 부채는 우울하게 만든다. 이 장의 처음에 나타난 오리지날 BookParser 코드를 생각해보자. 이 코드를 보는 것이 아주 싫었을 것이다. 만약 매일 같은 코드로 작업을 하는 경우를 상상해보라. 충분히 많은 연봉으로 그 일을 하도록 설득할 수도 있지만 많은 돈이 행복을 만들어주지는 않는다. 기억하라. 스타트업은 사람에 관한 것이며, 기술적 부채의 실제 비용은 놓친 일정과 수많은 버그가 야기하는 문제 뿐만 아니라 사람들의 고통도 포함된다.

여러 면에서 프로그래밍은 기술이다. 올바른 도구 선택, 힘든 작업, 무언가 아름다운 것을 만드는 것으로부터 성취에 대한 깊은 이해를 얻게 된다. 사용자에게 보이기 위해 겉만 번지르르하게 만드는 것이 아니라 작품의 내부를 아름답게 만들어야 한다. 멋진 작품과 같은 해결책은 프로그래머에게 행복을 만들어 준다. 보기 흉한 코드는 프로그래머에게 슬픔을 준다. 슬픈 프로그래머는 생산성 감소, 효과 감소 그리고 마침내 회사를 떠나게 되는 일을 겪게 된다.

그 중 최악은 기술적 부채로 부채가 부채를 낳는 것이다. 보기 흉한 코드에 대한 작은 허용이 한 번 일어나면 이것을 고치기 위해 아무것도 하지 않아 결국 전체 시스템이 무

---

16 (옮긴이) 실제 개발자가 클린 코드를 적용하는 데 걸리는 비용이다.

너지기 시작하기 전까지는 이것이 지속될 수 있다. 이는 "깨진 창문 이론"으로 잘 알려져 있다.

도시 내에 부패되어 썩어가는 동안에도 몇몇 건물은 아름답고 깨끗하다. 왜 그런가? 범죄와 도시 부패에 대한 연구자들은 매혹적인 트리거 매커니즘을 발견했다. 이것은 부서지고 유기된 건물 안을 재빨리 깨끗하고, 흠 없이, 사람이 거주할 수 있도록 만드는 것이다.

깨진 창문처럼 말이다.

하나의 깨진 창에서 건물을 버려두는 느낌으로 주민들에게 남기고, 상당 시간 동안 수리하지 않고 남아 있는 것으로 여겨 건물을 아무도 관리하지 않는 상태가 된다. 그래서 다른 창문도 깨져버린다. 사람들은 쓰레기를 버리기 시작하고 낙서가 나타난다. 심각한 건물의 손상이 시작된다. 비교적 짧은 공간에 소유자의 수리하고 싶은 욕구를 넘어서는 건물 손상을 입는다. 그래서 결국 포기는 현실이 된다.

[HUNT AND THOMAS 1999, 4-5] 앤드류 헌트와 데이비드 토마스, *실용주의 프로그래머*, 인사이트, 2007

깨진 창문 이론은 건물뿐만 아니라 코드에서 적용할 수 있다. 만약 코드베이스가 추하고 지저분하게 되어 있다면, 새로운 개발자마다 정리하는 것보다 혼란스러움에 참여할 가능성이 높다. 보기 흉한 코드량이 증가되면 클린 코드는 더욱더 어려워지며 문제는 점점 가중된다. 가능한 빨리 깨진 창을 보수해야 한다. 클린 코드를 항상 작성하라. 그러면 항상 깨끗하게 작성할 수 있게 된다.

7장
확장성

7.1 스타트업의 확장

이 장에서는 스타트업에서 생각해야 하는 두 가지 확장 유형을 논의할 것이다. 첫 번째 유형은 개발자, 코드, 복잡성을 처리하는 더 많은 코딩 방법이고 두 번째 유형은 사용자, 트래픽, 데이터를 처리하는 코딩 성능 확장이다.

스타트업의 확장은 자동차의 수동 기어 변속과 조금 비슷하다. 너무 이른 확장은 자동차가 낮은 속도로 이동하는 중에 높은 기어로 변속하는 것과 같다. 그러면 기어가 닳아서 자동차가 멈출 수 있다. 너무 늦은 확장은 낮은 기어 상태에서 가속 페달을 누르는 것과 같다. 이것은 엔진에 무리하게 스트레스를 주는 것이다. 너무 오랫동안 최고 속도로 올리지 않고 있다면 자동차가 과열되고 말 것이다. 당신의 스타트업을 확장하고, 부드럽게 움직이게 하려면 적절한 시간에 기어를 변속해야 한다.

이해해야 할 가장 중요한 것은 확장성을 참이나 거짓으로 나눌 수 없다는 것이다. 실행이나 시스템이라고 말할 수 없고, 확장 가능한 것이 아니라고 말할 수 없다. 대부분은 특정 조건에서 특정 크기나 특정 지점까지 확장 가능하다고 말한다. 확장성 관행은 직원이 10명인 회사에 대한 작업과 직원이 1,000명인 회사에 대한 작업이 확실히 다르다. 그리고 데이터베이스는 기가 바이트 및 초당 100건의 질의문에 대한 확장과 페타 바이트 및 초당 1만 건의 질의문에 대한 확장이 다르다. 빨리 이동하려면, 완전히 다른 기어로 변속해야 한다.

이 장의 대부분은 확장 가능한 코딩 실행에 초점을 맞춘다. 왜냐하면 스타트업 후에 그리고 회사의 일생에 있어 초기에 가장 중요한 영향을 끼치기 때문이다. 이들은 자동차의 낮은 기어와 같다. 더 높은 기어에 대한 걱정을 하기 전에 지금 기어에서 변속해야 한다. 예를 들어, 성능 확장은 회사가 중요한 도달점을 성취했을 때, 이후 회사 전반에 영향을 미친다.

7.2 코딩 관행에 대한 확장

프로그래밍은 무서울 수도 있다. 기술 부채에 예상치 못한 비용 중 하나는 개발자의 심리적인 영향이다. 그들의 작업이 무서워 밖으로 나가는 수천 명의 프로그래머가 있다. 아마도 당신이 그들 중 한 명일 수도 있다.

아침부터 세 개의 버그 리포트를 받고 이걸 파고 있다. 당신의 파야할 코드는 if 문장의 얽혀진 혼란, for 루프, 전역 변수, 짧은 변수 이름, 혼란스러운 패턴으로 인해 버그들이 나누어 산재해 있다. 거기에 어떠한 문서도 없다. 테스트도 없다. 개발자가 처음 작성한 코드는 회사에서 더 이상 작동하지 않는다. 이 코드가 어떻게 동작하는지 알 수 없다. 이것이 어디서 사용되는 지도 모른다. 두렵다. 도망가고 싶다.

하나의 버그를 수정하기 위해 세 개 이상의 비밀을 누설해야 한다면 이것은 상처로 남는다. 두 달간 해왔던 것은 하찮은 것이 되고 만다. 아주 작은 성능 향상을 가져온 것으로 전체 시스템이 멈추면, 모든 동료는 화가나서 미칠 것이다. 프로젝트에 소요되는 시간 추정은 너무나 부풀려져 시작한다. "이것은 너무 비싸다" 또는 "불가능하다"라고 스스로 말할 것이다. 코드 변경이 있을 때마다 매번 두려움을 느껴야 할 것이다.

스타트업은 매번 수시로 변화한다. 코드 변화에 대한 두려움을 느끼는 시점이 있다면, 이것은 성장을 위해 코드 관행을 확장할 필요가 있다는 의미다. 네 가지 중요한 코딩 방식은 코드베이스의 성장과 개발팀이 늘어나는 것을 다루는 것이다.

- 자동화 테스트
- 코드 분할
- 코드 리뷰
- 문서화

7.2.1 자동화 테스트

자동화 테스트는 변화에 대한 자신감을 준다. 온 세상이 두려움과 불확실성으로 가득하지만, 자동화 테스트는 안정과 참된 존재로써 당신을 위해 언제나 있을 수 있다. 그들은 필요하면 아침에 세 번 벨을 누를 수 있는 믿을만한 친구와 같다. 당신은 코드의 보호자다. (조지 R.R 마틴에게 깊은 사과를 하며), 그들은 프로그래밍 세계의 "밤의 파수꾼"이다.[1]

> 밤이 깊어지면서 경계가 시작되었다. 이는 삭제가 이루어지는 날까지 계속된다. 나는 평생 null-pointer 예외를 취하지 않고, 하나의 오류도 허용하지 않으며, 무한정 반복도 하지 않겠다. 나는 아무 운영 서버에 배포하고 영광을 탐하지 않겠다. 나는 나의 주장에 의해 죽고 살 것이다. 나는 어둠 속의 목업 객체다. 나는 CI 서버의 감시자다. 나는 프로그래머 왕국을 지키는 방패다. 나는 나의 삶과 자동화 테스트 슈트의 영광을 맹세한다. 오늘 밤과 앞으로 있을 모든 밤 동안 말이다.[2]

자동화 테스트는 코드 테스트 사이클이라는 반복하는 장점이 있다. 그것은 여전히 작동하는 작업에 변화를 줄 때마다 자신감을 준다. 머릿속에 있는 전체 프로그램의 상태를 유지할 필요는 없다. 다른 사람의 코드를 깨는 걱정도 필요 없다. 지루하고, 오류가 발생하는 수동 테스트를 계속해서 반복할 필요도 없다. 단지 한 줄의 테스트 명령을 실행하고 그것이 잘 작동하는지에 대해서 빠른 피드백만 받으면 된다.

자동화 테스트 입문

만약 처음 자동화 테스트를 한다면, 여기 빠르게 입문하는 방법이 있다. 문장에 있는 단어를 반전시키는 함수를 생각해보자.

```
reverseWordsInSentence("startups are great");
// Returns : "sputrats era taerg"
```

그리고 자바로 구현한 첫 번째 시도를 살펴보자.

```java
public class TextReverse {
    public static String reverseWordsInSentence(String sentence) {
        StringBuilder out = new StringBuilder();
        String[] words = sentence.split(" ");
```

---

1 (옮긴이) 조지 R.R 마틴은 '왕좌의 게임' 저자다.

2 (옮긴이) 왕좌의 게임에서 '밤의 파수꾼'이 신성하게 맹세한 내용을 패러디했다.

```
        for (int i = 0; i < words.length; i++) {
            String word = words[i];
            StringBuilder reversed = new StringBuilder(word).reverse();
            out.append(reversed);
            out.append(" ");
        }

        return out.toString();
    }
}
```

코드가 어떻게 작동하는가? 잘 모르겠다면, 잠시만 응시하고, 어떻게 작동하는지 결정할 수 있다. 또는 몇 가지 수동적인 방법으로 UI 및 육안 검사로 결과를 확인하고 결정할 수 있다. TextReverse 예제에서는 (UI도 없고) 콘솔로 결과를 출력하는 main 메서드를 추가할 수 있다.

```
public static void main(String[] args) {
    System.out.println(reverseWordsInSentence("startups are great"));
}
```

만약, 이 코드를 실행하면, 다음과 같은 결과를 보게 된다.

```
sputrats era taerg
```

빠른 육안 검사로부터 코드가 작동되는지 확인해본다. 끝났는가, 별로 그렇지 않은가? 육안 검사와 main 메서드 대신에 쓰여진 코드를 어떻게 검사할 수 있는가? 여기에 테스트 프레임워크를 사용할 수 있다. 자바에서는 JUnit과 같은 프로그래밍 언어에 대한 테스트 프레임워크가 있다. 대부분의 테스트 프레임워크는 별도의 클래스로, 테스트 코드를 만들어 넣는다. 그래서 작성한 코드와 혼합되지 않는다. 여기서는 TextReverse 클래스에 대한 JUnit 테스트 클래스 예제를 살펴보자.

```
public class TestTextReverse {
    @Test
    public void testReverseThreeNormalWords() {
        String expected = "sputrats era taerg";
        String actual = reverseWordsInSentence("startups are great");
        assertEquals(expected, actual);
    }
}
```

JUnit은 테스트에 @Test 주석을 포함한 메서드를 표시한다. Assert 함수를 사용하여 특정 조건이 충족되지 않는다면 테스트는 실패가 된다. 여기서는 콘솔에 테스트를 실행한 것을 볼 수 있다.

```
JUnit version 4.11
Time: 0.068

There was 1 failure:
1) testReverseThreeNormalWords
   (com.hello.startup.reverse.TestTextReverse)

org.junit.ComparisonFailure:

expected:<[sputrats era taerg]> but was:<[sputrats era taerg ]>

at org.junit.Assert.assertEquals(Assert.java:115)
at org.junit.Assert.assertEquals(Assert.java:144)
at com.hello.startup.reverse.TestTextReverse.
        testReverseThreeNormalWords
        (TestTextReverse.java:14)

FAILURES!!!
Tests run: 1, Failures: 1
```

이럴 수가! 테스트가 실패한 것으로 보인다. 스택을 추적해보면, assertEquals 호출이 실패했음을 확인할 수 있다. 그리고 오류 출력을 보면 그 원인을 알 수 있다. 이 원인은 "sputrats era taerg"를 예상했지만 그 대신에 "sputrats era taerg "가 들어왔기 때문이다(문장 맨 뒤에 공백이 있다). 그 결과로 List를 수동적으로 반복하고, String 연결에서 오류를 가져온다. 6장의 BookParser 예제에서 이 문제를 살펴보았다. 이를 해결하려면 반복 처리(via map) 와 연결(via collect)에 대한 고차 함수를 사용하는 것이다.

```
public static String reverseWordsInSentence(String sentence) {
    return Arrays
        .stream(sentence.split(" "))
        .map(word -> new StringBuilder(word).reverse())
        .collect(Collectors.joining(" "));
}
```

만약, 코드의 새로운 버전에 대응하는 테스트를 재실행한다면, 다음과 같은 결과를 보게 된다.

```
JUnit version 4.11
```

```
..
Time: 0.061

OK (1 tests)
```

축하한다. 테스트를 통과했고 문제는 해결됐다. 그러나 잠깐만 기다려라. 만약 어떤 단어 사이에 하나 이상의 빈 공간이 있는 경우는 어떻게 될까? 이 경우를 대비해서 다른 테스트 케이스를 추가할 수 있다.

```
@Test
public void testReverseWordsWithTabsAndLeadingWhitespace() {
    String expected = "sputrats era taerg";
    String actual = reverseWordsInSentence("   startups are\tgreat");
    assertEquals(expected, actual);
}
```

테스트를 재실행하면, 다음과 같은 결과를 보게 된다.

```
JUnit version 4.11
Time: 0.068

There was 1 failure:
1) testReverseWordsWithTabsAndLeadingWhitespace
   (com.hello.startup.reverse.TestTextReverse)

org.junit.ComparisonFailure:

expected:<[sputrats era taerg]> but was:<[ sputrats taerg era]>

at org.junit.Assert.assertEquals(Assert.java:115)
at org.junit.Assert.assertEquals(Assert.java:144)
at com.hello.startup.reverse.TestTextReverse.
   testReverseWordsWithTabsAndLeadingWhitespace
   (TestTextReverse.java:23)

FAILURES!!!
Tests run: 2, Failures: 1
```

이런 또 다른 버그다! 이번에는 코드가 올바르게 공백을 처리하지 않았다. 예를 들면 탭, 앞쪽 공백, 뒤쪽 공백이다. 여기 수정된 버전이 있다.

```
public static String reverseWordsInSentence(String sentence) {
    return Arrays
        .stream(sentence.trim().split("\\s+"))
        .map(word -> new StringBuilder(word).reverse())
```

```
        .collect(Collectors.joining(" "));
}
```

이제, 한번 더 테스트를 재실행한다. 모든 테스트를 통과한 것을 확인할 수 있다.

```
JUnit version 4.11
..
Time: 0.063

OK (2 tests)
```

reverseWordsInSentence와 같이 간단한 함수는 코드를 수동으로 검사하는 것처럼 몇 가지 버그를 놓치는 실수를 했다. 코드베이스가 늘어남에 따라 수동 테스트는 점점 더 덜 효과적이게 된다. 작은 스타트업임에도 불구하고 대부분의 제품은 너무나 많은 사용 사례와 코너 케이스(Corner Cases)가 수동으로 철저하게 테스트하기 어렵다. 단지 두 가지 테스트에서 보여진 것 외에, 일반적인 사용 사례와 코너 케이스를 TextReverse에 추가로 테스트하기를 원할 것이다. 예를 들면 빈 문자열, 한 단어, 짧은 문자열, 긴 문자열, 아무것도 없는 문자열과 여백, 개행, 복귀가 있다. 수동으로 이 모든 경우에 대해서 검사를 하면 시간이 너무 많이 걸린다. 그러나 자동화 테스트로 수행을 할 때에는 단지 몇 초만 걸렸다(위 테스트를 하는 데 0.063초가 걸렸다).

자동화 테스트는 매번 한 번의 변화 후에 재실행해서 확인할 수 있을 만큼 충분히 빠르다. 빌드 프로세스의 일부로 확인을 모두 한 후 테스트를 실행한다(이 부분은 355쪽 '빌드'를 참조한다). 자동화 테스트는 작성 후 몇 개월과 몇 년을 계속 작동하도록 보증한다. 누가 작업을 하거나 어떻게 변경이 일어나든지 상관없다. 개발 중에 테스트하고 빌드 시간에 테스트를 실행하는 데 멈추지 않고 빠르게 변화를 만들어 낼 수 있다는 것을 알 수 있다. 핵심은 신뢰성이다. 왜냐하면 테스트 통과가 코드에 버그가 없다는 것을 보장하지 못하기 때문이다. 테스트 형식은 코드에 버그가 없다는 것을 보증할 수 없다. 그래서 이것은 진정한 확률 게임이 된다. 높은 품질의 테스트 작성을 학습하면 코드에 버그가 없을 확률을 높일 수 있다.

코드 테스트의 품질을 결정하는 한 가지 방법은 자동화 테스트를 실행하는 중에 생성된 코드의 비율이 실행되어 계산되는 것이다. 이런 측정 방법을 '코드 적용 범위(Code Coverage)'라고 부른다. 대부분의 프로그래밍에 대한 도구는 코드 적용 범위 비율을 자동으로 계산한다. 그리고 코드 부분이 커버되지 않았음을 보여준다. 예를 들면 자바에서는 JaCoCo를 사용한다. 그림 7.1을 보자.

그림 7.1 JaCoCo 코드 적용 범위

초록 줄(5행, 11행)은 자동화 테스트로 실행된 부분이다. 노란 줄(8행, 10행)은 if 문장 몇 가지에만 실행되었음을 보여준다. 붉은 줄(9행, 13행)은 전혀 실행되지 않았음을 나타낸다. 만약 테스트가 코드의 20%를 실행했다면, 나머지 80%에 버그가 있는 것은 아니지만 신뢰성이 많다고 할 수 있는 수준은 아니다. 다른 측면에서, 만약 코드의 80%를 실행하고 버그가 발견되지 않았다면, 높은 확률로 코드에 버그가 없을 확률이 높다.

자동화 테스트의 유형

자동화 테스트에는 수많은 유형이 있다. 이들은 단위 테스트, 통합 테스트, 합격 판정 테스트, 성능 테스트가 있다. 대부분 실제 애플리케이션에서는 모든 테스트 유형의 혼합이 필요하다. 왜냐하면 이들 각각은 서로 다른 목적을 제공하고 다른 유형의 버그를 찾을 수 있기 때문이다. 다양한 유형의 테스트를 좀더 살펴보자.

단위 테스트

단위 테스트는 작은 단위의 함수와 코드를 검증한다. 단위 정의는 다양하지만, 일반적으로 함수 하나 또는 클래스 하나 정도다. 예를 들면, TextReverse 코드에 대한 테스트는 함수에 대한 단위 테스트로, reverseWordsInSentence를 호출한다.

단위 테스트는 코딩 사이클의 중요한 부분이다. 변경, 테스트 실행, 변경, 테스트 실행을 한다. 각 테스트를 통과하고 나면, 어떤 것도 중단되지 않고 피드백을 얻는다. 피드백 반복은 빨라야 한다. 전체 테스트 슈트를 실행하는 데 수 초가 걸려서는 안된다. 따라서 단위 테스트는 일반적으로 어떤 부작용을 가지는 것을 허용하지 않는다. 디스크 읽기 쓰기, 네트워크 호출, 데이터베이스 호출, 전역 변수 제어, 그 어떤 것도 없다. 설정 및 통신과 같은 의존성을 가지는 것은 너무나 오랜 시간이 걸릴 수 있기 때문이다. 만약 의존성을 가지는 단위 테스트가 있다면, 이중 시험 (Test Double)으로 교체해야 한다. "이중 테스트"는 305쪽에서 살펴본다.

단위 테스트는 제1선의 방어다. 코드의 각 증분을 구축하기 위해 개발 시간 동안 많은 시간을 할애한다. 그들은 외부 의존성을 가지지 않으므로 속도 및 신뢰성을 가진다. 따라서 이들을 함께 넣기 전에 애플리케이션의 작은 개발 블록이 정확하게 작동하는 것을 확인할 수 있게 해준다.

통합 테스트

분리된 단위가 정확하게 작동하는지 보증할 수 없다. 다수의 단위는 그들이 함께 넣어질 때 비로소 정확하게 작동하기 때문이다. 여기서 통합 테스트가 필요하다. 통합 테스트는 넓은 범위로, 상호 클래스 간의 작동에 대한 테스트 또는 전체 하위 시스템들이 모여서 동작하는 것에 대한 테스트의 모든 방법을 모듈화한다. 마치 백엔드 서버가 운영 데이터베이스와 잘 작동하는 것을 확인하는 것과 같다. 단위 테스트와 달리, 통합 테스트는 부작용과 외부와의 의존성을 허용한다. 시험에 직접적으로 관련이 없는 어떤 의존성을 대체할 이중 시험을 사용할 수 있다. 그러나 하위 시스템 두 개의 상호작용 방법을 테스트한다면, 양쪽 모두 배포를 하고 상호 간에 소통을 해야 한다.

실제 의존성을 배포하는 단점은 통합 테스트가 더 오래 걸린다는 것이다. 그래서 개발 환경에서는 자주 사용하지 않는다. 긍정적인 것은 체크인 후에 빌드를 실행시킨다면 단위 테스트에서 나타나지 않았던 수많은 오류를 잡을 수 있다는 것이다. 예를 들면, 하위 시스템과 API 호환성 여부와 같은 것이다.

합격판정 테스트

단위 테스트와 통합 테스트는 "이 코드가 정확하게 작동하는가?"에 대한 질문의 답으로, 개발자 관점에서 코드 실행을 검증한다. 합격판정 테스트는 "이 코드는 올바르게 문제를 해결하고 있는가?"에 대한 질문의 답으로, 고객 관점에서 제품의 동작을 검증한다. 시작부터 모든 단위 테스트와 통합 테스트를 통과하는 아주 완벽한 코드를 작성하는 것이 매우 큰 낭비가 아니다. 그러나 고객의 요구사항은 다르다 [Freeman and Pryce 2009, 7].

일반적인 합격판정 테스트는 어떻게 제품이 반응하는지를 사용자가 실행하는 것을 말한다. 예를 들면, 웹 브라우저에서 자동화 클릭으로 셀레늄(Selenium)을 사용하여 "좋아요"가 1 증가할 때마다 "좋아요" 버튼의 사용자 클릭을 검사할 수 있다.[3] 통합 테스트는 몇 개의 분리된 하위 시스템의 상호작용을 검증할 수 있다. 합격판정 테스트는 테크 스택의 모든 조각이 제품 작동에 정확하게 함께 하는지를 검증하는 종단간 테스트(end-to-end test)다.

종단간 테스트의 단점은 배포된 모든 하위 시스템이 있어야 한다는 점이다. 그래서 테스트 실행은 느리고, 작성은 복잡할 수 있다. 종단간 테스트의 이점은 실제 실행환경처럼 진행할 수 있다는 점이다. 작은 숫자의 테스트들이 생산된 코드의 거대한 양을 실행하고, 다른 테스트가 하지 못한 문제들을 풀 수 있다. 예를 들면 배치 환경에서의 버그, 환경 구성, 서비스 통신, UI 같은 것이다.

성능 테스트

대부분의 단위 테스트, 통합 테스트, 합격판정 테스트는 이상적인 환경에서 시스템의 정확성을 검증한다. 한 명의 사용자, 낮은 시스템 부하, 실패 없음처럼 말이다. 그렇지만 실제 환경은 상당히 많은 차이가 있다. 당신이 작성한 앱은 수천 명의 사용자를 처리해야 하며, 서비스는 CPU, 메모리, 대역폭을 제한받게 되고, 시스템은 다양한 오류 조건을 처리해야만 한다. 예를 들면, 응답하지 않거나 너무 느린 서비스, 서버 정지, 하드 디스크 실패 그리고 네트워크 문제다.

성능 테스트의 목적은 부하 및 실패에 직면했을 때 시스템의 안전성과 신뢰성을 검증하는 것이다. 성능 테스트는 단위 테스트에서부터 종단 테스트까지 전 영역에

---

3 (옮긴이) 셀레늄(Selenium)은 웹 애플리케이션을 위한 테스팅 프레임워크로 자동화 테스트를 위한 여러 가지 강력한 기능을 지원한다.

걸쳐서 수행한다. 예를 들면, 스트레스 테스트는 단일 정렬 함수로 최고의 성능을 계산하는 알고리즘을 사용할 수 있다. 성능 테스트는 검색 서비스로 초당 1천 개의 질의문을 처리하여 지연 시간을 측정할 수 있다. 종단 성능 테스트는 요청에 대하여 안전의 한계까지 프런트 서버에 미친 듯이 폭격을 가할 수 있다. 이런 테스트에서 어느 시점에서 서버가 요청을 누락하거나, 서버의 자원이 부족하거나, 데이터베이스로 전송되는 데이터에 문제가 발생하지 않겠는가? 343쪽 "성능 확장"에서 성능에 대해 좀 더 깊이 알아본다.

이중 테스트

일반적으로 자동화 테스트, 특별히 단위 테스트 및 통합 테스트를 작성하는 중에 각 단위 및 분리된 컴포넌트 테스트를 원할 수 있다. 그래서 만약 오류가 나타난다면, 단위 또는 컴포넌트 및 그들의 의존성 중 하나에 그 이유가 있다고 확신할 수 있다. 마치 액션 장면에서 아슬아슬한 스턴트를 배우 자리에 넣는 것처럼, 그것을 가능케 하기 위해 테스트 시점에 실제 의존성 테스트 대신 이중 테스트로 교체해야 한다. 이중 테스트는 의존성 테스트의 인터페이스를 구현하는 방법으로 테스팅을 손쉽고 빠르게 해준다. 이 중 테스트의 몇 가지 종류는 fakes, stubs, mocks를 포함하며, 심지어 모든 케이스에서 많은 사람은 목업(mocks)을 사용한다.[4] 예를 들면 NewsFeed 클래스를 고려할 수 있다.

```java
public class NewsFeed {
    private final ArticleStore articleStore;

    public NewsFeed(ArticleStore articleStore) {
        this.articleStore = articleStore;
    }

    public List<Article> getLatestArticlesForUser(long userId) {
        List<Article> rawArticles = articleStore.get(userId);
        return sortAndFilter(rawArticles);
    }
}
```

getLatestArticlesForUser 함수는 분산된 키-값 저장으로부터 article을 검색한다. 이

---

4   xUnit 테스트 패턴을 참고한다. 형식 정의에 대한 테스트 코드 리팩토링을 참고한다[Meszaros 2007].

것은 ArticleStore 인터페이스로부터 정의된다.

```
public interface ArticleStore {
    List<Article> get(long userId);
    void put(long userId, List<Article> articles);
}
```

getLatestArticlesForUser 함수에 대한 단위 테스트를 원한다면, 가동하는 실제 분산된 키-값 저장은 너무 오래 걸린다. 그래서 사용자는 ConcurrentHashMap 메모리 아래에서 사용되는 ArticleStore 인터페이스의 이중 테스트를 만들어 대신한다.

```
public class InMemoryArticleStore implements ArticleStore {
    private final Map<Long, List<Article>> store =
        new ConcurrentHashMap<>();

    public List<Article> get(long userId) {
        return store.get(userId);
    }

    public void put(long userId, List<Article> articles) {
        store.put(userId, articles);
    }
}
```

이중 테스트는 getLatestArticlesForUser에 대한 단위 테스트로 쓰여질 수 있다.

```
public class TestNewsFeed {
    @Test
    public void testGetLatestArticles() {
        long userId = 5;

        ArticleStore articleStore = new InMemoryArticleStore();
        articleStore.put(userId, createFakeArticles());

        NewsFeed newsFeed = new NewsFeed(articleStore);
        List<Article> actualArticles =
            newsFeed.getLatestArticlesForUser(userId);

        //..actualArticles이 가짜 article을 포함하고 있는지 확인한다.
    }
}
```

InMemoryArticleStore 함수는 단위 테스트에서 충분히 빠르며 테스트 시점에서 특정 값을 반환하도록 자신의 동작 제어를 허용한다. 그래서 getLatestArticlesForUser

함수는 모든 사례를 정확하게 처리하여 검증할 수 있다. 만약 테스트 코드가 자신의 모든 의존성을 노출하고 높은 수준의 추상화를 가진다면 이중 테스트를 사용하는 것이 용이하다. "느슨한 결합"은 278쪽에서 "의존 역전 법칙"과 연계해서 살펴본다.

테스트 주도 개발(TDD)

코드에 대한 테스트 작성 실행은 한 걸음 물러서서 몇 개의 중요한 질문을 해야 한다. 어떻게 코드를 구성하고 테스트할 수 있는가, 의존성은 어떻게 해야 하는가, 공통된 사용 사례는 무엇인가, 코너 케이스는 무엇인가?

만약 코드 테스트가 어렵다면, 거의 대부분은 다른 이유로 리팩토링이 필요하다는 징조다. 예를 들어, 만약 코드가 가변 상태와 부작용을 사용한다면, 테스트가 어려울뿐만 아니라 코드에 대한 재사용과 이해도 어렵다는 것이다("함수형 프로그래밍"은 267쪽을 참고한다). 만약 코드 테스트가 까다롭다면, 의존성이 매우 복잡한 상호작용을 가지고 있기 때문이다. 따라서 코드는 매우 밀접하게 결합되어 있고 변경이 어렵다("느슨한 결합"은 278쪽을 참고한다). 만약 코드 테스트가 너무 많은 사용 사례가 포함되어 테스트가 어렵다면, 코드는 많은 실행가능한 단위로 나누어야 할 필요가 있다는 징조다("단일 책임 원칙"은 267쪽을 참고한다).

다시 말해, 테스트는 올바른 코드 작성이 필요하지만 더 좋은 디자인을 이끌기 위해 의견을 제공해야 한다. 이런 의견으로부터 받는 가장 큰 혜택은 코드 구현을 작성하기 전에 테스트 코드를 작성하는 것이다. 이 방법은 테스트 주도 개발(TDD, Test-Driven Development)로 알려져 있다. TDD의 사이클은 다음과 같다.

1. 새로운 기능에 대한 테스트를 추가한다.
2. 모든 테스트를 실행한다. 새로운 테스트가 실패하지만, 다른 모든 테스트는 통과해야 한다.
3. 새로운 기능을 구현한다.
4. 테스트를 재실행한다. 모든 것을 통과한다.
5. 클린 디자인이 완료될 때까지 코드를 리팩토링한다.

TDD를 사용하는 예를 살펴볼 것인데, 여기서는 파일을 읽는 기능을 작성한다고 생각해보자. 파일 내의 문자를 하나 나타내는 데 얼마나 많은 시간이 걸리는지 계산해본다

("to", "the", "and"와 같은 불용어는 건너 뛴다). 그리고 최근 발생된 순서대로 정렬하여 단어를 출력한다. 예를 들어, four-words.txt 파일을 호출한다면, 다음과 같은 내용을 포함한다.

```
Hello! Hello startup people! Hello startup world!
```

여기서 함수는 다음과 같은 결과를 출력한다.

```
hello (3)
startup (2)
people (1)
world (1)
```

여기에 함수에 대한 서명을 처음 가정해본다.

```java
public class WordCount {
    public void printWordCounts(File file) {
    }
}
```

TDD를 실행하려는 이유는, 구현으로 채워지기 전에 몇 가지 테스트 케이스를 실행하는 것이다.

```java
public class TestWordCount {
    @Test
    public void testPrintWordsCountOnFourWords() {
        WordCount wordCount = new WordCount();
        wordCount.printWordCounts(new File("four-words.txt"));
        // 음... 이제 어떻게 결과를 확인할 것인가?
    }
}
```

가능한 빨리 테스트 케이스를 작성하려고 하면, 문제는 명백해진다. 만약 함수가 단지 stdout으로 결과를 출력한다면 어떤 반환 값도 없을 것이다. 이것은 함수 테스트를 어렵게 만드는 것이 아니라 나쁜 디자인의 징조다. 다른 작업에 이 함수를 재사용할 방법이 없기 때문이다. 예를 들면, 웹 페이지에 단어 계산을 보여주거나 또는 저장된 파일로부터 단어를 계산해서 저장하려고 한다면, printWordCounts는 재작성되어야 한다. 다행히, TDD를 사용하면 이런 문제를 초기에 잡을 수 있다. 단지 함수 서명만 재작성하면 되기 때문이다.

```
public class WordCount {
    public Map<String, Integer> calculateWordCounts(File file) {
        return null;
    }
}
```

stdout 출력을 대신하여 calculateWordCounts 함수를 호출한다. 그리고 문자를 계산해 Map으로 반환한다. 빈 구현을 미루고, 테스트 작성을 다시 시도한다.

```
@Test
public void testCalculateWordsCountOnFourWords() {
    WordCount wordCount = new WordCount();

    Map<String, Integer> actual =
        wordCount.calculateWordCounts(new File("four-words.txt"));

    Map<String, Integer> expected =
        ImmutableMap.of("hello", 3,
                        "startup", 2,
                        "people", 1,
                        "world", 1);

    assertEquals(expected, actual);
}
```

이제 첫 번째 단위 테스트를 시작한다. 실행하여 실패가 있는지 확인한다.

```
There was 1 failure:

1) testPrintWordsCountOnFourWords
   (com.hello.startup.wordcount.TestWordCount)

java.lang.AssertionError:
Expected :{hello=3, startup=2, people=1, world=1}
Actual :null
```

구현 전후, 언제 테스트를 작성하든지 작성 후에는 바로 테스트 실패를 확인해야 한다. 그리고 테스트는 잘못된 이유에 대하여 실패 또는 통과를 확인하는 행동을 보증해야 한다. 더 나아가 실패가 일어났을 때 테스트에서 오류 메시지가 명확하게 보여주는지도 확인해야 한다[Freeman and Pryce 2009, 42].

문제를 완전히 이해하고 있는지를 확인하기 위해 몇 가지 더 테스트 케이스를 작성한다. 하나의 좋은 테스트 케이스는 calculateWordCounts가 "to", "the", "and"와 같은 불용어를 무시하는 것이다. 다음에 four-words-plus-stop-words.txt를 호출하는 새로운 테스트 케이스를 살펴본다.

Hello! Hello to the startup people! And hello to the startup world!

"to", "the", "and"와 같은 불용어를 추가한 것을 제외하면 이 파일은 four-words.txt와 동일하다. 그러나 여기서 잠깐, WordCount 클래스는 "to", "the", "and"와 같은 불용어인지 어떻게 알 수 있을까? 클래스의 초기 API는 불용어를 노출하지 않았다. 이것은 구현 세부 사항이 감추어진 것을 의미한다. 이는 테스트를 어렵게 만들어, 구현의 세부 사항이 변경되면 테스트 케이스가 중단될 수 있다. 더욱이 WordCount 디자인 때문에 불용어 리스트가 다른 사용 사례에 대해 다를 수 있다는 유연성을 감소시킨다.

해답은 WordCount API 내부로 불용어 리스트를 주입하여 의존성 역전의 법칙을 적용하는 것이다(278쪽 "느슨한 결합"을 참고한다).

```java
public class WordCount {
    private final Set<String> stopWords;

    public WordCount(Set<String> stopWords) {
        this.stopWords = stopWords;
    }

    public Map<String, Integer> calculateWordCounts(File file) {
        return null;
    }
}
```

이제 four-words-plus-stop-words.txt에 대한 테스트 케이스를 작성한다. Word Count는 명시한 불용어 사용에 신뢰를 줄 수 있다.

```java
@Test
public void testCalculateWordCountsIgnoresStopWords() {
    Set<String> stopWords = ImmutableSet.of("and", "the", "to");
    WordCount wordCount = new WordCount(stopWords);

    Map<String, Integer> actual = wordCount.calculateWordCounts(
        new File("four-words-plus-stop-words.txt"));

    Map<String, Integer> expected =
        ImmutableMap.of("hello", 3,
                        "startup", 2,
                        "people", 1,
```

```
                "world", 1);
    assertEquals(expected, actual);
}
```

두 번째 테스트 케이스 작성 후에 다른 문제가 나타난다. 불용어가 테스트 코드 내에 직접 정의되어 있으며 처리할 텍스트 파일은 정의된 파일에 있는 것이다. 앞뒤 양쪽 모두에서 테스트 케이스를 이해하기 어렵게 만들 수 있다. 일반적으로 테스트에 있어서의 어려움은 큰 디자인 문제에 있다. calculateWordCounts 함수는 하나의 파일만 읽을 이유가 없다. 파일 읽기는 코드에서 그 이유를 알기 어렵게 만드는 부작용이 있다. 코드의 유연성 감소는 파일 대신에 데이터베이스 또는 원격 웹 서비스의 텍스트 문자 세기 계산을 원할 수 있다.

calculateWordCounts에 대한 더 유연한 디자인으로 File 대신에 텍스트를 String으로 처리한다.

```java
public Map<String, Integer> calculateWordCounts(String text) {
    return null;
}
```

순수 함수 calculateWordCounts를 사용한다(273쪽 "순수 함수"를 참고한다). 사용상의 이점 중 하나는 테스트 케이스 작성이 쉬워진다는 것이다.

```java
public class TestWordCount {
    final Set<String> stopWords = ImmutableSet.of("and", "the", "to");
    final WordCount wordCount = new WordCount(stopWords);

@Test
public void testCalculateWordCountsOnFourWords() {
    String text =
        "Hello! Hello startup people! Hello startup world!";
    Map<String, Integer> actual =
        wordCount.calculateWordCounts(text);

    Map<String, Integer> expected =
        ImmutableMap.of("hello", 3,
                        "startup", 2,
                        "people", 1,
                        "world", 1);

    assertEquals(expected, actual);
}
```

```
@Test
public void testtestCalculateWordCountsIgnoresStopWords() {
    String text =
        "Hello! Hello to the startup people! " +
        "And hello to the startup world!";
    Map<String, Integer> actual =
        wordCount.calculateWordCounts(text);

    Map<String, Integer> expected =
        ImmutableMap.of("hello", 3,
                        "startup", 2,
                        "people", 1,
                        "world", 1);

        assertEquals(expected, actual);
    }
}
```

좋은 오류 메시지를 얻을 수 있는지 확인하기 위해 테스트 케이스를 재실행한다.

```
There were 2 failures:

1) testCalculateWordCountsOnFourWords
   (com.hello.startup.wordcount.TestWordCount)

java.lang.AssertionError:
Expected :{hello=3, startup=2, people=1, world=1}
Actual :null

2) testCalculateWordCountsIgnoresStopWords
   (com.hello.startup.wordcount.TestWordCount)

java.lang.AssertionError:
Expected :{hello=3, startup=2, people=1, world=1}
Actual :null
```

테스트 케이스에 몇 개를 더 추가해보자. 예를 들어, 공백과 공백, 구두점의 다양한 유형을 포함한다. 두 개의 예제 테스트는 시작하기에 충분하다. 테스트 통과를 얻기 위해 calculateWordCounts 구현을 시작한다. 첫 번째 시도는 다음과 같다.

```
public Map<String, Integer> calculateWordCounts(String text) {
    String[] words = text.split("\\s+");

    Map<String, Integer> counts = new HashMap<>();
    for (String word : words) {
        if (!stopWords.contains(word)) {
            Integer count = counts.get(word);
            counts.put(word, count == null ? 1 : count + 1);
```

```
        }
    }

    Comparator<String> sortByValue =
        (key1, key2) -> counts.get(key2).compareTo(counts.get(key1));

    Map<String, Integer> sortedCounts = new TreeMap<>(sortByValue);
    sortedCounts.putAll(counts);
    return sortedCounts;
}
```

코드는 텍스트에서 문자를 계속해서 반복하면서 공백 문자를 기준으로 분리한다. 정지 문자가 아닌 것을 계산하는 데 HashMap을 사용한다. 그리고 나서 사용자가 정의한 정렬된 비교로 TreeMap을 사용한다. 합리적인 구현인 것처럼 보이지만 테스트를 실행하면 어떻게 생각하는지를 볼 수 있다.

```
FAILURES!!!
Tests run: 2, Failures: 2
```

버그가 있다. 무엇이 잘못되었는지 이해하려면, 세부적으로 테스트 실패 중 하나를 살펴봐야 한다.

```
1) testCalculateWordCountsOnFourWords
   (com.hello.startup.wordcount.TestWordCount)
```

```
java.lang.AssertionError:
Expected :{hello=3, startup=2, people=1, world=1}
Actual   :{Hello=2, startup=2, Hello!=1, people!=1, world!=1}
```

구두점에 버그가 있음을 즉시 알 수 있을 것이다. "Hello!"와 "people!"과 같은 단어 말이다. 공백 문자("\\s")로 텍스트를 분리할 것이 아니라 구두점 문자("\p{Punct}")가 필요했다. 정규 표현식으로 이름을 사용할 수 있다.

```
private static final String PUNCTUATION_AND_WHITESPACE =
    "[\\p{Punct}\\s]+";
```

calculateWordCounts에서 사용한다.

```
String[] words = text.split(PUNCTUATION_AND_WHITESPACE);
```

테스트를 재실행한다.

```
FAILURES!!!
Tests run: 2, Failures: 2
```

무슨 일이 일어나고 있는지 이해하기 위해 테스트 실패를 하나 더 살펴본다.

```
1) testCalculateWordCountsOnFourWords
   (com.hello.startup.wordcount.TestWordCount)

java.lang.AssertionError:
Expected :{hello=3, startup=2, people=1, world=1}
Actual   :{Hello=3, startup=2, world=1}
```

구두점 문제는 해결되었다. 그러나 두 가지 새로운 문제가 아직 남았다. 첫 코드에서는 "Hello"와 "hello"를 다른 단어로 처리하는데, 여기서는 정확하게 대문자로 처리하지 않았다. 두 번째 "people" 단어가 사라졌다. 그러나 이것은 분명한 것은 아니다. 무슨 일이 일어났는지 알아내기 위해 디버거 또는 몇몇 println 문장을 사용할 수 있다. 만약 무엇이 잘못되었는지 알아내기 위해 테스트 케이스로부터 오류 메시지가 충분하지 않다면 무언가 코드 디자인이 잘못되었다는 징조다. 만약 calculateWordCounts 내의 코드가 고장난다면 다음처럼 두 개의 분리된 작업으로 실행해야 한다.

- 단어 파싱 : 문자로부터 string을 분할하고 정지 문자를 제거한다.
- 문자 계산 : 발생한 결과를 계산하고 count로 정렬한다.

테스트를 하는 동안 버그를 찾을 수 있도록 하나의 함수가 너무 많은 책임을 지지 않는 것이 일반적인 형태다(267쪽 "단일 책임 법칙"을 참고한다). 어느 함수의 일부분에서 버그를 야기한다고 말하기는 어렵다. 해법은 디버그 트릭을 사용하지 않고 분리된 함수의 서로 다른 부분으로 나누는 것이다. 그래서 분리된 각각을 하나씩 테스트하면 된다. 두 개의 함수로 분리된 calculateWordCounts를 생각해보자.

- splitTextIntoNormalizedWords
- countOccurrences

첫 번째 함수는 단어를 처리하지만 이들을 계산하지는 않는다. 두 번째 함수는 이들을 계산한다. 그러나 이들은 단어들을 필요로 하지는 않는다. 만약 WordCount 클래스에 이들 함수를 추가한다면, 낮은 응집력을 가진 API를 만들어야 한다(287쪽의 "높은 응집력"을 참고한다). 몇몇 프로그래머들은 API의 보여지는 부분이 아닌 protected와 같은 메서드로 도움 부분을 표시하여 딜레마를 해결한다. 그러나 그들은 여전히 접근할 수 있다. 이것은 아무것도 안 하는 것보다는 낫지만 클래스에는 여전히 모순되는 것으로 내부에 남아 있게 된다. 그래서 더 좋은 접근 방법은 공개 API로 일관성을 가지고 그들 자신의 클래스 내에 이런 기능을 넣는 것이다.

예를 들어, 텍스트 내의 단어 처리를 다루는 WordParser 클래스를 생성한다. TDD 프로세스를 계속하면, 클래스에 대한 API를 첫 번째로 추측하지만 지금은 구현이 없는 채로 놓아둔다.

```java
public class WordParser {
    public List<String> splitTextIntoNormalizedWords(String text) {
        return null;
    }
}
```

이 코드에 대해 어떤 테스트를 해야 하는가? 다음의 사용 사례로 시작해본다.

- 공백 또는 구두점에 따라 문자를 나눈다.
- 모든 문자를 소문자로 변경한다.
- 빈 문자열을 처리한다.
- 정지 문자를 제거한다.

네 번째 아이템은 아주 익숙하다. 어떻게 정지 문자를 포함한 클래스를 테스트할 것인지 생각해보자. WordParser 클래스 내에 정지 문자의 리스트를 주입하는 방법이 필요하다는 것을 깨달을 것이다.

```java
public class WordParser {
    private final Set<String> stopWords;

    public WordParser(Set<String> stopWords) {
        this.stopWords = stopWords;
    }

    public List<String> splitTextIntoNormalizedWords(String text) {
        return null;
    }
}
```

이제 네 개의 테스트 케이스를 작성해본다.

```java
public class TestWordParser {
    final Set<String> stopWords = ImmutableSet.of("and", "the", "to");
    final WordParser wordParser = new WordParser(stopWords);

    @Test
    public void testSplitTextIntoNormalizedWordsWithPunctuation() {
        String text =
            "Hello! Can you hear me? This should, um, ignore punctuation.";
        List<String> expected = ImmutableList.of(
            "hello", "can", "you", "hear", "me",
            "this", "should", "um", "ignore", "punctuation");
        List<String> actual =
            wordParser.splitTextIntoNormalizedWords(text);

        assertEquals(expected, actual);
    }

    @Test
    public void testSplitTextIntoNormalizedWordsEmptyString() {
        List<String> out = wordParser.splitTextIntoNormalizedWords("");
        assertEmpty(out);
    }

    @Test
    public void testSplitTextIntoNormalizedWordsDifferentWhitespace() {
        String text =
            "Hello\nthere!\t\tIs this working?";
        List<String> expected =
            ImmutableList.of("hello", "there", "is", "this", "working");

        List<String> actual =
            wordParser.splitTextIntoNormalizedWords(text);

        assertEquals(expected, actual);
    }

    @Test
    public void testSplitTextIntoNormalizedWordsRemovesStopWords() {
        String text =
            "Hello to you and all the best!";
        List<String> expected =
            ImmutableList.of("hello", "you", "all", "best");

        List<String> actual =
            wordParser.splitTextIntoNormalizedWords(text);

        assertEquals(expected, actual);
    }

}
```

네 개의 테스트 케이스를 실행하면 모두 실패가 예상된다.

```
FAILURES!!!
Tests run : 4,  Failures : 4
```

다음으로 WordCount 클래스 내에 원래 있던 구현을 복사하고, 테스트를 통과하는지 살펴본다.

```
private static final String PUNCTUATION_AND_WHITESPACE =
    "[\\p{Punct}\\s]+";

public List<String> splitTextIntoNormalizedWords(String text) {
    return ImmutableList.copyOf(text.split(PUNCTUATION_AND_WHITESPACE));
}
```

나쁜 뉴스는 현재 버전으로 테스트를 실행하면 네 개의 테스트는 여전히 모두 실패한다는 것이다. 좋은 뉴스는 WordCount의 모든 것을 대신해 분리된 기능들로 테스팅할 수 있다는 것이다. 그래서 테스트로부터 나타난 오류 메시지는 좀더 유용하다.

```
java.lang.AssertionError:
Expected :[hello, there, is, this, working]
Actual   :[Hello, there, Is, this, working]
```

이런, 또 다른 문제가 있다. 바로 코드는 대문자를 처리하지 않는 것이다. 자바 버전 8에서 제공하는 Stream으로 모든 단어를 소문자로 바꾸어야 한다(271쪽 "고차 함수"를 참조한다).

```
public List<String> splitTextIntoNormalizedWords(String text) {
    return Arrays
        .stream(text.split(PUNCTUATION_AND_WHITESPACE))
        .map(String::toLowerCase)
        .collect(Collectors.toList());
}
```

이제 테스트를 다시 실행하면, 두 개는 통과되고 두 개는 여전히 실패한다.

```
1) testSplitTextIntoNormalizedWordsEmptyString
   (com.hello.startup.wordcount.TestWordParser)
2) testSplitTextIntoNormalizedWordsRemovesStopWords
   (com.hello.startup.wordcount.TestWordParser)
```

실패한 테스트의 이름으로부터 '명명하기' 문제를 알 수 있다. 빈 문자열과 정지 문자에 대한 필터링이 필요하다.

```java
public List<String> splitTextIntoNormalizedWords(String text) {
    return Arrays
        .stream(text.split(PUNCTUATION_AND_WHITESPACE))
        .map(String::toLowerCase)
        .filter(word -> !word.isEmpty() && !stopWords.contains(word))
        .collect(Collectors.toList());
}
```

다시 테스트를 실행하면 모두 통과된다.

다음은 발생된 내용을 계산해본다. 수정된 countOccurrences 함수를 구현하고 수행하기 전에, 잠시 멈추고 생각해본다. 계산은 일반적인 활동이다. 아마도 누군가 이 문제를 이미 해결하지 않았을까? 자바 세계에서의 해결책은 구글 Guava 라이브러리 내의 MultiSet 클래스의 형태로 쉽게 사용할 수 있다. Guava는 대중적이며, 테스트도 잘되고 강력한 라이브러리다. MultiSet 클래스는 계산에 대한 명확한 구축을 지원한다. 그래서 simple Map보다 WordCount API이 더 잘 맞는다.

이제 WordParser와 MultiSet을 사용해서 WordCount 클래스를 갱신한다.

```java
public class WordCount {
    private final WordParser parser;

    public WordCount(WordParser parser) {
        this.parser = parser;
    }

    public Multiset<String> calculateWordCounts(String text) {
        List<String> words =
            parser.splitTextIntoNormalizedWords(text);
        ImmutableMultiset<String> counts =
            ImmutableMultiset.copyOf(words);
        return Multisets.copyHighestCountFirst(counts);
    }
}
```

이 코드는 종속성을 WordParser에 주입하고 정규화된 문자들에 대한 리스트를 얻는 데 사용된다. 그 다음 문자를 계산하기 위해서 ImmutableMultiset.copyOf를 호출한다. 계산된 높은 값에서 낮은 값으로 이들 계산을 정렬하는 데 Multisets. copyHighestCountFirst를 호출한다. 전체 calculateWordCounts 함수는 지금 당장은 좀 길다.

모든 것이 제대로 작동하는지 WordCount에 대한 테스트를 갱신한다.

```java
public class TestWordCount {
    private final Set<String> testStopWords =
        ImmutableSet.of("the", "and", "to");
    private final WordParser wordParser = new WordParser(testStopWords);
    private final WordCount wordCount = new WordCount(wordParser);

    @Test
    public void testCalculateWordCountsOnFourWords() {
        String text =
            "Hello! Hello startup people! Hello startup world!";
        Multiset<String> actualCounts =
            wordCount.calculateWordCounts(text);

        Multiset<String> expectedCounts = ImmutableMultiset
            .<String>builder()
            .addCopies("hello", 3)
            .addCopies("startup", 2)
            .addCopies("people", 1)
            .addCopies("world", 1)
            .build();

        assertEquals(expectedCounts, actualCounts);
    }

    @Test
    public void testCalculateWordCountsIgnoresStopWords() {
        String text =
            "Hello! Hello to the startup people! " +
            "And hello to the startup world!";
        Multiset<String> actualCounts =
            wordCount.calculateWordCounts(text);

        Multiset<String> expectedCounts = ImmutableMultiset
            .<String>builder()
            .addCopies("hello", 3)
            .addCopies("startup", 2)
            .addCopies("people", 1)
            .addCopies("world", 1)
            .build();

        assertEquals(expectedCounts, actualCounts);
    }
}
```

다음으로 모든 WordParser와 WordCount 테스트를 실행한다.

```
JUnit version 4.11
..
Time: 0.156

OK (6 tests)
```

이제 모든 테스트를 통과했다. 테스트-코드-테스트 사이클을 따라 깨끗하고, 재사용이 가능하며, 잘 테스트된 코드로 마무리되었다. 앞에 디자인 계획을 대신하여 주목할 것은 테스트로부터 반복적인 의견을 기반으로 성장된다는 것에 주목해야 한다. 다시 말해서, 클린 코드는 지적인 디자인에 대한 진화의 결과다. 그리고 코드의 진화에 대해 겁먹을 필요 없다. 왜냐하면 테스트를 실행하는 데 단지 0.156초가 걸리며 무엇인가 잘못되었다면 찾아보면 되기 때문이다.

이들 테스트는 모두 단위 테스트를 했으므로 실행은 빠르다. 실제 TDD는 통합 테스트, 합격판정 테스트와 성능 테스트 작성을 의미한다. 어떻게 시스템에 배포할 것인가와 어떻게 다른 것들과 통신할 것인가를 고려하여 통합 테스트 전에 생각해야 한다. 올바른 제품 구축과 실제 사용자 문제를 해결하고 있는지를 헤아려 합격 판정 테스트 전에 생각해야 한다. 어디서 병목현상이 있는지와 무엇을 측정할 것인지를 명확하게 헤아려서 성능 테스트 전에 생각해야 한다.

> 테스트 과정의 중요한 두 가지 사실은 배포 과정에 포함된다. 첫 번째는 오류를 야기하는 행동이다. 이것은 손수 해결할 수 없고 실제 배포된 시간을 검토하여 스크립트가 정확하게 작동되고 있는지 알아야 한다. 우리가 반복적으로 배운 한 가지 교훈은 진행 과정에 대한 이해가 없다면 자동화를 시도하는 것보다 나을게 없다는 것이다. 두 번째는 개발팀이 조직의 나머지로부터 고취되고 어떻게 작동되는지 이해하는 순간이 종종 있다. 만약 6주 동안 데이터베이스 설정의 네 가지 특징을 알게 된다면, 전 월 이전까지 2주가 아니라는 것을 지금 알고 싶어질 것이다.

[FREEMAN AND PRYCE 2009, 32], 스티브 프리맨과 넷 프라이스, 객체지향 소프트웨어의 성장, 테스트를 위한 가이드

앞에서 테스트를 작성하는 것은 철저한 테스트 적용 범위를 통해 기회를 높여야 점진적으로 코드 작성을 할 수 있기 때문이다. 테스트를 작성하는 것은 지루한 일이 될 수 있다. 그래서 몇 개의 테스트를 작성하고 나서 약간 구현을 하고 몇 개의 테스트를 추가하고 그 다음 추가로 약간의 구현을 하는 것처럼, 한 번에 몇 가지 작업을 수행해야 하는 경우가 쉬울 수 있다. 수천 줄의 구현 코드를 작성한 다음 모든 테스트 케이스를 작성하는 마라톤 작업을 수행하는 것은 비효과적이다. 그리고 매우 지루한 일이 된다. 마찬가지로 일찍이 많은 날 동안 작성한 구현 코드의 의미를 잊어버려 많은 코너 케이스를 놓칠 수 있다.

TDD는 오히려 세세한 구현을 놓치는 것보다는 코드로 직접 들어가서 거꾸로 마지막 결과부터 문제를 통해 생각한 올바른 코드를 작성하는 데 도움을 준다. 구축 방법보다 어떻게 구축하는 지에 대한 과정에 초점을 맞춘다. 그리고 높은 품질의 디자인을 이끌기 위해 빠른 피드백 반복을 진행한다. 이것은 속도의 승리다.

무엇을 테스트해야 하는가

테스트는 매우 중요하다. 테스트는 높은 품질의 소프트웨어에 대한 매우 강력한 도구 중에 하나다. 그러나 테스트는 공짜가 아니다. 테스트를 작성하는 데 시간이 걸리며, 코드 변경이 있을 때 그들을 갱신해야 하며 안정적이고 빠르게 실행할 수 있도록 최적화해야 한다. 백엔드 서버에 대한 테스트 프레임워크와 프런트 서버에 대한 또 다른 하나 그리고 클라이언트측 코드에 대한 또 다른 하나를 설정한다. 모든 체크인 후, CI 작업을 실행하여 모든 것을 연결한다. 대부분의 경우, 자동화 테스트는 너무 중요하기 때문에 이런 과부하가 있을 만하다. 그러나 몇몇 경우는 그렇지 못하다.

매우 소수의 스타트업은 매일 철저하게 자동화 테스트 또는 TDD를 사용했다고 말한다. 만약 스타트업이 테스트를 사용하여 좋은 작업을 했었다면 더 많은 성공을 만들어 낼 것이라고 믿고 무조건적으로 적용할 수는 없다. 자동화 테스트는 스타트업의 성공에 대해 꼭 필요한 요구사항은 아니지만 당신의 스타트업에 사용할 것을 제안한다. 초기 단계 스타트업(Early-Stage Startup)은 10개의 다른 제품을 만들고 그 중 9개는 버려야 한다(가끔은 10개 다 버리기도 한다). 잘 계획해서 작성하고 철저하게 테스트된 코드를 90% 이상 던져버린다면 이것은 가치 없게 되어 버린다. 초기 단계 스타트업에서 테스트를 생략하는 것은 때때로 사용자에게 빠르게 의견을 받기 위해 트레이드 오프를 허용할 수 있다(52쪽 "속도가 승리한다" 참조).

"그러나 테스트 확장 없이는 코드베이스가 아니다"라고 외치는 TDD 마니아들의 비명을 들을 수 있다. 그렇다 맞다. 그러나 초기 단계 스타트업은 일반적으로 확장하지 않는 실행을 한다(138쪽 "확장하지 않는 실행" 참조). 거의 대부분의 스타트업은 특정 크기를 통과하기 위해 확장할 수 있도록 자동화 테스트에 상당히 많은 투자를 해야 한다고 말한다. 그러나 그전까지는 아니다. 핵심적인 질문은 다음과 같다. 언제 다음 단계로 들어가게 되는 때가 언제인지 알 수 있는 방법이 있는가, 어떻게 자동화 테스트에 투자할 시간이라고 말할 수 있는가?

이론적으로 답은 간단하다. 자동화 테스트는 코드를 빠르게 변경할 때 충분한 신뢰성이 요구되는 테스트에 필요하다. 만약 새로운 기능을 추가하기를 주저하거나, 코드의 새로운 조각을 배포하는 데 불안해하거나, 매일하는 배포가 추가보다 더 많은 기능으로 중단된다면 테스트를 필요로 한다. 실제 해답은 "지속적인 테스팅 전략과 몇몇 요인 사이에 트레이드 오프로 평가된다"다. 예를 들면, 버그 비용, 버그 가능성, 테스트 비용이다. 자! 이제 좀더 자세히 살펴보자.

버그 비용

만약, 프로토타입을 구축한다면 적어도 일주일의 시간을 버릴 것이다. 이 버그 비용은 낮은 편이다. 만약 지불 처리 시스템을 구축한다면 버그 비용은 매우 높아진다. 고객의 신용카드가 두 번 결재되거나 잘못된 비용이 처리되는 것을 원하지 않을 것이다. 버그는 코드에 삭제, 또는 손상된 사용자 데이터와 같은 데이터 저장이 닿는 모든 시스템, 보안과 관련된 인증, 허가, 암호화와 같은 코드에서 비용을 발생시킨다. 비록 스타트업이 이들 테스트 시험 방법 안에서 광범위한 변화가 있다고 말하긴 하지만, 지불, 보안, 데이터와 같은 모든 하나하나가 그들의 코드 일부분에서 거의 식별할 수 있다. 그들은 간단하게 나누어 테스트하는 것을 허용하지 않기 때문에 첫날부터 매우 무거운 테스트를 실행하게 된다.

버그 가능성

코드베이스가 커질수록, 수동 테스트를 통해 단독으로 작업을 계속 할 수 있는 가능성은 적어진다. 마찬가지로, 같은 코드에서 작업하는 사람의 숫자가 증가하면 자동화 테스트는 통합 버그를 피하기 위해 코드가 무엇을 하는지를 문서화하는 방법은 매우 중요하다(335쪽 '문서화' 참조). 특히 언급할 만한 몇 가지 기술적인 문제는 본질적으로 매우 복잡하여 올바르게 해결하려면 더 많은 테스트가 필요하다. 예를 들어, 복잡한 수학 문제를 해결하거나 분산된 합의 알고리즘을 작성한다면 자동화 테스트를 작성해야 한다.

테스트 비용

일 단위로 단위 테스트를 설정하는 것은 거의 무료다. 대부분의 프로그래밍 언어와 대부분의 구축 시스템에 대한 높은 품질의 단위 테스트 프레임워크가 제공된다. 비용은 점점 낮아지며, 테스트는 좀더 빨라지며 코드 품질은 향상된다. 정확성은 대부분 단위 테스트를 작성하기 위한 가치로써 매우 높다. 한편 통합 테스트, 합격 판정 테스트, 성능 테스트는 설정을 하면 할수록 점점 비싸진다. 이들 테스트 유형은 특정 테스트 케이스일 때 더 그렇다. 그래서 자동화된 코드 배포, 초기 데이터 저장과 모든 것을 함께 연결하는 방법을 알아내는 것이 필요했다. 이를 해결하기 위한 이 모든 작업은 가치가 있다. 그러나 몇몇 사례에서는 이익보다 과부하가 더 크다.[5]

자동화 테스트의 모범 사례

TDD는 황금률로, 거의 모든 유형의 자동화 테스트는 수동 테스트보다 낫다. 만약 TDD 모델이 맞지 않는 어떤 작업을 한다면,[6] 코드에 필요한 내용을 작성한 후에 짧게라도 테스트를 작성해봐야 한다. 만약 어떤 테스트도 거치지 않은 코드베이스로 작업한다면 여기에는 몇 가지를 추가하는 데 시간이 부족할 수 있다.

만약, 버그를 수정한다면 가장 좋은 시작 시점은 버그를 제거하기 위해 테스트 실패 후에 작성하는 것이다(이것은 테스트 주도 버그 수정이라고 할 수 있다). 버그로부터 야기된 문제를 이해하고, 버그를 수정한 후, 다시 돌아와 자동화 테스트로 버그를 예방할 수 있다는 것을 증명해야 한다.

마찬가지로 자동화 테스트는 자동화되어야 한다. 이 말은 어떤 수동적 중재가 없고 가급적 구축 프로세스의 일부로 하나의 명령어로 모든 테스트를 실행할 수 있어야 한다는 의미다(361쪽 "지속적인 통합" 참조). 단지 단위 테스트 실행은 몇 초만 걸릴 뿐이지만 통합 테스트, 합격 판정 테스트, 성능 테스트는 몇 분 이상 걸린다.[7] 거대한 '테스트 스위트(Test Suite)'에 많은 시간을 들이는 것은 거의 가치가 없다. 단지 하루 동안 한번의 피드

---

5   웹과 모바일 웹처럼 클라이언트측 코드에 대한 테스트에 있어 이것은 사실이다. 이들 테스트는 실행이 매우 느리며 작은 UI 변경은 테스트 실패를 야기하여 관리가 어려워지는 경향을 보인다. 또한 UI의 "올바르게 보인다"와 같은 것을 검증하려면 소수의 자동화된 도구들은 작업의 특정 유형에 대해서 수동 테스트를 진행해야 한다

6   대부분의 공통 사례에서 TDD는 "탐사 코트(Exploratory Coding)"와 잘 안 맞는다. 이것은 무엇을 구축하는지 모른다는 것이다. 단지 문제 공간을 탐색한다거나 엉망진창의 데이터를 다루는 것과 같이 말이다. 만약 어떤 결과를 찾는지 모른다면 코드에 대한 테스트를 작성하지 않는 것이 좋다.

7   내구성 시험은 예외다. 시스템이 장시간의 부하를 처리하는 방법을 볼 수 있도록 설계된다. 이들은 구축 프로세스의 외부에서 실행된다.

백이 필요할 수 있다. 이것은 1960년대 프로그래머가 밤새 메인프레임에서 실행되는 펀치 카드를 제출하는 생산성보다 조금도 낮지 않다.

느린 테스트 스위트는 일반적으로 좋은 것보다 더 많은 해를 끼치는 것처럼 이들을 지우거나 빠르게 테스트할 수 있게 만들어야 한다. 의존성을 제거하고, 평행적으로 수행하고 클러스터에서 이들을 실행하는 방법이 있다(354쪽의 "수동 전달이라는 끔찍한 이야기"를 참조한다).

느린 테스트 스위트보다 더 나쁜 것은 신뢰할 수 없는 테스트 스위트다. 테스트는 간헐적으로 실패하거나 비결정적인 행동은 손해가 된다. 왜냐하면 코드 변경은 신뢰성이 감소되기 때문이다. 그리고 만약 일시적인 실패가 해결되지 않는다면 전체 테스트 스위트의 가치는 훼손된다. 만약 테스트 실패가 계속되면 그들 자신의 합의에 따라서 실패를 무시할 수 있다. 그러면 마치 양치기 소년처럼 진짜 문제가 나타날 때에는 모를 수 있다. 신뢰할 수 없는 테스트는 즉시 수정하거나 삭제한다. 사실 대부분의 테스트 실패의 원인을 알아보면 첫 번째 장소에서 바로 작성을 피해야 한다. UI, 난수, 시스템 시간, 최종적으로 일관된 데이터 저장, TTL을 사용한 캐시, 또는 다중 스레드 프로그램에서는 실행 순서와 같이 테스트 작성이 비동기 이벤트를 사용한다면 유의해야 한다.

7.2.2 코드 분할

소프트웨어 개발은 도표, IDE 또는 디자인 도구에서 일어나는 것이 아니라 당신의 머릿속에서 일어난다.

[SUBRAMANIAM AND HUNT 2006, 11], 벤카트 서브라마니암과 앤디 헌트, 애자일 프랙틱스 저자

이 책 앞부분에서 나는 인간 정신의 한계를 수용할 수 있도록 제품 디자인은 간단해야 한다고 썼다. 만약 제품에 너무 많은 정보(많은 기능, 많은 글자, 많은 버튼, 많은 설정)가 있다면 인간의 기억을 넘어서고 제품을 사용하지 않게 된다(92쪽의 '단순함'을 참조한다). 코드에 대해서도 같은 법칙이 적용된다. 한곳에 너무 많은 코드가 있으면 프로그래머의 정신 용량을 넘어서고 코드베이스는 더욱더 어렵게 된다. 어느 하나라도 너무 많은 코드를 가져가는 것은 안 된다. 수천 줄의 코드는 작은 아이폰 앱 또는 자바스크립트 라이브러리의 크기로 대부분의 사람들의 머리에 보관할 수 있는 양보다 많다.

그럼에도 불구하고 대부분의 프로그래머는 코드 작성이 그들의 직업으로 믿지만 현실은 너무나 많은 방법이 있으며 코드는 적이 된다. 더 많은 코드가 있다면 더 느리게

움직이게 된다. 결함 밀도(코드 1천 줄당 얼마나 많은 버그를 가지고 있는지)는 명백하게 프로젝트 크기에 따라 증가한다. 그래서 두 배 이상의 많은 코드를 가진 프로젝트는 버그를 두 배나 더 많이 가진다[McConnell 2004, 651]. 그리고 계획, 빌드, 테스트, 관리에서 두 배나 더 많은 어려움에 직면한다. 만약 작성한 코드의 모든 줄을 종이에 인쇄하고 어디를 가든지 백팩에 이들을 담아 운반한다고 상상해보라. 코드베이스가 성장함에 따라, 인쇄된 종이는 당신이 땅에 멈추어 설 때까지 당신을 천천히 무너뜨릴 것이다.

코드베이스에서 일어날 수 있는 최악의 것은 크기다[Yegge 2007]. 그래서 가능한 작게 코드베이스를 유지하도록 노력해야 한다. 이 부분에서 코드베이스 외부에 있는 오픈소스와 상업적인 라이브러리로 더 많은 작업을 위임해야 한다(188쪽 "자체 개발 vs. 상업적 제품 구매 vs. 오픈소스"를 참조한다). 간결하고 표준 조항과 반복을 제거한 프로그래밍 언어와 코딩 스타일을 사용하여 작업을 해야 한다(6장을 참조한다). 그러나 어느 정도는 회사와 제품의 성장에 따라 코드베이스는 필연적으로 성장할 것이며 이들을 처리하는 새로운 기술을 도입해야 한다.

그러나 최상의 해결책은 여러 조각으로 코드를 분할하는 것이다. 한번에 한 조각을 처리하고 안전하게 다른 것을 신경쓰지 않도록 해야 한다. 이것은 추상화(abstraction)로 알려져 있다. 모든 시간에서 프로그램의 외부에 대해 알 필요가 없다. 예를 들어, 메모리로부터 무언가를 그리려고 할 때 즉, 오렌지라면 많은 세부적인 것을 생략하고 단순하게 함축하여 머릿속에 오렌지를 상상할 수 있다(73쪽 "디자인은 반복 과정이다"를 참조한다). 추상화의 목적은 상상한 오렌지로 아주 충분하다는 것이다. 왜냐하면 모든 세부 사항에 대해서 충분히 주의해야 할 필요가 없기 때문이다. 마치 정확한 색상과 질감으로 오렌지 중에 하나를 찾아내서 먹을 수 있다. 좋은 추상화는 두 가지 특징이 있다. '정보 은폐(information hiding)'와 '결합성(composability)'이다.

정보 은폐는 추상화가 단순해야 하며 무엇보다 세부 사항은 숨겨져야 한다는 의미다. 머릿속에 오렌지를 상상하는 것처럼 실제 과일의 세부적인 모든 것보다 단순해야 한다. 추상화의 표면적인(외부 세계로 노출된 인터페이스) 이유를 생각해보면 자신의 볼륨(내부에 감추어진 세부적인 구현 사항)보다 작아야 한다[Milewski 2014]. 실세계에서 객체의 표면은 자신의 크기 제곱으로 성장한다. 그러므로 볼륨은 자신의 정육면체로 성장한다. 비슷하게 소프트웨어 세계도 구현된 세부사항에 대한 정보량은 매우 빠르게 성장한다. 그래서 생각을 넘지 않도록 방지하기 위해 추상화는 작고 단순한 인터페이스를 제공해야 한다.

결합성은 여러 추상화를 결합할 수 있다는 것을 의미한다. 예를 들어, 어느 쪽 또는 차례로 다른 추상화와 결합되어 새로운 추상화를 얻을 수 있다. 이런 방법으로 간단한 조각으로 시작하고 점진적으로 복잡한 특징을 구축하여 한 번에 하나의 추상화 계층을 만든다. 레고로 집을 짓는 것과 조금 비슷하다. 수많은 개별 조각을 사용하여 시작하고 각각의 조각은 간단하다. 그러나 정신적으로 이들을 구성하는 것은 매우 어려운 점이 많다. 따라서 바닥에 수십 조각, 벽에 다른 수십 조각, 천장에 또 다른 수십 조각으로 조립한다. 바닥, 벽, 천장에 대하여 이를 대신할 수십 조각을 추적할 수 있으며 당신은 겨우 한줌을 가지고 있을 뿐이다(이것은 정보 은폐다). 더 나은 것은 집의 1층에 이들 조각으로 조립할 수 있다는 것이다. 2층에서 계속해서 차례로 다른 레고 조립을 조합하여 계단, 다른 층, 차고를 만들어 결국 더 큰 구조를 만들 수 있다(이것이 결합성이다).

프로그래밍에서 다른 많은 조율의 추상화가 있다. 여기서는 가장 일반적인 사항을 살펴본다.

- 인터페이스와 모듈
- 버전을 가진 유물
- 서비스

인터페이스와 모듈

대부분의 프로그래밍 언어는 인터페이스를 정의할 수 있다. 명확한 연산 작업의 집합은 코드 조각으로 실행할 수 있다. 이는 모듈로 알려져 있으며 인터페이스와 함께 관련된 그룹이다. 언어에 따라 인터페이스는 함수 서명이 가능하다. 클래스 내에 public 메서드, abstract 인터페이스, 특성, 패키지, 네임스페이스, 라이브러리로도 모듈화가 가능하다.[8] 6장에서 보았듯이, 잘 정의된 인터페이스와 모듈은 클린 코드의 중추가 된다.

버전을 가진 유물

모듈과 인터페이스는 코드를 분할하는 효과적인 방법이다. 그러나 코드베이스가 지속적으로 성장함에 따라 모든 모듈이 함께 얽혀버리는 경향이 있다. 코드베이스의 시작

---

8 (옮긴이) 이 명칭은 다른 책에서는 접근 제한자(Access Modifier)라고 부른다.

은 선으로 가득한 박스와 닮아 있다. 선 하나만을 당기지만 전체 상자 안에서 모든 것을 끌어 내어 결국에는 모든 것이 얽히게 된다. 몇몇 프로그래밍의 사례는 이런 커플링을 제거하려고 한다(278쪽 "느슨한 결합"을 참조한다). 그러나 코드베이스는 커짐에 따라 이는 피할 수 없는 일이 된다.

한 가지 가능한 해결책은 모듈을 대신하여 다른 모듈(소스 의존성)의 소스코드를 의존하는 코드베이스로 나누는 것이다. 그들은 다른 모듈(버전에 대한 의존성)에 의해 출판된 버전을 가진 유물에 의존된다. 거의 모든 사람은 이미 오픈소스 라이브러리로 작업을 수행하고 있다. 자바 코드에서 자바스크립트 코드 또는 구글 Guava 내에 jQuery를 사용한다면 이들 오픈소스 라이브러리의 소스코드에 의존되는 것이 아니라 이들이 제공하는 query-1.11-min.js 또는 guava-14.0.jar와 같은 버전을 가진 유물에 의존된다. 코드베이스에도 똑같은 접근 방식을 사용할 수 있다. 이것은 일반적으로 소스 의존성 대신에 버전 의존성으로 끌어내어 각각 빌드한 후, 버전을 가진 유물로 출판하는 빌드 시스템의 변경되었음을 의미한다(360쪽 "빌드 도구"를 참조한다). 사실 소스 종속성에서 버전 종속성까지의 모든 종속성을 제거해야 한다. 개별 저장소에 모듈 각각의 소스코드를 집어 넣는다. 그래서 분리된 개발을 해야 한다(355쪽 '버전 제어'를 참조한다).

링크드인은 모든 모듈 사이에 소스 의존성을 가진 하나의 단일화된 저장소에 자신의 코드를 모두 보관한다. 그러나 수천 개의 모듈 사이로 수백 만의 코드가 성장하면서 문제점들이 나타났다(354쪽 "수동 전달이라는 끔찍한 이야기"를 참조한다). 최근 몇 년 동안 회사는 이들 사이에 버전 의존성을 가진 다수의 저장소 내에 코드베이스를 분리했다. 트위터는 다른 방법으로 진행한다. 그들 사이의 버전 의존성과 많은 수의 분리된 저장소로 출발했다. 그리고 현재 그들은 소스 의존성을 가진 하나의 저장소 내에 모든 것을 집어 넣고 있다. 왜 반대 방향으로 두 회사는 움직이고 있는가?

대답은 고려해야 할 적지 않은 숫자의 트레이드오프가 있기 때문이다. 다음은 버전 종속성에 대한 다수의 저장소에 대한 장점이다.

분리

버전 종속성은 새로운 버전으로 업그레이드를 선택하기 전까지 다른 모듈에 대한 변화로부터 분리해야 한다. 관계없는 모듈에 대한 변화는 코드에 버그를 야기하거나 빌드가 중단되지 않는다.

커플링

모든 코드를 분리된 저장소와 오직 명시적인 허용만 유지하면 버전 종속성은 커플링을 감소시키는 경향이 있다. 더 나아가 오픈소스 코드는 분리를 더 쉽게 만들어준다. 버전 저장소는 모든 오픈소스 프로젝트에 의해 사용되는 모델이다.

빌드 시간

만약 하나의 저장소 안에 모든 코드가 있다면 각각의 모듈이 추가되어 빌드 시간이 증가한다. 그리고 코드에 수백만 줄을 가지고 있다면 빌드는 수 시간이 걸릴 수 있다. 이 문제는 분리된 저장소 내의 각 모듈을 지속해야 완화된다. 그래서 각각 하나의 빌드 시간은 일정하고, 바르게 빌드할 수 있다.

그리고 버전 종속성을 가진 다수의 저장소에 대한 단점을 살펴본다.

지속적 통합

버전 종속성은 새로운 버전으로 업그레이드되기 전까지 종속성 내의 버그와 호환성을 알아내지 못한다. 깨진 변화가 있은 후에 한 달간 지속될 지도 모른다. 즉 지속적 통합의 많은 장점을 잃어버리게 된다(361쪽 "지속적인 통합"을 참조한다).

종속성 지옥

버전 종속에는 의존성 충돌, 순환 종속성, 다이아몬드 종속성 등 많은 종류의 종속 문제가 있다. 이전 버전과 호환성은 모든 모듈 API에 대한 엄격한 요구사항이다. 라이브러리의 새로운 버전으로 업그레이드는 고통스러운 시간이 소요될 수 있다.

전역 변경

다수의 저장소에서 전역 변경은 자동화 실행을 불가능하게 하거나 어렵게 만든다. 모든 저장소를 가로질러 검색할 수 있는 특별한 도구를 사용해야 한다. 검색에 일치하는 모든 저장소에 대한 체크 아웃, 각각의 저장소 내의 코드와 종속성 버전에 대한 갱신 그리고 나서 변경 내용을 다시 커밋하여 모든 의존성 지옥을 처리한다.

만약 코드에 분리된 모듈의 숫자(예 : 분리된 오픈소스 프로젝트의 숫자)와 개별 모듈 내의 변경에 대한 다수가 존재한다면, 버전 종속성을 가지는 다수의 저장소는 더 빨리 실행될 수 있다. 어쨌거나 많은 모듈 사이로 전역 변경이 필요하다면, 소스 의존성을 가지는 하나의 저장소가 가장 좋은 선택이다. 예를 들어, 느린 빌드, 심각하게 투자된 도구를 사용하는 것에서 특별히 몇몇 단점을 완화시킬 수 있다(예 : 구글은 컴파일 시 거대한 분산 클러스팅과 자신의 코드 테스팅을 사용한다[Hammant 2013]).

서비스

코드베이스를 분리하는 또 다른 방법은 서비스로 관련된 기능을 그룹으로 묶는 것이다. 프로세스 뒤에 특정 기능 유형을 넣고, 함수 호출을 대신하여 메시지를 통해 통신한다. 단독 서비스, 서비스 지향 아키텍처, 마이크로서비스, 액터 시스템 외에도 테크 스택 구축을 위한 아주 다양한 모델이 있다. 예를 들어, 링크드인은 마이크로서비스와 유사한 아키텍처가 있다. 이름, 교육, 사용자에 대한 구체적인 경험에 대한 프로파일 데이터 저장, 이름, 지역, 회사 로고와 같은 회사 데이터, 사용자와 회사의 연결과 같은 클라우드 등은 모두 분리된 서비스로 되어 있다. 각 서비스에는 서로 다른 팀의 소유권, 분리된 저장소에서의 격리 개발, 분리된 하드웨어 배포, RESTful HTTP 호출을 통해 다른 서비스들 간의 통신 처리가 있다.

여러 저장소에 있는 코드베이스를 분리하는 많은 절충 방안이 있는 것처럼, 여기 다양한 서비스를 분리하는 여러 절충 방안이 있다. 여기서 서비스들의 장점을 살펴보자.

분리

빌드, 테스트, 작은 배포를 할수록 좋다. 코드베이스의 나머지에 대해 걱정할 필요 없이 독립형 서비스를 제공한다. 마찬가지로 서비스 경계들은 코드 소유권 경계에서 잘 작동한다. 이것은 팀이 다른 팀으로부터 독립적인 작업을 할 수 있도록 한다. 성장하는 회사에서 일을 나누는 것은 무엇보다 중요하다.

기술 불가지론

모듈은 하나의 언어 내에서 공유될 수 있다. 예를 들어, 자바 모듈은 다른 자바 코드로부터 호출될 수 있다. 당신이 원하는 서비스를 구축하기 위해서 모든 언어를 사용할 수 있다. HTTP와 같은 원격 종료점(edngpoint)은 모든 언어로 사용 가능하기 때문이다. 만약 당신의 회사가 새로운 테크 스택으로 이동이나 획득이 필요해서 다수의 프로그래밍 언어를 사용한다면, 서비스는 공유 기능에 대한 유일한 선택이 되어야 한다.

성능

만약, 트래픽 또는 데이터가 충분한 제품이라면 여러 서비스가 적절한 성능을 달성할 수 있는 유일한 방법이 된다. 예를 들어, 몇몇 기능은 단일 서버에 많은 메모리를 요구한다. 다른 유형의 기능은 빠른 CPU를 가진 클러스터 서버가 필요할 수도 있다. 다른 서비스를 기능으로 분리하여 각각 독립적으로 확장할 수도 있다.

이제 서비스의 단점에 대해서도 살펴보자.

운영의 복잡성

서비스의 한 가지 종류를 배포하는 대신에, 지금 당신은 다양한 유형과 이들 각각의 요구사항과 기술을 가지고 있다. 더욱이 이들 서비스들은 복잡한 방법으로 서로 대화한다. 그래서 서비스 발견, 로드 밸런싱 그리고 호출 그래프에 대한 메커니즘이 필요하다. 이 모든 것을 구축하고 유지보수를 하는 비용은 매우 비싸다.

오류 처리

지역 변수 호출은 항상 성공하지만 원격 서비스 호출은 네트워크 문제로 실패할 수도 있다. 서비스가 다운되거나 단순히 너무 오래 걸릴 수도 있기 때문이다. 모든 코드는 서비스를 통해 현재 새로운 클래스의 오류를 처리해야 한다.

성능 과부하

원격 호출은 몇 가지 주문을 처리하는 데 로컬 함수 호출에 비해 더 많은 시간이 걸린다. 그래서 대기 시간 과부하를 최소화하기 위해서 코드를 재구성해야 한다. 예를 들면 배치, 중복 방지, 프리 패칭, 캐싱으로 구성할 수 있다. 여기에 직렬화와 원격 요청에 대한 역직렬화로 인한 CPU와 메모리 과부하도 있다.

I/O

원격 호출에 대한 대기 I/O를 사용한다면, 모든 서비스에 대한 스레드 풀을 관리해야만 한다. 이것은 운영 과부하의 증가와 성능 문제를 야기한다. 만약 대기 I/O를 사용하려면 이들 문제들을 피해야 한다. 그러나 콜백(callback) 또는 프라미스(promises)를 중심으로 다양한 코딩 스타일을 사용해야 한다("Play 프레임워크: 스레드 풀과 콜백 지옥을 제외한 비동기 IO"를 참고한다[Brikman 2013a]).

이전 버전과의 호환성

서비스 API를 삭제하거나 재명명하고 API에서 하나의 매개변수조차 변경하지 못할 수 있다면, 몇몇 클라이언트는 여전히 이전 버전을 사용하고 있을 확률이 높다. 이것은 서비스 API를 리팩토링할 수 없다는 것을 의미한다. 버전 변경과 함께 어쩌면 오랜 시간 동안 이전 버전을 사용하고 있었다는 것으로 이것은 관리비용 증가를 가져온다.

7.2.3 코드 리뷰

이 책의 모든 페이지는 편집자에 의해 확인되었다. 왜 그런가? 만약 당신이 똑똑하고 충분한 능력과 경험 있는 작가라도 자신의 작업에 대한 교정을 볼 수는 없다. 당신은 너무나 당신의 생각에 사로잡혀 있다. 마치 다른 누군가가 당신의 신발을 신을 수 없는 것처럼 당신의 머릿속에는 자신만의 단어로 가득차 있다. 작성된 코드도 다르지 않다. 사실 개별적인 철저한 조사 없이 내용을 작성하는 것은 불가능한 것처럼, 확실히 분리된 코드 작성도 불가능하다. 코드는 아주 자세하고 정확해야 하며 인간을 위한 내용이 포함되어야 좋다.

[ORAM AND WILSON 2010, 329], 제이슨 코헨, WP 엔진와 스마트 베어 소프트웨어 창업자

만약, 클린 코드가 다른 프로그래머를 위해 이해하기 쉬운 코드를 만드는 방법에 대한 것이라면, 실제로 다른 프로그래머에게 보여주는 것이 가장 좋은 방법이다. 다른 누군가에 의해 코드 검토를 받는 것은 버그를 잡기 위한 가장 효과적인 도구 중 하나다. 11명의 프로그래머에 대한 팀 연구는 코드 리뷰가 없는 경우에는 코드 100줄당 평균 4.5개의 오류가 있는 것으로 나타났다. 코드 리뷰를 하는 경우에는 코드 100줄당 평균 0.82개의 오류가 있는 것으로 나타났다. 이를 통해 코드 리뷰를 하면 80% 이상의 오류를 감소시킨다는 것을 알 수 있다[Freedman and Weinberg 1990]. 다른 연구로는 단위 테스트와 통합 테스트에서 30%~35% 버그를 잡을 수 있으며, 디자인과 코드 리뷰는 55%~60%의 버그를 잡는 것으로 나타났다[Jones 1996].

버그 잡기, 코드 리뷰는 또 다른 중요한 이점이 있다. 지식, 문화, 학습, 팀 전체의 주인 의식에 대한 효과적인 메커니즘이 된다. 코드 리뷰에 참여하는 모든 사람은 혜택을 보게 된다. 수석 엔지니어는 주니어 엔지니어의 멘토가 되어 코드를 리뷰할 수 있다. 주니어 엔지니어는 코드베이스를 배우고 중요한 질문에 기여할 수 있는 코드 리뷰에 참가할 수 있다. 만약, 새로운 개발자가 코드를 이해할 수 없다면, 경험이 부족하여 이해할 수 없을 수도 있다. 그러나 코드 자체가 혼란스러울 수도 있다.

여기 네 가지의 코드 리뷰 유형이 있다. 바로 디자인 리뷰, 짝 프로그래밍, 프리 커밋 리뷰, 정적 분석이다.

디자인 리뷰

거대한 새 프로젝트를 시작하기 전에, 좋은 아이디어는 디자인에서 찾을 수 있으며, 팀에서 피드백을 수집할 수 있다. 당신의 팀을 개선할 기회를 줄 수 있는 좋은 방법은 잠재적인 문제에 대한 경고와 다른 사람이 어떻게 하는지를 작업에 적용하는 것이다. 300페이지의 규격서를 작성하는 데 3개월을 소비할 수는 없지만 아이디어를 위한 몇 시간 동안의 사고는 코드 작성을 위한 몇 주를 아낄 수 있다(340쪽 "읽어보기 주도 개발"을 참조한다). 디자인 리뷰는 가볍고, 친화적이며 모든 사람이 참여할 수 있도록 한다. 수석 엔지니어는 주니어 엔지니어(또는 꺼꾸로)와 그들의 디자인에 대해 리뷰한다.

우리의 디자인 프로세스에 대해서 말하면, 코세라의 모든 것은 구글 문서를 사용한다. RFC와 같은 제안은 무엇에 대해 생각하는지를 설명하는 개방형 질문의 묶음으로 밀집 인형을 작성한다. 전체 엔지니어 팀에게 문제를 던져주고, 갈기갈기 부시고, 주석을 채로 걸러내듯이 걸러 추출한다. 동료로부터 엄청난 양의 좋은 의견을 얻고 모든 사람에게 입력으로 제공한다. 이 과정을 통해 더 나은 것을 만들고 마지막에는 더 나은 디자인을 만든다. 디자인 프로세스와 더 나은 아키텍처를 얻기 위해 주니어 엔지니어에 대한 정말 가치 있는 통찰을 발견했다. 마침내 모든 주석은 문제를 해결하고 디자인의 초안을 만들게 됐다. 전체 프로세스는 비동기적이며 거의 하루나 이틀 정도 밖에 걸리지 않았다.

[DELLAMAGGIORE 2014], 닉 델라마조레, 링크드인과 코세라의 소프트웨어 엔지니어

짝 프로그래밍

짝 프로그래밍(Pair Programming)은 하나의 컴퓨터를 두 명의 프로그래머가 같이 작업하는 개발 기술이다. 한 명은 코드 작성에 대한 주도와 책임을 담당한다. 다른 한 명은 관찰자로 코드 리뷰에 대한 책임과 상위 레벨자로 프로그램에 대한 사고를 담당한다. 두 명의 프로그래머는 정기적으로 역할을 교환한다[Beck and Andres 2004, 42].

그 결과는 끊임없는 코드 리뷰 과정이다. 익숙해지는 데 시간이 좀 걸리지만, 가까운 다른 개발자와 함께 코드가 무엇을 하는지를 명확하게 만드는 방법에 항상 집중하여, 버그를 잡으려고 하는 또 다른 두 번째 눈을 가지고 있는 것 같다. 개발자가 짝을 이루면 혼자 개발하는 것보다 평균 15%의 시간을 더 소모하지만 코드 결과는 더 높은 디자인과 15% 적은 결함을 가진다[Cockburn and Williams 2001, 3]. 추가로 한 명 이상이 코드에 대해 잘 알고 있다면 이것을 유지하는 것은 좀더 쉬울 것이다.[9]

코드의 모든 줄에 대해 짝 프로그래밍이 필요하지 않을 수 있다. 그러나 까다로운 작업 또는 비즈니스에 중요한 코드베이스 부분을 작업할 때에는 매우 가치 있는 시간이 될 수 있다. 짝 코딩은 후보자 면접과 신규 채용에서 가장 좋은 방법이다(495쪽 '면접'을 참조한다).

프리 커밋 리뷰

작성을 완료하고 코드 부분을 테스트하고 커밋할 준비가 되었다면, 가장 좋은 아이디어는 최종 검토를 위해 팀에 제출하는 것이다. 프리 커밋 리뷰(pre-commit reviews)는 어떻게 구축할 것인지 물어보고, 오류 확인의 기회를 모든 사람에게 주는 것이다. 디버깅 시점을 알기 위해 그리고 코드 조각 뒤의 문맥을 이해하기 전으로 돌아가 코드 리뷰 주석을 추척하기 위해 온라인 도구를 사용할 수 있다. 좋은 코드 리뷰 도구는 깃허브가 있다. 코드 리뷰에는 풀 요청 프로세스로 ReviewBoard와 Phabricator가 있다.

정적 분석

사람들은 당신의 코드를 리뷰할 뿐만 아니라, 코드를 확인하기 위해 자동화 도구를 사용한다. 언어로 컴파일되면 가장 중요한 도구는 컴파일러 자체지만, 모든 프로그래밍 언어는 정적 도구와 채취 도구(linter tools)를 사용할 수 있다.[10] 이런 도구는 버그를 일반적인 소스에서 식별할 수 있도록 도와준다. 코드 스타일 문제를 찾아주고, 중복된 코드와 사용하지 않는 코드를 찾아주고, 리팩토링이 필요한 코드에 대한 복잡한 통계를 계산하고, 안전하지 않은 기능(예: eval, goto)을 사용하는 코드를 찾아주며, 보안의 허점을 식별하고, 메모리 누수를 찾을 수 있게 해준다.

대부분의 정적 분석 도구는 (체크인 전에) 명령 줄을 통해 실행되며 구축 시스템에서 통합된다. 심각한 정적 분석 오류로 구축은 실패할 수 있다. 이상적으로는 코드를 작성하

---

9 짝 프로그래밍은 버스 계수(Bus Factor)를 증가시킨다. 버스 계수는 얼마나 많은 개인을 잃을 수 있는지를 측정한다. 이것은 버스에 치이거나, 휴가를 떠나거나, 회사를 떠나는 것과 같은 무언가 드라마틱한 일이 일어나서 프로젝트를 더 이상 진행할 수 없게 된다. 높은 버스 계수는 좋은 일을 말한다.

10 정적 코드 분석에 대한 도구 목록을 참고한다(http://en.wikipedia.org/wiki/List_of_tools_for_static_code_analysis).

는 동안에 정적 분석 도구를 실행할 수 있다. 많은 IDE와 텍스트 편집기에서 정적 분석 기능을 제고하며 유형에 따라 즉각적인 의견을 제공한다. 예를 들어, JetBrains는 정적 분석을 통해 애플의 악명 높은 gotofail 버그를 잡는 데 IDE를 사용하는 것을 보여주었다(250쪽 "코드 레이아웃"을 참조한다). 이는 그림 7.2를 참고한다.

그림 7.2 정적 분석을 제공하는 IDE[JetBrains AppCode 2014]

코드 리뷰의 우수 사례

코드 리뷰는 필수적인 학습 과정이다. 그러나 몇 가지 가이드라인은 그들에 맞게 따라가야 한다.

첫 번째 가장 좋은 아이디어는 코드의 모든 부분을 소유자에게 할당하는 것이다. 소유자는 코드의 일부분을 수정할 수 있는 유일한 사람이 아니다. 그러나 그들은 어떻게 작동하는지와 어떻게 실행하는지에 대한 책임이 있다. 이는 무엇을 변경하고, 검토하며, 코딩 표준을 적용하고, 언제 배포할지를 결정할 수 있다는 의미다.

두 번째는 미리 코드 리뷰 가이드라인을 만들어서 좋은 코드 리뷰 문화를 설립하는 것이다. 가이드라인은 리뷰자가 확인할 수 있는 체크리스트를 포함해야 한다. 예를 들면, 코드는 쉽게 읽을 수 있어야 하며, 팀의 코딩 관례에 따라야 하며, 테스트를 포함해야 한다는 식이다. 가이드라인은 또한 코드 리뷰에서 코드 안내를 정의해야 한다. 코드 리뷰는 당신의 지식을 보여주는 것이 아니며, 누군가의 코드를 재미로 만들거나 비난을 하는 것은 아니다. 이것은 일종의 학습 도구로써 누군가가 팀을 더 좋게 만들고 모든 사람이 소유자처럼 느끼게 한다. 모든 사람이 동일한 페이지를 보기 위해서 코드 리뷰 가이드라인에는 무엇을 리뷰할 코드인지(예: 코드의 모든 부분 또는 단지 중요한 핵심 부분), 언제 리뷰를 할 것인지(예: 모든 커밋 전에, 분기된 것을 합치기 전에, 또는 리뷰 시즌은 주 단위로), 누가 코드 리뷰할 것인지(예: 모든 사람, 수석 엔지니어라면 누구라도), 누가 리뷰 주석을 책임질 것인지(예: 모든 사람, 주니어 엔지니어라면 누구라도), 어떤 주석 유형이 적절한 것인지(예: 나쁜 것이 아니라면 코드에 대해 좋은 것을 주지하는 시간을 가지거나, 결코 개인적으로 제출자를 모욕하면 안되며, 이해하지 못하는 것을 인정하는 것을 두려워하지 말아야 한다 등)를 반드시 정의해야 한다.

세 번째로 리뷰는 작게 유지해야 한다. 10줄의 변화에 대한 리뷰는 쉽지만 100줄에 대한 리뷰는 거의 불가능하다. 이는 작게, 주석의 증가로 변화를 만들어 개발자를 의욕을 높이기 위해서다. 또한 버그 가능성, 결합 충돌, 늦은 통합 문제를 줄여주는 좋은 방법이 된다.

7.2.4 문서화

문서화는 코드베이스와 개발팀이 확장하면 꼭 필요하다. 그러나 팀이 한 명이라도 유용하다. 문서 작성은 자동화 테스트 작성과 비슷하게 코드의 품질을 드라마틱하게 향상시킨다. 만약 최종 사용자 관점에서 프로젝트를 보게 된다면 더 좋은 디자인을 이끌 수 있다. 그리고 산문처럼 된 코드를 위한 적합한 해결책을 설명하는 데 몇 시간을 보낸다면 코드 내의 잘못된 해결책으로 구축하는 수 주일 동안의 시간을 절약할 수 있다.

문서화가 참조 설명서를 말하는 것은 아니다. 그러나 소프트웨어가 학습 가능하도록 하는 모든 것을 말한다. 예를 들면, 작성된 문서(읽어보기, 튜토리얼), 코드 문서(유형 시스템, 주석), 커뮤니티 문서(Q&A 사이트, 메일링 리스트) 등이다. 대부분의 프로젝트에서 모든 유형의 문제가 혼재되어 있어 각각의 유형에 따라 상이한 여러 문제를 해결한다.[11]

문서 작성

문서 작성은 읽어보기, 튜토리얼, 참조 설명서, 프로젝트 웹사이트로 구성된다.

읽어보기(readme)는 코드베이스에 아주 아주 중요한 문서다. 이것은 프로젝트의 윤곽을 설명한다. 프로젝트가 하는 일, 예제 보여주기, 시작하기에 대한 설명, 기여 방법, 더 많은 정보를 얻는 방법 등에 대한 내용을 담고 있다. 읽어보기에 대한 좀더 자세한 정보는 340쪽 "읽어보기 주도 개발"을 참조한다.

만약 읽어보기를 사용자가 충분히 이해했다면 튜토리얼에서 산책하는 방법을 알게 해준다. 목표는 사용자를 확보하는 것으로, 한걸음 한걸음씩 전형적인 개발 흐름과 관용적인 패턴 강조, 모범 사례, 프로젝트의 고유한 기능을 가져가는 것이다. 너무 깊게 내려갈 필요는 없다. 대신에 튜토리얼의 각 단계에서 사용자에게 더 많은 정보를 제공할 수 있도록 링크를 제공해야 한다. 작고 간단한 프로젝트는 읽어보기 안에 튜토리얼을 쥐어 짜 넣어야 할 수도 있다. 그러나 큰 프로젝트는 위키, 블로그 게시, 독립적인 웹페이지, 슬라이드 덱 또는 비디오 녹화를 사용할 수 있다. 만약, 한 단계 더 나아가려면 대화형 튜토리얼을 함께 시도해본다. 예를 들어, "Go 언어 여행을 위한 튜토리얼(The Tour of Go tutorial)"은 설치하지 않고 브라우저에서 직접 Go 프로그래밍 언어를 실행해 볼 수 있다. 대부분의 개발자들은 이를 통해 최고의 학습을 할 수 있게 된다. 그러므로 단계별 가이드는 개발자가 참여할 수 있는 최고의 학습 도구가 된다.

새로운 사용자가 읽어보기로 문 앞에 발을 들여 놓은 후에, 튜토리얼에 따라 몇 단계 나아가면 이제 질문을 시작하기에 충분하다는 것을 알 수 있다. 여기서 참조 설명서(reference manual)가 활동을 시작한다. 문서화의 일부분으로써 깊이 있는 중요한 주제를 다루고 있다. 기억해야 할 점은 참조 설명서의 목적은 질문에 답을 준다는 것이다. 그

---

11 "당신에게 문서화는 무엇인가?[Brikman 2014b]" 프로젝트에서 좋은 문서화의 예를 참고할 수 있다.

래서 쉬운 검색과 항해 방법에 대한 정보를 조직화해야 한다.

마침내 프로젝트 웹사이트는 마케팅으로써 문서화의 아주 좋은 사례가 될 수 있다 [Holman 2011]. 프로젝트는 사용자 정의된 룩앤필, 링크, 공유, 검색 가능한 콘텐츠를 사용한 자신의 홈을 만들 수 있다. 프로젝트의 가장 쉬운 웹사이트를 만드는 방법은 깃허브 페이지를 사용하는 것이다. 깃허브 저장소를 만들고, 몇몇 정적 HTML 페이지를 추가하고, 코드를 커밋하고 github.io 도메인에 자신의 랜딩 페이지를 소유하는 것이다.

코드 문서화

자체 문서화 코드 같은 것은 정말 없다. 코드는 오직 무엇을 하는지를 보여준다. 무엇을 목적으로 하는지, 왜 그것을 하는지는 모른다[seibel 2009, 232]. 그래서 모든 프로젝트는 문서화 작성이 반드시 필요하다. 다시 말해서 코드 자신은 정보의 중요한 소스이며, 실제 어떻게 움직이는지를 보여준다. 코드 문서의 중요한 측면은 주석, 유형 시스템, 예제 코드다.

고전적인 예제는 무슨 일이 일어났는지 알 수 있도록 누군가가 10줄~15줄마다 주석을 삽입하여 아주 긴 메서드 본문을 지칭한다. 더 좋은 해결책은 다수의 메서드로 코드를 분할하고, 명확한 서명(메서드 이름, 매개변수 이름 그리고 유형)을 사용하면, 주석의 대부분을 제거할 수 있다. 주석의 필요성은 완전히 사라지지 않을 것이다. 왜냐하면 프로그래밍 언어에 따라 코드로 확인할 수 없는 특정 유형의 정보가 있기 때문이다. 예를 들면, "함수는 문서항의 알고리즘 X를 사용한다"와 같은 배경 정보, "시작 매개변수는 반드시 음수가 아닌 정수여야 한다"와 같은 입력 조건에 대한 추정, "반환값은 결코 null은 안된다"와 같은 출력에 대한 보장, "함수는 업로드 데이터를 임시 파일에 저장한다"와 같은 부작용에 대한 설명, "버그 X에 대한 작업은 다음 번 배포까지는 해결 방법이 없다"와 같이 수정할 수 없는 보기 흉하거나 직관적이 못한 설명들이다.

> 주석의 적절한 사용은 코드에서 자신을 표현하는 것에 실패한 것을 보상해준다. 단어 실패를 사용한다는 것을 의미한다. 주석은 언제나 실패한다. 우리는 항상 주석을 사용하지만 주석 없이 어떻게 표현해야 하는지는 모르고 있다. 그러나 주석 사용이 축하할 이유는 되지 않는다.
>
> [MARTIN 2008, 54], 로버트 C. 마틴, *클린 코드* 저자

코드 관점에서 주석은 유형 시스템(Type System)에 대한 필요성을 감소시킨다. 정적 유

형 언어에서 유형 시스템은 자동적으로 오류의 특정 클래스를 방지할 뿐만 아니라 작성해야 할 문서량을 줄일 수 있다. 예를 들어, 정적 유형 언어로, 자바에서의 함수 서명 유형은 다음과 같다.

```
public String convertCsvToJson(String csv)
```

하스켈에는 유사한 함수 서명이 있는데, 자바보다 강력하고 엄격한 유형 시스템이다.

```
convertCsvToJson : : String -> String
```

자바스크립트는 유사한 함수 서명이 있으며, 동적 유형 언어다.

```
function convertCsvToJson(csv)
```

입력 매개변수로 CSV에 대한 함수가 기대하는 값의 유형은 무엇인가? 하스켈과 자바에는 String으로 함수를 기대할 것이다. 자바스크립트에서는 함수의 기대 값이 어떤 유형이라도 상관없다. File, String, Function과 다른 유형 또는 다수의 매개변수를 찾을 수 있다. 그래서 문서화하지 않으면 알 수가 없는 것이다. 함수의 반환형은 무엇인가? 자바에서는 String이나 null이 반환값이다. 하스켈에서는 String이 반환형이다(헤스켈은 null이 없다). 자바스크립트는 함수 반환형을 알 수 있는 방법이 없다. String, File 또는 전혀 값을 반환하지 않는 void 함수일 수도 있다. 함수의 저자가 문서화하지 않는 한 알 수가 없다. 마지막으로 함수의 부작용은 어떠한가? 하스켈에서는 I/O를 수행한다면, 호출된 I/O 유형을 반환하도록 요청한다(265쪽 "함수형 프로그래밍"을 참조한다). 다만 이런 함수 서명만 본다면 String과 I/O가 아닌 반환값을 보게 될 것이다. 그래서 여기에는 부작용이 없다는 것을 확신할 것이다.[12] 한편, 자바와 자바스크립트는 함수에서 전역변수, 디스크 기록 또는 저자의 문서 없이 프로그램 실행과 같은 내부 변화를 알 수 있는 방법이 없다.

문서를 가져올 때 정적 타입 시스템은 명확하게 승리자가 된다. 개발자들은 각 메서드에 대해 주석 작업을 최대한 늦게 하려는 경향이 있거나 주석을 오래된 낡은 방식으로 쓰려고 하는 반면에, 유형 시스템은 컴파일러로부터 적용된 정보를 얻는 것으로 이

---

12 하스켈에서 함수 서명의 변경 없이 I/O 수행 또는 부작용에 대한 몇 가지 방법이 있다. 예를 들면 unsafePerformIO를 사용하는 것이다. 그러나 이름에서도 알 수 있듯이, 이것은 관용적이지 않고, 거의 사용되지 않는, 안전하지 않은 방법이다.

는 항상 가능하며 맞는 방식이다. 이런 유형 시스템은 매우 강력해질 수 있으며, 주석의 필요성을 감소시킬 수 있다. 예를 들면, 언어는 의존적인 유형(Dependent Types)을 지원한다. 그래서 이드리스(Idris)는 "0보다 큰 정수" 또는 "두 개의 요소를 가진 리스트"와 같이 정의될 수 있다. 그리고 컴파일러는 빌드할 때 이런 제약 조건을 적용할 수 있다(개발자 대신 주석에 미리 조건을 정의하여 나열시킬 수 있다).

이것들을 모두 말하면, 당신의 유형 시스템이 얼마나 좋은 시스템인지 또는 얼마나 많은 문서를 작성하는지는 상관없고, 또한 개발자에게 강제로 RTFM[13]할 수도 없다. 일부 개발자는 예제로 공부하기를 선호한다. 사실 이 말은 "그들은 복사와 붙여넣기를 좋아한다"는 말의 정중한 표현이다. 이것으로 말미암아 모든 프로젝트는 깨끗하고 관용적인 예제 코드를 포함할 수 있다. 자동화 테스트는 예제 코드의 특별한 경우다. 테스트는 다양한 사용 사례와 코너 케이스에 대한 코드를 실행에 대한 예상된 동작을 표시하는 문서로써 유용할 수 있다. 작성된 문서가 좀 오래되었을 수도 있지만 오랫동안 테스트를 거친 것이므로, 비교적 정확하다고 확신할 수 있다.

커뮤니티 문서

만약 프로젝트가 커뮤니티에 있는 경우, 커뮤니티는 프로젝트 관리 도구로부터 풍부한 문서 소스, 메일링 리스트, Q&A 보드, 블로그, 이야기 등을 제공받을 수 있다. 예를 들면, 대부분의 팀은 버그 추적 소프트웨어로 JIRA, Bugzilla, GitHub issue를 사용하고, 프로젝트 관리 소프트웨어로 Basecamp, Asana, Trello를 사용한다. 그리고 이 시스템들은 프로젝트에 대한 유용한 정보를 많이 포함하고 있다. 이전에는 어떻게 작업했는지, 지금은 어떻게 작업하는지, 더 나아가 앞으로 어떻게 작업을 할 것인지, 버그 발견, 버그 수정, 기타 작업 등등. 프로젝트에 관한 정보를 검색하는 중에 버그 리포트 또는 오래된 위키 페이지에 걸쳐서 나타나는 것은 드문 일이 아니다. 특별히 오픈소스 프로젝트는 모든 정보를 공개적으로 사용할 수 있도록 만든다.

구글 그룹과 같은 메일 리스트와 스택 오버플로우 같은 Q&A 사이트에서 토론은 검색 결과에서도 자주 등장한다. 내부 또는 독점적인 프로젝트에서 내부 메일링 리스트, 관리되는 FAQ 또는 스택 오버플로우 스타일의 Q&A 사이트를 설치하여 사용하기도

---

13 RTFM은 "제발 매뉴얼 좀 읽어라(Read the Fucking Manual)"라는 문장의 머릿글자다.

한다.[14] 가장 좋은 문서라도 모든 질문에 답할 수는 없다. 그래서 커뮤니티 웹사이트를 배양하는 것은 소프트웨어를 학습할 수 있도록 만드는 중요한 부분이다. 시간이 지남에 따라 프로젝트 문서의 중요한 부분의 몇몇은 대부분 완성되어 간다. 여기에는 개발자들이 혹평하게 되는 본질적인 문제를 해결해야 한다.

마지막으로 인기 있는 오픈소스 프로젝트는 블로그에 게시된 몇몇 최고 문서와 최종 사용자가 올린 이야기를 제공한다. 정말 어떻게 작업하고 어떤 것을 하지 않는지를 알고 싶어 한다. 그들은 프로젝트에 대한 훌륭한 마케팅이다. 다른 사람들이 이를 사용하여 프로젝트를 만든다면, 이것은 훌륭한 프로젝트 마케팅이 된다. 만약 당신의 프로젝트가 오픈소스라면, 커뮤니티가 성장함에 따라 큰 돈이 될 수 있다. 좋은 문서, 사용자 정의 프로젝트 페이지, 대화 그리고 밋업 그룹을 통해 프로젝트가 "마케팅"되어 작은 투자가 될 수도 있다(523쪽 "왜 공유해야 하는가"에서 추가적인 정보를 볼 수 있다).

읽어보기 주도 개발

이번 장에서 우리는 테스트 주도 개발(TDD)을 살펴보았다. 그리고 TDD를 통해서 구현 전에 테스트를 작성하는 것을 살펴보았다. 새로운 프로젝트는 테스트 작성 전에 해야 할 다른 단계로 읽어보기를 작성해야 하는데, 이것은 읽어보기 주도 개발(RDD, Readme-Driven Development)로 알려져 있다. "디자인의 모든 것을 선행(design-everything-up-front)"하는 폭포수 프로세스와 혼동해서는 안된다. 300페이지에 이르는 제품 사양서의 세세한 모든 내용을 설명하는 작업으로 모든 주를 보내는 것이 아니다. RDD는 코딩을 시작하기 전에 생각을 적어놓고 그 이상의 중요한 것, 프로젝트에 대한 한 시간의 생각을 소비해야 한다.

RDD는 어떻게 구축하는지에 대한 방법의 세부사항을 잃어버리기 전에 어떻게 구축할지를 생각하여 올바르게 구축할 수 있도록 도움을 주어야 한다. 당신이 무엇을 만들고 싶어하는지를 생각해야 한다. 그러나 무언가 마법이 당신의 머릿속을 맴돌고 종이에 내려 놓고 싶어하는 희미한 주문 과정에서 일어난다. 작성은 생각의 매우 엄격한 형태이며 항상 계획 속에서 결점이 나타난다. 결함을 수정하는 것은 코드 수천 줄을 작성한 후에 코드를 수정하는 것보다 몇 단락 문자를 작성하는 것이 쉽다[Preston-Werner 2010].

---

14 StackExchange 메타에서 좀더 자세한 내용을 볼 수 있다.

만약 읽어보기를 앞에서 만들었다면, 프로젝트의 나머지 부분을 구현하는 대로 점진적으로 세부 사항을 채워 넣을 수 있다. 문서 프로세스는 덜 고통스럽다. 한번에 작은 한 조각씩 작업할 수 있다. 각각의 정보 조각은 모든 세부사항을 기억하는 프로젝트의 마지막 부분에서, 긴 문서 세션에서 마음을 상쾌하게 해준다. 또한 읽어보기 자신은 다른 사람과의 작업을 위한 매우 중요한 도구다. 만약 당신이 팀 주위 사람들에게 읽어보기를 돌아가며 작성하는 경우 특별히 설계 부분의 꼼꼼한 검토와 논의가 필요하다 (332쪽 "디자인 리뷰"를 참조한다). 그리고 모두가 합의해야 하고, 읽어보기는 누가 무엇을 작업하는지에 대한 문서로서 서비스를 제공해야 한다[Preston-Werner 2010].

왜 RDD가 가치 있는지를 명확하게 하기 위해서 구입 권유, 예제, 퀵스타트 가이드, 프로젝트 구성의 세부 사항을 포함하는 읽어보기의 모든 조각을 살펴보자.

구입 권유

읽어보기의 상단에는 ⒜ 프로젝트가 무엇을 하는지, ⒝ 왜 이것을 사용해야 하는지에 대해서 매우 간결하게 설명한다. 첫 번째는 무엇을 구축하는지에 관해 명확하게 해야 한다. 두 번째는 왜 이것을 구축하는지 또는 그렇지 않은지 정당화해야 한다. 예를 들면 코드베이스 또는 오픈소스 라이브러리, 또는 다른 전체 무언가를 구축하는 것을 이미 라이브러리로 사용할 수 있다(192쪽 "자체 구축 vs. 상업적 제품 구입 vs. 오픈소스 사용"을 참조한다). 만약, 누군가가 왜 이것을 사용하는지에 대해 정당화할 수 없다면, 아마도 구축에 이것을 사용하지 않을 것이다.

예제

구입 권유 후에 몇 가지 코드 조각, UI 모형, 스크린샷, 아키텍처 다이어그램, 프로젝트에 활용 방법에 대한 데모를 보여준다. 이것은 앞에서 사용자 경험을 알아낼 수 있는 기회다. 많은 프로그래머는 불행하게도 이 단계를 건너뛰고 바로 구현 단계로 이동하려고 한다. 그들은 코드의 다루기 어려운 비트이고 비트의 꼭대기 층에서 겹겹이 층을 쌓는 전투를 시작한다. 정글에 있는 나무 한 그루에 천천히 기어 올라가는 것처럼, 그들은 같은 지점까지 위로 위로 구불구불 올라간다. 그리고 덮개를 돌파하고, 처음으로 햇빛을 그들의 코드에 노출시킨다. 그렇다. 이것이 실제 사용자다. 이런 혼란은 잡초에 얽힌 가장자리가 사용자 경험이 되어 나타나는 것과 같다. 대부분의 경우, 이런 API 또는 UI는 거의 쓸모가 없으므로 지금 너무 늦었더라도 이것을 고쳐야 한다. 왜냐하면 많은 가지, 뿌리, 곁가지, 코드의 의미 변화가 있기 때문이다. 이것이 왜 사용자 경험을 먼저 시작해야 하는지에 대한 이유가 된다(3장을 참고한다). 이것은 종종 프로젝트의 가장 어려운 부분이며 프로젝트가 성공적이기 위해서 결정해야 할 중요한 한 가지다.

퀵스타트 가이드

아직 사용자 경험에 관한 생각을 마무리하지 않았다. 몇 가지 예제에 대한 리스트를 작성한 후의 다음 단계는 퀵스타트 가이드다. 프로젝트 설치 방법과 퀵스타트 가이드를 사용하여 시작하는 방법을 설명해야 한다. 이것은 프로젝트를 패키징하는 방법에 관한 생각으로, 종속성을 가지는 것은 무엇인지, 환경설정의 종류에는 무엇이 필요한지, 개발 환경과 생산 환경 사이에 작업하는 방법은 무엇인지 등의 내용을 포함한다. 내용 정리가 끝날 때까지 이들 결정을 넣으면 안 된다. 그것들은 제품 사용의 경험에 대한 필수적인 부분이며 항상 당신의 기대보다 더 좋은 것을 고대하기 때문이다.

내가 좋아하는 예제 중 하나는 스프링 프레임워크(Spring Framework)와 Node.js로 간단한 웹 앱을 구축하기 위한 퀵스타트 가이드로 비교한다. 스프링을 위한 튜토리얼은 어떤 실수도 없다면 15분 정도 걸린다. 8개의 폴더와 파일, 두 개의 프로그래밍 언어를 사용한 88줄의 코드 작성 등 10개의 단계로 되어 있다. Node.js는 두 단계로 15초가 걸린다. Node.js로부터 5줄의 코드를 복사하고 붙여넣기를 하여 홈페이지의 파일 하나를 컴퓨터에서 실행하면 된다. Node.js는 모든 시간에서 급성장하는 매우 놀라운 오픈소스 프로젝트 중 하나다. 퀵스타트 가이드는 당신의 첫인상이 된다. 바로 얻을 수 있도록 해야 한다.

프로젝트 구성

이 부분에서는 프로젝트에서 작업의 매커니즘을 설명한다. 코드는 어디에 있는가, 코드 구성에는 어떤 방법이 있는가, 버그 추적 및 작업은 어떻게 하는가, 어떻게 기여하는가, 법률적으로 고려해야 할 라이선스와 저작권은 무엇인가? 다른 사람들과 함께 프로젝트에서 작업을 할 수 있게 하려면 이런 세부 사항을 미리 파악하는 것이 중요하다.

7.3 성능 확장

프로그램 최적화에 대한 잭슨의 법칙은 다음과 같다.

- 법칙 #1 : 이것을 하지 마라.

- 법칙 #2 (전문가라면) : 아직 이것을 하지 마라.

[BENTLEY 1988, 61], 마이클 A. 잭슨, 독립 컴퓨팅 컨설턴트

프로그래머는 성능, 점근 표기법, 확장에 대해 집착적으로 사랑한다. 영광스러운 회사들은 '웹 규모'와 '빅 데이터'를 다룬다. 그러나 실제로는 스타트업의 대다수 중 어느 누구도 이를 특별히 중요한 문제로 여기지 않는다. 당신은 도구와 연습에 시간을 투자하는 것이 좋다. 개발팀은 서버를 보다 빠르게 만드는 것보다 코드를 빠르게 싣는 것이 중요하다. 사실 확장하지 말하는 것은 스타트업의 초기에는 성공하기 위해 중요한 구성요소를 갖추어야 한다는 것이다(137쪽 "확장하지 않는 실행"을 참조한다).

성능에 대한 병목현상을 보인다면 제품은 이미 전달된 후일 것이다. 이것은 다른 의미로는 좋은 문제다. 만약 운이 좋아 이런 문제를 가지고 있다면, 문제 해결을 위해 중요한 한 가지를 알아야 한다. 만약 3초 이내에 웹 페이지가 안 보인다면 40%의 사용자가 포기한다[Work 2011]. 온라인 구매자에 대해서는 57%가 포기하는데, 18세부터 24세까지는 그 비율이 65%까지 올라간다[Rheem 2010]. 최악의 경우 웹사이트의 느린 경험을 한 75%의 방문자는 다시 돌아오지 않을 것이다[Work 2011].

성능에 관한 기본적인 프로세스 또는 일반적인 소프트웨어 개발은 작동, 실행, 그리고 빠르게 하는 것이다. 이것은 순차적인 실행이며 명령에 따라 반드시 실행해야 한다.15소프트웨어는 잘못될 수도 있고, 매우 효율적으로 수행하더라도 가치가 없을 수도 있다. 그래서 성능에 대해 걱정하기 전에 정확성에 대해 고민해야 한다. 코드를 개끗이 한 후, 신뢰할 수 있는 코드에 대해 성능 개선을 시작한다. 성능 향상은 반복적으로 2단계 과정을 거친다.

1. 측정
2. 최적화

---

15 이 말은 일반적으로 켄트 벡의 "완전한 소스를 발견하는 것은 어려울 수 있다"로 여겨진다.

7.3.1 측정

C++ 프로그래밍 언어의 창시자인 비얀 스트로브스툽의 '컴퓨터 과학 101' 기초에 재미있는 테스트가 있다[Stroustrup 2012]. 임의의 정수 *N*을 생성하고 정렬된 순서를 유지하는 목록에 이들을 입력한다. 예를 들면 정수 5, 1, 4, 2가 생성된다면 다음과 같이 나타난다.

```
– []            // 초기 목록
– [5]           // 5 추가
– [1 5]         // 1 추가
– [1 4 5]       // 4 추가
– [1 2 4 5]     // 2 추가
```

이제 0과 리스트의 길이 사이에 임의의 인덱스를 생성하고 리스트로부터 인덱스에 해당하는 요소를 제거한다. 예를 들면 1, 2, 0, 0 인덱스가 생성되면 다음과 같이 보여질 것이다.

```
– [1 2 4 5]     // 초기 목록
– [1 4 5]       // 인덱스 1을 제거
– [1 4]         // 인덱스 2를 제거
– [4]           // 인덱스 0을 제거
– []            // 인덱스 0을 제거
```

여기서 질문이 있다. *N* 값을 순서대로 저장하기 위하여 링크드 리스트와 배열 중 어떤 것을 사용하는 것이 좀더 효과적일까? 잠시 몇 분간 이것에 대해서 생각해보라.

'컴퓨터 과학 101'로 돌아가 생각해보면, 확실한 대답은 *N* 값이 클수록 링크드 리스트가 좀더 좋다. 왜냐하면 배열에서는 임의로 삽입과 삭제를 할 때 전체 배열의 크기 조정이 필요할 수 있는 반면, 링크드 리스트는 커플된 포인터를 갱신하는 것으로 상시 동작하기 때문이다. 그렇지만 불행하게도 이 대답은 틀렸다. 만약 C++에서 이 코드에 대해서 실제 벤치마크를 한다면, 배열 버전은 수십 배 빠른 몇 개의 정렬이 있기 때문이다[Coppola 2014]. 이제 배열에 대한 인덱스 조회가 상시 가능할 수 있는지 생각해봐야 한다. 그래서 링크드 리스트의 O(*N*) 대신, 삽입에 이진 검색 O(log *N*)을 사용할 수 있다. 그리고 링크드 리스트의 O(*N*) 대신, 삭제에 직접 조회(O(1))를 사용할 수 있다. 그래서 배열 구현을 삽입과 삭제 모두 선형 검색으로 바꿀 수 있다. 그러면 apples-to-apples 비교가 된다. 지금 해설책이 당신이 생각하기에 충분히 빠르다고 생각하는가?

다시 '컴퓨터 과학 101'로 돌아가 답을 살펴보면 그 답은 링크드 리스트가 된다. 다시 말하지만 이것은 명백하게 잘못된 답이다. 거의 모든 경우에서 배열 구현은 링크드 리스트보다 50배~100배 빠르다. 이유는 삽입과 삭제 시간이 모두 선형 검색이기 때문이다. 빅 O 분석으로 표시되지는 않았지만 배열에서 선형 검색은 링크드 리스트보다 훨씬 빠르다. 왜 그런가? 이유는 캐시 일관성(Cache Coherency)에 있다. 배열에서 모든 요소들은 메모리에서 서로 인접해 있으며, CPU L1과 L2 내에서 효과적으로 캐시할 수 있도록 예측 가능한 제어 패턴을 가지는 선형 검색이 가능하다. 반면, 링크드 리스트는 데이터 구조가 연속적이 아니다. 다음 또는 이전 포인터로 각각 점프하는 것은 통상적으로 임의 제어로서 캐시 실수가 일어날 수 있다. 그래서 메인 메모리로 이동하면 50개~100개가 느려진다. 설상 가상으로 각각의 요소에 대해 다음 포인트와 이전 포인트를 저장하기 때문에 링크드 리스트는 배열에 비해 네 배 정도의 메모리 과부하가 발생한다. 그래서 배열보다 메모리에서 더 많은 데이터를 필요로 한다.

이 연습의 핵심은 링크드 리스트를 사용하지 말라고 설득하는 것이 아니다. 그러나 측정 없이 믿는 것은 코드의 성능을 예측할 수 있는 방법이 없다는 것을 깨닫게 한다. 심지어 삽입과 삭제 리스트를 간단하게 해준다. 당신의 직관과 대학에서 배웠던 빅 O 표기법은 확실히 당신을 나락으로 이끌 수 있다.

> 어떤 프로그래머도 데이터 없이 성능을 예측하거나 분석할 수 없다. 당신이 그렇게 생각하는 것과 상관없이 다른 곳으로 가고 있다는 것을 발견하고 놀랄 것이다.
>
> [MCCONNELL 2004, 604], 스티브 맥코넬, *Code Complete* 저자

따라서 성능 튜닝의 첫 번째 단계는 항상 측정하는 것이다. 성능 도구와 프로파일러로 알려진 모니터링 도구(378쪽 '모니터링'을 참조한다)가 코드 기기로 필요하다.[16] 가장 큰 병목 현상을 식별할 수 있는 하드 데이터를 수집할 때까지 어떤 성능 최적화도 수행해서는 안 된다. 대부분의 경우 몇 개의 핫스팟, 일반적으로 완전히 예기치 않은 것, 성능 과부하의 대다수에 대한 계정을 발견할 수 있다. 대부분의 스타트업에 대한 공통적인 병목 현상은 프로그래밍 언어, 웹 프레임워크나 어떤 알고리즘의 성능이 아니다. 대신에 자신의 I/O, 원격 웹 서비스 호출이나 하드 디스크로부터 데이터 읽기에서 발생한다. 왜냐하면 I/O는 CPU 또는 메모리에서 실행하는 것보다 몇 배나 느리기 때문이다. 그래

---

16 이 책의 웹사이트(http://www.hello-startup.net/resources/scalability/)에서 성능 도구 목록을 확인할 수 있다.

서 비록 이것이 성능을 나타내는 일반적인 경향이며, 빅 O 분석에 의해 드물게 포착된다. 이들은 프로파일링을 통해 당신의 원하는 병목현상을 정렬해주고 최적화 시간을 어디서 해야 하는지 알려준다.

7.3.2 최적화

고성능 코드를 작성하거나 확장 가능한 시스템을 위한 정확한 기술은 극단적인 사용 사례다.[17] 성능 향상과 확장을 위한 가장 일반적인 고성능 전략의 리스트를 살펴보자.

분할과 정복

문제를 작고 잦은 문제로 분할하고 많은 CPU와 서버에 걸쳐 문제를 해결한다. 그 래서 각각은 작은 작업을 맡아 수행한다. 예를 들면 다수의 웹 서버, 데이터베이스 복제, 샤딩, MapReduce 등이 있다.

캐싱

미리 작업을 수행하여 요청 시 계산을 대신하여 결과를 저장하고 있다가 저장소로 부터 미리 계산된 값을 제공하는 것이다. 예를 들면, 데이터베이스 캐시, 비정규화 된 스키마, 분산 캐시, CDN, 쿠키, 메모리제이션, 동적 프로그래밍 알고리즘 등이 있다.

나태함

절대적으로 필요할 때까지는 이것과 떨어져 작업을 피하길 바란다. 예를 들면, 스 크롤링을 할 때 웹 페이지의 부분이 늦게 로딩되는 것과 데이터베이스 내의 낙관적 인 잠금 등이 있다.

대략적인 정확성

많은 경우, 완벽하게 정확한 것을 얻기보다 "충분히 가까운" 것을 정답으로 얻는 것 이 좀더 적은 작업을 만든다. 예를 들면, 궁극적인 일관성, HyperLogLog, 내구성 보장 제거, 최적의 메시징 등이 있다.

---

17 (옮긴이) 저자의 홈페이지에서 사용자 도메인에 대한 확장 가능한 패턴의 목차를 읽어보기 바란다.

비동기

계산된 결과를 대기하는 중에 대기 또는 잠금을 대신하여 작업을 계속하면서, 계산이 끝날 때 결과를 통보해주는 것이다. 예를 들면 비블로킹 I/O, 이벤트 루프, lock-free 데이터 구조 등이 있다.

지터와 무작위 처리

균등하게 부하를 분산하는 스파이크와 핫스팟을 피한다. 예를 들면, 무작위 캐시 만료 날짜[Solomon 2012], 균등 부하 알고리즘(라운드 로빈, 선점 스케줄링), 파티션 키를 위한 알고리즘(범위 파티션, 해시 파티션) 등이 있다.

스로틀링

특정 연산을 거부하여 다른 것이 느려지지 않도록 한다. 예를 들면, 서버에 요청 제안, 요청 경로에 대한 늦은 서비스 제거 등이 있다.

여분

두 번 이상의 같은 계산을 킥오프로 시작하고 빠른 완료를 반환한다. 예를 들면, 분산 시스템에서 백업 또는 위험 회피 요청[Dean and Barroso 2013], 실패 경우를 위한 서버 여분(데이터베이스에 대한 대기 서버) 등이 있다.

공동 로케이션

대기 시간을 줄이기 위하여 물리적으로 가까이 함께 일을 하도록 이동시킨다. 예를 들면, CDN, 세계 여러 데이터 센터, 같은 서버 랙에 있는 관련된 서버가 있다.

빠른 하드웨어

AKA 수직 확장이 있다. 예를 들면, 빠른 CPU, 더 많은 램, 더 많은 CPU 캐시, SSD, 빠른 네트워크, 디스크를 대신하는 램 계산이나 램을 대신한 CPU 캐시 처리가 있다.

빠른 알고리즘

더 적은 작업을 하는 알고리즘을 찾는 것이다. 예를 들면 순차적 검색을 대신한 이진 검색, 거품 정렬을 대신한 퀵 정렬 등이 있다.

이들 전략 중 하나를 구현하기 전에, 몇 개를 골라 이 중 본전을 뽑을 수 있을 만큼의 가치를 가지고 있는지 순간적으로 계산해보라. 물론 실제 만들어서 측정해보기 전까지는 확실히 모를 수도 있다. 그러나 무언가를 만드는 것은 매우 비싼 일이며 기본적인 연산을 사용하여 몇 가지 명백히 나쁜 선택을 제거한다면 많은 시간을 절약할 수 있다. 이를 위해 모든 중요한 시스템에 대한 관련 정보(지표)를 알아야 한다. 예를 들면, 데이터베이스에서 기본 키로 검색하는 데 걸리는 시간이나 데이터센터에 요청할 때의 왕복 시간 같은 것이다(다시 말하지만, 모든 측정의 첫 번째 것이 중요하다!). "대기 숫자는 모든 프로그래머가 알아야 한다"를 찾기 위해서 몇 가지 대략적인 숫자를 찾아볼 수 있다.[18]

예를 들면, 검색 애플리케이션을 만든다고 가정해보자. 검색 인덱스가 하나의 서버 메모리 용량을 넘어서고 있다. 그래서 각각의 서비스는 메모리 내에 인덱스의 1:10을 유지할 수 있도록 디스크로 보관하거나 10개의 서비스마다 분할하는 것을 선택할 수 있다. RAM으로부터 각각의 질의문을 가지고 하드 디스크로부터 로컬 질의문으로 검색하거나 병렬로 10개의 서비스를 분산시켜 빠르게 할 수 있는가? 일반적인 검색 질의문 절차를 가정해보자. 당신은 순차적인 데이터 1MB를 읽고, 계산에 따라 다음 숫자들을 사용한다.

- 메인 메모리는 약 100ns를 소요한다.
- 메모리로부터 1MB를 읽는 데 약 12,000ns를 소요한다.
- 랜덤 디스크는 검색할 때 약 4,000,000ns를 소요한다.
- 디스크로부터 순차적으로 1MB를 읽는 데 약 2,000,000ns를 소요한다.
- 데이터 센터로부터 왕복하는 데 약 500,000ns를 소요한다.

이들 숫자와 함께, 로컬 하드 드라이브에서 데이터를 찾는 데 걸리는 시간을 알아보자.

```
Latency = 1 disk seek + read 1 MB
Latency = 4,000,000 ns + 2,000,000 ns
Latency = 6,000,000 ns
```

그리고 병렬로 10개의 서비스를 펼쳐서 처리하고 메모리에서 데이터를 검색하는 데 걸리는 시간을 알아보자.

---

18 (옮긴이) http://www.eecs.berkeley.edu/~rcs/research/interactive_latency.html을 참고한다.

```
Latency = 1 data center round-trip + 1 memory reference + read 1 MB
Latency = 500,000 ns + 100 ns + 12,000 ns
Latency = 512,100 ns
```

그래서 서비스 분기들을 코드에 나누어 처리하는 것이 좀더 빨라 보인다. 그러나 잠깐 여기서 SSD 드라이브는 어떤가? 이들 숫자에 대해서 다시 살펴보자.

- SSD에서 랜덤 검색은 약 16,000ns를 소요한다.
- SSD로부터 순차적으로 1MB를 읽는 데 약 200,000ns를 소요한다.

SSD 드라이브를 사용한 로컬 질의문 처리 시간을 알아보자.

```
Latency = 1 SSD seek + read 1 MB
Latency = 16,000 ns + 200,000 ns
Latency = 216,000 ns
```

여기서 SSD로 업그레이드하는 것이 가장 최고의 성능을 제공하는 것을 확인할 수 있다. 물론 SSD에는 돈이 더 든다. 그러나 원격 서비스를 사용하기 위해 모든 코드를 재작성하여 저장한다면 이것이 전체적으로는 저렴할 수 있다. 프로그래머의 시간은 CPU 시간보다 3배 이상 더 비싸기 때문이다[Cook 2014]. 대부분의 경우, 빠른 하드웨어 구매 또는 대여로 문제를 해결하는 것이 코드 재작성으로 문제를 해결하는 경우보다 저렴하다.

7.4 요약

어떤 면에서 코딩은 능력 훈련 같다. 능력 훈련에서 초보자들은 대부분 무엇이든지 몇 가지 결과를 만들어 내려는 경향을 발견한다. 체육관을 걷거나, 팔에 이두근을 만들어 더 큰 힘을 얻으려 시작한다. 매일 몇 킬로미터씩 달리면 허리는 조금씩 작아진다. 이렇게 해야 한다. 하지만 단지 이게 핵심은 아니다. 아마도 1년이나 일정 시간이 지난 후에, 벽에 부딪히고 모든 진행을 중지할 수 있다. 계속 리프팅을 하겠지만 더 강해지지 않는다. 그래도 달리기를 지속한다면 더 얇아지지는 않을 것이다. 이 시점에서 진전을 이룰 수 있는 방법은 고급 루틴을 사용해서 시작하는 것이다. 역도의 볼륨 변화를 배워야 한다. 더 많은 단백질을 먹고 더 많은 잠을 자야 할 필요를 배운다. 그러면 이것이 다른 어떤 것보다 효과적인 운동임을 알게 된다. 벽을 통과할 유일한 방법은 근본적으로 당신의 훈련 방식을 변경하는 것이다.

이런 방식이 프로그램과 유사하는 것을 알 것이다.

나의 친구 클리프 노리스는 기본적인 상수를 식별했다. 그 또는 그녀가 벽에 도달하기 전에 훈련받지 않은 프로그래머가 작성할 수 있는 코드의 평균량을 나는 노리스 숫자라고 부른다. 클리프는 약 1,500줄로 추정한다. 그 외에도 코드는 저자가 초인적인 노력 없이 디버그 또는 수정할 수 없을 정도로 뒤얽혀있다.

[COOK 2011], 존 D. 쿡, *THE ENDEAVOUR* 저자, 블로거 및 컨설턴트

프로그래밍에서 리프팅은 거의 아무것도 하지 않고 이들(복사와 붙여 넣기, 전역 변수 사용, 문서와 테스트 하지 않고 작성) 작업을 할 수 있다. 잠시 동안이지만 결국은 벽에 부딪히고 이것을 통과해야 한다. 당신은 고급 루틴이 필요하게 되며, 그것은 이 책에서 설명한 클린 코드 법칙과 사례를 따라야 한다는 것이다. 그리고 이 벽에 도착하는 데 오래 걸리지 않는다. 아주 새로운 루비온레일즈로 생성된 모범사례는 약 900줄이다. 이것은 노리스 숫자의 절반보다 크다.

사실 여기에는 벽이 하나 이상이다. 노리스 숫자는 코드 1,000~2,000줄에서 하나의 벽으로 나타난다. 이 벽을 지나려면, 이전 장에서 본 몇 가지 클린 코딩 법칙에 따라 시작해야 한다. 더 좋은 이름, 코드 레이아웃., 느슨한 결합, 높은 응집력 말이다. 20,000줄쯤에서는 또 다른 벽에 부딪칠 수 있다.

나는 대학을 떠나 첫 번째 직장에서 반복적으로 약 2만 줄에서 벽에 부딪쳤다. 마치 나의 동료들처럼 말이다. 드림웍스에서 우리는 애니메이터가 사용하는 905개의 프로그램을 가졌다. 더 큰 사람들은 약 2만 줄 ~2.5만 줄 사이를 맴돌고 있음을 보여주었다. 이것은 기능을 추가하는 데 너무나 많은 노력을 가져왔다.

[KESTELOOT 2014], 로렌스 케스텔루트, 텐팀

이것이 지나가면 당신은 코딩 업무 확장을 시작할 것이다. 아마도 코드 리뷰, 자동화 테스트, 리팩토링, 작은 함수와 모듈로 코드를 분해하고 부작용 제어에 더 많은 시간을 소비할 것이다. 코드의 수백, 수천 또는 수만 줄에 이르러 새로운 벽에 부딪치기 전까지 먼 길을 떠나야 한다.

벽은 약 3-4M LOC 주변에 있는 것 같았다. 정말로 3M LOC 후에 있다. 성장 속도는 얼마나 많은 사람이 참여하든지 또는 몇 년간 참여하든지 상관없이 아주 느리게 보인다.

생산 업체의 숫자는 독점 코드 내에서 대략 +/-1M 양의 죽은 코드를 포함하고 있다. NVIDIA의 핵심 드라이버의 코드베이스는 약 3M 정도이지만, 1M~10M 정도 보조적인 기능을 포함하고 있다. 게임 회사들은 좀더 적은 것으로 보인다. 약 1.5M~2M 정도로 많은 작은 프로그램을 포함하고 있다.

[WEXLER 2012], 다니엘 웩슬러, 웩스웍스 창업자

수천 또는 수만 줄의 코드에 대한 코드베이스는 완전히 다른 여러 방법이 필요하다. 별도의 저장소, 엄격하게 통제되는 이전 버전과 호환성을 가진 API, 다수의 자동화 테스트, 문서화 등이다.

    그래서 다시 한번, 스타트업은 사람에 관한 것이라는 사실을 뒤돌아 본다. 코드베이스는 기술에 보다 적고, 인간의 마음과 심리학의 고유한 제한에 대한 것 이상의 것을 관리하는 능력이 필요하다. 만약 2천 줄 미만의 짧은 프로그램을 작성하는 경우라면, 주로 일회용 프로토타입을 구축하여 스타트업의 초기에 사용할 수 있다. 아마도 코딩 작업의 확장에 관해 너무나 많은 걱정을 피해야 할 것이다. 그러나 더 크게 작성하여 더 많은 사람이 함께 한다면, 더 많은 부하를 처리하고 근본적으로 무언가 다른 일을 해야 한다. 사람들이 코드를 읽고 쓰기 위해 도움을 주는 모든 것에 관심을 가지기 시작해야 한다. 예를 들면 이름 명명, 코드 레이아웃, 응집력, 결합력, 리팩토링, 테스트, 코드 리뷰와 문서화다. 만약 당신이 이것을 할 경우 가능한 빠르게 하라. 속도가 승리한다.

다음 날 고객이 방문했을 때를 위한 피크 전략 상황에 있었다. 고객은 다음날 아침 9시~9시 30분 사이에 올 것으로 예상된다. 그는 상품 및 파생 상품 거래 회사에 있으며 매우 빠른 거래를 하고 있었다. 우리가 이전에 처리했던 것보다 거래의 다른 종류. 우리의 소프트웨어로 할 수 없었던 일을 그를 위해서 몇 가지 데모로 가능하도록 해야 할 필요가 있었다. 나는 정확하게 어떻게 했는지 기억하지는 못하지만 어쨌든 우리는 벽 뒤에 있었다.

그래서 그가 나타나기 전, 그날 정오부터 시작하기로 했다. 우리는 다음 날 데모에서 놓친 시스템 부분을 구축하기 위해 기본적인 세 가지 방향으로 짝 코딩을 했다. 우리는 그 시간에 순수한 방법론을 예민하게 느끼고 있었다. 그래서 절대적으로 순수한 테스트 주도 개발, 짝 프로그래밍, 리팩토링 등을 사용하는 데 동의했다. 우리는 정오부터 다음 날 아침 7시까지 진행했다. 내가 이전에 알고 있었던 것 모든 것들로부터 터무니 없는 막대한 양의 출력물을 만들어 냈다. 그 환경에서 오류들은 끔찍했었다. 도구로 수행된 계산에서 버그를 발견한 금융분석가는 엄청나게 끔찍할 것이다. 그러나 우리는 어떤 버그에 대한 설명 없이, 미친 듯이 기능적인 진보를 만들었다. 그리고 다음 날 결함 없는 데모를 했다.

당신이 소프트웨어 회사로 프로세스를 소개하기 위해 시작했다면 이렇게 대답하는 경향이 있다. "음, 서두르지 않는다면 좋은 프로세스를 사용할 수 있다. 그렇지만 서두른다면 무엇이든지 할 수 있다." 나는 이 이야기에 대해 뒤돌아가야 한다고 본다. 이것은 진정 좋은 프로세스는 모든 규모에서 확장을 가속시켜줄 수 있는 예가 된다. 좋은 프로세스는 시간, 일 또는 년을 가속시켜줄 것이다.

[THOMPSON 2014], 딘 톰슨, 노웨이트 CTO

: 제품, 기술, 팀을 완벽하게 구축하는 기술

8장
소프트웨어 전달

8.1 완료는 전달을 의미한다

소프트웨어는 당신의 컴퓨터로 작업할 때 완료된 것이 아니다. 코드를 클린하고 테스트를 통과할 때 완료된 것도 아니다. 누군가가 코드 리뷰로 '배포(ship it)'할 때도 완료된 것이 아니다. 마찬가지로 당신이 포스트잇을 "기능 완료" 컬럼으로 이동시킬 때 역시 끝난 것이 아니다. 소프트웨어는 사용자에게 전달될 때 끝난다.

많은 회사가 수동 전달 방법을 사용한다. 나는 코드 앞뒤에 적혀있는 스타트업 개발자와 이메일로 이야기한 적이 있다. 새로운 코드를 FTP 또는 SSH를 통해 서버로 수동 업로드하고 수 작업으로 각각의 서버를 구성하고 있었다(회사 전체에서 오직 한 명의 엔지니어가 모든 작업을 만들기 위한 마법의 주문을 알고 있었다). 이 장의 첫 부분에서 볼 수 있는 것처럼, 이런 임시적인 접근은 스타트업에 많은 고통을 야기할 수 있다.

> 고통이 있으면 더 자주 해야 한다.
>
> [FOWLER 2011], 마틴 파울러, 프로그래머, 저자, THOUGHTWORKS의 의장

이 장을 통해 알아보려는 공통적인 주제는 전달 방법의 직관을 줄이고, 고통을 자주 직면함에 있어 통증을 줄이는 가장 효과적인 방법을 알아보는 것이다. 그렇게 하려면, 당신의 스타트업에서 코드를 작성한 후에 모든 중요한 단계를 처리하는 전달 방법을 구

축할 필요가 있다. 빌드, 배포, 모니터링 단계로 이 장에서 살펴본다. 나는 빠르고, 신뢰하며, 자동화된 방식으로 처리하는 방법을 보여줄 것이다.

8.2 수동 전달이라는 끔찍한 이야기

2011년 링크드인은 초당 2명의 회원이 증가하는 100억 달러 가치로 기업공개(IPO, Initial Public Offering)를 했다. 이때 전달과정은 고장나 버리고 회사는 간이역에 멈춰서 있었다. 이것은 거의 모든 엄청난 단일 성장을 이루는 회사에 일어나는 공통적인 문제다. 그러나 몇몇은 이 이야기를 말할 정도로 용기가 거의 없었다. 지금까지 말이다.

우리는 2주 간격으로 출시 기차 모델(Release Train Model)을 사용하였다. '기차'는 제품을 향해 새롭게 디자인된 역으로 출발한다. 기차를 타려면, 출시 지점에 코드를 얻어야 한다. 그때 팀은 몇 주 또는 몇 달 동안 모든 다른 팀으로부터 완전히 격리되어 작업한 별도의 기능 지점에서 그들의 작업을 모두 끝내야 한다. 출시 예약 3주 전까지, 10여 개 팀은 출시 시점에서 변화를 병합하려는 시도로 모든 기능은 충돌되고 있었다.

병합 과정은 악몽이었다. 개발자들은 다음의 가정에 따라 몇 달간 코딩을 해왔다. 더 이상 존재하지 않는 클래스 사용, 데이터베이스 스키마 변경, 수십 곳에서 사용되는 API 리팩토링, 완전히 다른 UI 모습, 자바스크립트 라이브러리는 코드베이스가 10개의 새로운 곳에서 사용되었던 것으로부터 제거되었다고 생각했다. 이것은 더 이상 진실이 아니다. 이 모든 충돌을 해결하는 데 며칠이 걸렸다. 모든 작업이 완료되었을 때, 정말 많은 코드가 변경되었다는 것을 깨달았다. 그리고 병합 작업의 일부분으로써 대부분의 테스팅은 기능 분기(Feature Branch)에서 매우 유용했다.

문제는 충분한 테스트가 되지 않았던 것이다. 최근 작성한 몇 개의 코드를 테스트했다. 그러나 여기에는 두 가지 문제점이 있었다. 첫 번째 테스트는 매우 느렸다. 정말로 너무 느렸다. 컴파일, 테스트, 패키징에 이르는 구축 과정이 무려 10시간이 걸렸다. 두번째 테스트는 신뢰할 수 없었다. 그들 중 대부분은 신뢰할 수 없고 간간히 실패하였다. 그래서 이들을 모두 모은 후에, 수십 번의 테스트 실패가 끝날 때까지 이들 작업이 잘 작동하도록 거의 매일 하루에 한 번씩 빌드를 실행했다. 그러나 기능 분기, 나쁜 병합 또는 신뢰힐 수 없는 테스트로 인한 버그라면 알 길이 없었다.

만약 빌드를 안정화할 수 있다고 가정하면, 다음 도전은 배포 계획을 수립하는 것이다. 어떻게 배포를 처리할 것이며 어떻게 필요로 하는 환경을 구성할 것인지를 출시에 맞춰 배포에 필요한 모든 서비스를 위키 페이지에 리스트하여 관리했다. 예를 들어, 당신은 기능 분기점에 있어서, 서비스 B에 새로운 종단점을 추가하고, 서비스 A가 새로운 종단점을 호출할 수 있도록 수정할 수 있다. 배포 계획에 따라 서비스 A와 B 양쪽 모두를 추가해야 한다. B를 먼저 배포해야 새로운 종단점 A를 활성화할 수 있다. 그리고 서비스 B의 환경설정을 수정한다(스레드 풀 크기를 증가시키거나 쓰레기 수집 설정을 변경할 수 있다). 모든 환경설정을 수동으로 관리하려면 배포 계획에 포함시킬 것들을 항상 기억해야만 한다.

마찬가지로 배포의 나머지 부분도 수동으로 진행했다. 출시 팀은 한 단계 한 단계 수백 개의 서비스를 배포하고, 수천 개의 서버 사이의 환경설정을 수정하고, 수 작업으로 작성된 조각조각의 셸 스크립트를 위키에서 검토했다. 이 모든 걸 수동 작업으로 했으니, 실수가 있을 가능성이 있었다. 몇몇 오류는 아주 명확했다. 그러나 다른 것은 몇 시간 또는 며칠이 걸려도 눈에 띄지 않았다. 이들은 우리가 있는 곳에서 거의 모니터링되지 않았다. 많은 경우는 눈먼 장님처럼 일을 진행했고, 사용자의 불평이 있을 때까지 무엇이 잘못되었는지 알지 못했다. 항상 무언가 잘못되었을 때 출시는 많은 시간이 소요되었고 늦은 밤까지 계속되었다. 일부 출시는 마무리까지 여러 날이 걸렸다. 몇몇은 코드가 안정화되지 않아 부분적으로 취소해야만 했다.

2001년 말, 우리는 코드를 전혀 출시할 수 없게 되자 핵심에 접근하여, 출시 단계를 정비하여 프로젝트의 반전을 이루어냈다. 이 모든 것을 마무리했을 때,[1] 우리는 훨씬 적은 버그를 한 시간 동안 여러 번에 걸쳐 배포하는 중에 버그가 훨씬 줄어들었으며, 이것을 통해 모든 오류를 잡을 수 있는 포괄적인 모니터링 해결책을 확보했다. 어떻게 이런 드라마틱한 향상을 가질 수 있었을까? 첫 번째 단계에서는 빌드 과정을 향상시켰다.

8.3 빌드

빌드 단계는 '버전 제어', '빌드 도구', '지속적인 통합 프로세스', 이 세 가지로 구성된다.

8.3.1 버전 제어

버전 제어 시스템(VCS, Version Control System)은 시간이 지남에 따라 파일셋의 변경을 추

---

1   실제 증가하는 지속적인 과정은 결코 끝나지 않는다. 그러나 우리는 몇 달간 대규모 개선을 매번 확인할 수 있었다.

적한다. VCS를 사용한 적이 없더라도, 아마 여러 번 시스템으로 파일을 한꺼번에 끌어 모았을 것이다. 백업으로써 파일의 복사본에 대한 이메일을 본 적이 있는가, 동료와 드롭박스를 사용하여 문서를 공유하는가, 하드 디스크에 15개 버전의 이력서(예 : resume-v1.doc, resume-v2.doc, resume-09-03-14.doc)를 가지고 있는가? 이 특별한 사례는 몇 개의 워드 문서 또는 스프레드에 대한 작업이었다. 그러나 그들은 소프트웨어 관리로써 좋은 방법을 사용한 것은 아니다.

만약, 코드로 작업을 한다면 다른 방법이 없다. VCS를 사용해야 한다. 사용하지 않을 적당한 이유가 없다. 혼자 프로젝트를 하는 경우, 프로젝트가 작은 경우, VCS 없이 몇 년간 작업한 경우에도 VCS의 설정 비용은 매우 낮고 장점은 높다. 여기에 변명의 여지가 없다. VCS는 모든 파일의 개정 이력을 저장하여 팀의 슈퍼파워를 제공한다. 만약 당신이 실수를 한다면 어떤 파일이라도 최신 버전으로 되돌릴 수 있다. 만약 버그가 발견된다면, 최근 커밋한 곳에서 문제를 파악할 수 있으며, 커밋 메시지에 버그를 야기하는 변화에 대한 추적 정보를 남길 수 있다. 동시에 여러 기능을 작업하는 경우라도 분기점을 넣어 작업할 수 있다. 그리고 동료와 협력해야 할 경우, 커밋, 병합, 요청 가져오기와 같은 작업 경로를 구축할 수 있다.

2015년을 기준으로 버전 관리 시스템으로 가장 인기 있는 선택은 SVN과 깃(Git)이다.[2] SVN은 중앙집중식 VCS다. 원본 소스는 중앙 서버에 저장되며, 모든 개발자는 클라이언트 소프트웨어로 서버와 상호작용을 한다. 이것은 그림 8.1과 같다. 코드의 복사본을 얻으려면, 중앙 서버로부터 체크아웃을 한다. 만약 코드를 변경하면, 중앙 서버로 돌아가 변경된 내용을 커밋한다.

깃은 분산 VCS다. 모든 저장소에 복사본을 가지고 서버와 클라이언트 모두 에서 동작할 수 있다. 이것은 그림 8.2와 같다. 누군가 저장소의 복제 코드를 복제하여 얻을 수 있다. 그리고 로컬 저장소에 변경된 내용을 커밋한다. 이때 입력된 가장 최근 커밋을 다른 사람에게 보낼 수 있고, 그들 모두에게 최신 커밋을 가져가게 할 수 있다.

---

2   이 버전 관리 시스템을 사용한 숫자는 "스택 오버플로우 개발자 연구(Stack Overflow Developer Survey)"에서 확인할 수 있다(http://stackoverflow.com/research/developer-survey-2015).

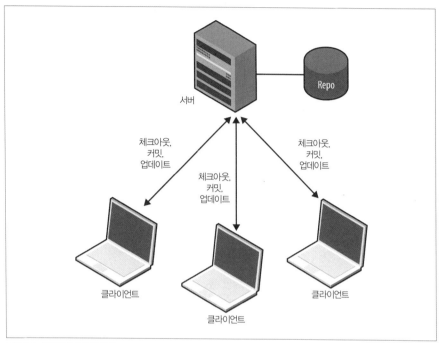

그림 8.1 중앙집중식 버전 관리

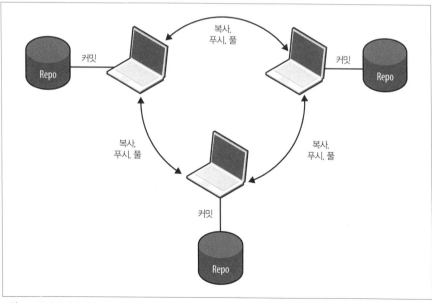

그림 8.2 분산된 버전 관리

실제로 분산 VCS에서도 하나의 중앙 노드는 일반적으로 원본 소스를 처리하고 모든 빌드와 출시에 대해 사용된다. 예를 들면, 깃허브는 대부분 오픈소스 프로젝트에 대한 소스의 근원이며, 커밋을 푸시하여 오픈소스를 '공식화'한다.

스타트업에서 중앙집중식 VCS를 사용해야 하는가 아니면 분산식 VCS를 사용해야만 하는가? 아마도 대부분의 회사는 부분적으로 분산된 깃을 최선의 선택으로 꼽는다. 깃은 그 시작부터 깃허브와 오픈소스 소프트웨어의 인기로 말미암아 버전 관리 세계에 군림했다. 즉 어떤 VCS도 없는 것보다는 낫다. 그래서 몇몇 다른 도구를 선호한다면 완벽하게 사용하면 된다. 어느 쪽 VCS를 선택하든지, 다음 두 가지 모범 사례가 있다. 바로 "좋은 커밋 메시지를 작성하라"와 "자주 커밋하라"다.

좋은 커밋 메시지를 작성하라

웹사이트에서 새로운 버전으로 제품을 배포했는데, 검색 기능이 깨졌다는 것을 발견했다고 상상해보자. 원인을 알아내기 위해서, 커밋 로그를 열고 최근 출시된 것부터 변경 내용을 찾아본다.

```
> git log --pretty=oneline --abbrev-commit
e456b8b Maybe this will do it
d98846a Fix another issue
59635e9 Fix stuff
964ce4c Initial commit
```

검색이 깨진 것을 커밋에서 추측할 수 있는가, 안 된다고? 그렇다면 다음 버전을 보자. 같은 커밋을 보여주지만 다른 설명이 있다.

```
> git log --pretty=oneline --abbrev-commit
e456b8b Add alt text to all images
d98846a Improve search performance by adding a cache
59635e9 Update logo on homepage
964ce4c Initial commit
```

이제 d98846a 커밋이 명확하게 보일 것이다. "캐시 추가로 검색 성능 향상(Improve search performance by adding a cache)"은 버그를 야기하는 것처럼 보인다. 무엇이 정확하게 변경되었는지를 커밋에 대해 비교해볼 수 있다. 이것은 디버깅 시간을 아껴줄 수 있다. 모든 VCS는 코드를 체크인할 때 커밋 메시지를 남길 수 있도록 허용하고 있다. 커밋 메시지를 올바르게 사용한다면, 버그를 추적할 때와 코드가 어떻게 변경되었는지 이해가 필요할 때 중요한 정보의 원천이 된다. 항상 좋은 커밋 메시지를 작성하는 데 시간을 들여야 한다.

좋은 커밋 메시지는 요약과 설명으로 이루어진다. 요약은 짧은 글(에세이)의 제목처럼 글을 남긴다. 처음 한 줄에는 짧고 요점에 따라 자신에 대한 모든 것을 남긴다.[3] 요약 후 새로운 줄을 추가하여 짧은 구절 또는 중요 항목에 대한 형식, 무엇이 변경되었는지에 대한 설명, 왜 변경했는지에 대한 이유, 어디서 정보를 발견할 수 있는지를 설명한다 (예 : 버그 추적 링크, 위키, 코드 리뷰)[Thompson 2013]. 여기에 그 예가 있다.

캐시 추가로 검색 성능 향상

검색 페이지의 대기 시간을 개선하기 위해,
(기본 값은 10분) 환경 설정 가능한 시간 값에 대한
캐시 검색 결과를 위해 memcached를 사용했다.
memcached로 부터 결과는 검색 클러스터를 적중하는 데 100ms에서 1ms로 나타났다.

- Full design: http://wiki.mycompany.com/search-caching
- JIRA ticket: http://jira.mycompany.com/12345
- Code review: http://reviewboard.mycompany.com/67890

자주 커밋하라

오랫동안 커밋을 하고 있지 않다면 무언가 잘못되고 있다는 것이다. VCS가 당신을 도울 수 없다. 따라서 자주 커밋하라. 만약 문제가 나올 경우, 커밋이 필요하다면 이전 단계로 돌아가서 문제의 원인을 쉽게 추적할 수 있어 마치 체크포인트와 같다. 각각의 커밋 목표는 하나의 목적을 완벽히 구현하기 위해 합리적인 크기의 유닛이 되는 것이다. 이제 이 의미를 분석해보자.

'하나의 목적(Single Purpose)'이란 하나의 커밋 안에 두 개의 버그를 해결하지 못한다는 의미다. 하나의 커밋 안에 두 개의 기능이 구현되어 있거나, 하나의 커밋 안에 존재하는 코드의 리팩토링과 새로운 코드를 구현할 수 없다. '완벽한 구현(Fully Implements)'은 사용자가 보기에 미완성된 기능을 허용하거나 빌드를 중단한 코드를 커밋할 수 없다는 것이다. '합리적인 크기(Reasonably Sized)'는 작은 단계를 증가하도록 작업을 나누

---

3   일반적으로 50자 미만의 짧은 요약글을 사용한다. 깃의 log 명령어 같은 도구를 사용하여 잘 나타나게 할 수 있다.

어야한다는 것이다. 성공의 비밀은 우연의 일치가 아니라 테스트 주도 개발, 리팩토링, 코드 리뷰다(7장을 참고한다). 예를 들어, 기능 구현을 위해 며칠을 소요하여 작업하고 있다면 세 개의 커밋으로 나눌 수 있다. 첫 번째 커밋은 (무시(ignore), 초기화(initially), 실패하지 않은 빌드로 표시된) 실패할 수 있는 테스트 케이스를 추가할 수 있다. 두 번째 커밋은 새로운 기능을 쉽게 구현하기 위해 존재하는 코드를 리팩토링할 수 있다. 그리고 마지막 커밋은 실제 기능 구현을 마무리하고 커밋한다. 큰 기능에 대해 작고 안전한 커밋으로 나누는 방법은 364쪽 "추상화된 분기"와 366쪽 "토글 기능"을 참조한다.

8.3.2 빌드 도구

모든 코드베이스는 컴파일, 테스트, 제품에 대한 코드 패키징을 위한 빌드 도구가 필요하다. 여기에서는 많은 오픈소스 빌드 도구를 사용할 수 있다. 빌드 도구의 사용은 컴파일하려는 코드 유형에 따라 달라진다. 예를 들어, 루비로 작업한다면 아마도 Rake의 사용을 원할 것이다. 만약, 스칼라를 사용한다면, 아마도 SBT의 사용을 원할 것이다. 만약, 많은 다른 프로그래밍 언어를 사용한다면, 아마도 Gradle이 가장 좋은 선택이 될 것이다. 그리고 정적 콘텐츠를 컴파일한다면, 모든 공통 작업에 대해서 Grunt.js와 Gulp의 방대한 플러그인이 작업을 도와줄 것이다(예 : 연결 또는 CSS와 자바스크립트 축소, 커피스크립트 전처리 작업, Sass, 그 외에 것들이 있다).

대부분의 빌드 시스템은 관리의 종속성에 도움을 줄 수 있다. 만약 코드가 제3자의 제품 또는 오픈소스 라이브러리에 의존성을 가진다면, 프로젝트 내 코드의 의존성으로 복사와 붙여넣기로 하면 안 된다. 만약 그렇게 한다면, 종속성 전이를 위해 전체 트리를 복사와 붙여넣기해야 한다. 예를 들면, 라이브러리 A를 의존하고 있고, A는 B와 C를 의존하고, C는 다시 D, E, F를 의존한다면, 프로젝트에서 이 모든 라이브러리를 코드에 복사해야만 한다. 그리고 라이브러리 A의 새로운 버전이 갱신되면, B와 C의 새로운 버전을 사용해야 하는 것을 발견할 수 있다. 여기에 새로운 의존성 G를 추가하면, 모든 의존성 트리를 갱신하게 된다.

이는 아주 관리하기 어려운 상태가 된다. 그래서 대부분의 빌드 시스템은 최상위 종속성을 지정하고, 전이 종속성을 관리하도록 한다. 예를 들어, Gradle에서 종속성은 다음과 같이 지정할 수 있다.

```
dependencies {
    compile group: 'commons-io', name: 'commons-io', version: '2.4'
    testCompile group: 'junit', name: 'junit', version: '4.+'
}

repositories {
    mavenCentral()
}
```

Gradle은 코드를 컴파일하기 위해서 commons-io 라이브러리 2.4 버전, 테스트하기 위해서는 junit 라이브러리 버전 3.0 또는 그 이상의 버전이 필요하다는 것을 알려준다. Gradle은 메이븐 중앙 저장소에서 이들 라이브러리를 찾을 수 있게 해준다. 컴파일 또는 코드를 실행할 때, Gradle은 이들 라이브러리를 자동적으로 다운로드해주며, 모든 의존성을 추가하고, 클래스패스에 포함시켜 준다.

8.3.3 지속적인 통합

만약에 국제 우주 정거장을 만들어야 하는 책임이 있다고 상상해보자. 그림 8.3을 보면 수십 개에 달하는 이들의 구성요소를 확인할 수 있다.

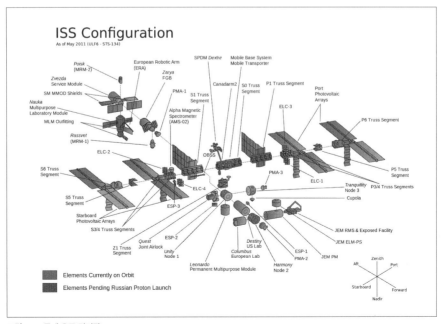

그림 8.3 국제 우주 정거장[ISS Configuration 2011]

별도의 팀은 각각의 구성요소를 만들어야 하며 이들을 구성하는 방법을 결정해야 한다. 여기에 두 가지 선택이 있다.

1. 앞의 모든 구성요소에 대한 디자인을 마련하고 각 팀은 완료될 때까지 그들의 분리된 컴포넌트에서 작업을 시작한다. 모든 팀이 완료되면, 우주 공간에 모든 구성요소를 진수하고, 같은 시간에 모두를 옮겨 넣는다.

2. 모든 구성요소에 대한 초기 디자인을 마련하고 각 팀은 작업을 시작한다. 작업 진전에 따라, 지속적으로 다른 구성요소와 함께 각 구성요소에 대한 테스트를 한다. 그리고 어떤 문제가 있다면 디자인을 수정한다. 모든 구성요소가 완성되면, 우주 공간에 이들을 한번에 진수하고 점진적으로 조립해나간다.

1번 선택을 한다면, 마지막 순간에 전체 ISS를 조립하려고 하는 것은 설계 문제와 어마어마한 갈등에 노출되게 된다. B팀은 A팀을 생각하면서 작업을 하는 동안에 A팀은 B팀을 생각하면서 배선을 처리할 것이다. 예를 들면, 모든 팀은 미터법을 쓰는데, 예외적으로 한 팀만 다른 체계를 쓸 수도 있다. 어느 누구도 화장실 설치를 잊어버렸을 수도 있다. 불행하게도 이 모든 것은 이미 우주 공간에 떠 있고, 이들을 완전히 조립해야 한다. 이것은 비용뿐만 아니라 뒤돌아가거나 수정하기에는 매우 어렵다. 명확하게 이 선택은 재앙이 될 것이다. 그러나 이것은 많은 회사가 빌드 소프트웨어를 정확하게 사용하는 방법이다. 개발자들은 한 번에 몇 주 또는 몇 달 동안 모두 떨어져서 작업을 하고 마지막 순간에 모든 작업을 함께 병합한다. 이런 과정은 '늦은 통합(Late Integration)'으로 알려져 있다. 이 장의 도입부에서 이야기한 링크드인 사례에서 보았듯이, 이것은 재앙을 부른다.

더 좋은 접근방법은 2번 선택에 기술된 것처럼 지속적인 통합으로, 모든 개발자가 매일 또는 정해진 며칠 간격으로 기본적인 규칙에 따라 함께 작업하고 통합하는 것이다. 너무 멀리 잘못된 방향으로 가기 전에, 공정 과정에 있을 수 있는 디자인이 가진 문제점을 노출시키는 것이다. 그리고 디자인을 점진적으로 개선한다. 지속적인 통합을 구현하는 대부분의 공통적인 방법은 '트렁크 기반 개발 모델(Trunk-Based Development Model)'을 사용하는 것이다.

트렁크 기반 개발

트렁크 기반 개발 모델은 개발자들이 같은 분기점에서 그들의 모든 작업을 실행한다. 일반적으로 VCS에서 trunk, HEAD, master를 호출한다. 이것들이 기능적인 분기점 (Feature Branche)은 아니다.[4] 이것은 하나의 분기점으로는 확장이 불가능한 것처럼 보인다. 그러나 실제는 확장을 위한 오직 유일한 방법이 될 수 있게 하는 것이다. 링크드인 은 기능 분기점과 대략 100명에서 500명 사이에서 확장이 필수가 되었던 "프로젝트 역 전(Project Inversion)"의 일부분으로써 트렁크 기반 개발로 이동했다. 페이스북은 1,000 명 이상의 개발자를 위한 트렁크 기반 개발을 사용했다[Rossi 2011]. 구글은 수 년간 트 렁크 기반 개발을 사용해오고 있다. 이는 15,000명 이상의 개발자, 4,000개 이상의 프 로젝트 그리고 분당 20개~60개의 커밋을 지원하는 트렁크 기반 개발을 보여 주었다 [Micco 2012].

어떻게 수천 명의 개발자들이 충돌 없이 같은 분기점에서 원활하게 체크를 할 수 있 을까? 만약 작게 만들어 낼 수 있다면, 거대한 모노리식을 대신하여 자주 커밋을 할 수 있다. 충돌의 숫자는 아주 적어지며 이런 일은 매우 바람직한 것이다. 통합적 전략을 사용하는 것과 상관없이 충돌을 처리해야 한다. 지속적 통합을 사용하여 하루나 이틀 정도 작업으로 충돌을 처리하는 것이 쉬워진다. 오히려 늦은 통합을 사용하면 한달 이 상 충돌 작업을 진행해야 한다.

트렁크 기반 개발은 더 적은 충돌 문제를 만들지만 이것이 안전성에 관한 것인가? 만 약, 모든 개발자가 같은 분기점에서 작업을 하거나, 한 명의 개발자가 컴파일되지 않거 나 버그를 야기할 수 있는 코드를 체크한다면, 모든 개발은 대기 상태가 될 수 밖에 없 다. 이것을 막기 위해서 반드시 자체 테스트 빌드를 해야 한다. 자체 테스트 빌드(Self-Testing Build)는 충분한 자동화 테스트를 통해 한 줄의 명령어로 실행이 가능하도록 완 전히 자동화된 빌드 과정이 되야 한다. 그래서 만약 모든 과정을 통과하면 코드는 안 전하다고 신뢰할 수 있다(297쪽 "자동화 테스트"를 참조하라). 일반적인 접근 방법은 커밋을 할 때 VCS에게 커밋 후크를 추가하는 것이다. 예를 들어, 젠킨스(Jenkins)나 티라비스 (Travis)와 같은 지속 통합 서버로 빌드를 실행하는 것이다. 만약, 빌드를 실패하면 커밋

---

4 개발자들 사이에서 코드를 공유하는 것은 기능적인 분기점을 공유하는 것이 아니다. 개발자들은 동시에 다양한 기능을 그 들의 로컬 환경에서 작업을 하는 데 분기점을 사용할 수 있다. 그러나 다른 사람들과 변경을 공유할 때 그들은 항상 트렁크 로 돌아가서 변경 내용을 집어 넣어야 한다.

은 거부된다.[5] CI 서버는 트렁크로 작업을 허용하기 전에 모든 체크인에 대한 유효성을 검토하는 골키퍼 역할을 한다.

> 일반적으로 지속적인 통합이 없으면, 테스팅이나 통합 단계 중 누군가가 작업을 하고 있는지를 확인하기 전까지는 소프트웨어는 불완전하다. 지속적인 통합이 있다면, 매번 새로운 변화에 대해 자동화 테스트의 충분하고도 포괄적인 기능으로 작업을 완전하게 만들 수 있다. 변화의 그 순간 즉시 수정하고 분리하여 처리할 수 있다.

[HUMBLE AND FARLEY 2010, 56], 제즈 험블과 데이비드 팔리, *신뢰할 수 있는 소프트웨어 출시*, 에이콘, 2013

지속적 통합은 작고 자주하는 커밋의 위대함을 말한다. 그러나 어떻게 큰 변화를 처리할 수 있을까? 만약, 어떤 작업이 몇 주나 몇 달이 걸린다면, 빌드를 분리하거나 사용자에게 불완전한 기능 배포 없이 완벽하게 작업을 커밋할 수 있는가? 이에 대한 대답은 '추상화된 분기(Branch by Abstraction)'와 '토글 기능(Feature Toggles)'을 사용하는 것이다.

추상화된 분기

추상화된 분기에 대해서는 다음 예제로 쉽게 설명하겠다[Hammant 2007]. 자바 애플리케이션에서 Redis의 키-값 저장을 사용하고, Jedis 클라이언트 라이브러리를 사용해서 접근한다고 가정해본다.

```
Jedis jedis = new Jedis("localhost");
String value = jedis.get("foo");
```

당신이 Redis를 Voldemort 키-값 저장으로 대체하길 원한다면, 코드베이스에 사용할 수천 가지의 Jedis 라이브러리를 사용할 수 있다. 하나의 선택으로는 기능 분기점을 만드는 것이다. 그래서 여러분이 분리된 모든 클라이언트가 Voldemort 라이브러리를 사용하도록 변경하는 데 몇 주의 시간을 보낸 후 안전하게 다시 병합할 수 있기를 기대한다. 더 좋은 선택은 같은 분리를 달성하기 위해 코드 내에 추상화를 사용할 수 있다. 예를 들면, 키-값 저장에 대한 간단한 인터페이스를 정의할 수 있다.

```
public interface KeyValueStore {
```

---

[5] 좋은 최적화는 코드 리뷰를 하는 동안 빌드를 실행하는 것이다. 그렇게 만약 체크인 시 어떤 문제점이 발생한다면 무엇이 문제점인지 알 수 있다.

```
    String get(String key);
}
```

Jedis를 사용하여 인터페이스를 구현한다.

```java
public class JedisKeyValueStore implements KeyValueStore {
    private final Jedis jedis = new Jedis("localhost");

    @Override
    public String get(String key) {
        return jedis.get(key);
    }
}
```

트렁크 내에서 새로운 클래스를 직접 빌드하고 테스트할 수 있다. 어느 누구도 사용하지 않았기 때문에 빌드들을 나누지 않고 몇 개의 작은 커밋을 통해 작업하는 것이 쉽다. 클래스가 준비되면, 추상화를 사용해서 Jedis 클라이언트를 사용하는 모든 코드를 이주시킬 수 있다.

```java
KeyValueStore store = new JedisKeyValueStore();
String value = store.get("foo");
```

왜냐하면 이런 변경은 어떤 외부 동작에 대해서도 영향을 주지 않기 때문이다. 작고 잦은 체크인을 통해, 클라이언트는 점진적으로 변경할 수 있다. 그동안 Voldemort를 사용한 KeyValueStore 추상화의 새로운 구현체를 구현하고 테스트할 수 있다.

```java
public class VoldemortKeyValueStore implements KeyValueStore {
    private final StoreClient<String, String> client =
        new SocketStoreClientFactory(
            new ClientConfig().setBootstrapUrls("tcp://localhost:6666")
        ).getStoreClient("my_store_name");

    @Override
    public String get(String key) {
        return client.getValue(key);
    }
}
```

어느 누구도 이것을 구현하지 않았기 때문에, 작고 잦은 체크인을 통해 트렁크에서 직접 빌드하고 테스트할 수 있다. 이것이 준비되면, 모든 클라이언트는 추상화로 이동시킬 수 있다. 이때 새로운 Voldemort 구현을 사용하여 이것들의 이동을 시작한다.

```
KeyValueStore store = new VoldemortKeyValueStore();
String value = store.get("foo");
```

한번 더, 트렁크 내에 점진적으로 변경 작업을 할 수 있다. 사실 좋은 아이디어는 새로운 키-값 저장을 한번에 하나의 사용자 사례로 테스트하는 것이다. 전체 프로젝트에 걸쳐 이동시키기 전에 버그를 살펴봐야 한다. 결국, 모든 클라이언트가 이주되면, 안전하게 코드베이스로부터 Jedis 추상화로 이동될 수 있다.

추상화로 인한 분기점은 실제 사례에 있는 의존성 역전 법칙에서 볼 때는 아무것도 아니다(278쪽 "느슨한 결합"을 참조하라). 이것이 기능 분기점 없이 주요 리팩토링을 실행할 수 있는 유일한 방법은 아니다. 그러나 이런 많은 사례는 클린 코드로 연결될 수 있다.

토글 기능

토글 기능의 아이디어는 기본 값에 의해 미완성 코드나 위험한 코드가 미사용되게 하는 방법이다. 토글 기능을 준비하면 미사용을 활성화하는 아주 쉬운 방법이 된다[Fowler 2010]. 이런 접근 방법은 큰 기능이 증가되는 조각과 체크인 각각으로 작게 분리한다. 가능하면 완벽하게 끝날 때까지 하는 것과 대조적으로 안정적이 된다. 예를 들면, 홈페이지에 거대한 새로운 모듈을 작성하는 중이라면, if 문장 안에서 모듈을 감쌀 수 있다.

```
private static final String NEW_HOMEPAGE_MODULE_TOGGLE_KEY =
    "showNewHomepageModule";

if (featureToggles.isEnabled(NEW_HOMEPAGE_MODULE_TOGGLE_KEY)) {
    // 홈페이지에서 모듈 보기
} else {
    // 새 모듈을 표시하지 않기
}
```

코드 조각을 살펴보면, featureToggles은 키를 검색하는 클래스다. 예를 들어, show NewHomepageModule은 원격 서비스나 애플리케이션의 환경설정 중에 키-값 저장을 사용할 수 있다. 너무 긴 코드를 컴파일하고, 존재하는 테스트를 통과할 수 있도록 모든 토글 기능에 대한 기본 상태는 '끄기'(off)'여야 한다. 그리고 마무리하기 전에 트렁크로 새로운 모듈에 대한 코드를 커밋할 수 있는데, 이것은 사용자에게 표시되지 않는다. 기능을 완료할 때, 환경설정 파일이나 원격 서비스로 기능을 활성화할 수 있다.

링크드인에서 사용하는 원격 서비스는 XLNT로 불리우는 토글 기능이다. 이 토글은 웹 UI로, 동적으로 기능을 확인할 수 있는 요소가 있다. 예를 들어, showNewHome pageModule 키는 단지 링크드인의 사원 정보, 프랑스어를 하는 사람, 또는 미국 내의 1%에 해당되는 구성원 등을 보여줄 수 있다. 이는 그림 8.4를 참고한다.

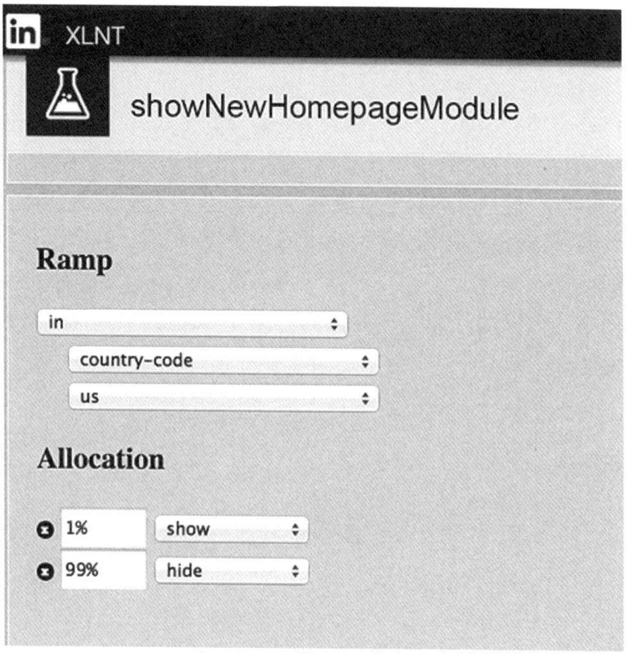

그림 8.4 XLNT 웹 UI

XLNT는 아직 기능을 켜거나 끄지 못한다. 그러나 점차적으로 램프(ramp) 기능의 구성원의 1%에서부터 10%, 마지막으로 100%까지로 설정할 수 있다. 각 단계에서, 만약 어떤 버그 또는 성능상의 문제점이 발견된다면, 재빨리 램프의 이전 기능으로 돌아갈 수 있다.

물론, 토글 기능이 모든 것을 감쌀 수는 없다.[6] 토글 기능은 관리 위험에 대한 것이다. 따라서 위험을 낮춘다면, 코드를 통해 수집된 if 문장의 복잡성이 꼭 쓸모 없는 것만은 아니게 된다. 토글 기능을 사용하여, 기능을 활성화시키는 클리닝 작업을 훈련할 수 있다. 그리고 코드베이스는 코드 분기점에서 더 이상 실행되지 않도록 설정할 수 있다.

---

6 실제로 몇 가지 경우에서는 당신이 원하는 대로 토글 기능으로 쉽게 감쌀 수 없는 것이 있다. 예를 들어, 데이터베이스의 스키마 변경 등이 있다.

각각의 토글 기능에 최소한 TODO를 입력해본다.[7]

```
// TODO: remove this feature toggle after the ramp on 09/01/14.
// See http://mycompany.wiki.com/new-homepage-module for more info.
private static final String NEW_HOMEPAGE_MODULE_TOGGLE_KEY =
    "showNewHomepageModule";
```

8.4 배포

빌드 시스템은 코드, 테스트, 패키징에 대한 신뢰를 가져다 주어야 한다. 제품에 대한 패키징 배포를 위해서 다음과 같은 네 개의 질문을 할 수 있다.

- 어디서 배포하려고 하는가?
- 무엇을 배포하려고 하는가?
- 어떻게 배포하려고 하는가?
- 언제 배포하려고 하는가?

이 질문에 대한 답은 각각 호스팅, 환경설정 관리, 배포 자동화, 지속적인 배포다.

8.4.1 호스팅

모든 스타트업은 셀프 호스팅(Self-Hosting)과 클라우드 호스팅(Cloud Hosting) 중에 결정 해야 한다. 당신이 셀프 호스팅으로 가기로 결정했다면, 소유와 관리하는 하드웨어에 대한 모든 코드를 배포해야 하며, 데이터 센터 또는 데이터 센터 외에 누군가에서 빌린 장비를 임대해야 한다('코로케이션'이라고 부른다). 만약, 클라우드 호스팅으로 결정했다면, 제3자에 의해 소유와 관리되는 하드웨어에서 실행되는 가상 서버로 코드를 배포해야 한다.

대부분의 스타트업이 자신만의 인프라스트럭처를 구축하는 대신에 오픈소스를 사 용한다(188쪽 "자체 개발 vs. 상업적 제품 구입 vs. 오픈소스 사용"을 참조하라). 대부분 스타트업에서, 특히 초기에는, 그들 자신의 데이터 센터를 구축하고 운영하는 대신에 클라우드 호스

---

7   루비와 스칼라의 TODO 라이브러리들은 만료 날짜와 함께 TODO를 실정할 수 있다. 날짜를 지나쳐 버리면, TODO는 빌드 실패를 발생시킨다.

팅을 사용한다. 시간이 오래 걸리면, 선 투자로 하드웨어를 구매하고 설정할 수 있다. 비용은 신뢰성과 여유 확보 그리고 규정 시간 외 관리 방법에 따라 더 많이 든다. 대부분의 스타트업은 하드웨어, 전력, 냉각, 네트워크, 보안에 대한 사내 전문 기술을 가진 개발자를 위한 돈과 시간이 충분하지 않다. 예를 들어, 와이 콤비네이터 스타트업에서 직접 호스팅 비율이 2011년과 2012년 사이에 25% 감소했다.[8]

아마존, 랙스페이스, 디지털오션, 소프트레이어와 같은 대중적이고 인기있는 클라우드 호스팅은 더 큰 유연성을 제공해준다. 예를 들어, 트래픽이 증가함에 따라 응답시간이 필요하고, 몇 주가 걸리지 않고 오히려 자신의 하드웨어를 주문하고 설치하는 것같이 바로 서버를 추가로 주문하는 것이 가능하다. 이런 서비스들은 대형 커뮤니티를 가지고 있으며 필요한 문서, 좋은 모범사례, 확장 가능한 부분과 오픈소스 플러그인에 대한 장점, 어떻게 이들을 사용해야 하는지에 대한 방법을 알고 있는 많은 개발자를 쉽게 고용할 수 있다. 서비스의 대부분은 자체 확장성을 제공한다. 예를 들어, 관리되는 데이터베이스, 부하 분산 관리, 큐, 보안 도구, 배포, 모니터링, 분석 등이다. 대부분의 경우에서 클라우드 호스팅은 저렴한 선택이 된다. 미리 하드웨어 비용을 지불하는 것 대신에 회사 성장과 더 많은 성공이 있을 때에 따라서 비용을 추가하여 사용량만큼만 지불하면 된다.

셀프 호스팅으로 가려는 단 하나의 이유는 아주 높은 성능을 요구하는 애플리케이션이 있을 경우다. 대부분 클라우드 호스팅은 공유된 하드웨어로 운영되는 가상 서버로 제공된다. 애플리케이션은 가상화의 과부하와 자원에 대한 다른 사용자와 함께 경쟁해야 한다. 이것의 의미는 각각의 서버들이 전용 하드웨어로 동작하기 위해서는 더 많은 하드 드라이브 성능이나 더 강력한 CPU를 필요로 한다는 것이다. 더욱이 많은 클라우드 업체는 데이터 저장과 내역폭에 대한 추가적인 요금을 제공한다. 그래서 스타트업이 대용량의 사진, 음악, 비디오를 다룬다면 엄청나게 비싼 클라우드 호스팅을 만날 수 있다.

8.4.2 환경설정 관리

어디에 코드를 배포할지 알고 싶다면 무엇을 배포하려고 하는지를 먼저 알아야 한다. 대부분의 개발자들은 단지 그들의 애플리케이션의 코드만을 생각하지만, 이것은 각각

---

8 "와이 콤비네이터 회사들의 호스팅 결정에 대한 도표"를 보면 통계 정보가 나온다[Franusic 2013], [Lalonde 2012].

의 서버에 무엇을 설치할지에 대한 아주 긴 목록 중 마지막 하나의 항목일 뿐이다. 다음과 같이 일반적으로 사용되는 소프트웨어를 설치한 후에 마지막으로 애플리케이션 코드를 설치한다. 우분투 14.04와 같은 운영체제, 파이썬 2.7과 같은 프로그래밍 언어, 뉴 래릭 시스템 모니터 5.1.19와 같은 모니터링 에이전트, 체프 클라이언트 12.0.0과 같은 환경설정 에이전트, 모니트 5.10과 같은 프로세스 슈퍼바이저, 아파치 2.4.10과 같은 웹 서버 소프트웨어, 깃 2.0.1과 같은 버전 제어 소프트웨어, 소노트 2.9.7.0과 같은 보안 소프트웨어, 로그 스태시 1.4.2와 같은 로깅 시스템, SSL 인증서, 암호, SSH 키를 설치해야 한다.

각각의 소프트웨어에 적절한 버전을 가지고 있지 않으면 당신의 애플리케이션은 실패할 수 있다. 회사는 수백 대 또는 수천 대의 서버를 가질 수 있으며, 환경설정은 소프트웨어가 운영되는 유형(애플리케이션, 데이터베이스, 큐, 부하 분산 등)에 따라 각각 하나씩 다양할 수 있다. 이런 모든 것을 수동으로 설치하고 관리한다면 시간도 많이 소모되고 오류가 발생하기도 쉽다. 사용자 정의 셀 스크립트로 실행하는 것이 보다 쉽지만 여전히 혼란스럽다. 최상의 선택은 문서, 전투적인 테스트, 더 좋은 오픈소스 환경설정 관리 시스템을 사용하는 것이다. 환경설정 관리는 애플리케이션 환경설정, 가상머신, 컨테이너, 오케스트레이션 도구들을 포함한 서로 다른 종류의 다양한 시스템에 대해 설명할 수 있다.

애플리케이션 환경설정

대부분의 애플리케이션은 로그 설정, 메모리 설정, 통신 포트 번호와 같은 설정을 애플리케이션 코드 변경 없이 조정할 수 있도록 필요한 손잡이와 조작기를 보여준다. 당신은 다양한 개발, 테스트, 운영 단계에 해당하는 상이한 환경에 대한 다른 구성을 설정할 수 있다. 예를 들어, 루비온레일즈에서 config/application.rb 내에 필요한 모든 환경을 적용하여 설정할 수 있다.

```
config.i18n.default_locale = :en
config.assets.compress = false
```

반약, 운영 단계에서 몇 가지 설정을 변경하려고 한다면, config/environments/production.rb를 오버라이드하여 설정에 넣을 수 있다.

```
config.assets.compress = true
```

코드를 만지지 않고 한 곳에서 설정을 조정하고 애플리케이션 간의 설정을 공유하는 것은 매우 중요하지만, 이것은 너무 많은 유연성을 가질 수 있다. 예를 들어, 링크드인의 서비스들은 1만 개 이상의 서로 다른 값을 가지는 환경 파일이 있으며, 각각 서로 다른 환경을 걸쳐 다양한 값을 가질 수 있다. 깎아지른 듯한 수많은 설정 파일 숫자와 그들의 심상치 않은 상호작용은 정기적으로 환경 구성의 버그로 이어진다.

> 우리의 경험에서 볼 때, 환경설정 파일에 대한 정보는 소스코드를 변경할 때보다 덜 위험하다는 것이 오랫동안 지속된 미신이다.
>
> [HUMBLE AND FARLEY 2010, 40], 제즈 험블과 데이비드 팔리, *신뢰할 수 있는 소프트웨어 출시*, 에이콘, 2013

환경설정 파일을 다루는 것은 코드를 다루는 것과 똑같다. 파일을 저장하고 버전 정보를 제어하고 모든 변화에 대해 리뷰와 테스트를 한다.

가상머신

가상머신은 이미 필요한 모든 소프트웨어가 설치되어 완벽하게 실행 중인 운영체제의 스냅샷과 유사하다. VMWare, VirtualBox와 같은 하이퍼바이저(hypervisor)로 VM 이미지를 실행시킬 수 있다. 이들을 사용하면 기본적으로 하드웨어가 추상화되어 병렬화가 가능해진다. 그와 같이 소프트웨어는 어떤 서버든 상관없이 VM 이미지가 항상 동일한 환경을 보는 것처럼 실행된다. 이것은 당신이 필요로 하는 모든 소프트웨어를 가지고 있는 개발 환경을 VM 이미지에 정의할 수 있다는 의미다. 그리고 이미지는 운영 환경에서도 같은 방법으로 실행될 수 있다. 이것은 내 컴퓨터에서 작업하는 것처럼 스타일 버그를 줄여준다. 불행하게도 VM 이미지는 무거운 편이다. 가상화된 하드웨어에서 전체 운영 시스템을 동작시킨다면 부팅 시간과 CPU, 메모리 사용에 과부하를 초래할 수 있다.

컨테이너

컨테이너는 이미 필요한 모든 소프트웨어가 컨테이너 이미지에 정의할 수 있으므로 VM과 유사하다. 그리고 이미지는 개발과 운영을 포함한 모든 환경을 같은 방법으로 완벽하게 실행시킬 수 있다. 그러나 VM과 다르게, 컨테이너는 매우 경량화되어 있다. 컨테이너는 기존의 운영체제에서 직접 실행된다. 그러나 기본적인 환경으로부터 자신의 프로세서, 네트워킹, 파일시스템이 완벽하게 분리되어 유지된다. 따라서 컨테이너는 이미지로 빠르게 부팅되며, 최소한의 CPU와 메모리 과부하를 가진다.

대부분 인기 있는 컨테이너 도구는 도커(Docker)로, 몇 초 만에 독립된 리눅스 이미지로 부팅할 수 있다. 도커는 이미지가 매우 가볍기 때문에 개발과 운영에 동일한 이미지를 실행할 수 있도록 쉽게 만들어 준다. 또한 같은 머신 위에서 데이터베이스, 앱 서버 중에 하나를 선택하여 이 중 다수를 실행할 수 있다. 단점은 컨테이너 기술은 특정 운영체제에 의존한다는 것이다. 예를 들어, 도커의 프로세서, 파일 시스템, 네트워킹 분리 기능은 LxC(LinuX Containers)와 리눅스 cgroups 위에 개발되어, 오직 리눅스에서만 실행된다.[9]

오케스트레이션 도구들

오케스트레이션 도구들은 서버에 환경설정을 구성하는 방법을 정의하는 범용 자동화 도구다. 인기있는 선택으로는 Chef, Puppet, Salt, Ansible 등이 있다. 이들 도구를 사용하면, 원하는 관리를 수동 또는 서비스 발견 메커니즘을 통해 모든 서버에 정의할 수 있다. 그리고 스크립트를 작성하고 각각의 서버에 환경을 구성하는 방법에 대한 요리법을 작성할 수 있다. 예를 들어, Ansible은 /etc/ansible/hosts에 서버들을 정의할 수 있다.

```
[webservers]
foo.example.com
bar.example.com

[dbservers]
one.example.com
two.example.com
three.example.com
```

그런 후 서버 역할의 숫자를 정의할 수 있다. 이 역할을 수행하는 서버를 구성하는 데 필요한 작업은 YAML 파일에 있다. 예를 들어, webserver.yml 파일의 역할은 웹 서버

---

9   (옮긴이) 도커는 OS X과 윈도우즈에서 가상머신을 사용할 수 있게 현재 개발이 완료되어 지원되고 있다. 리눅스 배포판은 매우 가벼워서 boot2docker라 불리우는 도커 실행에 단지 25MB의 메모리만 필요하며 부팅은 몇 초 만에 이루어진다.

에 필요한 구성 파일을 정의하는 것이다.

```
- name: Install httpd and php
  yum: name={{ item }} state=present
  with_items:
    - httpd
    - php

- name: start httpd
  service: name=httpd state=started enabled=yes

- name: Copy the code from repository
  git: repo={{ repository }} dest=/var/www/html/
```

마지막으로, Ansible은 /etc/ansible/hosts 내에 웹 서버를 표시하여 웹 서버의 역할을 적용하여 실행할 수 있는 playbook을 만들 수 있다.

```
- hosts: webservers
  roles:
  - common
  - webserver
```

대중적인 오픈소스 오케스트레이션 도구는 Ansible과 같이, 한 줄의 코드로 공통 구성 관리 작업을 처리할 수 있도록 해주는 거대한 도움 라이브러리가 되었다. 예를 들어, 소프트웨어를 설치하고, 코드를 복사하고 특정 구성 환경을 제공할 수 있다. 이런 결과로 코드에서 인프라스트럭처를 다룰 수 있다. 즉, 서버들은 버전 제어, 코드 리뷰, 공유, 테스트 저장을 인간이 읽을 수 있는 텍스트 파일로 정의한다.

배포 자동화

소프트웨어는 서버에 있어 충분하지 않은 것이 무엇인지 간단하게 정의해야 한다. 여기에는 활용 방법을 정의할 필요가 있다. 예를 들어, 하나의 앱 서버가 업그레이드되기 위한 일반적인 단계를 살펴보면, 서비스 정지에 관한 모니터링 시스템(예: Nagios), 부하 분산(예: HAProxy)의 로테이션으로부터의 서비스 이동, 서버의 새로운 코드를 설치하고 실행하기, 부하 분산 로테이션 내로 다시 돌아가기, 모니터링 시스템의 재실행과 수행에 대해 알리기 등을 포함한다. 앱 서버 모두를 업그레이드해야 할 필요가 있다면, 아마도 반복적인 롤링 패션(Rolling Fashion)을 해야 한다. 예를 들어, 모두 20대의 앱 서버를 가지고 한 번에 5대씩 업그레이드를 할 수 있다고 한다면 15대는 여전히 운영하고 트래픽에 대한 서비스를 제공해야 한다.

많은 종류의 서버 사이로 다양한 종류의 코드 배포는 매우 복잡할 수 있다. 그래서 절대 수동으로 해서는 안 된다. 배포 절차는 빌드 절차와 유사하게 하나의 명령어로 실행할 수 있도록 자동화해야 한다. 필수적으로 확장 가능한 배포 절차를 구축하는 것뿐만 아니라 반복, 테스트, 높은 품질도 필요하다.

자동화된 관리가 가능한 사용자 정의 셸 스크립터를 작성한다. 그러나 더 좋은 아이디어는 전투적인 테스트, 잘 정의된 문서 라이브러리를 대신하여 오픈소스를 사용하는 것이다. 최고의 선택은 초기에 Chef, Puppet, Salt, Ansible을 포함한 오케스트레이션 도구를 사용하는 것이다(예: playbook을 사용하는 Ansible 내의 역할과 생성 방법을 살펴보았다). 여기서는 롤링 업그레이드를 구현하는 playbook의 확장을 어떻게 하는지 살펴본다.

```
- hosts: webservers
  user: root
  serial: 5

  pre_tasks:
    - name: disable nagios alerts for this host webserver service
  nagios:
      action: disable_alerts
      host: {{ inventory_hostname }}
      services: webserver
  delegate_to: "{{ item }}"
  with_items: groups.monitoring

- name: disable the server in haproxy
  shell: disableServer.sh myapplb/{{ inventory_hostname }}
  delegate_to: "{{ item }}"
  with_items: groups.lbservers

roles:
- common
- webserver

post_tasks:
- name: Wait for webserver to come up
  wait_for:
    host: {{ inventory_hostname }}
    port: 80
    state: started
    timeout: 80

- name: Enable the server in haproxy
  shell: enableServer.sh myapplb/{{ inventory_hostname }}
  delegate_to: "{{ item }}"
```

```
  with_items: groups.lbservers

- name: re-enable nagios alerts
  nagios:
    action: enable_alerts
    host: {{ inventory_hostname }}
    services: webserver
  delegate_to: "{{ item }}"
  with_items: groups.monitoring
```

serial : 5 명령어는 롤링 업그레이드를 실행하도록 Ansible에게 명령하여 한 번에 5대 서버를 변경한다. pre_tasks는 어떤 역할을 적용하기 전에 실행할 작업을 지정한다. 여기서는 Nagios와 HAProxy를 비활성화하는 데 사용한다. 그리고 post_tasks는 실행 후 작업을 지정한다. 여기서는 Nagios와 HAProxy를 재활성화하는 데 사용한다. 이런 접근 방법은 코드에서 인프라스트럭처를 처리하는 데 좋은 방법이 된다.

8.4.3 지속적인 배포

이제 다음 내용을 이해해야 한다. 어디에 배포할 것인가(호스팅), 무엇을 배포할 것인가(환경설정 관리), 어떻게 배포할 것인가(배포 자동화), 언제 배포할 것인가? 에 대한 대답은 당신이 원할 때마다 가능하다.

지속적인 배포(Continuous Delivery)는 소프트웨어 빌드에 대한 소프트웨어 개발 훈련이자 언제든지 제품을 배포할 수 있도록 해준다[Humble and Farley 2010]. 자동화 테스트를 통과하면 매일, 하루에 몇 번씩, 또는 매번 체크인할 때마다 배포할 수 있다(이것은 지속적인 배포로 알려져 있다). 지속적인 통합은 개발자들이 그들의 코드를 작성하여 다른 개발자와 함께 자주 그리고 지속적으로 동기화를 통해 코드를 통합할 수 있게 해준다. 지속적인 배포는 개발자들이 그들의 코드를 작성하여 제품을 위해 자주 그리고 지속적으로 배포할 수 있도록 해준다.

> 프로그래머의 책상 위에 있는 것과 생산한 것과의 차이가 문제다. 프로그래머는 배포된 소프트웨어와 동기화를 하지 않고 그들의 결정에 관한 확실한 피드백 없이 결정을 내리는 것은 위험해진다.
>
> [BECK AND ANDRES 2004, 68], 켄트 백과 신시아 안드레스, *익스트림 프로그래밍* 저자

만약 오류가 발생하기 쉽고, 수동, 느린 배포 절차를 사용하고 있다면 하루에 몇 번씩이나 고통의 소리를 듣게 된다. 그러나 이 장에서의 다른 모든 것과 마찬가지로 지속

적인 배포를 사용하면, 매우 힘들고 어려울 수도 있지만 필요로 할 때마다 자주 사용할 수 있다. 어쨌거나 지속적인 배포를 안전하고 실용적이게 하기 위해서는 먼저 '롤백(rollback)'과 '이전 버전과의 호환성(Backward Compatibility)'을 지원할 수 있어야 한다.

롤백

그럼에도 불구하고 많은 자동화 테스트와 토글 기능에서 새로운 기능으로 둘러 싸도 버그는 아직도 빠져나가고 있다. 하나의 방법은 제품에서 버그를 롤백(rollback)으로 처리하는 것이다. 다시 말해, 코드의 이전 버전을 배포하는 것이다. 롤백의 대안은 핫 픽스로 새로운 버전 코드로 빠르게 배포하여 롤포워드하는 것이다. 그러나 이것은 매우 위험해질 수 있다. 롤백은 단지 몇 분이면 되지만 버그 수정은 더 많은 시간이 걸릴 수 있기 때문이다. 그리고 새로운 코드가 버그를 정말 수정하는지 그리고 새로운 버그를 나타내지는 않는지 보장할 수 없다. 지속적인 배포에서 롤백은 일반적으로 좋은 선택이며 즉각적으로 문제를 해결하는 데 도움이 된다. 그리고 버그를 해결하려고 픽스(수정본)를 배포할 때 오래 걸리지 않는다.

카나리아 배포(Canary Deployment) 모델에 따라 배포 및 롤백을 안전하게 만들 수 있다. 코드의 새로운 버전을 배포할 때, 단일 서버에 먼저 배포하는 것을 카나리아라고 부른다. 이때 다른 모든 서버는 여전히 이전 코드로 실행된다. 이전 서버(기준으로 지정된)와 카나리아 서버를 비교한 다음 버그 또는 성능 문제가 없는지 살펴본다. 예를 들어, 링크드인은 이런 도구를 EKG라고 부른다. 카나리아와 기준 서버를 비교하고 자동적으로 CPU 사용량, 메모리 사용량, 대기 시간, 오류 그리고 다른 지표 간의 차이점을 강조해 준다. 이것은 그림 8.5에서 확인할 수 있다.

그림 8.5 카나리아 및 제어 서버에 대해서 EKG를 사용하여 비교한 결과

만약, 카나리아에 어떤 문제가 있는 경우, 단지 소수의 사용자에게 영향을 미치고, 단일 서버를 롤백하여 문제를 수정할 수 있다. 모든 것이 정상적이라면, 몇 분 후에 다른 모든 서버에 대해 새로운 버전의 코드로 배포할 수 있다.

이전 버전과의 호환성

이전 버전과의 호환성은 거의 대부분 분산 시스템에서의 요구사항이지만, 특별히 지속적인 배포에서 매우 중요하다. 이것은 서비스가 언제 그리고 어느 명령에 따라 배포되는지 또는 롤백을 할지를 결정한다. 이전 버전과의 호환성에는 일반적으로 두 가지 규칙이 있다.

1. 서비스로써, 토글 기능 없이 공용 API 내의 어떤 것도 삭제할 수 없다.
2. 클라이언트로써, 토글 기능 없이 공용 API 내의 어떤 새로운 것도 의존할 수 없다.

만약 서비스가 동작 중이고, 공용 API이고, RESTful이고, 반환이 JSON이라면, 1번 법칙은 새로운 것을 추가할 수 있다는 의미다. 예를 들어, 새로운 URL 또는 새로운 질의 문자 매개변수가 일반적으로 안전하다면, URL 변경이나 삭제, 질의 문자 매개변수의 이름 변경, JSON 내 필드 이름 변경 또는 이런 필드 내의 유형 변경은 할 수 없다는 것이다. 유일한 방법은 공용 API로부터 무언가를 제거하는 토글 기능으로 제거하도록 감싸는 것과 이후에 "0"으로 사용하지 않도록 활성화시키는 기능을 설정하는 것이다. 클라이언트로써, 2번 법칙은 다른 서비스에서 새로운 API를 호출할 때 토글 기능으로 반드시 감싸져야 한다는 의미다. 그리고 새로운 API가 배포된 후에 이를 활성화해야 한다.

8.5 모니터링

측정할 수 없다면, 고칠 수 없다.

데이브 헨케, 링크드인 수석 부사장 엔지니어/운영자

제품은 코드 빌드와 배포만으로 충분하지 않다. 빌드와 배포 후에 지속적으로 작업이 안전한지를 확인해야 한다. 여기에 모니터링이 필요하다. 모니터링을 하면, 모든 도구와 기술들은 코드와 사용자가 실제로 어떤 일을 하는지에 대한 시각적인 가시성을 얻을 수 있다. 예를 들어, logfiles, 구글 애널리틱스, Nagios와 같은 것이 있다. 어떤 면에서 모니터링은 음에서 양으로 가는 단위 테스트다.

일반적으로 테스팅은 몇 가지 경우에서 매우 강한 의도를 가지고 정확성 검사를 한다. 모니터링은 실제 제품 부하에서 의도적으로 약한 정확성으로 검사한다.

[KREPS 2014], 제이 크렙스, CONFLUENT 공동 창업자

단위 테스팅처럼, 코드에 모니터링을 추가하는 것은 버그를 식별하는 것뿐만 아니라 디자인 결함까지에도 도움을 줄 수 있다. 코드에서 모니터링이 어려운 이유는 일반적으로 코드에서 읽기, 관리, 테스트가 어렵기 때문이다. 따라서 인프라스트럭처를 구축한다면 코드는 단위 테스트를 작성하기 쉽고 간단해야 한다. 불행히도 모니터링 환경은 매우 조각이 나 있을 수 있으며, 모니터링을 설정하는 것이 매우 어려울 수도 있다.

이 책을 쓸 때, 수백 개의 오픈소스와 상용 모니터링 제품이 있었다. 그러나 어느 누구도 포괄적인 해결책을 제공하지는 못하고 있다. 가장 강력한 제품으로는 Nagios로, 1999년부터 탄생되어 가장 잘 일치되는 UI를 제공해왔다. 2011년쯤, 트위터에

#monitoringsucks 해시 태그가 나타났었다. 곧바로 깃 허브 저장소 도구[10], 지표, 블로그 게시와 결합되었다. 그리고 불만하는 사람들이 배출하는 데 도움을 주고, 문제를 모니터링하여 문제 해결에 희망을 가져다 주었다. 물론 아주 잘 되는 Nagios처럼 되지는 않는다. 그러나 포괄적인 모니터링 해결책은 여전히 놀랄 정도로 복잡한 작업이지만, 경고만을 제공하기도 한다.

이제 모니터링의 다양한 측면으로 로깅, 지표, 경고에 대해 논의해본다.

8.5.1 로깅

```
// 실제 프로그래머의 디버깅은 어떻게 하는가?
println("*************************** here")
```

서버에 문제가 있을 때 일반적으로 logfile이 가장 먼저 알게 된다. 로깅은 가장 기본이며, 문제가 어디에 있는지 모니터링을 잘 이해할 수 있는 형태다. 대부분의 프로그래밍 언어는 로깅 라이브러리를 가지고 있다. 예를 들어, 자바의 log4j는 println을 대신하여 항상 로깅 라이브러리로 사용된다. 로깅은 로그 이름, 레벨, 포맷, 집계에 대한 중요한 정보를 알 수 있다.

로그 이름

대부분 로깅 프레임워크는 로거에 대한 이름과 각 로거 설정을 분리하여 제공하는 유연성을 제공한다. 예를 들어, log4j를 사용하면 LogManager.get을 호출하여 로그 이름을 설정할 수 있다.

```
public class CheckoutPage {
    private final Logger logger = LogManager.get(this.getClass());

    public void loggingExample() {
        logger.info("Hello World");
    }
}
```

여기서는 클래스 이름으로 (this.getClsss)를 사용한다. 좋은 사용 방법은 메시지가 어

---

10 (옮긴이) https://github.com/monitoringsucks을 참고하라.

디서 오는지 이해하기 쉽도록 모든 로그 메시지에서 정규화된 클래스 이름이 나타나도록 하는 것이다.

```
2012-11-02 14:34:02,781 INFO [com.mycompany.CheckoutPage] - Hello World
```

각각의 로거 이름에 대해 사용자 정의 환경설정을 할 수 있다. 예를 들면, 서로 다른 파일로 출력하도록 로그를 작성할 수 있다.

```
log4j.appender.com.mycompany.CheckoutPage.file.File=/logs/checkout.log
log4j.appender.com.mycompany.HomePage.file.File=/logs/home.log
```

이런 구성을 사용하여 checkout 페이지의 문제를 디버깅할 때, 홈페이지로부터 어떤 로그 메시지의 혼란 없이 checkout.log에서 로그 메시지를 확인해 볼 수 있다.

로그 레벨

대부분의 로그 라이브러리는 다양한 로그 레벨을 제공한다. log4j 경우에는 FATAL, ERROR, WARN, INFO, DEBUG, TRACE와 같은 레벨 중 하나를 선택하여 사용할 수 있다. 예를 들어, FATAL은 즉각적으로 주의가 필요한 서버 문제에 사용할 수 있다.

```
logger.fatal("The program crashed!");
```

로그 레벨의 다른 끝 쪽에는 TRACE가 있다. 이것은 일반적으로 오직 개발 과정에서 저수준 진단을 위해 사용한다. 예를 들어, 여기에 println("******* here") 메시지를 사용하는 것보다 더 좋은 방법이다.

```
logger.trace("Entering method foo");
```

애플리케이션에서 설정된 각 로그는 다른 로그 레벨일 수 있다.

```
log4j.logger.com.mycompany.CheckoutPage=ERROR
log4j.logger.com.mycompany.HomePage=TRACE
```

환경설정에 있어서, CheckoutPage 로거는 ERROR로 설정되어 있다. 이것은 단지 메시지가 ERROR와 FATAL과 같이 설정된 레벨 또는 그 이상의 레벨에서는 로그로 보여질 것이다. 그리고 모든 다른 레벨은 생략될 것이다. Logfile은 특별히 서버에서 초당 수백 건의 요청을 처리하기 위해서는 거대할 수 있다(초당 수천 개의 로그를 변환할 수 있다). 로그 요소는 ERROR 레벨로 제한하면 logfile의 기본 운영 중에는 문제를 나타내는 정보만을 포함할 것을 보증한다(예기치 않은 예외 스택 추적). 그리고 중요한 문제를 놓칠 확률을 감소시킨다. 왜냐하면 덜 중요한 로그 항목을 줄여주기 때문이다. 만약, 특정 문제를 식별하기 위해서, 관련된 서브시스템에 대한 로그 레벨을 더 낮게 허용할 수 있다(예: HomePage 로그에 대해서 TRACE를 설정하는 경우). 이렇게 하면 디버깅할 때 더 많은 로그 정보를 얻을 수 있다.

로그 포맷

로그 파일은 두 명의 관객을 가진다. 개발자와 도구다. Logfile 포맷은 사람이 읽을 수 있으며, grep과 같은 도구 사용에 친숙해야 한다는 의미다. 대부분의 로깅 시스템은 수동으로 수행할 필요 없이, 특정 패턴(pattern)을 각각의 로그 파일에 적용할 수 있다. 예를 들면 log4j는 다음과 같은 패턴을 적용할 수 있다.

```
%d %p [%c] - %m%n
```

이 패턴은 각각의 메시지가 일자, 로그 레벨, 작업 이름, 로그 이름, 대시 문자, 로그 메시지, 새로운 줄을 포함할 것을 로그에게 말해준다. 그래서 다음과 같은 로그 메시지를 처리한다.

```
logger.info("Hello");
```

로그 파일에서 다음과 같이 보일 것이다.

```
2012-11-02 14:34:02,781 INFO [com.mycompany.CheckoutPage] - Hello
```

로그 메시지 포맷에 대해 몇 가지 권장 사항은 다음과 같다.

타임스탬프를 포함하라

타임스탬프는 어떤 일이 일어났을 때를 이해하기 위해서는 필수적이다(5초 전 또는 5일 전과 같은). 그리고 (동시성 버그에 대한 디버깅 시 매우 유용한) 어떤 일이 일어났을 때 순서를 알 수 있다. 모든 방법으로 나노 초에 이르기까지 해당 년에, 가능하다면 타임스탬프 내의 많은 시간 단위를 포함한다.

고유한 ID를 포함하라

고유한 ID, 예로 GUID와 같은 것은 다수의 관련된 메시지를 함께 묶는 것을 가능하게 해준다. 예를 들어, 웹 서버에서는 일반적으로 모든 요청마다 고유한 id를 사용한다. 그래서 만약 모든 로그 메시지가 있다면, 하나의 요청에 대한 처리 중에 일어날 수 있는 모든 것을 쉽게 로그로 필터링할 수 있다.

텍스트 개발자에게 친숙하게 만들어라

간단한 사용, 간결한 영어, 축약 회피 그리고 각각의 메시지에 대해 충분한 내용을 제공한다. 그래서 코드를 보지 않고도 이해할 수 있어야 한다.

```
2012-11-02 14:34:02,781 - 12345; 200; chkt;
```

위의 정보를 다음과 같이 한다.

```
2012-11-02 14:34:02,781 - userid=12345; status=200; url=/checkout
```

디버깅하는 동안 어느 것이 보기에 좋은가?

텍스트 grep에 친숙하게 만들어라

대부분의 개발자들은 logfile에 대한 검색으로 grep 같은 도구를 사용한다. 거의 모든 로그 메시지는 한 줄이며, 구문 분석에 쉬운 구분 기호(delimiters)를 사용한다. 예를 들면 key=value 쌍처럼 말이다.

풀 스택 트레이스 로그를 사용하라

"한 줄(single line)" 규칙에 대한 예외는 스택 트레이스를 위한 것이다. 만약 코드의 일부분에서 예외를 발생시킨다면, 로그 전체를 스택 트레이스 해야 한다. 여러 줄에 걸쳐서 정보가 나타날 것이다. 그러나 이것은 어디서 문제가 발생했는지를 이해하는 데 필요한 중요한 디버깅 정보를 포함한다.

로그 집계

로그 메시지를 파일에 기록하는 것은 아주 간단하고 유용하지만 두 가지의 제한을 받는다. 첫 번째 제한은 크기다. 같은 파일에 지속적으로 기록하는 경우, 이것은 결국 사용하기에는 너무 커지거나 심지어 디스크 부족 및 서버 충돌로 나타날 수 있다. 대부분 로깅 시스템은 로그 로테이션을 설정할 수 있도록 한다. 로그는 존재하는 파일이 특정 크기를 지나면 각각의 시간에 대한 정보를 가져와서 새로운 파일을 생성할 수 있다 (예 : checkout.log는 10MB 크기가 지나면 check-out-page-09-01-2014.log 파일로 이름을 바꾸고 새로운 checkout.log를 생성한다). 그리고 환경 파일에서 설정된 시간보다 오래된 파일을 삭제할 수 있다(예 : 2주가 지난 로그 파일을 삭제한다). 두 번째 제한은 접근성이다. 만약, 단일 서버를 사용하고 있다면, 로그 파일을 읽는 SSH 통신 서비스는 전혀 문제가 되지 않는다. 그러나 수십 대 또는 수백 대의 서버를 사용하고 있다면, 모든 서버로부터 로그 파일을 읽는 것은 매우 어려운 작업이 될 수 있다.

접근성 문제를 해결하기 위한 다수의 도구가 있다. 예를 들면 syslog, logstash, flume다. 이들은 유용한 방식으로 정보를 구성하고 모든 서버로부터 로그를 집계하는 데 도움을 준다. 예로 하둡 또는 색인 검색을 로딩하여 사용할 수 있다. 로그 관리 시스템에 대한 서비스는 Splunk, Sumo Logic, logstash, Papertrail 같은 회사에서도 제공되고 있다. 예를 들면, Loggly는 모든 서버로부터 자동으로 로그를 집계하고, 모든 로그 파일을 빠르게 검색할 수 있고, 로그 통계 및 그래프를 대시보드로 보여주는 웹 UI를 제공한다.

8.5.2 지표

로깅 후에는 모니터링 다음 단계로 지표를 수집하는 것이다. 수집할 수 있는 지표는 아주 다양하다.[11] 이런 서비스들은 세부적인 수준으로 나눌 수 있다. 가용성, 비즈니스, 애플리케이션, 프로세서, 코드, 서버다.[12]

---

11 서비스/프로토콜 유형의 지표에 대한 좋은 목록은 "metric-catalog on GitHub(http://bit.ly/metrics-cat)"를 참조한다.

12 수준별 분석은 "모니터링의 미덕(The Virtues of Monitoring)"을 기초로 한다[Meyer 2011].

가용성 수준

가용성은 모든 회사가 측정해야 하는 가장 기본적인 지표다. 사용자는 제품을 제어할 수 있는가, 아니면 없는가? 이것은 "네" 또는 "아니오"로 대답하는 질문이다. 아마도 웹 서버가 멈추면, 부하 분산 장치는 작동하지 않을 것이다. 여기에는 모바일 앱에 버그가 있거나 웹사이트는 데이터베이스 부하로 인해 너무나 느려질 수도 있다. 사용자 관점에서 보면 이것이 중요한 것은 아니다. 왜냐하면 모두 동작하거나 또는 아무것도 없거나 둘 중에 하나이기 때문이다.

제품의 가용성을 모니터링하기 위해서, 제품 의존성, 웹사이트, 모바일 앱 또는 API 종착점의 활용과 같은 고객에 의해 사용되는 인터페이스에 대응되는 실제 테스트 사례가 필요하다. 모니터링 가용성을 위해서는 자신의 서비스에 설정하고, 같은 문제를 제품에서 내려 놓아야 한다(예 : 부하 분산 문제 또는 데이터 센터 정전). 이것은 모니터링 가용성이 가능하도록 분해하여 세분화하는 것이다. 키노트와 핑덤과 같은 제3자 서비스는 더 좋은 선택이 될 수 있다. 모니터링 가용성은 전문적인 부분이며, 전 세계에서 매우 다양한 위치에서 가동 시간을 모니터링할 수 있다.

비즈니스 수준

비즈니스 지표는 사용자가 무엇을 하는지를 측정하는 것이다. 예를 들면 페이지 노출, 광고 노출, 판매, 설치 수 등이며 비즈니스에서 중요한 다른 어떤 지표가 될 수도 있다. 이들 지표는 CEO와 제품 팀이 보는 것이다. 그래서 숫자가 갑자기 떨어진다면 가능한 빨리 무엇이 문제인지 알고 싶을 것이다. 구글 애널리틱스, KissMetrics, Mix-Panel과 Hummingbird 같은 많은 도구로 비즈니스 지표를 추적할 수 있다.

애플리케이션 수준

비즈니스 지표 아래에는 애플리케이션 코드가 있다. 웹사이트 또는 모바일 앱과 같은 클라이언트 애플리케이션은 실제 사용자 모니터링 도구(RUM, Real User Monitoring)가 필요하다. 예를 들면 구글 애널리틱스, 키노트, 뉴 랠릭과 boomerang은 하중 크기, 실행 시간, 오류, 충돌을 추적한다. 웹 서버, 데이터베이스, 캐시, 큐, 부하 분산과 같은 서버 애플리케이션은 뉴 랠릭과 AppDynamics 같은 도구로 GPS, 응답 시간, 처리량, 요청 및 응답 크기, URL 히트 수, 응답 코드, 오류 수를 추적할 수 있다. 이것이 어디서 로깅을 할 것인지를 결정하는 수준이 된다.

프로세스 수준

모든 애플리케이션은 실행을 위해 하나 이상의 프로세스로 구성된다. 불행하게도 프로세스들이 충돌하고 서버가 재시작되면, 확실히 무언가 해당 프로세스를 다시 시작하기 위해서 몇 가지 추가 작업을 할 필요가 있다. 여기에는 슈퍼바이저라고 불리는 몇 가지 도구가 있다. Monit, God, Upstart, supervisord, runit, bluepill을 포함하는 이들은 프로세스를 모니터와 재시작에 사용할 수 있다.

코드 수준

애플리케이션 아래에는 당신이 쓴 코드가 있다. 코드 줄, 버그 숫자, 빌드 시간, 테스트 범위와 같은 많은 유용한 지표들은 코드베이스 주변에서 추적할 수 있다. 빌드 시스템, 젠킨스와 트레비스와 같은 CI 서버, Code Climate와 Codacy 같은 코드 분석 서비스를 포함한 이들 공간에서 유용한 도구들이 있다.

서버 수준

하드웨어 수준의 마지막 단계다. 여기에는 CPU 사용량, 메모리 사용량, 하드 드라이브 사용량, 네트워크 트래픽과 같은 지표를 측정하기 원할 것이다. Nagios, Icigna, Munin, Ganglia, collectd, Cacti, Sensu와 같은 몇몇 인기 있는 도구가 있다.

8.5.3 경고

로그와 지표는 누군가가 이를 보고하는 경우에만 유용하다. 로그 데이터량, 지표의 거대한 다양성 그리고 하루에 시간의 숫자가 주어진다. 이것은 어느 누구도 당신이 모니터링한 방대한 데이터의 대부분을 보지 않을 것이라고 말하는 것이다. 따라서 진정으로 매우 유용한 모니터링이 되려면, 무언가 주목해야 할 때 자동적으로 통지되도록 경고를 설정할 필요가 있다. 예를 들어, 서버가 정지되었을 때다. 앞서 언급한 모니터링 도구의 대다수는 어떤 사람에게 통보를 할 때 당신이 적용한 법칙을 적용할 수 있다.

예를 들면 다음과 같이 규칙을 정의할 수 있다. "애플리케이션 서버의 QPS가 지난 주에 비해 20% 이상 떨어질 경우 메일 리스트에 통보하라" 또는 "텍스트 메시지는 만약 서비스가 응답을 정지한다면 엔지니어에게 통화해라" 등처럼 말이다. PagerDuty와 VictorOps 같은 서비스들은 통화 대기 전환, 메일, IM, 텍스트 메신저, 휴대폰 통화와 같은 통지 그리고 절차 확대를 관리할 수 있도록 도와준다.

경고의 중요한 측면은 문제의 원인을 식별할 수 있다는 것이다. 때때로 지표 및 로그가 당신이 필요로 하는 모든 정보를 가지고 있지만 그들은 그렇게 하지 않는다. 무엇인가 갑작스럽게 중단된다면 "무엇을 바꿀 것인가?"가 첫 번째 질문이 된다. 이 질문에 대답은 시간이 지남에 따라 제품의 모든 변화를 보여줄 수 있는 변경 관리 대시 보드가 유용하다는 것이다. 이 장의 '배포' 부분에서 언급된 많은 환경설정 관리와 배포 자동화 도구는 대부분 최근 배포와 변경을 보여주는 웹 UI를 갖고 있다. 또 다른 선택을 예로 들면 배포, 버그 추적, A/B 테스팅, 소스 관리 같은 모든 도구들을 슬랙이나 힙챗과 같은 중앙집중식 서비스에 연결하는 것이다.

8.6 요약

> 민첩성은 안전성을 필요로 한다.
>
> [KREPS 2013], 제이 크렙스, 콘플런트 공동 창업자

페이스북은 "빠르게 움직여 세상을 깨뜨려라"를 만트라로 사용한다.[13] 이것을 실행하는 것은 아주 쉽다. 반대로 "천천히 움직이고 세상을 부수지 않는 것이다"로 하면 된다. 정말 곤란한 것은 "빠르게 움직이고 세상을 부서버리는 것"이다. 왜냐하면 당신은 실수를 할 수 있지만, 최종적으로 점점 느려지게 만드는 것들을 깨뜨려야 한다. 그래서 새로운 무언가를 만드는 것 대신에 오래된 것을 고치는 데 더 많은 시간을 쏟아야 한다. 즉, 실제로 변경사항이 안전하다는 것을 알고 빠르게 변경할 수 있어야 한다.

6장과 7장에서 어떻게 클린 코드를 작성하고 안전하게 변경하는지를 살펴보았다. 그러나 제품 생산을 위해 중요한 코드를 작성 후에 코드에 무슨 일이 발생할 수 있다. 버전 제어와 빌드 단계를 통해 다른 개발자와 함께 코드를 통합할 수 있다. 호스팅을 설

---

13 페이스북의 새로운 만트라는 "안전한 인프라스트럭처로 빠르게 움직여라"다[statt-2014].

정하고 환경설정을 관리하고 자동화된 배포를 하여 제품 코드를 취합하고, 로깅, 지표, 알람을 통해 제품이 지속적으로 운영할 수 있도록 코드를 보장해야 한다.

과거에 이런 모든 작업은 모두 별도의 팀에서 처리해왔다. 그러나 지난 몇 년간 DevOps 운동은 개발과 운영 사이에 더욱더 효과적인 협업을 장려하기 위해 등장했다. DevOps 운동으로 조금은 유행이 됐다. 개발자들은 더욱더 복잡한 빌드, 배포, 모니터링 단계로 실제 매우 많은 이익을 가지게 됐다.

링크드인에서 지속적 통합, 지속적 배포, 포괄적인 모니터링을 설정하는 것은 기술 조직이 더욱더 빠르게 움직일 수 있도록 해준다. 심지어 수천 명의 신입사원과 수천수 억 명의 회원을 다루는 것이라면 말이다. 고통, 오류 야기, 2주 간격 배포로부터, 버그가 적게 발생하도록 하기 위해 한 시간에 여러 번 코드 배포를 할 수 있게 되었다. 이것은 빠른 이동으로, 변경이 더 많은 피해가 되지 않는다는 확신을 주었고 언제 자동화 테스트, 토글 기능, 카나리아 배포, 롤백, 다른 DevOps 사례에 투자할지를 정확히 알게 해준다.

DevOps 운동의 핵심 이점은 소프트웨어는 "코드 컴플리트"나 "QA 인증"이 아니라는 것을 깨닫는 것이다. 소프트웨어는 결코 끝나지 않는다. 현대 세계에서 소프트웨어는 살아서 숨쉬고 지속적으로 진화하고 성장한다. 그래서 지속적인 통합, 지속적인 배포, 소프트웨어가 살아있는지에 대한 지속적인 확인을 위한 모니터링이 필요하다.

> 종이 비행기를 만드는 것과 비슷하게 만약 소프트웨어를 "만들지" 않는다면, 완성하고 멀리 날릴 수 있을까? 만약에 이를 대신하는 소프트웨어가 더욱더 견적, 생산 공장, 양육, 가지치기, 수확, 비옥, 급수와 같은 것을 처리할 수 있을까? 전통적인 농부는 수십 년 또는 수세기 동안 농장의 생산성을 유지시키는 방법을 알고 있었다. 프로그램이 동일한 방식으로 처리한다면 어떻게 소프트웨어 개발이 차이점을 가질 것인가?

[FREEMAN AND PRYCE 2009, XV], 스티브 프리먼과 냇 프라이스, *테스트 주도 개발로 배우는 객체 지향 설계와 실천*, 인사이트, 2013

3부

팀

: 제품, 기술, 팀을 완벽하게 구축하는 기술

9장
스타트업 문화

9.1 말이 아니라 행동으로

문화는 테이블 축구나 트러스트 폴(trust fall)[1]이 아니다. 정책도 아니다. 크리스마스 파티나 회사 야유회도 아니다. 그런 것들은 물체나 사건이지, 문화가 아니다. 그리고 슬로건도 아니다. 문화는 말이 아니라 행동이다.

[FRIED AND HANSSON 2010, 249], 제이슨 프라이드와 데이비드 하이네마이어 핸슨, *똑바로 일하라*, 21세기북스, 2011

스타트업 문화는 자신들의 행동으로 한 것을 직원들과 공유하는 신념, 가정 그리고 원칙들이다. 왜 문화가 문제인가? 문화가 전략을 통제하기 때문이다[Merchant 2011]. 스타트업으로 성공하려면, 좋은 아이디어나 훌륭한 계획 그리고 좋은 제품만으로 충분하지 않다. 왜냐하면, 최고의 아이디어, 계획, 제품이라 할지라도 결국 실패하기 때문이다. 대신, 좋은 회사를 만들어야 한다. 그리고 모든 위대한 기업의 핵심은 훌륭한 문화다. 그리고 새로운 아이디어와 새로운 계획, 새로운 제품을 찾아내게 하는 것이 환경이다.

일부 개발자들은 문화와 같은 '유연'한 주제를 피하다가도, 자신들의 업무를 인정받지 못하고, 의미 없는 프로젝트를 하는 것 같거나, 사무실이 너무 시끄럽고, 쓸모 없는

---

1 (옮긴이) 뒤에서 받쳐주는 동료를 믿고 뒤로 낙하하는 공동체 훈련이다.

회의로 일을 방해하는, 머리 좋고 게으른 직장 상사 때문에 일을 해낼 수 없다고 불평한다. 문화는 유연한 주제가 아니다. 기업의 핵심이다. 스타트업은 사람에 관한 것임을 기억하라. 회사에서 사람들에게 더 큰 영향을 줄 수 있는 것이 문화 말고는 없다.

이 장에서는, 스타트업에서 문화를 형성하는 방법을 설명한다. 첫째, 회사의 사명과 핵심가치로 구성되어 있는 핵심 이념을 정의하는 방법을 설명한다. 그리고 나서 회사의 모든 면에 실천 이념을 부여하는 방법을 설명한다. 이것은 조직 설계, 고용 및 승진, 동기부여, 사무실, 원격근무, 소통 및 프로세스 등이 포함되어 있다. 그리고 각 주제에 대해서 훌륭한 문화로 보여질 것 같은 영감을 주는 많은 실제 사례를 포함시켰다.

9.2 핵심 이념

> 사업을 하면서 배운 가장 가치 있는 교훈은 급성장하는 회사를 관리하는 것이 로켓을 발사하는 것과 같다는 점이다. 로켓을 발사할 때 탄도가 약간만 벗어나도 궤도에서는 수 마일이나 벗어난다.
>
> **[WEINER 2012], 제프 와이너, 링크드인의 CEO**

스타트업이 로켓이라면, 임무는 로켓의 목적지다. 회사가 존재하는 이유다. 어떤 목적지에 도달하는 데는 다른 많은 궤도가 있는 것이다. 여기에 핵심가치가 들어있는 것이다. 당신의 임무를 어떻게 달성할지 결정하는 데 사용하는 원칙이다. 임무와 핵심가치가 합해져서 회사의 핵심 이념을 형성한다. 이것이 일을 실행하는 원칙이다.

창업자로서, 회사의 모든 의사결정에 관여하기를 원하겠지만, 회사가 성장함에 따라 의사결정에 참여하는 수가 급격하게 줄어들게 된다. 만일 직원들이 상이한 원칙에 따라 그들만의 의사결정을 하기 시작하면, 동시에 여러 방향으로 로켓을 발사하는 것처럼 될 것이다. 그러면 당신은 멀리까지 갈 수 없을 것이다. 그러므로 모든 사람이 동일한 방향으로 로켓을 발사하도록 결정하기 위해, 당신을 이끌 수 있는 원칙(핵심 이념)을 정할 시간을 가져야 한다[Collison 2014].

회사의 핵심 이념을 정의하는 방법은 며칠 동안 방에다 리더십팀을 감금하고 계속 논의해서 결론을 얻게 하는 것이다. 또 다른 방법은 모든 직원에게 물어보는 것이다. 이것은 자포스가 사용했던 방법이고, 매년 이 회사의 CEO인 토니 세이는 회사 전체에 이메일을 보낸다.

우리는 모든 신입사원을 위한 오리엔테이션 패키지에 자포스 문화에 관한 미니북을 함께 넣어 줄 것입니다. 우리 문화는 문화에 대한 모든 직원의 아이디어를 종합한 것이므로 이 책에 모든 사람의 생각이 포함되었기를 바랍니다.

자포스 문화가 당신에게 무엇을 의미하는지 100자~500자 정도로 작성하여 이메일을 보내주시기 바랍니다(자포스 문화는 무엇인가, 다른 회사의 문화와 비교해서 어떤 차이가 있는가, 우리 회사 문화를 어떻게 생각하는가?).

[HSIEH 2013,135], 토니 셰이, *딜리버링 해피니스*, 북하우스, 2010

일반적으로 많은 이야기와 사진들이 포함된 모든 응답이 '자포스 문화 책자(Zappos Culture Book)'로 수집되어 모든 직원에게 배포되었다.[2] 이런 방식은 회사 사명과 가치를 강화하는 것이 되는데, 서면으로 작성하는 사람도 있고 그 과정에 참여하는 직원도 생겨난다.

사명과 핵심가치를 좀더 자세히 살펴보자.

9.2.1 사명

임무 강령은 회사의 목적을 분명하게 표현한다. 회사가 왜 존재하고, 회사가 무엇을 하고, 누가 그것을 실행하는지를 설명해야 한다. 그것이 당신 회사의 진북(眞北, 꿈, 목적지, 대상, 직원, 고객들이 모두 찾아볼 수 있는 것)이다.

여기 몇 가지 좋은 예가 있다.

구글의 임무는 전 세계의 정보를 체계화하여 모두가 편리하게 이용할 수 있게 하는 것이다.

[ABOUT GOOGLE 2015]

페이스북의 임무는 사람들에게 더 개방적이고 연결된 세상을 공유하고 만들려는 능력을 높이는 것이다.

[ABOUT FACEBOOK 2015]

링크드인의 임무는 세상의 전문가를 더 생산적이고 성공적으로 만들려고 연결하는 것이다.

[ABOUT LINKEDIN 2015]

그리고 여기 몇 가지 나쁜 예도 있다.

---

2 자포스는 그들의 문화 책자를 온라인으로 볼 수 있게 만들었다(http://www.zapposinsights.com/culture-book).

볼보 : 고객들을 위한 가치 창출로, 주주들을 위한 가치를 만들 수 있다. 선택된 분야에서 필요한 우수한 품질, 안전하고 환경친화적인 운송 관련 제품과 서비스를 만들기 위해 우리의 전문성을 사용한다. 우리는 에너지, 열정 그리고 인간을 존중하는 마음으로 일을 한다.

[VISON, MISSION AND VALUES 2006]

트위터 : 우리의 정보 공유 및 유통 플랫폼 제품을 통해 모든 사람이 그들의 세상으로 연결되어 세상에서 가장 많은 고객에게 접근하고 세상에서 가장 높은 수익을 창출하는 인터넷 회사 중 하나가 되는 것이다.[3]

[FIEGERMAN 2014]

좋은 임무와 나쁜 임무를 구분하는 것이 무엇인가? 좋은 임무는 "간결하고, 명확하고, 영원하며, 영감을 주는 것"이다.

간결한

사명은 한 문장이나 두 문장 이상으로 길지 말아야 한다. 집중적이고, 단순하고, 기억하기 쉬워야 한다. 많은 사람이 머릿속에서 구글의 사명을 쉽게 말할 수 있지만, 볼보의 사명을 기억해 낼 수 있겠는가? 트위터의 사명은 어떤가? 그들의 사명은 트윗(tweet)하고 맞지도 않는다.

명확한

왜, 그 회사가 존재하는지 그리고 확인하는 많은 질문을 하지 않아도 사명이 전달하고자 하는 것이 무엇인지 이해할 수 있어야 한다. 더욱 중요한 것은, 사명은 회사를 독특하게 보이도록 해야 한다. 링크드인과 페이스북은 모두 소셜 네트워크지만, 링크드인의 사명은 전문가들, 직업인, 직업에 관한 회사라는 것이 분명하고, 공유와 연결에 관한 페이스북의 사명과 전혀 혼동되지 않는다. 반대로, 완전히 진부한 볼보의 사명(주주를 위한 가치를 창출하고 에너지와 열정으로 일을 한다)은 어떤 회사에서든 적용할 수 있는 것이다.

---

3 트위터는 이 성명을 2014년 어널리스트 데이(Analyst Day) 이벤트에서 발표한 후 공격을 많이 받게 되자, 즉시 그것은 실제로 "전략적 성명"이며, "사명 성명"이 아니라고 설명했다[Fiegerman 2014]. 사명 성명이든 아니든, 이런 논의에서는 확실한 본보기다.

영원한

사명을 현재의 전략이나 제품으로 혼동하지 말라. 전략과 제품은 '어떻게(how)', '무엇을(what)'에 관한 것인 반면, 사명은 '왜(why)'에 관한 것이다. '어떻게'와 '무엇을'은 변화하는 세상에 대응하여 변할 수도 있고 변하게 될 것이다. 반대로 '왜'는 당신 회사 인생과 일관되게 유지될 것이다[Collins Porras 2004, Chap. 4]. 예를 들어, 구글의 사명은 검색에 대해 아무것도 언급하지 않았음에 주목하라. 검색이 세상의 정보를 접근하기 쉽게 해주고 유용하게 해주는 것이 회사의 현재 전략이지만, 미래에는 그 전략이 아마도 완전히 달라져 휴대폰, 웨어러블 기기, 자율주행 자동차 같은 것이 포함될 것이다. 그러나 어떤 제품을 구축하든, 세상의 정보를 체계화하고 접근하기 쉽게 한다는 사명은 그대로 남게 될 것이다.

영감을 주는

회사의 사명은 열정을 가지게 하는 것, 목적 의식을 갖게 하는 것이 되어야 하고, 하루하루 일어나서 부지런히 노력하는 이유가 되어야 한다. 만일, 사명이 중요하게 여겨지지 않는다면, 고객들이 구매를 하지 않고, 투자자들도 자금을 투입하지 않고, 당신의 팀은 집중력과 에너지를 지탱하지 못하고, 스타트업을 실행하는 데 고된 작업만이 요구될 것이다. 사명은 모든 질문에 가장 중요한 모든 대답이 되는 것이기 때문이다. 바로 '왜'라는 질문에 대한 대답이다.

"위대한 리더들이 행동을 이끌어내는 방법(How Great Leaders Inspire Action)[sinek 2009]" 이라는 TED 강연에서, 사이먼 시넥은 그림 9.1에서 보여주는 것처럼 "골든 서클(The Golden Circle)"을 소개했다.

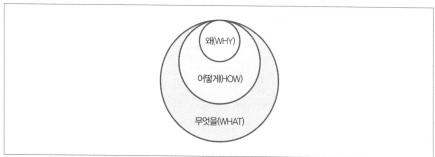

그림 9.1 골든 서클

시넥은 대부분의 사람들이 거꾸로 일을 하고 있다고 설명한다. 예를 들어, 제품을 팔고 자 할 때, "우리는 Y 기능이 있는 X 제품을 구축한다"와 같이 '무엇(what)'을 하는가로 시 작한다. 그리고 나서, "우리의 경쟁우위는 Z다"와 같이 '어떻게(how)' 그것을 하는지 이 야기할 것이다. '왜(why)'의 측면에서는 "돈을 버는 게 목적이다"를 의미하는 것이 아니 라, 어떤 더 나은 목적을 의미한다. 따라서 대부분의 사람은 목표가 무엇인지 알지 못하 고 있는 것이며, 아주 애매한 태도나 전혀 알지 못하는 상태에서 '왜'를 얘기한다.

대조적으로, 훌륭한 기업이나 훌륭한 리더는 반대 방향으로 일을 한다. 그들은 '왜' 에서 시작하고 그것에 강력하게 집중한다. '어떻게'와 '무엇을'은 그저 지원하는 세부사 항이다(이는 '왜'를 달성하는 데 사용하는 특별한 방법이지만, '왜'가 중요한 이유기도 하다). 그러면서 시 넥은 애플이 좋은 예라고 했다.

애플이 다른 사람 같았으면, 그들에게서 나온 마케팅 메시지는 다음과 같이 들릴 수도 있을 것이다. "우리 는 훌륭한 컴퓨터를 만들고 있습니다. 외양이 예쁘게 디자인되었고, 사용하기 편하며, 사용자 친화적입니 다. 하나 구입하시겠습니까?"

"지루하다."

...

실제로 애플이 전달하는 것은 이것이다. "우리가 하는 모든 일은, 현 상태에서 도전하는 것이라 믿습니다. 우리는 다르게 생각하고 있다고 믿습니다. 우리가 현 상태에서 도전하는 방법은 우리 제품을 예쁘게 디자 인하고, 사용이 간편하면서도 사용자 친화적으로 하는 것입니다. 결국 좋은 컴퓨터를 만드는 것이지요. 하 나 구입하시겠습니까?"

완전히 다르지 않은가? 당신이 나에게서 컴퓨터를 구매하려 한다. 내가 했던 전부는 정보 전달을 거꾸로 한 것이다. 증명된 것은 사람들은 당신이 하는 '무엇'을 구매하는 것이 아니다. 사람들은 당신이 하는 '왜'를 구매하는 것이다.

[SINEK 2009], 사이먼 시넥, "위대한 리더들이 행동을 이끌어내는 방법"

'왜'로 시작하는 것은(사명으로 시작하는 것은) 리더로서 할 수 있는 가장 강력한 것 중의 하 나다. 고객 확보가 더 쉬울 것이다. 직원 고용에 도움이 될 것이다. 돈을 버는 데 도움을 줄 것이다. 마틴 루터 킹 주니어가 "나는 계획이 있습니다(I have a plan)"가 아니라 "나는 꿈이 있습니다(I have a dream)"로 연설을 시작했던 것을 기억하라[Sinek 2009]. 당신 제품 이 어려움을 겪고 있고 당신 팀이 한 주에 80시간 이상 일을 하고 있다면, 꿈이 되는 '왜' 는 계속 해나갈 수 있는 확신을 주는 것이다. 계획이 없으면, 분명, 이익을 낼 전망이 없 다. 회사의 사명이 돈이 되지 말아야 하는 이유다.

고객은 회사가 탐욕스러워 보이고 신뢰가 덜 가기 때문에, 사명에 주주가치, 매출이나 수익과 관련된 것이 들어가 있는 것을 원하지 않는다. 그리고 2.3%의 이익률을 높이기 위한 프로젝트에 자신의 마음과 영혼을 쏟아 넣을 직원도 없다. 물론, 모든 회사는 돈을 벌어야 하지만 돈이 회사의 목적이 아니라, 진정한 목표를 달성할 자원이 되어야 한다. 돈은 산소와 같다.

> 돈은 삶을 유지하는 데 필요하지만 삶 자체가 되는 것은 아니다. 사실, 돈을 무시하는 것이 좋은 사명을 생각해내는 가장 좋은 방법이다. 당신이 다시는 일하지 않아도 될 만큼 충분한 돈이 은행에 있는데, 내일 아침에 일어나서 어쨌든 계속 일하고 싶게 하려면 이 조직의 목표를 어떻게 구성해야 하겠는가? 어떤 깊은 목적 의식을 가진 이런 회사의 노력으로 창의적 에너지를 지속적으로 기여하게끔 동기를 부여하겠는가?

> [COLLINS PORRAS 2004, 228], 짐 콜린스 및 제리 포라스, *성공한 기업들의 8가지 습관*, 김영사, 2009

이와 관련된 놀라운 결과는, 크고 대담한 사명이 때때로 더 작은 사명보다 성취하기 더 어렵지 않다는 것이다. 어떤 스타트업을 구축하는 것은 어렵지만, 일의 성과가 막대하고 중요한 목표를 달성하는 것이라면, 함께 일할 좋은 사람을 찾아내는 것이 더 쉬울 수 있다. 유능한 사람들에게 위대한 도전 제시는 그들의 경력에서 최고의 일을 하게 만드는 방법이 된다[Kawasaki 2011].

아마도 가장 대담한 사명 중 하나는 존 F. 케네디 대통령이 한 것이었다. "이 나라는 10년 내에 사람이 달에 착륙했다가 안전하게 지구로 돌아오는 목표를 달성하기 위한 일에 착수해야 합니다." 만약, 케네디가 CEO였다면, 이 말 대신에 "우리 사명은 최고의 팀 중심으로 혁신적이고 전략적인 우주사업을 목표로 우주산업에서 세계적인 리더가 되는 것입니다"라고 말했을 것이다[Heath and Heath 2007, 21]. 다행히 1961년 의회에서 연설을 하게 되었을 때는 전자를 언급했고, 그 후 8년이 지난 뒤에, 닐 암스트롱과 아폴로 11호 승무원들이 달에 착륙하게 되었다[Kennedy 1961].

9.2.2 핵심가치

> 직원들이 회사의 결과에만 관심을 두는 것이 아니라 결과를 어떻게 얻게 되는지를 이해하는 것이 필수적이다.

> [COLLINS AND PORRAS 2004, 80], 에드 하니스, 프록터 앤 갬블(P&G)의 전 대표

핵심가치는 조직의 모든 의사결정을 하는 데 사용하는 신조(tenet)가 된다. 당신의 팀에

서 핵심가치가 발견되므로 너무 많은 핵심가치를 추구하지 않는다. 대부분의 가치는 이미 존재하는 것이다. 당신은 핵심가치를 깊이 신뢰하는 것이 중요하며, 어떤 회사에 들어가든지, 어떤 제품을 구축하든지 그 가치를 고수할 것이다.

문화적 규범(Cultural Norms), 관리 유행(Management Fads), 또는 현재의 전략을 핵심가치와 혼동하지 말라. 일을 하지 않아도 충분한 돈이 있는 경우, 지금부터 100년 후에도, 다른 회사에 입사하더라도, 시장이 그 가치를 보유하고 있는 당신을 처벌할지라도, 그것과 함께 하고 있다면 그것이 바로 핵심가치다[Collins and Porras 2004, 223]. 예를 들어, 실리콘 밸리에서 일을 하고 있었고 "자율 복장 규정"이 기업의 핵심가치라고 상상해보라. 지금부터 몇 년 후, 모든 사람이 정장을 입는, 월스트리트에서 경쟁을 시작한다면 어떤 일이 발생할까? "자율 복장 규정"을 고수하겠는가? 아니다. 당신이 따르는 것은 그저 하나의 문화적 규범이기에, 그것이 핵심가치가 되지는 못할 것이다. 반면에, "투명한 의사소통"을 강하게 신뢰하는 경우, 월스트리트에서 경쟁을 시작하게 된다면, 당신 회사는 투명하게 유지될 것이며, 비밀유지가 규범이라서 투명성이 핵심가치에 적절한 후보가 될 수 있다.

이상적인 것은, 모든 사람을 한 곳에 모이게 하고 모두가 공유할 수 있는 핵심가치가 무엇인지 생각해내는 것이다. 회사 직원 수가 이미 너무 많다면, 대신에 가상의 "화성 그룹(Mars Group)"을 만들어 직원을 모집해 볼 수 있다[Collins and Porras 2004, 223]. 이 그룹에서 당신의 일은 회사의 새로운 지사를 설립하기 위해 화성으로 5명~7명의 팀을 보내는 것이라고 상상해보자. 당신은 누구를 뽑겠는가? 사명을 생각해보면, 회사의 모든 부분에 대해 깊이 이해하고 있는 다양한 사람을 자연스럽게 선택하게 될 것이다.

핵심가치를 파악하고 나면, 그것들을 기록하고 전 직원에게 배포해야 할 것이다. 공개적으로 당신의 가치를 공유하길 바랄 것이고, 유사한 가치를 가지고 있는 직원, 고객, 투자자들을 찾는 데 도움을 줄 수 있다. 예를 들어, 2004년 현재 슬라이드쉐어 분야에서 거의 1천만 뷰를 달성한 넷플릭스는 자체의 문화 데크(Culture Decks)로 유명하다[Hasting 2009].

물론, 사명과 핵심가치를 정의하는 것은 겨우 첫 단계다. 다음 단계는, 정말로, 다음 100번째 단계는, 회사의 행동 하나하나에 이념이 구현되도록 면밀하게 회사를 세우는 것이다. 이제 다음 부분에서는, 회사의 조직 설계, 고용 및 승진, 동기부여, 사무실, 원격 재택근무, 의사소통, 업무과정을 포함하는 사명과 가치를 잘 정리하기 위해 가장 중요한 방법들에 대해서 설명할 것이다.

9.3 조직 설계

조직 설계를 위한 첫 번째 규칙은, 모든 조직 설계는 해롭다는 것이다. 어떤 설계든, 다른 부서의 비용으로 부서 사이의 소통을 최적화할 것이다. 예를 들어, 엔지니어링 부서에 제품관리를 투입하는 경우, 제품관리와 마케팅 간의 소통 비용으로 제품관리와 엔지니어링과의 소통을 최적화하는 것이다. 그 결과, 새로운 조직을 발표하자마자, 사람들은 그것에서 오류를 발견하고 잘 해결해나갈 것이다.

[HOROWITZ 2014, 188], 벤 호로위츠, *하드씽*, 36.5, 2014

당신은 각 직원이 자신의 일을 정확히 알고 효율적으로 일할 수 있기를 원하고, 그들의 모든 업무가 회사 사명의 방향으로 향하도록 회사가 조직되기를 원한다. 회사의 규모가 작은 경우, 이런 것은 자동적으로 이루어진다. 그래서 조직 설계를 무시할 수 있다. 창립팀은 방향만 설정하고 모든 직원은 쉽게 따라 할 수 있다. 그러나 직원 수가 증가함에 따라, 이런 방식은 비효율적이 된다.

효율 손실은 복잡한 프로젝트에서 완전히 독립적인 개별 업무로 분할되지 못할 때 나타난다. 그래서 소통과 협력이 항상 지나치게 많게 된다. 적절한 곳에 조직구조를 배치하지 않는다면, n명이 있는 회사를 위해, 각 직원은 n-1명의 다른 직원과 협력해야 한다. 예를 들어, 세 명이 있는 회사의 각 직원은 다른 두 명의 직원과의 협력이 필요하다. 그러나 100명이 있는 회사에서는 각 직원들이 99명의 다른 직원과 협력해야 하는 것이다. 그러므로 전체 초과되는 소통이 n^2만큼 늘거나 머지않아 생산성에 심각한 영향을 미치게 될 것이다[Brooks 1995]. 실제로, 당신 회사의 직원 수가 20명~30명 이상으로 증가하게 되면 조직을 원활하게 유지하기 위해서 조직 설계가 필요하다.

높은 수준으로, 적절히 배치할 수 있는 조직 계획에는 두 가지 형태가 있다. 첫 번째는 전통적인 관리중심 계층구조(Management-Driven Hierarchy)이고 두 번째는 분산된 조직(Distributed Organization)을 구축하는 것이다.

9.3.1 관리중심 계층구조

다수의 현대 기업이 사용했었기 때문에, 대부분의 사람은 관리중심 방식에 익숙하다. 그 아이디어는 여러 개의 작은 팀으로 회사를 쪼개어, 각 팀은 한 명의 매니저에게 보고하고 별도의 업무에 집중하는 것이다(예 : 엔지니어링팀, 판매팀, 제품팀). 보통 한 팀의 각 구성원은 전체 회사가 아니라 단지 자신이 속한 팀의 다른 구성원과만 협력이 필요하다. 여러 개의 팀이 함께 일해야 할 경우에는, 협력의 대부분이 매니저들 사이에서 이루어진다. 각 매니저는 직접 보고된 것만 검토할 의무가 있기 때문에, 회사는 매니저가 상위 매니저에게 보고하여 CEO까지 도달하는 계층구조로 정렬될 것이다.

계층적 구조에서, 매니저들은 대부분의 조정과 의사결정을 책임진다. 물론, 매니저들은 그보다 더 많은 일을 한다. 현대 경영의 창시자인, 피터 드러커는 한 명의 매니저는 다섯 개의 기본 업무를 하고 있다고 했다[Drucker 2008, 8].

목표를 설정한다

매니저는 목표를 결정하고, 목표를 달성하기 위해 필요한 것과 팀에 목표를 전달하는 방법을 결정한다.

조직화한다

매니저는 업무를 분담하고 그 일을 수행할 사람을 선택한다.

동기를 부여하고 소통한다

급여, 업무배치, 승진, 지속적인 소통을 통해 매니저는 효과적인 팀이 되게 그룹 사람들을 '통합'한다.

평가한다

매니저는 각 개인에 대한 목표를 설정하고 성과를 평가하는 방식으로 그들의 목표에 대한 과정을 평가한다.

인재를 육성한다

매니저는 팀원들이 자신들의 능력을 발전시키도록 도움을 준다.

매니저 중심의 계층조직은 많은 이점이 있다. 리더십의 차이 정도는 주어진 결정에 대해 누가 권한과 책임을 가지는가로 분명해진다. 직원들은 그들이 누구에게 보고해야 하고 누구의 성과를 평가하는지 알고 있다. 팀이 특정 임무에서 매우 전문적이고 효율적으로 될 수 있다. 그리고 마지막으로, 이해가 잘 된다는 것이 오랜 세월 동안 입증된 효과이며, 2천2백만 직원[List of Largest Employers 2014]이 있는 월마트 같은 거대한 규모의 조직에서도 유용한 것으로 입증된 방법이다.

그렇지만 계층적 조직에는 단점도 많다. 부서 간의 소통이 어려워지는 경향이 있다.

조직의 여러 층이 지나치게 관료적으로 되어 모든 것의 속도를 느려지게 한다. 매니저들은 소통과 조정의 병목구간이 될 수 있다. 일반적으로 보상, 명성과 인정이 계층구조에 묶여 있어, 많은 사람이 업무를 하는 것보다 사다리를 올라가는 것과 정치 게임에 미친 듯이 집중하게 한다. 마지막으로, 대부분 가장 중요한 의사결정을 할 것으로 믿고 있는 상위 직급의 매니저들은 종종 실제 업무에서 벗어나 있다. 그러므로 최악의 장소에서 업무관련 결정을 하고 있는 것이다.

9.3.2 분산된 조직

계층적 설계의 대안은 분산된 조직이다(때로는 '평면 구조'라고 한다). 직원이 각 업무에 따른 가장 효율적인 구조를 스스로 조직하고 그 임무가 완성되거나 변화될 경우를 인식하는 아이디어다. 업무에 따라서, 다른 사람이 리더십과 조정 역할을 떠맡게 되지만, 이런 것은 고정된 타이틀이나 엄격한 계층구조와는 다른 업무 요건이 필요하다. 가장 유명한 사례 중 하나는 '밸브'라는 비디오게임 회사다(http://bit.ly/valve-hndbk).

> 계층구조는 예측성과 반복성을 유지하기에 좋은 구조다. 이것은 계획을 단순화하고 하향 방식으로 큰 그룹의 사람들을 관리하기 쉽게 한다. 그러므로 군대 조직이 그렇게 과도하게 의존하는 이유가 된다. 그러나 지난 10년간, 지구에서 가장 지적이고, 혁신적이며, 재능 있는 사람들을 채용하는 방법을 사용했던 엔터테인먼트 회사라면, 책상에 앉아있으라고 말하는 것이고, 자신들 가치의 99%를 없애고 있는 것이다. 우리는 혁신가를 원하고, 그들이 번성할 환경을 유지하는 것을 의미한다.

> 이것이 밸브가 평면구조인 이유다. 우리는 관리자가 없고, 아무에게도 '보고'하지 않는 방법을 약칭하는 것이다. 우리는 창업재(대표)가 있지만, 그들이 당신의 매니저는 아닌 것이다. 이런 회사는 당신이 기회에 다가가고 위험에서 멀어지는 방향으로 조정하는 것이다. 당신은 그린 라이트 프로젝트의 권한을 가지고 있다. 제품을 제공하는 힘을 가지고 있다.

평생 대기업에서 근무했고 계층구조로 관리되었다면, 이런 접근방식이 혼란스럽고 작동하지 않을 것처럼 보일 것이다. 정말로 셀프조직(Self-Organize)의 사람들에 의존할 수 있겠는가? 대부분의 직원들이 어깨 너머로 보고 있는 매니저 없이도 게으름을 피우지 않을까? 이 두 가지 문제가 최소 50년 동안 대부분 실제가 아닌 업무 환경에서의 인간 행동예측에 기반되었다고 밝혀졌다.

　1960년 더글러스 맥그리거의 『기업의 인간적 측면(The Human Side Of Enterprise)』에서, 평범한 노동자는 자신의 직업을 싫어하고, 가능하면 피하는 것이 일반적인 개념이라고 설명한다. 이것은 지루하고, 반복적인 육체 노동 같은 일부 직업에서는 사실일 것이며, 그런 경우 보상(급여, 보너스)으로 강요하거나 처벌(해고, 모욕)로 위협하는 지속적인 운영 관리 입지가 필요하게 된다. 그러나 이것은 프로그래밍과 같이 창의적인 직업에서는 적용되지 않는다. 많은 사람이 자신들의 창의성을 사용하고 어떤 것을 구축하기를 좋아하기 때문에, 그들은 실제로 자신들의 일을 즐기고 문제의 해결 방안을 적극적으로 찾아낸다. 당신이 할 일은 그들에게 적절한 환경을 제공하는 것이고, 그들은 내부 운영(Internal Drive)을 열심히 해낼 것이다.

즉, 비즈니스의 핵심 요건은 관리 업무가 아니라 발명인 것이다. 오늘날 우리가 알고 있는 관리는, 그 시대의 기업 요구를 충족하기 위해 20세기 초에 개발되었다. 모든 다른 도구와 같은 도구이고, 새로운 요구를 충족하기 위해 가끔 업데이트되어야 한다. 오늘날 우리가 사용하는 대부분의 관리 방법은 반복적이고 지루한 작업을 수행하는 육체 노동과 조립라인 노동자를 조직하기 위해 설계된 것이다. 주요 목표는 "인간을 세미 프로그램 가능 로봇으로 교체하다"였다[Hamel 2011]. 현대, 하이테크 스타트업의 요구사항은 매우 다르다. 그래서 동일한 관리 방법으로는 작동을 보장할 수 없다.

밸브에서는, 매니저들에게 의존하는 대신, '파벌(cabals)'이라는 직원들의 셀프 조직이 여러 분야에서 프로젝트팀이 된다. 프로젝트가 작동할 정도로 중요하다고 믿는 경우 사람들은 파벌에 가입한다(상사가 그렇게 해야 한다고 해서가 아니다). 모든 책상에 바퀴를 달아 사람들은 정기적으로 자신들이 택한 업무를 하거나 새로운 팀을 찾아 나설 때 이동을 한다. 이런 접근 방법은 밸브를 엄청나게 성장하게 했다. 그들은 역대 베스트셀러 PC 게임 네 개를 만들었고[List of Best-selling PC Game 2015], 2014년에 가장 가치 있는 게임 회사로 평가되었고[Tassi 2014], 2011년에는 회사 가치가 20억 달러~40억 달러로 평가되었으며, 구글이나 애플보다 직원당 더 많은 돈을 번 400명의 직원이 있는 회사다[Chiang 2011].

다른 회사도 조직을 분산하려고 한다. 2013년 자포스는 '통합적 구조(holocracy)'[4]라는 방법을 채택하고 모든 전통적 계층구조와 매니저 그리고 타이틀을 없애겠다고 발표했다[Groth 2013]. 또한 통합적 구조를 중소 기업과 데이비드 앨런 회사를 포함하는 많은 다른 회사에서도 사용하고 있다[Who is using Holocracy 2014].

도시의 크기가 두 배가 될 때마다, 주민마다 혁신이나 생산성이 15%까지 증가한다는 연구 결과가 있다. 그러나 회사가 커질수록, 일반적으로 직원마다 혁신이나 생산성은 감소한다. 그래서 더 도시 같고, 덜 관료

---

4 (옮긴이) 조직의 사회적 기술이나 시스템을 말한다.

적인 기업처럼 자포스를 조직하는 방법을 찾아내려고 고심했다. 직원들이 기업가처럼 행동하고, 업무를 지시하는 매니저에게 보고하는 대신에 자신들이 업무 방향을 정하는, 일반적인 계층구조에서 통합적 구조라는 시스템과 같은 방법으로 전환하려고 했다.

[LEINBACH-REYHLE 2014], 토니 세이, 자포스의 CEO

분산된 조직의 또 다른 예는 오픈소스 소프트웨어다. 리눅스, 아파치, MySQL과 같은 프로젝트는 함께 일을 하고 있는, 세상 주위에 수천 명의 개발자들이 모이는 것이 가능하고, 중앙 사무실, 대면 회의, 또는 매니저들 없이도 복잡하고 성공적인 프로젝트를 만들어냈다. 이런 프로젝트는 분산된 프로젝트의 질과 발전 속도를 전통적 매니저 중심 계층구조인 상업적 회사보다 더 높게 할 수 있다는 것을 증명한다. 이와 관련해서는 428쪽 "원격 재택근무"에서 더 설명할 것이다.

평면조직과 분산조직의 장점은 이 장의 후반부에서 더 알게 될 것이며, 동기부여의 필수요소가 되며, 직원들이 더 자율적이고 책임감이 있게 된다. 더 자율적이라는 것은 문제에 더 가까운 사람, 문제를 가장 잘 이해하는 사람이 계층구조의 지나친 관료주의를 대부분 피하면서 중요한 결정을 할 수 있는 것을 의미한다. 불행하게도, 기업 세계에서 분산된 조직은 상대적으로 드물다. 그래서 관리중심 계층구조만큼 잘 이해되거나 설명되지 않고 있다. 이것은 드러커의 경영 원칙을 실행할 다섯 가지 대안을 찾을 필요가 있음을 의미한다.

목표를 설정한다

분산된 많은 팀 간에 큰 변경과 새로운 우선사항을 조절하는 것은 까다로운 일이 될 수 있다.

조직화한다

분산된 조직에서는, 특정 의사결정에 대한 책임과 권한이 누구에게 있는지 항상 명확하지 않다. 반면 관리 계층구조는 직원들의 수가 수백만 명으로 확장될 수 있는 반면, 분산된 조직이 크게 확장될 수 있다는 예는 거의 없다(대부분의 스타트업에는 문제가 되는 게 아닐지라도).

동기를 부여하고 소통한다

매니저 없이, 직원들을 평가하기 위해서는 '동료 평가'와 같은 다른 시스템이 필요하다. 또한 계층구조가 아닐 경우 승진을 위한 대안이 필요하다. 이와 관련해서는 405쪽 "고용 및 승진"에서 설명할 것이다.

평가한다

각 팀은 지금 자신의 목표와 일정을 확인하고, 그것을 해나가는 과정을 추적할 책임이 있다.

인재를 육성한다

제자리에 일관된 팀이나 매니저가 없을 경우 사람들을 고용하고 교육시키는 효과적인 과정을 구축하는 것이 까다로운 일이 될 수 있다.

그래서 당신의 스타트업이 계층조직이 되어야겠는가, 아니면 평면조직이 되어야겠는가? 정답은 없다. 대부분의 흥미로운 문제들처럼, 조직 설계는 절충의 게임이다. 그림 9.2에서 보여주는 것처럼, 성공적인 회사는 각각의 장점과 단점이 있는 거의 모든 형태의 조직을 구축한다.

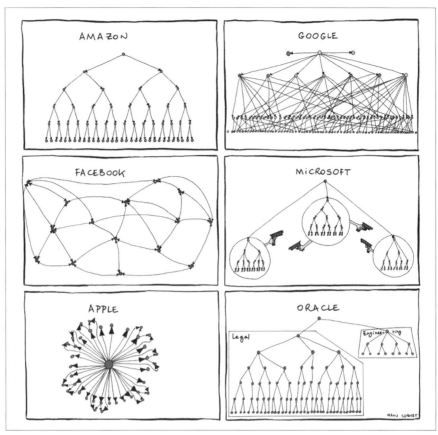

그림 9.2 다양한 회사의 조직 차트(마누 코넷 이미지 제공[Cornet 2011])

9.4 고용 및 승진

사명과 가치를 중심으로 조직을 정렬하는 가장 좋은 방법은 이미 정렬해놓고 사람을 고용하는 것이다. 가장 문화에 잘 어울리는 사람을 찾아내는 것이 채용 과정의 필수적인 부분이 되는 이유다. 제11장에서 문화에 잘 어울리고 스타트업의 채용에 관련된 다른 측면들을 설명할 것이다.

이 장에 덧붙일 단 하나는 회사의 문화와 고용 전략은 모든 기술 스타트업의 핵심부분을 다양화하기 위해 진술하는 것이다. 오늘날 기술 산업에서 여성과 소수 민족은 엄청나게 부족하다: 예를 들어, 모든 전문적인 IT 관련 직업에는 여성이 겨우 25%이고,

그들의 56%가 자신들의 경력 도중에 기술산업 분야를 떠나며, 남성들이 회사를 그만두는 비율의 두 배가 된다[Ashcraft and Blithe 2010, 11]. 스타트업이, 그냥 그렇게 하는 것이 맞기 때문이 아니라, 경쟁우위가 될 수 있으므로 명시적으로 기술, 성별, 인종 그리고 배경에 대한 다양성을 추구해야 한다. 다양성은 팀을 더 실험적이고, 창의적이고, 지식을 공유하기 쉽게 하고[Ashcraft and Blithe 2010, 10], 회사가 더 많은 고객에게 도달하고[Martin and Ferraro 2000], 더 많은 재능을 끌어내고[Holmes 2014], 더 혁신적인 제품을 구축하게 한다는[Nelson 2014, 88] 연구 결과가 있다. 그리고 숫자는 거짓말을 하지 않는다. 다양한 임원들이 있는 회사는 수익률이 훨씬 더 높고[Barta, Markus and Neumann 2012], 이사회에 여성의 비율이 가장 높은 회사는 자기자본 수익률이 최소 53%를 능가하고, 매출 이익률은 42%, 투자자본 수익률은 66%를 능가한다[Carter et al. 2007].

문화에 잘 어울리는 직원을 채용하고, 당신의 핵심가치를 증명하는 직원들에 대한 보상을 지속적으로 제공할 필요가 있다. 대부분 회사에서의 전통적인 보상은 승진이었다. 새로운 타이틀을 얻게 되고, 새로운 책임을 맡게 되며, 월급이 인상된다. 직원들이 정상에 오를 때까지 조직이나 한 번에 일회 승진으로 올라가게 되는 경력 사다리가 되는 것이다. 경력 사다리에는 두 가지 조심해야 하는 것이 있다. 바로 '피터 원칙'과 '승진 관리'다.

9.4.1 피터 원칙

피터 원칙(the Peter Principle)은 계층구조에서, 모든 직원의 무능함은 그 기준이 올라가는 경향이 있다고 설명한다. 그래서 마침내, "임무를 수행하기에는 무능한 직원이 모든 게시물을 담당하게 된다[Peter and Hull 2011, 16]." 이유는 간단하다. 주어진 역할을 잘 수행하면, 마침내 새로운 곳으로 승진하게 된다. 어떤 면에서, 능력 밖의 역할로 승진을 결정하면, 또 승진을 할 수 있을 만큼 업무를 잘 수행하지 못할 것이다. 그리고 당신이 무능하게 되는 임무에 꼼짝 못하게 될 것이다.

보상방식으로 승진을 사용하면, 피터 원칙이라는 결과가 된다. 능력을 벗어난 임무를 방지하는 것은, 이미 새로운 역할 수준에서 업무를 할 수 있는 직원만 승진시키고, 더 잘 할 수 있도록 도움을 줄 실무 연수 프로그램 같은 것을 진행하는 것이다(제12장 참조). 그러나 엔지니어링 조직에서 피터 원칙의 가장 일반적인 원인은 개발자들을 매니저로 승진시키는 데서 온다.

9.4.2 승진 관리

많은 소프트웨어 회사에서 개발자에게 보상할 수 있는 최선의 방법은 그들을 관리자로 승진시키는 것이라고 믿는다. 그러나 관리는 기술자로서의 경력을 성장시키는 것이 아니라 완전히 다른 기술 분야이며 완전히 다른 직업이라는 점이 문제다. 알고리즘, 아키텍처 그리고 실험에 능력이 있는 것에 우선순위를 정하고, 복잡한 대인관계에서 협상을 하고, 재능을 개발하는 것에도 당연히 능력이 있다는 것은 아니다. 대부분의 경우, 십중팔구는 다른 개인 기여자(Individual Contributors)를 둔화시키고, 보통 수준 밖에 되지 않는 매니저를 얻는 대신에 경이로운 개인 기여자를 잃게 된다[Brwon 2014].

그러나 승진 관리에서 최악의 영향은 엔지니어 조직에게 코드를 작성하는 것이 이류의 업무라는 신호를 주게 되는 것이다. 재능 있고 뛰어난 모든 개발자가 사람들을 관리하고, 반면에 경험이 없고 실적이 저조한 개발자들이 코드를 작성하는 조직을 구축하는 것은 기술회사를 가장 **빠르게** 완패하게 만드는 방법이다. 당신 방식으로는 훌륭한 코드를 관리할 수 없다. 훌륭한 개발자가 하도록 해야 한다.

그러한 훌륭한 개발자들이 계속 코드를 작성하는 것이 보장되기 위해서는, 기술 리더십 방식을 보장하는 것이 필요하다. 즉, 사람들을 관리하는 것으로가 아니라 코드 기여를 통해 회사에 상승효과를 만들어 내는 것이다. 이렇게 하기 위한 방법은 개인 기여자(IC, Individual Contributor)들과 매니저들을 위한 평등한 경력 사다리를 만드는 것이다. 예를 들어, 표 9.1에 정리한 링크드인에서의 경력 트랙을 살펴보자.

표 9.1 링크드인의 경력 트랙

개인 기여자	관리자
엔지니어 스태프	매니저
시니어 엔지니어 스태프	시니어 매니저
총괄 엔지니어 스태프	디렉터
특출한 엔지니어	시니어 디렉터
펠로	부사장

이론적으로, 당신이 어떤 트랙에 있든, 보상, 책임 수준 등 각 수준에서 회사에 미치는 영향은 대략적으로 같아야 한다. 그렇지만 실제로는, 다수의 시스템적인 편차 때문에 달성하기 어렵다[McKinley 2014b]. 편차 중 하나로 관리자 타이틀은 대부분의 공동체에

서 더 큰 명성이 된다. 디렉터나 부사장이 되는 것은 빅딜이다. 시니어 엔지니어 스태프가 되는 것은 덜 그렇다. 나머지 편차는 일반적으로 매니저들이 파워를 가지고 있는데, 같은 레벨에서조차 개인 기여자는 로드맵을 알고, 사람들의 월급을 알고, 고용과 해고를 조정하는 그런 파워를 가지지 못한다는 데서 생겨난다. 파워에서 차별을 만들어내는 것이다. 마지막으로, 매니저들은 성장하고 있는 회사에서는 정기적으로 발생하는, 대개 기존 매니저들이 너무 많은 직접 보고로 압도당하게 될 때쯤 승진하게 된다. 한편, 개인 기여자는 대개 거의 대단한 실적을 냈다고 인식될 때만 승진이 된다.

그 결과 대부분의 기술 기업에서는 상위 엔지니어(총괄 엔지니어 스태프 이상)보다 상위 관리자(디렉터 이상)가 엄청나게 더 많다. 링크드인에서, 상위 매니저와 상위 엔지니어의 비율은 대략 5대 1이다. 엣시에서는 그 수치가 비슷하다.

> 나는 엣시에서 기술직으로 이사직과 맞먹는 "총괄 엔지니어"라는 타이틀을 얻게 된 첫 번째 사람이었다(즉, CTO 한 단계 아래)…. 어떤 면에서, 내 수준에는 나 혼자였다. 당시에는 이론적으로 동등한 다섯 명의 디렉터가 있었다. 비율은 더 나쁜 최소였다(그 회사가 아직 그런지 모르지만, 아마 지금은 그렇지 않을 것이다).
>
> 이해하려면, 철저히 검토되지 않은 몇 가지를 믿어야만 했다. 첫째, 관리하는 엔지니어들은 매우 높은 경향이 있음을 믿어야 했는데, 그것은 우리의 기대를 저버리는 것이었다. 우리 중 많은 사람이 실제로 어떤 것을 구축할 기대로 이런 비즈니스를 하게 되는 것은 아니기 때문이다.
>
> 둘째, 조직을 효율적으로 관리하기 위해 다섯 명의 이사가 있다고 하더라도, 오직 한 명의 기술 리더만이 같은 그룹에서 그들이 일상 업무에 대한 상세한 내용을 조언해줄 수 있다고 믿어야 한다.
>
> [MCKINLEY 2014B], 댄 맥킨리, 엣시와 스트라이프의 소프트웨어 엔지니어

이런 종류의 격차는, 개인 기여자를 위한 독자적인 트랙에서도, 여전히 관리가 당신의 경력을 발전시키기 위해서는 더 나은 방법이라는 의미가 된다. 이 문제에 쉬운 해결책은 없다. 회사에서 경력 사다리를 이용할 것이라면, 아무것도 없는 것보다 개인 기여자라는 분리된 트랙을 가지는 것이 여전히 좋다. 하지만 매니저/개인 기여자 비율에 주의할 필요가 있다. 또한 제품과 인프라를 조절하고 자신들의 프로젝트 선택 자유와 마찬가지로, 더 높이 사다리를 오르는 권력과 개인 기여자에 해당되는 권력의 차이를 균등하게 해야 한다.

또 다른 옵션은 경력 사다리를 사용하지 않는 것이다. 대부분의 평면조직과 분산조직에서는, 보상으로 승진을 사용하지 않는다. 여전히 높은 성과에 보상을 하지만, 멋진 새로운 타이틀이나 사다리를 올라가는 것에 집중하는 대신, 새로운 책임, 대가 그리고

혜택에 집중한다. 계급이 올라가는 승진 대신에 표창이나 메달로 군인에게 상을 주는 것과 같다. 예를 들어, 시니어 엔지니어에게 회사의 방향에 더 영향을 미치게 하고, 그들이 담당하고 있는 프로젝트를 더 많이 조절하고, 그들의 능력을 개발하는 데 더 많은 시간을 주고, 더 많은 봉급, 자산 그리고 휴식시간을 줄 수 있다.

회사가 직책, 경력 사다리 그리고 승진을 영원히 없앨 수 있을까? 대답하기 어렵다. 벤 호로위츠는 『하드씽(The Hard Thing About Hard Things)』에서 대부분의 스타트업은 사실상 두 가지 이유로 직책을 부여한다고 주장한다[Horowitz, 2014, 159-160]. 첫째, 대부분의 다른 회사들이 사용하고 있고 결국 업무를 전환할 수도 있기 때문에 직원들이 직책을 원한다. 둘째, 직책은 "회사에서의 역할을 표현하는 약칭"이 되며, 직원이 대부분의 회사에서는 기본이지만, 직원과 고객 그리고 파트너들이 (특히, 더 커지면) 회사를 자주 이동할 필요가 있기 때문에, 직책이 대부분의 회사에서는 표준이지만, 몇몇 회사는 지금까지 직책 없이 회사를 만들었다. 대표적으로 클라우드파이어는 100명의 직원이 타이틀이 없다[Haden 2013], 밸브는 직원 400명이 타이틀이 없고[Wagreich 2013], 자포스는 직원 4,000명의 타이틀을 없애려 하고 있다[Groth 2013].

9.5 동기부여

대부분의 기업들은 직원들의 동기부여를 위해 승진과 보너스를 이용한다. 『드라이브(Drive)』라는 책에서, 다니엘 핑크는 "만일 업무가 지루하고 반복적이라면 업무를 완료한 경우에 제공하는 보상만이 성과를 개선한다"는 연구 결과를 발표했다. 프로그래밍 같이, 업무가 창의성을 요구하는 것이라면, 보상을 제공하는 것이 실제 성과에 해를 끼칠 수 있다. 이해할 수 있는 가장 유명한 예는 촛불 문제와 관련된 실험이다[Candle Problem 2015]. 그림 9.3에서 보여주는 대로, 초, 압정 한 상자, 성냥 한 상자를 참가자들에게 제공한다. 목표는 벽에 초를 붙여 촛불을 켜는 방법을 찾아내는 것으로 테이블 바닥으로 촛농을 떨어트리지 않고 촛불을 켜야 한다. 더 읽기 전에 이 문제를 어떻게 해결할지 생각해보자.

벽에 직접 초를 고정하기 위해 압정을 사용해 보겠는가, 아니면 촛농이 녹아 초를 고정하도록 할 수 있다고 생각하는가? 불행하게도, 해결책이 되지 않는다. 그림 9.4에서 보여주는, 올바른 해결책은 압정 박스를 비우고, 압정을 사용하여 벽에 박스를 부착하고, 박스안에 초를 두는 것이다.

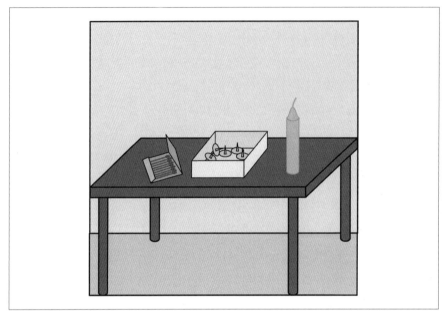

그림 9.3 촛불 문제[Duncker 1945]

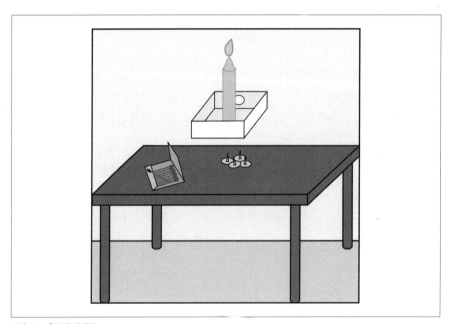

그림 9.4 촛불 문제 해결[Duncker 1945]

이 문제를 실험했을 때, 참가자는 두 그룹으로 나뉘어졌다. B 그룹은 가장 빨리 해결책을 내는 사람에게 상금을 준다고 들은 반면 A 그룹은 운동에 관한 통계를 수집하기 위해 오게 된 것이라고 들었다. 어떤 그룹이 더 좋은 성과를 내겠는가? 전통적 관리와 경제 이론으로는 B 그룹이라고 예측하겠지만, B 그룹은 실제로, A 그룹이 그 퍼즐을 해결한 것보다 평균 3.5분이 더 걸렸다. 상금을 주는 인센티브가 성과를 방해한다. 촛불 문제를 해결하는 데 창의력이 필요하기 때문이다. 기능적 고착(Functional Fixedness)을 극복해야 하고 박스는 압정을 담아 놓는 것이 아니라 퍼즐을 푸는 데 사용할 수 있는 또 다른 요소임을 깨달아야 한다.

창의적인 업무에 인센티브를 제공하는 것이 성과를 방해할 수 있기 때문에 업무보다 보상에만 집중하지 말아야 한다. 예를 들어, 전형적인 연간성과 검토 과정을 생각해보라. 당신이 매니저이고, 당신에게 직접 보고하는 애나(Anna)와 같이 앉아서 그녀에게, "애나, 11월까지 새 모바일 앱을 출시하게 된다면, 급여가 인상될 겁니다!"라고 말한다고 상상해보라. 이것은 의욕을 꺾는 심리적인 부작용을 가져온다.

- 애나에게 신속하게 모바일 앱을 구축하는 것은 고통스럽고 바람직하지 않은 과정이라는 신호를 보내고 있는 것이다. 그렇지 않다면, 왜 그것에 대해 보상을 해주어야 하겠는가?

- 그녀의 매니저도 원하고 그녀도 급여 인상을 원한다는 것을 알기 때문에, 애나는 작업에 성공하려고 많은 압박을 느끼게 될 것이다. 추가되는 압박이 그녀를 긴장하게 하고, 그녀의 창의성과 성과를 감소시킬 것이다.

- 애나의 주요 목표는 고품질의 모바일 앱을 구축하는 것이 아니라 돈을 더 버는 것이다. 보상에 대한 욕구와 성공을 위한 압박은 지름길을 택하거나 시스템을 이용하게 되고 비용이 얼마가 들던 그녀가 앱을 정시에 출시되도록 할 것이다.

- 애나가 정시에 모바일 앱을 출시할 수 없어서 월급 인상이 되지 않는다면, 그녀의 의욕은 사라지게 될 것이다. 그녀가 그 해 동안 했던 모든 힘든 작업이 아무것도 아닌 것 같아 배신감을 느낄 것이다.

- 애나가 정시에 앱을 완성하고 그녀에게 급여 인상을 해준다 해도, 애나는 또 다른 인상을 약속해주지 않는다면 또 다른 앱을 개발하지 않을 것임이 확실하다. 사실, 다음 번 인상은 정말로 동기부여가 되어야 하기 때문에 이전보다 인상 폭이 더 커야 할 것이다.

약처럼 보상은 중독성이 있다. 이것은 누군가가 대가를 지불했던 취미에 많은 사람이 열정을 잃게 되는 이유다. 즉, 기업에서 사용된 가장 일반적인 방법은 성과를 개선하려 하는 것(예 : 업무 완수에 대한 급여 인상, 승진, 또는 보너스 같은 보상을 약속하는 것)은 역효과를 나타 낸다는 광범위한 연구 결과가 있다. 물론, 모든 보상이 다 나쁜 것은 아니다. 동기를 부 여하고 자아를 실현하는 것과 같이 높은 수준의 요구를 걱정하기 전에, 매슬로의 욕구 단계(Maslow's hierarchy of needs) 중 주택 임대나 음식과 같이 처음 몇 단계에 우선 주의를 기울여야 한다. 따라서 기본 급여가 필요하다. 또한 대부분의 사람은 실제로 자신의 동 기를 이해하지 못한다. 그래서 실제로는 행복을 주지 않을지라도 더 많은 돈을 추구하 는 것이다. 따라서 사람을 고용하려면, 우선, 여전히 경쟁력 있는 보상 패키지를 제시 해야 할 것이다(504쪽 "제안서 만들기"를 참조하라). 그러나 어느 정도의 보상(대략 연간 7만5천 달 러)이나 그 이상은, 다른 외적 동기를 뛰어넘어 반드시 더 많은 의욕을 불러일으키는 것 이 아님을 연구에서 보여주고 있다[Kahneman and Deaton 2010].

그러면 어쩌라고? 해답은 내적 동기부여(Intrinsic Motivators)에 있다. 즉, 우리 모두가 가지고 있는 내적 욕구는 업무 자체의 이익을 위해 업무를 즐기도록 한다. 인간은 태생 적으로 유쾌하고 호기심이 많다. 우리는 아무도 보상을 해주지 않아도 어려운 작업을 해내는 데 정기적으로 많은 시간을 투자한다. 만일 당신이 프로그래머라면, 이미 알고 있는 사실이다. 혹시 업무 외 프로젝트에 치여서 주말을 보낸 적이 있는가, 업무 이외의 새로운 프로그래밍 언어나 기술을 배운 적이 있는가, 친구가 논리 퍼즐을 알려줘서 그 것을 푸느라 잠을 잘 수 없던 적이 있는가, 혹시 오픈소스에 기여한 적이 있는가? 이런 활동의 대부분은 내적 동기에서 나온다.

그렇다면 어떻게 내적 동기를 장려할 수 있는가? 글쎄, 본질적으로, 외부에서 내적 동기를 끌어올 수는 없다. 할 수 있는 것은 모든 사람이 이미 가지고 있는 내적 동기를 끌어내기 위한 최적의 상황을 제공하는 것뿐이다. 그러기 위해서는, 자율성, 숙달, 목 적을 극대화할 환경을 만들어낼 필요가 있다.

9.5.1 자율성

자율성은 우리의 삶을 조절하기 위한 자연 발생적인 것이다. 우리는 어떤 일을 하고, 언 제 일을 하고, 어떻게 일을 하고, 누구와 일할지를 결정하길 원한다. 자율성을 장려하 려면, 당신이 신뢰하는 사람을 고용하고, 그들에게 목표를 명시한 후 그들의 길에서 벗어나게 할 필요가 있다. 많은 스타트업이 자율성을 얼마나 갖고 있는가보다는 결과에 집중하는 이유다. 당신이 원하는 시간만큼 일할 수 있고, 일하러 사무실로 오거나 집에서 일할 수도 있으며, 정해 놓은 목표를 달성하는 동안 원하는 방식으로 프로젝트를 실행할 수 있다. 그리고 만일 목표를 선택할 수 있다면, 자율성이 더욱 강력하게 발생할 것이다.

이런 아이디어를 실험하는 저비용, 저위험 방법은 직원들이 그들이 원하는 장소에서 일할 수 있는 특정한 날을 정하는 것이다. 링크드인은 한 달에 한 번 "해크데이즈(hackdays)"를 개최한다[Linkedin Hackdays 2015]. 페이스북은 몇 개월마다 "해커톤(hackathons)"을 개최한다[Hackathon 2015]. 아틀라시안은 분기마다 "쉬플리트 데이즈(ShipIt Days)"를 진행한다[ShipIt Days at Atlassian 2015]. 모든 곳의 형식은 대체로 비슷하다. 아이디어를 내놓고, 팀을 구성하고, 아이디어를 '해크(hack)'하고 빠른 프로토타입을 구축하기 위해 24시간을 보낸다. 많은 음식과 커피가 있고, 전 회사에 당신이 하고 있는 것을 발표할 기회를 주고, 최고의 해커에게 상을 주는 흥미로운 이벤트다. 2010년, 페이스북은 또 "해크어먼스(hackamonth)"를 도입해서 어떤 직원이든 1년 이상이 된 직원은 원하는 다른 팀에 합류해서 한 달 동안 일할 수 있게 했다[Furguson 2011].

나는 첫 번째 해크어먼스 클래스에 참여했다. 회사를 위해서는 많은 장점이 있는 정말 훌륭한 프로그램이다. 팀의 결함을 허용한다. 어떤 시점에서든, 누구든 회사를 떠나고, 팀을 떠날 수 있으며, 아무튼, 떠나갈 수 있었다. 그래서 해크어먼스는 팀이 한 개인에 너무 의존하지 않는다는 것을 확인할 수 있는 위험이 적은 방법이다. 다른 것은 여러 문화 간의 교류가 이루어지는 것이다. 회사의 모든 팀은 서로 다른 것을 잘 한다. 어떤 팀은 코드 검토를 잘 할 것이다. 어떤 팀은 실험을 잘할 것이다. 어떤 팀은 UI와 UX에 강할 것이다. 그래서 원하는 대로, 팀을 서로 교환해서, 그런 것들을 얻을 수 있다. 다른 팀에 밀사가 될 수 있다. "이봐, 실험 젬병이들아 … 단위 테스트를 하기 시작할거야." 그리고 물론, 팀 간의 이전이 수월하고, 재능이 뛰어난 사람이 회사를 완전히 떠나는 것보다 회사 내에서 팀을 바꾸는 것이 더 좋다.

[KIM 2014], 대니엘 김, 페이스북과 인스타그램의 소프트웨어 엔지니어

직원들에게 더 많은 자율성을 주는 회사는 드물다. 1950년대로 돌아가보자. 3M은 엔지니어가 자신이 선택한 프로젝트를 작업하는 시간의 15%를 할애하도록 하는 15%시간이라는 정책을 개척했다. 오늘날까지 3M은 원래 15%시간 프로젝트로 개발된 포스트잇이나 마스킹 테이프를 포함해서 많은 발명품을 사업화하였다. 구글은 20%시간이라는 유사한 정책을 진행하고, 직원들은 그 정책을 지메일, 구글 뉴스, 구글 번역기 등을 포함하는 많은 성공적인 제품을 만들어 내는 데 이용하고 있다[Pink 2011, 94]. 앞에서

언급했던, 비디오게임 회사인 밸브는 이런 아이디어를 더 발전시켰다.

> 다른 회사는 직원들의 업무 시간 중 몇 퍼센트를 자기 주도적인 프로젝트에 할당하고 있다고 들었다. 밸브에서는 그 비율이 100%다.
>
> 밸브가 평면 조직이므로, 그들이 얘기를 들었다고 프로젝트에 가담하지는 않는다. 대신, 스스로에게 맞는 질문을 해본 후에 무슨 일을 할지 결정할 것이다(나중에 얘기하자). 직원들은 이직으로 반대의 의사를 표시한다(또는 책상을 옮기는 것으로). 강력한 프로젝트는 사람들의 증명된 가치를 볼 수 있는 것들이다. 쉽게 인원을 늘릴 수 있다. 지속적으로 진행하면서 내부적으로 얼마든지 인원을 충원하는 방법이 있다.
>
> **신입 사원을 위한 밸브 핸드북**

9.5.2 숙달

숙달은 어떤 것을 더 할 수 있는 고유의 구동장치다. 대부분의 프로그래머는 새로운 기술을 배우거나 자신의 기술을 연마할 수 있는 기회를 찾아간다. 어려운 문제가 우리를 위협하고 더 나은 것을 만들라는 강요가 있음을 알기 때문에 그 어려운 문제에 자연스럽게 끌리는 것이다. 가장 좋은 방법을 배우기 위해서 책, 블로그 게시물, 기사를 읽는다. 여러모로 프로그래밍은 기술이며, 모든 프로그래머들은 대가(大家)가 되고 싶어한다.

모든 회사에서 최고의 프로그래머를 채용하려고 하지만, 최고의 기업은 그들만의 프로그래머가 있고 더 나은 결과를 얻으려고 그들에게 투자한다. 이것은 선순환 구조다. 직원들의 기술과 시장가치가 향상되기 때문에 직원들은 행복하다. 기업은 더 나은 제품과 더 숙련된 직원들을 얻기 때문에 행복하다. 새로운 프로젝트나 팀에 정기적으로 참여하게 하고, 회의나 강연에 참석하게 하며(아직은 더 나은, 회의나 강연에 참석하는), 발표된 논문과 블로그 게시물, 독서 그룹을 만들고(아직은 더 나은, 자신의 논문, 블로그 게시물, 책을 쓴다) 오픈소스에 기여한다(자세한 내용은 제12장을 참조한다).

숙달에 투자하는 또 다른 방법은 리드 호프만, 벤 카스노차, 크리스 예의 『더 얼라이언스(The Alliance)』라는 책에 나온다. 대부분의 기업에서는 면접 과정, 일자리 제안 그리고 매니저가 직원들에게 이야기하는 방법에는 모든 직원이 그 회사에서 영원히 일하게 될 것이라는 망상이 기빈이 된다. 실제로, 50년 동안 같은 회사에서 근무하고, 경력 사다리를 올라가며, 금시계를 차고 은퇴하는 시절은 오래 전에 사라졌다. 이 책에서는 고용주와 직원이 현실을 더 직시해야 한다고 말한다. 평생계약과 같은 제안에 결정을 내리는 대신에, 직원이 회사의 특정 프로젝트에 기여하도록 투자하고 회사가 직원들에게 시장가치에 도움이 되도록 명확한 투자 의무기간에 동의해야 한다. 예를 들어, "12개월 만에 새로운 모바일 앱을 발표한다"라는 의무기간에 동의하고, 그 대신에 회사는 당신의 iOS와 모바일 디자인 기술 개발에 도움을 주어 시장가치를 개선할 것이다. 의무기간을 끝내고 나면, 회사와 대화를 반복하고 새로운 의무에 동의한다.

더 투명한 방법이기 때문에 모호하고 불확실한 직원 검토 과정을 대체한다. 그리고 그저 외적 보상(즉, 급여)을 주는 대신에, 분명하게 대체되는 내적 보상(즉, 회사가 당신이 숙달하도록 투자한다)을 만든다. 이에 좋은 예는, 링크드인의 글로벌 솔루션의 부사장(SVP)인, 마이크 감슨의 "여러분(우리 직원)을 위한 나의 약속"이라는 블로그 게시물에 나와 있다.

> 나쁜 소식부터 말하겠습니다. 나쁜 소식은 어느 날 여러분이 링크드인을 떠나려고 하는 것입니다. 그냥 여기에 있는데 벌써 여기를 떠날 생각을 한다는 것이 이상한 일이라는 것은 알고 있습니다. 그러나 여러분과 제가 이 회사에서 함께 보냈던 시간을 최대한 활용하여 파트너가 될 수 있다는 사실에 관심을 가져주시길 바랍니다. 여러분이 여기에서 2년, 아니면 5년, 또는 10년 이상을 보내게 될지 모르지만, 이런 여정에 여기서 얼마나 많은 시간을 보내게 될지, 지금부터 여러분의 전체 경력의 20년, 30년, 40년을 뒤돌아 보면 여기에서 보낸 시간들이 여러분의 경력에서 가장 변화가 많은 시기라는 것을 확인하기를 원합니다. 가장 많이 배우고, 가장 빨리 성장했던 시절이 가장 놀라운 사람들과 가장 혁신적인 사고를 했던 것입니다. 나는 이런 시절이 말 그대로 여러분의 경력궤도를 바꾸는 시간이 되기를 바랍니다. 여러분의 삶에서 직접 이곳에서 일하지 않아서 누렸을 것보다 링크드인에서의 경험으로 더 성공할 수 있기를 바랍니다. 여러분에 대한 나의 약속은 경력궤도의 수정이 발생할 환경을 만들어주고, 육성하여, 일생에서 필요한 아이디어, 사람, 경험 그리고 기회에 노출할 수 있는 모든 기회를 제공하는 데 헌신할 것입니다. 어느 날, 여러분이 링크드인을 떠난다면 진정으로 변화하기를 바랍니다. 이에 내가 바라는 것은 여러분 자신과 우리 회사 그리고 세상을 변화시킬 수 있게 여러분 자신을 바치겠다고 약속하는 것입니다. 그리고 여러분은 용기와 끈기로 이곳에서 있었던 기회를 따라잡을 것입니다.
>
> [GAMSON 2014], 마이크 감슨, 링크드인 글로벌 해결책의 부사장

9.5.3 목적

> 배를 만들려고 한다면, 사람들에게 나무를 수집하고, 작업을 분할하고, 명령을 내리지 말라. 대신에, 그들이 광대하고 끝이 없는 바다를 갈망하도록 가르쳐라.
>
> 앙투안 드 셍 텍쥐페리

목적은 큰 의미를 가지고 무엇인가를 작업하는 본질적인 장치다. 우리는 우리 자신보

다 더 큰 것을 구축하길 갈망한다. 우리의 증표를 전 세계에 남기기를 원한다. 이것이 가능하려면 돈을 벌어야 하지만 돈은 정말 중요한 것이 아니다. 돈은 어떤 다른 목적을 이뤄내는 데 도움이 되는 자원에 지나지 않는다.

이 장의 앞부분에서, 회사의 강력한 사명의 중요성에 대해 설명했다. 사람은 '왜 (why)'에 구동된다는 사실을 설명했다. 사람들이 목적에 의해 구동됨을 말하는 다른 방법이다. 영감을 더 많이 주는 사명일수록, 그것을 전달하기가 더 좋고, 직원들의 동기 유발이 쉽다. 예를 들어, 애나에게 월급 인상에 대한 대가로 12개월 만에 모바일 앱을 출시할 것을 요구하는 성과검토에 대해 설명했던 것을 회상해보라. 그리고 그 말 대신에 다음과 같이 말했다고 상상해 보라. "애나, 이 모바일 앱이 모든 행성에 스마트폰을 가지고 있는 20억 명 사람들의 삶에 영향을 줄 수 있는 기회입니다. iOS와 모바일 개발 기술을 배우게 되는 기회입니다. 회사의 사명에 전체 회사가 한발 더 가까워 질 수 있는 기회입니다."

애나에게 목적의식을 주는 것은 급여 인상과 같은 보상을 주는 것보다 그녀를 더 자극하게 되는 것이다. 즉, 그녀의 의욕을 꺾지 않고 월급을 인상시켜줄 방법이 여전히 있는 것이다. 그렇다. 핵심은 조건부 보상을 피하는 것이다. 즉, 보상은 '만일'이 아니라 '그렇다면(if-then)'를 근거로 해야 한다. "만일 X를 하면, Y를 제공할 것이다[Pink 2011, 36]." 채찍과 당근처럼 당신 앞에서 행하는 모든 보상은 당연히 외적 동기부여가 된다. 직원은 보상의 대가로 그 일을 하게 될 것이고, 이전에 논의했던 모든 의욕을 상실시키는 부작용을 보게 될 것이다. 그러나 만일 보상이 뜻밖의 일이라면 그 부작용은 거의 사라질 것이다.[5]

보상을 약속하는 대신, 애나가 일에만 몰두하고 내적 동기가 유발되는 환경을 만들어준다(즉, 회사의 사명과 iOS와 모바일 개발기술을 배우고자 하는 그녀의 욕망). 만일, 그녀가 잘 해내면, 예상했던 급여를 주는 것보다 예상치 않은 인정을 제공한다. 또한, 연간성과 검토 대신 매주 일대일 미팅을 하면서 지속적으로 가벼운 검토를 진행해야 한다. 이런 방법으로 훌륭한 성과에는 1년이 지난 다음에 보상하는 것이 아니라 즉시 보상할 수 있다. 보상이 항상 돈일 필요는 없다. 사실, 최고의 보상은 대개 더 나은 자율성, 숙달 그리고 목적이다. 애나에게 그녀의 다음 프로젝트를 선택할 수 있게 더 많은 자유를 준다. 그

---

5 행위 연구에서 보상 행동에 가장 효과적인 방법은 다양한 계획에 있다고 보여준다. 즉, 무작위로 보상을 하지만 전부는 아니라는 것이다. 라스베가스 슬롯·머신을 생각해보라. 결국은 당신이 이긴다는 것은 알지만, 언제인지를 모르고, 어떤 게임을 오랫동안 계속할지도 모른다[Reinforcement 2015].

녀가 팀을 전환하고 새로운 기술을 배울 수 있게 하라. 그녀의 작업이 중요하다는 것을 알 수 있도록 그녀를 칭찬하고 사람들이 인정하게 하라. 종종 "고맙다"라고 말하라. 그리고 중요한 이정표를 기념하라. 바로 옆의 피자 가게를 가는 정도일지라도, 정규 팀의 외부 야유회 예산을 별도로 설정하라.

물론, 월급 인상, 보너스, 주식 추가도 중요하다. 그리고 그것들이 성공 보상이 아닌 이상, 감사를 표시하는 좋은 방법이다. 보너스와 같은 외적 보상을 제공하는 데 내적 보상이 혼합되어 있는 것도 좋은 방법이다. 예를 들어, 사적인 일대일 미팅에서 보너스를 주는 대신, 전체 회사 앞에서 하나의 의식으로 해줄 수 있다. 의식은 동료들에게 중요한 일을 하고 있다는 인정을 받기 위해 내적 유발을 자극하는 것이다. 얼마나 많은 경쟁자들이 있겠는가? 진정한 상은 단지 돈이 아니라 다른 사람들이 승자로 인정하는 것이다.

9.6 사무실

회사 문화에 대한 느낌을 얻는 가장 좋은 방법 중 하나는 사무실을 따라 산책하는 것이다. 예를 들어, 깃허브의 샌프란시스코 본사를 생각해보자. 처음 걸으면, 여러 개의 유리 트로피 케이스의 인사를 받게 된다. 하나는 선사 시대의 '옥토캣(Octocat)'의 골격 청동상이 들어 있다(옥토캣은 깃허브의 로고다). 또 다른 곳에는 첫 번째 임무를 완성하기 위해 사용했던 창업자의 랩톱 중 하나가 들어있다. 트로피 케이스를 걸어서 지나면, 깃허브의 대기실을 발견하게 된다. 대기실이라는 것만 빼면, 대기실 같지 않은 대기실이다. 집무실의 복제다(그림 9.5 참조). 거대한 나무 책상, 미국 국기, 올리브 가지와 칼을 들고 있는 깃허브의 인감인 옥토캣이 그려진 거대한 타원형 카펫이 깔려있고, 안락한 천으로 만든 소파, 오래된 책이 잘 정렬된 책장이 있다.

그림 9.5 샌프란시스코 사무실에 있는 깃허브의 대기실(깃허브에서 제공한 사무실 사진, 2015)

대기실을 지나면 풀바, 카페테리아, 테이블 축구, 탁구 테이블, 당구대 그리고 DJ 스테이션이 완비된 거대한 열린 공간이 있다. 깃허브 직원들이 점심을 먹고, 밋업을 개최하고, 휴식을 취하는 곳이다. 거기서, 많은 직원이 코딩에서 의도적으로 멀어지려는 의도의 열린 공간이 있다. 어떤 사람은 앉아 있고, 어떤 사람은 서서 책상을 사용하고 있고, 몇몇 사람은 발 밑에 쉬고 있는 개와 함께 있다. 구석에는, 기술 관련 책으로 완전히 채워진 도서관이 있다. 그 옆에 회의실이 있다. 그런데 회의실이 아니라 하나의 상황실이라 할 수 있다. 방 중앙에 팔각형의 나무테이블이 가죽의자로 둘러 있고, 대형 텔레비전, 미국 국기 그리고 여러 나라의 시계가 쭉 둘러 있다(그림 9.6 참조).

청동상, 바, 타원형 사무실은 사치스러워 보이지만, 다음을 먼저 생각해보자. 풀 타임으로 일하는 경우, 사무실에서 연간 2,000시간을 보낼 것이며, 이는 깨어있는 시간의 거의 절반일 것이다. 즐길 수 있는 사무실 환경에서 많은 시간을 보낼 수 있는 가치는 환산하기 어렵다. 좋은 직장 환경을 구축하는 것은 현재의 직원이 행복하고 새로운 직원을 유인하기 위한 투자다. 많은 연구에 따르면, 좋은 사무실 디자인은 생산성을 크게 향상시킬 수 있는 것이 분명하다[Gifford 2012].

개발자를 위한 이상적인 사무실은 네 가지를 갖추어야 한다.

그림 9.6 깃허브의 상황실

1. 다른 사람과 함께 작업할 수 있는 장소
2. 혼자 집중해서 작업할 수 있는 장소
3. 작업에서 멀리 떨어져 있을 수 있는 장소
4. 개인 필요에 따라 사무실을 꾸밀 수 있는 방법

태생적으로, 처음 세 항목이 같은 장소가 아니어야 한다는 점에 주목하라(다음 절에서 보게 될 것처럼, 일반적인 현대 사무실 디자인을 완전히 무시하는 것이 원칙이다).

9.6.1 다른 사람과 함께 작업할 수 있는 장소

직장은 동료들이 서로 쉽게 상호작용을 할 수 있게 할 필요가 있다. 상호작용에는 두 가지 타입이 있다. 바로 '계획 회의'와 '자발적인 토론'이다. 계획 회의를 위해서는 회의실이 많이 필요하다. 각 회의실에는 테이블, 의자, 화이트보드, TV나 프로젝터가 있어야 하고 방음이 잘 되어야 한다. 자발적인 토론을 위해서, 현대 사무실의 약 70%는 많은 수의 직원이 책상을 같이 쓰거나 칸막이가 있는 거대한 열린 공간에 앉게 하는 개방형 공간을 사용하는 것을 선택한다[Konnikova 2014]. 이런 배열은 소통과 아이디어 창출을 개선하고자 하는 것이지만, 그렇지 않다는 방대한 양의 연구 결과가 있다.

예를 들어, 1997년의 한 연구에서 전통적인 사무실 배열에서 열린 공간 계획으로 변환한 회사의 물리적 환경, 물리적 스트레스, 동료 관계 그리고 업무성과 인식에 관한 직원들의 만족도를 평가했다. 공개 사무실은 모든 평가에서 나쁘게 나타났고, "조정을 한 후에도, 직원들의 불만족은 수그러들지 않았다[Brennan, Chugh, and Kline 2002]." 2011년 덴마크의 한 연구에서 공개 사무실은 직원들의 건강을 해칠 수 있다는 것을 보여 주었다. 누군가의 개인 사무실과 비교해서, 열린 공간의 사무실 거주자들은 매일 62%가 더 아프다[Pejtersen et al. 2011]. 마지막으로, 사무실 환경에 대한 100개 이상의 연구에서 2011년 평가는 비록 "공개 사무실이 종종 조직의 임무에 대한 상징적인 의미를 조성하고, 직원들이 좀더 여유롭고, 혁신적인 기업의 일부처럼 느끼게 할지라도" 그들은 "노동자들의 지속적인 주의력, 생산성, 창의적인 사고 방식, 만족도에 해를 주고 있다"고 했다[Konnikova 2014].

"상호작용의 용이성"은 노동자들의 10% 이하에게 나타나는 문제점이다[Green 2013]. 그러므로 열린 공간 계획은 문제검색을 위한 해결책이 된다. 놀라운 사실이 아니다. 부엌, 워터쿨러, 미팅 룸, 기타 공동구역과 같이, 사람들이 사무실 어디서나 두 명 이상의 동료가 있으면 자연스럽게 모여서 소통하는 것을 시작하는 것이 당연한 것이다. 즉, 자발적으로 대화를 촉진하도록 사무실을 설계하는 것은 쉽다. 다른 한편으로는 업무에 집중해야 할 때, 자발적인 대화를 하지 못하게 사무실을 설계하는 것이 더 어렵다. 대화를 중단시키는 다른 형태가 되어야 하기 때문이다.

9.6.2 혼자 집중해서 작업할 수 있는 장소

주의산만은 집중해서 일하는 데는 적이다. 연산과 같은 기본 정신작업 성능은 소량의 사무실 소음만으로도 손상된다[Perham, Hodgetts and Banbury 2013]. 프로그래밍은 그보다 더 깊은 집중력을 요한다. 거대한 모래성을 건축하는 것처럼, 문제를 머리에 집어넣어야 한다. 시간이 걸리고, 많은 양의 정신적인 에너지가 필요하며, 사소한 방해도 그 모래성 전체를 허물게 할 수 있다. 그렇게 되면 그림 9.7에서 보여주는 것처럼, 처음부터 다시 시작해야 된다.

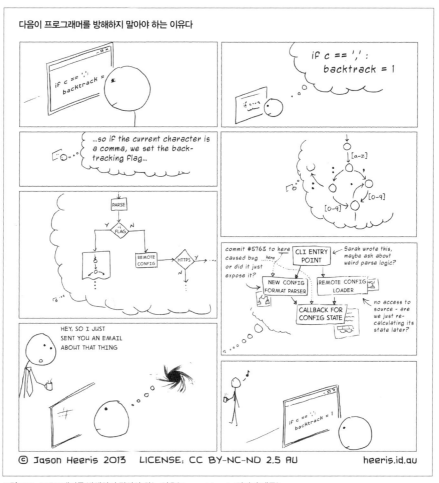

그림 9.7 프로그래머를 방해하지 말아야 하는 이유(Jason Heeris 이미지 제공)

모든 시끄러운 소음, 모든 공동작업자가 '기본 터치'를 하다가 떨어뜨리는 일, 모든 무용지물인 미팅, 모든 이메일, 모든 전화통화가 방해가 된다. 프로그래머가 그런 방해에서 다시 회복해서 코드를 다시 작성하는 데 평균 10분~15분이 걸린다는 연구 결과가 있다[Parnin and Regaber 2011]. 한 시간에 네 번 정도의 방해로도 당신의 생산성을 제로로 떨어뜨리기에 충분하다.

해커들이 당신의 질문에 답하기 위해 좋지 않은 눈빛으로 자신들의 스크린에서 눈을 떼는 이유가 이것이다. 그들 머릿속에 있는 거대한 모래성이 비틀거리는 것이다.

방해가 될 작은 가능성조차도 해커들이 어려운 프로젝트를 단념하게 한다. 그들이 밤늦게 작업을 하는 경향이 있는 이유이고, 칸막이로 되어 있는 사무실(늦은 밤에는 예외)에서는 대단한 소프트웨어를 만들어내기가 불가능한 이유다.

[GRAHAM 2004B], 폴 그레이엄, 와이 컴비네이터의 공동 창업자

개발자를 위한 이상적인 사무실은 주의를 산만하게 하는 것 없이 코드를 작성할 수 있는 그런 곳이다. 주위를 산만하게 하는 시설로 설계된 개방 사무실은 여러 면에서, 본질적 의미로, 프로그래머들을 위한 최악의 선택이다. 더 나은 옵션은 개발자들에게 사무실을 제공하는 것이다(이상적으로는 개인 사무실을 제공하는 것이다). 그러나 작은 팀은 공동 공간에서도 작업을 할 수 있다. 각 사무실이 폐쇄적이고, 방음이 잘되는 문이 있어야 하고, 창이 있어야 한다. 창문은 자연채광에 꼭 필요하고 생각에 깊이 빠져 있을 때 모니터 대신에 바라볼 다른 것이 있어야 되기 때문에 필수다.

우리가 듣기로는, 회사 입장에서도 직원 모두가 창을 가지는 것이 좋다고 한다. 그러나 현실은 그렇지 않다. 분명히 그렇다. 과도한 비용을 들이지 않고도 창문을 충분히 만들 수 있다는 완벽한 증거가 있다. 존재하고 있는 증거는 어떤 호텔이든, 호텔이다. 창문 없는 호텔방을 본다는 것을 상상할 수도 없는 일이다. 참을 수가 없는 일이다(그러면 단지 잠만 자는 공간이 되는 것이다).

[DEMARCO AND LISTER 1999, 87~88], 톰 드마르코와 티모시 리스터, *피플웨어*, 인사이트, 2014

사무실 비용이 얼마나 되는가? 개방 공간 계획보다 생각하는 것만큼 많지 않을 것이다. 프로젝트 관리도구를 개발하고 있는 한 소프트웨어 회사인 포그 크릭은 모든 개발자에게 개인 사무실을 제공하려면 수익의 6% 정도의 비용이 든다고 추정했는데(세계에서 부동산이 가장 비싼 도시 중 하나인 뉴욕의 포그 크릭이 위치해 있다는 점에 주목하라), 이 수치는 그들이 조사했던 비슷한 회사들보다 조금 높은 수준이다[Armstrong 2011]. 스타트업 비용의 74%가 개발자 급여로 정해진 금액임을 감안할 때[Stump 2011], 개인 사무실의 생산성과 행복 혜택은 돈을 쓸만한 가치가 있는 것이다. 포그 크릭 소프트웨어, CircleCI, SAS 등과 같은 많은 소프트웨어 회사 그리고 애플, 마이크로소프트, 오라클, 구글 같은 회사의 많은 부서에서 프로그래머에게 사무실을 제공하는 이유다[Ken 2014].

사무실이 완전히 문제에서 제외되고 개방 공간 계획을 따라야 한다면, 최소한으로 모든 직원에게 소음제거 헤드폰을 지원하고 위급 상황에서만 헤드폰을 쓰고 있는 사람을 방해할 수 있는 정책을 강화하는 것이다. 품질 좋은 소음제거 헤드폰의 비용은 100달러에서 200달러 사이이며, 연간 10만 달러를 버는 개발자를 위해서는 스스로에게

집중할 2시간에서 4시간 정도만이라도 단지 산만함을 방지할 수 있는 헤드폰이 필요하다. 공개 사무실을 위한 또 다른 옵션은 '코더 동굴(Coder Caves)'을 설정하는 것이다. 코더 동굴은 조용하고, 방해받지 않고, 일에만 몰두하도록 만들어진 방들을 말한다. 주문 제작한 방(그림 9.8의 깃허브 예를 참고하라)일 수도 있고, 말하는 것이 금지된 용도변경을 한 회의실, 완전히 밀폐된 좌석(즉 버블 의자), 또는 개발자가 코딩하고 생각하는 것을 숨길 수 있는 어떤 장소든 코더 동굴이 될 수 있다.

그림 9.8 깃허브의 코더 동굴(에바 코렌코의 사진[깃허브의 본부] 이미지 제공)

9.6.3 작업에서 멀리 떨어져 있을 수 있는 장소

때때로 키보드가 멀리 있어도 일을 최고로 잘 완성해 낼 수 있다. 아침에 일어나서 전날부터 계속되던 문제가 해결되었다는 것을 알아차리게 될지도 모르는 일 아닌가? 아니면 샤워하다가 계시를 받게 될지도 모른다. 아니면 다른 사람에게 문제를 설명하다가, 그 사람은 아무 말도 하지 않았는데, 도중에 문제가 해결됨을 깨닫게 될지도 모른다.[6] 이것은 우연의 일치가 아니다. 뇌가 생산적이고, 집중적이며, 창의적이 되기 위해서는 휴식이 필요하다고 보여준다는 연구 결과가 있다.

예를 들어, 2011년 연구에서 정기적인 휴식이 목표 재활성화를 가져다 준다는 결과를 보여줬다. 즉, 업무에서 잠깐의 휴식을 취하면, 다시 일로 돌아왔을 때 한 발짝 뒤로 물러나서 업무를 볼 수 있고, 목표를 다시 평가해보고, 상황의 핵심 세부 실행계획에만 집중하는 대신에 큰 그림을 볼 수 있다는 것이다. 이것은 집중과 전체 업무성과를 개선하는 것으로 밝혀졌다[Ariga and Lleras 2011].

휴식이 효과적이려면, 고갈됐다는 느낌이 오기 전에 휴식을 취하는 것이 필요하다. 산만함은 불시에 발생하므로, 앞서 언급한 대로, 일하지 말라. 예를 들어, 어떤 사람은 25분마다 잠깐 쉬고, 4번 반복 후 더 길게 쉬는 '뽀모도로 기법(Pomodoro technique)'[7]을 사용한다[Pomodoro 2015]. 또 어떤 사람은 90분 동안 일하고 20분을 쉬는 사이클을 선호한다. 이것은 '울트라디안 리듬(Ultradian Rhythm)'[8]에 일치하는 것이다[Ciotti 2012]. 몇 가지 다른 패턴을 시도하고 가장 적합한 것을 참조하라.

이런 모든 것이 사무실과 어떤 관련이 있는가? 휴식을 취하는 것이 정규 업무 문화의 일부가 되어야 함을 의미한다. 커피를 마시고, 워터쿨러에서 수다를 떨고, 운동을 좀 하고, 웹 서핑을 하는 것이 모두 합리적인 방법이다.[9] 사무실은 이런 상호작용이 부엌, 카페테리아, 라운지, 체육관, 또는 산책을 위한 외부 공간 같이 책상을 벗어난 곳에서 이루어지도록 디자인되어야 한다. 이런 모든 것이 개방 공간 계획보다 우연히 하게 되는 의사소통과 아이디어 창출을 더 촉진한다.

짧은 휴식에 덧붙여서, 긴 휴식은 생산성을 유지하는 데 필수적이다. 모든 회사는 어디서든 일을 하는 직원들이 있다. 예를 들어, 오전 9시에는 사무실에서 일하고, 오후 9시에는 IRC에서 채팅하고, 새벽 3시에는 코드를 실행하는 직원이 있을 수 있다[Miller 2014]. 이 사람은 항상 일을 하고 있는 것이다. 아마도 그런 사람을 본적이 있을 것이

---

6 이것은 45쪽 "다른 사람에게 이야기한다"에서 설명했던 "고무오리 디버깅"으로 알려졌다.

7 (옮긴이) 시간관리 및 집중력 향상 기법이다. 짧은 시간 동안 집중하고 잠깐 쉬는 것을 반복하며 중간에 긴 쉬는 시간을 넣는 방식으로 시간을 관리한다.

8 (옮긴이) 인간이 일에 집중할 수 있는 효율적인 주기를 말한다.

9 웹 서핑을 하면서 휴식을 취하는 것은 전혀 휴식을 취하지 않는 것과 비교해서 성과가 개선된다고 하는 연구 결과가 있다.

다(내가 그렇다고 생각한다). 긴 시간 동안 일을 하는 것을 자랑스러워 하고 영웅처럼 여길 것이다. 그러나 긴 업무 시간(주당 50시간)은 생산성을 증가시키지 못한다[Proof That You Should Get a Life]. 그들이 하는 모든 것이 스트레스를 증가시키고, 건강을 해치고, 허접한 실수를 해내고, 결국 우울해서 일에서 멀어지게 된다. 즉, 영웅의 대가는 실패의 징조다. 심하게 잘못 계획되고 잘못 관리된 것을 의미한다.

> 영웅들을 필요로 하지 않은 환경보다 완전히 위대한 영웅들의 팀을 구성하는 것이 더 좋다.
>
> [MILLER 2014], 어니 밀러, 엔니시움 엔지니어링 이사

물론, 어떤 계획도 완벽하지 않으며 모든 스타트업은 수시로 작은 영웅 같은 존재가 필요하겠지만, 정규 업무의 일부는 되지 말아야 한다. 가끔 영웅이 어디서나 영웅이 된다면, 그들의 일은 고통의 시작이 될 것이고 그들의 동료들도 계속 압박을 느끼고 자신들의 시간이 늘어나는 것을 느끼게 될 것이다. 사람들이 유연한 시간뿐만 아니라 합리적인 시간을 가지는 회사 문화를 만들어 이런 함정에서 벗어나라. 사람들에게 집에 돌아가도록 하고 휴가를 가는지 확인하라. 필요하다면 강제로라도 하라. 예를 들어, 트레비스CI는 최소 휴가 정책을 권장한다.

> 지금 모든 사람은 어느 나라에서 살고 있든, 최소한 연간 25일(유급)의 휴가를 의무적으로 간다. 사람들이 그 이상의 시간을 원한다면, 그것도 좋다. 최소한의 정책은 여전히 가능하다. 그러나 우리 직원들이 일보다는 그들의 웰빙에 집중하게 될 것으로 여겨지는 날짜들에 대해 장벽을 낮게 설정한다.
>
> 이 정책은 우리 직원들을 위한 지침만이 아니라, 원래 회사를 설립했던 사람들을 포함해서 모든 사람을 위한 권한이다. 리더로서, 우리는 삶이 온전히 장애물이라는 예를 보여주는 것이 아니라 일과 삶의 건강한 균형을 구성하는 실례를 설정할 필요가 있다.
>
> [MEYER 2014], 마티아스 마이어, 트래비스 CI의 CEO

사람들이 일하지 않도록 강요하는 것? 휴가비용을 대주는 것? 극단적으로 얘기하면, 에너지 탈진(burnout)에 대한 대안을 고려해야 한다. 탈진은 피로를 더 넘어선 상태다. 정서적으로나 육체적으로 항상 고갈됐다고 느껴지는 상태다. 끊임없이 걱정하고, 모든 것이 귀찮고, 집중할 수가 없다. 한 시간씩, 자신이 허공을 바라보는 것을 알아차리게 되고, 완전히 생산적인 것을 할 수가 없다. 결정하는 것이 고통이고, 잠자는 것이 고통이며, 관계가 고통이다. 일반적으로, 사람이 에너지가 소진되면 회사를 떠나게 될 것

이며, 격려나 승진, 월급 인상이 머물러 있게 하지 못한다. 휴가가 퇴직이나 교육보다 더 저렴하다는 것을 기억하라[Newland 2013].

9.6.4 개인 필요에 따라 사무실을 꾸미는 방법

모든 건물, 모든 층, 회사의 모든 부서의 회사는 대체 가능하고, 교체 가능하며, 직원들을 상품의 부품보다는 조금 더 나은 것으로 생각하고 있음을 보여주는 메시지는 정확히 같다. 사무실에서 연간 수천 시간을 보내려고 하는 경우, 똑같은 모양의 칸막이로 되어있는 음산한 미로가 아니라, 집과 같은 느낌을 원한다. 이미 업무환경이 얼마나 문제가 되는지에 대해서 수없이 많은 연구 결과를 보았다. 그러나 한 가지만 더 말하겠다. 이를 통해 당신의 업무환경 문제를 해결할 수 있게 될 것이다.

> 중서부에 위치한 자동 공급업체에서 남서부에 위치한 통신회사에 이르는 조직을 살펴보는 2005년 연구에서, 연구원들은 환경을 조절하는 능력이 팀 응집력과 만족도에 큰 영향을 준다는 것을 발견했다. 노동자들이 눈에 보이는 방식을 변경할 수 없으면, 조명과 온도를 조절하거나 미팅을 하는 방법을 선택하고, 마음은 곤두박질친다.
>
> [KONNIKOVA 2014], 마리아 코니코바, 뉴요커

직원들에게 가능하면 사무실을 많이 조절하도록 하라. 예를 들어, 깃허브는 직원이 사무실을 바꾸고 개선할 것을 제안하는 내부 보고를 잘 간직한다. 관심이 충분히 생기면, 회사는 아이디어를 승인하고 변경한다. 링크드인에서는 매년 "핌 유어 로(Pimp Your Row)"대회를 개최했고, 모든 사람은 자신들의 부스를 장식하기 위한 예산이 있으며, 인기투표를 해서 가장 장식이 잘된 부스를 수상했다[Brikman 2011b]. 마음에 드는 것을 뽑기 위해, 사무실 주위를 둘러보는 것은 즐거운 일이고, 보이는 모든 부분이 얼마나 독특한지를 본다. 예를 들어, 우리의 데이터 인프라팀은 큐브 옆에 클라이밍 벽을 만들었고 (그림 9.9 참조), IT팀은 대규모 트론(tron)을 테마로 하는 파티장을 개장했다(그림 9.10 참조).

그림 9.9 수평으로 확장 가능한 링크드인의 새로운 인프라

그림 9.10 링크드인의 IT팀에서 개장한 트론 파티(마이크 제닝스 사진 제공[Jennings 2011])

또한 개발자가 필요한 모든 도구를 얻을 수 있도록 해야 한다. 만일 작은 규모의 스타트업이라면, 가장 쉬운 방법은 모든 개발자가 자신들이 원하는 하드웨어나 소프트웨어를 구매할 수 있게 하고 그것을 정산해주는 것이다. 규모가 더 큰 경우에는, 아마 모든 소프트웨어와 하드웨어를 관리하는 IT 부서가 있을 것이다. 이 경우, 개발자들이 원하는 것을 알아내기 위해 몇 달에 한 번씩 설문조사를 실행하는 것이 좋다.

개발자들이 일반적으로 원하는 도구는 어떤 것이 있을까? 다음은 그 일을 시작할 목록이다.

- 프로그램을 하도록 만들어진 책상(평면이며, 크고, 높이를 조절할 수 있는)
- 편안한 의자
- 속도가 빠른 노트북 또는 데스크톱(최대치 RAM, CPU, 하드 드라이브 장착)
- 하나 또는 두 개의 대형 모니터
- 좋은 마우스와 키보드
- 사무실 어디에서나 사용할 수 있는 빠른 인터넷 연결
- 많은 콘센트
- 화이트보드
- 기본 사무 용품(노트북, 포스트잇, 펜, 마커, 프린터)
- 저장 공간(재킷, 가방, 개인 사물 보관 장소)

9.7 원격 재택근무

전통적인 사무실의 대안은 직원들이 원격으로 재택근무할 수 있게 하는 것이다. 많은 회사에서 개발자가 일회성으로 집에서 작업할 수 있도록 하지만, 분산 사무실 숫자가 증가하는 것이 원격 재택근무를 실행하지 못하게 하고 있다. 많은 수의 직원이 원격 재택근무를 하는 회사에는 37시그널스(37Signals), 아우트매틱(Atumattic), 깃허브, 스택익스체인지(StackExchange), 타입세이프(Typesafe), 믹스클라우드(Mixcloud), 모질라 트리하우스(Mozilla TreeHouse), 업워씨(Upworthy), 버퍼(Buffer), MySQL 등이 있다[Prenzlow 2014]. 이런 회사들 대부분은 여전히 사무실이 있지만, 세계 어디서든지 인재 채용을 개방해놓고 있고, 사무실로 출근하는 것을 선택사항으로 하고 있다.

이제 원격 재택근무의 장점, 문제점, 모범 사례를 살펴 보자.

9.7.1 장점

당신이 세계 어디에 있는지와 상관없이, 통계상으로 대부분의 프로그래머도 세계 어디에나 있다. 많은 회사에서 최고 실력자를 채용할 것을 얘기하지만, 만일 그 지역 사무실에서 일할 지원자를 고용하는 경우라면, 그 지역에 있는 프로그래머에만 한정하여 고용하게 되는 결과를 낳는다. 회사가 분산되어 있는 경우의 가장 큰 장점은 개발자가 어디에 살게 될지를 걱정할 필요가 없고, 더 크고 더 다양한 지원자 풀에서 사람을 채용할 수 있다는 것이다.

유망한 개발자에게 편하게 접근할 수 있다. 오픈소스 커뮤니티에 참여하는 회사들에게는 특히 유용하다. 만일 개발자가 당신의 프로젝트 중 하나에 코드를 공급하기 시작한다면, 당신이 하고 있는 작업에 그들이 관심이 있다는 것이고, 그들의 능력 정도를 파악할 수 있고, 그들이 세계 어디 있든지, 그들을 채용할 수 있다.

원격 재택근무도 집중 작업에 이상적이다. 대개 사무실은 일반적으로 획일적인 한 가지 크기로 정해져 있다. 원격으로 작업을 하는 경우, 완벽히 당신에게 맞는 환경을 선택할 수 있다. 아파트 소파나 커피숍, 또는 공동 작업 공간이나 실외의 공원에 앉아서 일할 수 있다. 창문 전망이 있고, 산만함을 피할 수 있고, 편한 대로 입고, 일정을 조절할 수 있다. 종종 밤에 올빼미가 되고 낮 시간 동안에 아이들을 돌봐야 하는 부모인 프로그래머에게는 최고다. 작업하는 동안 세계 여행을 할 수도 있다. 예를 들어, 아마존에 근무하는 어떤 엔지니어는 보트에서 살고 있다.

> 약 4년 전, 제임스와 제니퍼 해밀턴은 그들의 집과 차를 포함하여 세속적인 재산의 대부분을 팔았다. 그리고 디로나(Dirona, 그들의 보트)로 이사했다. 지금, 그 배는 시애틀에 정박해 있고, 해밀턴은 자전거로 아마존 본부로 출퇴근하고, 아마존 프라임(Amazon Prime, 아마존의 회원제 전자상거래 사이트)에서 쇼핑을 하고, 지역 UPS 점포에서 우편물을 수령한다. 그러나 그는 얽매여 있지 않다. 때때로, 그는 그 배를 타고 하와이까지 항해한다. 그리고 거기서 일한다.
>
> [MCMILLAN 2013], 로버트 맥밀런, *와이어드*

원격 작업은 돈도 절약할 수 있다. 회사는 많은 사무실 공간이나 물품들을 비축하는 데 돈을 들일 필요가 없다. 직원들은 직장으로 출퇴근하느라고 시간과 돈을 낭비할 필요가 없다. 그리고 아이들과 함께 집에 머물러 있는 직원들은 아기를 돌보는 데 필요한 돈을 절약하게 될 것이다.

9.7.2 문제점

이 장의 앞부분에서, 사무실에 필요한 네 가지 사항을 언급했다.

1. 다른 사람과 함께 작업할 수 있는 장소
2. 혼자 집중해서 작업할 수 있는 장소
3. 작업에서 멀리 떨어져 있을 수 있는 장소
4. 개인 필요에 따라 사무실을 꾸밀 수 있는 방법

원격으로 업무하는 것은 마지막 세 가지 필요 사항에는 매우 좋다. 그러나 첫 번째인 다른 사람과 함께 작업하는 경우에는 곤란하다. 회사가 분산되면 대부분의 의사소통은 이메일, 채팅, 버그, 위키(wikis)[10] 같이 서면으로 이루어진다. 이런 경우 비동시성 상황일 때는 어느 정도 장점이 있어서 누군가를 방해하지 않고 논의를 계속 진행할 수 있지만 역시 불편한 점도 있다. 예를 들어, 피드백 고리가 느리다. 사무실에서는 의문사항이 있으면, 누군가의 어깨를 두드려 몇 초만에 답을 얻을 수 있다(이것도 그 누군가를 산만하게 하는 단점이다). 그러나 원격의 경우, 오늘 이메일이나 인스턴트 메시지를 보내도, 특히 다른 시간대에 있으면, 다음 날까지 응답을 받지 못하게 된다. 또한 서면으로 하는 것은 대면 소통보다 낮은 대역폭(임무수행을 위한 필요한 시간/자금) 소통 수단이다. 그러므로 의사결정, 브레인스토밍, 피드백과 같은 특정 형태의 논의를 위해서는 덜 효과적이다.

회의도 역시 너무 어렵다. 화상회의를 사용할 수 있지만, 사람들이 다양한 시간대로 분산되어 있다면, 모든 사람이 참여하는 좋은 미팅 시간을 정하는 것은 어려울 것이다. 좋은 시간을 찾았다 하더라도, 사람들이 회의실을 연결하고, 마이크를 설정하고, 화면 공유가 작동하도록 씨름하는 것을 기다리며 모든 미팅을 시작하려면 15분 정도를 낭비해야 한다. 심지어 그 후, 오디오 및 비디오는 종종 뚝뚝 끊어지고 연결이 임의로 삭제된다. 그 경험은 직접 대면으로 대화하는 것과는 또 다르다.

그러나 이런 모든 것에서 가장 큰 문제는 즉흥적이고, 계획하지 않은 접촉이 훨씬 드물다는 것이다. 동료 작업자와 함께 점심식사를 하지 않는다. 함께 스포츠를 하고, 산책을 가고, 퇴근 후 동네 술집에서 휴식을 취하지 않는다. 잠깐의 브레인스토밍 세션을 위해 몇 사람을 모으기도 어렵고, 멘토를 새로 채용하고, 공통 사명을 한데 모으고, 공통의 가치를 확산하고, 팀 동료들과 관계를 구축하고, 일정이나 성과를 축하하기 어렵

---

10 (옮긴이) 인터넷 사용자들이 내용을 수정하고 편집할 수 있는 웹사이트다.

다. "여러분 대단합니다!"라는 이메일은 응원이나, 하이파이브, 샴페인을 터트리는 소리 같은 것이 아니다.

> 사실, 원격 작업의 중요한 장점이 중요한 단점이 되기도 한다. 그냥 조용하고 흐트러짐 없이 일하고 싶다면, 정말 쉽다. 그러나 동일한 시간에 동일한 공간에 없기 때문에 많은 내부 소통을 잃게 된다. 많은 아이디어들은 그냥 생겨나는 것이 아니라 점심을 먹으면서 수다 떠는 동안 주변에 떠다니는 것들이다. 그래서 대화방을 가는 것과 같은, 다른 방식을 장려해야 한다.
>
> [CLAYTON 2014], 맷 클레이튼, 믹스클라우드 공동 창업자

모두가 원격 재택근무에 필요한 기술을 가지고 있는 것은 아니다. 시간관리 방법, 업무를 계속해내는 방법, 서면으로 의사소통을 효과적으로 하는 방법, 가정에서 발생하는 방해(즉, 아이들)를 처리하는 방법, 스스로에게 집중할 수 있고 동기부여 방법을 배워야 한다. 어떤 사람들은 원격 직원들을 세팅하고 만드는 것을 잘 해내지만, 다른 사람들은 성공하려면 더 조직적이고 더 많은 대면적인 인간 소통이 필요하다. 암호도 없이 가정집 컴퓨터에 당신 회사의 사적인 데이터가 전 가족에게 공유되고, 바이러스에 감염되고, 보안되지 않은 와이파이가 연결되어 세상 밖으로 전달되는 것을 원치 않는다.

9.7.3 모범 사례

> 이진법 속성이다. 팀이 완전히 분산되기도 하고 완전히 동일한 장소에 배치되기도 한다. 나는 원격(분산된) 팀은 믿지만, 원격 근무하는 직원은 믿지 않는다. 팀의 모든 사람이 동일한 지역에 살고 있다고 하더라도, 그 중 두 사람이 매일 같은 사무실로 출근한다고 할지라도, 같은 방에 앉아 있다고 하더라도, 여전히 분산된 팀처럼 행동하고, 모든 정보가 완전히 분산된 방식으로 전달된다는 것을 명심하라. 두세 사람이 커피 머신 옆에서 얘기한 문제에 쉽게 도달하지 않으면, 그들은 메모하는 것을 잊고 빠르게 다른 팀 멤버에게 전달하는 것을 잊게 된다. 항상 제외됐다고 느끼는 사람이 있다. 제대로 작동하지 않고 있는 것이다.
>
> [BONER 2014], 야네스 보너, 트리엔탈 AB 및 타입세이프의 공동 창업자

'분산된 팀'이 되고 또는 '완전한 분산방식'으로 정보가 흐른다는 것은 무엇을 의미하는가? 이에 대한 가장 좋은 대답은 깃허브다. 당신의 팀은 오픈소스 프로젝트처럼 일을 해야 한다[Tomayko 2012]. 오픈소스 프로젝트는 본질적으로 분산된다. 그래서 그들은 이런 업무 모델을 만들기 위해 지난 20년 이상을 실행해왔다. 깃허브는 이런 실행을 수용했고 전 회사를 운영하는 방법으로 이용했다. 다음은 깃허브의 내부 제품개발 문서에서 발췌한 내용이다.

- **전자적(Electronic)** : 토론, 계획 및 운영 과정은 이메일, 깃허브(github.com) 같은 전자 통신의 고충실도 양식을 사용하거나 어디서나 가능한 서술적 기록 채팅을 해야 한다. 실제 생활공간에서 토론과 회의를 금지하라.
- **유용성(Available)** : 작업은 뚜렷해야 하며 과정을 노출해야 한다. 작업은 URL이 있어야 한다. 일부 제품 혹은 시스템의 실패에서 후퇴가 가능하게 되어야 하고 어떻게 그런 방식으로 되는지 이해해야 한다. 쓸모 없는 것, 문제, 전체 요청, 메일 목록을 선호하고 URL이 없는 매체를 통해 서술적 기록 채팅을 하라.
- **비동기(Asynchronous)** : 제품개발 과정의 어떠한 부분도 한 사람이 동일한 시간에 동일한 장소에 있는, 또는 동일한 시간에 다른 장소에 있는 다른 사람의 즉각적인 관심을 요구하지 않는다. 작은 미팅이나 짧은 전화통화에서도 파열음이 생길 수 있으므로 이메일(생각)을 보내거나 대신 전체 요청을 전송하는 것을 고려하라.
- **잠금회피(Lock free)** : 프로세스를 설계하고 있을 때 동기화/잠금 포인트를 피하라. DVCS (Data Validation and Certification Server)[11]임이 분명하다.

일하기 전에 보관소에 보조금 지급을 위탁하는 개발 관리자는 없고, 또는 배치를 승인하는 출시 매니저, 또는 실험적인 제품 아이디어의 작업을 승인하는 제품 매니저가 없다. 목표를 향한 작업 승인을 차단하지 말아야 한다. 단계를 검토하고 자동화하기 위해 승인/거부를 밀어 붙이지 말고, 피드백을 받아들이기 위해 일찍 작업을 드러내라.

[TOMAYKO 2012], 라이언 토마이코, 깃허브의 소프트웨어 아키텍트

오픈소스 모델을 수용하는 것에 더 나아가, 내가 설명했던, 깃허브, 타이프세이프, 믹스클라우드를 포함하는 거의 모든 분산 회사는 모든 직원에게 정기적으로 여행 경비를 지급하고, 대면 회의를 한다. 이것은 사명을 중심으로 모든 사람이 통합하게 하고, 가치를 증가시키고, 문화를 강화하고, 직원들이 직접 대면하고, 서로 친숙해지기 위한 회사의 기회가 된다.

우리는 일 년에 세 번, 3일~5일 동안 모두 비행기를 탄다. 스웨덴, 스위스, 미국 같은 사무실이 위치해있는 곳을 돌고, 일 년에 한 번 우리의 '스칼라 데이즈(Scala Days)' 회의를 개최한다. 그 중 한 번은 필수이고, 그 때 판매, 마케팅, 관리 부서의 모든 사람이 줄지어 들어가고, 나머지 두 번은 그냥 엔지니어링 사람들만 참여한다. 그리고 사람들은 그것을 좋아한다. 그들이 정말로 감사한다. 우리는 지금 70여 명이 있고, 정말 비

---

11 (옮긴이) 데이터 검증 및 인증 서버를 말한다.

용이 많이 들지만 돈을 쓸 가치가 있다. 아주 많은 것을 해냈고 서로를 알게 되었다. 그것이 가장 중요한 것이다.

개별 팀도 더 정기적으로 만난다. 아가(Akka) 팀은 격 주로 만난다. 그들은 모두 유럽에 있고 유럽 어딘가로 비행한다. 플레이(Play) 팀은 분기마다 만난다. 그들은 더 자주 만날 수도 있지만 그러지 않기로 했다. 그래서 팀을 위해서 어떤 것이든 한다. 물론, 예산이 있지만, 너무 중요하기 때문에 때가 되면 매우 유연하게 할 작정이다.

――――――――――

[BONER 2014], 야네스 보너, 트리엔탈 AB 및 타입세이프의 공동 창업자

믹스클라우드 팀의 분포를 보면, 그 중 많은 사람이 런던에서 한 시간 거리에 있다. 그래서 많은 제품 팀이 꽤 정기적으로 만날 것이다. 우리가 여러 사람과 작업해야 하는 경우라면, 모든 사람이 한 이틀 정도를 한 장소에 있게 할 것이다. 루마니아에 있는 사람들은 말한대로 분기마다 한 번이라고 말한대로 비행한다. 그들은 와서 모든 사람과 육지에서 일주일을 보냈다. 그리고 나서 휴가로 일주일 떨어져 있던 전체 제품 팀이 함께하는 마지막 2년을 함께 하기 시작했다. 그것은 진정한 휴가가 아니었다. 진정한 업무 그 이상이었다. 우리는 빌라를 두 채 빌렸고, 모든 사람이 같은 지붕 아래 있었으며, 9시에서 5시까지 일을 했다. 모두 그렇게 했고 재미있었다.

――――――――――

[CLAYTON 2014], 맷 클레이튼, 믹스클라우드의 공동 창업자

마지막 조언을 하나 하겠다. 대부분의 분산회사들은 지역 회사로 출발한다. 공동 창업자는 대개 서로를 알고, 같은 지역에 살며, 처음 몇 개월은 일하면서 같은 사무실에서 보낸다(공동 창업자를 구하는 더 많은 정보는 476쪽을 참조한다). 회사의 문화를 생각해내고 있거나 적절한 제품시장을 발견하려고 노력하고 있을 스타트업의 초기 시절에 모든 사람이 같은 건물에서 있는 것이 도움이 된다. 회사란 어떤 것인가 알게 되는 것도 그 후이고 어떻게 원격 근무자들을 채용하여 팀을 확장해야 하고 분산회사가 되야 할지에 대한 기준이 변하게 된다.

9.8 의사소통

모든 대화, 이메일, 버그 리포트, 위키 페이지, 슬로건, 보도 자료는 회사의 문화를 반영하고 형성한다. 소통은 문화를 어떻게 배포하고 그것을 어떻게 변화시키는지에 있다. 소통의 두 가지 타입을 자세히 살펴보자. 하나는 내부 소통으로, 직원들이 다른 직원들과 소통하는 하는 방법이고, 다른 하나는 외부 소통으로, 직원들이 외부 세상과 소통하는 방법이다.

9.8.1 내부 소통

소통을 하는데, 첫 번째로 결정할 것은 무엇을 말해야 하고 무엇을 말하지 말아야 하는 것이다. 다시 말해서, 회사가 얼마나 투명한가, 핵심가치와 회사의 비즈니스의 타입에 따라 얼마나 많이 공유할 것인가에 대한 부분이다. 그러나 대부분의 스타트업은 가능하면 투명하게 하는 것이 기본이 되어야 한다. 예를 들어, 허브스팟의 핵심가치 중 하나는 "급진적이고 확실히 투명한"이 되는 것이다. 내부적으로, 직원들과 할 수 있는 모든 것을 공유하려고 하는 것이다. 내부 위키에서, 직원들은 회사의 재무구조(현금 잔고, 경비지출 속도, P&L 등), 이사회 발표자료, 경영회의 발표자료, '전략적인' 주제, 재미있는 허브스팟 설화와 신화 페이지들도 많이 발견할 수 있다[HubSpot 2013].

거의 모든 회사는 직원이 모두 같은 방향으로 움직이고 있는지를 확인하기 위해 내부적으로 공유할 몇 가지가 있다. 예를 들어, 이런 실험을 시도해보라. 회사 주위에 가서 각 직원에게 "올해 회사의 세 가지 최우선 과제는 무엇인가?"를 물어보라. 모든 사람에게서 다른 답변을 얻는다면, 내부 소통을 위해 더 잘해야 할 필요가 있다. 회사의 우선과제와 과거에 어떤 프로젝트가 성공했거나 실패했는지 그리고 회사가 어떻게 재무분석을 실행하는지 직원들이 배우기 쉬운 방법이어야 한다.[12] 이런 타입의 정보는 내부 위키나 대시보드에서 가능해야 하고, 모든 직원에게 업데이트가 정기적으로 전달되어야 한다(즉, 분기 보고서 같은). 회사의 사명이나 가치 같은 타입의 정보는 슬라이드쉐어에서 수백만 뷰를 보여주는, 넷플릭스 문화 데크[Hastings 2009]와 허브스팟 컬쳐코드 [HubSpot 2013]처럼, 공개적으로 발표될 수도 있다.

위키 및 대시보드 뿐만 아니라, 전적 회의는 내부 소통을 위해 아주 훌륭한 도구다. 최소 분기에 한 번 이상을 실행해야 한다. 링크드인에서, 2주에 한 번 전사적 회의를 했다. 모든 직원이 같은 방에 있었고(회사가 커질수록 화상회의로 진행했다) CEO는 회사의 우선과제를 설명하고, 성공을 자축했다. 그리고 가장 중요한 것은 실패에서 배우는 것임을 설명했다.

> 건강한 기업 문화는 나쁜 소식을 나누면서 사람들을 격려한다. 자유롭고, 공개적으로 문제점을 설명하는 회사는 문제를 빨리 해결할 수 있다. 문제점을 덮는 회사는 모든 사람이 함께 좌절을 겪는다. 결과에 대한 CEO의 행동에 따라 문제가 해결될 수 있도록 공개하는 사람들에게 (처벌 대신) 보상하는 문화를 구축한다.
>
> [HOROWITZ 2014, 67], 벤 호로위츠, *하드씽*, 36.5, 2014

---

12 한 가지 예외는 재무 데이터의 유출에 관한 엄격한 SEC(미국증권거래위원회) 규정이 있는 회사들이다.

전사적 회의를 하는 동안, 하나 또는 두 개의 팀이 나와서 그들이 하고 있는 업무로 회사를 업데이트할 기회가 생길 것이다. 최고 재무 책임자(CFO)는 나와서 수익을 발표하거나, 제품 담당자는 새로 나올 제품을 설명할 수 있을 것이고, 엔지니어는 우리가 오픈소스에 제공했던 기술에 대해 설명할 수 있을 것이다. 우리는 또한 전사적 회의를 시작할 때 회사에 자신들을 소개하며 신규 채용하는 전통이 있다. 모든 사람에게 이름을 이야기하고, 링크드인에서 담당하게 되는 업무가 무엇인지, 링크드인 프로파일에 나와있지 않은 당신에 관한 것을 보여주어야 한다. 그리고 특히 재미있는 부분으로, 특별한 기술이나 재능을 보여주어야 하는 경우도 있는데, 이럴 때에는 동물 소리를 내야 할 수도 있다. 직원들이 노래를 하거나, 악기를 연주하거나, 마술을 보여주거나, 프리스타일 랩을 하거나, 운동 묘기를 보여주거나, 고양이, 개, 말 그리고 도널드 덕을 흉내내는 것을 보았다. 안무 댄스를 하느라 CEO를 가로막는 인턴 그룹의 플래쉬 몹 같은 것도 있었다 [Linkedin 2011].

이런 모든 전사적 회의의 대안이 되는 형태는 회사에서 정기적으로 여는 만찬이다.

> 트윌리오는 API 회사이고, 의식으로 그들의 로고가 새겨진 자켓과 초를 받기 위해 트윌리오 API와 앱을 구축하고 구현하는 것이 필요하다(자유 기업의 장점이다). 이는 엔지니어, 판매, 재무, 마케팅 등 모든 부서로 퍼졌다.
>
> 매주 수요일마다 신입사원이 만든 새로운 데모 앱을 구현하는 회사 만찬을 열고, 우리 CEO는 그들에게 "기사 작위를 부여하는" 자켓을 입혀준다…. 이것은 그들이 구축한 것이 단순하거나 복잡하든 상관없이 전 회사가 신입사원을 응원하는 것을 보여주는 것이다.
>
> 대부분의 비엔지니어를 채용하는 경우, 데모 앱은 지금까지 했던 최초의 소프트웨어 데모 앱이다. 이것을 지원하기 위해, 우리 엔지니어 중 한 사람이 매주 근무시간 후에 코드 코칭 세션을 진행했고, 누구든지 잠깐 들러 도움을 줄 수 있도록 하고 있다.
>
> [CHU 2013], 르네 추, 트윌리오의 소프트웨어 엔지니어

일부 스타트업은 직원들이 다른 사람과 소통하는 방법들에 관한 정책이 있다. 예를 들어, 깃허브는 규칙이라기보다는 선호사항이지만, 「깃허브 소통 규칙 15(15 rules for communicating at GitHub)」를 출간하였다(Balter 2014). 여기에는 비동기 소통을 선호하고 (채팅은 본질적으로 비동기식 소통이다. 누군가의 어깨를 살짝 건드리는 것은 본질적으로 팩 잡아당기는 것이다), 민감한 대화보다는 대부분의 질문, 아이디어, 버그를 다루는 방법 등에 관해 이메일이 아니라 채팅으로 문제 추적기를 사용하는 것이 해당된다(이메일은 개인적인 의견, 일대

일 피드백 그리고 외부 전달 같은 것들이 그냥 저장된다). 결재 관련 스타트업인 스트라이프는 약간 다른 방향으로 이메일 아이디어를 받아들였다. 관례적으로, 스트라이프에서는 모든 이메일에 회사 전체 또는 특정팀에 참조(cc'd)를 한다. 비록 많은 필터링이 필요하지만, 회사가 개방성을 유지하고 회사가 진행하고 있는 것에 모든 사람이 최신 정보를 쉽게 얻게 한다[Maccaw 2012].

9.8.2 외부 소통

내부 소통과 마찬가지로 외부 소통을 하기 위해 첫 번째로 결정해야 할 것은 '해야 하는 말'과 '하지 말아야 하는 말'이다. 어떤 회사는 외부 세계와 직원들의 소통을 제한하여 자신들의 이미지와 브랜드를 엄격하게 조절하기 위해 홍보팀을 고용한다. 다른 회사는 반대로 가능한 한 많은 것을 모든 사람이 공유할 것을 권장한다. 소셜 미디어 관리 도구를 개발하는 스타트업인, 버퍼는 철저한 투명성으로 신뢰를 받는다. 모든 직원의 급여[Gascoigne 2013a], 자산 패키지[Gascoigne 2014], 투자자에게서 받은 주요 거래 조건[Gascoigne and Widrich 2014], 회사의 모든 측정 기준, 재무 구조에 관한 상세 분석을 포함하는[Widrich 2013] 회사에 관한 거의 모든 것을 공개한다.

투명성이 매우 높은 경우 신뢰하게 되는 장점이 있다. 보상은 더 이상 직원들이 조심스럽게 다른 사람들에게 비밀로 해야 하는 것이 아니다. 모든 사람이 동일한 정보에 접근할 수 있기 때문에, 정치성이 없고, 아무도 속이고 있다고 느끼는 사람이 없다. 무엇보다도, 회사는 고객, 투자자, 직원들에게 더 책임감을 가져야 하고, 차별, 불평등, 비윤리성에 더 분명해야 한다. 버퍼가 직원들의 급여 정보를 공개하고 몇 개월이 지난 후 보통 때보다 두 배나 더 많은 지원서를 받게 되었다[Elmer 2014].

철저한 투명성은 모즈(Moz), 썸올(SumAll), 코(SEMCO), 배런스드 페이먼트(Balanced Payment)와 같은 다른 스타트업에서도 찾아 볼 수 있다[Elmer 2014]. 철저한 투명성은 스타트업 이외의 산업에서도 찾아볼 수 있다. 예를 들어, 모든 상장회사들은 분기별로 그들의 제품 측정 기준, 재무성과, 경영자 보상을 기본적으로 발표해야 한다. 많은 공무원들의 급여 정보도 공식적으로 기록되어있다.[13] 또 다른 잘 알려진 예는 프로 스포츠다. 한 예로, 메이저리그 야구의 재정적인 측면에 관심이 있다면, 각 선수들의 급여와

---

13 예를 들어, 캘리포니아 정부는 http://transparentcalifornia.com에 모든 직원들의 급여를 공개하고 있다.

각 팀에 대한 상세한 평가를 웹사이트에서 조회해서 확인할 수 있다.[14]

적절한 투명성 수준 정도를 고심하는 경우, 외부 소통에서 고려해야 하는 세 가지 중요한 유형이 있다. 첫 번째는 155쪽 "유통"에서 설명하였던 제품을 디자인하고, 마케팅하고, 유통하는 방법이다. 두 번째는 522쪽 "공유하기"에서 설명하는 블로그 포스트, 오픈소스 소프트웨어 그리고 프레젠테이션 하는 방법이다. 세 번째는 158쪽 "훌륭한 고객 서비스를 제공한다"에서 설명하였던 고객과 대화하는 방법이다.

9.9 업무 과정

회사의 핵심 이념은 '왜'다. 과정은 '어떻게'다. 초기에 '왜'가 정의되고 회사를 통해 지속적으로 강화되는 동안, '어떻게'는 가능하면 길게 각 개인들에게 맡겨져야 된다. 재능 있는 직원들을 채용하는 중요한 이유는 무엇인가를 해내는 그들의 전문성 때문이다. 문제에 가장 가까이 있는 사람이 문제해결 과정을 파악하기 가장 좋은 사람이다. 위에서 내려오는 강성구조는 대개 간섭이 많고 개인의 자율성이 줄어든다. 즉, '왜'를 만족스럽게 정의한다면, '어떻게'는 제대로 될 것이다.

> 문화가 왜 그렇게 비즈니스에 중요한가? 간단하다. 문화가 강할수록, 회사에서 필요로 하는 기업 과정이 덜 필요하다. 문화가 강하면, 모든 사람이 옳은 일을 하고 있다고 믿을 수 있다. 사람들이 독립적이고 자율적이 될 수 있다…. 가족이나 종족이 많은 과정을 필요로 하는가? 아니다. 어떤 과정을 대체하는 강한 신뢰와 문화 같은 것이 있기 때문이다. 문화가 약한 조직에서(또는 일반 사회에서도)는 엄격하고, 섬세한 규정과 과정이 많이 필요하다.
>
> [CHESKY 2014A], 브라이언 체스키, 에어비앤비의 공동 창업자 및 CEO

올바른 문화를 만들면, 과정은 하나의 아이디어로 줄게 된다. 올바른 판단을 하라.

9.9.1 올바른 판단을 하라

허브스팟은 정책이나 절차에 필요한 거창한 매뉴얼이 없다. 대신, 모든 것에 세 단어 정책을 쓴다. "올바른 판단을 하라(Use Good Judgment)."

---

14 스포트랙(http://www.spotrac.com/rankings/mbl/), 블룸버그 비즈니스 MBL팀 평가(http://bit.ly/mlb-value) 사이트에서 확인할 수 있다.

- 소셜 미디어 정책

- 여행 정책

- 병가 정책

- 이벤트에서 술을 한 잔씩 사는 정책

- 눈보라가 있을 때 집에서 업무하는 정책

위의 모든(그리고 대부분의 다른) 사항에 대한 정책 : 올바른 판단을 하라.

[HUBSPOT 2013], 허브스팟 문화코드

노드스트롬은 자사의 '직원 수첩'에 넣은 5×8인치 크기의 카드에 유사한 철학을 표현한다.

【노드스트롬에 오신 것을 환영합니다】

우리 회사와 함께하셔서 영광입니다. 저희의 제일 중요한 목표는 뛰어난 고객 서비스를 제공하는 것입니다. 개인적이고 전문적인 목표를 높이 잡으시기 바랍니다. 당신의 능력이 그런 목표를 달성하리라 믿고 있습니다.

【노드스트롬 규칙】

규칙 1 : 모든 상황에서 올바른 판단을 하라.

추가되는 규칙은 없습니다. 부서 매니저, 매장 매니저, 사업부 총괄 매니저에게 언제든지, 어떤 문제든 자유롭게 문의하기 바랍니다.

[COLLINS PORRAS 2004, 117], 짐 콜린스와 제리 포라스, *성공한 기업들의 8가지 습관*, 김영사, 2009

과정이 전혀 필요하지 않다는 의미가 아니라, "올바른 판단을 하라"가 바로 기본 과정이 되어야 하고, '올바른 판단'이 충분하지 않다고 판명되는 특별한 경우에는 추가적인 단계를 강화한다. 예를 들어, 개발자가 데이터베이스 구성 파일을 변경하는 도중 우연히 버그가 발생했다고 말했다고 하자. 이런 버그는 한밤 중에 데이터베이스를 다운시킬 수 있어 문제해결을 위해 재빨리 움직여야 한다. 세 가지 문제 해결 방법이 있다.

1. 무엇이 잘못되었는지 토론하고 문서로 정리한 후 하던 일로 돌아간다.
2. 앞으로 이런 문제를 방지하기 위해 자동화된 해결책을 구축한다.
3. 앞으로 이런 문제를 방지하기 위해 수동 프로세스를 도입한다.

대부분의 경우, 1번 방법은 올바른 선택이다. 무엇이 잘못되었는지 의논하는 것은 실수에서 배울 수 있는 기회다(또는 당신의 공동 작업자의 실수에서도 배울 수 있다). 그리고 재발하지 않을 것이 보장되는 "올바른 판단을 하다"의 능력을 향상시킬 수 있다. 문제를 문서로 정리하는 것은 이전의 실수에서 모두 배울 수 있게 한다. "올바른 판단을 하다"가 충분하지 않은 특정 상황을 확인하는 데 도움이 된다. 예를 들어, 데이터베이스 구성 버그가 이전에 여러 번 발생했음을 문서에서 확인할 수 있으면, 문제를 그냥 의논하고 정리하는 것보다 더 제대로 수정하게 된다. 그런 경우, 2번 방법의 자동화 옵션을 생각해야 한다.

컴퓨터는 인간보다 견고하고 반복적인 과정을 수행하기에 더 좋으므로 혼자 판단으로 해결할 수 없는 문제에는, 자동화된 해결책을 만들어야 한다. 자동화된 실험(297쪽 "자동화 테스트" 참조), 정적 분석(333쪽 "정적 분석" 참조), 지속적인 통합(361쪽 "지속적인 통합" 참조), 지속적인 배포(375쪽 "지속적인 배포" 참조)는 방대한 범위의 문제를 방지할 수 있다. 예를 들어, 자동적으로 배포된 모든 데이터베이스 구성으로 구현 환경을 변경하고 자동화 테스트를 실행하여 생산에 들어가기 전에 데이터베이스 구성 버그를 포착할 수 있게 한다. 해결책을 자동화할 실질적인 해결 방법이 없는 경우에만 3번 방법의 수동 프로세스 도입을 고려해야 한다.

수동 프로세스 도입은 항상 최후의 수단이어야 한다. 예를 들어, 개발자는 "데이터베이스 티켓"을 정리하고, DBA의 승인을 얻어, 데이터베이스를 모두 변경할 것을 요구할 수 있지만, 모든 개발은 개발자가 "개발 티켓"을 정리하고 유출 엔지니어의 승인을 받아야 한다. 문제는 수동과정을 추가하는 비용이 비싸다는 것이다. 회사 역사상 모든 데이터베이스 및 배포를 변경하는 데 지나친 투자가 되는 것이다. 개발자의 자율성이 적어지게 하고, 자신들의 실수에서 배우는 것을 방해하고, 알맞은 것을 얻어내는 대신 주기적으로 몇 가지 기계적인 추가 단계만 필요한 로봇처럼 다루게 되는 것이다. 상황이 더 나아진다는 보장도 없이 비용을 지출하는 것이다.

수동 과정의 많은 부분이 사람이 하는 반복적인 작업에 의존하고 있고, 어떤 것은 감당할 수 없어 원망만 하게 되기 때문에 효과가 없다. 원래 개발자가 구성 버그에 빠트린 것처럼, DBA나 엔지니어에 의해 더 심해질 가능성이 있다. 무엇보다도, 문제가 흔하지 않기 때문에, 매뉴얼 과정을 지나치게 만드는 것은 문제가 발생할 때 수정하는 것보다 더 많은 비용이 들게 된다. 즉, 어떤 형태의 버그는 그렇게 자주 일어나지 않거나 수정하는 데 비용이 매우 저렴하므로(366쪽 "토글 기능" 참조) 그때마다 수정하는 것이 방지하려고 하는 것보다 더 효율적일 수 있다.

9.9.2 소프트웨어 방법론

그렇다면 소프트웨어 개발 방법론은 어떤가? 데이터베이스 버그와 같은 조잡한 오류를 방지하고 있는가? 애자일, 폭포수, XP, 나선형, 크리스탈, BDD, FDD, DDD, DSDM, PDD, 린, 스크럼, 칸반, 또는 스크럼반 같은 과정을 사용해야 하는가?[15] 이런 과정 중 몇 가지는 대형 프로젝트와 팀을 조직하는 데 유용할 수 있지만, 특효약일 것이라는 기대는 하지 말라.

> 10년 이내에 생산성, 신뢰성, 단순성 개선이(10배 이상) 보장되는, 기술 혹은 관리 기법 분야의 간단한 개발은 힘들다.
>
> [BROOKS 1995, Chap. 16], 프레드 브룩스, *맨먼스 미신*, 인사이트, 2015

큰 프로젝트를 진행하는 경우, 복잡성에 '필수적인 복잡성'과 '우연한 복잡성'이라는 두 가지 유형이 있다. 필수적인 복잡성은 해결하려고 하는 문제의 본질적인 부분이다. 예를 들어, 재무 거래 알고리즘을 작업하고 있다면, 시장보다 한 수 앞서는 알고리즘이 문제해결을 위한 필수적인 복잡성이다. 이 문제를 해결할 수 있는 다른 방법이 없다. 우연한 복잡성은 부수적인 것이고 문제를 해결하는 특정 방법의 부작용으로 발생한다. 금융거래 알고리즘을 구현하려고 C++를 사용하면, 수동 언어로 관리하는 경우 발생하는 메모리 누수나 분할 오류는 부수적으로 발생하는 복잡성이다. 대신, 자바와 같이 자동으로 메모리 관리가 되는 다른 언어를 선택하면 그 복잡성은 피할 수 있다.

　필수적인 복잡성은 대부분의 소프트웨어 프로젝트에서 큰 부분에 해당되며, 그것을 방지할 수 있는 소프트웨어 방법론은 없다. 소프트웨어 방법론이 기대하는 최선은 우연한 복잡성을 최소화하는 것이다(두 명의 공동 작업자가 부실한 소통으로 인해 중복되는 노력에 시간낭비를 하고 있다). 방법론 간의 차이는 대개 매우 작기 때문에, 많은 것을 기대할 수는 없다. 반면에, 개발자 간의 차이는 엄청나다(480쪽 "10배를 해내는 개발자" 참조). 프로젝트의 성공은 채용한 사람(the who)과 사명을 정렬하는 일반적인 방법(the why)보다 선택한 방법

---

15 당신이 어떤 말을 할지는 모르지만, 이런 방법론 중 몇 가지는 내가 만들었다.

(the how)이 더 큰 영향을 미친다.

> 대부분 우리를 놀라게 하는 것은, 조직은 그것을 구성하는 사람만큼 훌륭하다는 것이다. 만일 우리가 자연
> 의 한계를 극복하고, 조직에 평범하거나 무능한 사람들로 인력을 배치했다고 하더라도 좋은 조직을 만들
> 수 있다면, 좋은 게 아닌가? 더 쉬운 게 없다. 우리에게 필요한 것은 (트럼펫 팡파르를 울리길…) 방법론이다.

[DEMARCO AND LISTER 1999, 114], 톰 디마르코와 티모시 리스터, *피플웨어*, 인사이트, 2015

이런 모든 것은 회사가 소프트웨어 개발방법론과 다른 과정을 도입하는 것과 다르지
않다는 것을 의미한다. 단지 "올바른 판단을 하라"가 충분하지 않다고 판명되었을 때
진행하라. 내가 언급했던 대부분의 스타트업은 멋진 이름, 책, 인증이 되는 그런 방법
론은 회피했지만, 충분히 성장했을 때는, 모두 "대략 애자일"이라는 잘 설명된 과정을
따랐다.

왜 애자일인가? 이 책의 핵심주제이며, 성공적인 기업은 지적 창조가 아니라 진화의
결과이며, '애자일 매니페스토(Agile Manifesto)'에 잘 들어맞는 아이디어다. "변화에 적응
하는"것은 "계획을 따르는"보다 더 가치있다[Beck et al, 2001]. 애자일은 고객의 정기적인
피드백을 통해 반복과 점진적인 개발 과정을 장려한다(52쪽 "속도가 승리한다"를 참조하라).
그리고 아마 가장 중요한 것은, 애자일 과정의 핵심 요소가 그 자체로 진화할 수 있는 능
력이다. 대부분의 애자일 방법론은 과정 중 어떤 것이 작동하고 어떤 것이 작동하지 않
는지 평가하고, 필요에 따라 조직의 요구에 맞게 적용하기 위해 정기적인 전통적인 미
팅을 진행한다. 당신의 회사에 애자일 과정이 설정되었는지 확인하는 방법은『익스트
림 프로그래밍(Extreme Programming Explained)』,『변화를 수용하다(Embrace Change)』[Beck
and Andres 2004],『애자일 개발 방법이다(The Art of Agile Development)』[Shore and Warden
2007]를 참고하라.

왜 "대부분이" 애자일인가? 너무 엄격한 방법론이 적용되는 것이 단점이기 때문이
다. 대부분의 소프트웨어 방법론의 목표는 "아래에서 위로"다. 즉, 일반적인 오류를 최
소화하고 출력의 균일함 및 예측 가능성을 최대화할 수 있도록 의도적으로 융통성이
없는 과정이 도입된다. 프로그래밍 최소화가 본래의 창의적인 작업이며, 융통성이 없
는 접근 방법은 근본적으로 문제해결의 혁신성과 창의성을 방해한다. 즉, 아래에서 위
로 가기 위해서만 엄격하게 방법론을 적용하면, 상위 단계에서 차단되기 때문에, 개발
자들이 최선을 다해 성과를 내고 지속적으로 개선할 수 있는 문화를 구축하는 방식이
방해를 받는다[Petre and Damian 2014].

9.10 요약

『성공하는 기업들의 8가지 습관(Built to Last)』[Collins and Porras 2004]이라는 책에 "선도적인 회사"를 구축하는 데 필요한 것에 대해 6년간의 연구 프로젝트 결과가 윤곽을 나타낸다(즉, 업계에서 최고로 여겨지는 회사, 여러 해 동안 제품과 지도자들은 인내했고, 세상에 지속적인 영향을 미치는). 디즈니, IBM, 보잉, GE와 같은 기업이다. 이 책에서 발견된 중요한 사항은 선도적인 회사의 지도자들은 훌륭한 제품을 만들어 내는 것보다 훌륭한 조직을 만드는 데 집중한다는 것이다. 그들은 "타임텔러(time teller)"가 아니라 "클럭빌더(clock builder)"였다. 그들의 위대한 창조는 특정 아이디어나 제품이 아니고 회사와 회사가 나타내는 것이다[Collins Porras 2004].

즉, 위대한 기업은 위대한 문화의 결과다. 영감을 주는 사명을 만든다. 핵심가치를 정의하고 모든 결정을 그것에 따른다. 조직 설계, 고용, 승진, 동기부여, 사무실, 재택근무, 소통, 프로세스를 통해서 회사의 사명과 가치를 정렬한다. 그리고 이런 모든 것은 훌륭한 제품을 만들거나 많은 돈을 벌기 위한 것이 아니라 훌륭한 회사를 만들기 위한 것이다.

> '기업문화'는 회사 자체와 떨어져 존재하지 않는다. 문화가 없는 회사는 없다. 모든 회사는 문화다. 스타트업은 사명이 있는 사람들의 팀이고, 좋은 문화는 회사 내부도 좋을 것으로 보인다.
>
> [THIEL 2014, 119], 피터 틸, *제로 투 원*, 한국경제신문사, 2014

깃허브의 공동 창업자인 톰 프레스턴-베르너와 대화 중에 "회사는 왜 존재합니까?"라고 물은 적이 있다. 돈을 벌기 위해서? 아니면, 사람들을 행복하게 하기 위해서? "뺄셈 증명"을 사용하면서 후자를 주장하였다.

> 회사를 만들고 이익을 끌어 모은다. 무엇을 얻을 수 있을까? 스타트업, 회사를 만들고 사람을 끌어 모은다. 무엇을 얻을 수 있을까? 아무것도 없다. 존재할 수 없다.
>
> [PRESTON-WERNER 2012], 톰 프레스턴-베르너, 깃허브의 공동 창업자

재미있는 증명이지만, "행복을 위한 최적화"는 재미있는 증명이며[Preston-Werner 2012], 중요한 포인트가 된다. 기업은 이윤을 얻는 것이 아니라, 사람들을 행복하게 만들어야 하는 것이다. 즉, 스타트업은 사람에 대한 것이다. 스타트업은 행복의 선순환을 만드는

데 활용하기 좋다. 직원들이 행복하면, 회사를 더 강하게 할 수 있고, 회사가 강해지면, 직원들은 더 행복하게 된다. 이번 장에서 살펴본 것처럼, 깃허브의 타원형 집무실, 구글의 20%시간, 트윌리오의 '기사 의식' 같이, 세상에서 가장 성공적인 스타트업이 엉뚱함, 기이함이 있는 자신들의 방식으로 만든 문화로 직원들을 행복하도록 노력하는 것이 우연의 일치는 아니다. 이런 사례 중 일부는 미친 짓이거나, 비싸거나, 또는 낭비하는 것으로 들릴지 모르지만 재미있는 것이다. 그리고 솔직히, 그런 재미있는 회사에서 일하는 게 낫지 않겠는가?

인생에 중요한 비즈니스는, 부담되는 어려움으로 견뎌야 하는 것이지만, 관련 없는 놀이만이 즐거울 수 있다는 것을 더 이상 따를 필요가 없다. 업무와 놀이 간의 경계가 인위적인 것임을 깨닫게 되면, 상황을 파악하여 더 살기 좋은 삶을 만드는 어려운 임무를 시작할 수 있다.

[PINK 2011, 128], 다니엘 핑크, *드라이브*, 청림출판, 2011

헬로,
스타트업

: 제품, 기술, 팀을 완벽하게 구축하는 기술

10장
스타트업에 취업하기

제1장을 읽고 스타트업에서 일하고 싶다. 입사하기 좋은 회사를 어떻게 찾을 것인가, 어떻게 해야 회사가 당신에게 관심을 보일 수 있는가, 면접은 어떻게 하는가, 회사와 회사의 제안을 어떻게 평가해야 하는가?

제12장에서 다룰 내용은 좋은 직장을 찾기 위한 첫 번째 단계로는 자신을 훌륭하게 만들라는 것이다. 그보다 먼저 이 장에서는 스타트업에 취업하는 과정을 다룰 것이다. 스타트업의 채용 방식을 자세히 설명하는 것을 시작으로, 면접 고수가 되는 방법을 살펴보고, 마지막으로는 일자리 제안을 평가하고 협상하는 방법을 설명할 것이다.

10.1 스타트업에서 일자리 찾기

좋은 스타트업 일자리를 찾기 위한 첫 번째 단계는 자신이 어떤 회사를 찾는지 아는 것이다. 자리에 앉아서 다음 질문에 답을 해보자.

어떤 산업과 어떤 제품에 관심이 있는가?

> 예 의학, 전자상거래, 뉴스, 여행, 소셜 네트워킹, 게임, 비디오, 금융, 통신, 보안.

어떤 기술에 열정이 있는가?

> 예 임베디드 시스템, 모바일 앱, 분산시스템, 함수형 프로그래밍, 로봇, 바이오 센서, 기계학습, 정보검색, 그래픽.

어떤 유형의 비즈니스 모델에 관심이 있는가?

> 예 광고(디스플레이, 제휴, 리드 젠), 상업(소매, 시장, 경매), 구독(SaaS, 회원, 페이팔), 개인 간 통신이나 개인 간 구매(메시징, 공유, 구매), 거래 과정(상거래, 은행), 데이터(비즈니스 인텔리전스, 시장조사), 오픈소스(컨설팅, 지원, 호스팅, 라이선스).[1]

어떤 역할을 찾는가?

> 예 신입 수준, 경력 수준, 리더, 매니저, CTO, 프런트엔드, 백엔드, 도구, 개발.

원하는 다른 요구사항이 있는가?

> 예 위치, 출퇴근, 회사규모, 출장, 무상급식, 원격근무.

이런 질문이 모두 중요한 것이 아니며 어떤 것은 특히 나이가 어린 개발자일 경우 어떻게 답해야 할지 모를 수도 있다. 그러나 알고 있는 것을 작성하고 검색하는 데 도움이 될만한 것에 관심을 가지도록 한다.

10.1.1 주변 네트워크를 활용하라

기회가 구름처럼 떠다니는 것이 아니다. 사람들에게 단단히 고정되어 있다. 기회를 찾고 있다면, 실제로 사람들을 찾고 있는 것이다. 기회를 평가하고 있다면, 실제로 사람들을 평가하고 있는 것이다. 기회에 필요한 자원을 정리하고 있다면, 실제로 다른 사람들의 지원과 참여를 요청하고 있는 것이다. 일자리 제안은 회사가 하는 것이 아니라 사람이 하는 것이다.

[HOFFMAN AND CASNOCHA 2012, 153], 리드 호프만과 벤 카스노카, *연결하는 인간*, 알에이치코리아, 2015

지금 찾고 있는 직업에 몇 가지 정보만 가지고 무작정 온라인 구인란을 파헤치지 말라. 무려 80% 정도의 직업이 공개적으로 광고하지 않는다[Nishi 2013]. 그것은 일자리를 찾는 데 보내는 대부분의 시간을 네트워크와 교류하는 데 보내야 한다는 것을 의미한다. 나가서 친구, 동료들과 이야기를 나누고 위에서 언급한 내용의 대답이 되는 것을 찾고 있다는 것을 그들이 알도록 하라. 알려지지 않은 취직 기회를 알려줄 것이고 채용공고보다 그 일자리가 어떤지 더 솔직히 알려줄 것이다. 추천도 취업 기회를 증가시킨다. 구인란을 통한 취업 확률은 대략 100번 중 1번이다. 반면 추천을 통해 취업 확률은 7번 중 1번이다[Kasper 2012].

---

1 스타트업 비즈니스 모델에 관한 종합적인 목록은 [Darville 2014]를 참고하라.

그렇다면 적절한 사람과 어떻게 연결해야 하는가, 네트워크를 어떻게 구축하는가? 네트워크는 생각하는 것보다 더 클 수 있다. 링크드인은 개인적인 연결(일촌)만이 아니라 사람들 간의 연결(이촌), 사람들의 연결이 또 연결(삼촌)되는 것이 포함되는, 당신의 네트워크를 점검할 수 있는 강력한 도구다. 방금 50개를 연결하면, 50개 각각이 또 50개를 연결하고, 그렇게 해서, 삼촌 네트워크가 125,000명(50×50×50)이된다. 예를 들어, 관심 있는 회사의 기업 사이트를 방문하면, 그림 10.1에서와 같이, 오른쪽 위에 연결되어있는 사람들을 확인할 수 있다.

그림 10.1 링크드인 회사 페이지는 당신이 어떻게 회사와 연결되어 있는지 보여준다([Grishaver 2012]에서 이미지 제공).

이미 첫 번째(일촌) 접촉을 했다면, 그들에게 메시지를 보내라. 이촌 또는 삼촌 접촉을 했다면, 그들의 프로파일을 보고 클릭하라. 프로파일 페이지 오른쪽 위에 나오는 사람들과 어떻게 연결되어 있는지 알 수 있고 그림 10.2에서 볼 수 있듯이, 공통점이 무엇인지 알 수 있다.

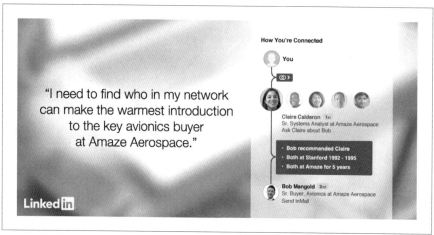

그림 10.2 링크드인 프로파일은 사람들과 어떻게 연결되어 있는지를 보여준다([Milo 2014]에서 이미지 제공).

링크드인, 페이스북, 트위터, 당신의 이메일 주소록에서 연락처를 검색할 수 있다. 소개나 추천을 요청하기 위해서 그들에게 연락을 하거나, 아니면 그냥 커피를 마시자고 한다. 그렇게 형식을 취할 필요는 없다. 대부분의 사람들은 자신과 자신들의 일에 대해 이야기하는 것을 좋아한다. 그러므로 그들이 하는 것을 배우고 싶다고 말하면 된다. 일자리가 있으면, 이런 대화를 하는 동안에 자연스럽게 알려주게 된다.

10.1.2 네트워크를 증가시켜라

아직 적절한 기회를(즉, 적절한 사람을) 찾지 못했다면, 다음으로 우선해야 하는 것은 네트워크를 증가시키는 것이다. 새로운 사람을 만나고 싶으면, 새로운 곳에 가봐야 한다.

밋업 그룹 및 컨퍼런스

자바에 관심이 있는가? 2014년, Meetup.com은 전체 회원이 28만 명 이상이고 66개국, 900개의 자바 밋업 그룹 목록을 가지고 있다. Node.js에서 해커를 원하는가? 54개국, 386개 그룹이 있고 회원은 94,000명이다. 빅테이터가 기대되지 않는가? 선택할 수 있는 72개 국의 2,156개 그룹이 있고 다른 데이터를 가진 과학자들이 50만 명 이상인 곳에 가입하게 되는 것이다. 밋업보다 더 큰 것을 원한다면, 세계적인 컨퍼런스가 또 많이 있다. 2013년, 래니드는 153개의 자바 컨퍼런스 목록과 125개의 Node.js 컨퍼런스 목록, 232개의 빅데이터 컨퍼런스 목록을 보유하고 있다.

밋업과 컨퍼런스는 어디든지 있고 새로운 기술을 배우고 커뮤니티에서 새로운 사람들을 만나는 데 좋은 방법이다. 또한 기업이 일자리를 광고할 수 있는 기회도 많다. 대부분의 밋업은 채용공고를 하고 대부분의 컨퍼런스 후원자, 주최자, 스피커는 일자리로 광고하게 된다. 근처 지역에서 좋은 밋업을 찾을 수 없는가? 스스로 시작하라! 거대할 필요는 없다. 소문을 내서 관심 있는 주제에 함께 논의할 10명~20명의 개발자들을 모아라. 새로운 것을 배우고 새로운 사람을 만날 수 있는 기회가 될 뿐만 아니라, 밋업 주최자로서 자신만의 브랜드를 구축할 수 있다.

해커톤 및 경쟁

코딩 대회는 능력을 향상시키고, 새로운 사람을 만나고, 무료 음식과 꽃다발을 받고, 상금을 획득하기 위해 경쟁하기 좋은 방법이다. 거의 모두가 코딩 대회라는 명칭의 채용 이벤트다. 기업들(즉 후원자)은 참석자를 채용할 수 있는 기회의 대가로 돈을 제공한다.

알고리즘 대회는 모든 사람에게 동일한 문제나 한계에 대한 문제를 해결하는 가장 효과적인 알고리즘을 찾아내는 것을 목표로 하고, 데이터 대회는 데이터 세트를 제공하여 가장 흥미로운 통찰력이나 예측을 해내도록 한다. 해커톤은 (때로는) 특정 주제에 따라서, 최고의 해킹을 해내는 창의성을 보여줄 수 있는 개방형(예: 교육을 개선하기 위한 최고의 해킹)대회다.[2]

> 나는 2년~3년 전에 한 은행의 소프트웨어 엔지니어였던 사람에게서 이메일을 받았다. JP모건 같은 일류 은행이 아니라 상대적으로 알려지지 않은 중간 정도의 지방 은행이었다. 이메일 내용은 "스타트업에 입사하고 싶습니다. 어떻게 하면 되나요?"였다. 내가 말해줄 수 있는 것은, "회사를 그만두고, 2개~3개의 해커톤에 참여하여, 2주 정도 프로젝트를 진행하라. 그러면, 이력서를 몇 달만에 B나 C에서 최소한 B+나 A-정도로 바꿀 수 있다. 실리콘 밸리는 해변 지역이지만 다른 도시에 있는 테크 센터보다 더 많은 기회가 열려 있으므로, 그 곳 회사에 지원해보도록 하라"였다. 1년 정도 후에 다시 이메일을 받았는데, 그가 바로 지금은 돈을 많이 벌고 훨씬 나아진 우버의 초기 엔지니어 중 한 명이었다.
>
> [MCDOWELL 2015], 게일 라크만 맥도웰, 캐리어컵의 창업자이자 CEO

http://www.hello-startup.net/resources/jobs/에 들어가서 근처에서 열리는 코딩 대회를 확인하라.

---

2 본 내용에서, 'hack'은 오락을 위한 컴퓨터 프로그램을 만들거나, 품위는 없지만 효과적인 임시방편으로 개선을 하는, 종종 신속한 프로토타입이나 증거 개념인 본래 정의대로 사용하고 있다. 불법적으로 컴퓨터 시스템이나 네트워크를 침투하는 요즘 뉴스에서 나오는 그런 것이 아니다.

좌담회, 블로그 게시물, 오픈소스

커뮤니티에 자신을 알리고 싶다면, 가장 좋은 방법은 그 커뮤니티에 기여하는 것이다. 강연을 하고, 블로그에 게시물을 올리고, 당신의 코드를 오픈하고, 메일 목록을 만들고, 스택 오버플로우에 올라와 있는 질문에 답하고, IRC에서 채팅을 하는 것이다. 컨퍼런스나 밋업에 참석할 때마다, 5개~10개의 새로운 관계를 만들게 된다. 컨퍼런스나 밋업에서 발표를 할 때마다, 수십 건의 새로운 관계를 만들어냈다. 블로깅, 좌담회, 오픈소스에 대한 전체적인 설명은 522쪽 "공유하기"를 참조하라.

10.1.3 온라인에서 정체성을 구축하라

네트워크를 통해 일자리를 찾을 수 없다면, 차선책으로 가장 좋은 방법은 일자리가 당신을 찾게 하는 것이다. 지난 5년간, 스타트업 창업자, 채용 담당자, 모집자들로부터 대략 1,300통의 이메일을 받았다. 매일, 나의 메일함에는 최소 한 건의 취업 기회가 생긴다. 더 이상 내가 지원하지 않고, 그들이 나에게 지원하는 것이다.

거의 모든 프로그래머는 적절한 곳(온라인)에서 정체성을 구축하여 비슷한 상황을 만들어 낼 수 있다. 회사가 당신을 찾게 하려면, 그들이 찾는 곳에 이름을 노출해야 한다. 첫 번째 단계는 링크드인에 노출하는 것이다. 전 링크드인 직원인 나에게는 편견이 있어서, 나에게는 적용되지 않는다. 채용 담당자 허니팟의 일레이 웨리는 '피터 런던'이라는 사람이 '자바스크립트 닌자'로 가짜 온라인 페르소나를 만들어 채용가의 관심을 끄는 방법을 설명하고 있다.

아무한테도 말하지 않고, 여러 날 동안 잠도 못 이루면서 가명으로 온라인에 나의 이력서를 게시한다는 생각으로 애를 태웠다. 소위 '피터 런던'이 관심있어 하는 관련 페이지, 이력서, 블로그와 그가 창업자가 아니었다는 것만 제외하면 나 자신이 반영되는 엔지니어링 페르소나로 웹사이트에 3페이지를 게시했다. 대학원 경험을 남편과 교환했고 나를 추적하기 쉽지 않게 하였다. 한줄기 희망의 빛을 품고 잠자리로 돌아왔다. 여러 달 동안 채용가를 찾아 다녔는데, 드디어 채용가가 접근해왔다!

나의 기대는 꽤 빨리 가라앉았다. PeteLondon.com은 몇 주 동안 인터넷에서 아무런 활동이 없었다. 전체 사이트를 허물려고 생각했을 때, 마지막 수단으로 그냥 링크드인에 이력서를 올린 것이다.

쿵! 드디어 우연히 파티장 문을 발견했다. 2009년 12월 10일, 첫 링크드인 메시지가 구글에서 도착했다. 모질라에서는 12월 15일에 이메일이 왔다. 닝과 페이스북에서는 1월에 이메일이 왔다. 그 후로, 피터는 채용가와 평균 40시간을 보냈고 172개 기업, 382명의 채용가에게서 온 530개의 이메일을 받게 되었다.

[WHERRY 2012], 이렐리 웨리, 미보의 공동 창업자

줄리아 그레이스는 "소프트웨어 엔지니어링 일자리를 찾는 팁"에서 링크드인에 대한 같은 생각을 되풀이한다.

실수 : 사람들이 실제로 링크드인을 사용하나? 그렇지는 않다고 생각하며, 나의 프로필을 마지막으로 업데이트한 것은 2년 전이었고, 아무도 그것을 보지 않는다.

수정 : 사람들은 항상 링크드인을 사용한다. 정말, 모든 시간을 말이다. 그것은 정규 모집방식이다…. 링크드인은 회사에서 당신을 면접할 수 있는 사람이 이용한다. 이력서보다는 당신의 링크드인 프로파일을 읽을 가능성이 높다. 최신 내용을 유지하고 사람들에게 알려라. PDF/워드/텍스트 문서보다는 링크드인에 프로파일을 올리는 것이 더 수월하고, 쉽게 발견될 수 있고, 스스로 소개할 필요가 없다. 4년 이상 링크드인 이외의 이력서를 사용하지 않았다.

결론 : 새로운 일자리 기회를 쉽게 찾기를 원한다. 아무도 당신이 누군지 모르는 경우나 경력 초기단계에서는 더욱 그렇다. 지금부터 1년 후 당신이 만났던 친분이 있고 잘 나가는 새로운 스타트업에 있고, 입사하고 싶은지 보고 있다고 가정해보자. 사람들이 첫 번째로 하는 것은 링크드인 검색이다.

[GRACE 2014], 줄리아 그레이스, 웨딩러블리의 공동 창업자, 틴디의 CTO

링크드인에서 인기있는 프로필을 설정하고 싶다면, 채용가들과 채용 매니저들이 링크드인을 이용하는 방법을 이해해야 한다. 그들 대부분은 키워드 검색과 "Java AND JavaScript AND MySQL"과 같이 연산자 검색(Boolean queries) 방식으로 링크드인 리쿠르터(LinkedIn Recruiter)라는 제품을 사용한다. 또한 그림 10.3에서와 같이 경험 기간, 학위, 연구 분야, 이전 회사 및 위치에 따라 필터링한다.

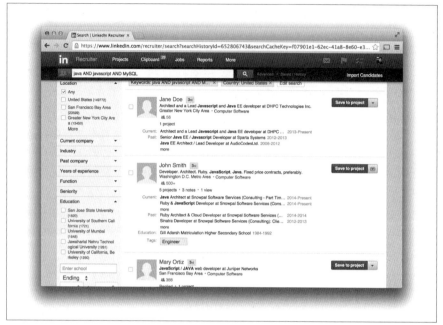

그림 10.3 링크드인 리쿠르터 검색

채용가들이 당신을 찾아내기 바란다면, 링크드인 프로파일에 가능하면 많은 내용을 채워라. 대략 이력서처럼 프로파일을 작성해야 한다.[3] 업무역사(업무 타이틀과 간단한 설명), 교육(학위, 연구분야, 주요 프로젝트와 클래스), 주요 능력(언어, 기술, 탁월한 부분)을 작성하고, 출판물(블로그, 기사, 논문, 특허, 책, 좌담), 프로젝트(업무 외 프로젝트, 오픈소스) 목록을 작성하라. 채용가들이 프로파일이나 이력서를 검토하는 데 평균 15초 정도가 걸리기 때문에 가장 중요한 항목을 단락 대신 머리글을 사용해서 맨 위에 두도록 한다. 또한 맡았던 업무가 아닌 구체적인 성과에 초점을 맞추도록 한다. 예를 들어, 프로그래머라면 "제품 X에 대한 업무(업무 타이틀에서는 명확하다)"나 "협업 과정에서 효과적으로 소통함"을 열거하지 말고, "Z 기술을 활용하여 처음부터 Y 기능을 설계하고 개발함"이라고 하라. 이보다 더 나은 것은 "Z 기술을 활용하여 처음부터 3개월 이내에 Y 기능을 설계하고 개발하여, 제품의 참여율을 50% 증가시켰다"와 같이 성과를 수치화하는 것이다.

링크드인과 마찬가지로, 온라인 정체성을 구축할 수 있는 몇 가지 다른 곳에는 깃허브, 스택 오버플로우, 트위터, 슬라이드쉐어, 개인 홈페이지, 블로그 등이 있다. 온라인

---

3 이력서에 대해 좀더 알아보려면 커리어컵(http://www.careercup.com/resume)을 참조하기 바란다.

신원 확인은 단지 구글에 이름만 입력해서 검색하면 된다.[4] 어떤 결과가 나오는가, 잠재적 고용주에게 긍정적으로 보여지고 있는가, 발견될 수 있겠는가? 대부분의 채용 담당자들과 모집관들은 이런 검색을 정확히 해내겠지만, 구글이나 링크드인에 올라있지 않다면, 발견할 수 없을 것이다.

10.1.4 온라인 채용 정보를 검색하라

대부분의 시간(약 80%)을 네트워크와 개인 브랜드 구축을 위해 보내야 하지만, 약간의 시간(20%)을 구식의 온라인 채용 정보를 검색하는 것도 좋다. 많은 스타트업 일자리, 특히 초기 단계의 스타트업 일자리는 기존 구인란에서는 찾을 수가 없다. 대신, 스타트업 액셀러레이터 포트폴리오, 벤처캐피탈 회사의 포트폴리오, 크라우드 펀딩사이트, 코딩 대회, 프로그래머 웹사이트와 같은 것에 초점을 맞추어야 한다. 스타트업 일자리 소스에 대한 전체적인 목록은 http://www.hello-startup.net/resources/jobs/를 참조하라. 당신에게 관심을 보이는 스타트업을 찾아내고 그들에게 직접 접근하라. 아니면 더 나은 것으로, 네트워크를 활용하는 것이다.

10.2 면접을 멋지게 해내기

훌륭한 개발자가 될 것이고 그 회사에 아주 잘 맞겠지만, 면접 과정에서 그런 것을 증명하지 못한다면, 여전히 일자리를 얻지 못하게 될 것이다. 이유는 간단하다. 면접 과정이 나빴던 것이다. 일반적인 면접관들은 향후 몇 년 동안 함께 일할 사람인지 한 시간 내에 결정한다. 한 시간 내에 사람에 대해 정말로 무엇을 알아낼 수 있는가, 면접관들이 많은 면접에서 어떤 채용 방식을 반복해서 사용하는가? 어떤 방식은 다른 방식보다 더 나을 수 있겠지만(495쪽 '면접' 참조), 완벽한 것은 없다. 지원자로서, 때로는 일반적인 일상의 프로그래밍 활동과는 다른 특정 면접 기술을 증명해내야 한다.

　좋은 소식은 면접도 기술이라서 연습하면 더 잘할 수 있다는 것이다. 완전히 숙지해야 하는 중요한 것은 화이트보드에 코딩하고, 말로 하면서 생각하고, 스스로를 알고, 회사를 아는 것이다. 그리고 "짧고, 반복적인 컴퓨터공학 101 문제"를 풀어보는 것이다.

4　구글에서 신원 확인을 위한 맞춤 검색을 할 때에는 되도록이면 은폐 모드에서 실행한다.

10.2.1 화이트보드에 코딩하기

화이트보드에 코드를 작성하는 것은 끔찍한 면접 진행이지만(497쪽 "면접 질문" 참조), 대부분의 기업에서 진행하는 면접 과정의 일부다. 물론 코딩을 하기에는 부자연스러운 환경이다. 타이핑 대신에 손으로 코드를 쓰고, 구문 강조, IDE, 컴파일러, 잘라내기 및 붙여넣기를 할 수 없고, 구글도 없고, 스택 오버플로우도 없고, 사용하는 데 익숙한 다른 도구가 아무것도 없다. 고통스러운 일이지만, 그렇게 해야 한다. 연습하라.

10.2.2 큰 소리로 생각하는 것을 말하기

머릿속이 편안하면 아무래도 문제를 푸는 데 가장 편할 것이다. 그렇지만 그렇게 하면, 불행하게도, 면접관은 당신이 해답을 어떻게 얻었고, 풀다가 막혔을 때 어떻게 도울지, 성과를 평가할 방법이 없다. 그러므로 문제를 큰 소리로 생각하는 연습을 해야 한다. 또한 결국 어려움에 처하게 될 지라도 놀라지 말라. 대부분의 면접 문제는 노력하고 생각하도록 설계되었고, 그 정답을 알아내지 못하고 나왔다고 하더라도 당황하지 말라. 큰 소리로 생각하는 것을 말하고, 아이디어를 제안하고, 예시를 보여주고, 할 수 있는 데까지 진행하라. 큰소리로 문제를 생각하는 것이 자연스럽지 않겠지만, 일반적으로 유용한 기술이며(즉, 짝 코딩과 디자인 회의에서) 면접에서는 필수적인 것이다. 연습하라.

10.2.3 스스로를 알아라

문제를 코딩하는 것 외에, 대부분의 면접관은 당신 자신에 관한 질문을 할 것이다.

- 자신에 대해 말해보시오.
- 이전에는 어떤 프로젝트는 하였는가?
- 왜 새로운 일자리를 찾고 있는가?
- 왜 여기서 일하고 싶은가?
- 당신에게 이상적인 직업은 무엇인가?
- 5년 내에 무엇을 하고 싶은가, 10년 내에는?
- 당신의 가장 큰 장점과 약점은 무엇인가?
- 당신의 가장 큰 성과는 무엇이었는가?
- 당신이 해낸 가장 힘들었던 버그는 무엇이었는가?

- 그 밖에 다른 할 말이 있는가?

이 중 일부는 가식적이다. 그렇지만 그런 상황에 자주 마주치므로, 연습하라.

10.2.4 회사를 알아라

회사 면접관이 당신을 면접하는 동안, 당신도 역시 회사를 면접해야 한다. 스타트업 일자리는 중요한 약속이다. 향후 여러 해 동안 깨어있는 절반의 시간을 바쳐야 할 것이기 때문이다. 그러므로 가능하면 많은 것을 찾아보아야 한다. 면접하기 전에 그 회사와 직원들을 연구해보라. 그리고 어떤 사람들이 일하고 있고, 과거에 그들이 무엇을 해냈고, 미래에 이루고자 하는 것이 무엇인지 등을 알아보라. 그 동안 찾아내지 못한 것에 관한 의문은 면접하는 동안 질의 시간을 통해 확인해야 한다. 다음을 알지 못하고는 면접을 끝내지 마라.

- 역할에 대한 기대치는 무엇인가?
- 이런 직업에서 성공이란 어떤 모습인가?
- 내 매니저는 누가되는가?
- 어떤 프로젝트를 담당하게 되는가?
- 테크 스택은 무엇인가?
- 시간은 얼마나 걸리고, 몇 명이 코딩을 하고 있는가, 회의에는 얼마나 참석하는가?
- 코드를 어떻게 구축하고 공개하는가?
- 회사의 사명과 가치는 무엇인가?
- 사무실은 어떻게 되어 있는가?
- 이 곳에서 일하는 것이 좋은 부분과 최소한으로 좋은 부분은 무엇인가?

거의 모든 면접관은 질문할 기회를 줄 것이다. 그 자리에서 질문을 생각해내는 것은 항상 쉬운 일이 아니므로, 질문 내용을 생각해내지 못한다면, 지원자로서 별로 좋게 보이지 않을 것이다. 연습하라.

10.2.5 짧고, 반복적인 컴퓨터공학 101 문제

시간 제약으로 인해, 대부분의 면접 질문은 규모가 크지 않고, 개방형이고, 실제 세상에 관한 질문이 아니라, 데이터구조, 알고리즘, 디자인 사고와 같은 일반적으로 입문 컴퓨터공학(CS) 과정에서 기본적인 지식을 테스트하는 제한된 범위의 간단한 문제들이다. 작은 주제의 집합(접근표기법, 기호열 조작, 정렬 조작, 리스트 순회, 트리 순회, 반복, 재귀 및 동적 프로그래밍과 같은 것)들이 대부분의 면접에서 나온다. 그래서『코딩하는 인터뷰를 해독하라(Cracking the Coding Interview)』[McDowell 2011]와『프로그래밍 면접 이렇게 준비한다(Programing Interviews Exposed)』[Mongan, Suojanen and Giguere 2007]의 두 가지 책을 가지고 있어야 한다. 이 책의 내용은 일반적인 면접에서 90%이상을 차지하는 것이므로, 읽고 연습하라. 그러면 취업기회를 최대로 높일 수 있다.

10.3 일자리 제안을 평가하고 협상하는 방법

마음에 드는 회사를 발견하고, 면접에서 두각을 나타내면, 이제 제안을 받게 된다. 받아들이겠는가, 무엇을 기대하는가, 어떻게 협상하겠는가?

일자리 제안의 가장 중요한 부분은 사람들의 관계에 있다. 일주일에 40시간 이상을 일할 준비가 되었는가, 그들에게서 배울 수가 있는가, 경력개발에 도움이 되는가, 그들과 함께 하는 것이 재미있는가, 그들이 이 회사를 성공시킬만큼 헌신적이고 재능이 있는가, 한 시간 정도의 면접으로 그런 결정을 전화로 하는 것이 어렵다고 생각하는가? 지금 면접관이 어떻게 생각하고 있는지 알겠는가?

선택의 여지가 많지 않지만 본능을 따르라. 대개 그것이 맞다. 사람들에게서 좋지 않은 것이 느껴지고 불편하게 하는 사람이 있다면 악화될 가능성이 있는 것이다. 반대로, 이야기가 잘 통하고, 비슷한 열정을 발견했고, 많이 웃었다면, 건강한 분위기일 것이다. 직속 상관에게 특히 관심을 기울여라. 어떤 방식으로 직속 보고를 하게 되는지, 어떤 경영 스타일로 당신의 역할을 분담하고 어떤 경력 경로를 밟게 할지 이해하도록 하라. 그 한 사람이 당신의 성공과 즐거움의 불균형에 영향을 미치게 된다. 옛 말이 맞다. 사람들이 회사를 떠나는 것이 아니라 매니저를 떠나는 것이다.

사람들이 대단하다면, 다음은 비즈니스 자체에 대해 생각해야 한다. 열정을 가지고 있는 제품인가, 몇 년간 그 제품에 수천 시간을 보내기를 원하는가, 본인이 사용하고 있는 것, 당신 부모님에게 이와 같은 것을 보여주는 것이 자랑스런 일인가? 지루한 산업에서 일할 가능성이 있거나 개인적으로 관심이 없는 제품일 수도 있다. 그러나 좋은 직업이 되도록 열심히 만든다면, 업무에서 행복을 느끼게 될 것이다.

마지막으로, 사람과 제품에 모두 만족하는 경우, 그 제안의 재정적인 측면을 고려해볼 수 있다. 보상에는 세 가지 핵심적인 것이 있다. 바로 '연봉', '주식', '혜택'이다.

10.3.1 연봉

연봉을 고려할 때에는 두 가지 한계점에 직면한다.

- 내 라이프 스타일에 충분한가?
- 내가 하는 업무에 적절한 비율인가?

첫 번째 한계점은 사람에 따라 다르다. 룸메이트와 아파트를 함께 쓰는, 대학을 갓 나온 사람은 월 임대료, 담보대출 등을 고려해야 하고, 아이들이 있는 사람은 이와는 다른 연봉이 필요할 것이다. 제시하는 연봉이 기본 생활비를 감당할 수 없다면, 제안을 거절하거나 좀더 높은 연봉으로 협상을 하게 된다. 임대료와 생활비는 선택이 아니다.

연봉 제안 관련의 첫 번째 한계점을 통과하면, 경쟁사와 비교해서 어떤지 살펴볼 필요가 있다. 그 분야에 비슷한 포지션에 해당하는 평균 연봉을 찾아내려면 온라인 급여 계산기를 사용하라.[5] 제안하는 금액이 생활비를 감당하지만 시장 비율에는 못 미치는 경우, 다른 부분(예 : 주식이나 수당)을 제안한다면 고려할 만하다.

10.3.2 주식

주식은 무엇인가, 스톡옵션은 무엇인가, 기업공개는 무엇인가? 초기 단계 스타트업의 프로그래머 대부분은 연봉이 아닌 주식이 일자리 제안의 가장 중요한 부분이었다. 그러나 대학을 나왔을 때, 주식이 어떻게 움직이는지 몰라서, 종종 너무 당황해서 물어볼 수가 없었다. 온라인 검색은 도움이 되지 않고 대부분의 검색 내용은 너무 어려운 법률 및 금융 전문 용어를 많이 사용하고 있다. 그래서 처음 직장생활을 할 때, 대부분 주식에 관심이 많지 않아 잠재적인 이익을 많이 놓쳤다. 내가 면접한 프로그래머의 대부분도 경험이 비슷하다.

나는 오라클과 페이스북 두 군데에 결정되었다. 페이스북이 나에게 오라클보다 높은 급여를 제공하지 않았다면, 그 제안을 받아 들일지 확신이 없었다. 웃기는 일이었고, 연봉이 전체 보상에서 아주 작은 부분이

---

5   http://www.hello-startup.net/resources/salary를 참고하라.

었다. 그러나 나는 주식을 몰랐다. 나에게는 의미가 없었다. 물론 나중에는 알게 되었다.

[KIM 2014], 대니얼 김, 페이스북과 인스타그램의 소프트웨어 엔지니어

이제부터 주식에 대한 간단한 소개와 왜 그것이 중요한지 설명할 것이다. 내 경력 초창기에 이런 정보가 있었으면 했다. 도움이 되길 희망한다.

주식은 무엇인가

두 친구가 함께 회사를 시작했다고 상상해보라. 각자 회사의 50%를 소유하고 싶어한다. 그렇지만 그들은 어떻게 회사를 지켜나갈 수 있을까? 그 친구들에게는 투자자나 직원들이 회사의 일부를 구매할 때마다 회사의 소유권이 어떻게 변하는지 추적하는 일종의 편리한 기구가 필요하다. 현대 기업에서 그런 메커니즘이 바로 주식이고, 한 개의 주식은 회사의 작은 부분의 소유권을 나타낸다. 과거에는, 회사의 주식 정보를 종이에 인쇄했고, 이를 증권이라고 불렀으나, 지금은 대부분의 주식 정보가 디지털로 유지된다.

예를 들어, 각 창업자가 소유한 주식이 5백만 주라면, 두 창업자는 1천만 주의 주식으로 대표되는 회사의 소유권을 가지는 것이다. 주식 수는 임의이며, 창업자들은 1천 주 또는 10억 주로 회사를 대표하도록 결정할 수 있다. 그러나 주식 총수(대개 발행 주식 수라고 불린다)를 알아야 하며, 그것이 회사 소유의 몇 퍼센트인지도 알아야 한다. 다른 예로, 각 창업자는 1천만 주를 발행한 총 주식에서 5백만 주의 주식이나 회사의 50%를 소유하는 것이다.

어떻게 직원들이 주식을 받을 수 있는가

이제 두 창업자가 사람들을 고용하기 시작한다고 상상해보자. 직원들에게 제공할 수 있는 인센티브 중 하나는 회사의 일부를 소유하게 하는 것이다. 그 방법으로는 새로운 주식을 발행하여 보상으로 나눠주는 것이 일반적이다. 예를 들어, 창업자들은 고용을 위해 확보해둔 1백만 주를 만들어낸다. 그들은 흔적도 없이 이런 주식을 만들어낸다(돈을 인쇄하는 것처럼!). 지금 1천1백만 주가 발행되었고 각 창업자는 아직 5백만 주씩 소유하고 있다. 그렇지만 그들은 지금 회사를 50% 소유하는 것이 아닌 회사를 45%만 소유하게 된다. 소유권의 감소는 '희석(dilution)'으로 알려졌다.

기존 주주는 회사가 고용 또는 투자자에게 제공하기 위해 새로운 주식을 발행할 때

마다 희석된다. 창업자에게는 나쁜 거래처럼 보일 수 있지만, 새로운 사람들을 고용하거나 더 많은 투자를 유치하는 일종의 도박은 회사를 더 가치 있게 만들어 희석을 만회해줄 것이다. 예를 들어, 공동 창업자가 사람을 채용하기 전에는 회사가 50만 달러 가치였고, 각 공동 창업자가 25만 달러를 소유한다고 하자. 고용하기 위해 주식을 1만 주 발행하면, 5명의 직원을 고용할 수 있고, 회사의 가치는 100만 달러까지 올라간다. 희석되기 때문에, 각 창업자는 회사 지분이 더 줄어들게 된다(50%가 아닌 45%). 그러나 작아진 지분이 실제로는 더 가치가 있다(25만 달러가 아닌 45만 달러). 즉, 주주로서는 전체 파이가 커지고 있는 한, 파이 조각을 더 작게 보유하는 것이 좋다.

스타트업에서 일자리 제안을 받게 된다면, 주식을 배당받게 될 것이다(이것이 바로 주식이다). 예를 들어, 10만 주 배당의 제안을 받게 된다면, 그 자체의 숫자로는 아무 의미가 없다. 그 회사가 주식을 몇 주 발행했는지 알아야 한다. 바라건대, 이것이 당신을 위한 제안이므로, 그렇지 않으면, 당신의 주식이 완전희석원칙(Fully Diluted Basis) 상태에서 회사의 몇 퍼센트에 해당되는지 알아본다. 회사가 이미 몇 주의 주식을 발행했는지 그리고 미래에 배당할 의무가 있는 주식이 어떤 것인지, 고용을 위한 옵션 풀을 확보하고 있는지를 알 수 있다. 회사가 그런 숫자를 공개하기 거부한다면, 레드 플래그(Red Flag)[6] 상태이며, 입사하지 말아야 한다. 할 수 있다면, 당신의 소유권의 몇 퍼센트가 희석되게 될지 엿볼 수 있는 미래의 자금조달과 고용 계획이 있는지 물어보아야 한다.[7] 또는 회사의 발행주식이 1,100만 주이므로, 회사의 100,000/11,000,000 = 0.9%를 소유하게 되는 것이다.

주식 보유기간은 무엇인가

일반적으로 주식은 한꺼번에 모두 받지 못한다. 대신, 일정 기간에 걸쳐 배분한다. 이것이 주식 수령 기간으로 알려진 것으로 4년 동안 지속되는 일반적인 보유기간이다. 처음에는 주식을 받지 못하고, 1년이 지난 후 25%를 받게 되고, 나머지 75%는 다음 36개월 동안 균등하게 분할되어 받게 된다. 회사에 더 오래 남아있는 것에 대한 인센티브로 주식을 점증적으로 배당하는 방법이다. 보유기간이라는 것이 없으면, 출근 두 번째

---

6 (옮긴이) 모터레이싱에서, 레스를 멈춰야 하는 것을 알리기 위해 사용되는 붉은 깃발을 뜻한다. 이 깃발을 본 참가자들은 즉각 경주를 멈춰야 한다.

7 앤디 래츠레프의 "스톡옵션에 대한 14가지 주요 질문(14 Crucial Questions about Stock Options)"에 설명되어 있는 것처럼, 스톡옵션에 관해 회사측에 물어보아야 하는 다른 질문이 많다.

날 회사를 그만두고 10만 주를 가지고 나갈 수 있다. 일반적으로 공동 창업자를 포함하는 회사의 모든 사람은 보유기간의 대상이 된다.

스톡옵션은 무엇인가

기간이 되었다 할지라도, 회사는 주식을 넘겨주지 않는다. 일반적으로, 권리행사가격 (Strike Price)인 고정 가격으로 주식을 매입할 수 있는 권한(일명 행사)이 주어지는 것으로 실제로 수령하는 것이 스톡옵션이다. 권리행사가격은 제안을 받은 시점에서 주식의 공정시장가치(FMV, Fair Market Value)를 나타낸다. 공정시장가치는 어떤 것을 말하는가? 일반적으로, 409A 평가로 알려진 과정을 거쳐 이사회에 의해 결정된다.

예를 들어, 409A가 회사를 110만 달러로 평가한다면, 권리행사가격은 1,100,000달러/11,000,000주 = 주당 0.10달러가 되는 것이다. 4년 동안 그 회사에서 근무한 후, 모든 스톡옵션을 행사할 수 있지만, 그것을 실현할 때까지는 아무것도 할 수가 없다. 모든 스톡옵션을 실현하기 위해서는 100,000주 × 0.10달러 = 1만 달러를 지불해야 한다. 주식을 실현한 후에만 실제로 주식을 판매할 수 있다. 당신의 목표는, 물론, 당신이 지불한 것보다 비싼 가격에 매도하는 것이다.

주식을 어떻게 매도하는가

처음에는, 아무에게도 주식을 판매할 수 없기 때문에(유동성이 아님), 아무런 가치가 없다. 주식이 가치를 가지는 유동성 이벤트(일명 종료)에는 일반적인 두 가지 종류가 있다.

기업공개

회사가 대중에게 자사의 주식을 판매하는 때가 기업공개다. 기업공개(IPO, Initial Public Offering)는 돈을 벌게 해주고 주주(공동 창업자, 직원, 투자자)들이 시장에 그들의 주식을 매도하도록 허용한다.

합병인수

회사가 인수하는 경우, 다른 회사는 당신 회사의 주주들(공동 창업자, 직원, 투자자)로부터 현금이나 자신들의 주식 또는 둘 다를 이용해서 주식을 매입한다.

예를 들어, 회사가 기업공개를 해서 주가가 주당 1달러가 된다면, 당신의 주식을

100,000주 × 1달러 = 10만 달러에 팔 수 있게 된다. 비슷하게, 회사가 합병되어, 취득자가 주당 1달러를 허용하면, 그런 경우 다시 10만 달러를 받게 된다.[8]

주식에는 어떻게 과세되는가

스톡옵션 행사로 얻은 이익에 세금이 부과되는가?[9] 위의 기업공개의 경우에서와 같이, 이익은 100,000달러 - 10,000달러 = 90,000달러가 된다. 참고로 여기서는 이런 이익으로 발생되는 부과세 관련 내용은 다루지 않는다. 세금에 관한 법은 복잡하고 그것에 관해 전부를 설명하는 것은 이 책의 범위를 벗어나는 것이기 때문이다. 그렇지만 주식과 관련해서 재정적으로 중요한 결정을 해야 하는 상황이라면, 세무전문가와 상의하라. 대개 몇 백 달러 정도의 비용이면 되고, 전체 돈의 작은 부분에 해당되며 나중에 부과될 세금보다 훨씬 저렴하다. 궁금해하는 해답을 얻기 위해서, 스톡옵션과 관련되어 중요한 두 가지 세금 문제만 간략하게 설명할 것이다. 바로 "단기자본이득" 및 "장기자본이득" 그리고 "옵션 행사 기회"다.

장기자본이득 vs. 단기자본이득

스톡옵션을 1년 이내에 매도하고 다음 날 행사를 한다면, 그들이 매도한 것으로부터 얻어지는 이익에는 단기자본이득으로 과세된다. 즉, 급여의 일부였던 것처럼 일반 수입으로 과세된다. 연간 5만 달러를 벌었고, 앞서 기업공개의 예에서 설명한 것처럼 주식 모두를 매도한다면, 그 해의 과세대상 수입은 5만 달러 + 9만 달러 = 14만 달러가 된다. 온라인 세금계산기를 사용하여 계산해보면, 이 소득의 연방세율이 약 24%이므로 33,600달러가 된다.

　주식을 행사할 경우, 최소한 1년 1일 동안 유지한 다음 판매하라. 그러면 장기자본이득으로 과세가 되어 낮은 세율이 적용된다. 5만 달러 급여의 연방 세금은 대개 12%, 6,000달러가 되고, 9만 달러 주식의 연방세금은 15%, 13,500달러가 되어, 합계 19,500달러가 된다. 주식을 최소한 1년 1일 보유하게 되면, 연방세금을 14,100달러나 적게 부담하게 되는 것이다.

8　이 장에서의 모든 계산은 단순화한 것이다. 합병인수에 관한 더 많은 정보는 "스톡옵션에 대한 14가지 주요 질문"을 참고하기 바란다.

9　세법은 모든 나라마다 다르다. 여기에서 설명된 내용들은 미국에서만 적용되는 것이다.

스톡옵션 행사 기회를 잡다

위의 예에 따라서, 스톡옵션을 가능하면 빨리 행사하는 것이 세금 면에서는 큰 이득을 볼 수 있다는 것이 분명하다. 스톡옵션이 귀속될 때마다, "1년하고 1일" 장기자본이득을 계산하려고, 시계를 똑딱이기 시작하여, 즉시 행사하고 싶은 유혹을 느낄 것이다. 사실, 기업에서도 당신의 주식을 일찍 행사하도록 하고, 귀속되기 전부터 조기행사는 허용하고 있다. 당신 회사가 조기행사를 허용하면, 회사에 입사한 날 당신의 모든 주식을 행사할 수 있다. 그래서 4년이 지난 후, 모든 주식이 귀속되었을 때, 그것을 매도할 수 있고 즉시 장기자본이득 세율을 적용받을 수 있다.

그러나 주의해야 하는 두 가지의 문제점이 있다. 첫 번째 문제점은 분명하다. 주식을 행사하는 데에는 돈이 든다. 이에 대한 예로, 10만 주 × 0.10달러 = 1만 달러가 든다. 입사를 나중에 하면 공정시장가액이 증가하여 주당 3달러가 되는 것처럼, 제안하는 행사가격이 더 높아져서, 옵션을 행사하는 데 10만 주 × 3달러 = 30만 달러의 비용이 들게 된다. 모든 사람이 이런 식이 되는 것은 아니다. 만일, 당신이 그렇다 하더라도, 몇 개월 이후에도 회사가 여전히 사업을 하고 있을지 보장되지 않아 모든 주식이 휴지 조각이 될 수도 있기 때문에 매우 위험한 투자다.

두 번째 문제는 더 미묘하다. 만일 주가가 행사하려는 행사 가격보다 높다면, 주식을 매도하지 않더라도 행사가격과 시장가격의 차이에 대한 세금을 지불해야 한다. 예를 들어, 2014년 1월에 행사가격이 0.10달러인 스타트업에 입사했다고 가정하자. 기업공개에 대한 확신이 없어서 주식을 행사하지 않았다. 2018년 1월에 기업공개 가능성이 보여서 보유한 주식을 모두 행사하기로 결정한다. 여기가 함정이다. 2018년 1월에 회사의 공정시장 가치가 상승해서 주당 5달러가 되었다고 가정하자. 당신의 행사가격은 계약 당시 고정되어 있어서, 10만 주 × 0.10달러 = 1만 달러에 대한 전체 스톡옵션을 행사하기 위해서는 여전히 주당 0.10달러를 지불하게 된다. 그러나 당신의 주식의 가치가 지금 10만 주 × 5달러 = 50만 달러이므로, 50만 달러 - 1만 달러 = 49만 달러의 이익을 "만들게"된 것이다. 그러므로 주식을 팔 수 없고 이런 이익과 상관이 없어도 그것에 대해 여전히 세금을 납부해야 한다.

이런 이익에 대한 세율은 주식의 종류에 따라 다르다. 인센티브 스톡옵션에 대안최소세금(AMT, Alternative Minimum Tax)이 부과될 것이고, 반면에 정규화되지 않은 스톡옵션은 단기자본이득으로 과세된다. 당신이 인센티브 스톡옵션을 받았고 대안최소세금

세율이 적용되어 28%라고 하자. 그러면 주식을 행사하는 데 1만 달러를 지불해야 할 뿐만 아니라 49만 달러 × 0.28 = 137,200달러를 세금으로 내야 하는 것이다. 그리고 앞으로 유동성 문제가 발생할지 보장할 수가 없고, 또는 발생한다고 해도, 주식은 주당 5달러 이상의 가치가 될 것이다.

당신이 연구하라

많은 사람이 주식 행사 비용과 관련된 세금 때문에 흥분하거나 파산에 이르기까지 한다. 이 입문서는 모든 법률과 세금에 관련되어 함축된 피상적인 것만 다루고 있고 법적 자문이나 금융자문을 하는 것이 아니다. 주식을 연구하는 것은 전적으로 본인의 책임이므로, 세무 전문가들과 상의하고, 모든 것을 철저히 이해하도록 하라(더 자세한 내용은 [Weekly 2012]와 [Payne 2013a]를 참조하라).

나의 스톡옵션 가치는 얼마나 되는가

이제 주식의 기초를 이해했으니, 주식이 낮은 연봉보다 더 가치가 있다는 생각이 드는가? 여기서 고려해야 할 세 가지 관점이 있다. 첫 번째 관점은 사무실에서 같은 분야의 유사한 개발자들이나 회사들을 비교하는 것이다. 이를 위해서 웰스프론트 온라인 연봉 및 자산 계산기(http://bit.ly/wealthfront-calc)를 이용할 수 있다. 다른 방법은 당신의 역할, 연공서열, 직원 수에 따라 스타트업에서 받을 수 있는 일반적인 금액을 목록으로 만들어 놓은 http://www.hello-startup.net/resources/equity/를 참조하는 것이다.

　두 번째 관점은 당신의 경력이나, 나중에 큰 수익의 기회를 위해 회사에 투자한다는 입장으로 낮은 연봉을 받아들이는 것이다. 얼마나 큰 수익이 돌아오는가? 알 수 있는 방법은 없다. 고려해야 할 변수가 너무 많아서, 할 수 있는 최선은 가능한 대략적인 범위를 추측하고 가정하는 것이다. 위험과 보상을 추정하기 위해서는 다음 공식을 사용해 볼 수 있다(그러나 이 공식은 단순화한 계산임을 감안해서 받아들여야 한다는 것을 명심하라. 이 계산은 귀속되자 마자 주식 행사를 가정하는 것이지만, 그런 계정에는 세금을 부과하지 않는다는 것에 주목하라).[10]

A = 제안된 급여와 공정시장 연봉 간의 차이
B = 스타트업에서 일하게 될 햇수

---

[10] 이런 공식이 사용되고 있는 대화형 계산기는 http://www.hello-startup.net/resources/equity/에서 찾을 수 있다.

C = 주식을 행사하는 비용
D = 소유한 회사의 지분율
E = 투자자 유치
F = 성공적인 출구를 진행하는 회사의 가치

투자 = (A * B) + C
회수 = D * (F - E)

스타트업이 매년 50,000달러의 연봉을 제안한 반면, 당신의 능력에 대한 공정시장 연봉은 65,000달러라고 가정하자. 자산에 대한 미래 가능 수익의 대가로 연간 A = 65,000달러 - 50,000달러 = 15,000달러를 "투자"하는 것을 의미한다. B = 4년 동안 회사에 있을 것으로 예상하며, 대체적으로 당신의 모든 주식이 귀속되는 충분한 기간이다. 받은 제안에서, 주당 0.10달러의 행사가격으로 주식 10만 주를 받게 되어, 소유한 모든 주식을 행사한다면, C = 100,000주 × 0.10달러 = 10,000달러를 지출해야 한다. 이것은 스타트업에 다음과 같은 금액을 투자한다는 것을 의미한다.

A = 65,000달러 - 50,000달러 = 15,000달러
B = 4년
C = 100,000주 * 0.10달러/주 = 10,000달러

투자 = (15,000달러 * 4) + 10,000달러 = 70,000달러

당신에게 주식이 배당되었을 때 전체 발행주식의 수가 1,100만 주였다. 그래서 당신이 행사한 10만 주는 회사의 0.9%를 차지한다. 그러나 당신이 출구에 도달할 때까지 당신의 주식은, 회사가 새로운 직원이나 투자자를 데려오는 새로운 옵션 풀을 만들어냈기 때문에 희석될 것이다. 4년 동안 50%가 희석되었다고 가정하자. 그러면 당신의 10만 주는 결국 회사의 0.45%가 되어 D = 0.0045가 된다.

투자자가 걸려 있으면 당신 주식에서 기대할 수 있는 수익에 큰 영향을 미친다. 투자자들은 대개 다른 사람보다 앞서서 출구 이전에 돈을 벌게 될 우선주(Preferred Shares)를 받기 때문이다. 예를 들어, 회사가 100만 달러를 투자받았다고 100만 달러에 빠져나갔다면, 투자자는 돈을 회수받을 수 있지만 다른 사람은 그렇지 못하다. 이를 우선권(preference)이라 하고, 원래 투자금의 배수가 될 수도 있다. 예를 들어, 회사가 두 배 우선권에 100만 달러에 상장되고 300만 달러에 빠져나갔다면, 투자자는 2백만 달러를 얻게 되고 나머지 사람은 남아 있는 100만 달러를 분할하게 된다. 참여자와 같은, 투자자가 참여해서, 다른 사람보다 앞서 출구에서 더 많은 가치를 창출할 수 있는 다른 조항

이 있다. 모든 규칙과 유용한 정보는 복잡하여[11] 정확한 수치가 나와 있는 회사의 모든 주요 거래 조건을 읽어볼 필요가 있다. 대개 가장 좋은 방법은 대략적인 추측을 해내는 것이다. 우선, 대략적으로 투자수익을 예측할 수 있다.

E = 투자 모금 액(money raised) * 우선권(preference) * 오차(fudge factor)

제안을 받았을 때, 그 회사가 과거에 투자자에게서 얼마나 투자를 받았는지, 앞으로 얼마를 더 투자받을 계획인지, 투자관련 선호도(요즘은 9배가 일반적이다)가 어떠한지 확인해야 한다. 수익으로 모든 사람이 만족할 수 있도록 큰 출구가 되어야 한다는 것을 의미하므로, 스타트업이 너무 많은 돈을 투자 받는 것이 항상 좋은 징조는 아니다. 오차(퍼지요인)는 당신에게 달려 있지만, 보수적이다. 나는 대개 투자자들이 자신들의 수익을 증가시키기 위해 사용하는 많은 비법을 설명하는 세 배 오차를 사용한다.

성공적인 출구가 되려면 회사의 가치가 얼마가 되어야 하는가? 분명하게 알 수 있는 방법이 없으므로, 가능한 결과가 어느 정도인지 알 수 있는 값의 범위에서 진행해야 한다. 시작 지점에서, 유사시장에서 회사의 현재가치와 평가를 살펴보아야 한다. 예를 들어, 사진 공유앱을 구축하고 있다면, 아마 야후가 2005년에 2,200만 달러에 인수한 플리커(Flickr)[12]와 비교해야 할 것이다[Flickr 2015]. 플리커가 얼마나 많은 돈을 투자 받았는지 데이터가 없으므로, 100만 달러였다고 가정해보자.

D = 0.0045
E = 1,000,000달러 * 1x 우선주 * 3x 오차(퍼지 계수) = 3,000,000달러
F = 22,000,000달러

투자 = (15,000 * 4) + 10,000달러 = 70,000달러
수익 = 0.0045 * (22,000,000달러 - 3,000,000달러) = 85,500달러

또, 펀딩으로 1,500만 달러를 투자받고, 2007년에 2억5천만 달러에 뉴스콥(News Corp)에 인수된 포토버킷(Photobucket)[13] 같은 경우를 보자[Arrington 2007].

D = 0.0045
E = 15,000,000달러 * 1x 우선권 * 3x 오차(퍼지 계수) = 45,000,000달러

---

11 모든 실상은 [feld-2005a]와 [feld-2005b]를 참조한다.

12 (옮긴이) 태그 기반 인터넷 앨범 서비스를 제공한다.

13 (옮긴이) 이미지 호스팅, 온라인 사진 앨범을 제공한다.

```
F = 250,000,000달러
```

```
투자 = (15,000달러 * 4) + 10,000달러 = 70,000달러
수익 = 0.0045 * (250,000,000달러 - 45,000,000달러) = 922,500달러
```

마지막은, 극단적인 예로, 5,700만 달러를 투자 받고[Instagram - 2015], 2012년에 10억 달러에 페이스북에 인수된 인스타그램을 볼 수 있다[Raice and Ante 2012].

```
D = 0.0045
E = 57,000,000달러 * 1x 우선권 * 3x 오차(퍼지 계수) = 171,000,000달러
F = 1,000,000,000달러
```

```
투자 = (15,000달러 * 4) + 10,000달러 = 70,000달러
수익 = 0.0045 * (1,000,000,000달러 - 171,000,000달러) = 3,730,500달러
```

참고로, 성공적인 벤처 기반 스타트업의 평균 출구는 대략 2억4천2백만 달러에 진행된다[Lennon 2013].

스타트업이 성공할 확률은 얼마나 되는가? 아마 스타트업의 90%가 실패한다는 공포스러운 통계를 들었을 것이다. 물론, 실제 수치는 어떻게 "스타트업"을 정의하고 어떻게 "실패"를 정의하느냐에 따라 다르다. 예를 들어, 이것이 일반적으로 75%의 실패율을 가지고 있는 벤처캐피탈이 지원한 회사라고 가정하자[Gage 2012]. 만일, 당신의 회사가 플리커 같이 2,200만 달러에 인수되었다면, 85,500달러를 벌 수 있는 기회에 7만 달러를 투자하는 1.2배의 수익을 낼 확률이 4분의 1이 되는 것이다. 아이쿠! 그러나 포토버킷과 같이 2억5천만 달러에 출구를 빠져나왔다면, 922,500달러를 얻을 수 있는, 70,000달러를 투자하는 13배 수익을 얻을 수 있는 확률이 4분의 1이 되는 것이다. 즉 조금 더 낫다. 그리고 만일 회사가 인스타그램처럼 10억 달러에 출구를 빠져나왔다면 3백7십만 달러를 벌 수 있는 기회에 7만 달러를 투자하는 53배의 수익을 낼 수 있는 확률에 4분의 1이 된다. 자 이야기를 좀 해보자.[14]

가치가 있는가? 사람에 따라 다르다. 어떤 경우는, 70,000달러를 잃을 높은 확률을 받아들이기 힘들다. 다른 경우는, 스타트업 경험, 학습 기회, 경력 성장, 새로운 관계, 대규모 수익을 낼 수 있는 기회를 구입하는 것이므로, 7만 달러를 배팅할만한 가치가 있다. 스타트업은 일종의 도박이고, 위험을 어느 정도 인내를 할 수 있다면 취업해도 된

---

14 이 계산식은 매우 단순화된 것임을 기억하라. 거대한 출구 확률은 작은 출구 확률보다 적다. 인스타그램이 10억 달러를 획득한 사례는 매우 예외적이고, 4개 중 1개의 확률보다 더 적다.

다. 이제 자산에 대한 세 번째 관점을 살펴본다. 바로 로또 복권이다. 아마도 하나도 받지 못할 수도 있지만, 만일 그렇지 않다면, 모든 것을 바꿀 수도 있다.

하지만 내 생각에는, 정말 개인의 재정상황과 목표에 영향을 받지만, 당신이 젊고 이곳 실리콘 밸리에 있는 사람이라면, 역시 몇 가지 배팅을 하게 될 것이다. 연봉으로 10만 달러 또는 20만 달러 이상을 만드는 것이 당신의 인생을 바꾸는 것은 아니다. 100만 달러 이상을 벌게 될 것이다.

그래서 만일, 당신이 여기 있다면, 역시 게임을 하게 되는 것이다. 주사위를 몇 번 던져보라. 6년에서 7년 이상을 세 곳의 스타트업에서 일해보라. 모든 것을 시도해보고, 많은 것을 배우고, 정착해서 구글에서 일을 하거나, 그곳을 좋아한다면, 스타트업에서 계속 일을 하라. 히트를 칠 수도 있고, 그렇지 않을 수도 있다. 그렇지 않고 운이 나쁘더라도 좋다(아직 월급을 받고 있다). 아마도 스타트업에서 적게 받고 있을 것이고, 나가서, 3년 동안 50만 달러를 급여로 받았다고 말한다. 누가 상관하겠는가? 세금을 납부한 후 저축하는 데 문제가 되지는 않을 것이다.

[DELLAMAGGIORE 2014], 닉 델라마조레, 링크드인과 코세라의 소프트웨어 엔지니어

연봉 vs. 주식

스타트업에 취업할 때, 많은 엔지니어가 주식 대신 연봉으로 협상을 하는 초보자 실수를 했다고 말을 할 것이다.

구글에서 면접을 진행할 때, 나는 대체 무엇을 하고 있는지 몰랐다. 내 말은, 전반적으로 내가 바보였다는 것이다. 내 인사 담당자와 협상하는 시간 내내 함께 있었고 완전히 잘못된 것을 요구했던 것으로 기억한다. "좋습니다. 1년에 5천 달러 이상이 필요하고 독일로 이사를 하게 될 것이니까, 정착에 대한 도움이 필요합니다." 돌이켜 생각해보면, 가자마자, 곧바로 돌아보았더니, 가장 어리석은 협상 기술이었다. 나에게 주식 외에 아무 것도 제공할 필요가 없다고 말했어야 했다.

[SCOTT 2014], 케빈 스콧, 링크드인 수석 부사장, 애드몹 부사장, 구글 이사

판단에 편견이 있음을 주장하는 것이 나았을 것이다. 구글 같이 성공적인 회사의 직원이라면, 물론 더 많은 자산이 최선책이라고 말할 수 있다. 그러나 대부분의 스타트업은 실패한다. 그러므로 자산은 대개 가치가 없다. 여전히 운에 맡길만한가?

그런 생각에 항상 사람들에게 내가 조언하는 방법은, 주식 패키지를 올리는 것보다 1만 달러의 연봉에 가치를 두고 배팅한 회사에서 일하게 되면, 잘못된 회사에서 당신의 귀중한 시간과 에너지를 배팅하고 있는 것이다. 완전히 잘못된 배팅인 것이다. 일반적으로 회사를 고려하는 방법에서 좋은 프레임 메커니즘이다.

[SCOTT 2014], 케빈 스콧, 링크드인 수석 부사장, 애드몹 부사장, 구글 이사

스타트업은 모두 돈에 관한 것이 아니다. 그러나 회사가 어느 정도 금액의 주식을 제공하지 못한다고 생각하면, 회사의 모든 성공이 의심되는 것이고, 제안을 전부 거절하는 것이 더 낫다.

10.3.3 혜택

어떤 혜택이 있는가, 가치는 얼마나 있는가? 어떤 혜택은 그 가치를 예측하기 위해 약간의 계산을 할 수도 있다. 예를 들어, 제안서에 얼마가 더 추가되는지 확인하기 위해서 건강보험 계획 비용이 얼마나 되는지를 예측할 수 있다. 또는 회사가 매일 무료로 점심을 제공한다면, 근무하게 되는 평균 날짜로 평균 점심 비용을 곱해서 그 금액을 예측해낼 수 있다.

그러나 많은 혜택에는 단순히 금전적인 계산 이상의 가치가 있다. 무료 점심 비용이 얼마나 되는지 계산할 수 있지만, 정기적으로 공동 작업자들과 식사를 같이 하면서 쌓은 관계는 돈으로 환산할 수 없다. 휴가 때마다 얼마를 지출하는지 계산할 수는 있지만, 사랑하는 친구들과 가족들과 함께 보내는 시간을 돈으로 환산할 수 없는 것이다. 시간제 수업이나 스피커와의 모임을 정산하여 비용을 계산할 수 있지만, 능력을 향상시킬 수 있는 근무 중의 교육은 환산하기가 훨씬 더 어렵다. 개인적인 결정이고 특전이 얼마나 중요한지는 자신의 상황에 따라 다르다.

10.3.4 협상

일자리 제안을 받았다. 흥분이 되고, 안도가 되고, 행복하다. 지금은 어떤가? 대부분 모든 경우에, 그 제안을 받아들이기 전에 협상을 해야 한다. 고용 시장에서, 당신은 기술을 판매하는 상인이고, 회사는 가장 낮은 가격에 그것을 사려고 제안하는 고객이다. 항상 최저가격의 제안을 받게 된다고 말하는 것이 아니라, 제안이 물물교환 과정의 첫 번째 단계라는 것이다. 모든 회사가 당신과 협상하기를 원하는 것이 아닌 것처럼 협상기회의 양은 회사와 직위에 달려 있다.

특히 대기업에서는 인턴이나 신규 대학 졸업생 정도로 제안하는 것이 대개 일반적이다. 그냥 업계에 입문하면, 권한이 거의 없어서, 연봉이나 사이닝 보너스에 최소한 인상되는 것이상 기대할 수가 없다. 몇 년 전부터 일을 하고 있었다면, 종종 10%~20% 정도의 기회가 있다. 개발을 주도했거나 고위 임원급이라면, 30% 이상이 가능하다. 연봉을 10% 올리는 것이 목표라면, 대신 15%를 요구해야 한다. 곧바로 더 많이 받을 수 있다면 좋지만, 회사는 카운터 제안으로 10% 인상을 제안하게 되는데, 처음부터 원했던 것이다.

일반적으로, 협상을 진행할 때 발생할 가장 최악의 시나리오는 회사가 조금도 올려줄 수 없고 당신이 시작했던 동일한 제안으로 마무리하는 것이다. 다시 말해서, 당신의 분야에서 전문가로 남아있는 한 잠재적인 상승이 있기 때문에 요구조건에 손해를 보지는 않는다. 협상 제안이 철회되는 것은 거의 전례가 없고, 그런 일이 발생하지 않으며, 어쨌든 그와 같은 환경에서는 일하고 싶어하지 않을 것이다.

내 연봉을 말해야 하는가

면접 과정의 초기에는, 제안을 받기 한참 전에, 많은 채용 담당자가 이전 연봉을 물어볼 것이다. 만일 대답을 하면, 연봉을 최소화하고 협상력을 줄이는 데 사용할 것이다. 정중하게 거절하고 채용 담당자에게 제안이 제시될 때까지 연봉을 논의하고 싶지 않다고 말하라.

채용 담당자는 제안 금액이 낮게 되면 시간을 낭비하는 일이 발생하기 때문에 이전 연봉을 알아야 한다고 주장할 것이다. 면접 과정에서 미리 적정 수준의 연봉을 확인하는 것도 좋은 방법이지만, 이런 것을 알아내려 연봉을 드러낼 필요는 없다. 대신에, 질문을 돌려서 채용 담당자에게 어느 정도의 연봉을 제안할 것인지 물어보고 적정한 액수가 된다면 좋겠다고 하라. 채용 담당자가 계속 요구를 하면, 정중하게 "정말로 대답하고 싶지 않습니다"라고 말하고 당신의 연봉은 개인적인 일이고, 비밀정보라는 것을 상기시켜라. 미국에서는 그것을 공개할 것을 요구하는 법이 없다.

나중에 인상을 약속하는 경우

일부 채용 담당자는 앞으로 인상이 많고 보너스도 받게 될 것이므로, 지금 제안대로 받아들일 것을 요구할 것이다. 완전하게 거짓말을 하는 것은 아니다. 그러나 발생하지 않을 것을 계약서에 명시하지 않는다는 것을 생각해야 한다. 지금부터 1년 후 가상 보너스 약속은 정말로 바로 앞의 인상을 보장하는 것보다 좋지 않다. 일반적인 규정으로는, 보상을 높일 수 있는 당신의 능력은, 회사에 입사하기 전에 가장 강하게 발휘된다. 그 회사에서 1년에서 2년 후, 더 높은 연봉이나 더 많은 자산을 얻기는 아주 어려워진다.

또한, 월급 인상과 보너스가 어떻게 계산되는지 생각해야 한다. 연간 5만 달러를 받고, 1만 달러가 인상된다면 빅딜이다. 매년 25만 달러를 받고 1만 달러가 인상된다면 대단한 것이 아니다. 그러므로 대부분의 기업들은 현재 연봉 비율로 월급 인상과 보너스를 계산한다. 연간 5만 달러를 버는 어떤 사람의 20% 인상은 1만 달러가 된다. 연간 25만 달러를 받는 어떤 사람의 20% 인상은 5만 달러가 된다. 바로 앞에서 더 높은 연봉을 협상하는 것은 앞으로 모든 연봉인상과 보너스를 개선하는 것이기 때문에 큰 이점이 된다.

무엇을 협상할 수 있는가

일자리 제안 시 협상할 수 있는 것이 연봉만 있는 것이 아니다. 특히, 스타트업에서는 더 많은 자산을 협상하는 것이 더 가치있는 것이 될 것이다. 제안이 스톡옵션이라면, 그 스톡옵션을 행사할 비용을 감당할 사이닝 보너스를 요구할 수 있다. 이사를 해야 하는 경우, 이사 관련 비용 지불을 요구하라. 컨퍼런스에서 좌담을 해야 한다면, 회사는 서면으로 그것을 하기 위한 충분한 시간을 제공한다는 서약을 해야 하고 여행경비를 지불해야 한다. 더 많은 휴가를 요구하고, 더 큰 401K[15]를 피력하라.

일자리 제안 시 결정해야 하는 시간의 양도 협상에 해당된다. 대부분 제안의 "유효기간"은 가짜이며 긴박감을 주기 위해서 존재한다. 대부분의 소프트웨어 회사는 확정된 직위로 고용하지 않는다. 대신 1년 내내 좋은 인재경로를 채우기 위해 노력하고 있다. 항상 직위는 열려있다는 것을 감안할 때, 당신을 찾아내고, 면접하고, 제안을 받아들이게 하기 위해 수 주 또는 수 개월을 투자했다는 것이고, 그 제안을 생각할 몇 주의 시간을 더 줄 여유가 있다. 시간이 더 필요하면, 서둘러서 그런 일생일대의 중요한 결정을 하지 않게 회사측에 말하라.

협상 방법

대부분의 기업들은 당신의 매력적인 개성과 재치가 얼마나 가치 있는지를 염두에 두고 제안하지 않는다. 당신의 기술 수준이 현재 가치로 어느 정도인지를 기반으로 제안을 한다. 더 큰 제안을 기대한다면, 목표는 그들이 생각하는 것보다 더 높은 수준의 사람이

---

15 (옮긴이) 퇴직 이후에 연금을 회사에 계속 맡겨놓고 투자 자금으로 활용할 수 있도록 할 것인지 모두 일시불로 받을 것인지를 직원 개인이 결정할 수 있는 제도다.

라는 것을 확신하게 하는 것이다. 사용할 수 있는 두 가지 협상전략이 있다.

첫 번째 전략은 시장 데이터를 사용하여, 협상에 제시할 수 있는 기술과 당신의 경험을 논의하여 당신이 더 가치가 있다는 것을 확신하도록 하는 것이다. 불행하게도, 업계에 크게 이름이 알려져 있지 않다면, 그와 같은 협상기법은 그저 고용주에 대한 의견에 지나지 않기 때문에 많은 효과가 없다. 여기에 유일한 협상 강점은 그 제안을 거부할 수 있다는 것이다. 회사는 당신을 찾아내고, 연락을 하고, 전화로 심사하고, 사이트를 방문하게 하고, 면접을 하고, 평판 체크를 하고, 채용하기로 결정하고, 제안을 제시하는 데 많은 시간과 돈을 투자했다. 적은 연봉 인상이나 보너스를 제안하는 대부분의 회사들은 이런 모든 노력이 허사가 되게 할 수는 없다.

두 번째 협상은, 더 효과적인 전략으로 경쟁사의 제안을 받고 있다는 것이 더 가치 있음을 증명하는 것이다.

경쟁사의 제안

입사 지원자로 가장 큰 협상 방편은 경쟁 구인제안이다. 고용주와 당신의 의견을 겨루는 대신, 다른 회사로부터 받는 구인제안은 그 시장에서 얼마나 가치가 있는가에 대한 확실한 데이터가 된다. 다수의 회사가 당신을 두고 경쟁한다면, 더 가치 있어 보이고, 그 회사들이 서로 경쟁하게 하는 꼴이 된다. 내가 좋아하는 협상전략 중 하나는 다음과 같다.

> "A 회사에게, 안녕하세요. 제안에 감사드립니다. 당신 회사보다 X만큼 더 많은 연봉을 제시하는 B 회사, Y만큼 더 많은 자산을 제안하는 C 회사 중에서 결정하려 합니다. 당신 회사가 진행하고 있는 것에 더 관심이 있고 당신 회사에서 일하고 싶습니다. 그러나 그러기 위해서 많은 수입을 희생하기가 어렵습니다. 내가 결정하기 쉽게 해주실 수 있겠습니까?"

여러 옵션이 있으면, 협상에 가장 강력한 도구를 사용하기 더 쉽다는 것을 알게 된다. 그 도구는 바로 나가버리는 것이다. 항상 동시에 여러 회사와 면접을 진행하고 있어야 하는 이유다. 또한 취업 면접을 위한 가장 좋은 시간은 또 다른 회사가 필요하지 않을 때다. 직장을 구하는 데 절박한 경우라면, 당신에게 오는 어떤 제안도 받아들일 가능성이 높다. 이미 다닐 수 있는 직장이 있다면, 협상이 잘 되지 않는 경우 항상 대비책이 될 수 있다. 행복하게 직장생활을 하고 있는 경우라도, 몇 년마다 구인/구직 시장을 탐색하는 습관을 만들어라. 기회를 찾아낼 수 있고 현재 직장에서 공정한 대우를 받고 있는지 확인하는 좋은 방법이다.

10.4 요약

이 장의 시작 부분에서, 찾고 있는 직업의 특징을 기록해보도록 요구했다.

- 어떤 산업이며 어떤 제품 유형인가?
- 어떤 기술인가?
- 어떤 비즈니스 모델인가?
- 어떤 종류의 역할인가?
- 어떤 특권과 혜택이 있는가?

이제, 이 장의 끝부분에서는 반대로 해야 한다. 자신을 신발 스타트업 창업자로 생각하고 채용하고 싶은 누군가의 특징을 기록하라. 적을 수 있는 몇 가지 예는 다음과 같다.

- 똑똑한
- 일을 잘 처리하는
- 문화에 잘 어울리는

마지막으로, 또 하나의 목록을 작성하라. 스타트업 창업자로서, 당신이 찾고 있었던 각 특징을 평가할 수 있는 방법을 생각해내는 것이다.

- 누군가 똑똑한 지를 평가하기 위해서는, 실제 업무에서 그들이 무엇을 해낼 수 있을지 알아야 한다. 과거에 함께 일한 적이 있거나 믿을 만한 사람에게서 추천을 받았다면 쉽다. 그렇지 않다면, 면접하는 동안에, 아마 기술적인 질문을 하는 방법으로 최선을 다해 알아낸다.
- 누군가 업무를 완수할 수 있는지 평가하기 위해서는, 과거에 어떤 성과를 냈는지 알아야 한다. 과거에 함께 일한 적이 있거나 믿을 만한 사람에게서 추천을 받았다면 쉽다. 그렇지 않다면, 온라인에서 그들에 관해 검색해서 알아내려고 최선을 다한다.
- 누군가 문화에 잘 맞는지 평가하기 위해서는, 당신 회사의 가치를 공유하고 있는지

알아야 한다. 과거에 함께 일한 적이 있거나 믿을만한 사람의 추천을 받았다면 쉽다. 그렇지 않다면, 지원자의 과거 활동과 미래 열망에 관해 질문하는 면접 과정 중에 알아내려고 최선을 다한다.

이런 실험의 요점은 고용주의 관점에서 채용과정을 바라보는 것이다(깊은 고찰은 제11장에서 다룬다). 그것을 통해, 스타트업에 취업하는 방법이 더 명백해져야 한다. 네트워크를 이용해야 한다. 온라인에서 정체성을 구축해야 한다. 면접을 연습해야 한다. 그리고 가장 중요한 것은, 회사문화, 기회 그리고 제안의 측면에서 당신이 원하는 것이 무엇인지를 알아야 한다.

헬로,
스타트업

: 제품, 기술, 팀을 완벽하게 구축하는 기술

11장
스타트업에 채용하기

11.1 스타트업은 사람에 관한 것이다

사람은 회사에서 가장 중요한 부분이다. 적합한 사람을 선택하는 것이 적합한 제품이나 마케팅 전략 그리고 테크 스택이나 코딩 방법을 선택하는 것보다 더 중요하다. 즉, 사람을 채용하는 것이 가장 중요한 일이라는 것을 의미한다. 그것은 또한 당신이 하게 될 가장 힘든 일 중 하나다. 문화에 잘 어울리는 사람, 적합한 기술 수준을 가진 사람, 당신이 하는 것에 관심이 있는 사람, 필요한 시기에 가능한 사람, 스타트업 연봉으로도 일할 수 있는 사람을 찾아야 한다. 그리고 이러한 것들을 반복해서 해야 한다.

스타트업의 채용에 관한 가장 좋은 조언은 "채용하지 않는 것"이다. 또는 최소한 "아직 채용하지 않는 것"이다. 더 많은 사람을 고용할수록 비용지출이 더 많아지고, 사업 운영이 더 복잡해지고, 의사결정이 느려지고, 검토하고 면접하고 훈련시키는 데 더 많은 시간이 소요된다. 최상의 스타트업은 이런 노력을 최소화하는 것이다. 규모가 작은 것을 자랑스럽게 여기고 작은 팀으로 가능한 많은 것을 수행하도록 노력하라. 그러다 보면 집중하는 것을 배울 수 있고, 더 나은 거래를 해낼 수 있고, 최고로 활용하고, 효율적으로 할 수 있는 열정을 발전시키게 된다. 사실, 더 많은 사람을 고용하는 것이 반드시 더 많은 것을 해낼 수 있음을 의미하는 것이 아니다. 399쪽의 "조직 설계"에서 설명했던 대로, 소통 과잉은 팀 크기의 제곱만큼 증가한다. 큰 기업들이 작은 기업들처럼 빠르게 움직일 수 없는 이유다. 가능하면 작은 규모에 머물러라.

채용이 필요한 시기라는 것을 어떻게 알게 되는가? 질문의 핵심은 "누군가를 고용해서 무엇을 할 것인가?"가 아니라 "누군가를 고용하지 않으면 무엇을 할 수 없을까?"다. 아무리 창의적으로 해냈을지라도, 새로 채용하지 않으면 안 될 비즈니스의 중요한 문제가 있다면 바로 채용해야 한다. 이 장에서는, 채용할 훌륭한 지원자를 찾아내는 방법, 면접하는 과정 그리고 거절할 수 없는 제안을 제시하는 방법을 설명할 것이다.

11.2 어떤 사람을 채용하는가

좋은 사람을 채용하기 위한 첫 번째 단계는 어떤 사람을 찾고 있는지를 아는 것이다. 고려해야 하는 중요한 고용의 형태는 '공동 창업자', '초기 채용', '후기 채용', '10배를 해내는 개발자'다.

11.2.1 공동 창업자

창업자가 한 명이면 "스타트업을 망하게 하는 18가지 실수(The 18 Mistakes That Kill Startups)"라는 폴 그레이엄의 목록에서 첫 번째에 해당하는 것이다. 왜냐고? 회사를 시작하는 것은 잔인할 정도로 힘들기 때문이다. 엄청난 스트레스, 위험 그리고 힘든 업무가 있고, 그 짐을 나눌 수 있는 사람이 없다면 대부분의 사람들은 간단히 해낼 수 없다. 당신의 약점을 보충하고, 아이디어에 피드백을 주고, 일이 잘 안될 때 힘을 줄 수 있는 다른 사람이 필요하다.

> 스타트업에서 힘들고 어려운 상황은 너무 심각해서 혼자는 견디기 어렵다. 여러 명의 창업자가 있다면, 소속감으로 서로를 격려한다. 각자가 "나는 내 친구가 몰락하게 내버려 둘 수 없어"라고 생각한다. 인간 본성 중에서 가장 강력한 힘이며, 창업자가 한 명인 경우는 이를 놓치는 것이다.
>
> **[GRAHAM 2006], 폴 그레이엄, 와이 컴비네이터의 공동 창업자**

투자자는 창업자가 한 명인 것을 보면, 그 창업자는 혼자 성공할 수 없을 뿐만 아니라, 다른 친구를 끌어들이려 설득하지도 못한다고 여긴다. 나쁜 징조이고 자금 모금을 더 어렵게 만든다.

따라서 창업자가 두 명이면 성공하기 좋은 조건이다. 업무와 자산을 균등하게 나눌 수 있고 정치적인 것이 낄 틈이 없다. 창업자가 세 명이면 그래도 좋다. 책임을 나누는 데 좀더 어렵지만, 의사결정을 할 때마다 투표로 진행할 수 있다. 세 명 이상이 되면, 모든 것이 점점 더 불안정해진다. 의사결정하기가 더욱 어렵고, 책임이나 자산을 분배하는 데 기만이나 정치적인 싸움이 발생하기 더 쉽다.

오랫동안 공동 창업자와 함께 있게 되므로(성공적인 스타트업은 10년 이상 함께 있게 된다) 공동 창업자를 너무 쉽게 찾지는 말라(23쪽 "스타트업에 입사하는 것 vs. 스타트업을 창업하는 것"을 참조하라). 공동 창업자와 회사를 설립하기 이전에 그 잠재적인 공동 창업자와 길고, 충분한 시간을 가져야 한다. 어떤 면에서, 스타트업을 시작하는 것은 전쟁에 나가는 것 같고, 당신과 공동 창업자가 과거에 전쟁에서 함께 살아남았던 경험을 했었기에 미래가 서로에게 달려있다는 것을 아는 것이 가장 좋다.

이전 공동 작업자가 대개 가장 좋은 공동 창업자가 되는 이유다. 이전에 성공적으로 어떤 것을 해냈다면, 다시 한 번 그렇게 해낼 가능성이 있다. 과거에 프로젝트나 연구를 하느라 몇 날 밤을 함께 세웠던 대학 동급생도 좋은 선택이다. 친구나 가족이 아마 그 다음으로 가장 좋은 선택이지만, 거기에는 더 많은 위험이 있다.[1] 그들과 함께 일한 적이 한 번도 없다면, 그들의 능력과 어떤 영향을 받게 될지 파악할 수 없게 된다. 또한 개인적인 관계가 위태로울 때 객관적이 되고 비즈니스 결정을 잘 해내기가 어려워진다. 즉, 항상 당신을 알고 신뢰하고 있는 누군가는 거의 완전히 모르는 사람보다는 낫다. 네트워크나 "공동 창업자 만남"이벤트에서 한 시간 동안 만난 공동 창업자와 회사를 시작하는 것은 너무 술에 취해 라스베이거스에서 만난 낯선 사람과 급히 결혼식을 치르고 가족이 되는 것과 같다. 장기적인 관계를 위해서는 최선의 방법이 아니다.

공동 창업자를 찾기 위한 네 가지 특성이 있다. 첫째, "끊임없이 수완이 있는" 사람을 원한다[Graham 2009]. 도중에 어떤 장애를 만나든지 처리해 낼 것으로 보이는 사람을 찾아라. 둘째, 보완적인 능력을 가진 사람을 원한다. 예를 들어, 당신이 프로그래머이고 제품 구축을 잘하고 있다면, 판매와 마케팅 그리고 고객들을 잘 찾아 낼 수 있는 공동 창업자를 찾아라. 셋째, 일반적으로 연령대와 재정 상태 그리고 동기가 비슷한 공동 창업자를 원한다. 한 명의 공동 창업자가 쉽게 돈 버는 길을 찾고, 다른 공동 창업자가 변화하는 세상에서 장기적인 비전을 가지고 있다면 함께 일할 수 없다. 넷째, 가장 중요한 것은, 믿을 수 있는 사람을 원한다. 신뢰가 쌓이려면 그 사람의 역사를 알고 있는, 동료, 동창생, 친구가 가장 좋은 공동 창업자가 된다는 것을 다시 한번 강조하는 것이다.

---

1 팀을 만드는 필요한 각각의 새로운 우정은 그 회전율이 거의 30%까지 증가한다는 연구가 있다[Grant 2014].

의견 불화는 스타트업을 구축하려는 노력의 핵심 부분이다. 모든 방법에 일제히 고개를 끄덕이는 세 명의 공동 창업자가 있을 수는 없다. 그러나 신뢰를 서로 깨트린다면, 근본적으로 분열한다. 일반적인 불화나 소리를 내어 다투는 것과는 아주 다른 것이다. 가장 큰 위험으로 생각된다. 버그를 수정할 수 있고, 피봇을 할 수 있고, 거의 모든 것을 변경할 수 있지만, 사람을 수정할 수는 없다. 공동 창업자들이 서로를 신뢰하지 않는다면, 그 시점에서 멈추도록 요구하거나 당신 중 한 사람이 떠나야 한다.

[RANGNEKAR 2014], 비크람 랭너카르, 보이스라우트 및 소셜워크의 공동 창업자

단 한 명이 창업자가 되는 것은 "스타트업을 망하게 하는 18가지 실수"의 첫 번째 항목이 되지만 "창업자 사이의 싸움"도 그 목록에 있다. 모든 공동 창업자가 평등하다고 느끼고 그들 모두가 어떤 "승부의 책임"을 모두 가지고 있다는 것을 확인하려면 항상 주식을 공평하게 분배해야 하고(457쪽 '주식' 참조) 연금을 집행해야 한다(459쪽 "주식 보유기간은 무엇인가" 참조). 회사를 설립하기 전에 아이디어를 누가 내고 얼마나 많은 일을 했든, 공평한 주식 분배는 거의 항상 옳은 결정이다.[2] 성공적인 스타트업을 구축하는 데에는 평균 10년이 걸리므로, 첫 날에 몇 퍼센트를 두고 언쟁하고 분노를 만들어내는 대신에, 장기적으로 모든 사람이 평등한 인센티브를 가지게 되는지 확인하라.

11.2.2 초기 채용

스타트업에서 처음 몇 명을 채용하기 위해서는 시간을 들여라. 잘못된 제품을 구축하거나 잘못된 기술을 사용한 것은 회복할 수 있지만, 초기에 5명~10명을 잘못 고용하는 것은 회사를 망하게 할 수도 있다. 공동 창업자와 마찬가지로, 초기 직원들은 회사 문화를 정의하는 데 책임이 있고, 잘못되게 할 수가 없는 것이다. 예를 들어, 에어비앤비의 창업자는 초기 직원을 찾기 위해 수백 명의 지원자들을 면접하는 데 거의 6개월을 보냈다. 에어비앤비의 CEO인 브라이언 체스키는 그 이유를 다음과 같이 설명했다.

첫 번째 엔지니어는 회사의 DNA를 가져오는 것과 같다. 우리가 성공한다면, 회사에 그와 같은 사람이 수천 명이 될 것이다. 사용자들에게 제공해야 하는 다음 세 가지 기능을 구축하는 사람을 고용하는 것은 문제가 아니다. 더 긴 시간과 더 많은 인내가 필요한 것이었다. 이런 수백, 수천 명이 넘는 사람들과 일하기를 원하는 것이 아닌가?

[CHESKY 2014B], 브라이언 체스키, 에어비앤비의 공동 창업자, CEO

---

2 와이 컴비네이터의 회사 고위층이 주식 0%를 가진 것은 매우 불공평한 주식 분할이다[Altman 2014b].

체스키는 또한 지원자들에게 "1년이 지난 후에도, 이 직업을 택하겠는가?"라고 질문을 하고, "그렇다"라고 말하는 지원자만 채용한다. 이것은 극단적인 예이고 아마도 분명 본보기로 삼지 말아야 하는 것이지만(체스키조차도 나중에 10년이라고 질문을 수정했다), 마음에 새길만한 교훈이 숨어있다. 그 교훈은 "초기에 적절한 직원들을 고용하기 위해 확인할 수 있는 모두 것을 하라"는 것이다.

모든 사람이 모든 작업을 해야 했던 스타트업의 초기 시절을 추억하는 것도 가치 있는 일이다. 제품, 요구사항, 팀 그리고 기술들은 모두 매우 빠른 속도로 변하게 된다. 어느 날은 데이터베이스 쿼리를 튜닝할 것이고, 자바스크립트의 오류를 디버깅할 것이고, 그 다음 주에는 소스코드를 백업하는 방법을 고심하고 있을 것이고, 며칠 후에는 투자자에게 보여 줄 발표 자료를 만들기 위해 수익예측 작업을 할 것이다. 초기 스타트업 엔지니어들은 대개 제너럴리스트나 풀 스택 엔지니어가 되어야 한다. 즉, 단일 작업의 전문가라기보다는 매우 다양한 업무를 잘하는 사람을 말한다.

> "그건 내 일이 아니다"라고 말하는 사람을 원하지 않기 때문에 처음에는 풀 스택인 사람을 채용한다. 초기 단계의 회사에서는 모든 사람이 모자를 쓰고 있다. 나는 회사가 발전해서 조금 지날 때까지 전문가를 고용하지 않는다.
>
> **[GRACE 2014], 줄리아 그레이스, 웨딩러블리의 공동 창업자, 틴디의 CTO**

여기서 중요한 사항이 있다. 전문가의 반대가 제너럴리스트는 아니다. 어떤 것에 전문적이지 않다는 것이 당연히 모든 것을 잘한다는 의미도 아니다. 진정한 제너럴리스트는 땜장이다. 그들 앞에 새로운 것을 가져다 놓으면, 그것을 분해해서 어떻게 작동하는지 알아낸다. 그들은 그칠 줄 모르는 호기심으로 모든 것을 실험해본다. 그런 사람들의 이력서를 보면 여러 산업 분야(즉, 여행, 의학, 소셜 네트워크, 소비자, 기업)와 기술(즉, API 서버, iOS 클라이언트, 분산데이터 저장, 자동화 구축, 프로그래밍 언어 디자인) 그리고 역할(즉, 개발자, 기술 지도, 제품 관리자, 디자이너) 등에서 광범위한 경험이 있음을 보게 된다.

아마도 제너럴리스트라는 가장 강력한 특징은 이전에 경험하지 않았지만 새로운 어떤 경험을 기꺼이 받아들인다는 것이다. 개발자가 "오, 안돼!, 나는 프런트엔드가 아닙니다"라고 말하는 것을 듣게 되거나 다음 프로젝트를 위해 새로운 프로그래밍 언어를 배울 생각에 당혹해한다면, 그들은 제너럴리스트가 아니다. 진정한 제너럴리스트라면 어떤 문제 영역이든 그리고 이전에 경험했었던 것이든 상관없이 새로운 것을 배우기를 좋아한다.

누구든 곧바로 대학(또는 대학 중퇴)을 나와서 전혀 경험 없는 세계에서 가장 성공적인 벤처기업을 구축하는 것이 가능한 이유다. 마크 트웨인이 "그들은 그것이 불가능하다는 것을 알지 못하므로 그렇게 할 수 있었던 것이다!"라고 말했던 것처럼, 스타트업 세상에서 모든 것을 배우겠다는 열정으로 자신을 내던지겠다는 것을 보여주는 대학 졸업 새내기들을 채용하거나 다른 경험이 없는 엔지니어를 채용하는 것을 피하지 말라. 스타트업에서는 태도가 적성을 극복한다.

11.2.3 이후 채용

회사가 성장하면, 문제는 더 복잡해질 것이다. 더 많은 사용자나 고객, 트래픽 그리고 직원을 다루기 위해 회사를 확장할 방법을 찾아야 한다. 전문가들에게는 유용한 곳이다. 데이터베이스 쿼리를 조정하고, 복제를 설정하고, 테이블을 분할할 필요가 있다면, 전문 데이터베이스 관리자(DBA)를 채용해야 하는 때가 된 것이다. 수천 개의 서버를 관리해야 하고, 여러 데이터센터에 코드를 배포하고, 365일(24시간, 7일) 사이트 모니터링을 설정해야 한다면, 전문 릴리스 엔지니어를 고용할 때가 된 것이다. 사이트가 해커나 스패머들의 공격을 끊임없이 받을 정도로 규모가 커졌다면, 전문 보안팀을 고용할 때가 된 것이다. 여러 가지가 아니라 한 가지 기술에 능력이 있는 사람을 고용하도록 하라. 33쪽 '지식'에서 설명한대로, T자형 사람을 찾도록 한다.

11.2.4 10배를 해내는 개발자

많은 연구에서 개발자 간의 생산성에는 큰 편차가 있다고 한다. 예를 들어, 최초 이런 분야를 연구한 것 중 하나로 "온라인과 오프라인 프로그래밍 실행의 실험적 탐색 비교 연구[Sackman, Erickson, Grant 1968]"는 최고와 최악의 프로그래머 사이의 초기 코딩 시간의 비율이 약 20대 1이고, 디버깅 시간의 비율은 25대 1이상이며, 프로그램 규모는 5대 1이고, 프로그램 실행 속도는 대략 10대 1이라는 것을 발견했다. 이 최초의 연구에는 약간의 결함이 있었지만, 그 후에 나온 많은 연구에서도 프로그래머 능력에 유사한 차이를 발견했다. 그 차이는 대략적으로 한 자릿수 정도다(또는 10배)[McConnell 2011]. 이런 연구 결과에도 불구하고, 10배를 해내는 개발자들의 아이디어는 상당히 조롱을 받았고 많은 사람이 "록스타 개발자" 같은 것이 존재할 가능성이 있을지 의심한다. 그러나 여전히 기존의 운동선수, 예술가, 작가, 록스타를 의심하는 사람은 없는 것 같다.

　문제는 사람들이 "10배를 해내는 개발자"라고 듣게 되면, 일반 개발자가 작성한 전체 한 줄의 코드에 10줄의 코드를 대량으로 작성할 수 있는 신화적인 프로그래머를 상상한다는 것이다. 이런 추론방식에서의 문제는 프로그래밍 생산성이 타이핑 속도나 코드 라인에 관한 것이 아니라는 점이다. 프로그래밍은 창의적인 직업이며 동일한 문제를 해결하는 데는 여러 가지 방법이 있다. 예를 들어, 웹사이트와 같은 한 가지 소프트웨어 제품을 구축하기 위해서는 얼마나 많은 결정과 얼마나 많은 창의력이 필요한지 생각해보라. 어떤 언어를 사용하는가, 어떤 웹 프레임워크인가, 데이터를 어떻게 저장하는가, 캐시용으로 무엇을 사용하는가, 사이트를 어디서 호스팅하는가, 어떻게 모니터링을 하는가, 새로운 변경을 어떻게 끼워 넣는가, 코드를 어떻게 저장하는가, 어떤 종류의 자동화 테스트를 설정하는가?와 같은 것을 생각해야 한다. "보통의" 프로그래머가 10명 있다면 그들은 각 단계에서 "보통" 정도의 결정을 할 것이고, 이런 결정들의 비용이나 이익은 크게 증가할 것이다. 이런 보통 정도의 팀이 보통 정도의 웹사이트를 구축했고, 확장하기 힘든 데이터베이스를 소유하고, 이중으로 호스팅하지 않고, 적절한 백업 없이 버전 관리를 하고, 모니터링도 하지 않아, 기하급수적으로 트래픽이 증가한다고 상상해보라. 그런 10명의 코딩 작업자들이 급한 불을 끄려고 모든 시간을 들인다면 얼마나 생산적으로 되겠는가?

　한 명의 프로그래머가 일손을 덜 수 있는 방법으로 그 문제를 해결한다면 그 한 명의 프로그래머가 팀을 능가할 수 있다. 더 나은 결정을 하고 더 창의적인 해결책을 생각해내어, 10명의 프로그래머들이 그 라인에 한 달씩 매달리는 것을 피할 수 있게 하라. 다시 말해서, 코드를 더 많이 작성하는 것을 말하는 것이 아니다. 알맞은 코드를 작성하는 것을 말하는 것이다. 10배를 해내는 프로그래머들이 실제로 10배의 결정을 해내는 것이다.

　이는 프로그램에만 해당되는 것이 아니다. 보통 정도의 과학자 10명을 바라겠는가, 아니면 한 명의 아이작 뉴턴을 바라겠는가? 보통 정도의 과학자 10명이 운동의 법칙, 중력 이론, 미적분학 원리를 발견해내지 않았다. 한 명의 아이작 뉴턴이 해냈다. 엘론 머스크가 회사를 경영하는 게 나은가, 아니면 평균 정도의 실무자 10명에게 열쇠를 넘겨주는 게 나은가? 평균 정도의 실무자 10명은 페이팔, 전기 자동차, 재사용이 가능한 로켓, 하이퍼루프를 생각해내지 못했다. 오로지 엘런 머스크 한 사람이 해냈다.

　결론적으로, 슈퍼스타 운동선수처럼, 슈퍼스타 프로그래머들은 매우 드물다. 오직

"록스타"만 채용하는 전략을 하고 있거나 그보다 더 나쁜 경우라면, 당신 회사는 그들이 이미 "록스타"의 무리인 것처럼 거들먹대면, 팀은 결코 성장하지 않을 것이다. 개발자 사이의 능력에는 커다란 차이가 있겠지만, 세 가지 중요한 사실을 잊지 말라.

1. 개발자의 성과는 업무에 따라 매우 다르다.
2. 개발자가 더 잘 참아낼 수 있다.
3. 대부분의 소프트웨어는 개인이 아닌 팀에 의해 개발된다.

첫 번째 사실, 한 회사에서의 개발자 10명은 다른 회사에서는 1명 또는 0.1명의 개발자가 될 수 있음을 의미한다. 문화, 열정, 사명이 중요하다(제9장 참조). 두 번째 사실은 성공적인 회사를 구축하는 가장 좋은 방법은 훌륭한 개발자를 고용하고 더 잘 할 수 있는 환경을 제공하는 것임을 의미한다. 어떤 사람들은, 훌륭한 개발자들이 후천적이라기보다는 선천적이라서, 결코 잘 해낼 수 없다고 가정하기 때문에, 10명의 개발자들의 실망스런 아이디어를 발견하게 된다. 그러나 제12장을 보게 되면, 재능을 타고 나지 않은 사람에게 연습을 하게 만들면 일반 사람들에서 엘리트 실행자가 된다는 증거가 많다.

내가 실망스럽지 않은 영감을 주는 개발자 10명의 아이디어를 발견해내는 이유다. 프로그래머들은 모두 동등하고, 로봇 같고, 교체할 수 있는 드론 같은 것이 아니다. 프로그래밍은 연습생에서부터 장인 그리고 마스터 장인이 되기까지 모든 방법으로 자신을 발전시킬 수 있는 직업이라는 의미다(장인의 수준에 도달하기 위해서는 연습이 필요하다는 것을 의미한다). 엘리트 운동선수는 자신들의 능력을 발전시키기 위해 하루에 여러 시간을 연습한다. 엘리트 프로그래머가 되기를 열망한다면, 그렇게 노력해야 한다. 어린아이가 마이클 조던을 롤 모델로 삼아 더 많은 농구 연습을 하게 되는 것처럼 10배를 해내는 개발자를 롤 모델로 하여 더 많은 코딩을 하라. 마찬가지로, 모든 프로 스포츠팀이 재능을 발전시키기 위해 "팜 시스템(farm system, 고등학교, 대학, 마이너리그, 인재 스카우트로 연계된 선수 육성 시스템)"을 가지고 있는 것 같다. 만일 엘리트 소프트웨어 회사를 구축하기를 열망한다면, 역시 그렇게 해야 한다. 기술 좌담회를 개최하고, 클래스와 컨퍼런스 비용을 대고, 블로그와 오픈소스를 장려하고, 해커톤을 조직하고, 멘토 시스템을 구축하라. 10배를 해내는 개발자를 고용하려는 회사가 되기보다는 그런 개발자들을 생산해내는 회사가 되도록 하라.

마지막으로, 세 번째 사실은 한 개인이 아니라 팀의 성과가 실제로 중요하다는 것을 기억하는 것이다. 팀 생산성은 개인 생산성과 매우 다르다. 대략 100배 정도[Mills 1983]의 차이가 난다. 부분적으로 "유능한 프로그래머는 일부 기업에 모여 있는 경향이 있고 실력 없는 개발자들은 다른 기업에 몰려 있는 경향이 있다." 그렇기 때문에 "부분적으로 분명한 제품 비전을 정의하고, 확실한 자격요건을 정의하고, 팀 구성원들의 노력을 조절하는 등과 같이 조직이 얼마나 훌륭한가는 '조직의 요인'에 달려있다[Oram and Wilson 2012, 571]." 즉, 한 명의 슈퍼스타를 고용하는 데 집중하는 대신, 지속 가능한 채용 전략을 개발하여 모든 사람이 효과적으로 함께 일하도록 조직 구조를 개발하는 데 집중하라(399쪽 "조직 설계" 참조).

11.2.5 어떤 지원자를 찾고 있는가

"어떤 지원자를 찾고 있는가"와 관련해서 중요하게 봐야 할 사람은 똑똑하고 일을 잘하고, 문화에 잘 어울리고, 의사소통에 유리하고, OK 보고를 할 수 있는 사람이다.

똑똑하고 일을 잘 하고

특히 스타트업에서의 프로그래밍은 지식보다는 지능이 필요하다. 스타트업에서 직면하게 되는 과제는 자주 바뀌게 되기 때문에 오래된 것의 세세한 부분까지 알고 있는 것보다 새로운 도전에 적응할 만큼 똑똑(smart)한 것이 더 중요하다. 그러나 똑똑한 것만으로는 충분하지 않다. 아마도 어떤 특정한 이론적 문제에 여러 시간 동안 열의를 다하고, 디자인 문서와 구조 그리기 그리고 UML 다이어그램을 만드느라 많은 시간을 보내지만 실제로는 코드를 전혀 제시하지 않는 똑똑한 프로그래머와 일한 적인 있을 것이다. 때때로 그들을 '건축가'라고 부른다. 다른 경우는 '교수'라고도 부른다. 어느 쪽이든, 스타트업은 똑똑할 뿐만 아니라 일을 끝낼 수 있는 사람이 필요하다[Spolsky 2006]. 보완성을 평가하고, 불완전한 정보로 결정하고, 완료된 것을 이해할 수 있는 사람이 완전한 것보다 낫다.

당신이 찾고 있는 "똑똑한"의 종류는 IQ나 학위에 대한 것이 아니라 더 명확하게 생각하고 문제를 해결하는 것임을 명심하라. 깊이 알고 있는 주제에 대해 지원자들에게 질문하여 다음과 같은 것을 파악할 수 있다. 프로그래밍 언어(예: 함수형 프로그래밍과 객체지향 프로그래밍에 대해 깊이 들어가보라), 라이브러리와 프레임워크(예: 루비온레일즈와 스프링MVC를 비교해보도록 하라), 시스템 아키텍처(예: 트위터의 URL 단축기를 어떻게 만들었는지를 설명해보라), 특정 문제 영역(예 : 어떻게 영화를 추천하는 기계 학습 알고리즘을 구축했는지 말해보라) 또는 점진적으로 점점 더 깊은 질문을 할 수 있는 다른 주제를 논의할 수 있다. 목표는 지원자가 가지고 있는 기본 지식을 평가하는 것이 아니라, 미리 답을 모르는 상황에서 어떤지를 보는 것이다. 당신이 찾고 있는 똑똑한 사람은 알지 못하는 것을 아는 것으로 바꿀 수 있는 사람이다. 그들 앞에 어떤 과제를 부여하더라도, 불확실성을 편안하게 다루고, 필요한 질문을 하고, 빨리 배우고 적응하는 사람들이다.

"일을 잘 해내는"사람을 확인하기 위해서 비슷한 계통의 질문을 할 수 있지만 이때, 지원자가 깊게 알고 있는 분야에 초점을 맞춰라. 그들의 이력서에서 흥미로운 것을 발견하거나, 또는 그들이 가장 자랑스러워하는 성취에 대해 질문하고, 미리 당신이 알지 못하는 부분을 얻을 때까지 더 깊이 계속해서 질문하라. 지원자가 대답을 하지 못하면, 그 프로젝트의 중요 기여자가 아니었다는 것(그러므로 실제로 "어떤 일을 해낸 것"이 아니다)이거나 그것을 충분히 이해하지 못했다는 것이다(그러므로 "똑똑"하지 않다).

> 배경을 알아보기 위해서, 나는 어떤 사람이 무엇을 했는지 알고 싶다. 어떤 것이 발생하였을 때, 참여하지 않았는지, 일부분이 아니었는지, 지켜보았는지, 배회하지 않았는지를 알고 싶다.
>
> 직장 내에서 또는 (종종 더 나은) 직장 외에서 했던 것을 찾아본다. 사업을 시작하고 고등학교를 다녔다. 비영리 사업을 시작하고 대학을 다녔다. 프로그래머라면 오픈소스 프로젝트에 중요한 기여를 한다. 그 외의 것들이라도 말이다.
>
> 아무것도 찾을 수 없다면 (지원자가 자신들의 전체 삶이 규칙을 따르고 있고, 알맞은 수준과 알맞은 실험과 알맞은 경력 기회를 보여주고 있지만, 그들의 시작점에 비해, 어떤 독특하고, 주목할 만한 것을 이루지 못했다면) 그들은 아마도 계속 찾지는 않을 것이다. 그리고 당신은 그들처럼 바꾸지 않을 것이다.

[ANDREESSEN 2007], 마크 앤드리스, 넷스케이프, 라우그클라우드, 닝의 공동 창업자

문화에 잘 어울리고

똑똑하고 성과를 내는 것이 필수 요건이지만, 그것만 필요한 것은 아니다. 특히 작은 규모의 스타트업에서는, 당신이 채용한 사람과 엄청난 시간을 보내게 될 것이다. 이 사람과 매일 점심을 먹고 싶을지, 당신의 코드를 검토해주기를 바라도 될지, 사이트가 다운되었을 때 새벽 3시라도 전화를 해도 될지를 고려하라. 당신의 친구가 될 것처럼 보이는 사람이 필요한 것은 아니지만, 참아줄 수 없는 사람을 고용하는 것은 분명히 피하고 싶을 것이다. 많은 기업에서, 이런 특성에 맞는 화려한 명칭이 있다. 바로 "돌아이 제로

조직 규칙(no assholes rule)"이다. 좋은 규칙이지만, 멍청이가 되지 않는 것으로 충분하지 않다. 실제로 원하는 것은 문화에 아주 잘 맞는 사람이다(스타트업 문화를 논의한 제9장을 참조하라).

　개인적인 취향과 문화에 잘 어울리는 것을 혼동하지 않도록 주의하라. 기업문화는 어떤 역할을 하는가이고, 문화에 잘 어울린다는 것은 동일한 핵심가치를 공유하기 때문에 당신처럼 행동하는 사람을 찾아내는 것이다(397쪽 "핵심가치" 참조). 당신과 같은 사람이나 동일한 배경을 가지고 있어서 당신과 동일한 것을 할 것 같은 사람을 찾는 것이 아니다. 많은 기업이 이런 잘못을 하게 된다. 예를 들어, 이름을 밝히지 않은 샌프란시스코의 한 스타트업의 블로그에서 발췌한 내용을 소개한다.

> 나무랄 데 없는 정장을 입고 있었고…, 그가 걸어 올 때 우리 팀의 누가 훔쳐보는지 보았다. 실망감을 느낄 수 있었다. 그 드레스코드에 너무 옹졸하거나 엄격한 것이 아니라 불문율을 따르지 않는 그를 탈락시킬 것이지만, 우리의 경험을 통해, 정장 차림으로 오는 사람은 거의 우리 팀과 함께 일을 잘 할 수 없는 사람이라는 것을 알고 있다. 그는 맥주를 마시면서 진행하는 테스트에서 실패할 것이었고, 그는 그런 것을 알지도 못했다.
>
> **[BUENO 2014], 샌프란시스코의 스타트업 창업자**

맥주를 좋아하는 것이 핵심가치는 아니다. 정장을 싫어하는 것도 핵심가치가 아니다. 드레스코드가 중요한 것이 아니라고 믿는 것은 핵심가치지만, 이 회사는 분명히 그렇게 행동하지 않기 때문에 그들 문화의 부분은 아니다. 대신, 음주를 하고 옷을 입는 취향에 따라 채용 결정을 하고 있는 것은 문화에 잘 어울리는 것이 아니라 편견이나 차별이다[McCorvey 2014].

　문화에 잘 어울린다는 것을 결정하는 올바른 방법은 당신이 정리한 대로, 그들의 행동으로 핵심가치를 보여주는 지원자를 찾는 것이다. 예를 들어, 자포스의 핵심가치 중 하나는 "배달 서비스를 아주 잘 하는" 것이다. 이는 고용한 모든 사람이 고객 서비스에 열심인지 확인하는 방법이다

> 본사에 고용되는 모든 사람은 부서나 직책에 관계없이 우리의 고객 충성팀(Customer Loyalty Team, 콜센터) 직원들이 거치게 되는 동일한 훈련을 거친다. 당신이 아마도 회계사나 변호사 또는 소프트웨어 개발자일지라도 역시 동일한 훈련을 거치게 된다.
>
> 4주간 진행하는 훈련(거기에 우리 회사의 역사 연구, 고객 서비스의 중요성, 우리 회사의 장기적인 비전, 회사 문화에 관한 우리의 철학이 있다)이고 실제로 2주 동안 전화를 하고 고객들의 전화를 응대한다. 고객 서비스는 부서

에서만 하는 것이 아니라는 우리의 신념이 되어, 회사 전체가 해야 한다는 것이다.

첫 주 훈련의 마지막 날에는 전체 클래스에 제안을 한다. 그만 두게 되면 2,000달러를 지불한다(그들이 이미 일한 시간에 대한 금액도 덧붙인다). 그리고 훈련의 네 번째 주 마지막까지 이 제안은 계속된다.

직원들이 단지 월급 이상의 더 많은 것이 있다는 것을 확인하길 원한다. 직원들이 우리의 장기적인 비전을 믿고 우리 문화의 일부가 되기를 원한다. 보통, 그런 것이 밝혀지면, 1% 이하의 사람들만이 결국 제안을 받아들인다.

[HSIEH 2013, 153], 토니 셰이, *딜리버링 해피니스*, 북하우스, 2010

이것이 좋은 문화 필터다. 고객 서비스에 대한 열정이 없다면, 자포스에서 하고 있는 업무를 적용하지 말아야 한다. 그러나 열정 있는 사람을 고용할 때, 주목할 점이 있다. 당신 회사 밖에 있는 대부분의 사람들은, 특히 작은 규모의 스타트업일 때, 당신 회사의 사명을 알고 싶어하지 않는다. 어떤 혁신적인 것을 하고 있다면, 사람들은 미쳤다고까지 생각할 수도 있다. 그러므로 가치를 공유하지 않는 지원자들을 걸러내는 것이 좋은 반면, 기존의 열정이나 회사의 사명에 대해 관심이 적었던 지원자를 골라내지는 말아야 한다[Rabois 2014].

'기존의'라는 단어를 강조하는 것에 주목하라. 이전 회사, 이전에 구축한 제품, 그들이 사용했던 기술, 일하고 있는 산업 분야에 열정이 있는 지원자들을 찾는 것은 좋다. 그러나 회사와 회사의 사명에 관해서 그들이 열정을 갖고 있는 것은 상관할 바가 아니다. 사명을 명확히 해야 하고 가시화할 필요가 있다. 제품에 분명함이 있어야 하고, 모든 마케팅 자료, 회사 홈페이지와 모든 직무 설명에 드러나 있어야 한다. 모든 면접관은 그것을 잘 알고 설명해야 한다. 모든 지원자가 이해하는지 확인한 후에만 결정 전화를 해야 한다.

많은 사람이 '열정'이라는 단어를 남발한다. 그러나 어떻게 열정 없이 회사에서 일을 할 수 있었으며, 회사를 위해 일하는 데 열정이 없겠는가? 정말 특이한 사실을 발견하게 된다. 당신 회사에 있지 않고, 그 참호 속에 있지 않다면, 그런 것에 관한 최대의 열정을 가지기 어렵다.

나는 사람들이 자신들에게 열정을 갖기 원한다. 더 나은 다른 수준의 자신이 되고 싶어하고 자신의 삶의 질을 개선하기를 원한다. 링크드인에 열정을 가진 그런 사람이 필요하다면, 링크드인은 열정을 갖게 하는 방법을 안다. 그러나 그들의 삶에 열정을 가져야 하고, 기여하기를 원하고, 그렇지 않으면 지속되지 않는다.

[GROSSKURTH 2014], 프로리나 자비야 그로스쿠르스, 링크드인의 웹개발자, 관리자, 웰스프론트의 인력관리 이사

의사소통에 유리하고

소통능력은 기술능력보다 더 중요하다. 사실, 대부분의 기술능력은 소통능력에 숨겨져 있다. 예를 들어, 클린 코드를 작성하는 것은 대개 다른 프로그래머들이 이해할 수 있는 방법으로 코드를 작성하는 것을 말한다(제6장 참조). 즉, 분명하게 자신의 의도를 전달하는 것이다. 그러므로 모두에게 동일하게 절단되는 더 나은 소통능력을 가진 프로그래머를 선호한다.

한 명의 지원자를 고르고 있을 때, 그들과 유쾌하게 대화를 할 수 있는가, 회사에 다른 하부 조직이 있다면, 신규 채용자가 어떻게 일할지 설명할 수 있는가, 그들이 블로그를 계속하고 있는가, 만일 그렇다면 그들이 쓴 내용을 팔로우할 수 있겠는가, 역할이 바뀌어 지원자가 당신을 면접한다면, 당신 회사를 잘 대표하고 있는가?

OK 보고를 할 수 있고

이 마지막 항목은 이전 것들이 모두 온전한지를 빠르게 점검하는 것이다. 어떤 사람이 상사가 되는 것을 결코 원하지 않는다면, 그들이 똑똑하지 않고, 일을 해내는 방법을 모르고, 회사의 문화에 잘 어울리지 않고, 그들을 이해하기 어려운 것으로 생각된다는 의미다. 신입 지원자일지라도, 언젠가 일을 담당할 날이 올 것이라 생각하고 있으면, 그런 생각이 불안하다면 그들을 고용하고 싶지 않다는 것이다.

11.3 좋은 지원자 찾기

어떤 종류의 개발자를 찾고 있는지 알게 된 지금, 그들을 찾는 방법에 대해 이야기하자. 대부분의 스타트업은 훌륭한 재능을 발견하는 데 소요되는 기간을 과소평가한다. 팀에 두 명의 공동 창업자가 있고 12명의 엔지니어를 채용하고 싶다고 상상해보라. 채용하는 데 얼마나 걸릴 것이라고 생각하는가? 대략 990시간, 또는 1년 내내 주마다 모집하여 20시간 정도다[Recruit Engineers in Less Time 2015].

어떻게 속도를 높일 수 있겠는가, 스타트업에 새로운 사람을 찾아내는 가장 좋은 방법은 무엇인가, 채용 담당자인가, 에이전시인가, 구인게시판인가? 이런 모든 것이 유용할 수 있지만, 가장 좋은 출발은 '추천'이다.

11.3.1 추천

회사를 위한 가장 좋은 채용 전략은 네 개의 단어로 요약될 수 있다. "everyone is a recruiter(모든 사람이 채용 담당자가 된다)." 최고의 지원자를 찾아내기 원한다면, 이미 알고 있는 사람들로 시작하라. 공동 창업자는 그들이 알고 있는 최고의 사람을 채용해야 한 다. 그런 신입사원은 자신들의 네트워크에서 뽑고 그들이 알고 있는 최고의 인재들을 채용하도록 해야 한다. 그렇게 아래 직급까지 말이다. 추천은 최고 품질의 고용을 만들어내고, 자리를 빨리 채우는 데 도움이 된다(추천을 통해서는 29일이 걸리고 경력 사이트를 통해서는 45일이 걸린다). 그리고 2년이 지나도 유지율이 가장 높다(구인게시판을 통한 경우는 20%인 것에 비해, 추천은 2년 후 45%가 유지된다)[Sullivan 2012].

추천은 단독으로 될 수 없으므로, 적극적으로 그들을 찾아 나서야 한다. 예를 들어, 링크드인, 페이스북, 트위터 그리고 휴대폰에 있는 연락처들을, 시간을 들여 손으로 찾고, 적당한 것 같은 모든 사람에게 연락한다. 마찬가지로, 컨퍼런스, 밋업, 투자자와 채팅하고 있을 때, 또는 친구나 가족과 휴식을 취하고 있을 때조차도 당신 회사나 당신의 사명에 대해 얘기하는 것을 두려워하지 말라(393쪽 '사명' 참조). 저돌적이거나 지나치게 밀어붙이지 말며, 대부분의 창업자들이 자신들의 친구에게 자신들의 비전을 말하면서 커피숍에 앉아 있는 시간이 그들 시간의 대략 25%~50%가 된다는 것을 알아야 한다. 또한, 현금, 재미로 주는 복권과 같은 인센티브를 제공하여 회사의 모든 사람에게 추천하도록 한다. 또는 각 추천 채용 시간이 길어질수록, 이런 퍼센트가 낮아질 것이지만, 40%~50% 아래로 내려가지 않도록 한다. 만일 그렇게 된다면, 추천은 장려할 만하지 않다는 것이고, 더 나쁜 것은, 당신 직원들이 자신들의 친구에게 회사를 추천할 수 없다는 것을 의미한다[Recruit Engineers in Less Time 2015].

11.3.2 고용주 브랜드

추천을 통해 좋은 지원자를 찾아내는 방법 다음으로 최선의 방법은 좋은 지원자가 당신 회사를 발견할 수 있게 하는 것이다. 지원자들이 손으로 검색하고 여러 가지 힘든 일을 할만하다고 보이게 하고, 그래서 지원자들이 당신 회사에서 일하고 싶도록 '미리'를 만들 수 있다면, 게임의 주도권을 쥐게 된다. 이렇게 하려면, 멋진 고용주라는 브랜드를 구축해야 한다(173쪽 '브랜딩' 참조).

중요한 것은 노동자의 74%가 수동적인 지원자라는 것이다[Hollon 2011]. 그들은 기회에 개방되어 있지만 구직에 적극적으로 찾아 나서지 않는다. 그러므로 구인 공고를 결코 보지 않을 것이고 경력 사이트를 방문하지 않을 것이다. 그러므로 엔지니어들을 끌어들이는 고용주 브랜드를 구축하는 가장 좋은 방법은 그들이 직업을 찾고 있는 것이 아니기 때문에 자신들을 위해 볼 수 있는 유용한 내용을 만들어 내는 것이다(170쪽 "인바운드 마케팅" 참조). 해커 뉴스에서, 레딧에서, 그들의 트위터 계정에서, 또는 구글을 검색하는 동안에 팝업으로 뜨면 엔지니어들이 클릭하게 되는 그런 종류의 내용을 원한다. 예를 들어, 당신 회사가 해결하고 있는 문제들과 그런 문제들을 해결하기 위해 구축하는 기술들의 타입을 설명하는 엔지니어링 블로그를 만들 수 있다. 컨퍼런스에서 이런 기술들을 얘기할 수 있고, 깃허브에 기술 소스를 개방할 수 있다. 또한 해커톤, 밋업과 드링크업스를 개최하고, 회사 트위터 계정, 페이스북 페이지, 링크드인 기업 페이지를 만들고, 기술과 제품에 관련된 커뮤니티를 육성하기 위해 기업 홈페이지를 만들 수 있다.

회사 각 직원이 강력한 개인 브랜드를 가지고 있는 경우는 하나의 기업 브랜드보다 더 낫다. 회사와 관련 없는 것이지만 개인 블로그, 개인 트위터 계정, 깃허브에서의 업무 외 프로젝트 그리고 특정 주제로 논문 쓰는 것을 장려한다. 이런 것들은 제12장에서 논의하게 될 것으로, 직원들이 더 나아지고 행복해질 것이며, 많은 직원이 팔로우한다면, 회사로 사람들을 끌어오게 되는 요인이 될 것이다.

> 내 개인적인 경험에서 놀라울 정도로 효과가 있는 것은 쿼라(Quora)[3]에 답변을 작성하는 것이었다. 핀터레스트에서 일하는 좋은 점이 무엇인지, 핀터레스트에서 프런트엔드 엔지니어가 되면 좋은 점이 무엇인지, 구글/페이스북/핀터레스트 일자리 제안이 들어오면 결정하는 방법 등의 질문에 대한 대답을 썼다. 지원할 곳을 고려하거나 연구하는 중에 온라인 가입을 해서 좋을 곳으로 판명되면, 많은 사람이 내가 쓰고 있는 방법을 만나게 된다. 핀터레스트의 상당히 많은 신입사원은 내가 쓴 쿼라 게시글에서 읽었던 것이 좋았기 때문에 입사하게 되었다고 말했다.
>
> **[CHOU 2014], 트레시 추, 쿼라 및 핀터레스트의 소프트웨어 엔지니어**

당신이 만들어 내는 내용 속에 공공연하게 채용에 관한 것임을 언급하지 말아야 한다는 것에 주목하라. 예를 들어, 리크루팅 비디오로 방해하지 말라. 무슨 의미인지 알 것이다. 화이트보드나 탁구를 하는 주변에 서있는 사람들의 짧은 패닝 샷, 빠른 비트에 밝은 배경 음악, 카메라 옆에 있는 사람을 바라보며 가운데 앉아있는 임원이 면접하는 장

---

3 (옮긴이) 소셜 네트워크 서비스와 연동되는 질의 응답, 검색 서비스다.

면과 그들이 하는 심오한 업무 이야기 그리고 회사 로고가 사라져 가는 장면 등이다. 회사 밖에서는 실제로 아무도 이런 것들을 보지 않는다.

대신에, 자체가 유용한 내용이 되게 만들어라. 예를 들면, 청중들이 배워서 사용할 수 있는 도구들을 말한다. 당신 회사의 오픈소스 소프트웨어를 이미 사용하고 있는 지원자는, 블로그 게시글과 테크 토크에서 새로운 기술을 배우게 되고, 온라인에서 몇 명의 직원들을 팔로우하게 된다. 또한 이런 지원자는 당신 회사에 잘 어울리기 더욱 쉽다. 리포스(repos)의 한 사람에게 요청서를 제출하거나 당신이 하고 있는 동일한 기술에 분명한 열정이 있는 테크 토크의 한 사람에게 관심있는 질문을 한다. 아마 그들도 역시 당신 회사에서 일하는 데 관심이 있을 것이다.

타입세이프에서 우리는 엉망이었다. 대부분의 회사가 오픈소스를 중심으로 구축되기 때문에, 오픈소스 커뮤니티를 통해 사람들을 채용할 수 있었다. 그리고 그것은 기본적으로 생각하는 것보다 매우 길고 가장 철저한 면접 과정이었다. 예를 들어, 여러 해 동안 우리 프로젝트를 실행하고 이미 우리와 함께 일하는 것이 편하다는 것을 알고 있는 Akka팀을 위해 사람들을 채용할 수 있었다.

사람들이 오픈소스에 참여해서 일을 하고 있다면, 그들의 깃허브 재구매 동의서를 보고 시작할 수 있기 때문에 오픈소스도 도움이 된다. 거의가 너무 쉽게, 즉시, 괜찮은 사람을 필터링할 수 있지만, 아마도 당신이 찾고 있는 타입은 아닐 것이다.

[BONER 2014], 야네스 보너, 트리엔탈 AB와 타입세이프의 공동 창업자

11.3.3 온라인 검색

좋은 추천 프로그램을 설정하고 온라인 브랜드를 구축한 경우에도 지원자를 검색하는 데 여전히 어느 정도 수 작업을 해야 할 것이다. 스타트업 액셀러레이터 포트폴리오, 벤처캐피탈 회사 포트폴리오, 크라우드펀딩 사이트, 프로그래머 웹사이트, 코딩 대회 그리고 마지막으로 구인게시판 등을 포함하여, 사용할 수 있는 광범위한 웹사이트 목록을 http://www.hello-startup.net/resources/jobs에서 참조하라. 구인게시판은 일반적으로 지원자들이 찾고 있는 가장 효과적이지 않은 채널이기 때문에 마지막에 작성했다. 당신이 하는 전부가 구인게시판에 일자리를 게시하는 것이라면(Post And Pray라고 한다), 적극적인 구직자에게만 도달하게 되고, 또는 가장 나은 경우 4명의 지원자 중 1명에게만 도달하게 될 것이다. 프로그래머의 경우, 확률이 더 나쁘다. 내가 아는 모든 최고의 프로그래머들은 대학을 졸업하자마자, 평생 한 번만 직업에 지원한다. 그 후, 추

천을 통해서나 누군가가 그들에게 접근하기 때문에 대부분 예외적으로 채용된다. 대부분의 프로그래머들에게 채용공고는 더 이상 쓸모가 없다.

사실, 아무도 채용공고를 좋아하지 않는다. 다음 예제를 생각해보자.

스타트업 환경과 같이 템포가 빠른 곳에서 매진할 지원자를 찾고 있습니다. 개방적 의사소통, 권한부여, 혁신, 팀워크 및 고객 성공은 팀의 기본입니다.

【직무 책임】

• 고객 문제를 구체적인 요구사항으로 표현함

• 새로운 기능과 개선을 제안하고, 디자인하고, 구현함

• 높은 품질의 요건, 기능, 디자인 및 문서를 생성함

• 전체 조직의 개발자와 개발 관리자들이 협력함

【자격】

• 견고한 C 프로그래밍 기술

• 결과 지향적

• 그룹 일환일 뿐만 아니라 독립적으로도 잘 함

• 훌륭한 쓰기 능력과 언어적 소통 능력에서 세세한 것을 중시함

분명히 시작하자. 대부분의 내용이 의미가 없다. "결과 지향적", "그룹 일환일 뿐만 아니라 독립적으로도 잘 함"과 "훌륭한 쓰기 능력과 언어적 소통 능력에서 세세한 것을 중시함" 같은 문구를 생각해보라. 자신에게 질문해보라. 누구나 이런 문구 중 하나를 본 적이 있고 그런 것들을 생각해 본적이 있는가? "결과 지향적이다. 아니다"를 적용할 수 없을 것 같다. 어떠한 영향도 미치지 않는 모두 공허한 문구다. 전체를 처음에 읽고 틀림없이 건너뛰었을 것이다. 채용공고에 경쟁회사와 당신 회사가 구분되는 것이 아무 것도 없다. 어떤 회사의 "소프트웨어 엔지니어" 채용공고가 다른 회사와 구분이 안 된다. 어떤 회사가 경쟁사보다 뛰어나 보이려고 마케팅과 브랜딩에 수 백만 달러를 지출하고, 채용공고는 현저하게 균일하다고 하자. 마침내, 이런 모든 것의 가장 큰 문제는 대부분의 채용공고가 자기중심적이라는 것이다. 회사가 원하는 것에만 집중되고, 긴 요구조건과 자격목록으로 가득 차 있다. 지원자들의 요구사항은 거의 전부 잊혀졌다. 특히, 채용공고가 무엇보다 중요한 질문에 잠재적인 지원자들이 대답하도록 하지 않는다. 왜 처음부터 이런 직업에 지원하고 싶어했는가?

채용공고를 만들 것이라면, 괜찮은 구인게시판을 만들라. 광고 같은 것으로 생각할 필요가 있다. 어떤 일자리든, 가장 중요한 것은 지원자들이 지원하고자 하는 이유가 무엇인지가 설명되어야 한다. 표준화된 인사관리 설명이나 지루한 자격요건을 나열하지 말고, 내면의 돈 드레이퍼(Don Draper)[4]를 이끌어내고, 창의적이 되라![5] 또한 프로그래머들이 실제로 방문하는 레딧, 해커 뉴스 및 스택 오버플로우와 같은 곳에 채용광고를 게시할 필요가 있다.[6]

아니면, 반대로 채용공고를 이용하라. 지원자가 구인게시판을 찾아보길 바라는 대신에, 직접적으로 그들을 찾아내어 그들에게 접근하는 시간을 가진다. 수동적인 지원자들은 일자리를 찾느라 시간을 보내지 않지만, 그들을 찾고 있는 새로운 기회에는 개방되어 있다.

11.3.4 채용 담당자

스타트업 초기에, 지원자들 대부분은 추천을 통해서 왔다. 창업자나 초기 직원들은 개인적으로 면접하러 그들에게 접근하여 데려왔다. 이런 것들은 시간을 소모하는 것이지만, 개인적으로 참여하게 되는 모든 사람이 필요한 것은 아마도 한번의 채용이 많은 도움이 될 수 없다는 것을 의미한다.

회사가 더 크게 성장함에 따라, 채용 과정은 더 많은 시간이 걸리게 된다. 개인 네트워크에 있는 모든 사람에게 이미 요청을 했다면, 남은 것은 많은 양의 온라인 검색이다. 채워야 하는 더 많은 일자리가 올라와 있어, 지원자들을 필터링하고, 그들에게 연락하고, 과정을 진행하고, 면접 스케줄을 잡고, 제안서를 준비하고, 추천서를 검토하고, 지원자 추적 시스템에 이런 모든 것을 보관하는 데 많은 시간이 필요하다. 엔지니어들이 면접에 집중하는 데서 벗어나도록, 사내 채용 담당자를 고용하여 급여를 주기 시작하는 시점이다(다음 절에서 설명할 것이다).

일반적으로, 사내 채용 담당자를 고용하는 것이, 비록 더 비용이 비싸지만 더 나은 방법이다. 사내 채용 담당자는 당신의 스타트업과 생활하고 숨쉴 것이며, 당연히 회사를 지지할 것이다. 무엇보다도, 가까이서 직무에 대한 정확한 자격조건과 찾고 있는 지원

---

4 (옮긴이) 일류 광고회사를 바탕으로 한 신비로우면서도 재능이 뛰어난 주인공이다.

5 영감을 얻기 위해서 내 블로그 포스트인 "당신의 형편없는 구인 포스팅(http://bit.ly/yb-job-posting)"을 참조하라.

6 전체 목록은 http://www.hello-startup.net/resources/jobs/를 참조하라.

자 타입을 정하는 일을 사내 채용 담당자와 할 수 있다. 예를 들어, 링크드인에서 나는 정기적으로 채용 담당자와 앉아서 그들에게 우리가 사용하는 기술, 우리가 찾고 있는 사람들의 종류(기존 직원들이 항상 좋은 모델이 된다), 회사 문화 그리고 과거에 잘 진행되었던 채용과정을 보여주었다. 또한 이력서, 링크드인 프로필, 깃허브 프로필 그리고 스택 오 버플로우 프로필을 검색하는 방법을 논의했다. 이런 단계를 생략하지 말라. 인사(HR, Human Resource)를 담당하는 사람과 엔지니어링을 하는 사람이 이력서를 읽는 데는 큰 차이가 있다(이와 관련해서는 특별히 스티브 하노브의 블로그(http://stevehanov.ca/blog/index.php? id=56)를 참고하라).

11.3.5 성급한 최적화

채용에 대해 얘기하는 고전적인 농담을 들은 적이 있을 것이다.

> 사장이 오늘 우리가 받은 이력서의 절반을 가져다가 쓰레기통에 던졌다. 그는 "나는 운이 나쁜 사람을 채
> 용하지 않는다"라고 말했다.

재미있는 일화지만, 실제로 누군가 따라 할 수 있는 실제 예가 아닌가? 글쎄, 고의적인 것은 아니다. 다음 세부 항목 목록에 나와있는, 채용을 진행할 때 검토해야 할 "업계 기 준"은 이력서의 반을 무작위로 버리는 것과는 매우 다르다. 이는 잘못된 이유로 지원자 를 제거하는 성급한 최적화의 한 형태다[Braithwaite 2014].

오타

편집부원을 채용하는 경우에는 맞춤법이나 문법 실수를 이유로 이력서를 버리는 것은 이해할 수 있다. 프로그래머를 채용하는 경우에는 부족한 추론이다. 프로그래머들이 문법이나 맞춤법을 몰라도 된다는 것이 아니라(알아야 한다), 몇 안 되는 오타는 무작위로 발생하는 것이다. 모든 사람이 오타를 치게 되며, 아무리 노력해도, 자신이 작성한 글 에서 결코 오타를 찾아낼 수는 없다(편집자에게 물어본다).

잘못된 목표화

블로그 게시물과 트윗, 경력 페이지는 회사를 알리는 방법이고, 직업 광고에 알리는 직 무 타이틀이 어떤 종류의 지원자를 찾고 있는지를 결정할 것이다. 구직 지원자 풀에서

모든 다양성을 제거하는 가장 빠른 방법은 항상 코드를 작성하고[7] 맥주를 들이키면서[8] 브로그래머들(brogrammers)[9], 닌자 그리고 유닉스 베어드(Unix beards)들이 보낼 수 있는 회사라고 알리는 것이다.

또 다른 것은 쉬운 말로 광고를 시작했던 것이다. 닌자, 록스타 등으로 광고를 제작했고, 드라이 마티니를 마시는 백인 남성을 위한 광고라는 문화적 동등함을 발견하게 되었다. 드라이 마티니를 마시는 백인 남성은 그 일을 할 수 없지만, 운이 없는 사람을 좋아하지 않기 때문에 닌자와 이력서를 내던지는 광고 사이에는 차이가 없다.

[BRAITHWAITE 2014], 레지널드 브레이스웨이트, 깃허브의 개발자

학사학위

많은 기업이 학사학위가 없는 사람의 이력서는 버린다(컴퓨터공학에서 학위는 필수다. 특정한 GPA 성적이 필요하다. 선택한 몇 대학만 보고 다른 대학은 무시한다). 이것이 효과적인 발견 방법인 것 같지만, 여전히 성급한 최적화다. 예를 들어, 구글은 면접하고 채용했던 수천 명의 데이터를 보고 관계가 거의 없는 대학을 새로 졸업한 사람들을 제외하고 채용하며, 직업 능력을 예측하는 데 GPA나 시험 점수가 중요하지 않다는 것을 발견했다[Bryant 2013]. 최고 대학의 컴퓨터공학 학사는 더 나은 코드를 작성하는 데 도움을 줄 것이지만, 학위의 존재가 아니라 실제 코딩 능력을 확인하는 방법이다.

마크 저커버그, 스티브 워즈니악, 폴 알렌, 빌 게이츠, 래리 엘리슨, 마이클 델 같은 대부분의 유명한 프로그래머와 스타트업 창업자들은 학사학위가 없다[Burnham 2012]. 학사학위가 필요 없다는 의미는 아니지만, "알맞은" 대학 수준 목록에 있지 않은 이력서를 버리는 것은 무작위로 이력서를 버리는 것보다는 훨씬 좋은 것이다.

성급한 최적화 방지

너무 빨리 좋은 지원자를 제거하지 않을 가장 좋은 방법은 게일 맥도웰의 면접 내용에서 볼 수 있다.

---

7 실제 직업 광고는 다음과 같다. "몇 가지 코드를 짓밟고 싶은가? 〈수정된〉이 채용하고 있다[Gross 2012]."

8 해커톤의 실제 광고는 다음과 같다. "맥주 더 마실래? 내 친한 이벤트 담당(여성) 중 한 명에게 더 가져다 달라고 하자[Gross 2012]."

9 (옮긴이) 세련되고 부유하며 유행에 민감한 컴퓨터 프로그래머를 일컫는다.

사람들이 하는 실수 중 하나로 이력서 특성 목록을 보고, 비어 있는 부분을 찾아낸다(아마도 업무 외 프로젝트를 한 흔적이 없으면, 그래서 생각하기를, "이 사람은 소프트웨어에 그렇게 열정적이지 않다"). 그리고 그 사람 이름을 목록에서 지운다. 문제는 그 사람이 업무 외 프로젝트를 많이 했었지만, 이력서에 넣는지는 모른다는 것이다. 많은 엔지니어와 작업해 본 내 관점은 엔지니어들의 이력서가 얼마나 끔찍한지 깨닫는 것이다.

그러므로 대신 내가 조언하는 것은 빛나는 무언가를 찾아 접근하는 것이다. 좋은 학교에서 받은 높은 GPA 성적이 될 수 있다. 멋진 업무 외 프로젝트 작업이나 규모가 작은 여러 개의 업무 외 프로젝트가 될 수 있다. 현재의 고용주가 어떤 사람을 고용하는 것이 하나의 상을 수여한 것으로 볼 수도 있다.

[MCDOWELL 2015], 게일 라크만 맥도웰, 캐리어컵의 창업자이자 CEO

빛나는 무언가를 찾아, 그것을 발견하게 되면, 대개 면접 과정을 시작할 만하다.

11.4 면접

몇 년 전, 구글에서 어떤 사람이 특별 채용하기에 좋은지 결정하는 연구를 실시했다. 수 만여 명을 면접하고, 면접하는 모든 사람이 지원자 점수를 매기는 것과 채용된 사람이 자신의 업무를 어떻게 수행하는지를 지켜보았다. 완전히 무작위다.

[BRYANT 2013], 라즐로 복, 구글의 인력관리 수석 부사장

면접은 불완전하다. 일반적으로, 면접관들은 향후 몇 년 동안 이 사람과 함께 일을 할 것인지 결정하는 데 대략 한 시간 정도 쓴다. 그와 같은 짧고 의도적인 과정에서 충분한 가능성을 찾아내는 것은 거의 불가능하다. 이상적인 면접은 결코 면접되지 않는 것이다. 몇 주 정도, 어떻게 하는지 보고 그리고 나서 결정하여 사람을 채용하는 것이다. 이런 것은 대개 실용적이지 않기 때문에, 면접 과정이 압축과 손실이 있는 타협 과정이 될 수 밖에 없다.

면접관들은 더 불완전하다. 유명한 예로, 오케스트라 오디션을 들 수 있다. 1970년대, 오케스트라 단원 중 여성의 비율은 5% 이하였다. 그 이유는 여성들이 남성들만큼 연주할 수 없다고 믿었기 때문이다. 1980년대 초, 오케스트라는 연주자가 스크린 뒤에서 연주하여 심사위원이 들을 수는 있지만 누가 연주하고 있는지 볼 수 없게 하는, 블라인드 오디션을 하기 시작하였다. 결과적으로, 1990년대 후반까지, 오케스트라의 여성 단원 수가 7배가 되어, 그 비율이 35%까지 증가했다[Goldin and Rouse 1997]. 또 다른 예로 가석방 심사위원들에 대한 2010년 연구에서, 가석방될 것으로 인정되는 죄수의 확률

이 가석방을 결정하는 날의 시간에 큰 영향을 받는다는 것을 발견한 것이다. 아침에는 그 확률이 65%로 시작하고, 정오 전에 점차 거의 0%까지 떨어진다. 그리고 점심 이후에 다시 65%로 올라간다. 심사위원들의 위장이 제출된 어떤 증거자료보다 가석방 결정에 더 중요한 것이었다[Danziger, Levav, and Avaim-Pesso 2011].

두 가지 제거해야 하는 것이 있다. 첫째, 점심 바로 전에 지원자를 면접하는 것을 방지하도록 해야 한다. 둘째, 더 중요한 것으로, 면접 과정이 때때로 부정확한 결과를 초래할 것임을 인식해야 한다. 간혹, 좋은 지원자를 거부하게 되거나 나쁜 지원자를 받아들이게 될 것이다. 좋은 기업은 면접의 약점을 인식하여 지나치게 조심한다. 사람을 잘못 채용하면, 사람 숫자만 늘리는 시간을 보내게 될 것이고, 왜 그들이 제 역할을 다하지 못하는지 당황하게 될 것이고, 그들이 어질러 놓고 떠난 후 정리하고, 그들을 실천계획에 집어넣고, 마침내는 그들을 해고하게 되는 데 시간을 보낼 것이다. 모든 것이 지난 후에, 교체하기 위해 채용하는 데 더 많은 시간을 보내야 한다. 적절하지 않은 지원자를 채용한 결과를 해결하기 위해서는 때때로 좋은 지원자를 놓치는 것보다 더 많이 고통스럽다. 절대적으로 확신이 들지 않으면 "불합격"이라고 말한다.

이런 모든 것을 마음에 새기며, 면접의 기본을 살펴보도록 하자.

11.4.1 면접 과정

1단계 : 연락

이 장의 앞 부분에서, 좋은 지원자를 찾는 방법을 설명했다. 다음 단계는 그들과 연락하는 것이다. 직접하거나 이메일, 링크드인 메시지, 트윗을 통해서도 할 수 있다. 응답이 많이 오지 않을 것이다. 그들 중 대부분이 관심이 없을 것이다. 목표는 남아있는 몇 사람에게, 당신 회사에서의 기회에 흥미를 갖게 하는 것이고 전화심사를 위한 스케줄을 잡는 것이다.

2단계 : 전화심사

나는 전화로 얘기하는 것을 좋아하지 않지만, 전화심사는 필요악이다. 현장면접은 비용(비행기, 호텔, 자동차, 식사)과 시간(각 현장면접을 위해서는 최소한 한 사람에 이틀의 생산성을 잃게 된다)이 든다. 그러므로 전화심사의 목표는 현장면접을 통과할 것 같은 지원자들의 목록을 걸러내는 것이다. 전화심사가 더 짧지만, 거의 질문과 문제점 측면에서 현장면접과 동일 개념이 되는 것을 의미한다.

두 번 또는 세 번의 전화심사는 대부분의 회사에서 기본적으로 하는 일이다. 첫 번째 전화는 일반적으로 회사와 역할을 설명하는 면접관이나 채용 담당자와 하게 된다. 지원자가 원하는 것이 무엇인지 감을 잡으려는 것이다. 지원자와 회사의 이해 관계가 일치한다고 가정하면, 두 번째 그리고 세 번째 전화를 예약할 수 있고, 창업자들, 채용 담당자들 그리고 동료들이 일반 기술면접을 하게 된다. 전화심사를 하는 동안 코드에 중점을 두려면, 구글 문서, 콜라에디트, 스티피와 같은 공동 온라인 편집기를 사용할 수 있다.

3단계 : 현장면접

지원자가 전화심사를 잘 했다면, 다음 단계는 지원자를 현장으로 데려 오는 것이다. 회사에서 4명~8명을 만나게 되는데, 대개 편견의 영향을 줄이기에 충분하지만 지원자를 압도할 만큼은 아니며, 면접 과정이 너무 길지 않은 숫자다. 각 면접관은 서로 다른 관점(소통 기술, 문화에 잘 어울리는, 코딩, 시스템 디자인)을 가진다. 그리고 더 다가간다.

스타트업 초기 시절에, 창업자들은 모든 지원자들을 면접하는 데 참여해야 했고, 초기 직원들은 회사의 실패와 성공에 큰 영향을 주었다. 나중에, 회사가 더 커졌을 때, 면접관들은 주로 지원자들을 면접하는 팀에서 했다.

모든 면접관은 "적합"이나 "부적합"이 나오게 해야 했다. "아마도"는 허용되지 않았다. "적합, 그러나 다른 팀에게는"도 허용되지 않았다. 모든 면접관에게서 "적합"을 얻은 지원자만 채용한다. 적절치 않은 지원자를 채용하는 것은 좋은 지원자를 누락한 것보다 더 나쁘다. 그래서 단 하나의 "부적합"도 누군가를 거부하는 데 충분하다. 단 한 가지 예외는 누군가 과거에 지원자와 긴밀하게 일했던 사람이 강하게 그들을 보증하는 경우다. 실제 세상에서 업무 경험은 의도적인 면접에서의 한번의 "부적합"보다 낫다.

11.4.2 면접 질문

면접은 과학이라기보다는 예술이다. 그러나 면접관과 지원자의 시간을 가장 효율적으로 사용하기 위해 전화심사와 현장면접에 추천할 수 있는 기본적인 몇 가지 원칙이 있다. 좋은 면접은 지원자가 자신의 기술 능력을 가르치고, 배우고, 입증할 수 있는 기회가 된다.

가르침이 될 만한 질문을 지원자에게 한다

심문과 면접을 혼동하지 말라. 많은 면접관이 인사말조차 꺼내기도 전에 브레인티저와 코딩 퍼즐을 시작으로 기술적인 질문으로 바로 뛰어든다. 정보를 얻으려고 지원자를 닦달하려고 거기 있는 것이 아니다. 지원자가 부족한 코더라는 고백을 듣지도 못하게 될 것이다. 그들은 당신의 적이 아니다. 면접은 그 자체만으로도 충분히 스트레스를 주는 것이므로 친절히 하라.

두 명의 인간이 서로 아주 다른 정중한 대화를 하는 것처럼 면접을 진행하라. 자신을 소개하고, 간단하게 하고 있는 일을 말하고, 찾고 있는 업무의 종류를 간략하게 설명하라. 지원자에게 물을 마시고 싶은지, 아니면 쉬고 싶은지 등 현재 상태가 어떤지를 물어보라. 그리고 나면, 대화가 잘 진행되는 것처럼, 지원자의 주제로 넘어가서 그들에 관해 알아보도록 한다. 자신에 관해 조금 얘기하도록 하고, 과거에 했던 프로젝트를 말하게 하고, 앞으로 하고 싶은 것은 어떤 종류의 프로젝트인지 물어보고, 당신 회사에 관심을 가지게 된 이유가 무엇인지 알아낸다.

대부분의 사람들은 자신에 대해 이야기하기를 좋아하므로, 지원자가 면접에서 편안함을 느끼게 하는 좋은 방법이다. 그들의 경험, 열정, 추구하는 것을 배울 수 있는 좋은 방법이기도 하다. 최소한 한 명의 면접관(주로 채용 담당자가 선호된다)이 이런 주제를 논의하면서 대부분의 면접 시간을 할애해야 하고, 지원자가 찾고 있는 역할에 잘 맞는지 아니면 그 반대인지 잘 파악하는 좋은 면접을 해야 한다.

또한 이런 면접 방식은 지원자의 지식 정도와 이전 업무에 대한 열정과, 소통할 수 있는 능력을 파악하는 좋은 방법이다. 깊이 들어가서 많은 질문을 하라. 과거에 그들이 어떤 업무를 했는지 이해했는가, 그들이 구축한 것이 분명한가, 어떤 기술을 사용했고, 어떻게 그 업무를 해냈는가? 이상적으로는, 지원자에게서 새로운 것을 배우게 되길 바란다. 다음은 구글 면접에 사용하는 세르게이 브린의 전술이다.

"당신에게 5분을 드리겠습니다"라고 세르게이는 나에게 말했다. "제가 돌아오면, 제가 아직 알지 못하는 좀 복잡한 것을 설명해주길 바랍니다." 그는 간식이 있는 곳으로 가려고 방 밖으로 나갔다. 나는 신디를 바라보았다. "모든 것에 매우 호기심을 가지고", 그녀는 나에게 질문했다. "취미를 얘기하거나, 기술적인 것 어떤 것이든 원하는 대로 얘기할 수 있습니다. 진정으로 잘 이해하는 것을 알려주십시오."

[EDWARDS 2011], 더글러스 에드워즈, 구글

이보다 더 공식적으로 진행하여 지원자에게 프레젠테이션을 하도록 할 수도 있다. 한 명의 면접관에게 어떤 것을 가르치는 대신, 팀 전체를 가르치게 하도록 할 수도 있다.

우리가 하고 있는 사업은 기술적이라기보다는 사회적이고, 기계와 소통하는 그들의 능력보다는 서로 소통할 수 있는 작업자들의 능력에 더 의존적이다. 그러므로 채용 과정은 최소한 어떤 사회적이며 인간의 의사소통 특성에 집중해야 한다. 이것을 위해 찾아낸 최고의 방법은 취업 지원자들을 대상으로 오디션을 진행하는 것이다.

아이디어는 간단하다. 당신 그룹을 대상으로 흥미로운 그들의 과거 업무의 특정 모습을 10분에서 15분 정도 분량의 프레젠테이션으로 준비하도록 한다. 처음으로 시도되는 새로운 방법론이지만, 어려운 방법을 배우게 되는 경영 레슨이 되고, 특별히 관심 있는 프로젝트에 관한 경험이 될 수 있다.

물론, 그와 같은 경험에 지원자가 긴장하게 될 것이고, 아마 주저하기까지 할 것이다. 다른 모든 지원자도 오디션을 두려워하고 있다는 것을 설명하고 실행하는 이유를 알려줘야 한다. 여러 지원자들의 의사소통 능력을 관찰하여 채용 과정 부분을 미래 공동 작업자에게 제공하기 위한 것이다.

[DEMARCO AND LISTER 1999, 103], 톰 디마르코와 티모시 리스터, *피플웨어*, 인사이트, 2015

지원자에게 배움의 기회를 준다

지원자를 면접하는 동안, 그들도 당신을 면접한다. 어떤 회사인지, 어떤 역할을 하게 될지, 어떤 기술을 사용하게 될지, 함께 일할 동료가 누구인지를 알아내려 한다. 모든 면접관은 지원자에게 회사에 관해 알아낼 수 있도록 질문하는 시간을 많이 주어야 한다. 또한, 최소한 한 명의 면접관, 채용 담당자가 면접하는 것이 바람직하며, 지원자에게 회사에서 일하게 될 사무실과 전반적인 것을 안내해주어야 한다. 사용하는 기술, 구축하고 있는 제품 그리고 어떤 사용자들이 대상인지, 회사가 나가고 있는 방향이 무엇인지 보여주어야 한다. 라이브 데모, 코드 워크스루, 아키텍처 다이어그램, 슬라이드 데크 및 비디오들이 모두 만만한 대상이다. 문화와 사명을 설명하라(제9장 참조). 열정을 보여주고 그 열정이 전달되는지 살펴보라.

나는 일종의 컴파일러였고 많은 컴파일러 동료들이 구글에서 일하고 있는 것을 보았다. 컴파일러가 이런 하찮은 검색엔진 회사에서 일하려고 하는 이유를 몰랐지만, 이력서를 보냈고 면접을 했다. 그 면접은 여전히 내가 경험했던 가장 훌륭한 면접이었다. 정말 굉장했다. 대단히 똑똑한 사람이 즉흥적으로 엔지니어링을 하는 것 같았다. 자격 시험을 치른 이후 내가 했던 가장 에너지가 넘치는 일 중 하나였다. 자격시험에 활기가 넘치게 되는 별난 사람이다. 그러나 그와 같은 정신적 도전은 정말 흥미를 주었다.

구글은 면접을 하는 사람들에게는 매우 사려 깊었다. 내 이력서를 보고 내가 컴파일러라는 것을 알고 나의 면접관들 여섯 명을 모두 컴파일러로 배치했다. 그들 모두는 즉시 전문적인 지식으로 연결되었다. 우리는 내가 연구한 것을 이야기할 수 있었고, 우리가 공통으로 알고 있는 사람들에 관해 이야기도 할 수 있었다. 그리고 나서 약간 어색함을 누그러뜨리고, 문제로 들어가기 전까지, 완전히 긴장이 풀렸다. 우리는 모두 시스템화된 사람들이므로, 대략 같은 방식으로 생각을 하고 있다. 그와 같은 것이 정말 사려 깊은 배려였다.

[SCOTT 2014], 케빈 스콧, 링크드인 수석 부사장, 애드몹 부사장, 구글 이사

모든 면접관은 회사를 대표하는 대사이므로 현명하게 선택한다. 스타트업의 초기 시절에는, 고를 사람이 충분하지 않으므로 모든 사람이 면접에 참여해야 한다. 그렇지만 회사 규모가 커짐에 따라, 채용하는 역할이 더 전문적으로 된다. 어떤 개발자들은 기술 면접과 강한 코더인지 확인을 잘 해낸다. 일부는 좋은 심사자들이고, 여러 가지 취업 제안을 찾고 있는 지원자를 확인할 수 있고, 어떤 개발자들은 블로그 게시물, 컨퍼런스 토크, 오픈소스 프로젝트와 같은 브랜딩 업무를 통해서 처음으로 직업에 지원하는 지원자를 더 잘 찾아낸다. 이런 모든 것이 채용 업무에 모두 중요하고 그들 모두는 개발하는 데 걸리는 시간과 다른 기술이 필요하다.

채용 업무 시간에 대해 별도로 명시해서 다루지 않거나 직원들을 보상하지 않는다면, 채용은 항상 이류의 일처럼 될 것이다. 직원들은 블로그나 오픈소스에 시간을 내지 않을 것이고, 지원자들은 흥미롭지 않은 면접을 할 것이고, 강한 팀을 구성하려고 투쟁을 해야 될 것이다. 채용 업무를 "본연의 업무"에서 벗어나는 시간을 갖는 기분전환으로 취급하는 대신, 또 하나의 다른 업무인 것처럼 시간 계획을 세워야 한다. 각 개발자에게는 계획하는 프로젝트에 추정되는 시간에 직원 검토 과정의 일부로 설명되는 특별한 목적(즉 3명의 지원자와 가까이 지내고 매 월 블로그에 두 개의 게시물을 작성한다)이 있어야 한다.

채용 업무가 부담되지 않도록 하기 위해서, 각 개발자가 한 번에 한 사람만 담당하는 것도 좋은 아이디어다. 예를 들어, 코딩 면접을 위해 일주일에 5시간만 시간을 내는 기술 면접 전문가 집단을 구성할 수 있고, 지원자들이 확실히 참여할 수 있도록 일주일에 5시간을 지원하는 심사팀, 블로깅하고, 오픈소스 프로젝트를 유지하고, 토크를 제공하는 데 일주일에 5시간만 낼 수 있는 브랜딩 전문가팀을 만들 수 있다. 주기적으로 새로운 기술 개발에 도움이 되도록 채용팀의 엔지니어들을 교대시킬 수도 있다(더 자세한 정보는 517쪽 "학습하는 데 시간을 할애하라"를 참조하라).

지원자는 자신의 기술 능력을 입증해야 한다

기술 면접에 대한 업계 표준은 지원자에게 컴퓨터공학 101(Computer Science 101) 데이터 구조 및 알고리즘 문제에 노력하고 있는지, 컴퓨터 문법을 강조하지 않고, 자동완성이 아니고, 구글링을 하지 않고, 스택 오버플로우를 하지 않고, 컴파일러가 아니고, 오픈 소스 라이브러리가 아니고, 문서가 아니고, 시험이 아니고, 리팩토링하기 쉬운 방법이 아니고, 소리를 내면서 문제를 생각하는 동안에 면전에서 (반복하는 대신) 전체 해결책을 제시하고, 화이트보드에 손으로 작성하도록 요구하는 것이다. 성급한 최적화는 모든 악의 근원이고 명확성과 단순성으로 인해 면접에서는 지원자들에게 프로파일링 없이 개별 코드 경로를 사정없이 최적화하도록 하지 않는다. 누군가가 실제 세상에서 이와 같이 코드를 작성한다면, 아마 그들을 해고할 것이다. 그렇다면 왜 이런 방식으로 면접을 하는 것인가?

두뇌게임은 더 심하다. (대부분 구글에서 유명한) 컨설팅 회사나 소프트웨어 회사 같은 곳에서 여러 해 동안 이런 방법을 사용했지만, 실제 업무 능력과 어떤 상관관계가 있다는 증거는 없다.

> 채용하는 측에서, 두뇌게임은 완벽한 시간낭비라는 것을 발견했다. 얼마나 많은 골프 공을 비행기에 넣을 수 있는가, 맨하튼에는 몇 개의 주유소가 있는가? 완벽한 시간낭비다. 어떤 것도 생각해내지 못한다. 처음부터 면접관이 먼저 똑똑하다고 느끼게 하는 것이다.
>
> **[BRYANT 2013], 라즐로 복, 구글의 인적관리 수석 부사장**

지원자와 면접관이 더 나은 경험을 하게 되는 기술 능력을 평가하는 더 효과적인 방법이 있다. 몇 가지 실제 사례는 다음과 같다.

자신의 노트북을 지참한다

지원자들에게 자신들의 노트북을 가져오게 하고, 어떤 것이든 그들이 좋아하는 코딩 환경을 미리 설정하도록 한다. 또한, 그들이 사용하는 어떤 운영체제나 코딩 도구든 자신들의 노트북에 미리 설정하도록 한다. 실제로 코딩하는 것을 행동으로 보고 싶다면, 구글, 스택 오버플로우 그리고 다른 도구나 그들이 일반적인 코딩을 할 때 사용하는 기술을 사용할 수 있게 한다.

코세라에서는 실제 코딩 연습을 한다. 자신의 컴퓨터를 가져 오고 자신의 컴퓨터를 사용하여 문제를 푼다. 화이트보드에 코딩하는 것보다 훨씬 낫다고 생각한다. 성적을 매길 수 있는 지시문이 있고, 사람들이 실행하는 방법을 정확하게 추적하여, 어떤 지원자가 아웃라이어인지 알게 된다.

[DELLAMAGGIORE 2014], 닉 델라마조레, 링크드인과 코세라의 소프트웨어 엔지니어

집에서 도전하기

지원자가 자신들의 집 같은 편안한 곳에서 작업할 수 있는 문제를 부여하라. 면접에 왔을 때, 그들과 함께 그 코드를 검토한다. "집에서 도전하기"는 면접의 일부가 될 수는 없지만, 모든 지원자가 면접을 할 시간이 없기 때문에 기술 면접, 한 가지만 하지 말고 지원자에게 더 자연스러운 코딩 환경에서 자신들의 능력을 입증할 수 있게 하라. "집에서 도전하기"는 현장면접에서 긴장하게 되는 지원자들에게 제공되는 좋은 옵션이 된다.

핀터레스트에서, 우리는 면접을 하기 전에, 먼저 코딩을 해보게 하는 실험을 했다. 우리에게 필요한 모든 면접을 해낼 엔지니어들이 충분하지 않았을, 아주 초기였다. 그래서 사람들에게 코딩 도전을 하도록 하고, 회사에 대한 그들의 관심을 끄는 것(코드 도전을 하기 위해 3시간 동안 앉아 있을 수 없을 때, 그들은 아마 관심이 없었을 것이다)과 우리 팀이 충분한 시간을 가지고 그들의 기술 능력을 평가하는 데도 좋았다. 우리가 편한 시간에 동시에 발생하지 않게 코딩 결과를 검토할 수 있었다. 지원자에게 빠르게 거절 메일을 보내는 데 더 시간을 쓰지 않게 할 수 있었다.

[CHOU 2014], 트레시 추, 쿼라와 핀터레스트의 소프트웨어 엔지니어

실제 사례

의도적으로 제시하는 컴퓨터공학 101 문제 대신, 지원자에게 당신 회사에서 실제로 어떤 업무를 하게 한다. 실제 업무에서 그 지원자가 어떻게 실행하는지 알 수 있는 더 좋은 방법이 되고, 지원자에게도 회사가 무엇을 하고 있는지 알 수 있는 더 좋은 방법이다.

조본의 데이터 모니카 로가티 부사장은 지원자들에게 데이터 세트를 넘겨주고 그것을 연구해서 보고서를 제출하는 데 3시간을 준다. "이 테스트는 데이터 과학자들에게서 기술적 능력, 데이터 창의성, 소통능력, 결과에 중점을 두는지에 대한 네 가지 주요 자질을 찾아내는 것이다." 또한 그러는 동안 지원자들에게 회사의 일상생활을 엿볼 수 있게 해준다.

[COLE 2014], 사만사 콜, *패스트 컴퍼니*

내가 면접할 때면, 거의 항상, "이것은 이번 주에 내가 한 일이고, 이것이 다음에 할 것이고, 아직 어떻게 해야 할 지 모르지만, 당신이면 어떻게 하겠는가?"라고 말한다. 그리고 나서 그것을 가지고, 만일 기술자로 고용된다면, 우리는 당신과 팀이 될 누군가와 실제로 깃허브(github.com) 코드에 짝 코딩을 할 것이다.

[HOLMAN 2014], 자크 홀만, 깃허브의 소프트웨어 엔지니어

짝 코딩

지원자를 이미 고용한 것으로 가정하고 그들과 첫 주인 것처럼 그들과 일을 하고, 전념하도록 도움을 줄 것이다. 컴퓨터 앞에 함께 앉아서 실제 프로젝트에 함께 코딩을 하고, 코드를 작성하는 사람과 방향을 잡고 관찰을 하는 사람과 일을 서로 나눈다. 그들이 얼마나 빨리 습득하는지 볼 수 있고, 그들을 고용하게 되면 작성하게 될 코드의 종류가 무엇인지 알게 된다. 지원자들은 제품을 가까이서 볼 수 있고, 수반된 기술과 업무의 일상이 어떨지 볼 수 있다.

나는 아침에 면접했던 한 젊은 사람을 고용했다. 그때는 회사에 나 뿐이었다. 그래서 나는 "헤이, 만나서 반갑습니다. 오늘 함께 앉아서 프로그래밍을 합시다"라고 말했다. 그리고 그날이 가기 전에, 그에게 당신이 채용되었다고 말했다. 내가 했던 최고의 채용이었다. 그것은 좋은 방법이라고 생각한다.

[THOMPSON 2014], 딘 톰슨, 노웨이트의 CTO

하루를 지원자가 일해 보도록 한다

짝 코딩 개념을 도입할 수 있고 업무 일상으로 면접을 대체 할 수 있다. 지원자에게 컴퓨터와 멘토를 제공하고, 코드를 검토하게 하고, 실행하게 하고, 약간은 바꾸게 하고, 팀과 함께 점심을 먹게 하고, 팀 미팅에 참가하게 한다. 설정하는 데 어느 정도 논리적이어야 하지만, 지원자가 그 업무에서 어떻게 하는지, 보고 지원자는 회사에서 업무를 하는 것이 어떨지를 평가하는 제일 좋은 방법이 될 것이다.

우리는 일반적으로 사람들을 찾아서 비행하고, 때로는 며칠 동안 그들과 함께 일한다. 실제로 앉아서 몇 가지 문제로 작업하고 회의 및 브레인스토밍 세션의 일부를 진행하게 하여 그들이 얼마나 참여하는지 살펴본다. 때로는 위협적인 첫 날이 될 수도 있지만, 이틀이 되고, 그들이 참여하고 그리고 만일 열정적이라면, 그들이 느긋해지기 시작하고, 그들이 어떤 종류의 사람인지 알 수 있게 된다.

나는 정말 퀴즈를 믿지 않지만, 지원자와 코딩하는 것은 믿는다. 기초가 되어 있는 코딩을 사용하지

않고(너무 인위적이다) 대개 프로젝트의 핵심 기본 코드가 되는 실제 코드로 작업을 한다.

[BONER 2014], 야네스 보너, 트리엔탈 AB와 타입세이프의 공동 창업자

11.5 제안서 만들기

모든 면접관에게서 "예"를 얻은 지원자가 있다면, 재빨리 움직여야 한다. 첫 번째 단계는 평판을 검토해야 한다. 지원자는 자신이 가지고 있는 평판을 제출할 수 있고, 그것들을 검토해야 하지만, 그 지원자와 이전에 함께 일했던 당신 네트워크 사람을 또 검토하는 것을 두려워하지 말라(446쪽 "주변 네트워크를 활용하라" 참조). 중요한 목표는 지원자의 이력서를 확인하는 것이고, 더 중요한 것은, 그들이 여기서 일하고 싶어하는지를 알아내는 것이다. 예를 들면, 애나의 평판을 검토하는 질문 내용은 다음과 같다.

- 어떻게 애나를 알고 있는가, 함께 일을 했는가, 얼마 동안?
- 애나의 경력을 말해달라, 그녀의 최고 성과는 무엇인가?
- 애나의 가장 큰 장점은 무엇인가, 그녀가 개발하고 있는 것이 무엇인가?
- '직업에 관련된 몇 가지 기술'과 관련해서 애나는 어떤 경험이 있는가?
- 애나와 일하는 것이 어땠는가, 다시 그녀와 일을 하겠는가?
- 왜 애나가 현재의 일을 떠나려고 하는가, 그녀가 추구하는 것이 무엇인가?
- 함께 일한 사람 중 애나가 상위 1%인가, 상위 10%인가?

평판 검토가 잘 되면, 지원자에게 가능하면 빨리 제안하도록 한다. 하루나 이틀 이상이 지나지 않게 지원자에게 관심이 있다는 것을 알게 하면 아직 당신 회사가 마음속에 남아 있을 것이다. 너무 오랫동안 기다리게 하면 그들은 다른 곳의 제안을 받기 쉽고, 거의 모든 우수한 지원자는 다수의 회사와 동시에 면접을 진행한다. 기억하라. "속도가 승리한다."

그래서 창업자의 한 명인, 크리스(ID : Wanstrath)는 트윗 요청을 보냈다. "누구 루비를 아는 사람 있습니까?" 나는 "좋아요"를 누르고, "예, 내가 루비를 압니다!"라고 답했다. 그리고 나서 크리스는 "누군가 자바를 알고 있습니까?" 나는 "좋아요"를 누르고, "학교에서 자바를 배웠고, 여러 종류의 자바를 알고 있습니다"라고 답했다. 그러자 크리스에게서 "이력서를 이메일로 보내주세요"라는 답변이 왔다. 나는 내 이력서를 보냈고, 얼마 안 되어 그가 물었다. "함께 커피 한 잔 하시겠습니까?" 그래서 나는 "좋아요"를 누르고, "그렇게 하겠습니다"라고 했다.

미팅 약 10분 전에, 그들은 "좋아요"를 누르고, "그냥 술집에 가서 커피 대신 술 한 잔 하겠습니까?"라고 했다. 그리고 나는 "좋아요"를 누르고, "오케이, 바에서 진행하는 면접…, 예"라고 했다.

우리가 약 30분 정도 이야기를 하고 난 화장실에 갔다. 내가 돌아왔고, 그들은 "자, 이것이 제안서입니다. 5분 이내에 '예' 또는 '아니오'를 말해주세요"라고 했다. 나는 그들이 우스꽝스럽다고 생각하지만, 나는 "좋아요. 오케이, 예"라고 했다. 그리고 그것이 전부였다.

[HOLMAN 2014], 자크 홀만, 깃허브의 소프트웨어 엔지니어

정확히 실행을 할 수 없으면서도, 깃허브의 정신을 따라 하고 싶을 것이다. 포인트는 모든 면접을 바에서 하지 않는 것이다(잭의 스토리는 예외적이며, 깃허브에서 사람들을 채용하는 일반적인 방법이 아니다). 그러나 지원자가 면접과 회사에 흥미를 가지게 하는 방법을 찾기 위한 것이고 흥미가 시들기 전에 제안을 하는 것이다. 지원자에게 축하의 말을 할 기회가 있고, 팀에 합류하도록 열정을 보여주고, 회사의 사명에 영향을 줄 수 있다고 그들에게 다시 한번 상기시키게 되므로, 제안은 직접하거나 전화로 해야 하며, 그 이후 서면 제안을 이메일로 보내 후속처리를 한다.

11.5.1 어떤 제안을 해야 하는가

지원자들이 거절하지 않게 하려면 어떻게 제안서를 만들어야 하는가? "듣는 것"이다.

누군가와 함께 한 첫 번째 대화는 "어떤 것을 찾고 있고 어떤 업무를 원하는가?"다. 틴디 사이트에 대한 피칭을 하는 것이 아니다. 그저 그들이 말하는 것을 듣는다. 일반적으로 대화에서 더 많이 말하는 사람은 그 대화가 좋았다고 느낀다. 그래서 나는 듣는다(나는 진지하게 듣는다). 먼저 판매를 하려고 하면 물어보게 되고, 사람들은 당신이 듣고 싶은 것만 말할 것이기 때문에, 판매를 하려 하기 전에 "무엇을 원하는가?"를 묻는다.

초기 단계의 기업이 원하는 것이 무엇인지 이해하지 못하는 사람들이 있다는 것을 발견하였다. 그들이 설명하는 것은 아마 구글이나 페이스북 같은 것이다. 그래서 그 시점에서 분명해진다. 나쁜 감정은 없지만 우리에게 맞지 않는다. 그리고 틴디를 설명하고 대화의 마지막에, "면접 과정을 계속하고 싶다면 이 대화를 마친 후 좀더 생각해야 합니다"라고 말한다.

대부분 확장 가능한 방법은 아니지만, 우리에게는 매우 도움이 된다. 우리가 최종 제안을 하는 중요한 시점이 되었을 때 제안을 받아들이지 않는 사람은 전혀 없었다. 나는 그들이 무엇을 원하고 그들이 무엇을 추구하는지 아이디어를 얻으려고 노력한다.

난 항상 사람들에게 "당신 앞에 세 가지 취업 제안이 있다면, 어떤 제안을 받아들일지 어떻게 결정하겠는가?"라고 묻는다. 그 대답은 매우 흥미롭다. 가장 많이 받게 되는 대답은 "모르겠다"다. 그래서 그들에게 강요하여, 틴디에서 일하게 되고 틴디가 그들이 원하는 것(꼭 연봉만이 아니라, 경험과 비즈니스에 직접적인 관여 등

과 같은)을 맞추어 준다면, 그들에게 중요한 것이 무엇이고, 무엇이 그들에게 가치가 있는지에 대한 흥미로운 통찰을 거의 얻을 수 있다.

내가 면접한 사람이 "음, 내가 일하는 곳은 가족이 함께 결정하는 것이기 때문에 내 아내와 얘기해야 합니다"라고 말했다. 그래서 나는 "내가 당신 아내와 이야기하기를 원하십니까?"라고 말했다. 그러자 그는 "예!"라고 했으며, 나는 그의 아내와 관련 이야기를 했다. 내가 그녀를 면접했다는 것은 아니지만, 이 사람이 두 명의 아이가 있고(가족이 있다) 이 결정을 혼자하는 사람이 아니고 결정하는 데 다른 요인들이 있었다는 것이 분명했다. 그가 나중에 그 일자리를 수락한 이유였다고 생각한다.

[GRACE 2014], 줄리아 그레이스, 웨딩프론트의 공동 창업자, 틴디의 CTO

많은 회사가 다른 무엇보다도 연봉에 초점을 두지만, 연봉은 한 명의 지원자를 설득하는 데 사용할 수 있는 협상 카드 중 하나에 지나지 않는다. 좋은 제안은 기회, 보상, 혜택이 포함되어야 한다.

기회

기회는 제안에서 가장 중요한 부분이다. 취업 제안이 더 큰 사명의 일부가 되고, 놀랄만한 사람과 함께 일하고, 경력이 성장하고, 좋은 영향을 받고, 근본적으로 완벽하게 구축해내는 기회가 된다(사명과 문화에 관한 더 자세한 내용은 제9장을 참조하라). 모든 단계에서 이런 방식으로 지원자들을 기억해야 한다. 직무 설명에서, 초기 이메일에서, 전화심사 동안 그리고 면접하는 동안에도 말이다. 제안 메일에도 이런 것을 포함해야 한다. 예를 들어, 애플의 제안 메일은, 대부분의 애플 제품처럼, 우아한 서체에 아름답게 디자인된 흰색 포장으로 되어 있다. 내용은 다음과 같다.

당신 일생의 일자리를 제안합니다.

당신의 흔적이 어디든지 남아 있는 그런 일, 결코 타협이 없는 일, 당신의 주말을 희생해야 하는 일, 애플에서 이런 일을 할 수 있습니다. 사람들은 안전하게 지내려고 여기에 오지 않습니다. 힘든 일에 뛰어들려고 여기에 옵니다.

그들은 그들이 하고 있는 일에서 어떤 것을 해내기 원합니다.

다른 어떤 곳에서는 기대할 수 없는, 어떤 큰 것을.

애플에 입사하신 것을 축하합니다.

[HOROWITZ 2012], 폴 호르위츠, *OS X 데일리*

이제 솔직해져서, 그와 같은 제안 메일이나 "임의 고용"에서 언제 어떻게 해고될 수 있는지에 대한 여러 법률 용어를 살펴보자.

보상

목표는 대화 속에서 없었던 보상 패키지를 제안하는 것이다. 그러기 위해서, 보상은 공정하고 투명할 필요가 있다. 공정함이란 지원자가 안정된 삶을 살고 시장과 경쟁해서 충분한 보상이 되는 것을 의미한다. 또한 공정함이란 회사의 다른 직원들과 경쟁력이 있는 제안을 의미한다. 투명성이 있는 곳이다. 투명성이 신뢰를 낳는다. 모든 직원이 당신에게 어떤 보상이 제공되는지 알고 있다면, 동일한 업무에서 두 배를 받게 되는 사람들 옆에 앉아있는 공동 작업자들을 걱정할 필요가 없다.

공정하고 투명하게 하는 가장 쉬운 방법은 보상을 계산하는 수식을 사용하는 것이다. 보상 수치를 지원자들에게 보여주기 전에 그 공식을 설명하고, 그래서 어떻게 그런 수치가 나왔고, 그 공식이 회사의 전 직원에게 적용된다는 것을 정확히 알게 된다. 지원자가 그 수치에 만족할지는 보장되지 않지만, 최소한 그들이 공평하게 대접을 받는다고 느끼게 된다. 회사는 회사의 가치와 하고 있는 비즈니스의 타입에 따라 고유의 공식을 만들어내야 한다. 예를 들어, 연봉 계산을 위한 가장 간단한 공식은 표 11.1에서 보는 것 같이 연공서열에 따라 미리 정해진 연봉 목록이다.

표 11.1 연공 서열에 따라 미리 정해진 연봉 목록

연공서열	연봉
신입	10만 달러
경력	15만 달러
임원	20만 달러

당신의 위치에서 연공서열에 해당하는 경쟁력 있는 수치를 얻으려면 온라인 연봉 계산기 중 하나를 사용할 수 있다. 더 복잡한 옵션은 업무 타입, 위치, 경험과 같은 다른 요인들을 계산에 넣는 것이다. 다음은 '버퍼'라는 스타트업에서 사용한 공식이다[Gascoigne 2013a].

연봉 = 업무 타입 * 연공서열 * 경험 + 위치
(+ 10,000달러 연봉 선택인 경우)

버퍼는 다른 업무 타입에는 서로 다른 기본 연봉(예 : 엔지니어는 60,000달러, 경영자는 75,000달러)에 연공서열을 곱하고(예 : 부사장은 × 1.1, CEO는 × 1.2), 경험을 곱하고(신입은 × 1, 경력은 × 1.2), 주거비를 조정하고(예 : 오스틴은 12,000달러, 샌프란시스코는 24,000달러), 연봉으로 10,000달러를 더 받거나 주식을 30% 더 받는 선택을 하게 한다. 그래서 만일 샌프란시스코에 사는 신입 엔지니어이고, 연봉을 더 받는 것을 택한 제안을 하기 위해 공식을 사용한다면 다음과 같다.

연봉 = 60,000달러 * 1.0 * 1.0 + 24,000달러 + 10,000달러 = 94,000달러

주식에 대한 공식은 회사에 입사하게 되었을 즈음에 모두 완성된다(주식에 대한 지침서는 457쪽 '주식' 참조). 나중에 직원이 덜 위험에 처하게 되려면, 더 적은 주식을 보유하는 것이다. 가장 쉬운 선택은 미리 정해진 테이블 값이다. 스타트업 직원에게 그들의 역할, 연공서열 그리고 직원 수에 따라 제공하는 주식의 일반적인 양을 목록으로 만든 테이블인 http://www.hello-startup.net/resources/equity/를 참고하라. 또는 공식을 만들어 낼 수 있다.[10]

주식 방정식(The Equity Equation)라는 잘 알려진 공식이 있다[Graham 2007]. 회사의 평균 매출을 올릴 수 있을 것이라고 믿는다면 누군가에게(직원이나 투자자) 당신 회사의 $n\%$를 주어야 하고 그 나머지(100 - $n\%$)는 이전의 전체 100%보다 더 가치 있게 된다. 이 아이디어는 다음 방정식으로 표현될 수 있다.

$$n = \frac{i-1}{i}$$

여기에서, i는 신입사원을 채용한 이후의 회사의 평균 매출을 말한다. 예를 들어, 회사의 가치를 20%까지 증가시킬 것으로 믿는 새로운 프로그래머를 채용할 수 있다면, i = 1.2이므로, n= (1.2 - 1)/1.2 = .167이 된다. 다시 말해, 이 프로그래머에게 회사의 16.7%를 줄 수 있고, 여전히 손익분기점인 상태다. 물론, 그 프로그래머에게 연봉과

---

10 미셸 웨츨러의 "스타트업에서 내 보상을 협상하는 방법(How I Negotiated My Startup Compensation)"에 여러 공식이 나열되어 있다.

혜택을 줄 수 있다. 10만 달러를 적용하여, 회사가 100만 달러 가치라면, 10만 달러는 10%가 되고, 16.7% - 10% = 6.7%가 남게 된다. 지원자가 협상할 가능성이 있고 회사가 그냥 평형을 이루기보다는 이익을 내고 싶어한다는 점을 감안하면, 이 수치에 조금 어림잡아 실제 제안에서 3% 정도로 끝내게 된다.

경험으로 보아, 투자자들보다 직원들에게 주식으로 더 관대해져야 한다. 투자자들은 대개 그저 처음 시작에 회사에 가치를 보태고 때때로 조기 출구를 밀어붙여 결국에는 회사에 해를 끼치는 반면, 직원들은 대개 시간이 지남에 따라 회사에 더 많은 가치를 가져다 준다. 더 많은 주식을 직원에게 제공하는 것은 회사를 위해 직원이 더 많은 가치를 창출할수록 직원들이 자신들을 위해 더 많은 가치를 창출하는 것이므로 이익이 함께 가는 것이다.

무엇보다도, 채용할 때, 대부분의 스타트업은 연봉으로는 대기업과 경쟁할 수 없으므로, 제안을 성사시키기 위해 더 많은 주식을 제안해야 한다. 그것이 투자 기회가 되어야 한다. 예를 들어, 대기업이나 기존 기업 대신 당신 스타트업에 입사하여 연간 10,000달러를 잃어야 한다면, 4년 후 그에 대한 대가로, 그들이 회사의 3%(게다가 스타트업 경험, 학습 기회, 새로운 관계와 같은 많은 무형 자산)인 40,000달러를 투자하였던 것이다. 회사가 1,000만 달러 가치가 되면, 40,000달러 투자는 대략 300,000달러가 된다(아주 간단하다. 더 자세한 내용은 457쪽의 '주식'을 참조하라). 물론, 수많은 스타트업이 실패한다. 그러므로 지원자에게 솔직히 이것이 매우 위험한 투자라는 것을 말하라. 특히, 초기 스타트업에서는 위험을 수월하게 감수할 만한 사람을 채용하기를 바란다.

혜택

혜택에 창의력을 발휘하라. 때때로 회사에는 상대적으로 저렴하지만 직원에게는 매우 가치있는 것을 제공할 수 있다. 예를 들어, 추가 휴가를 제공하는 것은 회사에는 대략 지원자 보상 비용의 대략 1/50이 들어, 2% 정도 증가하는 것이지만, 사랑하는 사람들과 더 많은 시간을 보내는 것은 지원자에게 2% 이상의 가치가 있다. 이런 것을 알아낼 수 있는 방법은 듣는 것이다.

제안할 수 있는 몇 가지 혜택 아이디어는 다음과 같다.

- 보험(건강, 치과, 안과, 생활)
- 타임 오프(휴가, 공휴일, 병가)

- 음식(아침, 점심, 저녁, 간식, 음료의 무료 제공)

- 보상(이주 보상, 연금, 보너스)

- 현장 혜택(보육, 드라이 클리닝, 마사지, 자동차 수리)

- 건강(헬스클럽 회원권, 운동 교실, 스포츠팀 비용 정산)

- 일정(자유근무시간제와 재택근무)

- 활동(팀 소풍, 독서 그룹, 자원 봉사 단체 지원)

- 배움(독서, 학습, 좌담회 참석, 컨퍼런스 참석 비용)

- 통근(기차 패스, 지하철 패스, 주차권, 셔틀 시스템)

- 자율(해커톤, 20% 시간, 인큐베이터)

- 하드웨어(성능 좋은 노트북과 데스크톱, 대형 화면, 태블릿)

- 작업 환경(개인 사무실, 좋은 의자, 반려 동물에 친화적인 태도)

11.5.2 추적 및 협상

대부분 지원자들은 결정하는 데 시간이 필요할 것이지만, 너무 오랜 시간을 끌지 않도록 한다. 시간이 거래를 망친다. 채용 담당자에게, 지원자가 어떻게 하고 있고, 물어볼 질문은 없는지 알아보기 위해 전화를 하도록 하는 것과 같은 후속조치 계획을 세운다. 지원자가 직원, CEO, CTO, 누구든 그들이 결정하는 데 도움이 될 만한 사람과 함께 점심을 제안한다. 또는, 생필품 꾸러미를 보내는 것을 고려하라. 내가 트립어드바이저에서 받은 제안을 고민하고 있을 때, 그들이 나에게 양털로 된 멋진 카드를 보냈다. 아마 큰 비용은 들지 않았겠지만, 회사에 대해 느끼는 것에 큰 차이를 만들었고, 나는 여전히 그날을 기억하고 있다.

지원자가 관심이 있다면, 제안에 대해 협상을 한다. 기분 상하게 하지 말라. 일반적인 과정의 일부분이다. 미리 당신의 한계를 알고 있어야 한다. 연봉을 얼마까지 움직일 수 있는지, 제안할 수 있는 주식이 얼마나 더 되는지 그리고 달콤한 거래로 끝낼 수 있는 어떤 혜택이 있는지를 알고 있어야 한다. 연봉과 주식을 계산하는 수식을 사용하고 있다면, 지원자 앞에서 회사의 모든 사람과 동일한 수식을 사용하고 있고, 투명성과 공정함을 도모하기 위해서 그런 수치들은 협상 대상이 아님을 말하라(그러나 여전히 혜택 부분에서 가능성이 있다). 다른 회사가 더 나은 조건으로 경쟁하고 있다면 지원자를 잃게 될 것이지만, 일자리 제안에 남자보다는 덜 협상을 하는, 특히 여성들에게는 더 공정하고 투명한 직장을 만들어내서 더 많은 것을 얻을 수 있다[Small et al. 2007].

11.6 요약

2014년 11월, 애플은 7,000억 달러 이상의 가치가 있는 역사상 최초의 회사가 되었다
[Fletcher 2014]. 애플은 우아한 디자인, 영리한 마케팅, 최첨단 하드웨어, 통합 소프트웨
어, 효율적인 공급 체인 및 비밀유지에 집착하는 것으로 유명하다. 하지만 애플의 이전
공동 창업자인 스티브 잡스는 회사의 가장 중요한 과제와 최고의 재능을 무엇이라고
설명했는가? 답은 바로 '채용'이다.

> 인생의 대부분의 것들에서의 중요한 관찰은 보통 품질과 최고 품질 사이의 범위 차이는 고작 2대 1이다.
> 예를 들어, 당신이 뉴욕에서, 보통 택시와 최고 택시를 비교한다면, 20% 더 빠르다는 것을 얻을 것이다. 컴
> 퓨터의 경우, 최고 PC는 아마 보통 PC보다 30% 정도 더 빠르다. 차이가 엄청나게 나는 것은 없다. 2와 1
> 에서는 차이를 거의 발견할 수 없다. 어떤 것이든 선택하라.
>
> 하지만, 내가 관심 있던 분야(하드웨어 설계)에서는 보통 사람이 달성할 수 있는 것과 최고 사람이 달성할 수
> 있는 것 사이의 차이가 50대 1 또는 100대 1이라는 것을 알게 되었다. 그렇게 된다면, 최고 중의 최고를
> 추구하도록 분별있게 해야 한다. 우리가 그렇게 한 것이다. 그때 A+ 플레이어들을 추구하는 팀을 구축할
> 수 있었다. A+ 플레이어들의 작은 팀은 B와 C 플레이어들의 거대한 팀을 훨씬 능가할 수 있다. 내가 시도
> 했던 것이다.

[JAGER AND ORTIZ 1998, 12], 스티브 잡스

이 장에서는, A 플레이어를 식별하는 몇 가지 방법을 설명하였다. 나는 누구를 찾는지
(끈질기게 지략이 뛰어난 공동 창업자, 끊임없이 호기심이 있는 제너럴리스트, T자형 전문가), 무엇을 찾는
지(똑똑하고, 임무를 완성하고, 문화에 잘 어울리고, 소통 능력이 좋은)를 설명하였다. 그러나 가장 중
요한 것은 그들이 어떻게 하는지를 찾아내는 것이다. 다음 평범한 말을 모든 회사에
서 들었을 것이다. "우리는 상위 1%의 프로그래머만 채용한다." 잠시 중단하고, 그것
이 진짜로 의미하는 것을 생각하라. 모든 회사는 상위 1%의 사람을 고용하고 싶어한
다. 오직 단 하나! 그러나 통계적으로, 면접을 잘 진행한다고 할지라도, 원하는 사람을
얻을 수 없다는 것을 안다. 조엘 스폴스키는 이점에 관한 좋은 예를 보여주었다[Spolsky
2005a]. 일자리를 개방하여 100명의 지원자가 지원하고 면접 진행이 아주 잘 되어 100
명 중에 최고의 지원자를 뽑을 수 있게 되었고 나머지는 거절하는 가상 시나리오를 상
상해보라. 그것이 상위 1%를 채용했다는 것을 의미하는가? 아니다. 당신이 거절한 99

명의 프로그래머들에게 어떤 일이 발생했는지 생각해보라.

그들은 다른 직업을 찾아간다.

다음 번에 당신이나 다른 사람이 일자리를 다시 게시하고, 거절한 99명에게서 지원서를 받을 가능성이 높고, 게다가 한 명의 새로운 지원자는 세상에 있는 대략 1천8백만 명의 프로그래머 중 한 명이다. 당신의 면접 과정이 100번째 지원자를 선택할 정도로 충분히 잘 진행되었을지라도, 상위 1%를 채용하는 것이 아니라, 1천8백만 명 중 무작위로 뽑거나 대략 상위 99.99999%의 사람을 뽑는 것이다[Spolsky 2005a].

스폴스키의 통찰력은, 분명히 과장되었지만, 아마도 대부분의 회사에서의 사실과 멀지 않다. 상위 1%의 프로그래머들은 드물고, 있더라도, 지원할지라도, 채용 전략이 온라인 취업 게시와 지원자를 기다리는 방식이므로, 채용 과정이 아무리 훌륭하여도, 거의 분명히 최고의 프로그래머를 채용하는 것이 가능하지 않다.

최고의 프로그래머는 당신에게 오지 않는다. 밖으로 나가서 그들에게 다가가서 찾아야 한다. 당신의 네트워크, 오픈소스 그리고 컨퍼런스에 줄을 대야 한다. 간단히 말해서, 블로그, 오픈소스 소프트웨어 그리고 좌담회를 통해 브랜드를 구축하고 엔지니어링하여 훌륭한 개발자들을 끌어들여야 한다. 그리고 그들에게 면접 과정을 보여주고 다른 모든 회사와 차별되는 제안을 만들어서 그들을 끌어당겨야 한다. 이것이 A플레이어를 얻는 방법이고 세상에서 가장 가치 있는 회사가 되는 방법이다.

나는 '채용'이 가장 중요한 일이라고 생각한다. 자신의 스타트업을 가지고 있어서 파트너를 원한다고 가정하자. 파트너를 구하느라 많은 시간이 걸렸다. 그렇지 않은가? 당신 회사의 반이 될 것이다. 회사의 3번째, 또는 회사의 4번째 또는 회사의 5번째 사람을 찾아내는 데 시간이 덜 걸리는가? 스타트업에서는, 처음 10명이 회사의 성공과 실패 여부를 결정할 것이다. 각 사람은 회사의 10%다. 모두 A 플레이어를 찾아내는데 당연히 시간이 많이 걸리지 않겠는가? 세 사람이 그렇게 훌륭하지 않았다면, 왜 사람들의 30%가 그렇게 훌륭하지 않은 회사를 원하겠는가? 작은 회사는 그 회사보다 더 훌륭한 사람들에 의존하게 된다.

[JAGER AND ORTIZ 1998, 13], 스티브 잡스

12장
학습

극적으로 변화하는 시기에, 미래를 물려받는 건 학습자들이다. 세상에 살기 위해서 스스로를 무장해야 한다고 생각하는 학습자들은 더 이상 존재하지 않는다.

[HOFFER 2006, SECT. 32], 에릭 호퍼, *인간 조건에 대한 견해*

소프트웨어 산업은 역사상 가장 빠르게 변하는 산업 중 하나일지도 모른다. 2000년부터, 우리는 수십 개의 주요한 새 프로그래밍 언어들(예 : C#, D, F#, 스칼라, Go, 클로저, 그루비, Rust), 구식 프로그래밍 언어들에 대한 대규모 업데이트들(예 : C++ 03, 07, 11, 14, 파이썬 2.0과 3.0, 자바 1.3, 1.4, 5.0, 6.0, 7.0, 8.0), 이 언어들이 동반된 수백 개의 프레임워크, 라이브러리 그리고 도구들의 발전(예 : 루비온레일즈, 닷넷, 스프링, IntelliJ IDE, Jenkins), 수십 개의 새로운 데이터베이스들(예 : MongoDB, Couchbase, Riak, Redis, CouchDB, Cassandra, HBase), 새로운 하드웨어 플랫폼들의 등장(예 : 상품 하드웨어, 멀티코어 CPU, 스마트폰, 태블릿, 웨어러블, 무인 항공기들), 새로운 소프트웨어 플랫폼들의 등장(예 : 윈도우즈 XP, 7, 8, 10, OS X 10.0 ~ 10.10, 파이어폭스, 크롬, iOS, 안드로이드), 애자일 방법론의 등장(예 : XP, Scrum, Lean, TDD, 짝 프로그래밍, 연속적 집적화), 오픈소스 소프트웨어의 폭발적 증가(예 : 깃허브, 리눅스, MySQL, 하둡, Node.js), 클라우드 컴퓨팅의 편재(예 : Amazon EC_2, Heroku, Rackspace, Microsoft Azure), 그 밖에 많은 것을 봐왔다. 만약, 당신이 소프트웨어 산업계에서 일한다면, 매년 당신의 지식 중 상당 부분이 쓸모없어진다.

이 모든 게 세계 최고의 소프트웨어 개발자들과 소프트웨어 회사들에게 공통적인 것이다. 그들은 온통 학습 생각뿐이다. 얼랭 프로그래밍 언어의 창작자인, 조 암스트롱은 더 나은 프로그래머가 되기 위한 최고의 방법은 "무언가를 학습하는 데 자신의 시간 중 20%를 할애하라. 복합적이기 때문이다"라고 말했다[Seibel 2009, 234]. 『린 스타트업』의 저자인 에릭 리스는 학습을 "스타트업 과정을 위한 필수품"이라고 정의했다[Ries 2011a, 49]. 이 책의 마지막 장인 이 장에서, 나는 어떻게 그리고 왜 모든 프로그래머와 스타트업들이 그들의 일정에 학습에 전념하는 시간을 왜 포함시켜야 하는지 설명할 것이다. 먼저 학습의 원칙들에 대한 설명을 시작으로 가장 공통적인 세 가지 학습 기술들로 넘어갈 것이다. 배우고, 개발하고, 또 공유하는 게 바로 그것이다.

12.1 학습의 원칙

프로 스포츠에서, 녹초가 될 정도의 운동과 강렬한 훈련 기간은 직업상 기본적인 부분이다. 유사하게, 전문 음악가와 무용수 그리고 체스 선수들은 매일 그들의 실력을 연마하는 데 시간을 보낸다. 그렇지만 대부분의 사무직에서는, 대학교를 졸업하고 새 직장에서 교육 프로그램을 완료하고 나면, 학습에 할애하는 시간은 끝난다. 즉, 일반적인 사무실 주변을 다니다 보면, 보게 되는 것은 모든 사람이 정체기에 빠져있는 것이다. 그들은 학습하지 않고 있고 그들의 기술을 향상시키고 있지 않기 때문이다[Newport 2012, 85]. 바로, 엘리트들을 제외한, 모든 사람이 그렇다.

『아웃라이어』라는 책에서, 말콤 글래드웰은 대부분의 분야들에서, 엘리트 수준의 성취자들과 그 외의 모든 사람을 구분하는 것은 선천적 재능과는 거리가 멀고 연습하는 데 엄청난 시간을 보내는 것과 관련이 깊다는 것을 보여준다. 많은 다양한 분야의 학문들은 통달의 경지에 이르는 데 대략 1만 시간의 연습이 필요하다는 것을 보여준다. 이것은 "1만 시간 법칙"이라고 알려져 있다. 예를 들어, 비틀즈는 1960년대 초반 함부르크의 바를 돌아다니며 1천 번에 달하는 철야 콘서트(8시간 이상씩)를 하여, 영국으로 돌아가기 전에 1만 시간의 연습시간을 축적했고 역대 최고로 성공적인 밴드 중 하나가 되었다. 마찬가지로, 빌 게이츠는 1960년대에는 희귀했던, 컴퓨터에 자유롭게 접근할 수 있었던 고등학교로 진학할 정도로 운이 좋았고, 마이크로소프트 회사를 창립하기 전까지 1만 시간의 연습시간을 축적할 수 있었다[Gladwell 2011, Part 1].

물론, 1만 시간 자체가 성공을 보장하는 건 아니다. 운과 유전 그리고 연습의 종류와 같은 다른 요소들도 중요한 역할을 한다. 『뛰어나면 무시받지 않는다(So Good They Can' t Ignore You)』에서, 칼 뉴포트는 엘리트 수준의 실력에는 수많은 연습뿐만 아니라 특별히 계획적 연습도 필요하다는 것을 보여준다. "계획적 연습"이란 당신 수준의 실력을 추적해주는 피드백 메커니즘과 또 각 연습 기간에 의도적으로 능력을 넘어서도록 몰아넣는 활동들을 선택한다는 뜻이다. 계획적 연습의 일반적인 예는 역도다. 엘리트 역도 선수들은 운동하는 게 아니다. 그들은 훈련을 한다. 그들은 피드백 메커니즘으로, 봉에 무게추를 달고, 연습일지를 통해 매 연습마다 그들의 실력을 확인하고, 또 매 훈련 기간마다, 이전 기간보다 몇 파운드를 더 많이 들어 올리려고 노력한다(프로그레시브 오버로드(Progressive Overload)라는 개념이다). 이 훈련의 사고방식을 창조적 작업에도 적용할 수 있다. 그러면 피드백 메커니즘을 평가하기가 더 힘들 수도 있다. 예를 들어, 비틀즈의 피드백 메커니즘은 매일 밤, 청중들의 반응이었다. 프로그래머의 피드백 메커니즘은 코드가 모든 자동화된 검사들을 통과하는지(297쪽 "자동화된 테스트" 참조)와 같이, 평가하기 쉬운 측면들과, 코드 검토를 통한 또 다른 프로그래머로부터의 피드백(331쪽 "코드 리뷰" 참조)처럼, 더 주관적인 측면들을 갖고 있을지도 모른다.

어떤 경우든, 계획적 연습은 능력을 향상시켜 줄 것이고 향상을 위해서는 특히 상당한 규모의 불편을 동반한다. 계획적 연습은 "보통 즐거운 일의 반대다[Newport 2012, 97]." 역도 선수가 신체적으로 노력하는 감각에 익숙해지고 그들의 근육을 불태우는 활동들을 찾는 것처럼, 정신적으로 노력하는 감각에 익숙해지고 마음을 혹사시키는 작업들을 찾아야 한다.

계획적이고, 불편한 연습시간을 수천 시간 동안 축적하는 건 쉽지 않다. 1만 시간을 채우려면, 대략 10년 동안, 매주 20시간씩 연습해야 한다. 이건 만만치 않은 시간 투자다. 이것을 해내려면, 다음 일을 해내야 한다.

- 기술을 신중하게 선택하라.
- 학습하는 데 시간을 할애하라.
- 학습을 업무의 일부로 만들어라.

12.1.1 기술을 신중하게 선택하라

몇몇 기술들은 시장에서 다른 것들보다 더 가치 있다. 2015년에 코볼을 배우는 것은 자바스크립트 또는 스위프트를 배우는 것만큼 가치 있지 않았다. 『실용적 프로그래머(The Pragmatic Programmer)』에서, 앤디 헌트와 데이비드 토마스는 학습하는 것을 재무 포트폴리오와 비슷하게 지식 포트폴리오를 만드는 것으로 생각하도록 추천한다[Hunt and Thomas 1999, 13]. 인생에서 단지 1만 시간이라는 짧은 시간을 보낼 수 있으므로, 정기적으로 시간을 투자하고(학습을 정기적 습관화한다) 현명하게 시간 투자를 선택해야 한다. 포트폴리오를 다양화시키고 보수적이고 위험성이 큰 투자 사이에서 균형 잡힌 채로 유지하려면, 오늘날 어떤 능력과 기술들이 가치 있는지 그리고 내일 어떤 것이 떠올라 가치 있게 될 것 같은지를 알기 위해 산업 경향을 알아두어야 한다.

> 이상적으로, 항상 새로운 것을 실험하고 새 기술들을 시도한다. 나는 당장 내가 실제 쓸모가 없을지라도 정기적으로 새로운 웹소켓 라이브러리, 새로운 서버측 프레임워크, 또는 새로운 행동 인식 기술을 확인한다. 나는 강력한 기술망을 갖고 있고, 내가 크게 존경하는, 다른 사람들이 발견한 것과 트위터와 링크드인에서 공유할 가치가 있는 생각을 발견할 수 있으므로 새로운 기술에 대해 배우는 건 내게 정말 쉬운 일이다.
>
> [SHOUP 2015], 매튜 소웁, 너드월렛의 우두머리 괴짜

물론, 모든 능력에 통달할 필요는 없다. 이 책에서 몇 번 언급했듯이, 깊은 지식을 얻고 한 가지 분야에 숙달될 뿐만 아니라 넓은 지식도 얻고 다양한 분야들에도 익숙한(33쪽 '지식' 참조), T자형 인간이 되기 위해 노력하는 것은 좋은 생각이다. 사실, 이 책은 전부 비즈니스, 디자인, 마케팅, 소프트웨어 엔지니어링, 영업활동, 문화 그리고 고용을 포함해, 여러 분야에 걸쳐 지식을 쌓는 얘기들뿐이다. 만약 여기까지 해냈다면, 잘생긴 'T' 모양이 되는 곳까지 온 것이다.

> 인간은 기저귀를 갈고, 침략을 계획하고, 돼지를 도살하고, 배를 몰고, 건물을 디자인하고, 시를 쓰고, 결제하고, 벽을 쌓고, 접골하고, 망자를 위로하고, 명령을 받고, 명령을 주고, 협력하고, 단독 행동하고, 방정식을 풀고, 새 문제를 분석하고, 거름을 주고, 컴퓨터를 프로그래밍하고, 맛있는 요리를 만들고, 효율적으로 싸우고, 용감하게 죽을 줄 알아야 한다. 전문화는 곤충들이나 하는 것이다.
>
> [HEINLEIN 1988, 248], 로버트 A. 하인라인, *사랑하기 충분한 시간*

통달의 경지에 이르려면 1만 시간이 걸리겠지만, 새로운 기술에는 훨씬 빠르게 익숙해질 수 있다. 『최초 20시간(The First 20 Hours)』에서, 조쉬 카우프만은 단지 20시간 동안, 또는 한 딜 동안, 또는 매일, 또는 대략 20분의 시간을 두 번씩 들여 새로운 기술(예 : 새로운 스포츠, 새로운 악기, 또는 새로운 프로그래밍 언어)의 기본을 얼마나 배울 수 있는지 보여준다.

이것을 해내려면, 학습하는 데 시간을 할애해야 한다.

12.1.2 학습하는 데 시간을 할애하라

사람들은 자신들이 새로운 것을 배우지 않는 이유에 대해 온갖 종류의 변명을 해댄다. 가장 흔한 변명은 너무 바쁘다는 것이다. 하지만 실제로 바쁘다는 건 결정사항일 뿐이다. 무언가를 할 시간을 찾는 게 아니라, 그 시간을 만들어야 한다. 매번 "난 배울 시간이 없다"고 할 때마다, 실제로 말하는 건 "난 배우는 것보다는 다른 걸 하고 싶다"라는 걸 깨달아라. 성공적인 직업이나 회사를 갖는 유일한 방법이 지속적으로 자신을 발전시키기 위한 것이므로, 너무 많은 배움의 기회들을 포기하는 것은, 특히 급격하게 변화하는 소프트웨어 산업에서는 근시안적인 방법이다.

매일 밤 오후 11시에, 나는 새로운 무언가를 배우기 위해 20분~40분간 자리를 잡고 앉는다. 내 기분에 따라서, 나는 비디오를 보거나, 책을 읽거나, 블로그 포스트를 작성하거나, 또는 새로운 기술을 갖고 놀았다. 이런 일상은 내 사회생활을 완전히 바꿔놨다. 2006년에, 나는 내 오후 11시 배움의 시간을 전체 화면을 다시 불러오는 대신에 한 번의 클릭에 대응하여 내 홈페이지의 일부를 갱신하기 위해 Ajax를 사용하는 법을 알아내는 데 보냈다. 2008년에, 나는 웹 페이지 성능에 매료되었고, 내 오후 11시 배움의 시간에, 이미지 스프라이팅이라고 알려진 웹 성능 최적화를 자동화시키기 위한 스크립터를 만들었다. 2009년에, 이 스크립터는 이미지 스프라이팅을 사람의 손으로 다루려고 분투하던 내가 링크드인에서 일자리를 얻는 데 도움이 되었다. 2010년에, 나는 내 오후 11시 배움의 시간을 많은 웹 프레임워크들을 탐색하는 데 사용했다. 2011년에, 이 경험 덕분에, 나는 링크드인의 웹 프레임워크 인프라를 재설계하는 프로젝트를 지휘하게 되었다(182쪽 "테크 스택 발전" 참조).

학습을 정기적인 일정으로 만들어라. 당신에게 맞는 시간(예: 업무시작 바로 전, 점심식사 중, 또는 잠자기 전)을 찾고 매일 여기에 20분~40분을 할애하라. 이게 긴 시간은 아니지만, 몇 달 뒤면 매우 빠르게 늘어날 것이다. 물론, 학습을 업무의 일부가 되게 하면 훨씬 쉬울 것이다.

12.1.3 학습을 업무의 일부로 만들어라

세계 최고의 회사들은 직원들에게 그들의 업무시간의 일부를 새로운 기술들을 배우는 데 쓰기를 허락한다기보다는 아예 권장한다. 다시 말해서, 직원들이 배우는 데 돈을 줘서 입사 전보다 더 나은 엔지니어들과 함께 하는 것이다. 예를 들어, 허브스폿은 도서구매 금액을 지원하고, 구글은 대학 학비를 지원하고, 또 링크드인은 iOS와 안드로이드에서 모바일 앱을 만드는 방법을 가르치는 교육과정을 제공한다. 앤디 그로브, 인텔의 전 CEO는 업무 교육 프로그램을 "경영자가 할 수 있는 가장 영향력 있는 행동들 중 하나"라고 묘사했다.

> 잠시 부서의 구성원들에게 연속으로 네 개의 강의를 할 수 있다는 것을 생각해보라. 강의 한 시간마다 3시간의 준비 시간이 걸리는 것으로 계산해보자. 총 12시간의 작업이다. 강의실에 10명의 학생들이 있다고 해보자. 다음 해 그들은 당신 회사를 위해 총 2만 시간을 일할 것이다. 만약 교육시키는 노력이 직원들의 실적을 1% 향상시켰다면, 당신 회사는 당신이 12시간을 지출한 결과로써 2백 시간 작업과 맞먹는 결과물을 얻을 것이다.
>
> [Grove 1995, 223], 앤디 그로브, *탁월한 관리*, 대경출판, 1998

업무 중에 학습을 지원하는 것은 생산성 이상의 많은 이점이 있다. 제9장에서, 통달의 경지에 다가가는 것, 더 나아지고자 하는 본질적 욕구, 직원들에게 동기를 부여하는 가장 강력한 방법들 중 하나라는 것을 살펴보았다(412쪽 '동기부여' 참고). 제11장에서, 10배를 해내는 능력의 개발자들을 고용하고자 할 때, 찾을 가능성은 낮고, 더 나은 고용전략은 좋은 사람들을 찾아서 그들에게 더 나아질 기회를 주는 것이라는 것을 알았다(480쪽 "10배를 해내는 개발자" 참조). 그리고 『뛰어나면 무시받지 않는다(So Good They Can't Ignore You)』라는 책에서, 칼 뉴포트는 성공적인 경력을 위한 비밀은 "진짜 소명" 또는 "열정"에 연연하지 않고 "진귀하고 가치 있는 능력들"에 통달하는 것이라는 걸 보여준다[Newport 2012, 229]. 회사에서 배움에 전념할 시간을 제공함으로써, 동시에 잠재적 직원들에게 일하기 더 좋은 곳으로 보이게 하면 이미 그곳에서 일하는 모든 사람의 업무 수행능력은 향상된다.

12.2 학습 기술

이제 최고의 소프트웨어 개발자들과 소프트웨어 회사들이 쓴 세 개의 가장 공통적인 학습 기술로 시선을 돌려보자.

- 배우기

- 만들기
- 공유하기

12.2.1 배우기

『피플웨어(Peopleware)』라는 책에 따르면, 보통의 소프트웨어 개발자는 자신들의 업무 내용에 대한 단 한 권의 책도 없다고 한다[Demarco and Lister 1999, 12]. 프로그래머이자 작가인 나에게는 끔직한 일이다. 그러나 어떤 의미에서, 엄청난 기회를 의미한다. 만일 프로그래머라면, 정기적으로 읽고 연구하는 시간을 가져서 당신 동료들보다 먼저 책을 낼 수 있기 때문이다.

- 기사나 블로그 게시물, 책을 읽는다(이 책을 읽는 것은 좋은 출발이다!).
- 학술 논문을 읽는다. 페이퍼 위 러브(http://paperswelove.org)는 컴퓨터공학 관련 학술논문들의 훌륭한 저장소다.
- 수업에 참여하라. 코세라와 칸 아카데미는 프로그래밍과 스타트업을 포함해서 다양한 주제를 다루는 온라인 무료 교육 과정이다.
- 좌담회, 밋업 그룹이나 컨퍼런스에 참석하라. Meetup.com(http://www.meetup.com/)과 Lanyrd(http://lanyrd.com/)를 참조하라.
- 특히, 오픈소스 프로젝트에 올라와 있는 코드를 읽어보라. "오픈소스 응용 아키텍처"는 버클리 DB, 이클립스, 엔진x(Nginx)를 포함해서 많은 인기 있는 코드에 나와 있는 것을 자세히 설명해주고 있다.

나의 연구 시간을 더 효과적이게 할 수 있는 세 가지 방법을 발견했다. 첫째, 구체적이고, 측정가능한 목표를 설정한다. 예를 들어, 2015년 동안 책 30권을 읽는 목표를 정했다(굿리더즈를 사용해서 진행 상황을 추적한다). 그러면 일주일에 한 권 이상을 읽게 되는 것이고, 2주가 지날 때까지 책 한 권을 끝마치지 못한 경우, 뒤져있다는 것을 알게 된다. 나는 또 매년 새로운 프로그래밍 언어나 데이터베이스에서 한 가지 중요한 기술 배우기를 목표로 정했다. 7주에 7개의 프로그래밍 언어나, 7주에 7개의 데이터베이스, 그리고 7주에 7개의 동시실행모형과 같은 "7주에 7가지" 시리즈 책을 발견했고, 이런 나의 목표에 아주 좋은 방법이 되었다. '루비 vs. 프로로'에서의 선언형 프로그래밍이나, 'MongoDB vs.HBase'의 컬럼지향적 저장장치와 같은, 다른 프로그래밍 패러다임을 강조하기 위해 특별히 선택한 다양한 기술을 소개하고 있어 그 시리즈 정말 당신의 마음을 풀어줄 것이다.

둘째, 메모를 한다. 예를 들어, 나는 내가 읽은 모든 책을 요약하고 '굿리더즈'에 내가 좋아하는 인용들을 저장하려고 노력한다. 나의 아이디어 저널에 내가 읽는 동안 얻은 새로운 아이디어, 질문 그리고 생각들을 적어둔다(38쪽 "아이디어 저널에 기록한다" 참조). 그리고 때때로, 내 블로그에 이런 몇 가지 새로운 아이디어들을 게시한다. 그러나 내가 종이에 이런 생각을 적어놓고 그냥 방치해둔다 할지라도, 메모를 작성하는 나의 단순한 행동 하나가 내 연구과정을 더 활성화하고 새로운 아이디어를 더 잘 기억하고 이해하게 해준다.

마지막으로 셋째, 배우는 과정을 친구나 동료들과 함께 한다. 링크드인에 있을 때, 몇 주마다 새로운 컴퓨터공학 논문을 선택하여 그 내용을 함께 논의하는 그런 독서그룹이 있었다. 스칼라를 사용하기 시작하면서, 코세라에서 "스칼라에서 기능적 프로그래밍(Functional Programming in Scala)" 과정을 하고 있는 사람들과 스터디 그룹을 했다. 당신을 독촉하고 질문이나 아이디어를 논의할 다른 사람들이 있으면 무언가를 지속하기가 더 쉽다.

사실, 공약은 학습을 끝까지 해내는지 확인하는 좋은 방법이다. 글을 쓰기 위해서 나혼자 고군분투하고 있을 때, 여러 동료들과 함께 한 달 동안 매일 한 건의 블로그 게시물을 작성하는, 30일 블로그 피트니스 도전을 해냈다(http://bit.ly/30-day-fit). 비전문가인 친구가 비트코인이 어떻게 작동하는지 나에게 물었을 때, 많은 전문용어를 사용하지 않고는 그것을 설명할 수 없다는 것을 깨달았고, 그에게 전문가와 비전문가 독자가 모두 접근할 수 있는 방법으로 설명하는 블로그 게시물을 작성하겠다고 약속을 했다(http://bit.ly/bitcoin-analogy). 그리고 링크드인에 있을 때 우리 팀이 스칼라로 스트리밍 과정을 처리하는 것 때문에 고생하고 있을 때, 내가 배워서 그것에 관해 블로그에 게시하겠다고 약속을 했다(http://bit.ly/play-node).

모든 사람 앞에서 나의 글쓰기 능력을 보여주려고 애쓰는 것, 수학으로 비트코인 논문을 파헤치는 것, 모호한 함수형 프로그램 작성 개념으로 논쟁하는 것이 항상 재미있는 것은 아니지만, 큰 성과가 있었다. 30일간 블로그 피트니스 도전을 마친 후, 나는 글을 더 잘 쓰게 되었고 내 블로그의 방문 수는 10배나 증가했다. 비트코인과 관련된 블로그 게시글을 작성한 후, 비전문가 독자들과 기술적인 주제로 논의하는 능력이 개선되었고, 내 게시글이 해커뉴스 첫 페이지에 올랐고, 내 블로그까지도 트래픽이 증가하게 되었다. 스트리밍 과정에 관해 게시글을 작성한 후, 내 블로그가 다시 해커뉴스 첫 페이지에 올랐고, 플레이 앤 스칼라 커뮤니티는 내 피드백을 보고 몇 가지 APIs를 개선했고 링크드인 홈페이지의 로드 타임을 줄일 수 있는 프로젝트를 시작할 정도로 기능적 스트리밍 프로세싱(Functional Stream Processing)에 관해 충분히 배우게 되었다.[1]

12.2.2 만들기

어린 시절에 나는 읽는 것을 싫어했다. 내 부모님이 결사적으로 내게 읽게 하려고 모든 것을 했고, 심지어는 책을 읽으면 얼마의 돈을 주는 방법도 썼지만, 나는 읽는 것보다는 TV, 비디오게임, 친구들과 시간을 보내는 것을 여전히 좋아했다. 마침내 내가 읽게 만든 것은 읽는 것이 필요한 사람이 되었기 때문이다. 이런 사람이 어떤 사람인가?

만드는 사람이다.

어떤 것을 만들려고 하자마자, 하고 있는 것에 대해 아무것도 모른다는 것을 발견하게 된다. 자신의 지식에 큰 차이가 있음을 발견하게 된다. 중요한 기술을 놓치고 있음을 깨닫게 된다. 마침내, 분명한 해결책이 있다. 읽는 것이다. 읽는 것이 슈퍼파워를 준다는 것을 깨닫게 된다. 책을 몇 시간 동안 읽고, 다 읽게 되면, 새로운 것을 할 수 있게 되고, 새로운 생각을 할 수 있고, 새로운 세상을 볼 수 있다.

그러나 어떤 것을 만들기 시작할 때까지, 책이나 학교에서 배우는 대부분은, 크게 쓸모가 없다고 느낄 것이다. "미적분이 필요한 것인가요?" 또는 "고대 역사를 배우는 이유가 무엇인가요?"라고 아이들이 종종 불평하는 소리를 듣게 되는 이유다. 그리고 그들 말이 맞다. 당신 삶이 TV, 비디오게임, 친구들과 어울리는 것으로만 이루어지면, 미적분이나 역사가 필요 없다. 이런 능력이 유용하게 쓰이는, 나에게는 대학졸업 때까지 전혀 일어나지 않았던, 어떤 것을 만들 때만 필요한 것이다. 물론, 나는 학과에서 프로젝트와 숙제를 많이 했지만, 그것들은 항상 "단편적인 사실에서 어떤 결론을 도출하는" 잡다한 것이었다. 다른 사람이 내가 할 것, 사용할 수 있는 도구, 출발점, 종료시점을 결정했고, 내가 해야 하는 일은 한 쪽에서 다른 쪽으로 넘어가는 것뿐이었다. 그리고 나서 한 학년이 끝나면, 나는 그 프로젝트를 내던지고, 다시는 보지 않게 된다. 아무것도 중요하지 않았고, 그래서 중요한 것을 배운 것이 없다.

1　https://github.com/brikis98/ping-play를 참고하라.

내가 직업을 가지게 되자, 내 자신이 프로젝트를 선택해야 했다. 무엇이 중요한지 무엇이 중요하지 않은지 생각해내야 했다. 내가 사용할 도구를 골라야 했다. 나만의 시간표와 계획표를 만들어야 했다. 그리고 여러 해 동안 몇 가지 내 프로젝트를 유지해야 했다. 전문적으로 프로그래밍을 시작했지만, 소프트웨어를 만드는 방법을 정말 모르고 있다는 것을 깨달았다. 블로그를 시작했지만, 쓰는 방법을 모른다는 것을 깨달았다. 몸을 좋게 만들려고 시작했지만, 운동하는 방법을 정말 모른다는 것을 깨달았다. 자신을 위해 무언가를 만들려고 했지만 도움이 필요하다는 것을 깨달았다.

그때가 내가 정기적으로 읽기 시작한 때다. 그리고 그때 이후로 멈추지 않았다. 책을 읽는 것에 자신에게 동기를 부여하기가 어렵다면, 할 수 있는 가장 좋은 방법은, 만드는 방법을 알지 못하는 것을 만들어야 하는 프로젝트를 찾아내는 것이다. 그렇게 하면, 읽기는 저절로 된다.

의도적인 실천 정신으로, 당신의 능력을 펼칠 수 있는 프로젝트를 찾아내라. 웹사이트를 만드는 방법을 모른다면, 자신의 홈페이지나 블로그를 만들어 보라. 루비를 사용해본 적이 없다면, 레일즈를 이용해서 루비로 자신의 홈페이지나 블로그를 만들어보라. 역 인덱스(Inverted Index)를 구현해본 적이 없다면, 스크래치에서 자신의 홈페이지에 검색 기능을 만들어보라(191쪽 "기술은 결코 스스로 구축할 수 없다"에서 설명된 것으로, 배우기 위해서는 다시 만들어보는 것이 좋다). 온라인 트렌드를 따라서 새로운 라이브러리, 언어 그리고 기술을 시도하는 이유를 찾아낸다. 직장에서 새로운 도전을 받아들여 이런 것을 할 수 있고 그리고 회사가 제안하면, 새로운 것을 만들고 배울 수 있는 기회로써, 해커톤과 20% 시간제를 사용할 수 있다(412쪽 '자율성' 참조).

직장에서 이런 작업을 수행할 수 있는 기회가 없는 경우에는, 여가 시간에 해야 한다. 최고의 엔지니어는 일반적으로 밤 늦게나 주말에 주무르는 몇 가지 업무 외 프로젝트를 하고 있다. 이들은 배우는 데 환상적인 방법이고 이력서에 크게 보탬이 된다. 또한, 오픈소스 프로젝트에 기여할 수 있고, 코딩 문제를 해결할 수 있고, 코딩 대회에 참가할 수도 있다.[2]

12.2.3 공유하기

학습의 마지막 단계는 공유하는 것이다. 그 이유를 알아보기 위해 사고실험을 해보자.

---

2 http://codekata.com/과 http://www.hello-starup.net/resources/jobs/#coding-competitions를 참조하라.

두 개의 질문을 할 것이다. 이 책을 더 읽지 말고 잠시 답변을 생각해 보라.

- 세계 최고의 소프트웨어 엔지니어는 누구인가?
- 세계 최고의 소프트웨어 기업은 어디인가?

이름이 들어있는 목록을 만들어 냈는가? 만일 했다면, 가장 흥미로운 것은 그 목록이 얼마나 짧은가다. 수천 명의 소프트웨어 엔지니어와 놀라운 것을 하고 있는 소프트웨어 기업들이 있지만, 최고가 누구인지 내가 질문했을 때, 당신 머리에 겨우 몇 개만 떠오른다. 왜 이런 이름은 있고 다른 이름은 없는가? 이런 엔지니어들과 회사들은 대단한 것을 하고 있고 그들이 대단한 일을 하고 있다고 말을 하고 있기 때문이다. 당신 목록에 있는 모든 프로그래머와 모든 회사에 대해서는, 그들이 쓴 것을 읽은 적이 있고(예 : 블로그, 신문, 책), 그들의 프레젠테이션을 본적이 있고(예 : 좌담회, 컨퍼런스, 밋업), 그리고(또는) 그들의 코드를 사용한 적이 있음을 장담한다.

최고의 기업과 프로그래머는 거의 모든 것을 공유하는 경향이 있다. 예를 들어, 리누스 토발즈는 리눅스(가장 인기 있는 서버 운영체제), 깃(가장 인기 있는 버전 관리 시스템)을 만들었고, 모두 무료로 오픈소스 프로젝트를 발표했다. 구글은 이후에 무료로 오픈소스 프로젝트(하둡과 하둡 파일 시스템)로 구현된 파워 검색 인덱싱인 맵리두스 및 구글 파일 시스템이라는 두 가지 핵심 인프라스트럭처 기술을 구축하는 상세한 방법을 무료로 배포하는 논문을 발표했다. 페이스북은 고도로 효율적이고 확장 가능한 데이터 센터를 구축한 방법의 세부 사항을 공개적으로 제공하는 오픈 컴퓨터 프로젝트를 시작했다. 그리고 모질라, 레드햇 그리고 타입세이프와 같은 회사들은, 자신들이 하는 거의 모든 것을 제공하는 오픈소스를 구축하는 회사들이다. 그 이유가 무엇인가?

왜 공유해야 하는가

왜 소프트웨어 개발자와 소프트웨어 기업이 그들이 해놓은 작업을 그렇게 많이 제공하는가, 왜 그들은 프로젝트에 수천 시간과 수백만 달러를 투자하고 그것을 무료로 공개하는가? 이유는 공유하는 것이 투여하는 것보다 완성도, 품질, 노동, 마케팅, 소유권의 형태로 더 많은 것을 돌려 주기 때문이다.

완성도

배움에 있어서 가장 좋은 방법은 가르치는 것이다. 누군가에게 어떤 주제를 설명하기 위해서는, 자신이 그것을 더 깊이 이해해야 한다. 내가 좌담회를 준비할 때마다, 블로그에 게시물을 작성할 때마다, 또는 지금처럼 책을 쓸 때마다, 내가 알고 있는 것보다 더 많은 것을 알게 되었다. 지식을 나누는 시간을 갖는 것은 수준을 높이는 가장 쉽고, 가장 효과적인 방법 중 하나다. 사실, "수석" 엔지니어가 되는 품질보증은 주변의 모든 사람을 더 좋게 만드는 것이고, 가르치는 것을 할 수 있는 유일한 방법이다.

품질

당신 집이 깨끗할 때는 언제인가? 바로 손님이 도착하기 전이다. 다른 사람과 공유하는 것에도 마찬가지다. 코드를 오픈소스하는 것에 예상치 못하는 혜택 중 하나는 "손님들"이 보게 될 것을 알고 있기 때문에 최고로 좋은 코드가 될 수 있게 오픈소스를 위한 코드를 준비하는 단순한 행동이다. 아마도 코드를 정리하고, 테스트도 하고, 문서를 작성하는 시간을 가질 것이고, 일반적으로 전 세계가 더 받아들이기 좋게 만들게 될 것이다. 블로그 게시물을 작성하거나 준비한 것을 좌담회에 제공하는 것에서도 마찬가지다.

노동

누군가가 당신의 오픈소스 코드를 사용하고 버그를 파일로 정리할 때마다, 무료로, 품질보증을 해주는 것이다. 누군가가 당신의 오픈소스 프로젝트에 대해 패치를 할 때마다, 무료로, 당신을 위해 소프트웨어를 개발하는 것이다. 누군가가 당신의 오픈소스 프로젝트에 관한 내용을 블로그에 게시할 때마다, 무료로, 당신을 위해 그들이 문서를 작성하고 있는 것이다. 그리고 만일, 블로그 게시물이 통렬하게 부정적인 리뷰를 받게 되면, 그것들도 무료로, 디자인 검토를 해주는 것이다. 다른 사람들과 당신의 작업을 공유하는 것은 전체 소프트웨어 커뮤니티에 기여하는 것이고, 자신이 할 수 있는 것보다 더 큰 규모로 더 품질 좋은 프로젝트를 가능하게 해준다(특히 작은 스타트업에게는 더욱 그렇다).

마케팅

만일 개발자라면, 고용주 앞에서 잘 보이는 제일 좋은 방법은 자신의 작업을 공유하는 것이다. 경력을 위한 인바운드 마케팅이라 생각하라(170쪽 "인바운드 마케팅" 참조). 세상에 마구잡이로 스팸 메시지를 보내고(즉, 구인게시판을 통해) 누군가가 발견하기를 기대하는 대신, 유용한 내용을 공유하여 고용주 눈에 띄도록 한다. 한 회사의 개발자가 당신의 블로그 게시물을 읽고, 당신의 좌담회를 지켜본다면, 전문가로 인정하여 당신을 고용하게 될 것이다. 당신이 공유한 작업은 이력서에 영구적으로 남게 된다. 사실, 그보다 더 낫다. 자바스크립트 라이브러리인 JQuery의 창시자인 존 레식은 "채용할 때가 되면, 나는 이력서의 특정일 일정을 깃허브에서 찾아둔다"라고 했던 것과 같다[Resig 2011].

고용주라면, 또 다른 방식으로 운영한다. 개발자들 앞에서 잘 보이는 가장 좋은 방법은 당신의 작업을 공유하는 것이다. 개발자가 여러 해 동안 당신 회사의 오픈소스 코드를 사용하고 있었다면, 그들이 당신 회사에 입사하여 그 코드를 계속 사용할 가능성이 높다. 오픈소스 프로젝트는 어떤 채용 공고보다 더 나은 채용 광고가 된다.

소유권

개발자로서 나는, 프로젝트에 수많은 시간을 들였다면, 그것에 집착하는 경향이 있다. 내 아이다. 만일 독점 프로젝트라면, 회사를 떠나는 것은 이혼하며 아이들의 양육권을 빼앗기게 되는 것과 같다. 고통스럽고, 그렇게 몇 번 하고 나면, 진짜로 자신 것이 아닌 것에 열정적으로 매달리기 어려워진다. 그러나 그 작업에 대한 좌담회를 하고, 블로그를 게시하거나, 논문을 게시하게 되면, 무엇보다도 자신의 프로젝트를 오픈소스하게 되면 평생 자신의 것이 되는 것이다. 영원히 자신의 공구 벨트가 되고, 어딜가든 함께 할 수 있는 것이 되며, 다른 사람에게 보여 줄 수 있는 것이 되며, 뭔가 자랑스러워 할 일이 되는 것이다.

공유문화는 소프트웨어 산업이 아주 성공적으로 된 이유 중 하나다. 경쟁자와 아무 말도 하지 않는 월스트리트 같은 곳과 비교해서, 기술산업은 매우 개방적이다. 그리고 모두가 공유하면 모두가 승리하는 것이다. 아이작 뉴튼의 경우로 공유문화를 좀더 쉽게 표현하면, 우리 모두가 거인의 어깨에 올라서서 더 멀리 볼 수 있게 되는 것이다.

왜 공유해야 하는지 이제 알게 되었으므로, 공유해야 하는 것을 논의해 보자(그리고 어떤 것이 공유할 필요가 없는지도 알아보자).

공유해야 하는 것과 공유할 필요가 없는 것

당신의 업무 공유를 방해하는 데 평범한 세 가지 부정이 있다.

1. 시간이 없다.
2. 아무도 내 작업을 보지 않을 것이다.
3. 모두가 내 작품을 훔쳐갈 것이다.

"시간이 없다"라는 1번 부정은 이전에 논의했다. 만일 성공하려면, 글을 쓰고, 말을 하고, 오픈소스에 기여하는 공유 활동하는 시간을 만들어야 한다. "아무도 당신의 작업을 보지 않을 것이다"라는, 2번 부정은 그렇다 해도 문제가 안 된다. 글쓰기, 말하기 그리고 오픈소스는 다른 무엇보다도 더, 당신이 배우게 되는 도구다. 쓰기는 종이 위에서 생각하는 것이고[Zinsser 2006, 147], 블로그의 기본 목표는 자신의 생각을 발전시키는 것이다. 그러므로 아무도 읽지 않는다고 할지라도 가치 있는 일이다. 말하는 것도 프레젠테이션에 포함되는 자신의 생각을 명확하게 하는 데 도움이 되는 다른 사람의 아이디어를 표현하는 것으로 쓰기와 매우 유사하다. 그리고 당신의 코드를 오픈소스화하기 위해 하는 작업은 프로젝트를 더 낫게 만든다.

즉, 글쓰기, 말하기, 코딩하기를 연습하면, 청중이 얼마나 성장할 수 있는지에 놀라게 된다. 친구들과 동료들과 시작했지만, 천천히, 트위터, 페이스북, 링크드인, 레딧 그리고 해커 뉴스와 같은 사이트에 작업을 공유한다면, 모르는 사람들이 당신의 작업을 발견할 것이고, 그것을 공유하게 되고, 때때로 감사나 피드백을 받게 될 것이다. 무엇보다도, 인터넷에서는, 아무도 직접 당신을 만날 수 없고, 당신의 정체성은 글을 쓰고, 말을 하고, 오픈소스화하는 것이다. 구글을 해서 당신 이름이 무엇인지 밝혀진다고 해도, 현대사회에서는 당신이 공유하는 것이 바로 당신이다. 그리고 만일, 당신이 무엇을 하는지 아무도 관심이 없을 것이라고 염려된다면, 그들이 다른 단계에서 배우고 있음을 기억하라.

다른 똑똑한 사람들에게는 실제로 신제품이 '상식'으로 여겨지는 것이 얼마나 많은지 놀라게 될 것이다. 세상에는 알아야 할 것이 너무 많기에 모두 끊임없이 배우고 있다(내가 바라는 것이다). 현장에서 이미 다른 사람들이 설명했던 것을 쓰고 있는 것처럼 생각되기 때문에 종종 낙담하게 될 것이다. 기억해야 하는 것은 어떤 것을 배우는 데는 적절한 때가 있고, 모든 사람마다 다르다는 것이다…. 당신의 교육이 어디에 해당하든, 몇몇 사람은 당신의 노력을 보는 것에 흥미를 가질 것이다. 블로깅할 때 명심해야 하는 중요한 것이 있다. 당신의 청중인 각 개인은, 다른 시간에 있고, 그들 모두가 어떤 면에는 당신보다 앞서 있고 다른 면에는 당신보다 뒤져 있는 것이다. 그렇다면, 블로깅의 포인트는 여러 해 동안 정말로 우리가 이해하지 못했던 다른 것을 알고 있을 것이기 때문에, 우리와 동등하거나 우리보다 뒤져 보이는 사람들을 조롱하는 것이 아닌 것을 공유하는 것임을 모두 인정해야 한다.

─────────────────────────────
[YEGGE 2005], 스티브 예이그, 아마존과 구글의 소프트웨어 엔지니어

"경쟁자들이 당신의 작업을 훔칠 것이다"라는, 3번 부정은 그 작업이 경쟁자에게 이익을 주는 경우에 문제가 되는 것이다. 다시 말해서, 당신의 "비밀 소스"는 공유하지 말라. 예를 들어, 구글의 검색 순위 알고리즘은 가장 경쟁력 있는 이익 중 하나이므로, 회사는 아마 정확한 공식을 절대 공개하지 않을 것이다. 그러나 그 외의 모든 것, 예를 들어, 포괄적인 일반 인프라스트럭처 프로젝트는 숨거두는 것보다 커뮤니티에 소개하고 제공하는 것에서 더 많은 혜택을 얻게 된다. 구글이 맵리듀스나 빅테이블과 같은 기술에 대한 논문을 발표하는 이유이고, 안드로이드, Go, V8 같은 복잡한 인프라스트럭처 프로젝트를 오픈소스 프로젝트로 개발하는 이유다.

12.3 얻은 교훈

지금까지 공유의 중요성을 이해했으므로, 내가 인터뷰한 프로그래머들로부터의 교훈을 함께 공유하기를 바란다(xxvii쪽 '인터뷰' 참조). 내가 했던 질문 중 하나는 "대학생활로 돌아갈 수 있다면, 젊은 시절의 당신에게 어떤 충고를 하고 싶은가?"로써 그들의 경력을 통해 발견한 가치 있는 교훈들이다. 당신에게도 가치 있는 것들이 되길 바란다.

브라이언 라슨, 구글과 트위터의 소프트웨어 엔지니어

누군가에게 하고 싶은 한 마디 충고는 팀 주변 사람들이 항상 더 생산적이 되도록 팀을 생각하고 당신이 할 수 있는 것을 하라는 것이다. 많은 사람이 여러 해 동안 모든 사람이 짜증스러워하는 것을 기꺼이 바로 잡지 않고 지금도 그냥 그것을 사용하고 있는 것이 얼마나 많은지에 놀라게 된다. 당신이 새롭게 나타나 "완전히 엉망이네요. 내가 그것을 해결하겠습니다!"라로 말하라. 그리고 그와 같은 것을 해결하여 일생의 경력을 구축할 수 있고 그러면 사람들은 "와우, 저 사람이 슈퍼스타다. 여러 해 동안 우리를 성가시게 했던 모든 것을 그가 해결한다"라고 할 것이다.

대니엘 김, 페이스북과 인스타그램의 소프트웨어 엔지니어

과거로 돌아갈 수 있고 내 자신에게 한 가지 말할 수 있다면, 18살, 성적에 집착하는, 목적이 없는 반항적 자아인 나에게 프로그램을 배우는 것이 아마 오늘 배울 수 있는 가장 훌륭한 기술이라고 주입시킬 것이다. 프로그래밍의 핵심은 문제 해결이며, 그것은 문자 규모가 커져 세상을 바꿀 수 있다. 컴퓨터공학의 추상적인 이론이 매우 중요하지만, 그것을 실제 응용하는 세상에는 거의 한계가 없다. 그러므로 시작하라.

딘 톰슨, 노웨이트의 CTO

무엇보다도, 가능하면 최고의 사람들을 위해서 일하라. 자신의 업무에서 인간으로 최고가 되고 가장 유능한 의미에서 최고가 되라. 돈, 지역, 제품에 적게 집중하고, 최고의 사람들을 위해 일하는 것에 더 집중하라. 실제로 규칙 1부터 규칙 10까지에 해당되는 것이다. 둘째, 관계를 유지하는 법을 배워라. 리드 호프만은 이것을 아주 적절하게 해냈다. 사람들을 관대하게 대접하는 습관을 들이고 선물이 되는 시간과 도움을 제공하라. 셋째, 마음에 드는 문제에 먼저 뛰어들지 말고 해결하기 아주 어렵더라도 그 문제를 해결하라. 자신의 조금한 노력에 적용될 수 있는 그런 사례를 찾아내고 어쨌든 발생할 뭔가를 잘 처리하라. "나는 호수를 좋아한다. 그곳에 가는 걸 좋아한다. 나는 땅을 파기 시작할 것이다" 대신에 "나는 강을 좋아한다. 나는 꽤 좋은 도랑이 있는 곳을 찾아가서 그것을 약간 새로운 방향으로 돌려 놓을 것이다"가 더 나은 접근법이다.

프로리나 자비야 그로스쿠르스, 링크드인의 웹 개발자 및 관리자, 웰스프론트의 인력관리 이사

난 내가 큰 일을 달성했다고 생각했을 때조차 계속 내 자신이 배가 고프다고 말했다. 내가 실제로 가장 많이 배웠고 기여했던 가장 어려운 것을 척척 해치우던 때가 가장 배가 고팠던 순간이었기 때문이다. 나의 본성이 수동적이고 덜 탄력적이라는 것을 알았다고 생각했던 때였다.

일하러 와서 "오늘 그들이 나를 해고할지도 모른다. 내가 그렇게 훌륭하지 않은 편이라는 것을 알게 될 것이다"라고 생각했던 때가 있었다. 그리고 그날이 지나갔고 나는 마법같이 멋진 일을 해냈고 "와우, 대단한 하루였어. 그들이 나를 해고하지 않았고 나는 이런 멋진 일을 해냈어. 이젠 됐어!"라고 생각했다. 그래서 그렇게 나 자신에게 말했던 것이다. 더 큰 갈증을 갈구하라. 만족스럽다는 생각은 하지 말라.

게일 라크만 맥도웰, 캐리어컵의 창업자이자 CEO

나의 경력에서 배운 가장 큰 것 중 하나는 더 많은 "예"를 말하도록 하는 것이다. 일례로 도움이 필요해서 나에게 연락한 회사가 있었다. 그들은 획득 면접을 준비하고 있었는데, 이전에는 해본 적이 없는 것이었다. 내가 임신 5개월 정도였던 것을 감안하면, 정말 내가 원했던 것이 아니었다. 구글 근무 전에 하루 종일 면접을 했고 그것이 즐겁지 않았다. 그러나 내 마음 속에 생각이 들었다. 여기서 "아니오"라고 말할 필요가 없다." 그래서 "좋습니다. 하겠습니다"라고 말했다.

그럴 것이라 생각했던 대로 더 많이 흥미로운 것임이 밝혀졌다(면접 피드백을 작성할 필요가 없는 경우는, 그 면접이 그렇게 나쁘지 않다는 것이다). 그리고 그것이 아주 큰 규모의 비즈니스 기회라는 것이 밝혀졌다. 내가 일했던 회사는 결국 야후에 인수되었고 그들은 면접 과정에서 야후를 도와주는 일을 해달라고 나를 데려왔다. 내가 "아니오"라고 말하려고 했던 것이지만, 지금은 24명의 클라이언트가 있는 이런 컨설팅 비즈니스를 하고 있고, 내가 "예"라고 말했기 때문에 많은 성공을 얻었다.

야네스 보너, 트리엔탈 AB 및 타입세이프의 공동 창업자

나에게 정말 분명했던 것은 스타트업은 준비할 수 없는 일이라는 것이다. 그냥 발생하는 것이다. 그냥 나아가라. 그리고 진행하는 도중에 일들을 해결하도록 하라. 이 책과 같은 것을 읽는 것이 여전히 중요하며, 경험하면서 배우고, 그러나 하루가 끝나면, 도중에 만났었던 것을 반복해보도록 해야 한다.

호르헤 오티즈, 링크드인, 포스퀘어, 스트라이프의 소프트웨어 엔지니어

약간 자신 능력 밖의 상황에 자신을 넣어 본다. 너무 편하면, 충분히 배우고 있는 것이 아니다. 완전히 압도된다면, 그저 허우적거리고 있는 것이다. 그러나 만일 투쟁하는 상황이라면, 억지로 해 나가라. 그때가 일을 가장 잘하고 있는 때다.

줄리아 그레이스, 웨딩러블리의 공동 창업자, 틴디의 CTO

첫째, 내가 생각했던 것보다 운이 더 큰 역할을 한다. 열심히 일하고, 엄청난 헌신, 인내는 모두 중요하지만, 실제로 성공하고 아무 일도 일어나지 않는 것을 본 후 출발과 평가에 관한 내 정신의 프레임워크가 극적으로 변했다. 대단한 제품을 가져야 하지만, 타이밍을 놓쳤거나 충분히 크지 않는 초기 단계의 시장이라면, 극복할 수 없는 요인들이 된다.

둘째, 읽은 모든 것을 믿지 않는다. 기술 언론에서 보게 되는 수많은 스타트업 이야기와 마케팅 기법은 심하게 편집됐다. 스토리가 틀리다는 것이 중요한 것이 아니라, 전체 그림을 그리지 않는 것이다. 아주 중요한 요점, 복잡한 빙산의 일각으로 그들을 생각하라는 것이다.

셋째, 당신이 부자가 되지 않을 것이므로 결코 스타트업에서 일하거나 회사를 시작하지 말아야 한다. 누군가 부자가 될 것이고 또는 매력적인 생활 방식이라고 말하는 그들은 무슨 얘긴지 모르고 하는 것이다. 결코 당신을 기쁘게 할 확률이 없는 곳에, 종종 길고 긴 투쟁과 여러 해 동안의 힘든 노력이 있을 뿐이다.

케빈 스콧, 링크드인의 수석 부사장, 애드몹 부사장, 구글 이사

나 자신의 이전 버전을 말해주는 것이라 생각하는 것은 참을성이 있어서 좋다는 것이고 쉽게 좌절한다는 것이다. 나는 항상 참을성이 있었다. 내가 자책했었기에 스스로에게 "더 참아야 해, 더 참아야 해"라고 말하곤 했다. 이런 망할…. 내 갈망은 꽤 많이 나를 괜찮게 했다. 그리고 갈망은 엔지니어의 전형적인 특별한 특성이다. 주변을 산책하고, 모든 것이 잘못되어 있어 더 나아질 것이라는 측면에서 세상을 바라본다. 갈망은 충동에 따라 행동하는 당신의 욕망이고, 좋은 것이다. 젊은이의 어리석은 기이함이 아니다. 그렇게 참을성이 없다면 건강에 안 좋고, 빠르게 움직이고 변화하는 욕망이 좋다. 정말로 그렇다.

우리가 하는 일 중 어느 것도 쉬운 일이 없다. 좌절을 하게 될 것이다. 존재한 적이 없는 새로운 것을 가지려고 노력할 것이다. 너무 복잡한 것을 탄생시키기 위해서는 수백, 수천, 수만 명의 공동 노력이 필요한 것을 구축하고 있는 것이다. 좌절하게 되고, 스트레스를 받게 되고, 가끔은 우울하게 될 것이다. 그렇지만 좋다. 그런 일을 경험하지 않았다면 아마도 다른 것을 할 수 없을 것이다. 많은 일을 해낸 날이 머릿속에 신화로 남게 될 것이고, 더 이상 조급해 할 필요가 없거나, 스트레스에 시달리지 않거나, 상황이 악화되거나, 실망하지 않게 될 것이다. 아니, 더 이상 전진을 하지 않는 때는 그와 같은 모든 것이 해결되자마자다.

마틴 크랩프만, 고 테스트 잇 앤 래포티브의 공동 창업자

다음은 폴 그레이엄을 인용한, 그리고 대학시절에 내가 우연히 알게 된, 중요한 아이디어다.

대학은 하나의 선이 끝나는 곳이다. 표면적으로, 회사에서 일하려 하는 것은 그저 다음에 이어지는 기관인 것처럼 느낄 수 있지만, 그 속은 모든 것이 다르다. 학교의 끝은 삶의 지렛대의 받침점이고, 소비자 둥지에서 생산자 둥지로 이동하는 지점이다.

[GRAHAM 2005], 폴 그레이엄, 와이 컴비네이터의 공동 창업자

이것이 내가 스타트업을 하게 된 근본적인 것이었다.

맷 클레이튼, 믹스클라우드의 공동 창업자

너무 걱정하지 말고 그냥 더 빨리 물건을 출시하라. 이것을 생각하는 데 오랜 시간이 걸렸다. 출시 전에 시작하려고 많이 기다렸고 4개월~5개월 먼저 출시해야 했다. 정말로 다시는 하지 말아야 하는 실수다. 우리는 출시 일정을 매일 6번에서 7번 하고, 매 분기마다 그것을 더 빨리 하려고 하고 있다. 정말로 빨리 물건을 출시하라. 나중보다 지금이 더 낫다. 패튼 장군의 아주 좋은 말이 있다. "지금 적극적으로 실행되는 괜찮은 계획이 다음 주의 완벽한 계획보다 낫다."

매튜 스웁, 너드월렛의 수석 컴퓨터 괴짜

창의력의 힘을 과소 평가하지 말라. 창의성은 기술 지식보다 더 강력하다. 모두가 기술적 균열이 중요하게 될 것이라고 말하지만, 기술이 반드시 유용하게 사용될 것을 의미하지 않는다고 이해하기 때문이다. 기술은 항상 배울 수 있지만, 어떤 것을 만들어 낼 수 있는 것은 창의성을 가지고 있을 때만이다. 그리고 창의성은 수축이 가능한 근육이다. 연습하고, 연습하고, 연습하라.

닉 델라마조레, 링크드인과 코세라의 소프트웨어 엔지니어

나는 대학에서 꽤 내성적이어서 내 경력을 시작하는 기회가 제한됐다. 링크드인의 기회로 내 길을 찾아나선 것이 행운이었지만, 이것이 어느 정도 운이었다고 생각한다. 내 대학시절을 위한 나의 조언은, CS 클럽에 가입하고, 인턴십을 하고, 강의 시간에는 배울 수 없는 것을 배우게 되는 업무 외 프로젝트를 찾는 등의 네트워킹 기회를 대학 환경에서 최대한 완전하게 활용하라는 것이다. 일찍이 자신만의 브랜드를 구축하는 데 집중하고 직원으로 들어갈 때 이런 것을 계속해서 구축해 나가라는 것이다. 아! 그리고 퀘이크 III 게임을 너무 많이 하지 마라.

스티븐 코닌, 웨이페어의 창업자

당신의 직감을 믿고 사람들에 관한 결정을 빨리 하라. 팀을 구축할 때, 때때로 그 사람이 잘 맞지 않는 사람이라는 것을 알지만 고용하게 된다. 가능한 한 빨리 바로 잡아라. 단기적으로는 더 많은 스트레스의 원인이 되지만, 장기적으로는 더 잘 하게 될 것이고, 삶이 더 쉬워질 것이다.

트레이시 추, 쿼라 및 핀터레스트의 소프트웨어 엔지니어

엔지니어는 회사의 목표에 맞추어 어떻게 자신들의 업무를 해나갈지 전략적으로 생각할 필요가 있다. 스타트업에서는 일하는 사람이 너무 적어서 각 개인이 하는 것이 매우 중요하다. 일부 엔지니어는 기술에 더 집중하고 싶어하지만, 제품이나 비즈니스에 관련이 없다면, 그럴만한 충분한 시간이 없다.

중요한 포인트가 있다. 시간 예측이다. 전략적으로 정렬 미적분에서, 엔지니어들은 지속적으로 트레이드 오프를 평가해야 한다(이것을 리팩토링하거나 몇 가지 형편없는 코드 발송해야 하는가?). 그리고 시간을 결정하려면 입력 키 중 하나인 다른 대안이 얼마나 오랫동안 유용한가도 확인해야 한다. 소프트웨어를 위한 정확한 시간을 추정하고 프로젝트를 예측하는 것은 어렵지만, 꼭 필요한 것이다.

비크람 랭너카, 보이스라우트 및 소셜워크의 공동 창업자

나 자신에게 두 가지를 말할 것이다. 첫째, 당신의 직감과 본능을 따르는 것이 좋지만, 종종 테스트하고, 배웠던 것과 아이디어를 발전시킬 수 있을 정도로 겸손해져라. 둘째, 마케팅 및 유통을 이해하라. 좋은 스토리가 되는 것은 어렵지만 제품을 정의할 수 있고 아주 붐비는 소프트웨어 세상을 능가할 수 있게 도움을 준다. 그리고 세심하게 계획된 유통 전략은 목표가 되는 청중에게 그 이야기를 전달하는 데 도움이 된다.

자크 홀맨, 깃허브의 소프트웨어 엔지니어

비상 상황이라는 것은 없다. 내 의미는, 서버다운 같은 것은 분명히 비상 상황이고 수정을 해야 하지만, 기술적으로 발생하는 많은 것은 비록 해를 미치지는 않지만 모든 사람이 비상 상황으로 느끼는 것이리고 생각한다는 것이다. 나는 동료로서 철저히 비동시적이 되라고 말하는 것이다(전체 제안서를 제출할 수 있고 다음 날 나에게 되돌려 줄 수 있다). 그리고 많은 사람이 "그러나 지금 당장 해야 하는 일이 발생하면 어떻게 하나요?"라고 묻는다. 글쎄, 내가 전체 제안서를 제출한 것이 "비상상황"이다. 그리고 나서 모든 사람은 스트레스를 받고 "왜 잘못됐는지 정확하게 말해주세요" 또는 "아닙니다. 바보 같으니, 세상에서 가장 멍청한 일이네요"라는 건방진 반응을 보이고 빈정대기 시작할 것이다.

우리는 디지털 종이에 단어를 입력하고 있다. 이런 미친 짓을 할 필요가 없다. 이럴 일이 발생하면, 밖으로 잠시 나가, 대개 30분 정도가 지나면, 개인적으로 해야 하는 일이지 화를 낼 일이 아니며 비상상황이 아니라는 것을 깨닫는다. 지금 당장 해야 하는 것이 아니라면 오늘 실행하려고 다른 사람의 눈치를 볼 필요가 없다.

12.4 요약

왕좌의 게임(Game of Thrones) 시리즈에서, 스포일러를 방지하기 위해 그 이름을 만들지 않은, 캐릭터 중 한 명이 결국 길드에 들어왔다. 매일, 길드의 대장은 이 캐릭터에게 계속해서 반복하는 그런 임무를 할당한다. 학습이다. 매일 밤, 그 캐릭터가 그 날의 임무를 완성한 후 길드로 돌아오면, 길드의 대장은 "당신이 이전에는 알지 못했지만, 알게 된 세 가지가 무엇인가?"라고 묻는다.

나는 이것이 우리 생활에서 따라할 만한 아주 좋은 연습이라고 믿는다. 친구나 사랑하는 사람을 찾아내서 매일 밤, 그들에게 하룻동안 배웠던 세 가지가 무엇이었는지 각각에게 물어보라. 새로운 것을 배우는 동안, 그것이 얼마나 작든지 매일 지식은 깊어지고 1년만 지나도 얼마나 더 나아졌는지 놀라게 될 것이다. 세상에 최고의 프로그래머로 판명될 정도가 되는가? 아마도 그렇지는 않을 것이다.

그러나 학습 목표는 세계 최고의 프로그래머가 되는 것이 아니다. 어제보다 조금 더 나은 프로그래머가 되는 것이다. 일을 하면서 『창업자 및 코더들』 같은 책을 읽고, 이 책을 위해 프로그래머들을 인터뷰하는 동안 가장 감명을 받은 것 중 하나는, 세상에서 최고인 프로그래머들도 포함해서, '제로'에서 시작하는 것이다. 모든 사람은 스스로를 불신하지만 성공적인 모든 사람은 연일 약간의 진행을 해나가 거기에 도달한다.

여러 해 동안 내가 공유했던 "위대한 사상가와 창조자"의 공통 분모는 그들 모두가 매일 아침에 일어나고 다시 일을 해야 한다고 느낀다는 것이다. 그들은 모두 허위가 발견되기 쉬울 것이라고 느낀다. 확실히 결코 그렇지 않을 것이지만, 그들이 희망하는 것을 성취할 것이라고 생각한다.

[FIELDS 2014], 데비 밀람, *디자인 문제의 숙주*

좋은 프로그래머와 나쁜 프로그래머 사이, 엘리트와 보통 사이의 차이는 선천적 천재와는 관련이 적고 인내와 더 관련이 있다. 좋은 프로그래머는 배우기를 절대 멈추지 않는다. 불편하고 바쁜 상황일지라도 매일 계획해서 연습한다. 그리고 그것이 훌륭한 경력자가 되는 비밀이다. 훌륭한 일을 기대하기 전에 어떤 것을 잘 해낼 수 있어야 한다 [Newsport 2012, xix]. 어떤 것을 잘하는 방법은 연구하고, 구축하고, 공유하는 데 많은 시간을 들이는 것이다.

매일 새로운 것을 읽어라. 매달 새로운 것을 만들어라. 그리고 어떤 새로운 것을 배우게 될 때마다 글쓰기, 말하기, 오픈소스를 통해서 세상과 공유하라. 이것이 바로 내가 이 책을 쓴 이유다. 여러분과 내가 알고 있는 것을 공유하고, 글을 쓰는 과정과 당신에게서 피드백을 받는 것으로 나 자신이 새로운 것을 배우게 된다. 여러분들의 생각과 스타트업 경험 듣기를 좋아하고, 이 책이 가치 있다고 알게 된다면, feedback@hello-startup.net으로 자유롭게 메일을 보내주시길 바란다. 더 나은 것은, 선행을 나누는 것으로 블로그 포스팅, 좌담회 그리고 오픈소스 형태로 다른 사람과 이 책에서 배운 것을 공유하는 것이다.

끝까지 읽어 주셔서 감사드린다.